Cornelia Kraft | Gerhard Kraft

Grundlagen der Unternehmensbesteuerung

Cornelia Kraft | Gerhard Kraft

Grundlagen der Unternehmensbesteuerung

Die wichtigsten Steuerarten und ihr Zusammenwirken

3., vollständig überarbeitete Auflage

Bibliografische Information der Deutschen Nationalbibliothek
Die Deutsche Nationalbibliothek verzeichnet diese Publikation in der
Deutschen Nationalbibliografie; detaillierte bibliografische Daten sind im Internet über
<http://dnb.d-nb.de> abrufbar.

Prof. Dr. Cornelia Kraft lehrt Betriebliche Steuerlehre und Unternehmensprüfung an der FH Bielefeld. Sie ist außerdem selbstständige Steuerberaterin.

Prof. Dr. Gerhard Kraft lehrt ABWL und Betriebswirtschaftliche Steuerlehre an der Martin-Luther-Universität Halle-Wittenberg. Darüber hinaus ist er Steuerberater und Wirtschaftsprüfer.

1. Auflage 2004
2. Auflage 2006
3. Auflage 2009

Alle Rechte vorbehalten
© Gabler | GWV Fachverlage GmbH, Wiesbaden 2009

Lektorat: Jutta Hauser-Fahr | Renate Schilling

Gabler ist Teil der Fachverlagsgruppe Springer Science+Business Media.
www.gabler.de

Das Werk einschließlich aller seiner Teile ist urheberrechtlich geschützt. Jede Verwertung außerhalb der engen Grenzen des Urheberrechtsgesetzes ist ohne Zustimmung des Verlags unzulässig und strafbar. Das gilt insbesondere für Vervielfältigungen, Übersetzungen, Mikroverfilmungen und die Einspeicherung und Verarbeitung in elektronischen Systemen.

Die Wiedergabe von Gebrauchsnamen, Handelsnamen, Warenbezeichnungen usw. in diesem Werk berechtigt auch ohne besondere Kennzeichnung nicht zu der Annahme, dass solche Namen im Sinne der Warenzeichen- und Markenschutz-Gesetzgebung als frei zu betrachten wären und daher von jedermann benutzt werden dürften.

Konzeption und Layout des Umschlags: Ulrike Weigel, www.CorporateDesignGroup.de
Druck und buchbinderische Verarbeitung: Krips b.v., Meppel
Gedruckt auf säurefreiem und chlorfrei gebleichtem Papier
Printed in the Netherlands

ISBN 978-3-8349-0597-0

Vorwort

Vorwort zur 3. Auflage

Auch in der Neuauflage wird die bewährte Grundkonzeption des Lehrwerks beibehalten. Die Darstellung der immer komplexer werdenden Vorschriften zur Unternehmensbesteuerung wird flankiert und ergänzt durch zahlreiche Übersichten und Schaubilder, um das Verständnis zu erleichtern.

Bereits lange angekündigte Gesetzesnovellierungen – wie die Reform des Erbschaftsteuergesetzes – aber auch die teilweise hektischen Reaktionen des Gesetzgebers auf die Finanzkrise haben die Überarbeitung des Lehrbuches erforderlich gemacht. Augenfällig und aus rechtstaatlicher Sicht durchaus bedenklich ist die Fülle der gesetzlichen Neuerungen, die erst in der zweiten Dezemberhälfte 2008 verabschiedet wurde und bereits zum 1.1.2009 in Kraft trat.

Die wichtigsten gesetzgeberischen Neuerungen, die in der 3.Auflage berücksichtigt sind, sind die folgenden **Gesetze**, die – bis auf wenige Ausnahmen - **zum 1.1.2009 in Kraft getreten sind**:

- Unternehmensteuerreformgesetz 2008 v. 14.08.2007 (BGBl 2007 I S. 1912)

- Gesetz zur Reform des Erbschaftsteuer- und Bewertungsrechts - Erbschaftsteuerreformgesetz (ErbStRG) v. 24.12.2008 (BGBl. 2008 I S. 3018)

- Das Gesetz zur Umsetzung steuerrechtlicher Regelungen des Maßnahmenpakets „Beschäftigungssicherung durch Wachstumsstärkung" vom 21.12.2008 (BGBl 2008 I S. 2896) - Konjunkturpaket I

- Gesetz zur Förderung von Familien und haushaltsnahen Dienstleistungen (Familienleistungsgesetz) vom 22.12.2008 (BGBl 2008 I S. 2955)

- Jahressteuergesetz 2009 (JStG 2009) v. 19.12.2008 (BGBl 2008 I S. 2794)

- Gesetz zur Modernisierung und Entbürokratisierung des Steuerverfahrens (Steuerbürokratieabbaugesetz) v. 20.12.2008 (BGBl 2008 I S. 2850)

Darüber hinaus wurden die **folgenden Gesetzentwürfe** berücksichtigt, die weitreichende steuerliche Auswirkungen haben werden:

- Gesetz zur Sicherung von Beschäftigung und Stabilität in Deutschland (Konjunkturpaket II, Bundesrats-Beschluss vom 20.2.2009)
  Die Maßnahmen sollen zum 1. Juli 2009 in Kraft treten und dann teilweise rückwirkend ab Jahresbeginn gelten.

Vorwort

- Entwurf des Gesetzes zur besseren steuerlichen Berücksichtigung von Vorsorgeaufwendungen (Bürgerentlastungsgesetz) Regierungsentwurf vom 18.2.2009
Die Regelungen sollen ab dem 1.1.2010 in Kraft treten.

Es ist zu wünschen, dass mit der Unternehmenssteuerreform 2008 und der Reformierung des Erbschaftsteuergesetzes nun etwas Ruhe einkehrt in die durch ständige Änderungen doch sehr verkomplizierte Steuerrechtsmaterie.

Bielefeld/ Halle an der Saale, im April 2009

Cornelia Kraft   Gerhard Kraft

Vorwort zur 2. Auflage

Die freundliche Aufnahme des vorliegenden Lehrbuchs hat es erforderlich gemacht, schon bald nach Erscheinen der ersten Auflage eine Neuauflage in Angriff zu nehmen. An der inhaltlichen Konzeption und der mit dem Buch verfolgten Zielrichtung hat sich nichts geändert. Im Wesentlichen wurden notwendige Aktualisierungen eingearbeitet. Die vielfältigen gesetzlichen Neuerungen, die die neue Bundesregierung bereits auf den Weg gebracht hat, und die Gesetzesvorhaben, die derzeit nur in Gesetzentwürfen vorliegen oder in den Koalitionsvereinbarungen festgelegt sind, wurden im Rahmen der Neuauflage berücksichtigt.

Im Einzelnen sind dies die folgenden **zum 1.1.2006 in Kraft getretenen Gesetze**:

- Das Gesetz zur Abschaffung der Eigenheimzulage vom 22.12.2005 (BGBl. I 2005, S. 3680
- Gesetz zum Einstieg in ein steuerliches Sofortprogramm vom 22.12.2005 (BGBl. I 2005, S. 3682
- Gesetz zur Beschränkung der Verlustverrechnung im Zusammenhang mit Steuerstundungsmodellen v. 22.12.2005 (BGBl. I 2005, S. 3683)

Die **berücksichtigten Gesetzentwürfe** umfassen:

- Entwurf eines Gesetzes zur Eindämmung missbräuchlicher Steuergestaltungen, (Gesetzentwurf vom 20.12.2005)
- Entwurf eines Gesetzes zur steuerlichen Förderung von Wachstum und Beschäftigung (Gesetzentwurf vom 18.1.2006 in der Fassung des Fraktionsentwurfs vom 12.2.2006)
- Entwurf eines Haushaltsbegleitgesetzes 2006 (Gesetzentwurf vom 22.2.2006)

Vorwort

Die Regelungen des Missbrauchsgesetzes sowie des Wachstumsgesetzes werden ab der Verkündigung der Gesetze gelten, einzelne Regelungen sollen jedoch auch rückwirkend zum 1.1.2006 oder ab dem 1.7.2006 in Kraft treten. Die Verabschiedung beider Gesetzentwürfe ist für Anfang April 2006 geplant. Das Haushaltsbegleitgesetz enthält auch steuerliche Regelungen, die erst im Jahr 2007 in Kraft treten sollen. Es soll noch vor der Sommerpause verabschiedet werden. Darüber hinaus sind weitere Steueränderungen auf der Grundlage der Koalitionsvereinbarungen vom 11.11.2005 für das Jahr 2007 zu erwarten. Die dazu erforderlichen Gesetzentwürfe werden jedoch erst im Herbst 2006 vorliegen. Auf die zu erwartenden Änderungen wird im vorliegenden Buch jeweils hingewiesen. Allerdings werden sich erfahrungsgemäß im Gesetzgebungsverfahren noch zahlreiche Änderungen im Detail ergeben.

Eine **umfassende Unternehmenssteuerreform** soll nach den Koalitionsbeschlüssen ab dem 1.1.2008 in Kraft treten. Nach diesem ehrgeizigen Reformvorhaben sollen die Unternehmensbesteuerung vereinheitlicht, die Gewerbesteuer durch eine kommunale Unternehmensteuer ersetzt und die Einkommensteuer grundlegend neu formuliert werden. Dieses bisher nur mit den Eckpunkten bekannte, wenig konkretisierte Reformvorhaben hat in der vorliegenden Auflage noch keinen Niederschlag gefunden.

Neben den Aktualisierungen wurden an zahlreichen Stellen – dem Charakter eines Lehrbuchs Rechnung tragend – Beispiele eingearbeitet, die den Leser in der Stoffaufnahme unterstützen sollen. Zudem wurden weitere Übersichten und zusammenfassende Darstellungen aufgenommen, um das Verständnis der immer komplexeren steuerlichen Zusammenhänge zu erleichtern.

Bielefeld/ Halle an der Saale, im März 2006

Cornelia Kraft	Gerhard Kraft

Vorwort zur 1. Auflage

Angesichts der Fülle an deutschsprachiger Ausbildungsliteratur im Bereich der Unternehmensbesteuerung bedarf das vorliegende Werk einer Begründung. Es ist konzeptionell in erster Linie als Lehrbuch zu verstehen. Das heißt, dass das Buch sich an alle wendet, die im Rahmen ihrer Grundlagenausbildung mit steuerlichen Fragestellungen konfrontiert sind. Zuvörderst zu nennen selbstverständlich Studierende insbesondere der Wirtschafts- und Rechtswissenschaften an Universitäten, Fachhochschulen, Berufs- und sonstigen Akademien, die sich mit wesentlichen Strukturprinzipien und Details

Vorwort

der Besteuerung vertraut machen müssen. Selbstverständlich wendet sich das Buch aber auch an andere in der Aus- und Fortbildung stehende Personen wie zum Beispiel angehende Steuerfachangestellte oder Angehörige der Finanzverwaltung. Auch Praktiker, die sich den umfassenden Stoff der Besteuerung punktuell (wieder) erarbeiten müssen, sollten aus dem vorliegenden Buch Gewinn ziehen können.

Das vorliegende Buch beschreibt für den Einsteiger zunächst die für Unternehmen bedeutsamsten Einzelsteuerarten. Diese Kapitel können je nach Bedarf und Interesse völlig unabhängig voneinander benutzt und erarbeitet werden. Die komplexe Materie der Unternehmensbesteuerung wird in einem eigenständigen Kapitel dargelegt. Damit können Studierende wie Praktiker die Grundsätze der Unternehmensbesteuerung kennen und die daraus resultierende Abhängigkeit der Ertragssteuerbelastung von der Unternehmensrechtsform verstehen lernen. Dadurch wird ein wichtiges Fundament gelegt für das Verständnis des deutschen Besteuerungssystems insgesamt. Die Darstellungen in allen Teilen des Buches werden durch zahlreiche Übersichten und Schaubilder ergänzt, um so durch eine visuelle Strukturierung und Systematisierung die komplexen Zusammenhänge zu veranschaulichen.

Das Buch ist weitgehend entlastet von umfangreichen wissenschaftlichen Fußnotenapparaten. Ebenso wurden im Interesse komfortabler Handhabbarkeit auf Querverweise, Stellungnahmen zu dogmatischen und wissenschaftstheoretischen Streitfragen, Exkurse und andere Komplizierungen verzichtet. Derartige Verkürzungen rechtfertigen sich mit Blick darauf, dass sie den Einsteiger nach aller Erfahrung überfordern. Als Lehrbuch kann und will das vorliegende Werk nicht den Anspruch erheben, wissenschaftlich umfassend zu sein. Auch kann es nicht der Intention des Werks entsprechen, der Praxis für alle Facetten Problemlösungen anbieten zu wollen. Vielmehr nimmt es sich seinem Charakter entsprechend die Freiheit, auf weiterführende Literatur und Materialien zu verweisen.

Zur Arbeit mit dem Buch sei der Einsteiger freundlich darauf hingewiesen und der Fortgeschrittene nachdrücklich daran erinnert, dass die Lektüre des Buches nur dann den erhofften Erfolg bringen wird, wenn man bereit ist, jede einzelne im Text zitierte Vorschrift aufmerksam und verständig zu lesen und zu verstehen. Wird dies beherzigt, stellt sich der Lernerfolg alsbald ein.

Wir wünschen allen, die sich mit Hilfe dieses Buches steuerliches Grundwissen aneignen oder mit steuerlichen Fragestellungen auseinander setzen, eine gewinnbringende Benutzung!

Bielefeld/ Halle an der Saale, im Juli 2004

Cornelia Kraft   Gerhard Kraft

Inhaltsverzeichnis

Vorwort	V
Abbildungsverzeichnis	XVII
Tabellenverzeichnis	XXIII
Abkürzungsverzeichnis	XXV

1	**Das deutsche Steuersystem**	**1**
1.1	Begriff der Steuer	1
1.2	Steuerarten und Steueraufkommen	3
1.3	Betriebswirtschaftliche Bedeutung der Steuern	5
1.4	Finanzverfassung	8
1.4.1	Steuergesetzgebungshoheit	8
1.4.2	Steuerertragshoheit	9
1.4.3	Steuerverwaltungshoheit	11
1.5	Rechtsquellen des Steuerrechts	12
2	**Die Einkommensteuer**	**21**
2.1	Charakteristik und Systematik der Einkommensteuer	21
2.2	Die persönliche Steuerpflicht	23
2.2.1	Die unbeschränkte Steuerpflicht	23
2.2.2	Die beschränkte Steuerpflicht	26
2.2.3	Die erweiterte unbeschränkte Steuerpflicht	28
2.2.4	Die unbeschränkte Steuerpflicht auf Antrag	29
2.2.5	Die erweiterte beschränkte Steuerpflicht	31
2.3	Die sachliche Steuerpflicht (das Einkommen)	32

Inhaltsverzeichnis

2.3.1	Der Einkommensbegriff des EStG	32
2.3.1.1	Quellentheorie	35
2.3.1.2	Reinvermögenszugangstheorie	36
2.3.2	Grundprinzipien der Einkommensermittlung	37
2.4	Einkunftsarten	39
2.4.1	Überblick	39
2.4.2	Gewinneinkünfte	39
2.4.2.1	Einkünfte aus Land- und Forstwirtschaft	40
2.4.2.2	Einkünfte aus Gewerbebetrieb	41
2.4.2.3	Einkünfte aus selbständiger Arbeit	58
2.4.2.4	Gewinnermittlungsmethoden	62
2.4.2.5	Betriebsausgaben	68
2.4.2.6	Betriebseinnahmen	73
2.4.3	Überschusseinkünfte	75
2.4.3.1	Überschussermittlungsmethode	75
2.4.3.2	Einnahmen und Werbungskosten	76
2.4.3.3	Einkünfte aus nichtselbständiger Arbeit	81
2.4.3.4	Einkünfte aus Kapitalvermögen	88
2.4.3.5	Einkünfte aus Vermietung und Verpachtung	99
2.4.3.6	Sonstige Einkünfte	103
2.4.4	Besteuerung von Veräußerungen	110
2.4.5	Nicht steuerpflichtige Einnahmen	114
2.5	Verlustausgleich und Verlustabzug	116
2.5.1	Grundsätze der Verlustberücksichtigung	116
2.5.2	Verlustausgleich	117
2.5.3	Verlustabzug	119
2.6	Die Ermittlung des zu versteuernden Einkommens	121
2.6.1	Zielsetzung	121
2.6.2	Sonderausgaben	121

2.6.3	Außergewöhnliche Belastungen	126
2.7	**Steuertarif**	**129**
2.7.1	Einkommensteuertarif	129
2.7.1.1	Normaltarif	129
2.7.1.2	Sondertarif für Kapitalvermögen	132
2.7.1.3	Progressionsvorbehalt	132
2.7.2	Ermäßigter Steuersatz bei außerordentlichen Einkünften	133
2.7.3	Begünstigung der nicht entnommenen Gewinne	135
2.7.4	Steuerermäßigungen	139
2.7.4.1	Überblick	139
2.7.4.2	Steuerermäßigung bei den Einkünften aus Gewerbebetrieb	139
2.7.5	Festzusetzende Einkommensteuer	142
2.8	**Erhebung der Einkommensteuer**	**143**
3	**Die Körperschaftsteuer**	**147**
3.1	Kapitalgesellschaften und Anteilseigner (Trennungsprinzip)	147
3.2	Gestaltungsmöglichkeiten einer Körperschaftsteuer	147
3.2.1	Körperschaftsteuersysteme	147
3.2.2	Klassisches Körperschaftsteuersystem	149
3.2.3	Doppelbelastung vermeidende Systeme	150
3.2.4	Doppelbelastung mildernde Systeme	150
3.3	Die persönliche Steuerpflicht	151
3.3.1	Unbeschränkte Körperschaftsteuerpflicht	151
3.3.2	Beschränkte Körperschaftsteuerpflicht	153
3.3.3	Sondertatbestand und Steuerbefreiung	154
3.4	Die sachliche Steuerpflicht (Einkommen)	155
3.4.1	Ermittlung des körperschaftsteuerpflichtigen Einkommens	155
3.4.2	Erfolgskorrekturen	156
3.4.3	Verlustverrechnung bei Kapitalgesellschaften	160
3.5	Entstehung, Veranlagung und Steuertarif	164

Inhaltsverzeichnis

	3.6	Die Besteuerung der Anteilseigner von Kapitalgesellschaften	165
	3.6.1	Dividenden	165
	3.6.1.1	Natürliche Person als Dividendenempfänger	165
	3.6.1.2	Kapitalgesellschaft als Dividendenempfänger	168
	3.6.2	Veräußerung der Anteile an der Kapitalgesellschaft	171
	3.7	Sonderinstitute des KStG	172
	3.7.1	Verdeckte Gewinnausschüttung und verdeckte Einlage	172
	3.7.2	Zinsschranke	177
	3.7.2.1	Problemstellung	177
	3.7.2.2	Grundregeln der Zinsschranke	178
	3.7.3	Körperschaftsteuerliche Organschaft	182
4	**Solidaritätszuschlag**		**187**
5	**Die Gewerbesteuer**		**189**
	5.1	Rechtfertigung und Charakteristik der Gewerbesteuer	189
	5.2	Steuerschuldner der Gewerbesteuer	190
	5.3	Sachliche Steuerpflicht - Begriff des Gewerbebetriebs	191
	5.4	Ermittlung des Gewerbeertrags	193
	5.4.1	Gewinn aus Gewerbebetrieb als Ausgangsgröße	193
	5.4.2	Überblick über die Korrekturgrößen	194
	5.4.3	Hinzurechnungen	194
	5.4.4	Kürzungen	205
	5.4.5	Die gewerbesteuerliche Organschaft	209
	5.4.6	Der gewerbesteuerliche Verlustabzug	212
	5.5	Bemessung und Erhebung der Gewerbesteuer	214
	5.6	Ertragsteuerliche Behandlung der Gewerbesteuer	215
	5.6.1	Nicht-Abzugsfähigkeit der Gewerbesteuer	215
	5.6.2	Ermäßigung der Einkommensteuer um die Gewerbesteuer	215
6	**Die Besteuerung des Unternehmensertrags**		**219**
	6.1	Grundprinzipien der Besteuerung des Unternehmensertrags	219

6.2		Ertragsteuerbelastung der Einzelunternehmen	221
	6.2.1	Einkommensteuer	221
	6.2.2	Gewerbesteuer	222
	6.2.3	Gesamtsteuerbelastung	222
6.3		Ertragsteuerbelastung der Personenhandelsgesellschaften	226
	6.3.1	Einkommensteuer	226
	6.3.1.1	Besteuerungskonzeption	226
	6.3.1.2	Mitunternehmerbegriff	228
	6.3.1.3	Überblick über zweistufige Gewinnermittlung	229
	6.3.1.4	1. Gewinnermittlungsstufe: Anteil am Gesamthandsgewinn	230
	6.3.1.5	2. Gewinnermittlungsstufe: Sonderbilanzen	232
	6.3.1.6	Zusammenfassung der Teilergebnisse	239
	6.3.1.7	Besteuerung auf Ebene der Gesellschafter	240
	6.3.2	Gewerbesteuer	242
	6.3.3	Gesamtsteuerbelastung	245
6.4		Ertragsteuerbelastung der Kapitalgesellschaften	246
	6.4.1	Ebene der Kapitalgesellschaft	246
	6.4.1.1	Körperschaftsteuer	246
	6.4.1.2	Gewerbesteuer	246
	6.4.1.3	Gesamtsteuerbelastung	248
	6.4.2	Ebene des Anteilseigners	249
7		**Die Erbschaft- und Schenkungsteuer**	**253**
7.1		Allgemeine Charakteristik der Erbschaft- und Schenkungsteuer	253
7.2		Überblick über die Neuregelung zum 1.1.2009	254
7.3		Persönliche Steuerpflicht	255
7.4		Steuergegenstand – Steuertatbestände	257
	7.4.1	Überblick	257
	7.4.2	Erwerb von Todes wegen	258
	7.4.3	Schenkung unter Lebenden	259

Inhaltsverzeichnis

7.4.4	Zweckzuwendungen	260
7.4.5	Turnusbesteuerung der Familienstiftung	260
7.5	Grundsätze der Wertermittlung	261
7.5.1	Grundlagen der Bewertung	261
7.5.2	Einzelfragen der Bewertung	263
7.5.2.1	Bewertung von land- und forstwirtschaftlichem Vermögen	263
7.5.2.2	Bewertung von Grundvermögen	265
7.5.2.3	Bewertung von Betriebsvermögen	268
7.5.2.4	Bewertung der übrigen Vermögenswerte	270
7.5.2.5	Abziehbare Belastungen	271
7.6	Sachliche Steuerbefreiungen	272
7.6.1	Überblick über die sachlichen Steuerbefreiungen	272
7.6.2	Steuerbefreiung des Privatvermögens; Zugewinnausgleich	272
7.6.3	Verschonung von Unternehmensvermögen	274
7.6.3.1	Grundstruktur	274
7.6.3.2	Voraussetzungen der Verschonung	274
7.6.3.3	Regelverschonung und Verschonungsoption	276
7.6.3.4	Einhaltung von Auflagen	278
7.6.4	Verschonung von privatem Grundvermögen	281
7.7	Berechnung der Erbschaftsteuer	285
7.8	Verfahren	288
8	**Die Grundsteuer**	**293**
8.1	Allgemeine Charakteristik	293
8.2	Steuergegenstand	294
8.3	Steuerschuldner und Haftung	299
8.4	Bemessungsgrundlage	301
8.5	Tarif und Steuererhebung	302
9	**Die Umsatzsteuer**	**305**
9.1	Charakteristik und Systematik der Umsatzsteuer	305

9.2	Besteuerungsgegenstand	312
9.2.1	Überblick	312
9.2.2	Steuerbare Umsätze	313
9.2.2.1	Lieferungen, sonstige Leistungen	314
9.2.2.2	Innergemeinschaftlicher Erwerb	319
9.2.2.3	Einfuhr aus dem Drittland	320
9.2.2.4	Unentgeltliche Leistungen	320
9.2.3	Unternehmer, Unternehmen	322
9.2.3.1	Der Unternehmerbegriff des UStG	322
9.2.3.2	Unternehmen	327
9.2.3.3	Umsatzsteuerliche Organschaft	328
9.2.3.4	Sonderfall: Unternehmerfiktion	330
9.2.4	Inland	330
9.2.4.1	Ort der Lieferung	331
9.2.4.2	Ort der sonstigen Leistung	333
9.2.4.3	Ort des innergemeinschaftlichen Erwerbs	337
9.2.5	Entgeltlichkeit	337
9.2.6	Steuerbefreiungen	337
9.2.7	Verzicht auf Steuerbefreiungen (Option)	340
9.3	Bemessungsgrundlage	343
9.4	Steuersätze und Erhebung der Umsatzsteuer	346
9.4.1	Steuersatz	346
9.4.2	Vorsteuerabzug	346
9.4.2.1	Grundsätzliches zum Vorsteuerabzug	346
9.4.2.2	Ausschluss des Vorsteuerabzugs	349
9.4.2.3	Berichtigung des Vorsteuerabzugs	350
9.4.3	Erhebungsverfahren	354
9.4.4	Entstehung der Umsatzsteuer	355
9.4.5	Steuerschuldnerschaft und Umkehr	356

9.4.6	Kleinunternehmerregelung	357
10	**Die Grunderwerbsteuer**	**359**
10.1	Zielsetzung und Charakteristik	359
10.2	Steuergegenstand	359
10.3	Steuerbefreiungen	364
10.4	Bemessungsgrundlage	364
10.5	Tarif, Steuerschuldner, Steuererhebung	365
Literaturverzeichnis		**367**
Stichwortverzeichnis		**371**

Abbildungsverzeichnis

Abbildung 1-1:	Steuern im System der öffentlich-rechtlichen Lasten	2
Abbildung 1-2:	Steuerarten und Steueraufkommen (Steuerspriale)	3
Abbildung 1-3:	Steuerwirkungen in den unternehmerischen Teilfunktionen	6
Abbildung 1-4:	Primäres Gemeinschaftsrecht	13
Abbildung 1-5:	Sekundäres Gemeinschaftsrecht	14
Abbildung 1-6:	Rechtsquellen im Steuerrecht	20
Abbildung 2-1:	Voraussetzungen der unbeschränkten Einkommensteuerpflicht	23
Abbildung 2-2:	Voraussetzungen der beschränkten Einkommensteuerpflicht	27
Abbildung 2-3:	Voraussetzungen der erweiterten unbeschränkten Steuerpflicht	29
Abbildung 2-4:	Voraussetzungen der unbeschränkten Steuerpflicht auf Antrag	30
Abbildung 2-5:	Voraussetzungen der erweiterten beschränkten Steuerpflicht	31
Abbildung 2-6:	Arten der persönlichen Steuerpflicht	32
Abbildung 2-7:	Einkunftsarten des § 2 Abs. 1 EStG	33
Abbildung 2-8:	Grundprinzipien der Einkommensermittlung	37
Abbildung 2-9:	Vereinfachtes Schema der Einkommensermittlung	39
Abbildung 2-10:	Arten der Gewerbebetriebe	43
Abbildung 2-11:	Laufende Einkünfte aus Gewerbebetrieb	50
Abbildung 2-12:	Tatbestände des § 16 EStG	52
Abbildung 2-13:	Veräußerungsgewinn nach § 16 Abs. 2 EStG	53
Abbildung 2-14:	Aufgabegewinn nach § 16 Abs. 3 EStG	53
Abbildung 2-15:	Kriterien für Veräußerungsgewinne im Sinne von § 17 EStG	54
Abbildung 2-16:	Veräußerungsgewinn nach § 17 Abs. 2 EStG	56
Abbildung 2-17:	Steuerliche Behandlung der Anteilsveräußerung	58
Abbildung 2-18:	Merkmale der selbständigen Arbeit	59
Abbildung 2-19:	Laufende Einkünfte aus selbständiger Arbeit	60

Abbildungsverzeichnis

Abbildung 2-20:	Exakte Gewinnermittlungsmethoden	63
Abbildung 2-21:	Betriebsvermögensvergleich nach § 4 Abs. 1 EStG	64
Abbildung 2-22:	Einnahmen-Überschussrechnung nach § 4 Abs. 3 EStG	65
Abbildung 2-23:	Durchschnittssatzrechnung nach § 13a EStG	67
Abbildung 2-24:	Betriebsausgaben	68
Abbildung 2-25:	Ermittlung des steuerlichen EBITDA	71
Abbildung 2-26:	Anwendungsbereich der Zinsschranke § 4h EStG	72
Abbildung 2-27:	Nichtabzugsfähige Ausgaben	73
Abbildung 2-28:	Betriebseinnahmen	74
Abbildung 2-29:	Überschussermittlung nach § 2 Abs. 2 EStG	75
Abbildung 2-30:	Einnahmen	76
Abbildung 2-31:	Werbungskosten	77
Abbildung 2-32:	Werbungskosten-Pauschbeträge § 9a EStG	79
Abbildung 2-33:	Ermittlung der Sachbezüge nach § 8 Abs. 3 EStG	82
Abbildung 2-34:	Steuerfreie Teile des Arbeitslohns	85
Abbildung 2-35:	Steuerklassen	87
Abbildung 2-36:	Einkünfte aus Kapitalvermögen	88
Abbildung 2-37:	Einnahmen aus Kapitalforderungen	91
Abbildung 2-38:	Wirkung der Abgeltungsteuer	95
Abbildung 2-39:	Besteuerung des Kapitalvermögens	97
Abbildung 2-40:	Wirkung des Teileinkünfteverfahrens	98
Abbildung 2-41:	Einkünfte aus Vermietung und Verpachtung	101
Abbildung 2-42:	Werbungskosten bei Vermietungseinkünften	102
Abbildung 2-43:	Sonstige Einkünfte	103
Abbildung 2-44:	Private Veräußerungsgeschäfte § 23 EStG	106
Abbildung 2-45:	Ermittlung des Veräußerungsgewinns nach § 23 Abs. 3 EStG	108
Abbildung 2-46:	Veräußerungsgewinne	111
Abbildung 2-47:	Veräußerungen aus dem Betriebsvermögen	112
Abbildung 2-48:	Veräußerungen aus dem Privatvermögen	113

Abbildungsverzeichnis

Abbildung 2-49:	Steuerfreie Einnahmen	115
Abbildung 2-50:	Verlustverrechnung	117
Abbildung 2-51:	Beispiel zum Verlustausgleich	118
Abbildung 2-52:	Kodifizierte Ausnahmen vom Verlustausgleich	118
Abbildung 2-53:	Verlustabzug nach § 10d EStG	119
Abbildung 2-54:	Beispiel zum Verlustabzug	120
Abbildung 2-55:	Begriff der Sonderausgaben	122
Abbildung 2-56:	Sonderausgaben	124
Abbildung 2-57:	Abzugsposten „wie" Sonderausgaben	125
Abbildung 2-58:	Definition der außergewöhnlichen Belastungen	126
Abbildung 2-59:	Arten der außergewöhnlichen Belastungen	127
Abbildung 2-60:	Beispiele für außergewöhnliche Belastungen	128
Abbildung 2-61:	Grenzsteuersatz und Durchschnittsteuersatz	129
Abbildung 2-62:	Verlauf des Einkommensteuertarifs	131
Abbildung 2-63:	Anwendungsbereich des § 34 EStG	134
Abbildung 2-64:	Ermäßigter Steuersatz nach § 34 Abs. 1 EStG	135
Abbildung 2-65:	Ermittlung des nicht entnommenen Gewinns § 34a EStG	136
Abbildung 2-66:	Thesaurierungshöchstbetrag § 34a EStG	137
Abbildung 2-67:	Steuerbelastung bei Nachversteuerung § 34a Abs. 4 EStG	137
Abbildung 2-68:	Nachversteuerung nach § 34a EStG	138
Abbildung 2-69:	Ermittlung des nachversteuerungspflichtigen Betrags	138
Abbildung 2-70:	Ermäßigung der Einkommensteuer nach § 35 EStG (Grundfall)	140
Abbildung 2-71:	Ermäßigung der Einkommensteuer nach § 35 EStG (Variante)	141
Abbildung 2-72:	Ermittlung der festzusetzenden Einkommensteuer	143
Abbildung 2-73:	Veranlagungsformen	144
Abbildung 2-74:	Zusammenveranlagung von Ehegatten	144
Abbildung 3-1:	Körperschaftsteuersysteme	148
Abbildung 3-2:	Ort der Geschäftsleitung	152
Abbildung 3-3:	Sitz im Inland	153

Abbildungsverzeichnis

Abbildung 3-4:	Unbeschränkte und beschränkte Körperschaftsteuerpflicht	154
Abbildung 3-5:	Ermittlung des körperschaftsteuerpflichtigen Einkommens	155
Abbildung 3-6:	Regelungsstruktur des § 8c KStG	161
Abbildung 3-7:	Quotaler Verlustuntergang nach § 8c KStG	162
Abbildung 3-8:	Totaler Verlustuntergang nach § 8c KStG	163
Abbildung 3-9:	Belastung durch die Abgeltungsteuer	165
Abbildung 3-10:	Belastung durch das Teileinkünfteverfahren	166
Abbildung 3-11:	Werbungskosten im Rahmen der Abgeltungsteuer	167
Abbildung 3-12:	Betriebsausgaben im Rahmen des Teileinkünfteverfahrens	167
Abbildung 3-13:	Kumulierung von Körperschaftsteuer ohne § 8b KStG	168
Abbildung 3-14:	Wirkung des § 8b KStG	169
Abbildung 3-15:	Beispiele für eine verdeckte Gewinnausschüttung	173
Abbildung 3-16:	Beispiele für verdeckte Kapitaleinlagen	176
Abbildung 3-17:	Zinsschranke bei Kapitalgesellschaften § 8a KStG	179
Abbildung 3-18:	Regelungssystem der Zinsschranke § 8a KStG	181
Abbildung 5-1:	Charakteristika der Gewerbesteuer	190
Abbildung 5-2:	Gewerbesteuerliche Hinzurechnungen nach § 8 GewStG	195
Abbildung 5-3:	Hinzurechnung der Entgelte für Schulden, § 8 Nr. 1 GewStG	201
Abbildung 5-4:	Gewerbesteuerliche Kürzungen nach § 9 GewStG	206
Abbildung 5-5:	Ermittlung des Gewerbeertrags der Organschaft	211
Abbildung 5-6:	Ermittlung der gewerbesteuerlichen Bemessungsgrundlage	214
Abbildung 5-7:	Entlastung durch § 35 EStG	216
Abbildung 6-1:	Gesamtsteuerbelastung des Einzelunternehmens bei voller Begünstigung nach § 34a EStG	224
Abbildung 6-2:	Gesamtsteuerbelastung des Einzelunternehmens bei teilweiser Begünstigung nach § 34a EStG	225
Abbildung 6-3:	Besteuerungskonzeption für Personengesellschaften	227
Abbildung 6-4:	Ergänzungsbilanzen	231
Abbildung 6-5:	Bilanzen der 1. Gewinnermittlungsstufe	232

Abbildung 6-6:	Bilanzen der 2. Gewinnermittlungsstufe	233
Abbildung 6-7:	Sonderbetriebsvermögen I	234
Abbildung 6-8:	Sonderbetriebsvermögen II	235
Abbildung 6-9:	Schuldrechtliche Verträge bei Kapitalgesellschaften	247
Abbildung 6-10:	Gesamtsteuerbelastung bei Dividenden im Privatvermögen in Abhängigkeit vom Gewerbesteuerhebesatz	250
Abbildung 6-11:	Wirkung des Teileinkünfteverfahrens in Abhängigkeit vom Gewerbesteuerhebesatz und Einkommensteuersatz	251
Abbildung 7-1:	Erbschaftsteuerpflicht	256
Abbildung 7-2:	Vereinfachtes Schema der Erbschaftsteuerermittlung	257
Abbildung 7-3:	Grundbesitzwerte nach dem Ertragswertverfahren	267
Abbildung 7-4:	Grundbesitzwerte nach dem Sachwertverfahren	268
Abbildung 7-5:	Übrige Vermögenswerte	271
Abbildung 7-6:	Abziehbare Belastungen § 10 Abs. 5 ErbStG	271
Abbildung 7-7:	Sachliche Steuerbefreiungen nach § 13 ErbStG	273
Abbildung 7-8:	Persönliche Freibeträge nach § 16 ErbStG	286
Abbildung 7-9:	Versorgungsfreibetrag für Kinder gem. § 16 ErbStG	286
Abbildung 7-10:	Entlastungsbetrag nach § 19a ErbStG	288
Abbildung 7-11:	Anzeige gemäß § 30 ErbStG	291
Abbildung 8-1:	Schematische Ermittlung der Grundsteuer	294
Abbildung 8-2:	Steuermesszahlen nach §§ 14, 15 GrStG	303
Abbildung 9-1:	Allphasen-Bruttoumsatzsteuer	307
Abbildung 9-2:	Allphasen-Nettoumsatzsteuer	308
Abbildung 9-3:	Vereinfachendes Schema zur Ermittlung der Umsatzsteuer	313
Abbildung 9-4:	Steuerbare Umsätze § 1 Abs. 1 UStG	314
Abbildung 9-5:	Kriterien des umsatzsteuerlichen Leistungsaustausches	315
Abbildung 9-6:	Gegenstände im Sinne des Umsatzsteuergesetzes	316
Abbildung 9-7:	Sonstige Leistungen § 3 Abs. 9 UStG	317
Abbildung 9-8:	Gleichstellungtatbestände	321

Abbildungsverzeichnis

Abbildung 9-9:	Umsatzsteuerlicher Unternehmer	322
Abbildung 9-10:	Umsatzsteuerliches Unternehmensvermögen	328
Abbildung 9-11:	Steuerbefreite Umsätze § 4 UStG	339
Abbildung 9-12:	Umsatzsteuerliche Bemessungsgrundlage	344
Abbildung 9-13:	Voraussetzungen für den Vorsteuerabzug § 15 Abs. 1 UStG	347
Abbildung 9-14:	Rechnung gemäß § 14 UStG	348
Abbildung 10-1:	Grunderwerbsteuerliche Bemessungsgrundlage	365

Tabellenverzeichnis

Tabelle 1-1:	Finanzverfassung	11
Tabelle 2-1:	Maßgrößen steuerlicher Leistungsfähigkeit	22
Tabelle 2-2:	Ausgewählte inländische Anknüpfungsmerkmale	27
Tabelle 2-3:	Systematik der Einkunftsarten	34
Tabelle 2-4:	Arten der Einkünfte aus Gewerbebetrieb	42
Tabelle 2-5:	Gewerbebetrieb kraft gewerblicher Betätigung § 15 Abs. 2 EStG	43
Tabelle 2-6:	Anwendungsbereich der exakten Gewinnermittlungsmethoden	66
Tabelle 2-7:	Unterschiede zwischen den Einkunftsarten	80
Tabelle 2-8:	Abgrenzung Selbständigkeit/Nichtselbständigkeit	81
Tabelle 2-9:	Beispiel für die Ermittlung des Veräußerungsgewinns, § 23 EStG	109
Tabelle 3-1:	Voraussetzungen der körperschaftsteuerlichen Organschaft	183
Tabelle 5-1:	Voraussetzungen der gewerbesteuerlichen Organschaft	210
Tabelle 6-1:	Grundprinzipien der Unternehmensbesteuerung	220
Tabelle 6-2:	Gesamtsteuerbelastung des Einzelunternehmers in Abhängigkeit vom Einkommensteuersatz	223
Tabelle 6-3:	Gesamtsteuerbelastung des Einzelunternehmers in Abhängigkeit von Einkommensteuersatz und Gewerbesteuerhebesatz	224
Tabelle 6-4:	Thesaurierungsbelastung in Abhängigkeit vom Gewerbesteuer-Hebesatz	225
Tabelle 6-5:	Sonderbetriebsvermögen bei der Personengesellschaft	234
Tabelle 6-6:	Schuldrechtliche Verträge bei Personengesellschaften	243
Tabelle 6-7:	Gesamtsteuerbelastung der Kapitalgesellschaft in Abhängigkeit vom Gewerbesteuerhebesatz	248
Tabelle 6-8:	Vergleich Thesaurierungsbelastung bei Personenunternehmen und Kapitalgesellschaften	249
Tabelle 6-9:	Gesamtsteuerbelastung bei Ausschüttungen in Abhängigkeit vom Gewerbesteuerhebesatz und Einkommensteuersatz	252

Tabellenverzeichnis

Tabelle 7-1:	Regelverschonung und Verschonungsoption	277
Tabelle 7-2:	Verschonungsabschlag bei Verstoß gegen die Behaltensfrist	279
Tabelle 7-3:	Verschonungsabschlag bei Verstoß gegen die Mindestlohnsumme	280
Tabelle 7-4:	Übertragung von Grundstücken innerhalb der Kernfamilie	283
Tabelle 7-5:	Steuersätze für die Erbschaftsteuer	287
Tabelle 9-1:	Allphasen-Bruttoumsatzsteuer (vier Stufen, 4% auf BVP)	307
Tabelle 9-2:	Allphasen-Bruttoumsatzsteuer (zwei Stufen, 4% auf BVP)	308
Tabelle 9-3:	Allphasen-Nettoumsatzsteuer (4% auf BVP)	309
Tabelle 9-4:	Allphasen-Nettoumsatzsteuer (Steuersatz 19%)	309
Tabelle 9-5:	Umsatzsteuersätze in wichtigen Staaten	311
Tabelle 9-6:	Voraussetzungen der umsatzsteuerlichen Organschaft	329

Abkürzungsverzeichnis

A	Abschnitt
a.a.O	am angegebenen Ort
Abs.	Absatz
a. F.	alte Fassung
AG	Aktiengesellschaft
AktG	Aktiengesetz
Anm.	Anmerkung
AO	Abgabenordnung
Art.	Artikel
AStG	Außensteuergesetz
Aufl.	Auflage
B2B	Business to Business
B2C	Business to Consumer
BB	Der Betriebs-Berater (Zeitschrift)
BB	Der Betriebs-Berater (Zeitschrift)
begr.	begründet
Bet.	Beteiligung
BewG	Bewertungsgesetz
BewGR	Richtlinien für die Bewertung des Grundvermögens
BFH	Bundesfinanzhof
BFH/NV	Sammlung nicht veröffentlichter Entscheidungen des BFH (Zeitschrift)
BGB	Bürgerliches Gesetzbuch
BGBl.	Bundesgesetzblatt
BMF	Bundesministerium der Finanzen
Bsp.	Beispiel
bspw.	beispielsweise
Bst.	Buchstabe
BStBl.	Bundessteuerblatt
BT-Drs.	Bundestags-Drucksache
BVerfG	Bundesverfassungsgericht
BVP	Bruttoverkaufspreis
BW	Buchwert
bzw.	beziehungsweise
ca.	circa
DB	Der Betrieb (Zeitschrift)
DBA	Doppelbesteuerungsabkommen

Abkürzungsverzeichnis

d.h.	das heißt
DV	Durchführungsverordnung
EFG	Entscheidungen der Finanzgerichte (Zeitschrift)
EGV	Vertrag zur Gründung der Europäischen Wirtschaftsgemeinschaft i.d.F. des Unionsvertrags
EigZulG	Eigenheimzulagengesetz
ErbStG	Erbschaft- und Schenkungsteuergesetz
ErbStR	Erbschaftsteuer-Richtlinien
ESt	Einkommensteuer
EStDV	Einkommensteuer-Durchführungsverordnung
EStG	Einkommensteuergesetz
EStH	Einkommensteuer-Hinweise
EStR	Einkommensteuer-Richtlinien
etc.	et cetera
EU	Europäische Union
EUGH	Europäischer Gerichtshof
EWR	Europäischer Wirtschaftsraum
EW	Einheitswert
FA	Finanzamt
f.	folgende Seite
ff.	folgende Seiten
FG	Finanzgericht
FGO	Finanzgerichtsordnung
FinSen	Finanzsenator
Fn	Fußnote
GbR	Gesellschaft bürgerlichen Rechts
GE	Geldeinheiten
GewSt	Gewerbesteuer
GewStDV	Gewerbesteuer-Durchführungsverordnung
GewStG	Gewerbesteuergesetz
GewStR	Gewerbesteuer-Richtlinien
GG	Grundgesetz
ggf.	gegebenenfalls
gem.	gemäß
GmbH	Gesellschaft mit beschränkter Haftung
GmbHG	Gesetz betreffend die Gesellschaften mit beschränkter Haftung
GrStG	Grundsteuergesetz
GrEStG	Grunderwerbsteuergesetz
H	Hinweis
HFR	Höchstrichterliche Finanzrechtsprechung (Zeitschrift)
HGB	Handelsgesetzbuch

Abkürzungsverzeichnis

h.M.	herrschende Meinung
hrsg.	herausgegeben
HS	Halbsatz
i.d.F.	in der Fassung
i.d.R.	in der Regel
IFRS	International Financial Reporting Standards
i.H.d.	in Höhe der/ des
i.H.v.	in Höhe von
insbes.	insbesondere
InvZulG	Investitionszulagengesetz
i.S.d.	im Sinne des
i.V.m.	in Verbindung mit
KG	Kommanditgesellschaft
KGaA	Kommanditgesellschaft auf Aktien
KSt	Körperschaftsteuer
KStG	Körperschaftsteuergesetz
KStR	Körperschaftsteuer-Richtlinien
KStH	Körperschaftsteuer-Hinweise
LStDV	Lohnsteuerdurchführungsverordnung
m.w.N.	mit weiteren Nachweisen
NVP	Nettoverkaufspreis
Nr.	Nummer
NWB	Neue Wirtschaftsbriefe (Zeitschrift)
OECD-MA	Muster der Organization for Economic Cooperation and Development für ein Abkommen zur Vermeidung von internationalen Doppelbesteuerungen
OFD	Oberfinanzdirektion
o.g.	oben genannte
OHG	Offene Handelsgesellschaft
R	Richtlinie
RFH	Reichsfinanzhof
RGBl.	Reichsgesetzblatt
RStBl.	Reichssteuerblatt
RZ	Randziffer
S.	Seite
s.	siehe
SachBezV	Sachbezugsverordnung
sog.	so genannte
StEntlG	Steuerentlastungsgesetz

Abkürzungsverzeichnis

TW	Teilwert
TZ	Textziffer
u.a.	unter anderem
u.Ä.	und Ähnliches
UmwG	Umwandlungsgesetz
UmwStG	Umwandlungssteuergesetz
UntStFG	Unternehmenssteuerfortentwicklungsgesetz
UStDV	Umsatzsteuer-Durchführungsverordnung
UStG	Umsatzsteuergesetz
UStR	Umsatzsteuer-Richtlinie
u.U.	unter Umständen
u.v.m.	und vieles mehr
VermBG	Vermögensbildungsgesetz
Vgl./ vgl.	Vergleiche/ vergleiche
VZ	Veranlagungszeitraum
WRV	Weimarer Reichsverfassung
z.B.	zum Beispiel
ZPO	Zivilprozessordnung
zzgl.	zuzüglich

1 Das deutsche Steuersystem

1.1 Begriff der Steuer

Steuern werden in § 3 Abs. 1 AO definiert als „Geldleistungen, die nicht eine Gegenleistung für eine besondere Leistung darstellen und von einem öffentlich-rechtlichen Gemeinwesen zur Erzielung von Einnahmen allen auferlegt werden, bei denen Tatbestand zutrifft, an den das Gesetz die Leistungspflicht knüpft; die Erzielung der Einnahmen kann Nebenzweck sein."

Demnach bestimmt § 3 AO folgende Merkmale des Steuerbegriffs:

- Die Steuer ist eine einmalige oder laufende **Geldleistung**; Naturalleistungen, Wehrdienst, Anzeige- oder Meldepflichten stellen keine Steuern dar.

- Die Steuer ist **keine Gegenleistung** für besondere Leistungen und unterscheidet sich dadurch von öffentlich-rechtlichen Gebühren, die für die Inanspruchnahme bestimmter staatliche Leistungen erhoben werden (z.B. Verwaltungsgebühren für die Inanspruchnahme von Amtshandlungen oder Benutzungsgebühren für die Benutzung öffentlicher Einrichtungen wie z.B. Bibliotheken oder Sportanlagen). Ebenso sind Steuern von öffentlich-rechtlichen Beiträgen zu differenzieren, wie beispielsweise Anliegerbeiträge zur Verbesserung von Straßen und Wegen.

- Steuern dienen der **Einnahmenerzielung des Staats** (so genannter Fiskalzweck). Mit der Erhebung der Steuer kann als Nebenzweck aber auch die Beeinflussung des Verhaltens des Steuerpflichtigen beabsichtigt sein (Lenkungszweck) oder eine Umverteilung der Einkommens- und Vermögensverhältnisse bezweckt werden (Umverteilungszweck).

- Steuern werden von einem **öffentlich-rechtlichen Gemeinwesen auferlegt**. Berechtigt zur Steuererhebung sind neben Bund, Ländern und Gemeinden insbesondere bestimmte Religionsgemeinschaften mit öffentlich-rechtlichem Status. Freiwillige oder vertragliche Zahlungen oder Zahlungen an andere Institutionen scheiden somit aus.

- Steuern dienen der **Deckung des allgemeinen Finanzbedarfs.** Damit ist eine Zweckbindung des Steueraufkommens an bestimmte Staatsausgaben verfassungsrechtlich unzulässig (so genanntes Non-Affektationsprinzip).

- Die Geldleistung muss **allen** auferlegt sein, bei denen der **Tatbestand** zutrifft, an den das Gesetz die Leistungspflicht knüpft. Damit werden die Gleichmäßigkeit der Besteuerung (Allgemeinheit) und die Tatbestandsmäßigkeit der Besteuerung (Ge-

Das deutsche Steuersystem

setzmäßigkeit) verankert. Die Tatbestände, die der Besteuerung unterliegen, müssen klar und eindeutig normiert sein (Tatbestandsbestimmtheit) und die Besteuerung entsprechend dem Gesetz durchgeführt werden (Tatbestandsmäßigkeit). Folglich können Steueransprüche nicht durch Analogieschlüsse begründet werden und wenn ein gesetzlich normierter Tatbestand verwirklicht ist, kann die Steuerpflicht nicht durch individuelle Vereinbarungen mit den Steuerbehörden vermieden werden.

Abbildung 1-1: Steuern im System der öffentlich-rechtlichen Lasten

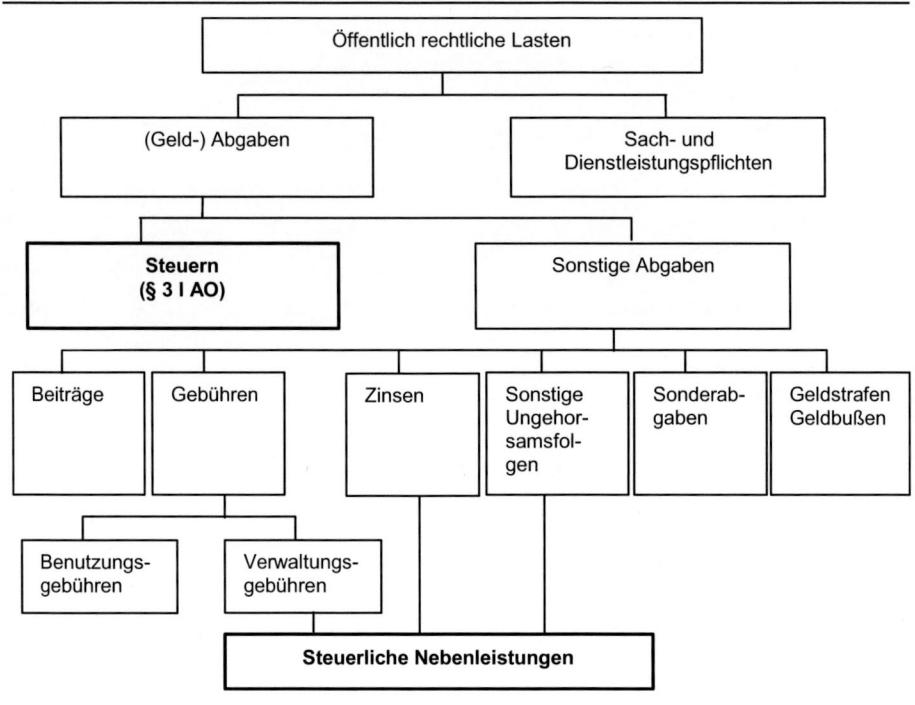

Geldstrafen, Bußgelder, Zwangsgelder, Säumniszuschläge, Verspätungszuschläge oder die Zuschläge nach § 162 Abs. 6 AO (bei Verletzung bestimmter Mitwirkungspflichten), Zinsen und Kosten sind keine Steuern. Sie werden zum Teil als steuerliche Nebenleistungen verfahrensrechtlich wie Steuern behandelt (vgl. § 3 Abs. 4 i.V.m. § 37 Abs. 1 AO).

Steuern sind zwar die wichtigste – aber nicht die einzige – Form von öffentlich-rechtlichen Abgaben. Eine Einordnung der Steuern in das System der weiteren Finanzabgaben, die von öffentlich-rechtlichen Institutionen erhoben werden, gibt die obige Übersicht.

1.2 Steuerarten und Steueraufkommen

Das deutsche Steuersystem ist gekennzeichnet durch eine Vielzahl von unterschiedlich strukturierten Steuerarten. Die Steuereinnahmen betrugen im Jahr 2007 insgesamt 538 Mrd. Euro. Im Einzelnen setzte sich das Steueraufkommen wie folgt zusammen:

Abbildung 1-2: Steuerarten und Steueraufkommen (Steuerspriale)

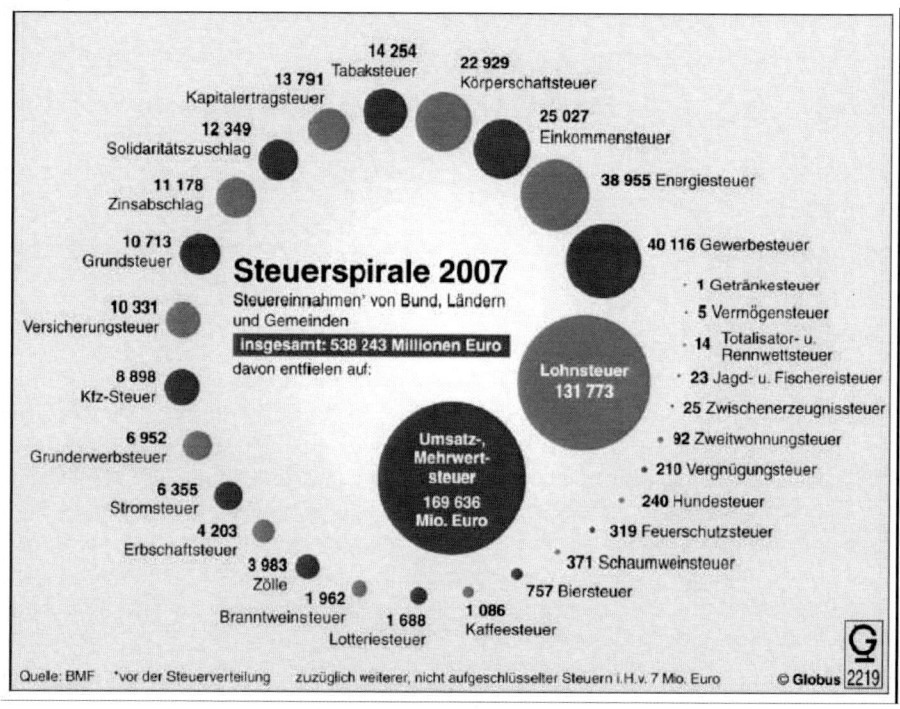

Die Steuerquoteals prozentualer Anteil des gesamten Steueraufkommens am Bruttoinlandsprodukt betrug 22,2% und liegt damit geringer als in den meisten OECD-Ländern.

Die Steuerarten kann man nach den folgenden Kriterien systematisieren:

- Nach der **aufkommensberechtigten Körperschaft** lassen sich Bundes-, Landes-, und Gemeindesteuern sowie Gemeinschaftsteuern unterscheiden. Nach Art. 106 GG wird festgelegt, welcher bzw. welchen Körperschaften die Einnahmen aus den Steuern zustehen. Die aufkommensstärksten Steuern sind Gemeinschaftsteuern, deren Aufkommen Bund, Ländern und Gemeinden gemeinsam zustehen. Daneben existieren – wie aus der obigen Tabelle ersichtlich – Steuern, deren Aufkommen ausschließlich einer der Gebietskörperschaften zustehen.

- Eine weitere Unterscheidung systematisiert die Steuern in Abhängigkeit von Steuerschuldner- und Steuerträgerschaft in **direkte und indirekte Steuern**: Kennzeichen der direkten Steuern ist, dass Steuerschuldner und Steuerträger identisch sind. Bei den indirekten Steuern werden die Steuern zwar vom Steuerschuldner bezahlt, aber im Preis auf den Steuerträger überwälzt. Grundsätzlich sind Einkommensteuer und Vermögensteuer direkte Steuern, während Umsatzsteuer oder Verbrauchsteuern (z.B. Mineralölsteuer, Biersteuer, Tabaksteuer) die Charakteristika der indirekten Steuern aufweisen.

- Nach dem Vorhandensein eines Steuersubjektes kann differenziert werden zwischen **Personal- und Realsteuern**: Personensteuern definieren natürliche oder juristische Personen als Steuersubjekte und besteuern diese unter Berücksichtigung der persönlichen Verhältnisse (z.B. Berücksichtigung von Familienstand, Kinderzahl etc. im Rahmen der Einkommensteuer). Real- oder Objektsteuern knüpfen an Sachen als Steuerobjekte an und besteuern diese losgelöst von den persönlichen Verhältnissen des Eigentümers (z.B. Grundsteuer, Gewerbesteuer).

- Nach dem Steuerobjekt, das von der jeweiligen Steuer erfasst wird, lassen sich zudem **Ertrag-, Substanz- und Verkehrsteuern** unterscheiden: Ertragsteuern besteuern durch Markttätigkeit erwirtschaftete Erträge. Zu den Ertragsteuern gehören Einkommensteuer (einschließlich Lohnsteuer und Kapitalertragsteuer), Körperschaftsteuer, Gewerbesteuer vom Ertrag, Solidaritätszuschlag und Kirchensteuer. Substanzsteuern erfassen vorhandenes Vermögen. Grundsteuer sowie Erbschaft- und Schenkungsteuer sind die Substanzsteuern. Verkehrsteuern unterwerfen Transaktionen der Besteuerung. Zu den Verkehrsteuern gehören beispielsweise Umsatzsteuer, Grunderwerbsteuer, Versicherungsteuer und Kraftfahrzeugsteuer.

- **Verbrauchsteuern** setzen an der Einkommensverwendung für bestimmte Konsumgüter als Besteuerungsobjekt an. Zu den bundesweit erhobenen Verbrauchsteuern gehören beispielsweise Biersteuer, Branntweinsteuer, Schaumweinsteuer, Stromsteuer, Mineralölsteuer u.v.m. Daneben existiert eine Vielzahl von kommunalen Verbrauchsteuern wie beispielsweise Hundesteuer, Jagd- und Fischereisteuer, Vergnügungsteuer, Zweitwohnungsteuer etc.

Da unterschiedliche Steuern dasselbe Steuerobjekt mit Steuern belegen, kann es zu einer **Kumulierung von Steuern** kommen. Besonders gravierend für die Steuerbelastung von Unternehmen ist die **Besteuerung des unternehmerischen Gewinns durch die Ertragsteuern**. In Abhängigkeit von der Rechtsform des Unternehmens wird der Unternehmensgewinn mit Einkommensteuer besteuert (Einzelunternehmen, Personenhandelsgesellschaften) oder der Körperschaftsteuer unterworfen (Kapitalgesellschaften). Zusätzlich unterliegt der Unternehmensgewinn - unabhängig von der Rechtsform der Unternehmens - der Gewerbesteuer vom Ertrag. Darüber hinaus wird auf alle Unternehmensgewinne Solidaritätszuschlag erhoben.

1.3 Betriebswirtschaftliche Bedeutung der Steuern

Die betriebswirtschaftliche Bedeutung von Steuern setzt sowohl bei Unternehmen als auch bei Privaten an. Steuern stellen als Zwangsabgaben zur Finanzierung öffentlicher Aufgaben aus betriebswirtschaftlicher Sicht negative Zielbeiträge dar. Sie können daher die **Vorteilhaftigkeit unternehmerischer Entscheidungen** beeinflussen und werden somit Gegenstand betriebswirtschaftlicher Problemstellungen. Daraus folgt die Notwendigkeit der Einbeziehung von Steuern in die betriebliche Planung, da verschiedene Handlungsprogramme in der Regel unterschiedlich hohe Steuerzahlungen auslösen. Indessen verursacht die Berechnung von Steuern Informationskosten. Die Vernachlässigung von Steuern reduziert zwar diese Informationskosten, bewirkt aber die Gefahr einer Verschlechterung der Entscheidung. Solange also die Irrelevanz bzw. Neutralität von Steuern nicht erwiesen ist, ist somit nicht die Vernachlässigung von Steuern in betriebswirtschaftlichen Modellen rechtfertigungsbedürftig, da sie das Risiko von Fehlentscheidungen beinhaltet. Es lassen sich zahlreiche Beispiele dafür finden, dass die Vernachlässigung von Steuerwirkungen zu betriebswirtschaftlichen Fehlentscheidungen führen. Betriebswirtschaftliche Bereiche, in denen Steuerwirkungen Entscheidungsrelevanz zukommt, sind in der nachfolgenden Übersicht aufgezählt. Danach beeinflussen Steuerzahlungen Optimalitätskriterien in nahezu sämtlichen unternehmerischen Teilfunktionen.

„Taxes matter" lautet also die naheliegende, wenngleich keinesfalls triviale Feststellung. Da sich der Fiskus am Unternehmen oder auch am Vermögen der Privatperson als „lästiger Gesellschafter" beteiligt, beeinträchtigen Steuerzahlungen die Möglichkeiten der Einkommensverwendung für investive und konsumptive Zwecke. Steuern mindern damit in jedem Fall den Zielerreichungsgrad von Unternehmen. Sie führen häufig zur Änderung der Rangfolge von Handlungsalternativen und beeinflussen so die Entscheidungsoptima. Angesichts der quantitativen Bedeutung von Steuerzahlungen handelt es sich bei der Ergänzung der betriebswirtschaftlichen Planung um die Steuerbelastung keineswegs um ein Randproblem.

Abbildung 1-3: *Steuerwirkungen in den unternehmerischen Teilfunktionen*

Steuern kommt Bedeutung zu u.a. für:

- Organisation und die Ausgestaltung des betrieblichen Rechnungswesen
- Beschaffungsentscheidungen
- Produktionsentscheidungen
- Absatzentscheidungen
- Standortentscheidungen aufgrund des internationalen Steuergefälles
- Rechtsformentscheidungen
- Investitionsentscheidungen
- Finanzierungsentscheidungen
- Ausschüttungspolitik (Dividenden)
- Unternehmensnachfolgeentscheidungen

Betriebswirtschaftliche Entscheidungen führen in der Regel zur Verwirklichung steuerrechtlich relevanter Tatbestände. Um wirtschaftliche Lebenssachverhalte in **rechtliche Tatbestandsmerkmale** einkleiden zu können, ist zunächst eine Umformung ökonomischer Entscheidungen in rechtliche Kategorien vonnöten. Hierin zeigt sich sehr plastisch, dass es unabdingbar ist, vor einer ökonomischen Analyse der Besteuerungswirkungen die rechtlichen Kategorien und insbesondere die rechtlichen Tatbestandsmerkmale zu verstehen und zu interpretieren. Dabei darf sich die ökonomische Analyse auch nicht scheuen, die Methoden der Rechtswissenschaft gewissermaßen als Vorstufe der ökonomischen Analyse anzuwenden. Ob eine Rechtsnorm beispielsweise grammatikalisch interpretiert wird oder die Teleologie einer Vorschrift zu ergründen versucht wird, kann und wird häufig – das ist juristisch eine Trivialität – zu unterschiedlichen Rechtsfolgeableitungen führen. Sobald sich aber die Rechtsfolgen unterscheiden, werden in aller Regel auch die ökonomischen Konsequenzen unterschiedlich sein. Aus dieser Überlegung heraus ist es geboten, bei der ökonomischen Analyse von Steuerwirkungen das **rechtsmethodische Instrumentarium** zu beherrschen. Es zeigt sich somit, dass die positive Steuerrechtskenntnis eine außerordentlich wichtige Voraussetzung der betriebswirtschaftlichen Analyse von Steuerwirkungen darstellt. Mithin ist die Bereitschaft gefordert, sich in steuerrechtliche Strukturen einzuarbeiten, um betriebswirtschaftliche gehaltvolle Wirkungsanalysen vornehmen zu können.

Steuern sind wie erwähnt negative Zielbeiträge in einzelwirtschaftlichen Kalkülen. Unternehmer, Unternehmen und Private werden daher von dem Bestreben geleitet sein, Steuerzahlungen so weit als möglich zu vermeiden. Nun kann es selbstverständlich nicht Ziel einer wirtschaftlichen Aktivität sein, Steuern vollumfänglich zu vermeiden. Dies würde einer Einstellung jeglicher wirtschaftlicher Aktivitäten gleichkommen. Indessen hat der Gesetzgeber selbst Freiräume eingeräumt, die sich in der Form von **Wahl- und Optionsrechten** manifestieren. Die Ausgestaltung dieser Wahl- und

Optionsrechte wird unmittelbar zum Gegenstand von betriebswirtschaftlichen Kalkülen. Im Kontext von betriebswirtschaftlichen Kalkülen stellt daher die Entscheidung über ein steuerliches Wahlrecht einen häufigen Anwendungsfall der betriebswirtschaftlichen Vorteilhaftigkeitsanalyse dar. Allerdings beschränkt sich die betriebswirtschaftliche Analyse nicht auf die Ermittlung von Steuerwirkungen und Steuerzahlungen im Hinblick auf betriebswirtschaftliche Entscheidungen. Ein weiteres wichtiges Themenfeld stellt die **betriebswirtschaftliche Steuerplanung** dar. Planung lässt sich verstehen als die gedankliche Vorwegnahme zukünftigen Handelns durch Abwägen verschiedener Handlungsalternativen und Entscheidung für den günstigsten Weg. Planung bedeutet also das Treffen von Entscheidungen, die in die Zukunft gerichtet sind und durch die der betriebliche Prozessablauf als Ganzes und in allen seinen Teilen festgelegt wird. Steuerplanung ergänzt die betriebswirtschaftliche Planung. Sie umfasst die gestaltende Einflussnahme auf relevante Parameter, die im steuerlichen Umfeld das Erreichen der formulierten Ziele unterstützen. Demzufolge wird Steuerplanung darauf gerichtet sein, Steuerbegünstigungen zu erreichen oder Steuerbenachteiligungen auszuweichen. Steuerpflichtige verfolgen mit der Steuerplanung das primäre Ziel, Zahlungsüberschüsse nach Steuern zu vermehren. Dabei erfolgt Steuerplanung regelmäßig unter Unsicherheit über zukünftige Zahlungen und zukünftiges Steuerrecht statt.

Die Notwendigkeit von Steuerplanung ergibt sich daraus, dass Steuerwirkungen ökonomische Entscheidungen verzerren, mithin **Steuersysteme nicht entscheidungsneutral** konzipiert sind. Man sollte in diesem Zusammenhang nicht außer Acht lassen, dass bei Verwirklichung des Postulats der Entscheidungsneutralität der Besteuerung jegliche einzelwirtschaftliche Steuerplanung im Grunde genommen überflüssig wäre. Selbstverständlich ist das Neutralitätspostulat angesichts höchst ausdifferenzierter Steuersysteme in den entwickelten Industriestaaten eher von Wunschdenken geprägt, als dass ihm der Charakter eines realistischen Ziels zukäme. Indessen soll nicht verkannt werden, dass auch aus betriebswirtschaftlicher Sicht eine neutrale Besteuerung von Vorteil wäre. Durch das Fehlen von Steuerwirkungen würden sich viele Entscheidungskalküle drastisch vereinfachen und für die Unternehmer die steuerlichen Planungskosten erheblich reduzieren.

Seriöse Steuerplanung hat zum Gegenstand, in der Zukunft liegende - mithin ungewisse - Steuerwirkungen zu analysieren und auf den gegenwärtigen Entscheidungszeitpunkt zu beziehen. Dies ist mit dem bekannten betriebswirtschaftlichen Instrumentarium nicht immer einfach möglich. Häufig sind sowohl die Steuerplanung als auch die Steuerwirkungsanalyse an bestimmte **vereinfachende Annahmen** geknüpft, wie zum Beispiel die der Abwesenheit von Unsicherheit in Bezug auf künftige Umweltzustände sowie die der Existenz eines vollkommenen Kapitalmarkts im Konkurrenzgleichgewicht. Gleichwohl lässt sich Steuerplanung auch unter vereinfachenden Annahmen realitätsnah betreiben. In der steuerbetriebswirtschaftlichen Literatur haben sich in diesem Zusammenhang **verschiedene Ansätze** herausgebildet. Die bekannteste Form der entscheidungslogischen Modellbildung für die Ermittlung von

Steuerwirkungen stellt das Standardmodell der Investitionsrechnung mit Steuern dar. Das **investitionsrechnerische Vorteilhaftigkeitsmodell des Kapitalwerts** (Net Present Value) ermittelt die Summe der auf den Investitionszeitpunkt diskontierten Einzahlungsüberschüsse der Investition und der Investitionsausgabe. Der Einfluss der Besteuerung wird im Standardmodell auf Ertragsteuerwirkungen mit dem Steuersatz s beschränkt. Die Berücksichtigung des Steuereffekts erfolgt im Zahlungsstrom, indem die Rückflüsse aus der Investition um die investitionsbedingten Steuerzahlungen gekürzt werden, sowie im Kalkulationszinsfuß, der um den Ertragsteuersatz s der Alternativanlage reduziert wird.

1.4 Finanzverfassung

1.4.1 Steuergesetzgebungshoheit

Die Finanzverfassung des Grundgesetzes (Art. 104a –108 GG) regelt nach der Ausgabenzuständigkeit von Bund und Ländern in Art. 104a GG nicht die Einnahmenzuständigkeit umfassend für alle Arten von Abgaben, wie es aus heutiger Sicht im Hinblick auf die ständig steigende Abgabenlast sinnvoll und wünschenswert wäre. Vielmehr werden in den Art. 105 – 108 GG nur die Zuständigkeiten für Steuern, die sogenannten **Steuerhoheiten** festgelegt: die Steuergesetzgebungshoheit (Art. 105 GG), die Steuerertragshoheit (Art. 106, 107 GG) und die Steuerverwaltungshoheit (Art. 108 GG).

Die **Steuergesetzgebungshoheit** regelt, welches Gesetzgebungsorgan zur Steuergesetzgebung befugt ist. Nach der grundgesetzlichen Regelung hat der **Bund** die **ausschließliche Gesetzgebungshoheit** für alle Zölle und Finanzmonopole (Art. 105 Abs. 1 GG; zurzeit existiert nur ein Finanzmonopol, das Branntweinmonopol). Für alle übrigen Steuern hat der **Bund die konkurrierende Gesetzgebungskompetenz**, wenn folgende Voraussetzungen vorliegen:

- Das Aufkommen aus den Steuern steht dem Bund ganz oder teilweise zu (Art. 105 Abs. 2 GG).

- Eine bundesgesetzliche Regelung ist erforderlich, um einheitliche Lebensverhältnisse im Bundesgebiet herzustellen oder um die Rechts- und Wirtschaftseinheit im gesamtstaatlichen Interesse zu wahren (Art. 105 Abs. 2 i.V.m. Art. 72 Abs. 2 GG).

- Es handelt sich nicht um örtliche Aufwands- und Verbrauchsteuern (Art. 105 Abs. 2a GG).

- Es handelt sich nicht um Kirchensteuer (Art. 140 GG i.V.m. Art. 137 Abs. 6 WRV).

Bundesgesetze über Steuern, deren Aufkommen den Ländern oder Kommunen ganz oder teilweise zufließt, bedürfen der Zustimmung des Bundesrates (Art. 105 Abs. 3 GG). Verweigert der Bundesrat die Zustimmung, so können Bundestag, Bundesrat oder Regierung die Einberufung eines Vermittlungsausschusses verlangen (Art. 77 Abs. 2 GG).

Die **Länder** haben die Befugnis zur **konkurrierenden Gesetzgebungskompetenz**, solang und soweit der Bund von seiner Gesetzgebungszuständigkeit keinen Gebrauch macht (Art. 105 Abs. 2 i.V.m. 72 Abs. 1 GG). Zusätzlich haben die Länder **die ausschließliche Befugnis zur Gesetzgebung** über die **örtlichen Aufwands- und Verbrauchsteuern** (Art. 105 Abs. 2a GG). Diese Befugnis erstreckt sich jedoch nur auf solche Steuern, die den bundesgesetzlich geregelten Steuern nicht gleichartig sind.

Die **Gemeinden** haben nach der abschließenden Regelung des Art. 105 GG **kein eigenes Recht zur Steuergesetzgebung**. Sie dürfen lediglich die Hebesätze für die Realsteuern (im Rahmen der bundesgesetzlich geregelten Realsteuergesetze) festsetzen (Art. 106 Abs. 6 Satz 2 GG).

Zusammenfassend lässt sich feststellen, dass die Gesetzgebungskompetenz für Steuern im Wesentlichen beim Bund liegt, um die Einheitlichkeit der Lebens- und Wirtschaftsverhältnisse im Bundesgebiet zu sichern (Art. 105 i.V.m. Art. 72 GG). Allerdings bedürfen Bundesgesetze über Steuern, deren Aufkommen ganz oder teilweise den Ländern oder Gemeinden zufließen, der Zustimmung des Bundesrates (Art. 105 Abs. 3 GG).

1.4.2 Steuerertragshoheit

Die Steuerertragshoheit regelt, welcher Gebietskörperschaft die Einnahmen aus einer Steuerart zustehen. Die Steuerertragshoheit ist in Art. 106 GG wie folgt festgelegt:

Dem **Bund** stehen die Erträge aus den folgenden Steuerarten zu (Art. 106 Abs. 1, Abs. 3 GG):

- Finanzmonopole (derzeit nur Branntweinmonopol),
- Verbrauchsteuern, soweit sie nicht den Ländern oder Gemeinden zustehen (also z.B. Mineralöl., Strom, Tabak-, Kaffee-, Branntwein und Schaumweinsteuer),
- Versicherungsteuer,
- Einmalige Vermögensabgaben und zur Durchführung des Lastenausgleichs erhobene Abgaben,
- Ergänzungsabgaben zur Einkommen- und Körperschaftsteuer (Solidaritätszuschlag),
- Abgaben im Rahmen der Europäischen Gemeinschaften, sog. Abschöpfungen,
- Anteil an den Gemeinschaftsteuern (Einkommensteuer, Körperschaftsteuer, Umsatzsteuer),

- Anteil an der Gewerbesteuerumlage.

Für folgende Steuerarten steht den **Ländern** die Ertragshoheit zu (Art. 106 Abs. 2, Abs. 3 GG):

- Vermögensteuer (erhoben bis zum Veranlagungszeitraum 1996)
- Erbschaft- und Schenkungsteuer,
- Kraftfahrzeugsteuer,
- Verkehrsteuern, sofern sie nicht dem Bund oder den Gemeinden zufließen, also z.B. Grunderwerbsteuer, Feuerschutzsteuer, Rennwett- und Lotteriesteuer,
- Biersteuer,
- Spielbankabgabe,
- Anteil an den Gemeinschaftsteuern (Einkommensteuer, Körperschaftsteuer, Umsatzsteuer),
- Anteil an der Gewerbesteuerumlage.

Um die unterschiedlichen Steuereinnahmen der Länder auszugleichen, sieht Art. 107 GG einen **Finanzausgleich** vor. Der Finanzausgleich kann zum einen zwischen den Ländern stattfinden, um die unterschiedliche Finanzkraft der Länder angemessen auszugleichen (**horizontaler Finanzausgleich**, Art. 107 Abs. 1, 2 GG). Der horizontale Finanzausgleich besteht aus der horizontalen Umsatzsteuerverteilung, d.h. aus der Festlegung der Anteile der einzelnen Länder am Länderanteil der Umsatzsteuer, sowie aus direkten Ausgleichszahlungen zwischen den Ländern. Der **vertikale Finanzausgleich** umfasst die vertikale Umsatzsteuerverteilung zwischen Bund und Ländern sowie direkte Ergänzungszuweisungen des Bundes an die Länder.

Den **Gemeinden** steht das Aufkommen der folgenden Steuerarten zu (Art. 106 V-VII GG):

- Grundsteuer
- Gewerbesteuer (abzüglich Gewerbesteuerumlage)
- Aufkommen der örtlichen Verbrauchs- und Aufwandsteuern, z.B. Hunde- und Vergnügungsteuer
- Anteil am Aufkommen der Einkommensteuer (Art. 106 Abs. 5 GG)
- Anteil an der Umsatzsteuer
- Anteil am Länderanteil der Gemeinschaftsteuern, soweit es die Landesgesetzgebung vorsieht.

Zum Ausgleich der Finanzkraftunterschiede der Gemeinden sehen die Länderverfassungen eine Verpflichtung zum **kommunalen Finanzausgleich** vor.

1.4.3 Steuerverwaltungshoheit

Die Steuerverwaltungshoheit regelt die Kompetenzen hinsichtlich des Vollzugs der Steuergesetze. Die Steuern werden entweder von Bundesfinanzbehörden oder Landesfinanzbehörden verwaltet, wobei die Landesfinanzbehörden teilweise im Auftrag des Bundes tätig werden (sog. Auftragsverwaltung).

Die folgende Übersicht fasst die Steuerhoheiten für die wichtigsten Steuerarten zusammen.

Tabelle 1-1: Finanzverfassung

	Gesetzgebungshoheit	Ertragshoheit	Verwaltungshoheit
■ **Einkommensteuer**	Bund	Bund Länder Gemeinden	Länder
■ **Körperschaftsteuer**	Bund	Bund Länder	Länder
■ **Solidaritätszuschlag**	Bund	Bund	Länder
■ **Gewerbesteuer**	Bund Gemeinden (Hebesatz)	Gemeinden (Bund, Länder)	Länder Gemeinden
■ **Kirchensteuer**	Länder	Kirchen	Länder Kirchen
■ **Erbschaft- und Schenkungsteuer**	Bund	Länder	Länder
■ **Grundsteuer**	Bund Gemeinden (Hebesatz)	Gemeinden	Länder Gemeinden
■ **Grunderwerbsteuer**	Bund	Länder	Länder
■ **Umsatzsteuer**	Bund	Bund Länder (Gemeinden)	Länder

Von den **Bundesfinanzbehörden** werden Zölle, Finanzmonopole, Abgaben im Rahmen der EG und bundesgesetzliche Verbrauchsteuern verwaltet. Die Bundesfinanzbehörden umfassen insbesondere das Bundesministerium der Finanzen, das Bundesamt für Finanzen sowie die Hauptzollämter.

Im Auftrag des Bundes verwalten die **Landesfinanzbehörden** die Steuern, die ganz oder teilweise dem Bund zufließen, d.h. Einkommensteuer, Körperschaftsteuer, Solidaritätszuschlag, Umsatzsteuer und Versicherungsteuer (Art. 108 Abs. 3 GG). Im eigenen Auftrag verwalten die Landesfinanzbehörden die Erbschaft- und Schenkungsteuer, Kraftfahrzeugsteuer, Grunderwerbsteuer, Feuerschutzsteuer, Rennwett- und Lotteriesteuer, Spielbankabgabe, Gewerbesteuer, Grundsteuer sowie örtliche Verbrauch und Aufwandsteuern. Zu den Landesfinanzbehörden gehören die Landesfinanzministerien bzw. –senatoren, die Oberfinanzdirektionen und die Finanzämter.

Die Verwaltung von Steuern, die den Gemeinden zufließen, kann von den Ländern ganz oder teilweise den **Gemeinden** übertragen werden (Art. 108 Abs. 4 2 GG). Das ist geschehen hinsichtlich der Realsteuerfestsetzung (Anwendung der Hebesätze auf die Realsteuermessbescheide von Gewerbesteuer und Grundsteuer) sowie hinsichtlich der Verwaltung der kommunalen Verbrauch- und Aufwandsteuern (z.B. Vergnügungsteuer, Hundesteuer, Getränkesteuer).

1.5 Rechtsquellen des Steuerrechts

Zu den wichtigsten Rechtsquellen des Steuerrechts gehören

- das supranationale Recht,
- das Grundgesetz,
- Gesetze und Durchführungsverordnungen,
- Verwaltungsvorschriften und
- die Rechtsprechung.

Das **supranationale Recht** umfasst die allgemeinen Regeln des Völkerrechts, das Europäische Gemeinschaftsrecht und die Doppelbesteuerungsabkommen. Die **allgemeinen Regeln des Völkerrechts** sind vorrangig vor den innerstaatlichen Regelungen anzuwenden (Art. 25 GG). Allerdings haben sie - von wenigen Ausnahmen abgesehen - für das Steuerrecht nur eine geringe Bedeutung.

Das **Recht der Europäischen Gemeinschaft** wirkt zunehmend stärker auf das nationale Steuerrecht ein. Innerhalb des Rechtes der Europäischen Gemeinschaft werden ein primäres und ein sekundäres Gemeinschaftsrecht unterschieden. Das **primäre Gemeinschaftsrecht** bildet die Grundlage der Gemeinschaftsrechtsordnung und wird aus diesem Grund auch als Verfassungsrecht der EU bezeichnet. Zum primären Gemeinschaftsrecht werden zum einen das **geschriebene Primärrecht**, d.h. die **Grün-**

dungsverträge mit allen späteren Ergänzungen bzw. Änderungen gezählt. Diese Verträge sind zwar nicht ihrer Form nach, aber der Sache nach das Verfassungsrecht der Gemeinschaft. Die wesentlichen Regeln über Gegenstände und Verfahren der Europäischen Integration sind darin und im EU-Vertrag enthalten. Die Regelungen des geschriebenen primären Gemeinschaftsrechts sollten ursprünglich durch den „Vertrag über eine Verfassung für Europa" ersetzt werden. Dieser „Vertrag über eine Verfassung für Europa" sollte der Europäischen Union eine einheitliche Struktur und Rechtspersönlichkeit geben und die bis dahin gültigen Grundlagenverträge (vor allem EU-, EG- und Euratom-Vertrag) ablösen. Auch sollte die formale Unterteilung in EU und EG entfallen. Da nicht alle Mitgliedstaaten den Vertrag ratifizierten, erlangte der Verfassungsvertrag jedoch keine Rechtskraft. Die darauf eingetretene Krise mündete darin, dass die Staats- und Regierungschefs der EU auf dem Europäischen Rat vom 21. - 23. Juni 2007 beschlossen, die eingangs genannten EU-Verträge lediglich zu verändern, statt sie durch eine Verfassung zu ersetzen. Mit dem Vertrag von Lissabon, der in allen Mitgliedstaaten außer Irland ohne Volksabstimmungen ratifiziert werden kann, sollte ein Großteil der Inhalte des Verfassungsvertrages in die grundlegenden Verträge eingearbeitet werden. Allerdings scheiterte die Volksabstimmung in Irland am 12. Juni 2008, sodass nun auch dieser Reformvertrag (vorerst) nicht in Kraft treten kann.

Abbildung 1-4: Primäres Gemeinschaftsrecht

Geschriebenes Gemeinschaftsrecht

- Gründungsverträge zu den Europäischen Gemeinschaften in der jeweils geltenden Fassung, z. B. EGKS-Vertrag, der EGV, der EAGV, der EUV und die Beitrittsverträge EGV, insbesondere für die Besteuerung bedeutsam: Grundfreiheiten
- In Zukunft: Vertrag über eine Verfassung für Europa insbesondere für die Besteuerung bedeutsam: Grundfreiheiten

Ungeschriebenes Gemeinschaftsrecht

- Gewohnheitsrecht
- Allgemeine Rechtsgrundsätze der Mitgliedstaaten, z.B. Vertrauensschutz, Verhältnismäßigkeit, Menschenrechte

Für die Besteuerung von besonderer Bedeutung sind die **Grundfreiheiten**, die als Bestandteil des geschriebenen Primärrechts im EGV enthalten sind (Art. 19 ff. EGV). Art. 14 Abs. 2 EGV kennzeichnet den Binnenmarkt als einen Raum ohne Binnengrenzen, „in dem der freie Verkehr von Waren, Personen, Dienstleistungen und Kapital gemäß den Bestimmungen dieses Vertrags gewährleistet ist". Diese vier eng mit dem Binnenmarkt verbundenen Freiheiten werden als Grundfreiheiten bezeichnet, wobei die Freiheit des Personenverkehrs differenziert wird in die Freizügigkeit der Arbeitnehmer und die Niederlassungsfreiheit der Selbständigen.

Daraus ergeben sich die folgenden Grundfreiheiten:

- Warenverkehrsfreiheit (Art. 23 bis 31 EGV, Art. 151 - 155 Verfassung für Europa)
- Freizügigkeit der Arbeitnehmer (Art. 39 bis 42 EGV, Art. 133 - 136 Verfassung für Europa)
- Niederlassungsfreiheit (Art. 43 bis 48 EGV, Art. 137 – 143 Verfassung für Europa)
- Dienstleistungsfreiheit (Art. 49 bis 55 EGV, Art. 144 - 150 Verfassung für Europa)
- Kapital- und Zahlungsverkehrsfreiheit (Art. 56 bis 60 EGV, Art. 156 - 160 Verfassung für Europa).

Bei allen Grundfreiheiten lassen sich zwei grundlegende Funktionen unterscheiden: Zum einen beinhalten sie ein **Diskriminierungsverbot** und darüber hinaus ein **Beschränkungsverbot**. Als Diskriminierungsverbot haben die Grundfreiheiten den Charakter von **Gleichheitsrechten**, während das Beschränkungsverbot ein **Freiheitsrecht** garantiert.

Zum anderen zählt man das **ungeschriebene Primärrecht**, insbesondere das Gewohnheitsrecht und die allgemeinen Rechtsgrundsätze hinzu. **Gewohnheitsrecht** entsteht durch ständige Übung bei gleichzeitiger Überzeugung von der Richtigkeit und Rechtmäßigkeit dieser Praxis. Die **allgemeinen Rechtsgrundsätze** sind Rechtsgrundsätze, die den Rechtsordnungen der EU-Staaten gemeinsam sind. Wichtige allgemeine Rechtsgrundsätze sind der Grundsatz der Verhältnismäßigkeit (jetzt in Art. 5 Abs. 3 EGV ausdrücklich enthalten), das Prinzip des Vertrauensschutzes sowie die Geltung der Menschenrechte (in Art. 6 Abs. 2 EUV enthalten sowie in der Charta der Grundrechte der Union (Teil II des Vertrags über eine Verfassung für Europa).

Abbildung 1-5: Sekundäres Gemeinschaftsrecht

Elemente des sekundären Gemeinschaftsrechts sind:

- Verordnungen
- Richtlinien
- Entscheidungen
- Empfehlungen und Stellungnahmen

Das **sekundäre Gemeinschaftsrecht** hingegen umfasst die von den Organen der Gemeinschaft erlassenen Rechtsnormen. Die Autorität der einzelnen Organe hierzu leitet sich aus dem Primärrecht, insb. den Verträgen ab. Neben den in Art. 249 EGV näher bezeichneten Rechtsnormen umfasst das sekundäre Gemeinschaftsrecht auch Verträge der Gemeinschaft mit dritten Staaten.

Innerhalb der beiden Rechtsgruppen gelten die allgemeinen Normenkollisionsregeln und das primäre Gemeinschaftsrecht steht über dem sekundären.

Die Merkmale der **Verordnung** sind ihre allgemeine Geltung, ihre Verbindlichkeit und ihre unmittelbare Wirkung in jedem Mitgliedsstaat (Art. 249 Satz 2 EGV). Die allgemeine Geltung bedeutet, dass die Verordnung wie ein nationales Gesetz zu betrachten ist und folglich Regelungen für eine unbestimmte Anzahl von Sachverhalten oder Personen enthalten kann. Die Verbindlichkeit hat zur Folge, dass die Verordnung für alle, die von ihr betroffen sind, Rechte oder Pflichten begründet. Eine individuelle Ausgestaltung durch einzelne Mitgliedsstaaten ist im Gegensatz zur Richtlinie somit nicht möglich. Aus der unmittelbaren Wirkung ergibt sich, dass die Verordnung ihre Rechtswirkung ohne Einbezug innerstaatlicher Gesetzgebungsorgane entfaltet. Steht einer Verordnung eine innerstaatliche Regelung entgegen, hat die Verordnung in ihrer Geltungswirkung Vorrang.

Die **Richtlinie** entfaltet nur hinsichtlich des zu erreichenden Ziels Verbindlichkeit, die Art und Weise ihrer Umsetzung ist im Gegensatz zur Verordnung den Mitgliedsstaaten selbst überlassen (Art. 249 S.3 EGV). Damit zeichnen sich die Richtlinien durch einen zweifachen Charakter aus:

- Verbindlichkeit hinsichtlich des Ziels
- Wahlfreiheit der Mittel zur Erreichung des Ziels

Die Beschränkung der Verbindlichkeit auf das Ziel der Richtlinie führt zu einem zweistufigen Umsetzungsverfahren. Im ersten Schritt wird die Richtlinie von den EU-Organen verabschiedet und im zweiten Schritt von den Mitgliedsstaaten in nationales Recht transformiert. Die Transformation sollte innerhalb der gesetzten Frist geschehen, da sonst das Ziel der Rechtsangleichung innerhalb der EU nicht erfüllt werden kann.

Bei der Frage, ob sekundäres Gemeinschaftsrecht als Verordnung oder als Richtlinie erlassen werden soll, haben die Legislativorgane teilweise Wahlfreiheit (vgl. Art. 37 EGV, der ausdrücklich beide Formen nennt und Art 95 Abs. 1 EGV der den Oberbegriff „Maßnahme" für Verordnungen und Richtlinien benutzt). In dem wichtigen Bereich der Rechtsangleichung im Binnenmarkt, insbesondere auch **im Bereich der Steuerharmonisierung,** werden **in der Regel Richtlinien** erlassen, um den Mitgliedstaaten eine gewisse Wahlfreiheit bei der Transformation in nationales Recht zu belassen.

Wichtige Richtlinien auf dem Gebiet der direkten Steuern stellen die **Mutter-Tochter-Richtlinie** (RL 90/435/EWG ABl. EG. Nr. L 225/6 vom 20.8.1990. Umsetzung in deutsches Recht durch § 43b EStG), die **Fusionsrichtlinie** (RL 90/434/EWG ABl. EG Nr. L225/1 vom 20.8.1990, Umsetzung in deutsches Recht durch UmwStG) sowie die **Zins- und Lizenzrichtlinie** (Umsetzung in deutsches Recht durch § 50g EStG) dar. Auf dem Gebiet der indirekten Steuern kommt den **Umsatzsteuerrichtlinien** (Sechste Richtlinie 77/388/EWG zur Harmonisierung der Rechtsvorschriften der Mitgliedstaaten über die

1 Das deutsche Steuersystem

Umsatzsteuern vom 17.5.1977, ABl. EG C 340 vom 10.11.1997 S. 173ff) eine herausragende Bedeutung zu, auf deren Grundlage eine weitreichende Harmonisierung der Umsatzsteuersysteme in der EU gelungen ist.

Die in Art. 249 Abs. 4 EGV genannten **Entscheidungen** erlangen, im Gegensatz zu Verordnungen oder Richtlinien, ihre Verbindlichkeit nur gegenüber den explizit in der Entscheidung genannten Adressaten. Demzufolge eignen sie sich typischerweise für Einzelfallregelungen. Ihre Wirkung entfaltet sie ebenso unmittelbar wie die Verordnung, d.h. eine Umsetzung in nationales Recht ist nicht notwendig. Der Adressat einer Entscheidung ist in der Regel ein Mitgliedstaat. Wird die Entscheidung an eine natürliche oder juristische Person des privaten Rechts gerichtet, ähnelt sie dem Instrument des Verwaltungsaktes im deutschen Verwaltungsrecht. Zum Erlass von Entscheidungen befugt sind der Rat und die Kommission der Europäischen Gemeinschaften.

Empfehlungen und Stellungnahmen gem. Art. 249 Abs. 5 EGV sind im Gegensatz zu den oben genannten Rechtsakten nicht verbindlich. Sie binden den Adressaten nicht an ein bestimmtes Verhalten, legen ihm dessen Ausführung aber nahe. Eine scharfe Trennung zwischen Empfehlungen und Stellungnahmen nimmt Art. 249 Abs. 5 EGV nicht vor. Als Empfehlung werden in der Regel Verlautbarungen des Rates oder der Kommission bezeichnet, die aufgrund der Eigeninitiative der Gemeinschaft ergehen. Stellungnahmen werden dagegen vornehmlich zu externen Anfragen abgegeben.

Doppelbesteuerungsabkommen stellen bilaterale völkerrechtliche Verträge dar, durch die das Besteuerungsrecht für grenzüberschreitende Sachverhalte zwischen den beiden vertragschließenden Staaten geregelt wird. Durch die Doppelbesteuerungsabkommen vereinbaren die beiden Vertragsstaaten in der Regel einen gegenseitigen Steuerverzicht, um bei grenzüberschreitenden Lieferungs- und Leistungsbeziehungen oder ausländischen Direktinvestitionen eine steuerliche Doppelbelastung auszuschließen oder zumindest zu reduzieren. Doppelbesteuerungsabkommen werden in nationales Recht transformiert und gehen als Spezialnormen den nationalen Steuergesetzen vor (§ 2 AO). Deutschland hat ein sehr dichtes Netz von Doppelbesteuerungsabkommen abgeschlossen, das derzeit aus mehr als 80 Abkommen mit allen wichtigen Wirtschaftsnationen besteht.

Die Grundlagen der deutschen Steuerrechtsordnung werden durch das **Verfassungsrecht** bestimmt. Von den Vorschriften des **Grundgesetzes** sind für die Besteuerung insbesondere die Regelungen der Finanzverfassung relevant, d.h. die Regelungen über die Gesetzgebungs-, Ertrags- und Verwaltungshoheit von Steuern (Art. 104a ff. GG). Darüber hinaus sind die allgemeinen Grundsätze der Rechtsstaatlichkeit insbesondere auch bei der Besteuerung einzuhalten, d.h. die Gewaltenteilung und Gesetzesbindung (Art. 20 GG). Zusätzlich erlangen auch die Grundrechte unmittelbare Bedeutung für die Besteuerung, da die in den Grundrechten enthaltenen Grundwertungen auch bei der Ausgestaltung und Anwendung der Steuergesetze durch Gesetzgebung und vollziehende Gewalt zu beachten sind. Eine herausragende Stellung nimmt dabei der Gleichheitssatz (Art. 3 GG) ein als systemtragendes Prinzip der Einkommensbesteuerung. Weitere für die Besteuerung wichtige Grundrechte sind insbesondere der Schutz der Menschenwürde (Art. 1 Abs. 1 GG), Schutz von Ehe und Familie (Art. 6 GG), sowie die Eigentumsgarantie (Art. 14 GG).

Mit Abstand die wichtigste Rechtsquelle für die Besteuerung bilden die **Gesetze**. Dies ergibt sich zum einen aus dem Rechtsstaatsprinzip des Art. 20 Abs. 3 GG, nach dem ein Eingriff in die Privatsphäre des Bürgers nur auf einer gesetzlichen Grundlage erfolgen darf. Zum anderen ist dem Steuerbegriff nach § 3 Abs. 1 AO die Tatbestandsmäßigkeit und Tatbestandsbestimmtheit der Besteuerung immanent. Gesetze können übergreifenden Charakter haben, eine einzelne Steuerart regeln oder zu besonderen Regelungstatbeständen ergehen.

Übergreifende Gesetze sind die Abgabenordnung und das Bewertungsgesetz. Die **Abgabenordnung** kodifiziert das allgemeine Steuerrecht und regelt damit Bereiche, die für alle Steuerarten oder zumindest für mehrere Steuerarten gelten. Damit entlastet sie die Einzelsteuergesetze, vermeidet Wiederholungen und Widersprüche. Sie umfasst die Grundbegriffe des Steuerrechts (Erster Teil), das Steuerschuldrecht (zweiter Teil), das Steuerverfahrensrecht (Dritter bis Siebenter Teil) sowie das Steuerstraf- und Steuerordnungswidrigkeitenrecht (Achter Teil). Die Abgabenordnung gilt für alle Steuerarten, die durch Bundesrecht (Art. 105 GG) oder das Recht der Europäischen Gemeinschaften geregelt werden und die durch Bundesfinanzbehörden oder Landesfinanzbehörden verwaltet werden (§ 1 Abs. 1 AO). Für die Realsteuern findet die Abgabenordnung nur insoweit Anwendung, als diese durch die Landesfinanzbehörden verwaltet werden. Bei Festsetzung, Erhebung und Beitreibung der Realsteuern durch die hebeberechtigten Gemeinden gilt die Abgabenordnung nur in eingeschränkten Umfang (§ 1 Abs. 2 AO). Zudem ist der Geltungsbereich der Abgabenordnung für die von den Gemeinden verwalteten kommunalen Steuern (insbesondere Vergnügungs-, Hunde-, Schankerlaubnis-, Jagd- und Fischereisteuer) eingeschränkt und gilt nur, soweit in den Landesgesetzen über die kommunalen Steuern die Abgabenordnung für anwendbar erklärt worden ist.

Das **Bewertungsgesetz** enthält Vorschriften zur Bewertung von Wirtschaftsgütern. Der praktische Anwendungsbereich des Bewertungsgesetzes liegt insbesondere im Bereich der Erbschaft- und Schenkungsteuer. Allerdings gelten die allgemeinen Bewertungsvorschriften des Ersten Teils der Bewertungsgesetzes für alle durch Bundesrecht geregelten Steuerarten, die durch Bundes- oder Landesfinanzbehörden verwaltet werden (§ 1 Abs. 1 BewG). Insoweit sind die allgemeinen Bewertungsvorschriften beispielsweise auch bei der Bilanzierung im Rahmen der Ertragsteuerbilanz zu beachten, soweit das Einkommensteuergesetz keine besondere Bewertungsvorschrift enthält (§ 1 Abs. 2 BewG).

Einzelsteuergesetze enthalten für einzelne Steuerarten Regelungen hinsichtlich des Steuersubjekts, des Steuerobjekts, der Steuerbemessungsgrundlage und des Steuertarifs. Die wichtigsten Einzelsteuergesetze sind das Einkommensteuergesetz, Körperschaftsteuergesetz, Umsatzsteuergesetz, Gewerbesteuergesetz und das Grundsteuergesetz.

Als **Gesetze zu besonderen Regelungstatbeständen** sind zu nennen:

- Das **Außensteuergesetz** (AStG) enthält insbesondere Vorschriften, um den Steueranspruch des Inlands bei internationalen Sachverhalten zu sichern. Beispiele sind die Korrektur von unangemessenen Verrechnungspreisen innerhalb von internationalen Konzernen (§ 1 AStG), die Besteuerung bei Wegzug eines Steuerpflichtigen aus der Bundesrepublik Deutschland (§§ 2-6 EStG) sowie die Besteuerung von inlandsbeherrschten Kapitalgesellschaften mit passiven Einkünften im niedrig besteuernden Ausland (sog. Zwischengesellschaften, § 7ff. AStG).

- Das **Umwandlungssteuergesetz** (UmwStG) gewährt ertragsteuerliche Erleichterungen im Falle der Umstrukturierung von Unternehmen durch die Möglichkeit, die Buchwerte der vorhandenen Wirtschaftsgüter bei Rechtsformwechsel oder Fusionen fortzuführen und damit auf eine Auflösung und Versteuerung von stillen Reserven zu verzichten. Eine weitere ertragsteuerliche Erleichterung folgt aus der Möglichkeit, ungenutzte Verlustvorträge trotz eines Wechsels des Rechtsträgers zur Verrechnung mit zukünftigen Gewinnen zuzulassen.

- Das **Investitionszulagengesetz 2007** (InvZulG 2007) gewährt Investitionszulagen bei Investitionen in den neuen Bundesländern.

- Das 5. **Vermögensbildungsgesetz** (5. VermBG) fördert die Vermögensbildung von Arbeitnehmern

Die Einzelsteuergesetze werden durch **Rechtsverordnungen, den Durchführungsverordnungen,** ergänzt. Rechtsverordnungen sind Rechtsnormen, die nicht in einem förmlichen Gesetzgebungsverfahren zustande kommen, sondern von der Exekutive (im Steuerrecht: Bundesregierung und Bundesfinanzminister) erlassen werden. Die meisten Rechtsverordnungen über Steuern bedürfen der Zustimmung des Bundesrats (vgl. Art. 80 Abs. 2 i.V.m. Art 105 Abs. 3 GG). Die wesentlichen Merkmale des Steuertatbestands (Steuersubjekt, Steuerobjekt, -bemessungsgrundlage, Steuersatz) müssen sich aus einem formellen Gesetz ergeben. Zur Entlastung des formellen Gesetzes werden Einzelheiten und Ausgestaltungen der gesetzlichen Regelung in einer Rechtsverordnung geregelt. Die wichtigsten Rechtsverordnungen auf steuerlichem Gebiet sind die Einkommensteuer-, Lohnsteuer-, Körperschaftsteuer-, Gewerbesteuer-, Erbschaftsteuer- und Umsatzsteuer-**Durchführungsverordnung**.

Die **Wirksamkeit einer Durchführungsverordnung** ist von den folgenden vier Voraussetzungen abhängig (Art. 80 Abs. 1 GG):

- Es muss eine gesetzliche Ermächtigung vorliegen. Beispiele für Ermächtigung sind § 51 EStG, § 33 KStG, § 35c GewStG, § 15 Abs. 5, § 26 UStG.

- Die Ermächtigung muss nach Inhalt, Zweck und Ausmaß hinreichend bestimmt sein.
- Die Verordnung muss ihre Rechtsgrundlage (Ermächtigungsvorschrift) angeben.
- Die Verordnung muss ordnungsgemäß verkündet werden (im Bundesgesetzblatt oder im Bundesanzeiger).

Keine Rechtsnormen sind die Verwaltungsvorschriften und die Entscheidungen der Steuergerichte. **Verwaltungsvorschriften** enthalten Anweisungen der übergeordneten Behörde an die ihnen unterstellten, nachgeordneten Behörden. Damit haben die Verwaltungsvorschriften nur Bindungswirkung innerhalb der Finanzverwaltung, nicht hingegen für den Steuerbürger oder die Rechtsprechung. Verwaltungsvorschriften interpretieren die gesetzlichen Vorschriften und geben die Auffassung der Finanzverwaltung wieder. Damit garantieren sie eine einheitliche Auslegung und Anwendung der Steuergesetze durch die Finanzbehörden. Als **Richtlinien** werden die von der Bundesregierung erlassenen Verwaltungsvorschriften bezeichnet, Bundes- und Landesfinanzministerien erlassen **Schreiben und Erlasse**, während von den Oberfinanzdirektionen bzw. den Landesämter für Finanzen **Verfügungen** ergehen.

Die mit Abstand wichtigsten Verwaltungsvorschriften auf steuerlichem Gebiet sind die Richtlinien, die zu allen wichtigen Steuerarten ergangen sind (z.B. Einkommensteuer-, Körperschaftsteuer-, Gewerbesteuer-, Umsatzsteuer-Richtlinien). Sie behandeln Zweifelsfragen und Auslegungsschwierigkeiten unter Berücksichtigung der Rechtsprechung der Finanzgerichte (insbesondere des BFH) und geben den Finanzämtern Anweisungen, wie sie zur Vermeidung unbilliger Härten und zur Verwaltungsvereinfachung handeln sollen.

Zur Klärung ausgewählter Einzelfragen dienen **Schreiben des Bundesministerium der Finanzen** (BMF-Schreiben) und **Erlasse der Landesfinanzministerien** sowie gemeinsame Erlasse von Bund und den Ländern. **Verfügungen** einer Oberfinanzdirektion oder eines Landesamtes für Finanzen befassen sich ebenfalls mit der Regelung von konkreten Einzelfällen. Der Geltungsbereich der Verfügung ist auf den Bereich der erlassenden Dienststelle begrenzt.

Die **Rechtsprechung** in Steuersachen umfasst in erster Linie Entscheidungen der Finanzgerichte (FG als Instanzgericht) und des Bundesfinanzhofs (BFH als Revisionsgericht). In Einzelfällen sind Entscheidungen des Bundesverfassungsgerichts (BVerfG) und in den letzten Jahren mit zunehmender Tendenz auch Entscheidungen des Europäischen Gerichtshofs (EuGH) von Bedeutung. Gerichtliche Entscheidungen binden nur die am jeweiligen Verfahren beteiligten Personen. Die Entscheidungen des Bundesfinanzhofs, die vom Bundesministerium der Finanzen im Bundessteuerblatt veröffentlicht werden, müssen von den Finanzbehörden bei gleichgelagerten Sachverhalten berücksichtigt werden. Damit entfaltet die höchstrichterliche Finanzrechtsprechung eine Wirkung, die weit über den entschiedenen Einzelfall hinausreicht. Will die Finanzverwaltung die Rechtsprechung über den konkreten Einzelfall hinaus nicht an-

Das deutsche Steuersystem

wenden, so erfolgt keine Veröffentlichung im Bundessteuerblatt oder zeitgleich mit der Veröffentlichung des Urteils ergeht ein Nichtanwendungserlass.

Abbildung 1-6: Rechtsquellen im Steuerrecht

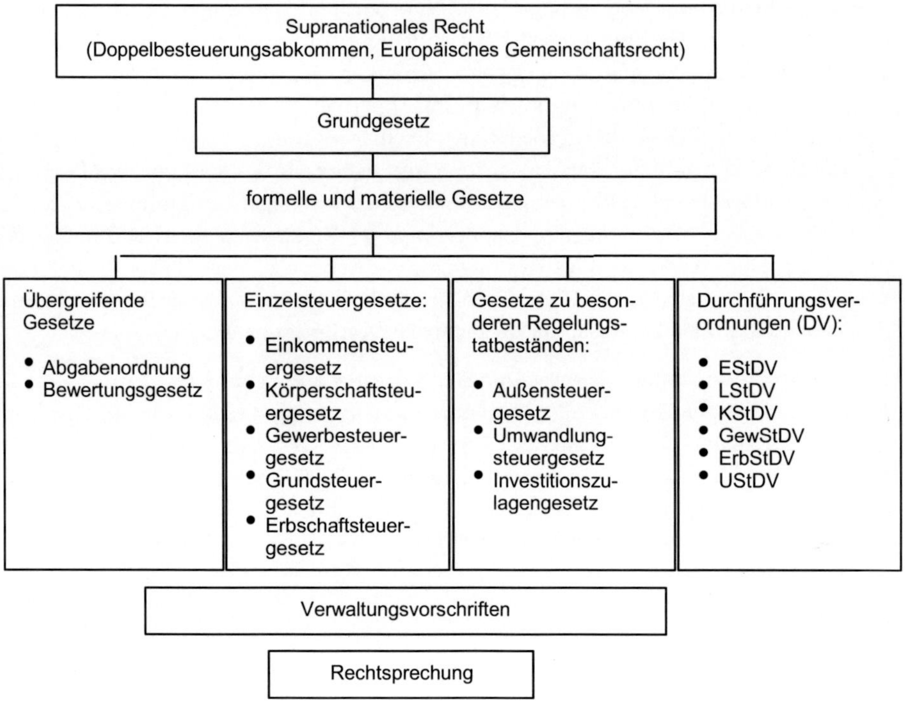

```
                Supranationales Recht
   (Doppelbesteuerungsabkommen, Europäisches Gemeinschaftsrecht)
                          │
                      Grundgesetz
                          │
               formelle und materielle Gesetze
    ┌──────────────┬──────────────┬──────────────┐
```

Übergreifende Gesetze	Einzelsteuergesetze:	Gesetze zu besonderen Regelungstatbeständen:	Durchführungsverordnungen (DV):
• Abgabenordnung • Bewertungsgesetz	• Einkommensteuergesetz • Körperschaftsteuergesetz • Gewerbesteuergesetz • Grundsteuergesetz • Erbschaftsteuergesetz	• Außensteuergesetz • Umwandlungsteuergesetz • Investitionszulagengesetz	• EStDV • LStDV • KStDV • GewStDV • ErbStDV • UStDV

Verwaltungsvorschriften

Rechtsprechung

2 Die Einkommensteuer

2.1 Charakteristik und Systematik der Einkommensteuer

Die Einkommensteuer dient - wie alle Steuern - der Einnahmenerzielung des Staates zur Finanzierung von Staatsaufgaben. Die für den Bürger entstehende Steuerbelastung soll dabei möglichst "gerecht" auf die Steuerpflichtigen verteilt werden. Die traditionelle Finanzwissenschaft kennt im Wesentlichen zwei Prinzipien, an denen sich eine gerechte Verteilung steuerlicher Lasten orientieren soll: das Leistungsfähigkeitsprinzip und das Äquivalenzprinzip.

Das **Leistungsfähigkeitsprinzip** verteilt die Steuerlast nach der wirtschaftlichen Fähigkeit des Steuerpflichtigen, zur Finanzierung des Gemeinwesens beizutragen. Dagegen orientiert sich das Äquivalenzprinzip an der Inanspruchnahme staatlicher Leistungen und versucht die Steuerlast entsprechend der Nutzung staatlicher Leistungen auf die Steuerpflichtigen zu verteilen. Während das **Äquivalenzprinzip** zur Rechtfertigung der Objektsteuern (Grundsteuer, Gewerbesteuer) und vieler Verbrauchsteuern herangezogen wird, orientiert sich die Einkommensbesteuerung am Leistungsfähigkeitsprinzip als systemtragendem Gerechtigkeitsprinzip.

Nach der ständigen Rechtsprechung des Bundesverfassungsgerichts erfordert der allgemeine Gleichheitssatz des Art. 3 Abs. 1 GG eine Verteilung der steuerlichen Lasten nach dem Verhältnis der **wirtschaftlichen Leistungsfähigkeit** der Steuerpflichtigen. Dabei stellt sich allerdings das Kernproblem der Verwendung der richtigen Maßgrößen wirtschaftlicher Leistungsfähigkeit. Steuerliche Leistungsfähigkeit im Sinne gleicher wirtschaftlicher Verhältnisse lässt sich an der Entstehungsseite oder Verwendungsseite messen, also am Erwerb von Mitteln (Geld oder Güter) oder an deren Verwendung zur Bedürfnisbefriedigung. Mit anderen Worten: Leistungsfähigkeit kann im verwirklichten Mittelerwerb oder in der Mittelverwendung zum Ausdruck kommen. Daneben kann wirtschaftliche Leistungsfähigkeit an der Möglichkeit zum Mittelerwerb (potentieller Mittelerwerb) oder an der Möglichkeit zur Mittelverwendung (potentielle Mittelverwendung) gemessen werden.

Während eine Anknüpfung der Besteuerung am potentiellen Mittelerwerb bzw. an der potentiellen Mittelverwendung mit einer freiheitlichen Staatsordnung, die die individuellen Entscheidungen des Steuerpflichtigen respektiert, nicht vereinbar ist, wird sowohl der realisierte Mittelerwerb wie auch die realisierte Mittelverwendung der Besteuerung unterworfen. Dabei dient die Einkommensteuer der grundlegenden Erfassung der im realisierten Mittelerwerb zum Ausdruck kommenden wirtschaftlichen Leistungsfähigkeit. Das dem konzeptionellen Ansatz des Einkommensteuergesetzes zugrunde liegende Einkommen als verwirklichter Mittelerwerb ist Ausdruck der objektiven wirtschaftlichen Leistungsfähigkeit. Durch die Berücksichtigung von persönlichen Lebensumständen und Besonderheiten des Steuerpflichtigen, wie zum Beispiel außergewöhnliche Belastungen, wird versucht, die subjektive wirtschaftliche Leistungsfähigkeit, manchmal auch als individuelle wirtschaftliche Leistungsfähigkeit bezeichnet, zu erfassen.

Tabelle 2-1: *Maßgrößen steuerlicher Leistungsfähigkeit*

Entstehungsseite: Mittelerwerb		Verwendungsseite: Mittelverwendung	
Potentieller Erwerb	Realisierter Erwerb	Potentielle Verwendung	Realisierte Verwendung
Solleinkommen unter Berücksichtigung von Arbeitskraft, Ausbildung, Vermögen	Einkommen	Vermögen und Einkommen	Nutzen; Konsum und Bedürfnisbefriedigung aus Vermögen
Einkommensteuer	Einkommensteuer	Einheitliche Steuer auf Einkommen und Vermögen	Verschiedene Steuern auf Einkommen und Vermögen

Neben der Zielsetzung der Einkommensteuer, die individuelle Leistungsfähigkeit des Steuerpflichtigen zu erfassen, werden der Einkommensbesteuerung immer wieder **wirtschaftspolitische Zielsetzungen** zugeschrieben. Ob das zu befürworten oder abzulehnen ist, ob man also der griffigen Formel "Steuern dürften nicht steuern" anhängt, kann im vorliegenden Zusammenhang nicht erörtert werden. Befund ist, dass Steuern und insbesondere die Einkommensteuer für eine Vielzahl von Zielsetzungen instrumentalisiert werden. Im Einzelnen lassen sich ohne Anspruch auf Vollständigkeit nennen:

- allgemeine Investitionsförderung
- Förderung bestimmter Investitionsgüter (z.B. Umweltschutzmaßnahmen, Energiesparmaßnahmen)
- Förderung bestimmter Regionen (z.B. neue Bundesländer)
- Förderung bestimmter Branchen (z.B. Bau, Kohleabbau, Land- und Forstwirtschaft)
- Förderung bestimmter Unternehmensgrößen (z.B. Klein- und Mittelbetriebe)

Die dabei auftretenden Probleme sind Legion und werden insbesondere in der finanzwissenschaftlichen Literatur sehr kritisch gesehen. Naheliegend ist zunächst, dass bei einer Vielzahl von Zielsetzungen Zielkonflikte unvermeidbar sind. Ferner ist auch - trotz wissenschaftlich ausdifferenzierter Analysemethoden - die Wirkungsweise der Steuernormen häufig nicht eindeutig bestimmbar. So besteht beispielsweise keine Einigkeit darüber, ob die degressive Absetzung für Abnutzung der präzisen Messung der wirtschaftlichen Leistungsfähigkeit dient oder ob es sich dabei in Wahrheit um eine Subventionsnorm handelt. Auch die Effizienz der Wirtschaftsförderung durch Steuererleichterungen ist überaus umstritten. Schließlich ist auch auf das immer wieder vernachlässigte Thema der Mitnahmeeffekte hinzuweisen.

2.2 Die persönliche Steuerpflicht

2.2.1 Die unbeschränkte Steuerpflicht

Im Rahmen der persönlichen Steuerpflicht ist geregelt, welche Personen der Einkommensteuer unterliegen. Konzeptionell nimmt die Einkommensteuer als Personensteuer dabei eine Trennung hinsichtlich der steuerlichen Ansässigkeit von Personen vor. Sie enthält eine grundsätzliche Unterscheidung in beschränkte und unbeschränkte Steuerpflicht.

Nach § 1 Abs. 1 EStG sind natürliche Personen, die im Inland einen Wohnsitz oder ihren gewöhnlichen Aufenthalt haben, unbeschränkt steuerpflichtig.

Abbildung 2-1: Voraussetzungen der unbeschränkten Einkommensteuerpflicht

- Natürliche Person
- mit Wohnsitz oder
- gewöhnlichem Aufenthalt
- im Inland

Natürliche Personen sind alle Menschen von Geburt an bis zum Tod. Jede natürliche Person ist einzeln steuerpflichtig, auch Kinder oder Ehegatten. Sonstige Persönlichkeitsmerkmale, wie Staatsangehörigkeit oder Geschäftsfähigkeit, berühren die Steuerpflicht grundsätzlich nicht.

Der Begriff des **Wohnsitzes** ist für steuerliche Zwecke im § 8 AO definiert. Einen Wohnsitz hat jemand dort, wo er eine Wohnung unter Umständen innehat, die darauf schließen lassen, dass er die Wohnung beibehalten und benutzen wird. Steuerlich kann eine natürliche Person mehrere Wohnsitze haben. Für die Anknüpfung der Besteuerung reicht der inländische Wohnsitz aus; dieser muss nicht Lebensmittelpunkt sein. Der Wohnsitzbegriff des § 8 AO stellt auf folgende Merkmale ab:

- Wohnung

- Innehaben

- Beibehaltung und Nutzung der Wohnung

Eine Wohnung im Sinne der Norm ist gegeben, wenn zur Wohnung geeignete Räumlichkeiten bestehen. Ob die Räumlichkeiten dem Stand der natürlichen Person angemessen sind, ist unerheblich. Ausreichend sind auch dauerhaft angemietete Hotelzimmer, Baracken oder Wohnwagen mit Dauermiete auf einem Campingplatz. Ein Innehaben der Wohnung ist gegeben, wenn die natürliche Person über die als Wohnung zu qualifizierenden Räumlichkeiten die tatsächliche Verfügungsgewalt ausübt. Diese Verfügungsgewalt kann sich aus Eigentum, aus Mietverträgen oder anders ergeben. Die Verfügungsgewalt liegt beispielsweise nicht vor, wenn eine Wohnung nur zu Besuchszwecken benutzt wird oder wenn eine Anmietung nur kurzfristig erfolgt (z.B. Hotelzimmer), auch wenn dies häufig wiederholt wird. Das Beibehalten und Benutzen der Wohnung muss sich aus der Art und Weise des Innehabens ableiten lassen. Entscheidend ist, dass die Räumlichkeiten objektiv dem Inhaber jederzeit zur Verfügung stehen und von ihm subjektiv auch zu einer Nutzung als Wohnung bestimmt sind. Eine tatsächliche Nutzung ist unerheblich. Sofern diese nicht erfolgt, reicht eine Ausstattung der Wohnung aus, die eine jederzeitige Benutzung erlaubt. Wird die Wohnung jedoch an eine andere Person vermietet und ist dadurch eine jederzeitige Benutzungsnahme ausgeschlossen, entfällt die notwendige Verfügungsmacht. Dies gilt jedoch nicht, wenn die Fremdvermietung und damit der Ausfall der Verfügungsmacht nur von kurzer Dauer sind.

Zweites persönliches Anknüpfungsmerkmal für eine Steuerpflicht natürlicher Personen ist deren **gewöhnlicher Aufenthalt**. Dieser ist in § 9 AO geregelt. Dem Gesetz nach hat jemand seinen gewöhnlichen Aufenthalt dort, wo er sich unter Umständen aufhält, die erkennen lassen, dass er an diesem Ort (oder in diesem Gebiet) nicht nur vorübergehend verweilt (§ 9 Satz 1 AO). Danach ist die Erfüllung der folgenden Voraussetzungen für die Begründung eines gewöhnlichen Aufenthaltes notwendig:

- Aufenthalt,

- der nicht nur vorübergehend ist und

- an einem Ort oder in einem Gebiet erfolgt.

Voraussetzung für den Aufenthalt im Sinne des Gesetzes ist zunächst die physische Anwesenheit des Betroffenen. Nicht nur vorübergehend ist der Aufenthalt, wenn er eine gewisse Zeitdauer überschreitet. Verweilt beispielsweise ein Grenzpendler täglich für eine gewisse Zeit an einem Ort im Inland, verbleibt es bei einem nur vorübergehenden Aufenthalt im Inland, wenn der Grenzpendler abends über die Grenze zurück fährt.

Welche **Zeitdauer** letztlich die Grenze zwischen vorübergehend und nicht mehr vorübergehend im Sinne des § 9 Satz 1 AO darstellt, ist allerdings anhand des Gesetzeswortlautes unklar. § 9 Satz 2 AO sieht vor, dass der Aufenthalt in jedem Fall gewöhnlich ist, wenn er die Zeit von 6 Monaten überdauert. Wenngleich hieraus in Umkehr geschlossen werden kann, dass ein Aufenthalt von weniger als 6 Monaten ebenfalls ausreichen kann, wird der gewöhnliche Aufenthalt in der Beratungspraxis in aller Regel anhand dieser Zeitgrenze bestimmt. Bei Bemessung der Grenze sind kurzfristige Unterbrechungen des Aufenthalts unbeachtlich, beispielsweise Heimfahrten oder Urlaubszeiten eines ins Ausland entsendeten Arbeitnehmers. Die Zeit der Heimfahrten bzw. die Urlaubszeiten werden weder von der 6-Monats-Grenze abgerechnet, noch führen sie gar zu einem Neubeginn des Zeitlaufes. Dies gilt auch, wenn die Unterbrechung länger als eine Woche beträgt. Von der Zeitgrenze von 6 Monaten ausgenommen sind lediglich die in § 9 Satz 3 AO genannten Gründe für einen Aufenthalt: Danach führt ein Aufenthalt ausschließlich zu Besuchs-, Erholungs-, Kur oder ähnlichen privaten Zwecken dann nicht zur Annahme eines gewöhnlichen Aufenthaltes, wenn das Verweilen nicht länger als 1 Jahr dauert.

Der Aufenthalt muss schließlich an ein und **demselben Ort** oder in ein und **demselben Gebiet** erfolgen. Strittig ist, wie der Begriff des Ortes bzw. des Gebietes in diesem Zusammenhang auszulegen ist. Nach der einen Meinung ist der gewöhnliche Aufenthalt im Inland abzulehnen, wenn der Betroffene an verschiedenen Orten bzw. in verschiedenen Gebieten im Inland verweilt und der Aufenthalt an einem Ort bzw. in einem Gebiet für sich betrachtet nicht zum gewöhnlichen Aufenthalt führt. Allerdings ist dann fraglich, wie zu verfahren wäre, wenn der gewöhnliche Aufenthalt an einem Ort im Inland begründet wurde und der Betroffene anschließend diesen Ort im Inland wechselt, hier jedoch nur vorübergehend verweilt. Man kann für diese Zeit wohl kaum von der Aufgabe des gewöhnlichen Aufenthaltes im Inland sprechen. Mit der wohl herrschenden Meinung ist somit davon auszugehen, dass das gesamte Inland als ein Ort bzw. als ein Gebiet zu behandeln ist. Folglich kann auch ein im Inland Umherreisender seinen gewöhnlichen Aufenthalt hier begründen.

Im Gegensatz zum Wohnsitz, der an mehreren Orten gleichzeitig begründet sein kann, ist der gewöhnliche Aufenthalt nur an einem Ort (in einem Gebiet) möglich. Beide Merkmale stehen sich aber gleichwertig gegenüber. Oft sind die Merkmale des Wohnsitzes (§ 8 AO) und des gewöhnlichen Aufenthaltes gleichzeitig erfüllt, gelegentlich auch nur die Merkmale des Wohnsitzes oder des gewöhnlichen Aufenthaltes. Um nicht der unbeschränkten Einkommensteuerpflicht in Deutschland zu unterliegen, gilt es in der Beratungspraxis insbesondere die Begründung eines Wohnsitzes aufgrund der leichteren Identifizierbarkeit zu vermeiden.

Der unbeschränkten Steuerpflicht unterliegen sämtliche weltweit erzielten Einkünfte der sieben Einkunftsarten des § 2 Abs. 1 EStG (sog. **Welteinkommensprinzip**). Zusätzlich werden im Rahmen der unbeschränkten Einkommensteuerpflicht die persönlichen Lebensmerkmale des Steuerpflichtigen bei der Besteuerung berücksichtigt (wie z.B. Familienstand, Kinderzahl), um seine **individuelle Leistungsfähigkeit** zu erfassen.

Das im Rahmen der unbeschränkten Einkommensteuerpflicht grundsätzlich geltende Welteinkommensprinzip erfährt allerdings einige **Einschränkungen**: Ein Ausschluss der ausländischen Einkünfte von der deutschen Besteuerung kann sich zum einen aus den von Deutschland abgeschlossenen Doppelbesteuerungsabkommen ergeben. Zum anderen folgt aus dem Welteinkommensprinzip grundsätzlich, dass auch im Ausland erzielte Verluste berücksichtigt werden müssen. Allerdings dürfen gem. § 2a Abs. 1 EStG bestimmte dort genannte Verluste nur mit positiven Einkünften derselben Einkunftsart, die aus demselben „Drittstaat" stammen, verrechnet werden. Dabei handelt es sich zum Beispiel um Verluste aus einer in einem Drittstaat belegenen land- und forstwirtschaftlichen oder gewerblichen Betriebsstätte. Auch eine Teilwertabschreibung auf einen zum Betriebsvermögen gehörenden Anteil an einer Drittstaaten-Körperschaft sowie die Veräußerungsverluste eines zum Betriebsvermögen gehörenden Anteils an einer Drittstaaten-Körperschaft unterliegen den Verlustverrechnungsbeschränkungen. Die Begriffe des Drittstaats sowie der Drittstaaten-Körperschaften sind in § 2a Abs. 2a EStG definiert und sollen die europarechtliche Verträglichkeit des § 2a EStG insgesamt sicherstellen. Es handelt sich danach bei Drittstaaten um Staaten, die nicht Mitgliedstaaten der Europäischen Union oder des EWR sind. Unter Drittstaaten-Körperschaften sowie Drittstaaten-Kapitalgesellschaften werden solche Körperschaften bzw. Kapitalgesellschaften verstanden, die weder ihre Geschäftsleitung noch ihren Sitz in einem Mitgliedstaat der Europäischen Union oder des EWR haben. Die Regelung des § 2a EStG hat zum Ziel, unerwünschte Steuersparmodelle zu verhindern. Betroffen sind indessen aufgrund des weit gefassten Wortlauts der Norm häufig auch unverdächtige Drittstaaten-Investitionen. Für Betriebsstättenverluste aus aktivem Erwerb relativiert § 2a Abs. 2 EStG die krude Rechtsfolge teilweise.

2.2.2 Die beschränkte Steuerpflicht

Beschränkt einkommensteuerpflichtig sind nach § 1 Abs. 4 EStG natürliche Personen, die im Inland weder einen Wohnsitz noch ihren gewöhnlichen Aufenthalt haben, wenn sie inländische Einkünfte i.S.d. § 49 EStG erzielen. Hinzu kommt, dass die Personen nicht nach § 1 Abs. 2 EStG unbeschränkt einkommensteuerpflichtig sein dürfen und auch nicht nach § 1 Abs. 3 EStG zur unbeschränkten Einkommensteuerpflicht optiert haben.

Der **Umfang der Besteuerung** im Rahmen der beschränkten Einkommensteuerpflicht erstreckt sich nach § 49 Abs. 1 und Abs. 2 EStG auf abschließend enumerierte **inländische Einkünfte.** Verallgemeinert lässt sich sagen, dass inländische Einkünfte einen speziellen Inlandsbezug aufweisen müssen. Beispielsweise stellen beschränkt steuerpflichtige Einkünfte aus Gewerbebetrieb die Einkünfte dar, die durch eine im Inland belegene Betriebsstätte erzielt werden (§ 49 Abs. 1 Nr. 2a EStG). Inländische Einkünfte aus nichtselbständiger Arbeit liegen vor, wenn die unselbständige Tätigkeit im Inland ausgeübt oder verwertet wird (§ 49 Abs. 1 Nr. 4a) EStG. Zu den beschränkt steuerpflichtigen Einkünften rechnen auch Einkünfte aus im Inland belegenen Grundvermögen oder aus der Verwertung von Patenten und ähnlichen Rechten im Inland (§ 49 Abs. 1 Nr. 6 EStG).

Abbildung 2-2: Voraussetzungen der beschränkten Einkommensteuerpflicht

- Natürliche Person, die
- weder Wohnsitz
- noch gewöhnlichen Aufenthalt
- im Inland hat und
- inländische Einkünfte im Sinne des § 49 EStG erzielt

Die beschränkte Steuerpflicht ist als **objektivierte Besteuerung** ausgestaltet, die grundsätzlich keine persönlichen Elemente wie Familienstand oder Kinderzahl berücksichtigt. Somit kommen beschränkt Steuerpflichtige nicht in den Genuss des Splittingtarifs und ihnen stehen keine personenbezogenen Abzugsbeträge wie Vorsorgeaufwendungen oder außergewöhnliche Belastungen zu.

Bei den einzelnen Einkunftsarten des § 49 EStG ist das jeweilige inländische Anknüpfungsmerkmal durchaus unterschiedlich ausgeprägt. Einen Eindruck vermittelt die nachfolgende Tabelle.

Tabelle 2-2: Ausgewählte inländische Anknüpfungsmerkmale

Einkunftsart	Inländisches Anknüpfungsmerkmal
Land- und Forstwirtschaft (§§ 49 Abs. 1 Nr. 1, 13, 14 EStG)	- Im Inland betrieben
Gewerbebetrieb (§§ 49 Abs. 1 Nr. 2 Bst. a bis f, 15 – 17 EStG)	- Inländische Betriebsstätte - Inländischer ständiger Vertreter - Beförderungen mit Inlandsbezug - Darbietungen im Inland - Veräußerung inländischer Beteiligungen - Vermietung und Veräußerung von im Inland belegenen Grundstücken, Sachinbegriffen, Rechten

Einkunftsart	Inländisches Anknüpfungsmerkmal
Selbständige Arbeit (§§ 49 Abs. 1 Nr. 3, 18 EStG)	▪ Ausübung oder Verwertung im Inland ▪ feste Geschäftseinrichtung im Inland
Nichtselbständige Arbeit (§§ 49 Abs. 1 Nr. 4, 19, 19a EStG)	▪ Ausübung oder Verwertung im Inland ▪ Bezüge aus inländischen öffentlichen Kassen ▪ Bestimmte leitende Tätigkeitsvergütungen bei Gesellschaft mit inländischer Geschäftsleitung ▪ Entschädigungen, wenn zuvor ausgeübte Tätigkeit der inländischen Besteuerung unterlegen hat
Kapitalvermögen (§§ 49 Abs. 1 Nr. 5, § 20 EStG)	▪ Dividenden und Gewinnanteile, wenn der Schuldner im Inland ansässig ist ▪ Stille Gesellschaftsbeteiligungen bei inländischem Schuldner ▪ Erträge aus Investmentanteilen nach §§ 2, 7 Investmentsteuergesetz ▪ Zinsen mit dinglicher Sicherheit im Inland ▪ Erträge und Veräußerungsgewinne aus Tafelgeschäften
Vermietung und Verpachtung (§§ 49 Abs. 1 Nr. 6, § 21 EStG)	▪ Belegenheit im Inland ▪ Verwertung in inländischer Betriebsstätte
Wiederkehrende Bezüge (§§ 49 Abs. 1 Nr. 7, § 22 Nr. 1 Satz 3 EStG)	▪ Bezahlung durch inländischen Rentenversicherungsträger
sonstige Einkünfte (§ 49 Abs. 1 Nr. 8, 8a, 9, 10 EStG)	▪ Veräußerung von im Inland belegenen Grundstücken ▪ Nutzung beweglicher Sachen im Inland ▪ Know-How-Überlassung im Inland ▪ Leistungen aus bestimmten Altersversorgungsverträgen

2.2.3 Die erweiterte unbeschränkte Steuerpflicht

Von der so genannten erweiterten unbeschränkten Einkommensteuerpflicht nach § 1 Abs. 2 EStG sind lediglich deutsche Staatsangehörige betroffen. Dies ist deswegen bemerkenswert, weil ansonsten die Staatsangehörigkeit irrelevant für die Definition der Steuerpflicht ist. Die erweitert unbeschränkt Einkommensteuerpflichtigen sind dadurch gekennzeichnet, dass sie weder über einen Wohnsitz noch über einen gewöhnlichen Aufenthalt im Inland verfügen. Gleichwohl haben sie dadurch inländische Anknüpfungspunkte, dass sie in einem Dienstverhältnis zu einer inländischen Person des öffentlichen Rechts stehen und sich ihre Bezahlung aus einer inländischen öffentlichen Kasse ergibt.

Abbildung 2-3: Voraussetzungen der erweiterten unbeschränkten Steuerpflicht

- Deutsche Staatsangehörige, die
- weder Wohnsitz
- noch gewöhnlichen Aufenthalt
- im Inland haben und
- in einem Dienstverhältnis zu einer inländischen juristischen Person des öffentlichen Rechts stehen und Einkünfte aus inländischen öffentlichen Kassen beziehen

Entsprechendes findet Anwendung auf Familienangehörige, die deutsche Staatsangehörige sind und keine Einkünfte oder nur Einkünfte beziehen, die im Inland steuerpflichtig sind. Dies gilt nur, wenn diese Steuerpflichtigen im ausländischen Staat, in dem sie ihren Wohnsitz oder gewöhnlichen Aufenthalt haben, nur in einem der beschränkten Steuerpflicht vergleichbaren Umfang der ausländischen Besteuerung unterliegen. Der Umfang der Besteuerung im Rahmen der erweiterten unbeschränkten Einkommensteuerpflicht erstreckt sich auf das Welteinkommen. Persönliche Entlastungsmöglichkeiten, die unbeschränkt Steuerpflichtigen zur Verfügung stehen, greifen auch hier. Die erweiterte unbeschränkte Einkommensteuerpflicht kommt insbesondere für ins Ausland abgeordnete öffentliche Bedienstete (z.B. Personen im diplomatischen Dienst) zur Anwendung.

2.2.4 Die unbeschränkte Steuerpflicht auf Antrag

Im Rahmen des Erstreckungsbereichs der unbeschränkten Einkommensteuerpflicht auf Antrag können beschränkt Steuerpflichtige, die ihr weltweites Einkommen ganz oder fast ausschließlich in Deutschland erzielen, auf Antrag als unbeschränkt steuerpflichtig behandelt werden.

Die unbeschränkte Einkommensteuerpflicht auf Antrag (§ 1 Abs. 3 EStG) ist von mehreren **Voraussetzungen** abhängig. Zunächst muss gelten, dass die Einkünfte im Kalenderjahr mindestens zu 90 v.H. der deutschen Einkommensteuer (relative Grenze) unterliegen oder dass die nicht der deutschen Einkommensteuer unterliegenden Einkünfte im Kalenderjahr den Grundfreibetrag nach § 32a Abs. 1 Nr. 1 EStG nicht übersteigen (absolute Grenze). Die absolute Grenze vermindert sich je nach Wohnsitzstaat. Zu beachten ist § 1 Abs. 3 Satz 3 EStG. Danach gelten bestimmte inländische Einkünfte als nicht der deutschen Einkommensteuer unterliegend, wenn sie nach einem DBA nur der Höhe nach beschränkt besteuert werden dürfen, wie z.B. Dividenden, Zinsen und Lizenzgebühren. Bei der Ermittlung der nicht der deutschen Einkommensteuer unterliegenden Einkünfte bleiben im Ausland steuerfreie Einkünfte außer Betracht, wenn diese auch nach deutschem Recht steuerfrei sind (§ 1 Abs. 3 Satz 4 EStG). Schließlich ist auf die Bescheinigung der zuständigen ausländischen Steuerbehörde nach § 1 Abs. 3 Satz 5 hinzuweisen, durch die die Höhe der im ausländischen Staat erzielten Einkünfte nachgewiesen werden muss.

Abbildung 2-4: Voraussetzungen der unbeschränkten Steuerpflicht auf Antrag

- natürliche Person
- weder Wohnsitz
- noch gewöhnlicher Aufenthalt
- im Inland
- inländische Einkünfte
- mehr als 90% der gesamten Einkünfte des Steuerpflichtigen unterliegen der deutschen Einkommensteuer
- nicht der deutschen Besteuerung unterliegende Einkünfte sind geringer als der Grundfreibetrag nach § 32a Abs.1 Nr. 1 EStG

Die **Rechtsfolgen** der unbeschränkten Einkommensteuerpflicht auf Antrag unterscheiden sich von der regulären unbeschränkten Einkommensteuerpflicht nach § 1 Abs. 1 EStG. Während die unbeschränkte Steuerpflicht nach § 1 Abs. 1 EStG auf das Welteinkommen abstellt, ist die **Bemessungsgrundlage** im Falle der Option nach § 1 Abs. 3 EStG im Regelfall **geringer**, da nur die inländischen Einkünfte im Sinne des § 49 EStG erfasst werden und daher ausländische Einkünfte sowie inländische Einkünfte, die nach einem Doppelbesteuerungsabkommen (auch) im Wohnsitzstaat besteuert werden dürfen, nicht in die Veranlagung einbezogen werden.

In so genannten EU-/EWR-Fällen bestehen nach der Vorschrift des § 1a Abs. 1 EStG einige Besonderheiten. Während in Bezug auf den in Betracht kommenden Personenkreis gilt, dass die Optionsmöglichkeit des § 1 Abs. 3 EStG allen Steuerpflichtigen offen steht, räumt der Gesetzgeber bestimmte familienbezogene Vergünstigungen, nachdem ihn der EuGH dazu verpflichtet hat, nur EU- oder EWR-Staatsangehörigen ein. Voraussetzung ist die Eigenschaft, EU- oder EWR-Staatsangehöriger (auch Deutscher) zu sein. Dann werden bestimmte familienbezogene Vergünstigungen (§ 1a Abs. 1 Nrn. 1, 1a und 2 EStG) wie das so genannte begrenzte Realsplitting oder die Ehegattenveranlagung, d.h. der Splittingtarif, gewährt.

2.2.5 Die erweiterte beschränkte Steuerpflicht

Die erweiterte beschränkte Einkommensteuerpflicht nach § 2 AStG gelangt für deutsche Staatsangehörige zur Anwendung, die innerhalb der letzten 10 Jahre mindestens 5 Jahre unbeschränkt einkommensteuerpflichtig nach § 1 Abs. 1 EStG waren, nunmehr in einem ausländischen Gebiet mit niedriger Besteuerung ansässig sind und gleichwohl wesentliche wirtschaftliche Interessen innerhalb Deutschlands unterhalten.

Abbildung 2-5: Voraussetzungen der erweiterten beschränkten Steuerpflicht

- Deutsche Staatsangehörige, die
- innerhalb der letzten 10 Jahre mindestens 5 Jahre unbeschränkt einkommensteuerpflichtig waren,
- im niedrig besteuernden Ausland oder in keinem ausländischen Staat ansässig sind,
- im Inland wesentliche wirtschaftliche Interessen unterhalten und
- beschränkt steuerpflichtige Einkünfte in Höhe von mindestens 16.500 € beziehen.

Eine **niedrige Besteuerung** setzt nach § 2 Abs. 2 AStG voraus, dass die vom ausländischen Staat erhobene tarifliche Einkommensteuer bei einem steuerpflichtigen Einkommen von 77.000 € um mehr als ein Drittel geringer ist als die deutsche Steuerbelastung. Eine niedrige Besteuerung liegt auch dann vor, wenn durch tatsächliche Steuervergünstigungen oder eine gewährte Vorzugsbesteuerung die ausländische Steuerbelastung weniger als zwei Drittel der vergleichbaren inländischen Steuerbelastung beträgt.

Eine Person unterhält **wesentliche wirtschaftliche Interessen** im Inland, wenn sie

- Unternehmer oder Mitunternehmer eines inländischen Gewerbebetriebs ist (bei Kommanditisten mit einer Beteiligung von mindestens 25%) oder eine Beteiligung im Sinne von § 17 EStG an einer Kapitalgesellschaft hält oder

- ihre Einkünfte, die bei unbeschränkter Steuerpflicht nicht ausländische Einkünfte im Sinne von § 34d EStG wären, im Veranlagungszeitraum mehr als 30% ihrer gesamten Einkünfte ausmachen oder mehr als 62.000 € betragen oder wenn

- ihr Vermögen, dessen Erträge bei unbeschränkter Steuerpflicht nicht ausländische Einkünfte im Sinne von § 34d EStG wären, zu Beginn des Veranlagungszeitraums mehr als 30% ihres gesamten Vermögens ausmacht oder mehr als 154.000 € beträgt.

Der **Umfang der Besteuerung**, also die sachliche Steuerpflicht, erstreckt sich auf alle Einkünfte, die nicht ausländische Einkünfte im Sinne von § 34 d EStG darstellen.

Abbildung 2-6: Arten der persönlichen Steuerpflicht

Unbeschränkte Einkommensteuerpflicht § 1 I EStG	Beschränkte Einkommensteuerpflicht § 1 IV EStG
• Wohnsitz oder gewöhnlicher Aufenthalt in Deutschland • Besteuerung der Welteinkünfte	• Weder Wohnsitz noch gewöhnlicher Aufenthalt in Deutschland • Erzielung inländischer Einkünfte • Besteuerung der inländischen Einkünfte
Erweiterte unbeschränkte Einkommensteuerpflicht § 1 II EStG	**Unbeschränkte Einkommensteuerpflicht auf Antrag § 1 III EStG**
• Deutsche Staatsangehörige • Weder Wohnsitz noch gewöhnlicher Aufenthalt in Deutschland • Bezüge aus inländischen öffentlichen Kassen • Besteuerung der Welteinkünfte	• Weder Wohnsitz noch gewöhnlicher Aufenthalt in Deutschland • Inländische Einkünfte > 90% der gesamten Einkünfte • Ausländische Einkünfte < 6136 € • Besteuerung der inländischen Einkünfte

2.3 Die sachliche Steuerpflicht (das Einkommen)

2.3.1 Der Einkommensbegriff des EStG

Besteuerungsgegenstand der Einkommensteuer ist das Einkommen. Technisch enthält das Einkommensteuergesetz keine abstrakte Definition des Einkommens, sondern sieben abschließend im § 2 Abs. 1 EStG aufgezählte **Einkunftsarten**.

Wird durch eine wirtschaftliche Betätigung kein Tatbestand des § 2 Abs. 1 EStG erfüllt, so liegen keine Einkünfte vor. Die aus dieser Betätigung resultierenden Einnahmen und Ausgaben unterliegen dann nicht der Einkommensteuer. Man spricht dann von nicht steuerbaren Einkünften. Davon zu unterscheiden sind steuerbare Einkünfte, die aufgrund eines gesetzlichen Ausnahmetatbestandes (z.B. § 3 EStG) von der Besteuerung befreit sind.

Abbildung 2-7: *Einkunftsarten des § 2 Abs. 1 EStG*

Nach § 2 EStG kommen als Einkunftsarten in Betracht:

1. Einkünfte aus Land- und Forstwirtschaft § 13 EStG
2. Einkünfte aus Gewerbebetrieb § 15 EStG
3. Einkünfte aus selbständiger Arbeit § 18 EStG
4. Einkünfte aus nichtselbständiger Arbeit § 19 EStG
5. Einkünfte aus Kapitalvermögen § 20 EStG
6. Einkünfte aus Vermietung und Verpachtung § 21 EStG
7. Sonstige Einkünfte § 22 EStG

Für die unter 1.-3. genannten Einkunftsarten werden die Einkünfte als Gewinn ermittelt (§ 2 Abs. 2 Nr. 1 EStG). Sie werden daher als **Gewinneinkunftsarten** bezeichnet. Für die Nummern 4.- 7. werden die Einkünfte als Überschuss der Einnahmen über die Werbungskosten definiert (§ 2 Abs. 2 Nr. 2 EStG). Sie stellen die so genannten **Überschusseinkunftsarten** dar. Allerdings ist der Grundsatz der Ermittlung des Überschusses der Einnahmen über die Werbungskosten im Rahmen der Einkunftsart „Einkünfte aus Kapitalvermögen" deutlich eingeschränkt. Dies deutet sich in § 2 Abs. 2 Satz 2 EStG an, wonach bei Einkünften aus Kapitalvermögen § 20 Abs. 9 EStG vorbehaltlich der Regelung in § 32d Abs. 2 an die Stelle der §§ 9 und 9a tritt. Durch diese Grundregel wird der Abzug der tatsächlichen Werbungskosten ausgeschlossen. Dies hat Auswirkungen auf die steuersystematische Ausgestaltung der Einkommensteuer und wirkt auf vielerlei praktische Anwendungsprobleme zurück.

Eine weitere Klassifikation unterteilt die Nummern 1.- 4. in die Gruppe der Haupteinkunftsarten und die Nummern 5.- 7. in die der Nebeneinkunftsarten. Diese Klassifikation in **Haupt- und Nebeneinkunftsarten** ergibt sich jeweils aus den Subsidiaritätsklauseln der §§ 20 Abs. 8, 21 Abs. 3 und 22 Nr. 1 Satz 1 EStG. Danach liegt eine Nebeneinkunftsart nur dann vor, wenn die Einnahmenerzielung nicht einer der Haupteinkunftsarten zugerechnet werden kann. Beispielsweise stellen Zinseinkünfte prinzipiell Einkünfte aus Kapitalvermögen dar (§ 20 Abs. 1 Nr. 7 EStG). Werden allerdings die Zinsen im Rahmen einer gewerblichen Tätigkeit erzielt, etwa dann, wenn Forderungen dem Betriebsvermögen zuzurechnen sind, so werden die eigentlich der Nebeneinkunftsart "Kapitalvermögen" zuzuordnenden Zinsen nach § 20 Abs. 8 (Subsidiaritätsklausel) i.V.m. § 15 EStG als Einkünfte aus Gewerbebetrieb qualifiziert. Analoges gilt für die Aufwendungen. So stellt Zinsaufwand für Darlehen zur Finanzierung eines vermieteten Gebäudes Werbungskosten bei den Einkünften aus Vermietung und Verpachtung § 21 i.V.m. § 20 Abs. 8 EStG dar, nicht etwa Werbungskosten bei den Einkünften aus Kapitalvermögen.

Die Systematisierung der sieben Einkunftsarten wird in der nachfolgenden Tabelle ersichtlich.

Die Einkommensteuer

Tabelle 2-3:   Systematik der Einkunftsarten

Einkunftsarten	Einkünfte	Einkünfteermittlung	Einkünftekategorie
Land- und Forstwirtschaft	Gewinn oder Verlust	– Betriebsvermögensvergleich, § 4 Abs. 1 EStG – Einnahmen-Überschuss-Rechnung, § 4 Abs. 3 EStG	Haupteinkunftsarten
Gewerbebetrieb			
Selbständige Arbeit			
Nichtselbständige Arbeit	Überschuss der Einnahmen über die Werbungskosten	– Einnahmen abzüglich Werbungskosten	Nebeneinkunftsarten
Vermietung und Verpachtung			
Sonstige Einkünfte			
Kapitalvermögen	Besteuerung der Bruttoeinnahmen und der Veräußerungsgewinne	– Werbungskostenabzug nicht möglich	Nebeneinkunftsart

Der Einkommensbegriff des EStG ist mithin nicht von einer einheitlichen theoretischen Konzeption getragen, sondern folgt unterschiedlichen theoretischen Konzepten, aus denen Unterschiede hinsichtlich der Ermittlung der Einkünfte resultieren.

Die Ermittlung der **Gewinneinkünfte** (§ 2 Abs. 1 Nr. 1 – 3 EStG) knüpft am Einkommensbegriff der **Reinvermögenszugangstheorie** an. Die Ermittlung des Gewinns gemäß § 2 Abs. 2 Nr. 1 EStG erfolgt durch Betriebsvermögensvergleich (§ 4 Abs. 1 EStG). Dabei bilden realisierte Wertänderungen des Vermögens (insbesondere Veräußerungsgewinne und -verluste) Einkommensbestandteile. Der Zeitpunkt der Einkommensentstehung knüpft im Rahmen der Gewinneinkünfte an das Feststellungsprinzip an, welches eng an den handelsrechtlichen Grundsätzen des Realisationsprinzips sowie des Imparitätsprinzips orientiert ist.

Für die Überschusseinkünfte (§ 2 Abs. 1 Nr. 4, 6, 7) gilt das Konzept der **Quellentheorie**, das den Überschuss der Einnahmen über die Werbungskosten im Sinne von § 2 Abs. 2 Nr. 2 EStG errechnet. Dabei bleiben Wertänderungen des Vermögens (insbesondere Veräußerungsgewinne und -verluste) prinzipiell unberücksichtigt. So rechnen die Veräußerungserlöse beim Verkauf einer vermieteten Immobilie des Privatvermögens nicht zu den Einkünften aus Vermietung und Verpachtung (§ 21 EStG) und sind - abgesehen von den Besitzdauer abhängigen Sonderregelungen des § 23 EStG - grundsätzlich steuerfrei. Wird dagegen eine Immobilie verkauft, die zu einem gewerblichen Unternehmen gehört, so müssen die Veräußerungserlöse unabhängig von der Besitzdauer als Bestandteile der Einkünfte aus Gewerbebetrieb der Besteuerung unterworfen werden. Der Zeitpunkt der Einkommensentstehung wird im Bereich der Überschusseinkünfte durch das Zufluss- oder Abflussprinzip (§ 11 EStG) determiniert, das die Einkünfteentstehung an den Zufluss beziehungsweise Abfluss von finanziellen Mitteln knüpft.

Die Neuregelung der Einkünfte aus Kapitalvermögen (§ 2 Abs. 1 Nr. 5 EStG), die nach dem Gesetzeswortlaut den Überschusseinkünften zugeordnet werden (§ 2 Abs. 2 Nr. 2 EStG), bildet eine **eigenständige Einkünftekategorie**, die sich **weder in die Gewinneinkünfte noch in die Überschusseinkünfte** einfügt. Durch die Besteuerung der Veräußerungsgewinne weisen die Einkünfte aus Kapitalvermögen ein typisches Wesensmerkmal der Gewinneinkünfte auf. Allerdings ist die Nichtabzugsfähigkeit von Aufwendungen und damit die Bruttobesteuerung sowohl den Gewinn- wie auch den Überschusseinkünften wesensfremd.

Werden sämtliche Einkünfte ungeachtet ihrer Art oder ihrer Herkunft unterschiedslos belastet, liegt eine **synthetische Einkommensteuer** vor. Existieren dagegen unterschiedliche Belastungen für einzelne Bestandteile des Einkommens, wird von einer sogenannten **Schedulensteuer** gesprochen. Unterschiedliche Belastungen kommen in der Besteuerungswirklichkeit besonders häufig in Form unterschiedlicher Tarife für Arbeitseinkommen und für Kapitaleinkommen vor. Führt eine Schedulensteuer dazu, dass zwei Personen mit gleichem Einkommen unterschiedlich hoch belastet werden, widerspricht dies der horizontalen Steuergerechtigkeit. Auch die vertikale Steuergerechtigkeit kann beeinträchtigt sein. Dies gilt dann, wenn die Steuerbelastung zweier Personen bei steigendem Einkommen nicht gleichmäßig zunimmt. Gleichwohl sind eine Schedulensteuer rechtfertigende Gründe denkbar.

Das geltende Einkommensteuerrecht hat sich in ein **Schedulensteuersystem** gewandelt. Es kombiniert einen proportionalen Tarif von 25 v.H. für Einkünfte aus Kapitalvermögen durch die Abgeltungsteuer für bestimmte Kapitaleinkommen und einen (optionalen) Tarif von 28,25 v.H. für nicht ausgeschüttete Gewinne im Rahmen der Gewinneinkünfte mit dem direkt progressiven Tarif für alle anderen Einkunftsarten.

Die für die unterschiedlichen Ermittlungskonzeptionen der Gewinn- und Überschusseinkünfte ursächlichen **theoretischen Einkommenskonzeptionen**, die Quellentheorie und die Reinvermögenszugangstheorie, sollen im folgenden kurz dargelegt werden.

2.3.1.1 Quellentheorie

Die Quellentheorie wurde von Guth (1869) begründet und von Fuisting im Jahr 1902 erstmals systematisch dargestellt. Nach der Quellentheorie umfasst Einkommen die **Erträge laufender Quellen**. Laufende Einkommensquellen sind Geldkapital, Arbeitstätigkeit, Grundbesitz sowie Gewerbebetrieb. Einmalige Vermögensänderungen innerhalb der Quelle (z.B. Wertschwankungen, Änderung der Zusammensetzung des Vermögens, Kursgewinne oder -verluste) bilden keinen Einkommensbestandteil. Insbesondere stellt der Erlös aus Veräußerung der Einkommensquelle nach dieser Theorie kein Einkommen dar. Im Konzept der Quellentheorie wird wirtschaftliche Leistungsfähigkeit als **laufend wiederkehrende Veränderung der ökonomischen Verfügungsmacht** aufgefasst. Der Besteuerung unterliegen nur die Früchte aus der Quelle, ohne die Quelle selbst anzutasten.

Nach den Überlegungen der Quellentheorie wurden in England und Deutschland die ersten Einkommensteuern konstruiert, auch im heutigen deutschen Einkommensteuergesetz liegt insbesondere im Bereich der Überschusseinkünfte eine Konzeption vor, die weitgehend der Quellentheorie folgt.

An der Quellentheorie wird kritisiert, dass sie nur Teilaspekte wirtschaftlicher Leistungsfähigkeit erfasst, nämlich nur regelmäßig auftretende Änderungen der ökonomischen Verfügungsmacht. Ferner wurde an Fuistings Ansatz bemängelt, dass ihm die theoretische Begründung fehle. Es sei nicht zu rechtfertigen, dass nur Geld- und Güterströme aus dauernden Erwerbsquellen als Einkommen anzusehen seien.

2.3.1.2 Reinvermögenszugangstheorie

Die Finanzwissenschaftler Schanz, Haig und Simons postulierten ausgehend von der Kritik an der Quellentheorie eine umfassendere Einkommensdefinition (Schanz-Haig-Simons-Concept nach internationalem Sprachgebrauch genannt).[1] Nach ihrem Ansatz stellt Einkommen den **geldwerten Zuwachs an ökonomischer Verfügungsmacht** (Reinvermögenszugang) während einer Periode dar. Die wirtschaftliche Leistungsfähigkeit wird dabei am gesamten Bedürfnisbefriedigungspotential des Steuerpflichtigen gemessen. Sie umfasst nicht nur Vermögenszu- und -abgänge im juristischen Sinne (Reinvermögenszugang) einschließlich der unrealisierten Wertsteigerungen und Zuwendungen (Reinvermögenszuwachs), sondern darüber hinaus auch private Nutzungen und Wertschöpfungen (imputed income). Damit wendet die Reinvermögenszugangstheorie einen extensiven Güterbegriff an, der alle zur Bedürfnisbefriedigung geeigneten Vorteile der Besteuerung unterwirft.

Dieser weite Einkommensbegriff lässt sich rechtspraktisch nicht umsetzen. Daher ist die Reinvermögenszugangstheorie rechtsdogmatisch auf das **Markteinkommen** reduziert, da dieses sich objektiv ermitteln lässt. Private Nutzungen und Wertschöpfungen (imputed income) werden steuerlich nicht erfasst. Die wirtschaftliche Leistungsfähigkeit ermittelt sich danach aus der durch Markttransaktionen realisierten Änderung der ökonomischen Verfügungsmacht. Auch die Ermittlung des Einkommen als realisiertes Markteinkommen ist nicht frei von Problemen: Die Ermittlung der Vermögensbestände, aus denen das Einkommen als Differenz abgeleitet wird, erfordert, den Umfang des Vermögens zu bestimmen, die Bewertung des Vermögens (vergangenheits- oder zukunftsorientiert) vorzunehmen und eine Aussage über den Zeitpunkt der Erfassung von Vermögensänderungen (Realisationszeitpunkt) zu treffen. Das heutige Einkom-

---

[1] Als Begründer der Reinvermögenszugangstheorie gilt Schanz (1896). Im angelsächsischen Schrifttum wurde die Theorie vor allem von Haig (1921) und Simons (1938) vertreten.

mensteuergesetz orientiert sich im Rahmen der Gewinneinkünfte an der Reinvermögenszugangstheorie im Sinne des realisierten Markteinkommens.

2.3.2 Grundprinzipien der Einkommensermittlung

Das Einkommensteuergesetz ist auf bestimmten Grundprinzipien der Einkommensermittlung aufgebaut, die der Verwirklichung der Besteuerung nach der wirtschaftlichen Leistungsfähigkeit dienen und implizit in den gesetzlichen Regelungen enthalten sind. Im Einzelnen sind zu nennen:

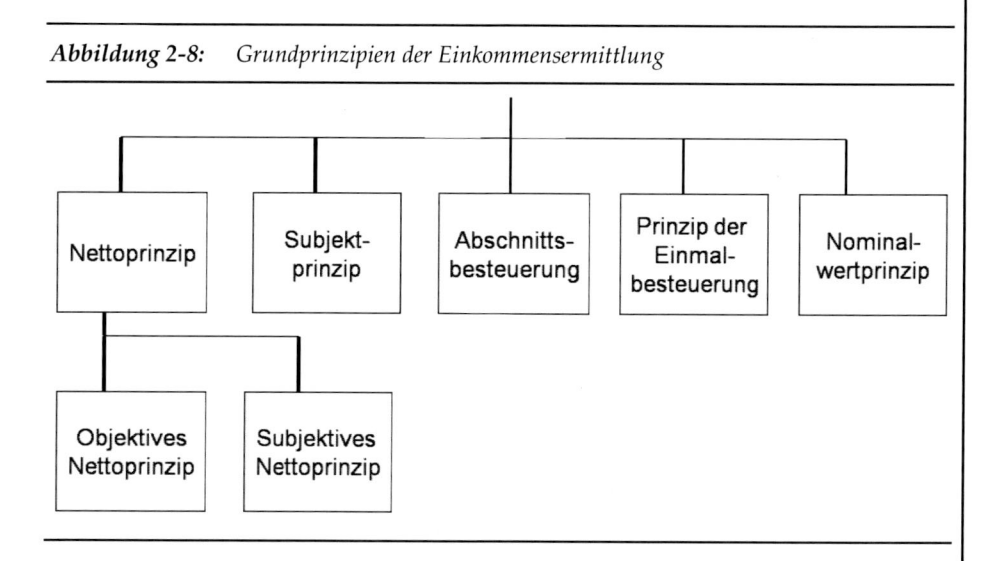

Abbildung 2-8:   *Grundprinzipien der Einkommensermittlung*

```
                          |
   ┌──────────┬───────────┼───────────┬──────────┐
Nettoprinzip  Subjekt-  Abschnitts-  Prinzip der  Nominal-
              prinzip   besteuerung  Einmal-      wertprinzip
                                     besteuerung
      |
   ┌──┴──┐
Objektives  Subjektives
Nettoprinzip Nettoprinzip
```

Das **Nettoprinzip** lässt sich weiter untergliedern in das objektive Nettoprinzip und das subjektive Nettoprinzip. Das **objektive Nettoprinzip** erfordert, dass von den erzielten Einnahmen die damit in Zusammenhang stehenden Ausgaben abgezogen werden, d.h. bei den Gewinneinkünften werden nur die Nettovermögensänderungen der Besteuerung unterworfen, bei den Überschusseinkünften lediglich die Differenz zwischen Einnahmen und Ausgaben. Die Besteuerung der Kapitaleinkünfte ohne Abzug der damit zusammenhängenden Ausgaben stellt insoweit einen Verstoß gegen das Nettoprinzip dar. Das **subjektive Nettoprinzip** ist getragen von der Berücksichtigung der unvermeidbaren Privataufwendungen und der realitätsgerechten Erfassung der Unterhaltsverpflichtungen. Es soll mithin nur disponibles Einkommen besteuert werden, nicht das Einkommen, das aufgrund zwingender Verpflichtungen oder anderer Notwendigkeiten nicht zur Steuerzahlung verfügbar ist. Nicht disponibles Einkommen umfasst dabei die Komponente der außergewöhnlichen Belastungen, bestimmter Vorsorgeaufwendungen, der Aufwendungen für Wohnung, Kleidung, Ernährung des Steuerpflichtigen und der unterhaltspflichtigen Personen. Mit anderen Worten handelt es sich um den Betrag, der für das Existenzminimum benötigt wird. Die steuerliche Freistellung des nicht disponiblen Einkommens wird erreicht durch zulässige Abzüge von der Bemessungsgrundlage (§§ 10, 33 EStG) oder durch Freibeträge (Kinderfreibetrag, Grundfreibetrag). Kosten der privaten Lebensführung, d.h. die Verwendung des Einkommens für Sparen, Investieren, Reisen, Repräsentieren oder Luxuskonsum, dürfen hingegen nicht die Steuerbemessungsgrundlage mindern. Da sich das geltende Einkommensteuerrecht in ein Schedulensteuersystem gewandelt hat, ist das Nettoprinzip bei den Einkünften aus Kapitalvermögen durchbrochen. Dies wird durch das Werbungskostenabzugsverbot des § 20 Abs. 9 EStG erreicht.

Im Kontext des **Subjektprinzips** ist angelegt, dass die Einkommensermittlung personenbezogen erfolgt. Dies bedeutet, dass nur die dem jeweiligen Steuerpflichtigen zuzurechnenden Einnahmen anzusetzen sind. Korrespondierend dürfen nur die vom Steuerpflichtigen getragenen Ausgaben berücksichtigt werden. Das Subjektprinzip findet auch bei Ehegatten Anwendung, die zusammen zur Einkommensteuer veranlagt werden, indem für jeden Ehegatten separat die Einkünfte je Einkunftsart zu berechnen sind.

Theoretisch-konzeptionell sollte grundsätzlich im Rahmen der Einkommensteuer der Totalerfolg besteuert werden. Korrekte Ergebnisse lassen sich nur dann erzielen, wenn man natürliche Personen am Lebensende besteuert oder das Ende der Lebensdauer eines Unternehmens oder einer sonstigen wirtschaftlichen Tätigkeit abwartet. Da eine solche Totalbesteuerung nicht praktikabel ist, setzt die Besteuerung am wirtschaftlichen Ergebnis eines Jahres an. In der Praxis ist die **Abschnittsbesteuerung** durch jährliche Erhebung der Einkommensteuer mit vierteljährlichen Vorauszahlungen umgesetzt. Wenn das Abschnittsergebnis zugrunde gelegt wird, ist ein Verlustausgleich zwischen den Besteuerungsabschnitten - also ein Verlustvortrag und Verlustrücktrag – notwendig, um die Nachteile der Abschnittsbesteuerung auszugleichen. Folglich ist eine intertemporale Verlustverrechnung ein unmittelbar aus der Besteuerung nach der wirtschaftlichen Leistungsfähigkeit abzuleitendes Gebot und stellt keine Steuervergünstigung dar.

Nach der konzeptionellen Idee des **Grundsatzes der Einmalbesteuerung** soll ein Besteuerungstatbestand nur einmal der Besteuerung unterliegen. So soll eine Besteuerung von stillen Reserven zum Beispiel beim Veräußerer eines (betrieblichen) Wirtschaftsguts erfolgen. Beim Erwerber orientiert sich die Bemessungsgrundlage für steuerliche Abschreibungen an seinen Anschaffungskosten, vereinfacht also an dem Kaufpreis, den er dem Veräußerer für das Wirtschaftsgut gezahlt hat. Aufgrund dieser Technik werden die stillen Reserven nicht ein zweites Mal beim Erwerber erfasst.

Das **Nominalwertprinzip** basiert auf der Vorstellung, dass der Grundsatz Euro = Euro ökonomische Berechtigung hat. Er bedingt, dass keine Umrechnung von Einnahmen und Ausgaben in inflationsbereinigte Werte erfolgt. In Phasen hoher Inflation ist damit das Problem der Scheingewinnbesteuerung verbunden.

2.4 Einkunftsarten

2.4.1 Überblick

Bemessungsgrundlage der Einkommensteuer ist das zu versteuernde Einkommen, das ausgehend von den Einkünften der sieben Einkunftsarten entsprechend der in § 2 EStG beschriebenen Vorgehensweise zu ermitteln ist. Schematisch lässt sich das Vorgehen zur Ermittlung der einkommensteuerlichen Bemessungsgrundlage wie folgt zusammenfassen:

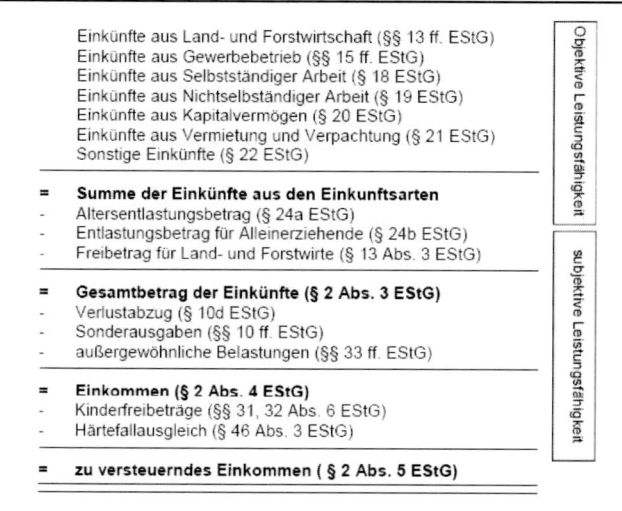

Abbildung 2-9:   *Vereinfachtes Schema der Einkommensermittlung*

```
      Einkünfte aus Land- und Forstwirtschaft (§§ 13 ff. EStG)    ┐
      Einkünfte aus Gewerbebetrieb (§§ 15 ff. EStG)                │
      Einkünfte aus Selbstständiger Arbeit (§ 18 EStG)             │ Objektive
      Einkünfte aus Nichtselbständiger Arbeit (§ 19 EStG)          │ Leistungsfähigkeit
      Einkünfte aus Kapitalvermögen (§ 20 EStG)                    │
      Einkünfte aus Vermietung und Verpachtung (§ 21 EStG)         │
      Sonstige Einkünfte (§ 22 EStG)                               ┘

  =   Summe der Einkünfte aus den Einkunftsarten                  ┐
  -   Altersentlastungsbetrag (§ 24a EStG)                         │
  -   Entlastungsbetrag für Alleinerziehende (§ 24b EStG)          │
  -   Freibetrag für Land- und Forstwirte (§ 13 Abs. 3 EStG)       │
                                                                   │
  =   Gesamtbetrag der Einkünfte (§ 2 Abs. 3 EStG)                 │ subjektive
  -   Verlustabzug (§ 10d EStG)                                    │ Leistungsfähigkeit
  -   Sonderausgaben (§§ 10 ff. EStG)                              │
  -   außergewöhnliche Belastungen (§§ 33 ff. EStG)                │
                                                                   │
  =   Einkommen (§ 2 Abs. 4 EStG)                                  │
  -   Kinderfreibeträge (§§ 31, 32 Abs. 6 EStG)                    │
  -   Härtefallausgleich (§ 46 Abs. 3 EStG)                        ┘

  =   zu versteuerndes Einkommen (§ 2 Abs. 5 EStG)
```

Die Einkünfte der sieben Einkunftsarten, die im Folgenden näher beleuchtet werden sollen, bilden den Ausgangspunkt der Ermittlung. Der Terminus "Einkünfte" beschreibt hierbei immer eine Nettogröße, d.h. die Einnahmen im Rahmen der jeweiligen Einkunftsart sind um die damit in Zusammenhang stehenden Ausgaben zu mindern.

2.4.2 Gewinneinkünfte

Wenn im Folgenden die Gewinneinkünfte behandelt werden, lohnt zunächst ein Blick auf die Gründe für die Differenzierung zwischen Gewinneinkünfte und Überschusseinkünfte. Zunächst gelten für Gewinneinkünfte einerseits und Überschusseinkünfte andererseits andere Ermittlungsmethoden. Daraus ergibt sich ein im Einzelfall wesentlich anderer Umfang der Einkünfte. Auch im Verhältnis der Gewinneinkünfte untereinander lassen sich unterschiedliche Ansatzpunkte zu Tage fördern. Nur gewerbliche Einkünfte unterliegen auch der Gewerbesteuer, daher ist eine Abgrenzung zu den Einkünften aus Land- und Forstwirtschaft und zu den Einkünften aus selbständiger Arbeit notwendig. Zudem ist bei den land- und forstwirtschaftlichen Einkünften unter Umständen eine vereinfachte und in aller Regel für den Steuerpflichtigen günstigere Schätzmethode anwendbar, die so genannte Besteuerung nach Durchschnittssätzen.

2.4.2.1 Einkünfte aus Land- und Forstwirtschaft

Nach § 13 Abs. 1 Nr. 1 EStG umfassen die Einkünfte aus Land- und Forstwirtschaft den gesamten Bereich der planmäßigen Nutzung der natürlichen Kräfte des Bodens und Verwertung der Produkte, also die nichtgewerbliche Bodenbewirtschaftung. Zwar lässt das Gesetz eine präzise Definition dessen vermissen, was unter der Einkunftsart "Land- und Forstwirtschaft" zu verstehen ist. Gleichwohl sind die aufzählend beschriebenen Komponenten, die die verschiedenen Arten der land- und forstwirtschaftlichen Betriebe charakterisieren, für praktische Zwecke hinreichend spezifisch. Im Einzelnen nennt das Gesetz:

- Betriebe des Pflanzenanbaus: § 13 Abs. 1 Nr. 1 EStG; darunter fallen Landwirtschaft, Forstwirtschaft, Weinbau, Gartenbau, Obstbau, Gemüsebau, Baumschulen

- Betriebe der Tierhaltung und der Tierzucht § 13 Abs. 1 Nr. 1 Satz 2 EStG; dies gilt für den Bereich der Tierzucht und Tierhaltung, wenn bestimmte Grenzwerte nicht überschritten werden

- Sonstige Betriebe gem § 13 Abs. 1 Nr. 2 - 4 EStG; diese Bestimmung ist im Zusammenhang mit § 62 BewG zu sehen; erfasst werden die sonstigen land- und forstwirtschaftlichen Nutzungen gem. § 62 BewG; nach § 13 Abs. 1 Nr. 2 EStG zählt hierzu z.B. Fischerei, Teichwirtschaft, Imkerei, Schäferei, ebenso Jagd (Nr. 3), Hauberg-, Wald- und Forstgenossenschaften (Nr. 4)

Zu betonen ist bereits hier, dass der Zukauf und die Weiterveräußerung von Produkten in größerem Umfang zur Qualifikation als Gewerbebetrieb führen. In Bezug auf nähere Informationen zu einzelnen Abgrenzungsproblemen empfiehlt sich die Lektüre von R 13.2 sowie 15.5 EStR.

Laufende Einkünfte aus Land- und Forstwirtschaft können zum einen aus der eigentlichen land- und forstwirtschaftlichen Betätigung gemäß § 13 Abs. 1 EStG erzielt werden. Daneben können aus land- und forstwirtschaftlichen Nebenbetrieben nach § 13 Abs. 2 Nr. 1 EStG eine eigene Art laufender land- und forstwirtschaftlicher Einkünfte resultieren. Ein Nebenbetrieb stellt einen Betrieb dar, der dem L+F Betrieb zu dienen bestimmt ist (Unterordnung). Dieser Nebenbetrieb darf nicht Selbstzweck sein. Grundsätzlich sind dies regelmäßig Betriebe mit gewerblichem Charakter. Beispiele: Aus Be- und Verarbeitungsbetrieben wie Brennerei, Sägewerk bei Forstwirtschaft, Molkerei bei Viehwirtschaft oder Mühlenbetrieb bei Landwirtschaft werden land- und forstwirtschaftliche Einkünfte aus einem Nebenbetrieb erzielt. Substanzbetriebe, die dem land- und forstwirtschaftlichen Betrieb Substanz entnehmen, wie z.B. Ziegeleien, Kalkbrennereien, Sand-, Kies-, Lehm- und Tongruben, führen ebenfalls zu land- und forstwirtschaftlichen Einkünften. Unter land- und forstwirtschaftlichen Nebenleistungen, die ebenfalls Einkünfte aus Land- und Forstwirtschaft darstellen, versteht man etwa die Übernahme von Dienstleistungen wie Landschaftspflege, Gartenpflege etc. Auch die Einkünfte aus der Vermietung und Verpachtung von land- und forstwirtschaftlichen Nutzflächen fallen darunter sowie die so genannte Produktionsaufgaberente bei Aufgabe der land- und forstwirtschaftlichen Tätigkeit nach § 13 Abs. 2 Nr. 3 EStG. Die Einkünfte aus Land- und Forstwirtschaft werden bei der Ermittlung des Gesamtbetrags der Einkünfte nur berücksichtigt, soweit sie den Betrag von 670 € übersteigen. Dieser Freibetrag ist indessen nur anzuwenden, soweit das Einkommen 30.700 € nicht übersteigt (vgl. § 13 Abs. 3 EStG). Im Falle der Zusammenveranlagung von Ehegatten verdoppeln sich diese Beträge.

Im Bereich der Einkünfte aus Land- und Forstwirtschaft wird für einmalige Einkünfte, die aus der **Veräußerung des land- und forstwirtschaftlichen Betriebs** resultieren, durch § 14 EStG eine eigenständige Regelung geschaffen. Aus der Konzeption der Gewinneinkunftsarten folgt bereits unmittelbar, dass der Veräußerungsgewinn aus der Veräußerung des gesamten land- und forstwirtschaftlichen Betriebs ebenso steuerpflichtig ist wie die Veräußerung einzelner Wirtschaftsgüter. Die Regelung des § 14 EStG schafft damit keinen neuen Steuertatbestand, sondern dient der Abgrenzung der laufenden land- und forstwirtschaftlichen Einkünfte von den einmaligen Einkünften, um letztere einer begünstigten Besteuerung zuzuführen.

Die Begünstigung erstreckt sich auf zwei Ebenen. Zum einen besteht eine Vergünstigungsregelung in Form einer Steuerbefreiung gem. § 16 Abs. 4 EStG. Zum zweiten kann für die Veräußerungsgewinne ein ermäßigter Steuersatz nach § 34 EStG in Anspruch genommen werden. Zur ausführlichen Darstellung der für alle Gewinneinkunftsarten geltenden Steuerbefreiung nach § 16 Abs. 4 EStG und des ermäßigten Steuersatzes nach § 34 EStG vgl. die Ausführungen unter 2.4.2.2 „Veräußerung des Gewerbebetriebs".

2.4.2.2 Einkünfte aus Gewerbebetrieb

Die Einkünfte aus Gewerbebetrieb stellen im Rahmen der unternehmerischen Tätigkeit die wichtigste Einkunftsart dar. Dabei muss man sich stets vor Augen halten, dass die Einkommensteuer als Personensteuer nicht den Gewerbebetrieb an sich besteuert, sondern allein den Betriebsinhaber als natürliche Person, die die gewerblichen Einkünfte erzielt.

Nach der gesetzlichen Diktion unterscheidet man die folgenden Arten der gewerblichen Einkünfte:

2 Die Einkommensteuer

- Einkünfte aus laufender gewerblicher Tätigkeit § 15 EStG
  Dazu gehören die Einkünfte von gewerblich tätigen Einzelunternehmern und von Mitunternehmern einer gewerblich tätigen Personengesellschaft, die Gewinnanteile der persönlich haftenden Gesellschafter einer KGaA sowie die Einkünfte von Mitunternehmern einer gewerblich geprägten Personengesellschaft (GmbH & Co.KG). Mitunternehmer einer gewerblich tätigen Personengesellschaft sind Gesellschafter, die Unternehmerrisiko tragen und Unternehmerinitiative entfalten können (ausführlich zum Mitunternehmerbegriff siehe 6.3.1.2).

- Einkünfte aus einmaligen Vorgängen
  Diese resultieren aus der Veräußerung des ganzen Gewerbebetriebs oder eines Teilbetriebs, eines Mitunternehmeranteils oder eines Komplementäranteils an einer KGaA (§ 16 EStG) sowie aus der Veräußerung von Anteilen an Kapitalgesellschaften im Rahmen des Privatvermögens (§ 17 EStG).

Einkünfte, die einkommensteuerlich als Einkünfte aus Gewerbebetrieb qualifiziert werden, unterliegen grundsätzlich auch der Gewerbesteuer (vgl. § 2 Abs. 1 Satz 2 GewStG). Allerdings lösen nur laufende gewerbliche Einkünfte im Sinne des § 15 EStG Gewerbesteuerpflicht aus, nicht hingegen Einkünfte aus einmaligen Vorgängen, da die Gewerbesteuer als Steuergegenstand grundsätzlich nur den stehenden Gewerbebetrieb im Inland erfasst.

Tabelle 2-4:   Arten der Einkünfte aus Gewerbebetrieb

Einkünfte aus laufender Geschäftstätigkeit	Einkünfte aus einmaligen Vorgängen
■ Gewerblich tätige Einzelunternehmer § 15 Abs. 1 Nr. 1 EStG	■ Veräußerung/ Aufgabe eines Gewerbebetriebs oder Teilbetriebs § 16 Abs. 1 Nr. 1 EStG
■ (Mit)Unternehmer einer gewerblich tätigen Personengesellschaft § 15 Abs. 1 Nr. 2 EStG	■ Veräußerung des Mitunternehmeranteils an einer Personengesellschaft § 16 Abs. 1 Nr. 2 EStG
■ Persönlich haftende Gesellschafter einer KGaA § 15 Abs. 1 Nr. 3 EStG	■ Veräußerung des Anteils eines persönlich haftenden Gesellschafters einer KGaA § 16 Abs. 1 Nr. 3 EStG
■ Gesellschafter von gewerblich geprägten Personengesellschaften § 15 Abs. 3 Nr. 2 EStG	■ Veräußerung des Mitunternehmeranteils an einer gewerblich geprägten Personengesellschaft § 16 Abs. 1 Nr. 2 EStG
	■ Veräußerung von Anteilen an Kapitalgesellschaften § 17 EStG

2.4 Einkunftsarten

Da Einkünfte aus Gewerbebetrieb die Existenz eines Gewerbebetriebs voraussetzen, ist zwischen verschiedenen Formen von Gewerbebetrieben zu unterscheiden. Es handelt sich dabei um die in der folgenden Abbildung dargestellten Arten der Gewerbebetriebe.

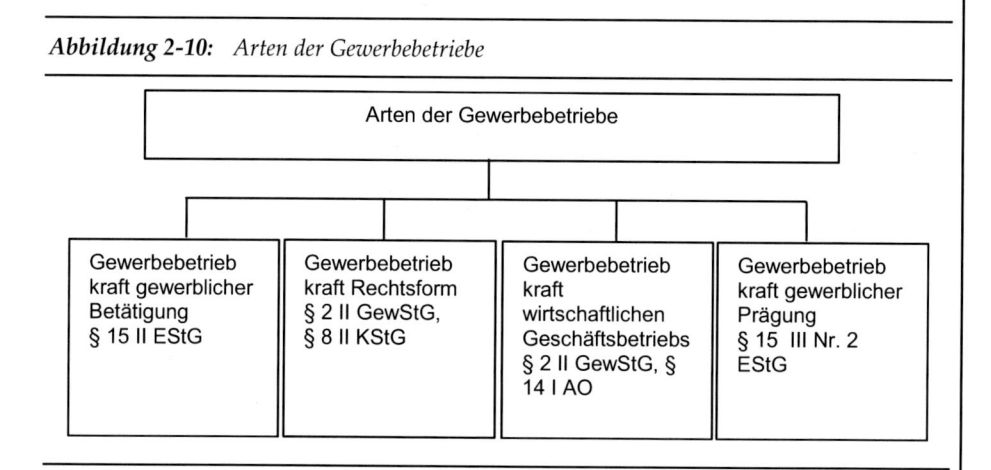

Abbildung 2-10: Arten der Gewerbebetriebe

```
                    Arten der Gewerbebetriebe
    ┌──────────────────┬──────────────────┬──────────────────┐
Gewerbebetrieb    Gewerbebetrieb    Gewerbebetrieb    Gewerbebetrieb
kraft gewerblicher kraft Rechtsform  kraft             kraft gewerblicher
Betätigung        § 2 II GewStG,    wirtschaftlichen  Prägung
§ 15 II EStG      § 8 II KStG       Geschäftsbetriebs § 15 III Nr. 2
                                    § 2 II GewStG,    EStG
                                    § 14 I AO
```

Gewerbebetrieb kraft gewerblicher Betätigung

Damit Einzelunternehmer und Gesellschafter einer Personengesellschaft Einkünfte aus Gewerbebetrieb erzielen, muss eine gewerbliche Tätigkeit ausgeübt werden (= Gewerbebetrieb kraft gewerblicher Betätigung). Die Definition des Gewerbebetriebs kraft gewerblicher Betätigung ergibt sich aus § 15 Abs. 2 EStG und setzt vier so genannte Positivkriterien und drei Negativkriterien voraus. Die **Positivkriterien** umfassen die Merkmale der Selbständigkeit, Nachhaltigkeit, Gewinnerzielungsabsicht sowie der Beteiligung am allgemeinen wirtschaftlichen Verkehr.

Tabelle 2-5: Gewerbebetrieb kraft gewerblicher Betätigung § 15 Abs. 2 EStG

Positivkriterien	Negativkriterien
Selbständigkeit	Keine Land- und Forstwirtschaft
Nachhaltigkeit	Keine vermögensverwaltende Tätigkeit
Gewinnerzielungsabsicht	Keine selbständige Arbeit (§ 18 EStG)
Teilnahme am allg. wirtschaftlichen Verkehr	

2 Die Einkommensteuer

Die **Negativkriterien** grenzen die gewerbliche Tätigkeit gegenüber anderen Einkunftsarten ab, d.h. es darf sich weder um Einkünfte aus Land- und Forstwirtschaft (§ 13 EStG) noch um freiberufliche oder sonstige selbständige Tätigkeit (§ 18 EStG) noch um eine Vermögensverwaltung (§§ 20, 21 EStG) handeln. Aufgrund der großen Bedeutung der Positivkriterien und der Negativkriterien bedürfen diese Merkmale einer vertieften Untersuchung.

Positivkriterien

■ **Selbständigkeit (R 15.1 EStR)**

Das Merkmal der Selbständigkeit umfasst zwei Komponenten, nämlich die persönliche Selbständigkeit des Unternehmers und die sachliche Selbständigkeit des Unternehmens.

Die **persönliche Selbständigkeit** des Unternehmers ist für die verschiedenen unternehmensbezogenen Steuerarten, also für Einkommen-, Umsatz- und Gewerbesteuer nach denselben Grundsätzen zu entscheiden. Indessen gilt nach überwiegender Auffassung, dass die Entscheidung auf einem Gebiet nicht bindend für eine andere Steuerart ist. Die Abgrenzung zwischen selbständiger und unselbständiger Tätigkeit zieht für verschiedene Steuerarten weit reichende Konsequenzen nach sich. Im Bereich der Einkommensteuer ist sie für die Qualifikation der Einkünfte aus Gewerbebetrieb von Bedeutung, weil ein Selbständiger, der im Rahmen seines eigenen Unternehmens tätig wird, im Regelfall Einkünfte aus Gewerbebetrieb erzielt. Demgegenüber bezieht ein Unselbständiger Einkünfte aus nichtselbständiger Arbeit, die zu den Überschusseinkünften rechnen. Für die Gewerbesteuer gilt, dass nur ein Selbständiger gewerbesteuerpflichtig ist. Und im Umsatzsteuerrecht schließlich kommt lediglich einem selbständig Tätigen Unternehmereigenschaft zu. Aus diesem Grund unterliegen nur Lieferungen und Leistungen eines selbständigen Unternehmers der Umsatzsteuer.

Die Merkmale der Selbständigkeit bestehen zunächst darin, dass der Unternehmer auf **eigene Rechnung und eigene Verantwortung** tätig wird. Dieses Tätigwerden auf eigene Verantwortung bezeichnet man auch als Unternehmerinitiative. Daneben ist mit steuerlicher Selbständigkeit das Risiko des unternehmerischen Erfolgs sowie des Misserfolgs verknüpft. Dieser Umstand wird auch als Unternehmerrisiko bezeichnet. Indizien für die Selbständigkeit sind die freie Entscheidung über persönliches Tun, Zeit und Ort des Handelns. Dabei ist, um eine immer wieder bemühte Formel der Rechtsprechung zu wiederholen, das Gesamtbild der Verhältnisse zu würdigen.

Als **Merkmale der Unselbständigkeit** lassen sich demgegenüber die Ein- und Unterordnung hinsichtlich Zeit, Ort, Art und Weise der Tätigkeit sowie die Einbindung in eine fremde Betriebsorganisation charakterisieren. Entscheidende Kriterien stellen dabei eine wie auch immer geartete Form der Weisungsgebundenheit dar verbunden mit einer regelmäßig festen Vergütung auch bei Krankheit sowie Urlaubsanspruch mit

Bezahlung. Im Rahmen der unselbständigen Tätigkeit wird grundsätzlich die Arbeitskraft geschuldet, nicht etwa ein bestimmter Erfolg.

Der persönlichen Selbständigkeit des Unternehmers kommt in vielerlei Hinsicht Bedeutung zu. Selbständige Betriebe eines rechtlich einheitlichen Unternehmens stellen selbständige Einkommensquellen dar. Dies bedingt zunächst eine separate Einkommensermittlung. Die materiellen Konsequenzen zeigen sich besonders augenscheinlich bei der Gewerbesteuer vom Ertrag, da hier kein Verlustausgleich zwischen selbständigen Betrieben stattfindet. Keine materiellen Konsequenzen hat dieser Umstand indessen bei der Einkommensteuer, da diese subjektbezogen konzipiert ist. Folglich erfolgt ein Verlustausgleich zwischen den selbständigen Betrieben eines Unternehmers, der als natürliche Person Steuersubjekt der Einkommensteuer ist.

Im Kontext der Merkmale der **sachlichen Selbständigkeit** kommt es nur auf objektive Merkmale an. Danach besteht sachliche Selbständigkeit, wenn eine wirtschaftliche Einheit zur unabhängigen, selbständigen Teilnahme am Wirtschaftsverkehr fähig ist. Dabei gilt der Grundsatz, dass mehrere Betriebe eines Steuerpflichtigen jeweils separate Gewerbebetriebe bilden. Dies hat zur Folge, dass es sich um selbständige Steuerobjekte handelt. Liegen ihrer Art nach gleichartige Betriebe vor, die sachlich, wirtschaftlich sowie organisatorisch als zusammenhängend zu beurteilen sind, so handelt es sich nicht um selbständige Steuerobjekte. Die dabei bedeutsamen Kriterien umfassen den Kunden- und Lieferantenkreis, eine gewisse räumliche Nähe, die eingesetzten Arbeitnehmer sowie die Geschäftsleitung.

■ **Nachhaltigkeit**

Das Merkmal der Nachhaltigkeit setzt voraus, dass der Unternehmer wiederholt am Markt als Anbieter von Gütern oder Dienstleistungen auftreten möchte. Dabei genügt allerdings bereits eine einmalige Tätigkeit, wenn der Wille zur Wiederholung (Wiederholungs*absicht*) erkennbar ist. Die einmalige Tätigkeit zur Schaffung eines Dauerzustands reicht indessen nicht aus. Allerdings kann ausnahmsweise die Nachhaltigkeit selbst dann zu bejahen sein, wenn der Steuerpflichtige nur ein einziges Geschäft ohne erkennbare Wiederholungsabsicht abschließt, wenn die Erfüllung dieses Geschäfts oder Vertrags eine Vielzahl unterschiedlicher Einzeltätigkeiten erfordert (vgl. BFH v. 9.12.2002, VIII R 40/01 BStBl. II 2003, S. 294).

■ **Gewinnerzielungsabsicht**

Eine Beurteilung der Gewinnerzielungsabsicht soll nach der Rechtsprechung anhand der Totalperiode erfolgen. Dies erfordert, dass das Gesamtergebnis der unternehmerischen Betätigung gewürdigt wird. Anlaufverluste oder Fehlmaßnahmen stehen der Annahme der Gewinnerzielungsabsicht nicht entgegen. Das Streben nach purer Kostendeckung ist im steuerlichen Sinne keine Gewinnerzielung. Auch die angestrebte Einkommensteuerersparnis ist bei der Prüfung, ob Gewinnerzielungsabsicht vorliegt, nicht zu berücksichtigen (§ 15 Abs. 2 Satz 2 EStG). Bedeutung hat dies insbesondere im Rahmen bestimmter Steuersparmodelle.

Nach der Rechtsprechung ist die Gewinnerzielungs*absicht* entscheidend, nicht die tatsächliche Gewinnerzielung. Da die Absicht eine innere Einstellung betrifft, muss sich die Praxis in Verlustsituationen mit Beweisanzeichen behelfen, um diese festzustellen. Wichtige Beweisanzeichen sind ein schlüssiges betriebswirtschaftlich fundiertes Unternehmenskonzept, konkrete Unternehmenspläne (wie z.B. Finanz-, Absatz- und Produktionspläne) sowie konkrete Maßnahmen, um die Verlustsituation zu beenden. Eine fehlende Gewinnerzielungsabsicht führt zu steuerlich irrelevanten Verlusten. Die Rechtsprechung hat für diese Fallgruppen den Begriff der **Liebhaberei** geprägt. Aus dem Vorliegen der Liebhaberei folgt, dass Aufwendungen sowie Verluste das steuerpflichtige Einkommen nicht mindern. Andererseits erhöhen aus einer Liebhabereitätigkeit erzielte Gewinne bzw. Erträge das steuerpflichtige Einkommen nicht.

Beteiligung am allgemeinen wirtschaftlichen Verkehr

Das Merkmal der Beteiligung am allgemeinen wirtschaftlichen Verkehr umfasst das Anbieten der Leistungen an die Allgemeinheit gegen Entgelt. Es fragt sich, was steuerlich unter der Allgemeinheit zu verstehen ist. Die Rechtsprechung und Lehre verstehen darunter das Anbieten von Leistungen an eine unbestimmte Anzahl von Personen. Es muss ein Leistungsaustauschverhältnis gegen Entgelt vorliegen. Dabei ist es unerheblich, ob die Leistung von einer Vielzahl von Personen oder nur von wenigen Abnehmern nachgefragt wird.

Die Teilnahme am allgemeinen wirtschaftlichen Verkehr kann bei einer Betriebsaufspaltung zu Problemen führen. Die Betriebsaufspaltung ist dadurch gekennzeichnet, dass eine so genannte Besitz(personen)gesellschaft nur Anlagevermögen an die Betriebs(kapital)gesellschaft verpachtet, während die Betriebs(kapital)gesellschaft die eigentliche Unternehmensleistung erstellt und vermarktet und dadurch am allgemeinen wirtschaftlichen Verkehr teilnimmt. Die Besitzgesellschaft nimmt nach allgemeinen Kriterien nicht am allgemeinen wirtschaftlichen Verkehr teil und wäre daher als vermögensverwaltend zu qualifizieren. Indessen kommt hier eine wichtige Fiktion zum Tragen. Die Besitzgesellschaft wird steuerlich so behandelt, als sei sie weiterhin am allgemeinen wirtschaftlichen Verkehr beteiligt und daher gewerblich tätig. Diese Fiktion der gewerblichen Tätigkeit gilt für alle Gesellschafter der Besitzgesellschaft, auch wenn sie nicht am Betriebsunternehmen beteiligt sind.

Negativkriterien

keine Land- und Forstwirtschaft (R 15.5 EStR)

Die im § 13 EStG enthaltene Definition der Einkünfte aus Land- und Forstwirtschaft stellt auf die planmäßige Nutzung der natürlichen Kräfte des Bodens und Verwertung der Produkte ab. Ein Zukauf und die Weiterveräußerung von Produkten in größerem Umfang führen zur Qualifikation als Gewerbebetrieb. Näheres zu in diesem Rahmen auftretenden Abgrenzungsproblemen ist in R 15.5 EStR behandelt. Die dort genannten prozentualen Grenzen sind allerdings das Ergebnis einer mehr oder weniger willkürlichen Abgrenzung.

■ keine freiberufliche (selbständige) Tätigkeit

Es darf sich auch um keine freiberufliche oder sonstige selbständige Tätigkeit im Sinne von § 18 EStG handeln. Die Merkmale der selbständigen Tätigkeit im Sinne des § 18 EStG sind im dortigen Kontext behandelt. Hier soll der Hinweis genügen, dass freiberufliche Tätigkeit, die zur Erzielung von Einkünften aus selbständiger Arbeit führt, eine Tätigkeit erfordert, die aufgrund "eigener Fachkenntnis" (§ 18 Abs. 1 Nr. 1 Satz 3 EStG) durchgeführt wird. Es kommt also entscheidend auf eine geistige Leistung an, für die in der Regel eine akademische Ausbildung erforderlich ist. Diese Anforderung muss für die gewerblichen Einkünfte im Normalfall gerade nicht erfüllt sein.

Problematisch stellt sich die Ausübung einer gewerblichen Tätigkeit neben einer freiberuflichen dar. Wird dies durch eine einzelne Person bewerkstelligt, ist steuerlich eine Aufteilung vorzunehmen. Dies gilt selbst dann, wenn die beiden Tätigkeiten nach der Verkehrsauffassung zusammengehören. Anders beurteilt das Steuerrecht hingegen den Zusammenschluss freiberuflich Tätiger mit zusätzlicher gewerblicher Aktivität zu einer Gesellschaft, etwa einer Gesellschaft bürgerlichen Rechts. Hier liegt zwar insgesamt grundsätzlich eine freiberufliche Tätigkeit vor. Allerdings kann die Beteiligung berufsfremder an der Gesellschaft dazu führen, dass gewerbliche Einkünfte anzunehmen sind. In diesem Zusammenhang ist eine GmbH, die an einer GmbH & Co.KG beteiligt ist, immer als berufsfremde Person zu werten.

■ keine Vermögensverwaltung (R 15.7 EStR)

Die Abgrenzung zwischen gewerblichem und vermögensverwaltenden Bereich ist von außerordentlicher Bedeutung: Erfolgt eine Vermögenszuordnung zum vermögensverwaltenden Bereich, so werden die erzielten Erträge als Einkünfte aus Vermietung und Verpachtung oder als Einkünfte aus Kapitalvermögen qualifiziert. Es geht mithin um die Frage, ob Überschusseinkünfte (nämlich Einkünfte aus Vermietung und Verpachtung oder Einkünfte aus Kapitalvermögen) oder Gewinneinkünfte (nämlich Einkünfte aus Gewerbebetrieb) vorliegen.

Nach § 14 Satz 3 AO **liegt Vermögensverwaltung vor**, wenn Vermögen genutzt wird, d.h. insbesondere wenn Kapitalvermögen verzinslich angelegt oder unbewegliches Vermögen vermietet oder verpachtet wird. Die einschlägigen Kriterien für eine vermögensverwaltende Tätigkeit sind in einer langjährigen Rechtsprechung entwickelt worden, die von der Finanzverwaltung in die Einkommensteuerrichtlinien übernommen wurden. Danach kommt es darauf an, ob eine Nutzung des Vermögens im Sinne einer Fruchtziehung erfolgt - etwa durch das Halten und Verwalten von Wertpapieren oder Immobilien - und ob die Ausnutzung substanzieller Vermögenswerte durch Umschichtung und Verwertung nicht in den Vordergrund (R 15.5 Abs. 1 EStR) tritt.

Zur Abgrenzung zwischen privater Vermögensverwaltung und dem in der Praxis besonders bedeutsamen **gewerblichem Grundstückshandel** hat sich die Finanzverwaltung in einem umfangreichen Schreiben geäußert (BMF-Schreiben vom 26.3.2004,

BStBl. 2004 I, S. 434). Danach ist die Vermietung oder Nutzung bebauter Grundstücke zu Wohnzwecken über längere Zeit (mind. 10 Jahre) in der Regel eine vermögensverwaltende Tätigkeit. Dazu gehört auch die Veräußerung des Grundvermögens, auch wenn diese mehrere Objekte umfasst und innerhalb kurzer Zeit erfolgt. Ein besonderes Institut hat die Rechtsprechung in diesem Bereich mit der so genannten 3-Objekt-Grenze entwickelt. Danach begründet die Veräußerung von bis zu 3 Objekten innerhalb eines Zeitraumes von 5 Jahren (TZ 5ff.) keine gewerbliche Tätigkeit. Bei der 3-Objekt-Grenze sind nur Grundstücke zu berücksichtigen, bei denen ein enger zeitlicher Zusammenhang zwischen Errichtung, Erwerb oder Modernisierung und Veräußerung besteht. Der 3-Objekt-Grenze kommt jedoch nur Indizwirkung zu. Daher kann auch die Veräußerung von weniger als 4 Objekten auf eine gewerbliche Tätigkeit schließen lassen, im äußersten Fall reicht die Veräußerung eines einzigen Objektes aus („Ein-Objekt-Fall", vgl. BFH v. 1.12.2005, IV R 65/04, BB 2006, S. 360, BMF Schreiben vom 26.3.2004, TZ 28).

Die Vermietung und Verpachtung von Grundbesitz stellt in der Regel Vermögensverwaltung (R 15.5 Abs. 2 EStR) dar. Ebenso charakterisiert sich die Vermietung möblierter Zimmer im Normalfall als vermögensverwaltende Tätigkeit, nicht dagegen der Hotelbetrieb, der zu Einkünften aus Gewerbebetrieb führt. Die **Verpachtung eines Gewerbebetriebs** oder Teilbetriebs stellt ebenfalls Vermögensverwaltung dar (R 16 Abs. 5 EStR). Jedoch hat die Finanzverwaltung hier ein Wahlrecht für die Steuerpflichtigen eingeräumt. Danach sind zwei Fälle zu unterscheiden, deren steuerliche Vorteilhaftigkeit im Einzelnen anhand geeigneter Vergleichsrechnungen zu untersuchen ist:

- In Betracht kommt einerseits die Erklärung der Betriebsaufgabe gegenüber dem Finanzamt verbunden mit der Realisierung der stillen Reserven nach § 16 EStG. Dies hat zur Folge, dass die künftigen Pachteinnahmen Einkünfte aus Vermietung und Verpachtung darstellen. Die danach im Privatvermögen anfallenden Wertsteigerungen bleiben grundsätzlich steuerfrei.

- Alternativ kann der Steuerpflichtige den Gewerbebetrieb fortführen. Dies bedeutet, dass keine Gewinnrealisierung im Zeitpunkt des Beginns der Verpachtung stattfindet. Der Verpächter bezieht weiterhin Einkünfte aus Gewerbebetrieb, jedoch unterliegen die Pachteinnahmen nicht der Gewerbesteuerpflicht (R 16 Abs. 5 EStR).

Gewerbebetrieb kraft gewerblicher Prägung

Der Gewerbebetrieb kraft gewerblicher Prägung (§ 15 Abs. 3 Nr. 2 EStG) wird in der Literatur teilweise auch als Spezialfall des Gewerbebetriebs kraft Rechtsform behandelt wird. Illustrieren lässt sich die damit verbundene Problematik anhand der Besonderheiten bei einer **GmbH & Co.KG**. An dieser sind in ihrer typischen Konstruktion eine GmbH als Komplementärin und natürliche Personen als Kommanditisten beteiligt. Die Kommanditisten sind zugleich auch Gesellschafter der Komplementär-

GmbH. Da die Rechtsform einer Personengesellschaft (KG) vorliegt, müssten für die Qualifizierung der Einkünfte als Einkünfte aus Gewerbebetrieb die Kriterien nach § 15 Abs. 2 EStG erfüllt sein. Allerdings sieht das Gesetz hier eine Ausnahme vor, wonach unabhängig von der ausgeübten Tätigkeit die GmbH & Co.KG als Gewerbebetrieb gilt, wenn nur eine oder mehrere Kapitalgesellschaften unbeschränkt haften oder wenn ausschließlich Kapitalgesellschaften oder Personen, die nicht Gesellschafter sind, zur Geschäftsführung berechtigt sind. Wenn indessen auch ein Kommanditist an der Geschäftsführung beteiligt ist, ist die Voraussetzung des § 15 Abs. 3 Nr. 2 EStG nicht erfüllt. Daraus ergibt sich in der Praxis ein faktisches Gestaltungswahlrecht.

Wenn eine gewerblich geprägte Personengesellschaft an einer anderen Personengesellschaft als persönlich haftender Gesellschafter beteiligt ist, so wird für die Beurteilung der Frage, ob die Tätigkeit dieser Personengesellschaft als Gewerbebetrieb gilt, die gewerblich geprägte Personengesellschaft als Kapitalgesellschaft gesehen (§ 15 Abs. 2 Nr. 2 Satz 2 EStG). Auch die so genannte doppelstöckige GmbH & Co.KG ist demnach grundsätzlich immer Gewerbebetrieb. Da die GmbH & Co.KG durch die volle Haftungsbegrenzung für alle beteiligten natürlichen Personen einer Kapitalgesellschaft, angenähert ist, verfolgt der Gesetzgeber das Ziel einer Besteuerung nach dem wirtschaftlichen Gehalt der Gesellschaft, d.h. einer Besteuerung, die insbesondere die Gewerbesteuerpflicht wie bei einer Kapitalgesellschaft zur Folge hat.

Gewerbebetrieb kraft Rechtsform

Der Gewerbebetrieb kraft Rechtsform ergibt sich aus § 2 Abs. 2 Satz 1 GewStG und umfasst im Wesentlichen Kapitalgesellschaften, Erwerb- und Wirtschaftsgenossenschaften sowie Versicherungsvereine auf Gegenseitigkeit. Diese Rechtsformen gelten **stets und in vollem Umfang als Gewerbebetrieb**. Es wird auch von einer Fiktion des Gewerbebetriebs (§ 8 Abs. 2 KStG) gesprochen. Dies gilt unabhängig von der ausgeübten Tätigkeit und führt dazu, dass auch nicht gewerbliche Tätigkeiten - wie zum Beispiel die freiberufliche Wirtschaftsprüfungstätigkeit, die Steuerberatung oder die Anwaltstätigkeit – als Einkünfte aus Gewerbebetrieb qualifiziert werden, wenn sich entsprechende natürliche Personen als Berufsträger zum Zwecke der Berufsausübung einer korporalen Rechtsform bedienen. In der Konsequenz unterliegen die Gesellschafter derartiger Kapitalgesellschaften nicht etwa der Einkommensteuer, sondern die Gesellschaft selbst unterliegt - wie vom gesetzlichen Leitbild vorgezeichnet - der Körperschaftsteuer.

Gewerbebetrieb kraft wirtschaftlichen Geschäftsbetriebs

Der Gewerbebetrieb kraft wirtschaftlichen Geschäftsbetriebs nach § 2 Abs. 3 GewStG erstreckt sich auf sonstige juristische Personen des privaten Rechts. Dies sind rechtsfähige Vereine, privatrechtliche Stiftungen sowie Anstalten mit eigener Rechtspersön-

2 Die Einkommensteuer

lichkeit und nichtrechtsfähige Vereine. Die Definition des "wirtschaftlichen Geschäftsbetrieb" ergibt sich aus § 14 AO. Darunter wird eine selbständige, nachhaltige Tätigkeit verstanden, die der Erzielung von Einnahmen oder anderen wirtschaftlichen Vorteilen dient. Eine Gewinnerzielungsabsicht ist nicht erforderlich, es darf aber auch keine reine Vermögensverwaltung und keine Land- und Forstwirtschaft vorliegen. Eine Teilnahme am allgemeinen wirtschaftlichen Verkehr ist in diesem Zusammenhang nicht erforderlich. Die Steuerpflicht beschränkt sich auf den wirtschaftlichen Geschäftsbetrieb. Bedeutung hat dies insbesondere bei gemeinnützigen Körperschaften, die steuerbefreit sind, aber mit einem Teil ihrer Tätigkeit in Konkurrenz zu privatwirtschaftlichen Anbietern treten. Durch die Steuerpflicht der durch den wirtschaftlichen Geschäftsbetrieb erzielten Einkünfte sollen sich ansonsten ergebende Wettbewerbsvorteile vermieden werden. Die durch den wirtschaftlichen Geschäftsbetrieb erzielten Einkünfte unterliegen der Körperschaftsteuer (§ 1 Abs. 1 Nr. 6 KStG).

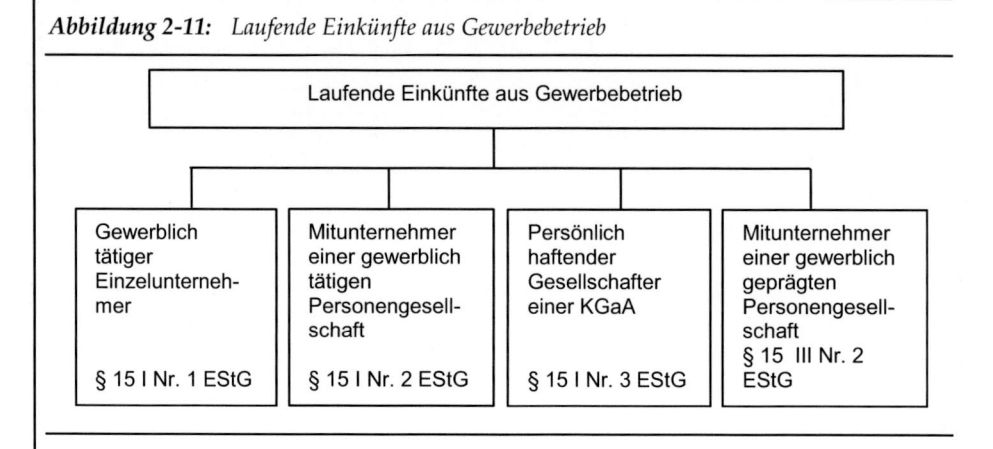

Abbildung 2-11: Laufende Einkünfte aus Gewerbebetrieb

```
                    Laufende Einkünfte aus Gewerbebetrieb
    ┌───────────────────┬───────────────────┬───────────────────┬───────────────────┐
    Gewerblich          Mitunternehmer      Persönlich          Mitunternehmer
    tätiger             einer gewerblich    haftender           einer gewerblich
    Einzelunterneh-     tätigen             Gesellschafter      geprägten
    mer                 Personengesell-     einer KGaA          Personengesell-
                        schaft                                  schaft

    § 15 I Nr. 1 EStG   § 15 I Nr. 2 EStG   § 15 I Nr. 3 EStG   § 15 III Nr. 2 EStG
```

Einkommensteuerpflichtige Einkünfte aus Gewerbebetrieb

Aus den vorstehenden Ausführungen folgt, dass Einkünfte aus Gewerbebetrieb, die der Einkommensteuer unterliegen, folgende natürliche Personen beziehen:

- **gewerblich tätige Einzelunternehmer** mit allen aus dem Gewerbebetrieb resultierenden Einkünften (§ 15 Abs. 1 Nr. 1 EStG)

- **Mitunternehmer einer gewerblich tätigen Personengesellschaft** (§ 15 Abs. 1 Nr. 2 EStG) mit allen aus der Personengesellschaft resultierenden Erfolgsanteilen.
  Die Qualifikation als Gewerbebetrieb richtet sich nach der von der Personengesellschaft ausgeübten Tätigkeit. Dies bedeutet, dass die oben genannten Merkmale erfüllt sein müssen (§ 15 Abs. 2 EStG). Wenn die Gewerbebetriebskriterien vorliegen, gilt die gesamte Tätigkeit der Personengesellschaft als gewerblich (sog. Infektionsvorschrift des § 15 Abs. 3 Nr. 1 EStG). Die Einkünfte aus Gewerbebetrieb des Ge-

sellschafters einer Personengesellschaft umfassen zum einen den Gewinnanteil, der dem Gesellschafter nach dem Gewinn- und Verlustverteilungsschlüssel vom Handelsbilanzgewinn der Gesellschaft prozentual zusteht (§ 15 Abs. 1 Nr. 2 1. Halbsatz EStG). Zum anderen gehören zu den Einkünften aus Gewerbebetrieb des Gesellschafters auch alle Vergütungen aus schuldrechtlichen Beziehungen zwischen der Personengesellschaft und dem Gesellschafter (§ 15 Abs. 1 Nr. 2 2. Halbsatz EStG). Die Begründung erschließt sich aus dem so genannten Beitragsgedanken, wonach derartige Verträge einen Beitrag zum gemeinsamen Gesellschaftszweck darstellen.

Beispiel: An einer OHG sind die Gesellschafter A zu 60% und B zu 40% beteiligt. Der Gewinn der OHG laut Handelsbilanz beträgt 100.000 €. A ist Geschäftsführer der OHG und bezieht ein Jahresgehalt von 150.000 €. B hat der OHG ein Grundstück vermietet und erhält dafür 20.000 € Pacht im Jahr. Der an der Gesellschaft nicht beteiligte D hat der OHG ein Darlehen in Höhe von 50.000 €, mit einem jährlichen Zins in Höhe von 8.000 € gewährt.

Lösung: A bezieht Einkünfte aus Gewerbebetrieb in Höhe von 60.000 € zuzüglich seines Geschäftsführergehalts (§ 15 Abs. 1 Nr. 2 2. HS EStG), d.h. insgesamt in Höhe von 210.000 €. B sind gewerbliche Einkünfte in Höhe von 60.000 € zuzurechnen (40.000 € Gewinnanteil zzgl. 20.000 € Pacht). Das Grundstück bildet Sonderbetriebsvermögen mit der Konsequenz, dass eine Veräußerung des Grundstücks zu gewerblichen Veräußerungsgewinnen führt. D erzielt als Nichtgesellschafter Einkünfte im Rahmen der 7 Einkunftsarten, d.h. die Zinsen sind als Einkünfte aus Kapitalvermögen zu beurteilen, die Darlehenssumme stellt Privatvermögen dar.

- **persönlich haftende Gesellschafter einer KGaA** (§ 15 Abs. 1 Nr. 3 EStG) mit den nicht auf Anteile am Grundkapital entfallenden Gewinnanteilen.
  Die KGaA ist grundsätzlich KSt-pflichtig. Im § 9 Nr. 2 KStG findet sich eine korrespondierende Vorschrift zu § 15 Abs. 1 Nr. 3 EStG. Danach wird der persönlich haftende Gesellschafter einer KGaA wie ein Mitunternehmer besteuert. Der Gewinnanteil und die Vergütungen für die Tätigkeit und die Überlassung von Wirtschaftsgütern unterliegen nicht der Körperschaftsteuer (Kürzung gem. § 9 Nr. 2 KStG), sondern allein der Einkommensteuer im Feststellungszeitpunkt (§ 15 Abs. 1 Nr. 3 EStG). Der rechtfertigende Grund kann darin gesehen werden, dass der Komplementär der KGaA eher einem Einzelunternehmer in Bezug auf die Risikoübernahme und der Möglichkeit der unternehmerischen Initiative angenähert ist. Dies begründet nach den gesetzgeberischen Wertungen die Besteuerung wie ein Einzelunternehmer.

- **Mitunternehmer einer gewerblich geprägten Personengesellschaft** (GmbH & Co.KG § 15 Abs. 3 Nr. 2 EStG) unabhängig von der durch die Gesellschaft ausgeübten Tätigkeit .
  Die gewerblichen Einkünfte des Gesellschafters einer gewerblich geprägten Personengesellschaft umfassen sowohl den Anteil am Handelsbilanzgewinn als auch

sämtliche Vergütungen für schuldrechtliche Vertragsbeziehungen zwischen der Personengesellschaft und dem Gesellschafter (§ 15 Abs. 1 Nr. 2 EStG i.V.m. § 15 Abs. 3 Nr. 2 EStG).

Einkünfte aus der Veräußerung eines Gewerbebetriebs, § 16 EStG

Im Rahmen des Systems der Einkünfte aus Gewerbebetrieb verdient die Veräußerung eines Gewerbebetriebs und die steuerliche Behandlung daraus resultierender Veräußerungsgewinne oder Veräußerungsverluste besondere Beachtung. Die gesetzliche Regelung dieser Thematik findet sich in § 16 EStG. Der Vorschrift kommt einerseits grundsätzlich **deklaratorische Bedeutung** zu, da Veräußerungsgewinne nach der Konzeption der Gewinneinkunftsarten auch ohne explizite Norm der Besteuerung unterliegen. Dies wird bestätigt von der hier angeordneten Schlussbesteuerung bei Veräußerung eines Gewerbebetriebs oder einer sonstwie gearteten Beendigung der unternehmerischen Tätigkeit. Die Wahrung der Gleichmäßigkeit der Besteuerung gebietet, dass eine einmalige Auflösung der stillen Reserven ebenso der Besteuerung unterliegen soll wie die laufende Auflösung stiller Reserven im Rahmen eines fortgeführten Gewerbebetriebs. Neben dieser deklaratorischen Bedeutung kommt der Vorschrift auch **konstitutive Bedeutung** zu. Dies ist darin begründet, dass eine Abgrenzung zwischen laufenden und einmaligen Gewinnen vorgenommen wird, um eine ermäßigte Besteuerung bzw. Freistellung von Veräußerungsgewinnen zu erreichen.

Abbildung 2-12: Tatbestände des § 16 EStG

Tatbestände des § 16 EStG				
Veräußerung des ganzen Betriebs oder eines Teilbetriebs	Veräußerung einer 100% Beteiligung an einer Kapitalgesellschaft	Veräußerung eines Mitunternehmer-Anteils	Veräußerung des Anteils eines pers. haftenden Gesellschafters einer KGaA	Aufgabe des gesamten Gewerbebetriebs
§ 16 I Nr 1 EStG	§ 16 I Nr 1 EStG	§ 16 I Nr 2 EStG	§ 16 I Nr 3 EStG	§ 16 III EStG

Die von § 16 erfassten Tatbestände umfassen die **Veräußerung eines ganzen Gewerbebetriebs oder eines Teilbetriebs** (§ 16 Abs. 1 Nr. 1 EStG). Ein Teilbetrieb ist nach der ständigen Rechtsprechung ein mit einer gewissen Selbständigkeit ausgestatteter, organisch geschlossener Teil eines Gesamtbetriebs, der für sich alleine lebensfähig ist. Als Teilbetrieb gilt nach der gesetzlichen Fiktion auch eine 100-prozentige Beteiligung an einer Kapitalgesellschaft. Die **Veräußerung des gesamten Anteils eines Gesellschafters an einer Personengesellschaft** (§ 16 Abs. 1 Nr. 2 EStG) sowie die **Veräußerung des gesamten Anteils des persönlich haftenden Gesellschafters an einer KGaA** werden ebenfalls als Veräußerung eines Betriebs gewertet. Verkauft der Gesellschafter dagegen nur einen Teil seines Anteils an einer Personengesellschaft oder KGaA, so werden die daraus erzielten Gewinne als laufende Gewinne besteuert (§ 16 Abs. 1 Satz 2 EStG). Der Betriebsveräußerung gleichgestellt wird die Beendigung der betrieblichen Tätigkeit durch **Betriebsaufgabe** (§ 16 Abs. 3 EStG).

Der Veräußerungsgewinn errechnet sich nach § 16 Abs. 2 EStG. Er ermittelt sich nach folgender Formel:

Abbildung 2-13: Veräußerungsgewinn nach § 16 Abs. 2 EStG

	Veräußerungserlös
+	Gemeiner Wert der ins Privatvermögen übernommenen Wirtschaftsgüter
-	Veräußerungskosten
-	Wert des Betriebsvermögens im Veräußerungszeitpunkt
=	Veräußerungsgewinn

Der Veräußerungserlös umfasst alle Vergütungen in Geld oder Geldeswert, die der Veräußerer für das Unternehmen vom Erwerber erhält. Der gemeine Wert der ins Privatvermögen übernommenen Wirtschaftsgüter bestimmt sich nach dem Veräußerungspreis der im gewöhnlichen Geschäftsverkehr für ein Wirtschaftsgut erzielt werden kann (Definition nach § 9 BewG). Demnach entspricht der gemeine Wert dem Einzelveräußerungspreis eines Wirtschaftsgutes. Die Veräußerungskosten umfassen alle Aufwendungen, die im Rahmen der Veräußerung des Betriebsvermögens anfallen, beispielsweise Vermittlungsgebühren, Notarkosten, Anwaltskosten, Grundbuchgebühren etc. Der Wert des Betriebsvermögens im Veräußerungszeitpunkt bemisst sich nach den steuerbilanziellen Buchwerten des Betriebsvermögens (i.d.R. nach dem Buchwert des Eigenkapitals).

Der **Betriebsaufgabegewinn** nach § 16 Abs. 3 EStG kann naturgemäß nicht auf einen Veräußerungserlös abstellen, sondern muss sich einer Ersatzgröße bedienen. Dies sind die Einzelveräußerungspreise der Wirtschaftsgüter. Aus diesem Grund ist im Bereich der Betriebsaufgabe folgende Formel anzuwenden:

Abbildung 2-14: Aufgabegewinn nach § 16 Abs. 3 EStG

	Einzelveräußerungspreis der veräußerten Wirtschaftsgüter
+	Gemeiner Wert der ins Privatvermögen übernommenen Wirtschaftsgüter
-	Aufgabekosten
-	Wert des Betriebsvermögens im Aufgabezeitpunkt
=	Aufgabegewinn

Die Regelung des § 16 EStG schafft grundsätzlich keinen neuen Steuertatbestand, sondern dient der Abgrenzung der laufenden gewerblichen Einkünfte von den einmaligen Einkünften, um letztere einer **begünstigten Besteuerung** zuzuführen. Die Begünstigung erstreckt sich auf zwei Ebenen. Zum einen besteht eine Vergünstigungsregelung in Form einer Steuerbefreiung gem. § 16 Abs. 4 EStG. Zum zweiten kann für die Veräußerungsgewinne ein ermäßigter Steuersatz nach § 34 EStG in Anspruch genommen werden.

Die **Steuerbefreiung** gem. § 16 Abs. 4 EStG beträgt 45.000 €, wenn der Veräußerungsgewinn 136.000 € nicht übersteigt. Sie kann vom Steuerpflichtigen nur einmal im Leben in Anspruch genommen werden, wenn er älter als 55 Jahre oder dauernd berufsunfähig ist. Ziel dieser Steuerbefreiungsregelung, die eine sachliche Steuerbefreiung vergleichbar mit § 3 EStG beinhaltet, ist insbesondere eine Entlastung der Veräußerung kleinerer Betriebe sowie eine Sicherung der Altersversorgung bei älteren Betriebsinhabern. Die Nutzung des Steuerfreibetrags setzt eine Antragstellung voraus. Dieser zum Beispiel auch bei Teilbetriebsveräußerung oder –aufgabe zulässigerweise zu stellende Antrag sollte sinnvoller Weise eine intensive Analyse der steuerlichen Konsequenzen vorausgehen, ob der Steuerpflichtige den Freibetrag „verbrauchen" möchte oder auf später noch anstehende Veräußerungen anwenden möchte.

Veräußerungsgewinne aus Gewerbebetrieb unterliegen als außerordentliche Einkünfte dem **ermäßigten Steuersatz gem. § 34 EStG,** siehe dazu ausführlich unter Punkt 2.7.2.

Einkünfte aus der Veräußerung von Kapitalgesellschaftsanteilen des Privatvermögens, § 17 EStG

§ 17 EStG qualifiziert Gewinne aus der Veräußerung von Anteilen an Kapitalgesellschaften, die im Privatvermögen gehalten werden, als Einkünfte aus Gewerbebetrieb, wenn der Veräußerer innerhalb der letzten 5 Jahre am Kapital der Gesellschaft mindestens mit einem Prozent beteiligt war.

Abbildung 2-15: *Kriterien für Veräußerungsgewinne im Sinne von § 17 EStG*

Folgende Bedingungen sind Voraussetzung für das Vorliegen von Veräußerungsgewinnen im Sinne von § 17 EStG:

- im Privatvermögen gehaltene Beteiligung an einer Kapitalgesellschaft
- Beteiligungsquote innerhalb von 5 Jahren vor der Veräußerung mindestens 1%

Die **Konsequenz der Vorschrift** des § 17 EStG besteht darin, dass Einkünfte aus Beteiligungen an Kapitalgesellschaften, die im Privatvermögen gehalten werden, unterschiedlichen Einkunftsarten zugeordnet werden. Zum einen werden laufende Einkünfte (z.B. Dividenden, Gewinnausschüttungen) als Einkünfte aus Kapitalvermögen besteuert. Die Veräußerungserfolge hingegen unterliegen der Einkommensbesteuerung im Rahmen der Einkünfte aus Gewerbebetrieb.

Zum Zwecke einer tatbestandlichen Analyse der Bestimmung muss man sich mit der Frage auseinander setzen, was unter **Anteilen an Kapitalgesellschaften** im Einzelnen zu verstehen ist. § 17 Abs. 1 Satz 3 EStG enthält insoweit eine erschöpfende Aufzählung und nennt insbesondere Aktien und GmbH-Anteile. Auch wenn der Wortlaut das bei erster Lektüre nicht zwangsläufig vermittelt, besteht dennoch Einigkeit, dass der Erstreckungsbereich der Norm nicht nur in-, sondern auch ausländische Kapitalgesellschaftsbeteiligungen umfasst. Zudem kann es sich bei der Beteiligung sowohl um unmittelbare als auch um mittelbare Beteiligungen handeln. Nach der gesetzlichen Anordnung erfolgt eine Zusammenrechnung unmittelbarer und mittelbarer Beteiligungen.

Die in der Vorschrift genannte **Fünfjahresfrist** stellt auf die Beteiligung im Zeitpunkt der Veräußerung ab. Dabei muss die 1%-Grenze der Beteiligung zu irgendeinem Zeitpunkt innerhalb der letzten 5 Jahre erreicht worden sein. Dies soll Steuerumgehungen durch Teilveräußerungen vermeiden.

Nach der Höhe des bei der Veräußerung erzielten Entgelts im Verhältnis zum tatsächlichen Wert der Anteile lassen sich die einzelnen Veräußerungstatbestände unterteilen in

- entgeltliche Übertragung des wirtschaftlichen Eigentums an den Anteilen auf eine andere Person sowie in

- teilentgeltliche Übertragungen.

Bei den **teilentgeltlichen Übertragungen** ist nach der Rechtsprechung eine Aufteilung vorzunehmen in eine voll entgeltliche und eine voll unentgeltliche Übertragung. Diese Aufteilung erfolgt entsprechend dem Verhältnis der Gegenleistung zum Verkehrswert der Anteile.

Beispiel: A überträgt seine wesentliche Beteiligung (Anschaffungskosten 100, Verkehrswert 200) auf B gegen Zahlung von 40. 20 v.H. der Anteile (Anschaffungskosten 20) sind zum Preis von 40 veräußert (Gewinn 20); 80 v.H. (Anschaffungskosten 80) gelten als voll unentgeltlich übertragen.

Der Tatbestand des § 17 EStG erfasst nicht nur Veräußerungen gegen Entgelt im herkömmlichen Sinne, sondern auch **zwei Einlagevarianten** in Kapitalgesellschaften, die in der Praxis von überragender Bedeutung sind. Es handelt sich um die offene Sacheinlage und um die verdeckte Einlage. Die **offene Sacheinlage** besteht in der Übertragung der Anteile auf eine andere Kapitalgesellschaft gegen Gewährung von Gesellschaftsrechten. Steuerlich liegt insoweit zunächst ein Tauschgeschäft vor. Von einer verdeckten Einlage (explizit § 17 Abs. 1 Satz 2 EStG) wird gesprochen, wenn eine

Übertragung der Anteile auf eine andere Kapitalgesellschaft erfolgt, an der bereits eine Beteiligung besteht, ohne dass dafür neue Gesellschaftsanteile gewährt werden.

Die Regelung zur **verdeckten Einlage** im § 17 Abs. 1 Satz 2 EStG dient der Vermeidung von Steuerumgehungsmöglichkeiten. Bei der verdeckten Einlage einer Beteiligung des Privatvermögens in eine Kapitalgesellschaft erhöht sich der Wert der Beteiligung an der Kapitalgesellschaft, in die eingelegt wird, d.h. der Einlegende hat nachträgliche Anschaffungskosten. Ohne explizite Vorschriften könnte keine Besteuerung der Werterhöhung des Anteilswerts erfolgen, wenn sie tatbestandlich nicht von § 17 EStG erfasst wäre. Die (spätere) Veräußerung des Anteilswerts an der Kapitalgesellschaft, in die die wesentliche Beteiligung eingelegt wurde, würde keine Besteuerung der stillen Reserven der eingebrachten Beteiligung nach sich ziehen, da die verdeckte Kapitaleinlage zu einer nachträglichen Erhöhung der Anschaffungskosten der Beteiligung geführt hat. Aus diesem Grund stellt § 17 Abs. 1 Satz 2 EStG die verdeckte Einlage einer Veräußerung gleich.

Keine Veräußerung stellt die Einlage von Anteilen in das Betriebsvermögen dar. Als Einlagewert sind in diesem Zusammenhang die Anschaffungskosten anzusetzen (§ 6 Abs. 1 Nr. 5 Bst. b EStG). Eine spätere Besteuerung der stillen Reserven wird somit sichergestellt.

Der Veräußerungsgewinn im Rahmen des § 17 EStG errechnet sich nach der Vorschrift des § 17 Abs. 2 Satz 1-2 EStG. Hinsichtlich des **Zeitpunkts der Besteuerung** gilt im Rahmen der Einkünfte aus Gewerbebetrieb das Feststellungsprinzip. Dies bewirkt, dass mit dem Übergang des wirtschaftlichen Eigentums auf den Erwerber der Besteuerungstatbestand erfüllt ist. Das Zufluss- oder Abflussprinzip nach § 11 EStG ist in diesem Kontext ohne Bedeutung. Der **Veräußerungsgewinn** beziehungsweise der Veräußerungsverlust errechnet sich als Veräußerungspreis abzüglich der Veräußerungskosten sowie abzüglich der Anschaffungskosten. Der Veräußerungspreis umfasst jede Gegenleistung für die Anteile in Geld oder Geldeswert. Beim Tausch ist der gemeine Wert der Gegenleistung anzusetzen. Im Rahmen einer Sacheinlage kommt der Wert der neuen Gesellschaftsanteile zum Tragen. Bei einer verdeckten Einlage stellt der gemeine Wert der eingebrachten Anteile die relevante Größe dar.

Abbildung 2-16: *Veräußerungsgewinn nach § 17 Abs. 2 EStG*

	Veräußerungspreis
-	Veräußerungskosten
-	<u>Anschaffungskosten der Beteiligung</u>
=	Veräußerungsgewinn/ -verlust

Die **Veräußerungskosten** sind die Aufwendungen, die in unmittelbarer Beziehung zu dem Veräußerungsgeschäft stehen (z.B. Vermittlungsprovisionen). Nicht dazu gehören

Zinsen für Darlehen zum Erwerb der Beteiligung, diese sind vielmehr Werbungskosten bei Einkünften aus Kapitalvermögen. Die Anschaffungskosten bei entgeltlichem Erwerb ermitteln sich als Kaufpreis zuzüglich Anschaffungsnebenkosten. Im Kontext eines Erwerbs bei Gründung sind Anschaffungskosten der Wert der Bareinlage oder der gemeine Wert der Sacheinlage. Beim Erwerb durch Tausch schließlich umfassen die Anschaffungskosten den gemeinen Wert des hingegebenen Wirtschaftsguts, bei einer Entnahme aus einem Betriebsvermögen kommt dem Teilwert der Anteile im Entnahmezeitpunkt die Funktion zu, als Anschaffungskosten für die Ermittlung späterer Veräußerungsgewinne zu dienen. Im Bereich unentgeltlicher Erwerbe sind die Anschaffungskosten des Rechtsvorgängers auch für die Veräußerungsgewinnermittlung des Rechtsnachfolgers relevant.

Für die Besteuerung eines Veräußerungsgewinns wird ein **Freibetrag** nach § 17 Abs. 3 EStG gewährt. Dies ist der Teil von 9.060 €, der dem Anteil am Nennkapital der veräußerten Kapitalgesellschaft entspricht. Dabei ist eine Ermäßigung des Freibetrags um den Betrag vorgesehen, um den der Veräußerungsgewinn den Anteil von 36.100 € übersteigt, der dem veräußerten Anteil an der Kapitalgesellschaft entspricht. Bei Veräußerung einer 100%-igen Beteiligung entfällt der Freibetrag ab einem Veräußerungsgewinn von 45.160 €. Der Freibetrag wird für jede wesentliche Beteiligung separat gewährt. Werden in einem Veranlagungszeitraum dagegen mehrmals Anteile an der gleichen Beteiligung veräußert, wird der Freibetrag insgesamt nur einmal gewährt.

Veräußerungsgewinne nach § 17 EStG unterliegen – anders als die Veräußerungsgewinne nach § 16 EStG – nicht einem ermäßigten Steuertarif. § 34 EStG gilt hier nicht (vgl. § 34 Abs. 2 EStG). Es kommt vielmehr das **Teileinkünfteverfahren** zur Anwendung, d.h. die Veräußerungsgewinne von Kapitalgesellschaftsanteilen sind nur zu 60% steuerpflichtig (§ 3 Nr. 40c EStG).

Für die steuerliche Berücksichtigung eines **Veräußerungsverlusts** unterscheidet § 17 Abs. 2 Satz 6 EStG zwei Varianten: Danach ist ein Verlust dann nicht zu berücksichtigen, wenn er auf Anteile entfällt, die

- der Steuerpflichtige innerhalb der Fünfjahresfrist unentgeltlich, also durch Erbschaft oder Schenkung, erworben hatte, es sei denn, der Rechtsvorgänger hätte den Veräußerungsverlust geltend machen können;

- zwar entgeltlich erworben worden sind, aber nicht innerhalb des gesamten Fünfjahreszeitraums zu einer Beteiligung von mindestens 1% des Steuerpflichtigen gehört haben. Als Ausnahme ist der Verlustabzug zulässig, wenn die Anteile innerhalb der letzten fünf Jahre vor der Veräußerung erworben worden sind und entweder dieser Erwerb erst zur Begründung einer Beteiligung von mindestens 1% des Steuerpflichtigen geführt hat oder der Erwerb der Anteile erst nach Erreichen der Mindestbeteiligungsquote Beteiligung stattgefunden hat.

Die Veräußerungsverluste wirken sich nach § 3c Abs. 2 EStG im Rahmen des Verlustausgleichs und des Verlustabzugs nach § 10d EStG **nur zu 60% steuermindernd** aus.

Die Einkommensteuer

Abschließend soll der Blick auf Veräußerungen von Kapitalgesellschaftsanteilen gerichtet werden, die **nicht von § 17 EStG erfasst** werden. Zum einen handelt es sich dabei um **Anteile im Betriebsvermögen**. Die Veräußerung solcher Anteile führt zu laufenden gewerblichen Einkünften gemäß § 15 EStG. Die vollumfängliche Veräußerung einer 100%-igen Beteiligung gilt als Teilbetrieb und rechnet zu den gewerblichen Einkünften im Sinne von § 16 EStG. Ebenfalls nicht der Vorschrift des § 17 EStG unterfallen Veräußerungen von Kapitalgesellschaftsbeteiligungen von weniger als 1%, die im Privatvermögen gehalten werden. Diese unterliegen nach § 20 Abs. 2 EStG i.V.m. § 32d EStG dem abgeltenden Steuerabzug in Höhe von 25%.

Abbildung 2-17: *Steuerliche Behandlung der Anteilsveräußerung*

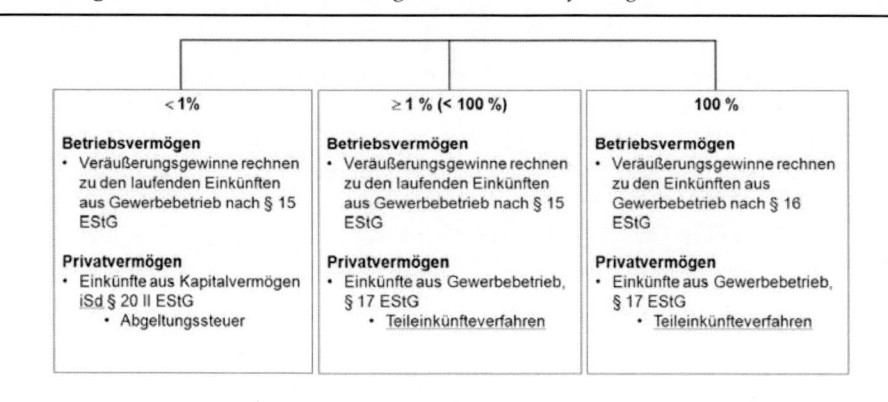

< 1%	≥ 1 % (< 100 %)	100 %
Betriebsvermögen • Veräußerungsgewinne rechnen zu den laufenden Einkünften aus Gewerbebetrieb nach § 15 EStG	**Betriebsvermögen** • Veräußerungsgewinne rechnen zu den laufenden Einkünften aus Gewerbebetrieb nach § 15 EStG	**Betriebsvermögen** • Veräußerungsgewinne rechnen zu den Einkünften aus Gewerbebetrieb nach § 16 EStG
Privatvermögen • Einkünfte aus Kapitalvermögen iSd § 20 II EStG • Abgeltungssteuer	**Privatvermögen** • Einkünfte aus Gewerbebetrieb, § 17 EStG • Teileinkünfteverfahren	**Privatvermögen** • Einkünfte aus Gewerbebetrieb, § 17 EStG • Teileinkünfteverfahren

Die Vorschrift des § 17 EStG ist nicht frei von **Problemen,** da der Grundsatz der einmaligen Belastung von Gewinnen verletzt wird. Zum einen erfolgt eine Besteuerung der thesaurierten Gewinne beim Verkauf der Anteile durch § 17 EStG, da durch Gewinnrücklagen der Anteilswert steigt und so beim Verkauf durch den Anteilseigner zu einem steuerpflichtigen Veräußerungsgewinn führt. Die Ausschüttung der Gewinne an den neuen Anteilseigner bewirkt eine weitere Besteuerung der dann ausgeschütteten Gewinne mit Einkommensteuer. Damit unterliegen dieselben Gewinne einer doppelten Einkommensbesteuerung, wenn auch bei unterschiedlichen Steuersubjekten. Trotz dieser nicht unproblematischen ökonomischen Konsequenzen wurde die Verfassungsmäßigkeit des § 17 EStG vom Bundesverfassungsgericht bejaht.

2.4.2.3 Einkünfte aus selbständiger Arbeit

Die Einkünfte aus selbständiger Tätigkeit sind zwar in der Vorschrift des § 18 EStG behandelt, eine gesetzliche Definition findet sich hier aber nicht. Indessen hat sich durch Rechtsprechung, Literatur und Praxis eine allgemein anerkannte Charakteristik selbständiger Arbeit für steuerliche Zwecke herausgebildet. Diese ist sowohl aus dogmatischen als auch aus pragmatischen Gründen von überaus hoher Bedeutung, zumal insbesondere im Kontext selbständiger Tätigkeit zahlreiche **Abgrenzungsprobleme** zu anderen Einkunftsarten bestehen. Solche Abgrenzungsprobleme treten regelmäßig auf gegenüber den Einkünften aus Gewerbebetrieb, den Einkünften aus Nichtselbständiger Arbeit sowie gegenüber der reinen Vermögensverwaltung.

Die **Merkmale der selbständigen Arbeit** lassen sich auf drei Kernkomponenten zurückführen:

Abbildung 2-18: Merkmale der selbständigen Arbeit

- Selbständigkeit
- Einsatz der eigenen Arbeitskraft
- Ausübung auf gewisse Dauer

Selbständigkeit – wie bereits im Rahmen der Einkünfte aus Gewerbebetrieb ausführlich dargelegt - bedeutet Handeln auf eigene Rechnung und eigene Verantwortung. Damit verbunden ist, dass der steuerlich Selbständige keiner Weisungsgebundenheit unterliegt. Hinsichtlich Zeiteinteilung, Arbeitsweise und Arbeitsgegenstand besteht für den Selbständigen Unabhängigkeit.

Der **Einsatz der eigenen Arbeitskraft** ist bei der Erzielung von Einkünften aus selbständiger Tätigkeit zusätzliches Merkmal. Dieses erfordert, dass der Steuerpflichtige „aufgrund eigener Fachkenntnis leitend und eigenverantwortlich" tätig wird (§ 18 Abs. 1 Nr. 1 Satz 3 EStG). Dabei ist grundsätzlich die geistige Leistung entscheidend, die im Regelfall eine akademische Ausbildung bedingt oder besondere künstlerische oder erzieherische Fähigkeiten des Freiberuflers. Die leitende und eigenverantwortliche Tätigkeit setzt voraus, dass der Freiberufler nicht weisungsgebunden ist und sich eines nicht zu großen Mitarbeiterstabs bedienen darf. Denn nach der in diesem Zusammenhang von der höchstrichterlichen Finanzrechtsprechung entwickelten Vervielfältigungstheorie kann ein Freiberufler bzw. ein Selbständiger nur eine bestimmte Anzahl von Personen so leiten und überwachen, dass er tatsächlich noch selbständig leitend und eigenverantwortlich tätig wird. Eine vollumfängliche Übertragung der Verantwortung auf Mitarbeiter oder Geschäftsführer führt dazu, dass die Einkünfte dann nicht als selbständige Einkünfte, sondern in der Regel als gewerbliche Einkünfte qualifiziert werden.

Schließlich muss die Ausübung der selbständigen Arbeit **auf gewisse Dauer** angelegt sein. Sie darf zwar vorübergehend stattfinden, nicht aber nur gelegentlich (§ 18 Abs. 2 EStG).

Abbildung 2-19: Laufende Einkünfte aus selbständiger Arbeit

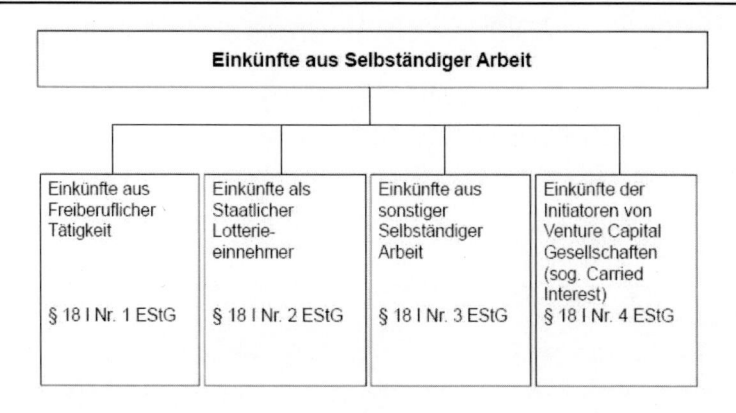

```
                    Einkünfte aus Selbständiger Arbeit
        ┌──────────────┬──────────────┬──────────────┬──────────────┐
   Einkünfte aus    Einkünfte als   Einkünfte aus   Einkünfte der
   Freiberuflicher  Staatlicher     sonstiger       Initiatoren von
   Tätigkeit        Lotterie-       Selbständiger   Venture Capital
                    einnehmer       Arbeit          Gesellschaften
                                                    (sog. Carried
                                                    Interest)

   § 18 I Nr. 1 EStG  § 18 I Nr. 2 EStG  § 18 I Nr. 3 EStG  § 18 I Nr. 4 EStG
```

Einkünfte aus einer freiberuflichen Tätigkeit

Im Gesetz findet sich eine Anzahl von aufgezählten freiberuflichen Tätigkeiten, die ohne weiteres steuerlich zu selbständiger Arbeit führen. Es handelt sich dabei um die **wissenschaftlich selbständige** Arbeit, wie etwa die Gutachtertätigkeit, die Vortragstätigkeit sowie die Prüfungstätigkeit. Auch die **künstlerische** Arbeit als originär schaffender Künstler wie zum Beispiel als Maler, Bildhauer, Komponist oder auch als reproduzierender Künstler wie als Sänger oder Instrumentalvirtuose (Pianist, Violinist etc.) stellt sich als selbständige Arbeit dar. Ebenso stellt eine **schriftstellerische** Tätigkeit, d.h. die Niederlegung von Gedanken für die Öffentlichkeit, eine freiberufliche Tätigkeit dar. Auch **unterrichtende** Aktivitäten, wie beispielsweise die Lehrtätigkeit, die Vermittlung von Allgemeinwissen sowie eine Tätigkeit als Schwimm-, Reit-, Fahr-, Tanzlehrer führen zu selbständigen Einkünften. **Erzieherische** Arbeit, die sich definieren lässt als planmäßige körperliche, geistige und charakterliche Formung junger Menschen, z.B. im organisatorischen Rahmen eines Internats oder eines Kindergartens, fällt unter die selbständigen Einkünfte.

Von überragender Bedeutung im Kontext der selbständigen Arbeit sind die so genannten **Katalogberufe**. Dazu zählen die in § 18 Abs. 1 Nr. 1 EStG genannten Berufe und ähnliche Berufe. Nach der Rechtsprechung muss sich die Ähnlichkeit auf die gesamte Breite des Katalogberufs erstrecken. Dies hat zur Folge, dass ähnliche Anforderungen hinsichtlich Ausbildung, Berufsausübung und entsprechender Einzelmerkmale gegeben sein müssen.

Einkünfte als nicht gewerblicher Lotterieeinnehmer

Die Kategorie der Einkünfte als nicht gewerblicher Lotterieeinnehmer nach § 18 Abs. 1 Nr. 2 EStG liegt dann vor, wenn eine ausschließliche Tätigkeit als Lotterieeinnehmer betrieben wird. Wird eine Lottoannahmestelle in Verbindung mit einem Ladengeschäft, etwa in Form eines Tabakverkaufs mit angeschlossenem Zeitschriftenhandel zusammen betrieben, so liegen Einkünfte aus Gewerbebetrieb vor. In solchen Fällen wird die Tätigkeit des nicht gewerblichen Lotterieeinnehmers als Nebengeschäft zum bestehenden Gewerbebetrieb beurteilt.

Einkünfte aus sonstiger selbständiger Tätigkeit

Die sonstige selbständige Tätigkeit nach § 18 Abs. 1 Nr. 3 EStG erklärt sich aus den dort genannten Beispielen, wie zum Beispiel Einkünfte, die im Rahmen einer Tätigkeit als Testamentsvollstrecker, als Aufsichtsratsmitglied, als Vermögensverwalter oder aufgrund ähnlicher Tätigkeiten erzielt werden. In Betracht kommen - je nach dem Gesamtbild der Aktivitäten - Nachlasspfleger, Verwaltungsrat, Beirat Insolvenzverwalter oder Hausverwalter.

Einkünfte der Initiatoren von Venture Capital Gesellschaften

Diese zur Förderung von Wagniskapitalgesellschaften geschaffene Regelung in § 18 Abs. 1 Nr. 4 EStG qualifiziert Vergütungen, die Beteiligte von vermögensverwaltenden Gesellschaften für Leistungen zur Förderung des Gesellschaftszwecks erhalten, als Einkünfte aus selbständiger Arbeit und unterwirft diese einer 60% Besteuerung (i.V.m. § 3 Nr. 40a EStG). Diese Vergütungen, die den Initiatoren von Venture Capital Gesellschaften oder Private Equity Fonds neben dem auf sie entfallenden Gewinnanteil gewährt werden, werden nach internationalem Sprachgebrauch als Carried Interest bezeichnet. Dieser erhöhte kapitaldisproportionale Gewinnanteil soll die Leistung des Managements für den Fonds honorieren und die Motivation des Managements entsprechend fördern.

Einkünfte aus der Veräußerung der freiberuflichen Praxis

Der Veräußerungsgewinn aus dem Verkauf von Vermögen, das der selbständigen Arbeit dient, gehört nach § 18 Abs. 3 EStG auch zu den Einkünften aus selbständiger Arbeit. Wie auch im Rahmen der Einkünfte aus Gewerbebetrieb (§ 16 EStG) und der Einkünfte aus Land- und Forstwirtschaft (§ 14 EStG) hat diese Vorschrift im Wesentlichen deklaratorische Bedeutung. Die Ermittlung und Besteuerung des Veräußerungsgewinns vollzieht sich nach denselben Grundsätzen, die für die Veräußerung von Gewerbebetrieben gelten (siehe auch die expliziten Verweise auf § 16 EStG in § 18 Abs. 3 EStG). Danach errechnet sich der Veräußerungsgewinn als Veräußerungserlös abzüglich des Buchwerts der vorhandenen Wirtschaftsgüter. In der Regel verfügt eine freiberufliche Praxis über ein vergleichbar geringes Betriebsvermögen. Der Hauptbestandteil der freiberuflichen Praxis besteht aus dem Kunden-, Mandanten- oder Patientenstamm. Dies hat zur Folge, dass der größte Teil des Veräußerungsgewinns bei Verkauf einer Freiberuflerpraxis auf den immateriellen Firmenwert entfallen wird. Die Freibetragsregelungen gemäß § 16 Abs. 4 EStG und der ermäßigte Steuersatz gemäß § 34 EStG gelten analog.

2.4.2.4 Gewinnermittlungsmethoden

Für sämtliche Gewinneinkunftsarten sind die Einkünfte als Gewinn zu ermitteln (§ 2 Abs. 2 Nr. 1 EStG). Was Gewinn ist und wie dieser zu ermitteln ist, legen die §§ 4-7k EStG fest. Aus der Sicht des Steuerrechts lassen sich fünf verschiedene Gewinnermittlungsmethoden unterscheiden.

exakte Gewinnermittlungsmethoden:

- Betriebsvermögensvergleich §§ 4 Abs. 1, 5 Abs. 1 EStG
- Betriebseinnahmen-Betriebsausgabenrechnung § 4 Abs. 3 EStG

pauschale Gewinnermittlungsmethoden:

- Gewinnermittlung bei Handelsschiffen im internationalen Verkehr, sog. Tonnagebesteuerung nach § 5a EStG
- Durchschnittssatzrechnung § 13a EStG
- Schätzung nach § 162 AO

Die **exakten Gewinnermittlungsmethoden** nehmen in der steuerlichen Gewinnermittlung eine überragende Stellung ein. Der Betriebsvermögensvergleich stellt dabei die wichtigste Gewinnermittlungsmethode für Gewinne aus unternehmerischer Tätigkeit dar. Der Betriebsvermögensvergleich basiert auf einer Bilanzierung. Diese kann auf zwei unterschiedliche Weisen erfolgen: Die Bilanz kann entweder allein für steuerliche Zwecke erstellt werden. Dann spricht man von einer **originären Steuerbilanz** (§ 4 Abs. 1 EStG). Oder die für steuerliche Zwecke erstellte Bilanz wird aus dem handelsrechtlichen Jahresabschluss abgeleitet, die so genannte **derivative Steuerbilanz** (§ 5 Abs. 1 EStG). Wie im Folgenden gezeigt wird, hat der Steuerpflichtige keine Wahlfreiheit zwischen originärer und derivativer Steuerbilanz, vielmehr schreibt der Gesetzgeber den Anwendungsbereich eindeutig vor.

2.4 Einkunftsarten

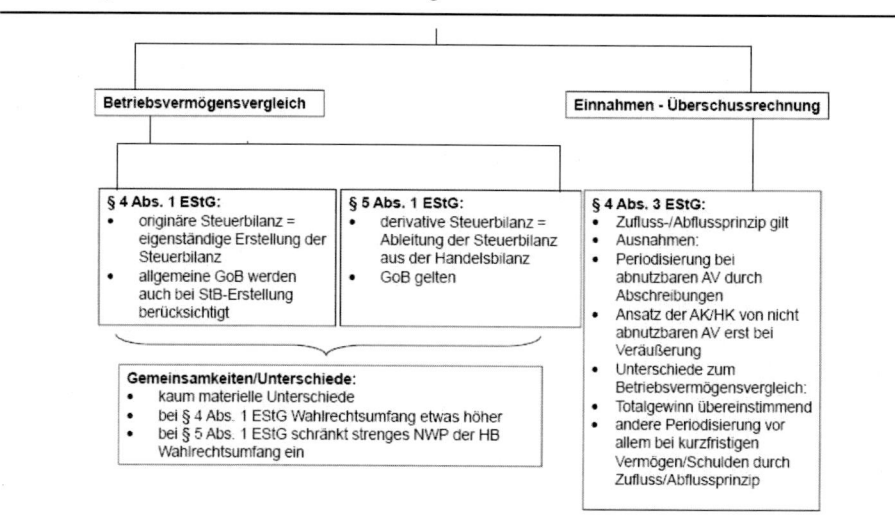

Abbildung 2-20: Exakte Gewinnermittlungsmethoden

```
                    ┌─────────────────────────────┐           ┌─────────────────────────────┐
                    │ Betriebsvermögensvergleich  │           │ Einnahmen - Überschussrechnung │
                    └─────────────────────────────┘           └─────────────────────────────┘
```

§ 4 Abs. 1 EStG:
- originäre Steuerbilanz = eigenständige Erstellung der Steuerbilanz
- allgemeine GoB werden auch bei StB-Erstellung berücksichtigt

§ 5 Abs. 1 EStG:
- derivative Steuerbilanz = Ableitung der Steuerbilanz aus der Handelsbilanz
- GoB gelten

§ 4 Abs. 3 EStG:
- Zufluss-/Abflussprinzip gilt
- Ausnahmen:
  - Periodisierung bei abnutzbaren AV durch Abschreibungen
  - Ansatz der AK/HK von nicht abnutzbaren AV erst bei Veräußerung
- Unterschiede zum Betriebsvermögensvergleich:
  - Totalgewinn übereinstimmend
  - andere Periodisierung vor allem bei kurzfristigen Vermögen/Schulden durch Zufluss/Abflussprinzip

Gemeinsamkeiten/Unterschiede:
- kaum materielle Unterschiede
- bei § 4 Abs. 1 EStG Wahlrechtsumfang etwas höher
- bei § 5 Abs. 1 EStG schränkt strenges NWP der HB Wahlrechtsumfang ein

Betriebsvermögensvergleich

Gewinn wird nach § 4 Abs. 1 EStG definiert als Betriebsvermögensmehrung zwischen zwei Gewinnermittlungszeitpunkten. Folglich wird der Gewinn grundsätzlich durch einen **Betriebsvermögensvergleich** ermittelt. Dabei werden das Betriebsvermögen am Ende der Periode dem Betriebsvermögen am Anfang der Periode gegenübergestellt und um die Entnahmen erhöht, beziehungsweise um die Einlagen vermindert.

Das Betriebsvermögen ist hier zu verstehen als betriebliches Reinvermögen (Eigenkapital), denn die Erhöhung (Minderung) des betrieblichen Eigenkapitals einer Periode bedeutet unternehmerischen Gewinn (Verlust). Da nur die betrieblich erwirtschafteten Veränderungen des Eigenkapitals der Besteuerung unterworfen werden sollen, dürfen Veränderungen des Eigenkapitals, die auf Transfers aus der - beziehungsweise in die - Privatsphäre des Unternehmers beruhen, nicht berücksichtigt werden. Aus diesem Grund müssen eigenkapitalerhöhende Einlagen bei der Gewinnermittlung gekürzt und entsprechend eigenkapitalmindernde Entnahmen hinzugerechnet werden.

Die Gewinnermittlung durch Betriebsvermögensvergleich erfolgt auf der Grundlage einer doppelten Buchführung mit Bilanz und Gewinn- und Verlustrechnung (§ 60 EStDV). Damit gelten die Grundsätze einer ordnungsmäßigen Buchführung und Bilanzierung auch für die steuerliche Gewinnermittlung, insbesondere das **Realisationsprinzip**, das **Imparitätsprinzip** oder der Grundsatz der Unternehmensfortführung.

2 Die Einkommensteuer

Abbildung 2-21: Betriebsvermögensvergleich nach § 4 Abs. 1 EStG

	Betriebsvermögen am Ende des Wirtschaftsjahres
−	Betriebsvermögen am Ende des vorangegangenen Wirtschaftsjahres (= Betriebsvermögen zu Beginn des Wirtschaftsjahres)
+	Wert der Entnahmen
−	Wert Einlagen
=	Gewinn des Wirtschaftsjahres nach § 4 Abs. 1 EStG
−	steuerfreie Betriebseinnahmen
+	nicht abzugsfähige Betriebsausgaben
=	steuerpflichtiger Gewinn

Der Betriebsvermögensvergleich kann entweder allein für steuerliche Zwecke erfolgen. Man spricht dann von einer **originären Steuerbilanz** (§ 4 Abs. 1 EStG). Eine originäre Steuerbilanz erstellen Land- und Forstwirte, die aufgrund handelsrechtlicher Vorschriften zur Buchführung verpflichtet sind (Kannkaufleute gem. § 3 Abs. 2 HGB) oder die aufgrund der Größenmerkmale des § 141 AO steuerrechtlich zur Buchführung verpflichtet sind, sowie Land- und Forstwirte und selbständig Tätige, die freiwillig Bücher führen.

Zum anderen kann die Steuerbilanz aus der Handelsbilanz abgeleitet werden, so genannte **derivative Steuerbilanz** gem. § 4 Abs. 1 i.V.m. § 5 Abs. 1 EStG. Die Gewinnermittlung durch eine derivative Steuerbilanz stellt die Regelmethode der Gewinnermittlung für Gewerbetreibende dar. Das in § 5 Abs. 1 EStG verankerte Maßgeblichkeitsprinzip führt dazu, dass die in der Handelsbilanz geltenden Bilanzierungs- und Bewertungsregeln für die Ermittlung des steuerpflichtigen Gewinns gelten, soweit keine abweichende steuerliche Vorschrift existiert. Damit soll den Steuerpflichtigen die Möglichkeit eröffnet werden, eine **Einheitsbilanz** für handelsrechtliche und steuerliche Zwecke zu erstellen. Diese zur Vereinfachung der steuerlichen Gewinnermittlung ursprünglich eingeführte Regelung wird in den letzten Jahren immer häufiger durch steuerliche Sondervorschriften durchbrochen (vgl. § 5 Abs. 3-6, § 6 EStG), so dass ein kompliziertes Regel-Ausnahme-Geflecht entstanden ist. Daher mehren sich auch die Stimmen in der Literatur, die eine von der handelsrechtlichen Rechnungslegung unabhängige steuerliche Bilanzierung befürworten. Zusätzliche Nahrung erhält diese Forderung durch die zunehmende Bedeutung der IFRS für die handelsrechtliche Bilanzierung, da diese vom deutschen Gesetzgeber nicht unmittelbar beeinflusst werden können.

Einnahmen-Überschuss-Rechnung

Die **Einnahmen-Überschuss-Rechnung** nach § 4 Abs. 3 EStG, häufig auch als Betriebseinnahmen-Betriebsausgaben-Rechnung oder 4 Abs. 3 EStG-Rechnung bezeichnet, hat eine Gegenüberstellung der Betriebseinnahmen und Betriebsausgaben zum

Gegenstand. Im Wesentlichen stellt sie eine **Zufluss-Abfluss-Rechnung** dar. Sie kann als vereinfachte Gewinnermittlungsmethode angewendet werden von Kleingewerbetreibenden und von kleinen land- und forstwirtschaftlichen Betrieben, die weder handelsrechtlich (§§ 1 Abs. 2, 3 Abs. 2 i.V.m. § 238 HGB) noch steuerrechtlich (§ 141 AO) zur Buchführung verpflichtet sind. Für selbständig Tätige stellt sie – unabhängig von Größenmerkmalen – die regelmäßige Gewinnermittlungsmethode dar.

Abbildung 2-22: Einnahmen-Überschussrechnung nach § 4 Abs. 3 EStG

	Summe der Betriebseinnahmen
-	Summe der Betriebsausgaben
=	Gewinn des Wirtschaftsjahres nach § 4 Abs. 3 EStG
-	steuerfreie Betriebseinnahmen
+	nicht abzugsfähige Betriebsausgaben
=	steuerpflichtiger Gewinn

Die sofortige Erfolgswirksamkeit von Einnahmen und Ausgaben, das **Zufluss-Abfluss-Prinzip**, wird **zum Teil durchbrochen**:

- Anschaffungskosten für Wirtschaftsgüter des Anlagevermögens werden nicht als Betriebsausgaben erfasst. Vielmehr werden die Anschaffungsausgaben wie im Rahmen der Bilanzierung als Abschreibungen über die Perioden der Nutzungsdauer gewinnmindernd verteilt (§ 4 Abs. 3 Satz 3 EStG).

- Anschaffungskosten für nicht abnutzbare Wirtschaftsgüter des Anlagevermögens (insbes. Grundstücke, Beteiligungen) werden erst im Zeitpunkt der Veräußerung oder der Entnahme aus dem Betriebsvermögen erfolgswirksam berücksichtigt (§ 4 Abs. 3 Satz 4 EStG). Dasselbe gilt auch für bestimmte Wirtschaftsgüter des Umlaufvermögens, nämlich für Anteile an Kapitalgesellschaften, Wertpapiere und vergleichbare nicht verbriefte Forderungen und Rechte, sowie für Grundstücke und Gebäude des Umlaufvermögens.

- Einnahmen aus der Aufnahme eines Darlehens erhöhen ebenso wenig als Betriebseinnahmen den steuerpflichtigen Gewinn wie Darlehensrückzahlungen zu Betriebsausgaben führen.

Die Einnahmen-Überschuss-Rechnung führt durch die Berücksichtigung von Einnahmen und Ausgaben im Zahlungszeitpunkt zu einer **anderen zeitlichen Erfassung** der Betriebseinnahmen und -ausgaben als die Gewinnermittlung durch Bilanzierung. Der **Totalerfolg**, d.h. der Gewinn, den ein Unternehmen während seiner gesamten Geschäftstätigkeit erwirtschaftet, wird nach beiden Methoden **gleich** ermittelt. Der wesentliche Unterschied zur Gewinnermittlung durch Betriebsvermögensvergleich liegt im kurzfristigen Bereich, da keine Forderungen oder Verbindlichkeiten aus Lieferungen und Leistungen erfasst werden, sondern die entsprechenden Einnahmen und

Ausgaben im Zahlungszeitpunkt berücksichtigt werden. Dagegen treten im Bereich des Anlagevermögens keine Unterschiede zur Bilanzierung auf, da auch die Einnahmen-Überschuss-Rechnung Anschaffungsausgaben durch Abschreibungen periodisiert. Längerfristig wirkende Unterschiede resultieren allerdings aus der fehlenden Möglichkeit, im Rahmen der Einnahmen-Überschuss-Rechnung Rückstellungen bilden zu können.

Tabelle 2-6: Anwendungsbereich der exakten Gewinnermittlungsmethoden

Betriebsvermögensvergleich		Einnahmen-Überschuss-Rechnung § 4 Abs. 3 EStG
Originäre Steuerbilanz § 4 Abs. 1 EStG	**Derivative Steuerbilanz § 4 Abs. 1 i.V. m. § 5 EStG**	
Eigenständige Erstellung der Steuerbilanz	Ableitung der Steuerbilanz aus der Handelsbilanz	Gegenüberstellung der Betriebseinnahmen und Betriebsausgaben
Anwendungsbereich		
• Land- und Forstwirte bei handelsrechtlicher Buchführungspflicht § 3 HGB oder steuerlicher Buchführungspflicht § 141 AO oder freiwilliger Buchführung	• Gewerbetreibende bei handelsrechtlicher Buchführungspflicht § 1 i.V.m. § 238 HGB oder steuerlicher Buchführungspflicht § 141 AO oder freiwilliger Buchführung	• Gewerbetreibende ohne handelsrechtliche oder steuerliche Buchführungspflicht (= Kleingewerbetreibende)
		• Land- und Forstwirte ohne handelsrechtliche oder steuerliche Buchführungspflicht (= „kleine" Land- und Forstwirte)
• Selbständig Tätige bei freiwilliger Buchführung		• Selbständig Tätige, sofern nicht freiwillig Bücher geführt werden

Pauschale Gewinnermittlungsmethoden

Die sog. **Tonnagebesteuerung** nach § 5a EStG stellt eine pauschale Gewinnermittlungsmethode für Handelsschiffe im internationalen Verkehr dar, nach der Gewinn in Abhängigkeit von der Tonnage der im internationalen Handelsverkehr eingesetzten Handelsschiffe ermittelt werden kann. Die Anwendung der Gewinnermittlungsmethode ist abhängig von einer unwiderruflichen Antragstellung des Steuerpflichtigen im Jahr der Indienststellung des Handelsschiffes. Sie stellt eine Steuervergünstigung für Schifffahrtsunternehmen dar.

Bei der **Durchschnittssatzrechnung** werden die Einkünfte aus Land- und Forstwirtschaft in pauschaler Form berechnet. Die Durchschnittssatzrechnung für Land- und Forstwirte gemäß § 13a EStG geht von einem Grundbetrag aus, addiert hierzu Zuschläge für Sondernutzungen (§ 13 a Abs. 5 EStG), vereinnahmte Pachtzinsen (§ 13a Abs. 3 Nr. 4 EStG) und die nach Absatz 6 der Vorschrift gesondert zu ermittelnden Gewinne sowie bestimmte Kapitalerträge (§ 13a Abs. 3 Nr. 5 EStG), um daraus einen so genannten Durchschnittssatzgewinn zu ermitteln. Der Grundbetrag richtet sich dabei nach dem Hektarwert der selbstbewirtschafteten landwirtschaftlichen Fläche (§ 13 a Abs. 4 EStG).

Abbildung 2-23: Durchschnittssatzrechnung nach § 13a EStG

Grundbetrag (abgeleitet aus dem Hektarwert der selbst bewirtschafteten landwirtschaftlich genutzten Fläche)
+ Zuschläge für Sondernutzungen (z.B. forstwirtschaftliche, weinbauliche, gärtnerische Nutzung)
+ nach § 13 Abs. 6 EStG gesondert ermittelte Gewinne, soweit sie 1.534 € übersteigen (z.B. aus forstwirtschaftlicher Nutzung, Veräußerung oder Entnahme von Grund und Boden, Gebäuden, Maschinenvermietungen etc.)
+ vereinnahmte Kapitalerträge, die sich aus Kapitalanlagen von Erlösen aus der Veräußerung von Grund und Boden oder Gebäuden ergeben
+ vereinnahmte Miet- und Pachtzinsen
- verausgabte Pachtzinsen
- Schuldzinsen, soweit sie Betriebsausgaben sind
- dauernde Lasten, soweit sie Betriebsausgaben sind
- Steuervergünstigungen, insbes. nach § 6c EStG oder R 6.6 EStR
= Gewinn des Wirtschaftsjahres

Die **Schätzung nach § 162 AO** kommt zur Anwendung, wenn die Aufzeichnungen des Steuerpflichtigen nicht ausreichend sind, insbesondere wenn die vorgeschriebenen Unterlagen und Nachweise nicht oder mangelhaft erstellt werden. Die Schätzung erfolgt anhand von Erfahrungswerten und bedient sich so genannter Richtsätze.

Unterschiede und Gemeinsamkeiten der Gewinnermittlungsmethoden

Die pauschalen Gewinnermittlungsmethoden ermitteln den Gewinn aufgrund vereinfachender Annahmen und kommen nur zufällig zu demselben Ergebnis wie eine exakte Gewinnermittlungsmethode. Die exakten Gewinnermittlungsmethoden ermitteln den Gewinn weitgehend übereinstimmend. Als wichtige **Gemeinsamkeit** ist zu nennen, dass die **Definition der Betriebseinnahmen und Betriebsausgaben** für alle exakten Ermittlungsmethoden gleich ist. Dies hat eine identische Abgrenzung der Betriebseinnahmen und Betriebsausgaben von den Kosten der privaten Lebensführung zur Folge. Der Totalgewinn ist bei Betriebsvermögensvergleich und Einnahmen-Überschuss-Rechnung nach § 4 Abs. 3 EStG grundsätzlich gleich. Allerdings findet eine anders gelagerte Periodisierung statt. Dies bedeutet, dass durchaus unterschiedliche Periodengewinne vorkommen können, der insgesamt während der Geschäftstätigkeit sich ergebende Gewinn aber übereinstimmt.

Kein übereinstimmender Totalgewinn ermittelt sich, wenn die Gewinnermittlung im Rahmen der Gewinneinkunftsarten mit der Überschussermittlung im Rahmen der Überschusseinkunftsarten verglichen wird. Dies liegt darin begründet, dass bei der Überschussermittlung im Rahmen der Überschusseinkunftsarten grundsätzlich keine Veräußerungsgewinnbesteuerung erfolgt, während im Rahmen der Gewinneinkunftsarten Veräußerungsgewinne immer der Besteuerung unterliegen.

Der **Gewinnermittlungszeitraum** ergibt sich aus § 4a EStG. Für Land- und Forstwirte läuft er vom 1. Juli bis zum 30. Juni des Folgejahrs und erklärt sich aus saisonal bedingten Erwägungen in diesem Wirtschaftszweig. Für buchführungspflichtige Gewerbetreibende richtet sich der steuerliche Gewinnermittlungszeitraum nach dem Geschäftsjahr für Zwecke des Handelsrechts. Bei nicht buchführungspflichtigen Gewerbetreibenden und bei Freiberuflern ist der Gewinnermittlungszeitraum das Kalenderjahr.

2.4.2.5 Betriebsausgaben

Die **Betriebsausgaben** sind im § 4 Abs. 4 EStG definiert. Sie stellen Aufwendungen dar, die durch den Betrieb veranlasst sind und die abgeflossen sind (§ 4 Abs. 3 EStG) oder verursacht sind (§ 4 Abs. 1, § 5 Abs. 1 EStG). Aufwendungen sind alle Güterabflüsse in Geld oder Geldeswert. Es handelt sich um gezahlte Ausgaben oder um Wertabgaben ohne Zahlungsvorgang.

Abbildung 2-24: Betriebsausgaben

Betriebsausgaben sind Ausgaben, die durch den Betrieb veranlasst sind (§ 4 Abs. 4 EStG). Beispiele sind:

- Löhne und Gehälter
- Fertigungskosten
- Abschreibungen des Betriebsvermögens
- Finanzierungskosten des Betriebsvermögens
- Mieten/ Pachten für betrieblich genutzte Wirtschaftsgüter

Eine **Veranlassung** durch den Betrieb ist gegeben, wenn ein tatsächlicher oder wirtschaftlicher Zusammenhang mit dem Betrieb besteht. Ein rein rechtlicher Zusammenhang reicht nicht aus. Das auslösende Element oder der äußere Anlass ist entscheidend, hingegen nicht die Verursachung durch den Betrieb.

Dies illustriert das Beispiel eines Gewerbetreibenden, der auf einer betrieblichen Fahrt einen Unfall erleidet, da die Bremsen versagen. Ein betrieblicher Anlass liegt vor und damit auch die Abzugsfähigkeit der Reparaturkosten als Betriebsausgaben. Zwar war die formale Ursache das Bremsversagen, die Veranlassung hingegen durch den Betrieb war gegeben. Auf eine wie auch immer geartete Notwendigkeit, Zweckmäßigkeit, Üblichkeit kommt es nicht an. Ebenso ist - jedenfalls für den Regelfall - keine Angemessenheitsprüfung erforderlich (Ausnahme § 4 Abs. 5 Nr. 7 EStG).

Unter so genannten **nichtabziehbaren Betriebsausgaben** nach § 4 Abs. 4a bis Abs. 8, § 4h, § 9c EStG werden betrieblich veranlasste Aufwendungen verstanden, die aufgrund der gesetzlichen Regelung nicht oder nur eingeschränkt gewinnmindernd geltend gemacht werden dürfen. Dabei handelt es sich zum einen um Ausgaben, die auch die Lebensführung des Steuerpflichtigen oder anderer Personen betreffen. Diese werden zu einem Teil mit einem Abzugsverbot belegt. Dabei nehmen die gesetzlichen Regelungen eine pauschalierende Abgrenzung zwischen dem betrieblichen und privaten Anteil vor. Einige der Abzugsverbote wurden aber auch aus haushaltspolitischen Gründen eingeführt, wie z.B. das Abzugsverbot für häusliche Arbeitszimmer oder die Herabsetzung der Abzugsfähigkeit von Werbegeschenken und Bewirtungskosten. Diese Regelungen sind vor dem Grundsatz der Nettobesteuerung, der eine vollständige Abzugsfähigkeit der betrieblichen Ausgaben erfordert, kritisch zu sehen.

Im Einzelnen sind aufgrund gesetzlicher Bestimmung **folgende Ausgaben nicht oder nur eingeschränkt abzugsfähig**:

- Schuldzinsen, soweit die Entstehung des Schuldensaldos nicht betrieblich veranlasst ist; bei rein betrieblichen Bankkonten sind Schuldzinsen grundsätzlich abzugsfähig, da der Schuldenstand betrieblicher Natur ist (§ 4 Abs. 4a EStG). Die höchst detaillierte Regelung des § 4 Abs. 4a EStG schränkt den Abzug von Schuldzinsen ein, wenn so genannte Überentnahmen vorgenommen wurden. Diese sind dann gegeben, wenn die Entnahmen die Summe aus dem Gewinn und den Einlagen des Wirtschaftsjahres übersteigen. Einzelheiten zu der komplizierten Bestimmung finden sich im BMF-Schreiben vom 17.11.2005, BStBl. 2005 I, S. 1019.

- Geschenke an Personen, die nicht Arbeitnehmer des Steuerpflichtigen sind, im Wert von mehr als 35 € an einen Empfänger im Wirtschaftsjahr (§ 4 Abs. 5 Nr. 1)

- 30% der angemessenen Bewirtungsaufwendungen aus geschäftlichem Anlass (§ 4 Abs. 5 Nr. 2)

- Aufwendungen für Gästehäuser (z.B. laufende Aufwendungen und Abschreibungen, § 4 Abs. 5 Nr. 3)

- Aufwendungen für Jagd und Fischerei (§ 4 Abs. 5 Nr. 4)

- Verpflegungsmehraufwendungen (§ 4 Abs. 5 Nr. 5):
  Abzugsfähig sind nur Pauschbeträge in Abhängigkeit von der zeitlichen Abwesenheit.

- Aufwendungen für ein häusliches Arbeitszimmer (§ 4 Abs. 5 Nr. 6b): Ausnahme: das Arbeitszimmer bildet den Mittelpunkt der gesamten betrieblichen und beruflichen Tätigkeit.

- Aufwendungen, die auch die private Lebensführung betreffen, soweit sie als *unangemessen* anzusehen sind (§ 4 Abs. 5 Nr. 7); Beispiel aus der Rechtsprechung sind insoweit die Anschaffung teilweise betrieblich genutzter PKW besonders exklusiver Marken, extrem hohe Bewirtungskosten, die Kosten von Flugzeugen und Hubschraubern für Dienstreisen.

- Geldbußen, Ordnungs- und Verwarnungsgelder (§ 4 Abs. 5 Nr. 8)

- Zinsen auf hinterzogene Steuern (§ 4 Abs. 5 Nr. 8a)

- Ausgleichszahlungen im Rahmen von Organschaften (§ 4 Abs. 5 Nr. 9 EStG); hierbei handelt es sich um Ausgleichszahlungen an Minderheitsgesellschafter einer Organgesellschaft

- Bestechungs- und Schmiergelder (§ 4 Abs. 5 Nr. 10 EStG)

- Aufwendungen in Zusammenhang mit nicht einlagefähigen Vorteilen in Betriebe, die nach § 5a EStG pauschal besteuert werden (§ 4 Abs. 5 Nr. 11 EStG)

- Fahrten zwischen Wohnung und Betriebsstätte und für Familienheimfahrten, die nur mit pauschalierten Beträgen angesetzt werden dürfen.

- Gewerbesteuer (§ 4 Abs. 5b EStG)

- Aufwendungen zur Förderung staatspolitischer Zwecke (Parteispenden, § 4 Abs. 6 EStG)

- nicht gesondert und klar aufgezeichnete Aufwendungen (§ 4 Abs. 7 EStG)

- erwerbsbedingte Kinderbetreuungskosten (§ 9c EStG)
  Kinderbetreuungskosten sind in Höhe von 2/3 der angefallenen Aufwendungen bis zu max. 4.000 € je Kind im Alter bis zu 14 Jahren (bzw. 25 Jahren bei dauernder Behinderung) wie Betriebsausgaben abzugsfähig, wenn beide Elternteile erwerbstätig sind.

Einer besonderen Abzugsbeschränkung unterliegen die Zinsaufwendungen im Rahmen der **Zinsschranke** des § 4h EStG. Diese Vorschrift begrenzt den Abzug von Schuldzinsen auf 30% der Bemessungsgrundlage. Diese Bemessungsgrundlage für Zwecke des Schuldzinsenabzugs eines Betriebs wird zwar nicht im Gesetz, indessen im Fachsprachgebrauch als EBITDA bezeichnet. Des Akronym steht für „Earnings before interest, taxes, depreciation, and amortisation" und umfasst den steuerpflichtigen Gewinn vor Abzug der Zinsaufwendungen sowie vor Absetzungen für Abnutzungen einschließlich der Aufwendungsverrechnung bei geringwertigen Wirtschaftsgütern. § 4h EStG gilt für „Betriebe", ist also – im Gegensatz zu Vorläuferbestimmungen, welche die Fremdfinanzierung einschränkten - nicht an spezifische Rechtsformen gebunden. Die Norm ist für sämtliche Zinszahlungen anzuwenden, also unabhängig von der Laufzeit der zugrunde liegenden Verbindlichkeiten. Erfasst sind davon Aufwendungen aus der lang- und kurzfristigen Überlassung von Fremdkapital, nicht jedoch von Sachkapital. Dies bedeutet, dass die Abzugsfähigkeit von Mieten und Leasingraten als Entgelte für die Überlassung von Sachkapital (Sachdarlehen) nicht eingeschränkt wird. Ferner ist es unerheblich, gegenüber wem die Verbindlichkeiten bestehen. Somit wendet sich die Bestimmung – ebenfalls im Gegensatz zu Vorläuferbestimmungen – nicht nur an die Fremdfinanzierung durch Gesellschafter, sondern umfasst prinzipiell alle Gläubiger.

Abbildung 2-25: Ermittlung des steuerlichen EBITDA

Steuerpflichtiger Gewinn (vor Abzug der Ertragsteuern
+ (Zinsaufwendungen – Zinserträge)
+ Planmäßige Abschreibungen ge. § 7 EStG
+ Aufwendungen für geringwertige Wirtschaftsgüter § 6 Abs. 2, Abs. 2a EStG
= EBITDA

Die Rechtsfolge der Vorschrift besteht in Begrenzung des Schuldzinsenabzugs. Dabei hat der Gesetzgeber die Möglichkeit eingeräumt, in bestimmten Veranlagungszeiträumen nicht abziehbare Zinsen auf künftige Veranlagungszeiträume vorzutragen (§ 4h Abs. 1 S. 2 EStG). Eine wichtige Folgerung der Konzeption der Zinsschranke besteht darin, dass die Bemessungsgrundlage und das Zinsabzugsvolumen umso höher sind, je höher der maßgebliche Gewinn eines Betriebs ist.

Die Einschränkungen des Zinsabzugs beziehen sich auf den **negativen Zinssaldo**. Dies bedingt, dass die Zinsaufwendungen unbeschränkt abziehbar sind, soweit sie mit Zinserträgen verrechnet werden können. Lediglich soweit die Zinsaufwendungen die Zinserträge übersteigen, also ein negativer Zinssaldo entsteht, eröffnet sich der Anwendungsbereich der Zinsschranke. Allerdings dürfte es in der Unternehmenspraxis eher selten gegeben sein, dass ein Unternehmen einen positiven Zinssaldo aufweist. Daher ist diese Ausnahme eher theoretischer Natur.

Drei Ausnahmen sind in Bezug auf den eingeschränkten Abzug von Fremdfinanzierungsaufwendungen vorgesehen:

- **Kleinbetriebsklausel** (Freigrenze von 1 Mio. Euro): Die Zinsschranke des § 4h Abs. 1 EStG ist nicht anzuwenden, wenn der Betrag der Zinsaufwendungen, soweit er den Betrag der Zinserträge übersteigt, weniger als 1 Mio. € beträgt (§ 4h Abs. 2 Satz 1 Bst. a) EStG). Dadurch soll sichergestellt werden, dass „kleinere und mittlere Betriebe nicht von der Beschränkung der Abzugsfähigkeit der Zinsaufwendungen betroffen sind". Der Betrag von 1 Mio. EUR ist als Freigrenze ausgestaltet.

- **Konzernklausel** - auch „Stand-alone-Klausel": Bei Unternehmen, die nicht oder nur anteilsmäßig zu einem Konzern gehören, wird der Abzug von Fremdkapitalaufwendungen nicht eingeschränkt (§ 4h Abs. 2 Satz 1 Bst. b) EStG).

- **Öffnungsklausel** („Escape-Klausel") : Die Zinsabzugsbeschränkung ist nicht anzuwenden, wenn der Betrieb zu einem Konzern gehört und seine Eigenkapitalquote am Schluss des vorangegangenen Abschlussstichtages gleich hoch oder höher ist als die des Konzerns (Eigenkapitalvergleich, § 4h Abs. 2 Satz 1 Bst. c) EStG). Die Konzerneigenkapitalquote stellt damit einen so genannten „safe haven" dar.

Abbildung 2-26: Anwendungsbereich der Zinsschranke § 4h EStG

Grundsatz
- Zinsaufwendungen eines Betriebs sind in Höhe der Zinserträge desselben Wirtschaftsjahres voll abziehbar.
- Darüber hinaus abzugsfähig nur in Höhe von 30% des „steuerlichen EBITDA"
  - Earnings Before Interest, Taxes, Depreciation and Amortisation

Ausnahmen
- Keine Anwendung der Zinsschranke, wenn eine der folgenden Ausnahmen vorliegt:
  - positiver Zinssaldo liegt vor: die Einschränkungen beziehen sich nur auf einen negativen Zinssaldo
  - Freigrenze: Nettozinsaufwand kleiner als 1.000.000 €
  - Konzernklausel: Gesellschaft ist nicht konzernangehörig
  - Escape-Klausel: Betrieb ist konzernangehörig, aber seine Eigenkapitelquote ist nicht schlechter als die des Konzerns (de-minimis-Regel: 1 Prozentpunkt)

Von den Ausnahmen werden wiederum zwei Rückausnahmen gemacht. So greifen die Konzernklausel und die Öffnungsklausel nicht bei schädlicher Gesellschafter-Fremdfinanzierung. Auch wenn die Zinsschranke von der Grundidee rechtsformunabhängig konzipiert ist, findet sich der relevante Anwendungsbereich aufgrund der Ausnahmen im Bereich der Körperschaftsteuersubjekte. Aus diesem Grunde wird auf die entsprechenden Ausführungen zur Gesellschafterfremdfinanzierung im Bereich der Körperschaftsteuer verwiesen. Nicht abzugsfähig sind auch **Ausgaben**, die **in unmittelbarem wirtschaftlichen Zusammenhang mit steuerfreien Einnahmen** stehen (§ 3c Abs. 1 EStG). Damit wird erreicht, dass nur Ausgaben das steuerpflichtige Einkommen mindern können, die mit steuerpflichtigen Einnahmen in Zusammenhang stehen. Dies entspricht dem Nettoprinzip. Ausgaben, die mit Einnahmen in Zusammenhang stehen, die nach § 3 Nr. 40 EStG nur zu 60% besteuert werden, können entsprechend nur zu 60% gewinnmindernd berücksichtigt werden (§ 3c Abs. 2 EStG).

Abbildung 2-27: Nichtabzugsfähige Ausgaben

Nicht **abzugsfähige Ausgaben** sind:

- Durch gesetzliche Vorschrift nicht abzugsfähige Betriebsausgaben, insbes. § 4 Abs. 4a, § 4 Abs. 5 - Abs. 8, § 4h EStG
- Betriebsausgaben in Zusammenhang mit steuerfreien Einnahmen, § 3c EStG
- Kosten der privaten Lebensführung, § 12 EStG:
  – Aufwendungen für den Haushalt des Steuerpflichtigen und für den Unterhalt seiner Familie
  – freiwillige Zuwendungen an unterhaltsberechtigte Personen
  – Steuern vom Einkommen sowie sonstige Personensteuern
  – Geldstrafen
  – Aufwendungen des Steuerpflichtigen für seine erstmalige Berufsausbildung oder für ein Erststudium, wenn diese nicht im Rahmen eines Dienstverhältnisses stattfinden

Wichtig ist in diesem Zusammenhang, auf das **Abzugsverbot der Lebenshaltungskosten** nach § 12 EStG hinzuweisen. Diese Vorschrift hat zwar nur deklaratorische Bedeutung, da das Abzugsverbot bereits aus der Definition der Betriebsausgaben nach § 4 Abs. 4 EStG abgeleitet werden kann. Die generelle Nichtabzugsfähigkeit von Kosten der privaten Lebensführung gehört zu den tragenden Grundsätzen des Einkommensteuerrechts. Nach dem objektiven Nettoprinzip sind nur Kosten abzugsfähig, die durch die Einnahmenerzielung veranlasst sind. Darüber hinaus garantiert das subjektive Nettoprinzip nur einen Abzug von notwendigen Kosten der Daseinsvorsorge und die Steuerfreiheit des Existenzminimums. Alle weiteren Kosten der privaten Lebensführung stellen Verwendung des Einkommens dar und sind daher bei der Ermittlung des steuerpflichtigen Einkommens nicht zu berücksichtigen. Dies gilt auch für Aufwendungen, die sowohl dem beruflichen Bereich förderlich sind als auch privaten Bedürfnissen dienen. Für diese „gemischten" Aufwendungen ist ein Aufteilungs- und damit verbunden ein Abzugsverbot in der Vorschrift des § 12 Nr. 1 Satz 2 EStG angelegt.

2.4.2.6 Betriebseinnahmen

Für den Terminus technicus "**Betriebseinnahmen**" ist keine gesetzliche Definition vorhanden. Unter Betriebseinnahmen versteht man alle Mehrungen des Betriebsvermögens, die durch den Betrieb veranlasst sind. Bei Gewerbetreibenden sind Betriebseinnahmen grundsätzlich mit dem handelsrechtlichen Begriff „Erträge" gleichzusetzen.

2 Die Einkommensteuer

Betriebseinnahmen sind kausal definiert. Es kommt für die Abgrenzung zu privaten Vermögensmehrungen auf die betriebliche Veranlassung an. Betrieblich veranlasst sind alle laufenden und einmaligen sowie außerordentlichen Einnahmen aus betrieblicher Tätigkeit einschließlich so genannter Hilfs- und Nebengeschäfte. Typische Betriebseinnahmen sind in der folgenden Übersicht zusammengestellt.

Abbildung 2-28: Betriebseinnahmen

Betriebseinnahmen sind alle Zuflüsse, die betrieblich veranlasst sind.
Dazu gehören

- Umsatzerlöse
- Betriebliche Kapitalerträge
- Betriebliche Miet-/ Pachteinnahmen
- Veräußerungserlöse von betrieblichem Vermögen

Zu betonen ist, dass gesetz- oder sittenwidriges Handeln die Annahme von Betriebseinnahmen nicht ausschließt. Dies hat zur Folge, dass Einnahmen aus Hehlerei, verbotenem Glücksspiel, empfangene Bestechungsgelder, Schmuggel und sonstigen rechtswidrigen und missbilligten Tätigkeiten Betriebseinnahmen sind.

Einlagen stellen keine Betriebseinnahmen dar, da sie ihre Ursache im privaten Bereich haben. Aufgrund der fehlenden betrieblichen Veranlassung dürfen sie den betrieblichen Gewinn nicht erhöhen. Dies wird durch eine erfolgsneutrale Verbuchung über das Privatkonto (als Unterkonto des Eigenkapitalkontos) erreicht. Keine Einnahmen sind auch ersparte Aufwendungen oder fiktive Einnahmen ohne Zufluss finanzieller Mittel.

Steuerfreie Betriebseinnahmen sind betrieblich veranlasste Vermögensmehrungen, die aufgrund expliziter gesetzlicher Vorschrift nicht der Besteuerung unterliegen. Dabei handelt es sich um Steuerbefreiungen, die entweder im Einkommensteuergesetz enthalten sind oder sich aus anderen Gesetzen (z.B. Körperschaftsteuergesetz, Investitionszulagengesetz) oder aus internationalen Abkommen, insbesondere den Doppelbesteuerungsabkommen, ergeben.

Wichtige steuerfreie Betriebseinnahmen umfassen:

- 40% der Dividenden sowie 40% der Veräußerungsgewinne von Anteilen an Kapitalgesellschaften (§ 3 Nr. 40 EStG), wenn der Anteilseigner eine natürliche Person oder eine Personengesellschaft ist.

- ausländische Einkünfte, die nach einem Doppelbesteuerungsabkommen allein im ausländischen Staat besteuert werden dürfen. Das jeweilige Doppelbesteuerungsabkommen sieht dann die Freistellung dieser Einkünfte in Deutschland vor. Üblich ist eine solche Freistellung ausländischer Einkünfte beispielsweise für ausländische Betriebsstättengewinne (Art. 7 Abs. 1 OECD-MA) oder für Einkünfte aus im Ausland belegenem unbeweglichem Vermögen (Art. 6 Abs. 1 OECD-MA).

- Investitionszulagen nach § 12 InvZulG.

2.4.3 Überschusseinkünfte

2.4.3.1 Überschussermittlungsmethode

Die Überschusseinkünfte basieren auf dem Einkommensbegriff der Quellentheorie, während den Gewinneinkünften die Einkommenskonzeption der Reinvermögenszugangstheorie zugrunde liegt. Aus diesen unterschiedlichen Einkommenskonzeptionen resultiert grundsätzlich ein unterschiedlicher Umfang der steuerpflichtigen Einkünfte. Nach der Einkommenskonzeption der Quellentheorie umfassen die Überschusseinkünfte nur die laufenden Einnahmen und Ausgaben als steuerlich relevante Zuflüsse. Durch steuerliche Einzelregelungen wie der grundsätzlichen Steuerpflicht von Veräußerungsgewinnen bei Kapitalvermögen (§ 20 Abs. 2 EStG) und der Ausweitung der privaten Veräußerungsgeschäfte nach § 23 EStG werden auch im Rahmen der Überschusseinkünfte zunehmend einmalige Einkünfte bei Veräußerungen besteuert. Damit verliert die Unterscheidung zwischen Gewinn- und Überschusseinkunftsarten materiell an Bedeutung.

Aus der Vorschrift des § 2 Abs. 2 Nr. 2 EStG ergibt sich die Überschussermittlungsmethode. Dort werden Einkünfte als Differenz zwischen den Einnahmen und den Werbungskosten umschrieben.

Abbildung 2-29: Überschussermittlung nach § 2 Abs. 2 EStG

	Einnahmen (§ 8 EStG)
-	Werbungskosten (§ 9 EStG)
=	Einkünfte im Rahmen einer der Einkunftsarten des § 2 Abs. 1 Nr. 4 – 7 EStG

Zur Ermittlung der Einkünfte ist kein bestimmtes Verfahren vorgeschrieben. Es genügt die Saldierung zwischen den Einnahmen und den damit zusammenhängenden Werbungskosten (Subtraktionsmethode). Von dieser Vorgehensweise sind zwei wichtige Ausnahmen zu beachten:

- Für die Einkünfte aus Kapitalvermögen können Werbungskosten nicht abgezogen werden (Bruttobesteuerung). Vielmehr berücksichtigt der Sparer-Pauschbetrag pauschal die entsprechenden Aufwendungen (§ 2 Abs. 2 Nr. 2 S. 2 i.V.m. § 20 Abs. 9 EStG.

Die Einkommensteuer

- Für so genannte private Veräußerungsgeschäfte (§ 22 Nr. 2 i.V.m. § 23 EStG) ist der Gewinn oder Verlust als Unterschied zwischen dem Veräußerungserlös einerseits und den Anschaffungs- oder Herstellungskosten und den Werbungskosten andererseits zu ermitteln.

2.4.3.2 Einnahmen und Werbungskosten

Von zentraler Bedeutung für die Ermittlung der Überschusseinkünfte sind die Begriffe Einnahmen und Werbungskosten. Nach der Terminologie des Einkommensteuergesetzes sind Einnahmen stets als Bruttoeinnahmen zu verstehen, wohingegen es sich bei Einkünften um ein Nettoergebnis handelt. Einkünfte sind demgemäß Einnahmen abzüglich Werbungskosten.

Der Begriff der **Einnahmen** hat in § 8 EStG eine Regelung erfahren. Nach der Definition im § 8 Abs. 1 EStG sind als Einnahmen alle Güter zu verstehen, die in Geld oder Geldeswert bestehen und dem Steuerpflichtigen im Rahmen einer Einkunftsart des § 2 Abs. 2 Nr. 2 EStG zufließen.

Abbildung 2-30: Einnahmen

Einnahmen sind alle Zuflüsse in Geld oder Geldeswert, die im Rahmen einer Überschusseinkunftsart erzielt werden (§ 8 Abs. 1 EStG). Beispiele sind:

- Dividenden/ Zinsen im Rahmen der Einkünfte aus Kapitalvermögen
- Mieten/ Pachten im Rahmen der Einkünfte aus Vermietung und Verpachtung
- Löhne/ Gehälter im Rahmen der Einkünfte aus nichtselbständiger Arbeit

Bei Einnahmen, die nicht in Geld, sondern in sonstigen wirtschaftlichen Vorteilen (geldwerte Vorteile) bestehen, ist die Bewertung für praktische Fragen der Besteuerung von enormer Bedeutung. Danach werden **Sachbezüge** (d.h. Wohnung, Kosten, Waren, Dienstleistungen und sonstige Sachbezüge) mit den üblichen Endpreisen des Verbrauchsortes bewertet, vgl. § 8 Abs. 2 Satz 1 EStG. Im Rahmen so genannter geldwerter Vorteile an Arbeitnehmer (Arbeitnehmer-Rabatte) sind nach § 8 Abs. 3 EStG die um 4% geminderten Endpreise des Verbrauchsortes für die Bewertung maßgeblich, wenn die Waren oder Dienstleistungen nicht überwiegend für den Gebrauch der Arbeitnehmer hergestellt wurden. Für derartige Bezüge findet ein auf das Kalenderjahr bezogener Freibetrag von 1.080 € Anwendung. (s. ausführlich unter den Einkünften aus nicht selbständiger Arbeit).

Wichtig für die Besteuerung ist neben der Bewertung auch **der Zeitpunkt der Erfassung** der Einnahmen. Nach § 11 Abs. 1 EStG gilt das so genannte **Zuflussprinzip**. Aus dem zeitlichen Ansatzpunkt der Besteuerung "Zufluss im Kalenderjahr" ergibt sich unmittelbar, dass grundsätzlich keine Periodisierung notwendig ist. Der Zahlungszeitpunkt, nicht die Fälligkeit ist entscheidend. Es kommt insoweit auf die Erlangung der wirtschaftlichen Verfügungsmacht an. Ein späterer Verlust der Verfügungsmacht macht den Zufluss nicht rückgängig (z.B. durch spätere Pfändung). Die Verfügungsmacht braucht nicht uneingeschränkt zu bestehen, z.B. auch wenn Zinseinnahmen als Darlehen im Unternehmen stehen bleiben, hat der Steuerpflichtige darüber verfügt.

Nach den Grundsätzen des § 11 EStG existiert bei **regelmäßig wiederkehrenden Zahlungen** ein nach wirtschaftlichen Gesichtspunkten definierter Zuflusszeitpunkt. Bei regelmäßig wiederkehrenden Einnahmen, die eine kurze Zeit vor oder nach dem Kalenderjahr zufließen, ist ein Zufluss in dem Kalenderjahr anzunehmen, zu dem sie wirtschaftlich gehören. Anwendungsbeispiele bestehen insbesondere bei Entgelten aus Dauerschuldverhältnissen, die laufend bezahlt werden müssen, wie etwa Mieten, Zinsen, Lohn und Gehalt. Eine kurze Zeit stellt nach der Rechtsprechung eine Frist von zehn Tagen dar. Zudem dürfen die Einnahmen für Nutzungsüberlassungen, die mehr als 5 Jahre im Voraus geleistet werden, gleichmäßig auf den Zeitraum verteilt werden, für den die Vorauszahlung geleistet wird (§ 11 Abs. 1 S. 3 EStG).

Der Begriff der **Werbungskosten** im § 9 EStG ist definiert als Aufwendungen zur Erwerbung oder Sicherung und Erhaltung von Einnahmen. Aufwendungen sind dabei nicht als Aufwendungen im bilanziellen Sinne zu verstehen, es handelt sich dabei also um keine periodisierten Größen. Vielmehr werden darunter verstanden Güterabflüsse in Geld oder Geldeswert, die durch ihr Abfließen zu einer Vermögensminderung führen. Keine Aufwendungen stellen die unterlassenen Aufwendungen oder die eigene Arbeitsleistung dar.

Abbildung 2-31: Werbungskosten

Werbungskosten sind alle Aufwendungen zur Erwerbung, Sicherung und Erhaltung von Einnahmen (§ 9 Abs. 1 Satz 1 EStG). Werbungskosten sind – wenn ein Zusammenhang mit steuerpflichtigen Einnahmen besteht – zum Beispiel

- Schuldzinsen § 9 Abs. 1 Satz 3 Nr. 1 EStG
- Steuern und sonstige Grundbesitzabgaben § 9 Abs. 1 Satz 3 Nr. 2 EStG
- Beiträge zu Berufsverbänden § 9 Abs. 1 Satz 3 Nr. 3 EStG
- Mehraufwendungen für doppelte Haushaltsführung § 9 Abs. 1 Satz 3 Nr. 5 EStG
- Kosten für Arbeitsmittel § 9 Abs. 1 Satz 3 Nr. 6 EStG
- Abschreibungen für Wirtschaftgüter, die zur Einnahmenerzielung genutzt werden § 9 Abs. 1 Satz 3 Nr. 7 EStG

Der Wortlaut des § 9 "... *zur Sicherung und Erhaltung* .." lässt auf einen finalen Zusammenhang schließen. Dies bedeutete, dass insoweit von strengeren Anforderungen an den Zusammenhang zwischen Einnahmen und Ausgaben auszugehen wäre als im Rahmen der Betriebseinnahmen/ Betriebsausgaben. Denn im Bereich der Werbungs-

2 Die Einkommensteuer

kosten müssten die Ausgaben die Erzielung von Einnahmen bezwecken, während im Rahmen der Betriebsausgaben lediglich die betriebliche Veranlassung entscheidend wäre. Nach herrschender Auffassung ist jedoch auch bei Werbungskosten das **Veranlassungsprinzip** entscheidend. Ein objektiver Zusammenhang mit der beruflichen Tätigkeit muss also vorliegen. Dabei reicht ein mittelbarer Zusammenhang aus, jedoch kein loser, allenfalls entfernter Zusammenhang. Unmaßgebliche Merkmale sind Üblichkeit, Notwendigkeit oder Willentlichkeit oder der Umstand, ob die Aufwendungen letztlich tatsächlich zu Einnahmen führen.

Beispiel: A bewirbt sich bei verschiedenen Firmen um die Stelle eines Controllers. Er stellt Bewerbungsunterlagen zusammen, fährt zu Vorstellungsgesprächen. Bevor es zu einem Vertragsabschluss kommt, eröffnen sich für A neue Perspektiven beim bisherigen Arbeitgeber, so dass er seine Bewerbungsaktion einstellt. Die ihm entstandenen Kosten sind Werbungskosten, da eine berufliche Veranlassung vorliegt.

Allerdings muss ein **Zusammenhang mit einer Einnahmen erzielenden Tätigkeit** bestehen, die im Rahmen der Überschusseinkünfte steuerpflichtig ist. Kein Abzug ist daher statthaft, wenn ein Zusammenhang mit steuerfreien oder nicht steuerbaren Einnahmen besteht.

Eine **beispielhafte Aufzählung von Werbungskosten** enthält § 9 Abs. 1 Satz 3 EStG (s. ausführlich zu den Werbungskosten im Rahmen der einzelnen Überschusseinkunftsarten):

- Nr. 1: Schuldzinsen, soweit sie mit einer Einkunftsart in wirtschaftlichem Zusammenhang stehen.
  Beispiele: Fremdfinanzierungszinsen eines vermieteten Hauses führen zu Werbungskosten im Rahmen der Einkünfte aus Vermietung und Verpachtung. Dagegen liegen keine abzugsfähigen Werbungskosten vor bei Schuldzinsen für die Fremdfinanzierung eines ausschließlich privat genutzten PKW, weil hier der Zusammenhang mit einer Einnahmen erzielenden Tätigkeit fehlt.

- Nr. 2: Steuern vom Grundbesitz und andere Grundbesitzabgaben, wie beispielsweise Gebäudeversicherung, Abwassergebühren etc. Regelmäßig werden diese Positionen bei den Einkünften aus Vermietung und Verpachtung in Rede stehen.

- Nr. 3: Beiträge zu Berufsverbänden. Darunter fallen Beiträge zu Innungen ebenso wie zu Gewerkschaften und berufsspezifischen Verbänden. Eine Abzugsfähigkeit dürfte hier in erster Linie bei den Einkünften aus nichtselbständiger Arbeit in Betracht kommen.

- Nr. 5: Mehraufwendungen für doppelte Haushaltsführung, die aus beruflichem Anlass begründet wurde, kommen bei den Einkünften aus nichtselbständiger Arbeit als Werbungskosten in Betracht.

- Nr. 6: Als Arbeitsmittel sind beispielsweise die Kosten für Schreibtisch, Computer, Aktentasche, Bücher, Informationsmaterial im Rahmen sämtlicher Überschusseinkunftsarten abzugsfähig. Nicht dazu gehören Ausgaben, die auch privaten Zwecken dienen, wie z.B. Zeitschriften mit allgemeinem Charakter (Capital, Wirtschaftswoche).

- Nr. 7: Abschreibungen für Wirtschaftsgüter, die zur Erzielung von Überschusseinkünften genutzt werden (z.B. Gebäudeabschreibung bei den Einkünften aus Vermietung und Verpachtung).

Nach der Wertung des Gesetzgebers stellen Fahrtkosten zwischen Wohnung und Arbeitsstätte sowie die Kosten für Familienheimfahrten **keine Werbungskosten** dar. Sie dürfen aber in beschränktem Umfang „wie Werbungskosten" von den damit zusammenhängenden Einkünften abgezogen werden (§ 9 Abs. 2 EStG).

Es liegt auf der Hand, dass sich in diesem Bereich zahlreiche **Abgrenzungsprobleme gegenüber den Kosten der privaten Lebensführung** ergeben. Beispiele aus der Rechtsprechung finden sich zahlreich, so etwa die Studienreise eines Geographielehrers in die USA oder die Teilnahme an einem auf einem Kreuzfahrtschiff abgehaltenen Ärztekongress. Zur Abgrenzung von den Kosten der privaten Lebensführung wird die Abzugsfähigkeit von Werbungskosten zum Teil innerhalb des Katalogs von § 9 Abs. 1 EStG begrenzt. Für Geschenke, Bewirtungskosten, Ausgaben für Gästehäuser und die anderen Aufwendungen, welche die private Lebensführung berühren (z.B. häusliches Arbeitszimmer, Kinderbetreuungskosten), gelten die gleichen Abzugsverbote wie bei den Gewinneinkünften (Verweis auf die entsprechenden Vorschriften des § 4 Abs. 5, § 4 Abs. 6 sowie §9c EStG in § 9 Abs. 5 EStG).

In Bezug auf den **Zeitpunkt der Erfassung** regelt § 11 Abs. 2 EStG, dass hier das so genannte **Abflussprinzip** Platz greift. Dies bedeutet eine Erfassung im Kalenderjahr der Leistung, es findet also keine Periodisierung statt. Leistung in diesem Kontext ist gleichzusetzen mit dem Verlust der wirtschaftlichen Verfügungsmacht. Dies entspricht regelmäßig dem Abfluss des Geldes oder der geldwerten Güter beim Leistenden. Dabei ist der Zahlungszeitpunkt entscheidend, nicht die Fälligkeit. In Ausnahme dazu sind regelmäßig wiederkehrende Ausgaben, die kurze Zeit vor oder nach Ende des Kalenderjahres geleistet werden, zu dem Kalenderjahr zuzuordnen, zu dem sie wirtschaftlich gehören (§ 11 Abs. 2 S. 2 EStG). Zudem sind die Ausgaben für Nutzungsüberlassungen, die mehr als 5 Jahre im Voraus geleistet werden, gleichmäßig auf den Zeitraum zu verteilen, für den die Vorauszahlung geleistet wird (§ 11 Abs. 2 S. 3 EStG).

Abbildung 2-32: Werbungskosten-Pauschbeträge § 9a EStG

Folgende pauschalen Werbungskostenbeträge können ohne Einzelnachweis geltend gemacht werden:

- Arbeitnehmer-Pauschbetrag: 920 € (§ 9a Nr. 1 EStG)
Einnahmen i.S.d. § 22 Nr. 1 und 1a) EStG
(wiederkehrende Zahlungen): 102 € (§ 9a Nr. 3 EStG)

Die Einkommensteuer

Aus Vereinfachungsgründen enthält die Bestimmung des § 9a EStG **Werbungskostenpauschbeträge**. Diese kommen zur Anwendung, wenn der Steuerpflichtige keine höheren Werbungskosten nachweist. Sie dürfen jeweils nur bis zur Höhe der Einnahmen aus der jeweiligen Einkunftsart geltend gemacht werden.

Trotz der ähnlichen Begriffe bestehen inhaltlich **wesentliche Unterschiede zwischen der Einnahmen-Überschuss-Rechnung nach § 4 Abs. 3 EStG und der Überschussermittlung** im Rahmen der Überschusseinkunftsarten. Die § 4 Abs. 3-Rechnung verkörpert eine Gewinnermittlung ohne Periodisierung, d.h. Veräußerungsgewinne von Wirtschaftsgütern sind integraler Bestandteil dieser Gewinnermittlung. Die §§ 8, 9 statuieren eine Überschussrechnung, die nur laufende Einnahmen und laufende Werbungskosten saldiert. Damit geht einher, dass eine steuerliche Erfassung von Veräußerungsgewinnen grundsätzlich nicht erfolgt. Die wichtigsten Unterschiede zwischen den Gewinneinkunftsarten einerseits und den Überschusseinkunftsarten andererseits sind in der folgenden Tabelle zusammengefasst.

Tabelle 2-7:   Unterschiede zwischen den Einkunftsarten

	Gewinneinkünfte	Überschusseinkünfte
■ Methode der Einkünfteermittlung	Gewinnermittlung aus periodisierten Betriebseinnahmen und Betriebsausgaben	Überschussermittlung aus Einnahmen und Werbungskosten
■ Veräußerungsgewinne	Grundsätzlich steuerpflichtig	Grundsätzlich steuerfrei Ausnahmen: §§ 17, 20 Abs. 2, 23 EStG
■ Zeitpunkt der Erfassung der Einkünfte	Regel: Periodisierung als Aufwand und Ertrag; Realisations- und Imparitätsprinzip gelten Ausnahme: Zufluss- oder Abflusszeitpunkt bei § 4 Abs. 3 Rechnung	Zufluss- oder Abflusszeitpunkt ist entscheidend
■ Freibeträge/ Pauschbeträge	keine	Zahlreiche Freibeträge/ Freigrenzen und Werbungskosten-Pauschbeträge
■ Erhebung der Einkommensteuer	Veranlagung zur Einkommensteuer	Abzugsverfahren für Einkünfte aus nichtselbständiger Arbeit, teilweise für Einkünfte aus Kapitalvermögen

2.4.3.3 Einkünfte aus nichtselbständiger Arbeit

Die Einkünfte aus nichtselbständiger Arbeit umfassen im Wesentlichen die Arbeitnehmereinkünfte, d.h. sämtliche Leistungen, die einem Arbeitnehmer im Rahmen eines Dienstverhältnisses zufließen. Damit die Vorschrift zur Anwendung gelangt, muss in jedem Fall ein (steuerlicher) Arbeitnehmer vorliegen. Dazu enthält § 1 LStDV nähere Bestimmungen. So ist das **Merkmal der Nichtselbständigkeit** ein konstituierendes Element der Arbeitnehmereigenschaft.

Tabelle 2-8: *Abgrenzung Selbständigkeit/Nichtselbständigkeit*

Nichtselbständigkeit	Selbständigkeit
Schulden der Arbeitskraft	Schulden des Erfolgs
Weisungsgebundenheit	Unternehmerinitiative
Eingliederung in eine Organisationsstruktur	Entscheidungsfreiheit
Kein Geschäftsrisiko	Unternehmerrisiko

Die Einnahmen aus nichtselbständiger Arbeit lassen sich zunächst an der beispielhaften Aufzählung in § 19 Abs. 1 EStG nachvollziehen. Darunter fallen

- laufende Bezüge (Gehalt, Lohn) und einmalige Bezüge (Gratifikationen, Tantiemen, Bonuszahlungen) sowie andere Bezüge und Vorteile aus einem **gegenwärtigen** öffentlichen oder privaten Dienstverhältnis § 19 Abs. 1 Nr. 1 EStG

- laufende und einmalige Bezüge aus einem **früheren** Dienstverhältnis § 19 Abs. 1 Nr. 2 EStG, insbesondere Wartegelder, Ruhegelder, Witwen- und Waisengelder.

Sämtliche Leistungen in Geld und Geldeswert, die der Arbeitnehmer im Zusammenhang mit dem Dienstverhältnis bekommt, zählen dazu. So gehören zu den Einnahmen beispielsweise auch die Zuschüsse des Arbeitgebers zur privaten Krankenversicherung, Zuschüsse zu den Fahrtkosten, Wohngeld, Arbeitgeberleistungen zur Sozialversicherung (letztere bleiben allerdings nach § 3 Nr. 62 EStG steuerfrei).

Leistungen in Geldeswert, so genannte **Sachbezüge,** rechnen grundsätzlich zum Arbeitslohn (§ 8 Abs. 1 EStG). Nicht anzusetzen sind jedoch Leistungen, soweit es sich um kleine Aufmerksamkeiten (z.B. ein Blumenstrauß des Arbeitgebers zum Geburtstag in üblichem Wert) oder um bloße Annehmlichkeiten (z.B. firmeneigene Parkplätze, Sporteinrichtungen, Ausstattung des Arbeitsplatzes, Bereitstellung von Aufenthaltsräumen, Wasch- Dusch-, Baderäumen, Schwimmbädern) handelt.

Sachbezüge ohne Zusammenhang mit der Unternehmensleistung werden von § 8 Abs. 2 EStG erfasst. Darunter fallen Waren und Dienstleistungen, die der Arbeitgeber ausschließlich seinen Arbeitnehmern zur Verfügung stellt. In Betracht kommen zum

Beispiel eine Dienstwohnung, freie oder verbilligte Mittagessen in der Betriebskantine, die Überlassung eines Dienstwagens für private Zwecke etc. Die Versteuerung derartiger Sachbezüge orientiert sich grundsätzlich am gemeinen Wert, der durch die Bewertung mit den üblichen Endpreisen am Abgabeort (= Arbeitsort) konkretisiert wird. Als übliche Endpreise kommen die Einzelhandelspreise abzüglich eines üblichen Preisnachlasses (pauschal 4%) zum Ansatz. Der sich aus der Differenz zwischen dem üblichen Endpreis und dem tatsächlich bezahlten Preis ergebende Betrag entspricht dem anzusetzenden Wert des Sachbezugs. Amtliche Sachbezugswerte existieren für freie Verpflegung (Kantinenessen) sowie freie Unterkunft (vgl. SachBezV).

Sachbezüge in Zusammenhang mit der Unternehmensleistung sind nach § 8 Abs. 3 EStG Waren und Dienstleistungen, die der Arbeitgeber nicht überwiegend für den Bedarf seiner Arbeitnehmer herstellt oder erbringt, sondern die das normale Leistungsprogramm des Unternehmens betreffen (z.B. Jahreswagen in der Automobilindustrie, Mitarbeiterverkauf in der Textilindustrie etc.). Deren Bewertung orientiert sich am üblichen Endpreis, abzüglich von 4% eines als üblich angenommenen Preisnachlasses. Diese Größe entspricht dem Endpreis des Arbeitgebers. Davon abgesetzt wird ein bezahltes Entgelt des Arbeitnehmers, woraus sich der Arbeitslohn in Form des geldwerten Vorteils ermittelt. Unter Berücksichtigung des so genannten Rabatt-Freibetrags je Kalenderjahr und Arbeitsverhältnis in Höhe von 1.080 € ergibt sich der steuerpflichtige geldwerte Vorteil.

Abbildung 2-33: Ermittlung der Sachbezüge nach § 8 Abs. 3 EStG

```
    üblicher Endpreis am Abgabeort
-   4% pauschler Preisnachlass
=   Endpreis des Arbeitgebers
-   bezahltes Entgelt
=   steuerpflichtiger geldwerter Vorteil
-   steuerfreier Betrag je Arbeitsverhältnis und Jahr
=   steuerpflichtiger geldwerter Vorteil nach § 8 Abs. 3 EStG
```

Zum Problem der Berücksichtigung der **privaten PKW-Nutzung** als Sachbezug im Sinne des § 8 Abs. 2 Satz 1 EStG ist auf die pauschale Besteuerung des privaten Nutzungsanteils mit monatlich 1% des Listenpreises zu verweisen. Hinzu kommt eine pauschale Ermittlung des geldwerten Vorteils für Fahrten zwischen Wohnung und Arbeitsstätte nach § 8 Abs. 2 Satz 3 EStG als monatlich 0,03% des Listenpreises pro Entfernungskilometer. Ein alternativer Berechnungsmodus stellt auf einen Einzelnachweis der Kosten der privaten PKW-Nutzung durch ein Fahrtenbuch ab. Dabei ist ein Einzelnachweis der auf die Fahrten zwischen Wohnung und Arbeitsstätte entfallenden Kosten erforderlich.

2.4 Einkunftsarten

Auch **Bezüge aus früheren Dienstverhältnissen**, wie etwa die so genannten **Versorgungsbezüge** nach § 19 Abs. 2 EStG, zählen zu den steuerpflichtigen Einnahmen. Als Bezüge aus früheren Dienstverhältnissen qualifizieren beispielsweise Beamtenpensionen oder Renten aus betrieblicher Pensionszusage, desgleichen Witwen-, Waisengelder, Unterhaltsgelder. Von den Versorgungsbezügen bleibt ein auf einen Höchstbetrag begrenzter **Versorgungsfreibetrag** sowie ein **Zuschlag zum Versorgungsfreibetrag** steuerfrei. Der Zuschlag zum Versorgungsfreibetrag dient zum Ausgleich dafür, dass bei Versorgungsempfängern nur ein Werbungskostenpauschbetrag in Höhe von 102 € zur Verfügung steht. Die Höhe der steuerfrei bleibenden Versorgungsbezüge ist abhängig vom Zeitpunkt des Beginns der Versorgungsbezüge. Liegt der Versorgungsbeginn im Jahr 2005 oder früher, so beträgt der Versorgungsfreibetrag 40% der Bezüge bis maximal 3.000 €, der Zuschlag zum Versorgungsfreibetrag beläuft sich auf 900 €. Liegt der Versorgungsbeginn in einem späteren Jahr, so werden der Prozentsatz und der Höchstbetrag für den Versorgungsfreibetrag sowie der Zuschlag zum Versorgungsfreibetrag stufenweise reduziert, um so den Übergang zu einer nachgelagerten Besteuerung der Alterseinkünfte zu erreichen. Bei einem Versorgungsbeginn im Jahr 2009 bleiben 33,6% der Versorgungsbezüge bis maximal 2.880 € steuerfrei, der Zuschlag zum Versorgungsfreibetrag ist auf 756 € festgelegt. Für Steuerpflichtige, die im Jahr 2040 oder später erstmalig Versorgungsbezüge erhalten, wird kein Versorgungsfreibetrag oder Zuschlag zum Versorgungsfreibetrag mehr zur Verfügung stehen. § 19 Abs. 2 Satz 3 EStG enthält eine Tabelle mit den bis zum Jahr 2040 geltenden Werten für den Versorgungsfreibetrag sowie für den Zuschlag zum Versorgungsfreibetrag.

Unter die **Werbungskosten** bei den Einkünften aus nichtselbständiger Arbeit fallen alle Aufwendungen zur Sicherung, Erhaltung und Erwerb der Einnahmen (§ 9 EStG). Von besonderer Bedeutung im Rahmen der nichtselbständigen Einkünfte sind die folgenden Aufwendungen.

- Bewerbungskosten (Fahrtkosten, Fotos, Porto etc.)
- Weiterbildungskosten in einem ausgeübten Beruf (Seminarteilnahme, Fachzeitschriften etc.); Kosten einer erstmaligen Ausbildung sowie die Kosten eines Erststudiums sind nur dann Werbungskosten, wenn die Ausbildung bzw. das Studium im Rahmen eines Dienstverhältnisses erfolgt (vgl. § 12 Nr. 5 EStG).
- laufende Aufwendungen in Zusammenhang mit der Berufsausübung. Explizit nennt § 9 Abs. 1 Satz 3 Nr. 3 Beiträge zu Berufsverbänden wie Innungen, Gewerkschaften, Beamtenbund, Anwaltskammern etc.
- § 9 Abs. 1 Satz 3 Nr. 5 regelt die Abzugsfähigkeit der Mehraufwendungen für eine doppelte Haushaltsführung, die aus beruflichem Anlass begründet wurde.
- Arbeitsmittel, wie beispielsweise Schreibtisch, Schreibmaschine, Computer, Aktentasche, Bücher, Werkzeuge und typische Berufskleidung können gem. § 9 Abs. 1 Satz 3 Nr. 6 EStG angesetzt werden. Nicht abziehbar sind z.B. Zeitschriften mit all-

gemeinem Charakter (Capital, Wirtschaftswoche) oder die übliche Straßenkleidung.

- Sofern das zur Einnahmenerzielung genutzte Wirtschaftsgut eine Nutzungsdauer von mehr als einem Jahr hat, ist nur die anteilige jährliche Abschreibung abzugsfähig. Nach § 9 Abs. 1 Satz 3 Nr. 7 sind dies etwa Abschreibungen für Arbeitsmittel mit Nutzungsdauern von mehr als einem Jahr (Computer).

Die Aufwendungen für die Wege zwischen Wohnung und Arbeitsstätte sowie für Familienheimfahrten im Rahmen der doppelten Haushaltsführung gelten nach dem Gesetzeswortlaut nicht als Werbungskosten. Sie dürfen nach § 9 Abs. 2 EStG im Rahmen der sog. **Entfernungspauschale** begrenzt abgezogen werden. Statt der tatsächlich entstandenen Kosten können Aufwendungen in Höhe von 0,30 € je Kilometer der einfachen Entfernungsstrecke angesetzt werden. Maximal abzugsfähig sind 4.500 € je Kalenderjahr (§ 9 Abs. 1 Satz 3 Nr. 4 EStG). Aufwendungen für die Benutzung öffentlicher Verkehrsmittel können angesetzt, soweit sie den als Entfernungspauschale abziehbaren Betrag übersteigen (§ 9 Abs. 2 Satz 2 EStG). Die im Gesetzeswortlaut vorgesehene Nichtabzugsfähigkeit bis zum 20. Entfernungkilometer bei Fahrten zwischen Wohnung und Arbeitsstätte ist nach dem Richterspruch des Bundesverfassungsgericht verfassungswidrig (vgl. BVerfG 1 BvL/07, 2 BvL/07, 1 BvL/008, 2 BvL/08 vom 9.12.2008).

In Bezug auf die abzugsfähigen Aufwendungen sei verwiesen auf **die Abgrenzungsprobleme mit den Kosten der privaten Lebensführung**. Einige Beispiele aus der Judikatur des Bundesfinanzhofs zeigen die teilweise problematischen Differenzierungen:

- Musikinstrument eines Musikers oder Musiklehrers kann je nach den Umständen des Einzelfalles als Arbeitsmittel zum Werbungskostenabzug führen oder den privaten Lebensführungskosten zugerechnet werden. So wurde das Cembalo eines hauptamtlichen Kirchenmusikers als Arbeitsmittel anerkannt, nicht dagegen der Flügel einer an einer Schule angestellten Musiklehrerin oder das Klavier eines Studienassessors (BFH, BStBl 1978 II, 459, BStBl 1989 II, 356, BFH, BFH/NV 1987, S. 88).

- Surfbrett und Surflehrgang eines Surflehrers wurde als Werbungskosten abgelehnt, wenn der private Nutzungsanteil bei 15% liegt (BFH, BStBl 1987 II, 262).

- Ausgaben für Kleidung rechnen grundsätzlich zu den Lebensführungskosten. Im Einzelfall kann eine Anerkennung als Arbeitsmittel erfolgen. Das gilt zum einen bei typischer Berufskleidung (z.B. grüner Operationsanzug eines Arztes, Schutzkleidung der Bergarbeiter, Kleidung mit Logo des Arbeitgebers). Im Einzelfall kann auch bürgerliche Kleidung zur typischen Berufskleidung zählen. So sind die schwarzen Anzüge des Oberkellners oder eines Geistlichen als Berufskleidung anerkannt, nicht dagegen Anzüge und Kostüme in anderen Berufen (BFH, BFH/NV 1988, 703; BFH, BStBl 1991 II, 751).

Zur Abgrenzung von den Kosten der privaten Lebensführung wird die Abzugsfähigkeit von Werbungskosten zum Teil innerhalb des Katalogs von § 9 EStG durch pauschale Grenzen eingeschränkt. Dies gilt beispielsweise hinsichtlich der grundsätzlichen Nichtabzugsfähigkeit für ein häusliches Arbeitszimmer (§ 9 Abs. 5 i.V.m. § 4 Abs. 5 Nr. 6b EStG), der beschränkten Abzugsfähigkeit von Bewirtungskosten (§ 9 Abs. 5 i.V.m. § 4 Abs. 5 Nr. 2 EStG) oder der beschränkten Abzugsfähigkeit von Kinderbetreuungskosten aus beruflichem Anlass (§ 9 Abs. 5 i.V.m. § 9c Abs. 1 und 3 EStG).

Ein **Werbungskosten-Pauschbetrag** in Höhe von 920 € wird nach der Vorschrift des § 9a Satz 1 Nr. 1a EStG gewährt, sofern nicht höhere Werbungskosten nachgewiesen werden. Zusätzlich zum Werbungskosten-Pauschbetrag dürfen die **Kinderbetreuungskosten** nach § 9 Abs. 5 i.V.m. §9c Abs. 1 und 3 EStG abgezogen werden.

Im Kontext der Einkünfte aus nichtselbständiger Arbeit ist schließlich der Themenbereich des **steuerfreien Arbeitslohns** im Hinblick auf die einzelnen Kategorien des § 3 EStG zu beleuchten. Zahlreiche Vergütungen des Arbeitgebers, die im Rahmen eines Arbeitsverhältnisses gewährt werden, bleiben aufgrund expliziter gesetzlicher Vorschriften steuerfrei. Es handelt sich dabei häufig um Leistungen aus besonderem Grund (persönliche Anlässe in der Person des Arbeitnehmers) sowie um Leistungen mit einem gewissen sozialen Charakter (z.B. Beiträge zur Altersversorgung).

Abbildung 2-34: Steuerfreie Teile des Arbeitslohns

Steuerfrei bleiben beispielsweise folgende Lohn- oder Gehaltsbestandteile:

- Lohnersatzbezüge (z.B. Arbeitslosengeld, Kurzarbeitergeld und Schlechtwettergeld), § 3 Nr. 2 EStG
- Überlassung von Dienstkleidung und andere Leistungen an bestimmte Angehörige des öffentlichen Dienstes, § 3 Nr. 4 EStG
- Geld- und Sachbezüge an Wehrpflichtige und Zivildienstleistende, § 3 Nr. 5 EStG
- Reisekosten- und Umzugskostenvergütungen sowie Trennungsgelder aus öffentlichen Kassen, § 3 Nr. 13 EStG
- Erstattung von Reise- und Umzugskosten sowie Mehraufwendungen für doppelte Haushaltsführung außerhalb des öffentlichen Dienstes, § 3 Nr. 16 EStG
- bestimmte Einnahmen aus nebenberuflichen Tätigkeiten (sog. Übungsleiterfreibetrag), max. 2.100 € p.a., § 3 Nr. 26 EStG
- bestimmte Einnahmen aus nebenberuflicher Tätigkeit bis zu 500 € p.a. § 3 Nr. 26a EStG
- bestimmte Leistungen nach dem Altersteilzeitgesetz, 3 Nr. 28 EStG
- Gehälter und Bezüge diplomatischer Vertreter ausländischer Staaten, 3 Nr. 28 EStG
- Werkzeuggeld, § 3 Nr. 30 EStG
- Überlassung typischer Berufskleidung, § 3 Nr. 31 EStG
- Unentgeltliche Sammelbeförderung von Arbeitnehmern zwischen Wohnung und Arbeitsstätte, § 3 Nr. 32 EStG

Die Einkommensteuer

- Zuschüsse zur Unterbringung und Betreuung von nicht schulpflichtigen Kindern in Betriebskindergärten § 3 Nr. 33 EStG
- Sachprämien für die Inanspruchnahme von Dienstleistungen des Unternehmens bis max. 1.080 € p.a., § 3 Nr. 38 EStG
- Private Nutzung von betrieblichen Personalcomputern und Telekommunikationseinrichtungen, § 3 Nr. 45 EStG
- Durchlaufende Gelder und Auslagenersatz, § 3 Nr. 50
- Trinkgelder, § 3 Nr. 51 EStG
- gesetzlich verankerte Zukunftssicherungsleistungen des Arbeitgebers für den Arbeitnehmer, § 3 Nr. 62 EStG, wie z.B. Arbeitgeberanteil zur Krankenversicherung, Rentenversicherung, Pflegeversicherung; nicht darunter fallen freiwillige Leistungen für Zukunftssicherung des Arbeitnehmers (z.B. Pensionskasse, Direktversicherung); insoweit liegt steuerpflichtiger Arbeitslohn vor, wobei aber die Möglichkeit der pauschalen Versteuerung nach § 40b EStG mit 20% bis max. 1.752 € besteht)
- Kaufkraftausgleich bei Arbeitnehmerentsendung ins Ausland, § 3 Nr. 64 EStG
- Zuschläge für Sonntags-, Feiertags- und Nachtarbeit; Begrenzung auf einen bestimmten Prozentsatz vom Grundlohn, wobei als Grundlohn maximal 50 €/ Stunde angesetzt werden können, § 3b EStG.
- Überlassung von Vermögensbeteiligungen an Arbeitnehmer, § 19a EStG

Das **Besteuerungsverfahren** für die Einkünfte aus nichtselbständiger Arbeit weist eine Besonderheit auf, das so genannte **Lohnsteuerabzugsverfahren**. Danach wird die Einkommensteuer bei nichtselbständigen Einkünften in Form der Lohnsteuer erhoben. Der Arbeitgeber wird von Gesetzes wegen verpflichtet, Lohnsteuer für Rechnung des Arbeitnehmers einzubehalten (§ 38 Abs. 2 EStG). Der Arbeitnehmer ist Schuldner der Lohnsteuer, während der Arbeitgeber die Lohnsteuer für Rechnung des Arbeitnehmers abzuführen hat (§ 38 Abs. 3 EStG). Die Höhe der Lohnsteuer bestimmt sich nach § 38a EStG. Bemessungsgrundlage ist der Jahresarbeitslohn. Die exakte Höhe der Lohnsteuer ergibt sich in Abhängigkeit von der Lohnsteuerklasse und der Lohnsteuertabelle. Die Steuerpflichtigen werden in **Steuerklassen** nach § 38b EStG eingeteilt. Diese repräsentieren bestimmte steuerliche Veranlagungsformen und berücksichtigen bestimmte Elemente der individuellen Leistungsfähigkeit. Ab dem Veranlagungszeitraum 2010 werden die Lohnsteuerklassen für zusammen veranlagte Ehegatten durch ein optionales Faktorverfahren ergänzt (§ 39f EStG).

Mit der Einbehaltung der Lohnsteuer ist die Einkommensteuerschuld des Arbeitnehmers grundsätzlich abschließend ermittelt (§ 46 Abs. 4 EStG). Eine Ausnahme davon besteht, wenn eine **Veranlagung zur Einkommensteuer** erforderlich ist. Dies ist der Fall, wenn der Steuerpflichtige Einkünfte aus anderen Einkunftsarten (neben den Einkünften aus nichtselbständiger Arbeit) von mehr als 410 € p.a. bezieht (vgl. § 46 Abs. 2 Nr. 1 EStG). Auch ist eine Veranlagung notwendig, wenn Arbeitslohn von mehreren Arbeitgebern bezogen wird (§ 46 Abs. 2 Nr. 2 EStG) sowie bei Arbeitnehmer-Ehegatten, die zusammen veranlagt werden, wenn ein Ehegatte Lohnsteuerklasse V (§

46 Abs. 2 Nr. 3a EStG) eingetragen hat. In diesen Fällen erfolgt die Veranlagung zur Einkommensteuer von Amts wegen.

Abbildung 2-35: Steuerklassen

In den einzelnen Steuerklassen finden sich folgende Kategorien von Steuerpflichtigen (§ 38b EStG):

- Klasse I: Hier sind Ledige, Geschiedene, getrennt Lebende, Verwitwete genannt. Für diese Steuerpflichtigen erfolgt eine getrennte Veranlagung zur Einkommensteuer, auch Einzelveranlagung genannt.
- Klasse II: Dort findet sich der Personenkreis aus Klasse I, wenn der Entlastungsbetrag für Alleinerziehende nach § 24b EStG gewährt wird, also mindestens ein unterhaltspflichtiges Kind im Haushalt lebt.
- Klasse III: Diese Gruppe umfasst Verheiratete, wenn beide Ehegatten Arbeitnehmer sind und der andere Ehegatte in Klasse V eingestuft ist.
- Klasse IV: Diese Klasse nimmt Verheiratete auf, wenn beide Ehegatten Arbeitnehmer sind. Diese Steuerklassenwahl bietet sich im Allgemeinen an, wenn beide etwa ein gleich hohes Einkommen erzielen.
- Klasse V: Dort finden sich Verheiratete, wenn beide Arbeitnehmer sind und der andere Ehegatte in Klasse III eingruppiert ist. Regelmäßig ist es ökonomisch sinnvoll, dass der Ehegatte mit dem niedrigeren Einkommen die ungünstigere Klasse V wählt.
- Klasse VI: Hier ist der an Bedeutung zunehmende Fall geregelt, wonach ein Arbeitnehmer ein zweites oder weiteres Arbeitsverhältnis eingegangen ist. Für diese Gruppe steuerpflichtiger Arbeitnehmer werden insoweit keine personenbezogenen Frei- oder Pauschbeträge berücksichtigt.

Eine **Veranlagung zur Einkommensteuer** kann darüber hinaus vom Steuerpflichtigen beantragt werden (§ 46 Abs. 2 Nr. 8 EStG). Dis ist insbesondere vorteilhaft, wenn

- Werbungskosten die Pauschale von 920 € übersteigen
- Sonderausgaben die Pauschale oder Pauschbeträge übersteigen
- ein Arbeitnehmer nicht das gesamte Jahr in einem Arbeitsverhältnis stand
- Änderungen des Familienstandes stattgefunden haben (Heirat, Kinderzahl).

Eine Antragstellung bildet dann eine Gestaltungsalternative. Sie sollte nur erfolgen, wenn eine Einkommensteuer-Erstattung erwartet wird. Die Rücknahme des Antrags ist möglich, wenn sich während der Veranlagung eine höhere Steuerschuld abzeichnet. Verfahrenstechnisch erfolgt eine Anrechnung der einbehaltenen Lohnsteuer auf die nach Veranlagung festzusetzende Einkommensteuer.

2.4.3.4 Einkünfte aus Kapitalvermögen

(1) Arten der Einkünfte aus Kapitalvermögen

Charakterisierung

Die Begriffsmerkmale der Einkünfte aus Kapitalvermögen sind weder in § 20 EStG definiert noch gibt es eine erschöpfende Aufzählung der Einkünfte aus Kapitalvermögen. Die Vorschrift nennt vielmehr nur die wichtigsten zu dieser Einkunftsart „gehörenden" Einnahmen. Überschrift und Beispiele verdeutlichen zwar, dass ursprünglich in dieser Einkunftsart die Früchte aus der Anlage von Geldkapitalvermögen steuerlich erfasst werden sollten. Allerdings ist dem aus heutiger Sicht primär historische Bedeutung beizumessen. Die Einkünfte aus Kapitalvermögen umfassen einerseits **Einkünfte aus der Nutzung von privatem Geldvermögen** (§ 20 Abs. 1 EStG). Andererseits wurde der Kapitaleinkünftebegriff des § 20 EStG erweitert, indem eine umfassende **Veräußerungsgewinnbesteuerung** von Kapitalanlagen implementiert wurde. Nach dieser Konzeption werden im Grundsatz alle Veräußerungsvorgänge bei Finanzprodukten unabhängig von einer Haltedauer steuerlich erfasst (§ 20 Abs. 2 EStG).

Abbildung 2-36: Einkünfte aus Kapitalvermögen

Besteuerung der Früchte des Kapitalstamms	Veräußerungsgewinne
• Konzeption: Entgelt für die Überlassung von Kapital zur Fremdnutzung	• Konzeption: realisierte Wertänderungen des Kapitalstamms
• § 20 Abs. 1 EStG	• § 20 Abs. 2 EStG
• Begriffsmerkmale der Einkünfte aus Kapitalvermögen weder in § 20 EStG definiert noch erschöpfend aufgezählt	• Konzeption: steuerliche Erfassung aller Veräußerungsvorgänge bei Finanzprodukten unabhängig von einer Haltedauer
• Vorschrift nennt nur die wichtigsten zu dieser Einkunftsart „gehörenden" Einnahmen	
• Erfassung besonderer Entgelte oder Vorteile (§ 20 Abs. 3 EStG)	• Erfassung besonderer Entgelte oder Vorteile (§ 20 Abs. 3 EStG)
• Beispiele: Agio, Damnum, Sachbezüge, geldwerte Vorteilen	

Damit nehmen die Einkünfte aus Kapitalvermögen eine besondere Stellung im Rahmen der Einkunftsarten ein: eigentlich zu den Überschusseinkunftsarten gehörend weisen sie ein typisches Merkmal der Gewinneinkunftsarten auf, nämlich die generelle Besteuerung der Veräußerungsgewinne. Zusätzliche Besonderheit, die die Einkünfte aus Kapitalvermögen zu einer Einkünftekategorie eigener Art macht, ist die generelle Nichtabzugsfähigkeit von Aufwendungen (§ 20 Abs. 9 EStG) und die pauschale Besteuerung durch den abgeltenden Steuersatz mit 25% (§ 32d EStG). Zu den Einkünften

2.4 Einkunftsarten

aus Kapitalvermögen gehören als wichtigste Tatbestände die im Folgenden beschriebenen Arten von Einnahmen.

Einnahmen aus Beteiligungen an Kapitalgesellschaften

Zu den Einnahmen aus der Beteiligung an Kapitalgesellschaften (juristischen Personen) gehören nach § 20 Abs. 1 Nr. 1 EStG vor allem die Gewinnanteile (Dividenden), die offen an die Anteilseigner ausgeschüttet werden. Aber auch so genannte "verdeckte Gewinnausschüttungen" von Kapitalgesellschaften an ihre Gesellschafter zählen dazu. Anteile am Liquidationserlös oder aus der Kapitalherabsetzung sind nach § 20 Abs. 1 Nr. 2 EStG ebenfalls zu erfassen. Reine Kapitalrückzahlungen rechnen nicht zu den Einkünften aus Kapitalvermögen, d.h. Liquidationserlöse stellen nur dann steuerpflichtige Einnahmen dar, wenn sie über eine reine Rückgewähr von Einlagen hinausgehen.

In diesem Zusammenhang ist darauf hinzuweisen, dass eine Kapitalgesellschaft als juristische Person selbst steuerpflichtig ist. Ihr Gewinn unterliegt der Körperschaftsteuer. Der Körperschaftsteuersatz beträgt unabhängig von Thesaurierung oder Ausschüttung der Gewinne 15%. Die Besteuerung der Gewinne auf der Ebene der Kapitalgesellschaft durch die Körperschaftsteuer und die Einbeziehung der Gewinnausschüttungen in das steuerpflichtige Einkommen der Anteilseigner führt zu einer Doppelbelastung.

Zinsen und Gewinnanteile aus stillen Beteiligungen und partiarischen Darlehen

Die **Zinsen und Gewinnanteile aus stillen Beteiligungen** und **partiarischen Darlehen** nach § 20 Abs. 1 Nr. 4 EStG erfassen Einkünfte des in typischer Weise durch seine Einlage oder seine Darlehenshingabe am Erfolg des Handelsgewerbes partizipierenden Kapitalgebers, wenn der stille Gesellschafter oder der Darlehensgeber nicht als Mitunternehmer anzusehen ist. Eine zusätzliche Beteiligung an den Vermögensveränderungen des Betriebes während der Beteiligungs- bzw. Darlehenszeit, insbesondere eine Beteiligung an den stillen Reserven und am Firmenwert, lässt dagegen auf eine atypische stille Beteiligung oder ein atypisches partiarisches Darlehen schließen. Die derart beteiligte Person wird steuerlich zum Mitunternehmer, deren Einkünfte als Einkünfte aus Gewerbebetrieb qualifiziert werden (§ 15 Abs. 1 Nr. 2 EStG).

Zinsen aus Hypotheken, Grundschulden, Rentenschulden

Zinsen aus Hypotheken, Grundschulden sowie Renten aus Rentenschulden sind nach § 20 Abs. 1 Nr. 5 EStG als Einnahmen steuerpflichtig.

Zinsen aus Lebensversicherungen

Bei Lebens- und Rentenversicherungsverträgen mit Kapitalwahlrecht gehört der Unterschiedsbetrag zwischen der Versicherungsleistung und den eingezahlten Beiträgen ebenfalls zu den Einkünften aus Kapitalvermögen (§ 20 Abs. 1 Nr. 6 EStG). Dies gilt dann, wenn die Verträge nach dem 31. 12. 2004 abgeschlossen wurden („Neuverträge"). Auch hier wird 25% Kapitalertragsteuer einbehalten, mit der die Einkommensteuer abgegolten ist.

Eine Besonderheit gilt für die nach § 20 Abs. 1 Nr. 6 Satz 2 EStG besonders begünstigten Versicherungsverträge (Kriterien: Auszahlung nach Vollendung des 60. Lebensjahrs; Laufzeit mindestens 12 Jahre). Nach § 32d Abs. 2 Nr. 2 EStG gilt für diese Verträge nicht der besondere Steuertarif von 25%, sondern der individuelle progressive Steuertarif. Die Besteuerung erfolgt im Rahmen der normalen Einkommensteuerveranlagung, wobei jedoch der Unterschiedsbetrag zwischen Versicherungsleistung und Beiträgen nur zur Hälfte angesetzt wird. Die steuerliche Belastung richtet sich nach dem normalen Grenzsteuersatz und beträgt damit maximal 22,5% (d. h. die Hälfte von 45%). Dennoch erfolgt ein Kapitalertragsteuerabzug mit 25%, der dann nach den allgemeinen Regeln im Rahmen der Einkommensteuererklärung angerechnet werden kann.

Bei Versicherungsverträgen, die vor dem 1. 1. 2005 abgeschlossen worden sind („Altverträge"), verbleibt es bei der Steuerfreiheit, wenn die hierfür erforderlichen Voraussetzungen (insbesondere Mindestvertragsdauer von 12 Jahren, mindestens fünfjährige laufende Beitragszahlung und 60% Mindesttodesfallschutz) gegeben sind. Sind diese Voraussetzungen nicht erfüllt, unterliegen die Zinsanteile als Einkünfte aus Kapitalvermögen der Besteuerung (§ 52 Abs. 36 S. 5 EStG). Zu den Einzelheiten der Besteuerung von Erträgen aus Lebensversicherungen vgl. BMF-Schreiben vom 22.12.2005, BStBl 2006 I, S. 92.

Einnahmen aus sonstigen Kapitalforderungen

Eine weitere Gruppe der Einnahmen aus Kapitalvermögen umfasst die Zinsen aus sonstigen Kapitalforderungen gem. § 20 Abs. 1 Nr. 7 EStG . Dazu gehören in erster Linie Zinsen aus Darlehen, aus Anleihen, Pfandbriefen, Sparguthaben, Kontokorrentkonten, Schuldverschreibungen, Sparbriefen, Bundesschatzbriefen, Bausparguthaben und ähnliche Erträge. Darunter fallen auch Einnahmen aus Kapitalforderungen, deren Kapitalrückzahlung von einem ungewissen Ereignis abhängig ist, beispielsweise Indexzertifikate ohne Kapitalgarantie.

Ein Kapitalertrag liegt nach § 43 Abs. 1 Nr. 7 EStG vor, wenn die Rückzahlung des Kapitalvermögens oder ein Entgelt für die Überlassung des Kapitalvermögens zur Nutzung zugesagt oder geleistet worden ist, auch wenn die Höhe der Rückzahlung oder des Entgelts von einem ungewissen Ereignis abhängt. Damit werden nach der

Vorstellung des Gesetzgebers alle laufenden Erträge aus reinen Spekulationsanlagen (Vollrisikozertifikate) erfasst. Insbesondere fallen auch solche Erträge unter die Bestimmung, bei denen sowohl die Höhe des Entgelts als auch die Höhe der Rückzahlung von einem ungewissen Ereignis abhängen. Erfasst werden somit auch Kapitalforderungen, deren volle oder teilweise Rückzahlung weder rechtlich noch faktisch garantiert wird.

Abbildung 2-37: Einnahmen aus Kapitalforderungen

Nach § 43 Abs. 1 Nr. 7 EStG steuerpflichtig sind beispielsweise:

- Industrieobligationen
- Bankschuldverschreibungen
- Pfandbriefe und Kommunalobligationen
- Schuldverschreibungen von Kreditinstituten mit Sonderaufgaben
- Sonstige Bankschuldverschreibungen
- Auslandsanleihen
- Einlagen und Guthaben bei Kreditinstituten, z.B. Spareinlagen, Sichteinlagen
- Bauspareinlagen.

Diskontbeträge von Wechseln

Steuerpflichtig sind ebenfalls die **Diskontbeträge von Wechseln** nach § 20 Abs. 1 Nr. 8 EStG.

Stillhalterprämien bei Optionen

Erstmalig sind in den Katalog des § 20 EStG die Stillhalterprämien bei Optionen aufgenommen worden (Nr. 11). Bisher wurden sie als sonstige Einkünfte i. S. des § 22 Nr. 3 EStG a. F. besteuert (vgl. H 22.6 EStR).

Einnahmen aus Leistungen einer nicht steuerbefreiten Körperschaft

Durch § 20 Abs. 1 Nr. 9 EStG werden Leistungen einer unbeschränkt steuerpflichtigen Körperschaft, also von sonstigen juristischen Personen und nicht rechtsfähigen Vereinen, Anstalten, Stiftungen und andere Zweckvermögen des privaten Rechts als Einkünfte aus Kapitalvermögen erfasst. Bei diesen Körperschaften fehlt es zwar an Ausschüttungen an die Anteilseigner oder Mitglieder. Gleichwohl kommt es auch bei diesen Körperschaften zu Vermögensübertragungen an die „hinter diesen Gesellschaften stehenden" Personen. Da diese Vermögensübertragungen wirtschaftlich mit Gewinnausschüttungen vergleichbar sind, sind sie in die Besteuerung des § 20 EStG einbezogen worden.

Einnahmen aus Leistungen und Gewinnen von wirtschaftlichen Geschäftsbetrieben und Betrieben gewerblicher Art

§ 20 Abs. 1 Nr. 10 Bst. a EStG erfasst Leistungen körperschaftsteuerpflichtiger, rechtlich selbständiger Betriebe gewerblicher Art. Hierunter fallen Gewinnausschüttungen an Gewährträger (Gemeinden, Gemeindeverband) oder andere juristische Personen des öffentlichen Rechts. § 20 Abs. 1 Nr. 10 Bst. b EStG erfasst den Gewinn (offene und verdeckte Gewinnausschüttungen an die Trägerkörperschaft) eines körperschaftsteuerpflichtigen rechtlich unselbständigen Betriebs gewerblicher Art. Hierbei handelt es sich um Betriebe gewerblicher Art, die unselbständiger Teil einer Körperschaft sind.

Veräußerungsgewinne

Gemäß § 20 Abs. 2 EStG zählen alle privaten Veräußerungsgewinne aus Anteilen an Körperschaften, Dividendenscheinen, Zinsscheinen oder Termingeschäften sowie aus der Veräußerung von sonstigen Kapitalforderungen ebenfalls zu den Einkünften aus Kapitalvermögen. Damit findet eine umfassende Besteuerung der Gewinne aus der Veräußerung von Kapitalanlagen statt. Sie umfasst insbesondere:

- Gewinn aus der Veräußerung von Anteilen an einer Kapitalgesellschaft, Genussrechten, Wandelschuldverschreibungen und ähnlichen in- und ausländischen Beteiligungen § 20 Abs. 2 Nr. 1 EStG. Somit unterliegen alle privaten Veräußerungsgewinne – bei Anteilen an Kapitalgesellschaften auch unterhalb einer Beteiligung von 1% (vgl. § 17 EStG) – unabhängig von der Haltedauer in vollem Umfang der Besteuerung.

- Gewinn aus der Veräußerung oder Abtretung von Dividendenscheinen ohne das Stammrecht und aus der isolierten Veräußerung von Zinsscheinen ohne die Kapitalforderung (§ 20 Abs. 2 Nr. 2 EStG)

- Gewinne bei Termingeschäften sowie aus der Veräußerung eines als Termingeschäft ausgestalteten Finanzinstruments, wie z.B. Swaps, Optionsgeschäfte, Devisentermingeschäfte, Forwards, Futures (§ 20 Abs. 2 Nr. 3 EStG)

- Gewinne aus der Veräußerung einer typisch stillen Beteiligung oder eines partiarischen Darlehens (§ 20 Abs. 2 Nr. 4 EStG)

- Gewinne aus der Übertragung von Hypotheken, Grundschulden oder Rentenschulden (§ 20 Abs. 2 Nr. 5 EStG)

- Gewinne aus der Veräußerung von Ansprüchen aus Lebensversicherungen (§ 20 Abs. 2 Nr. 6 EStG)

- Gewinne aus der Veräußerung sonstiger Kapitalforderungen jeder Art (§ 20 Abs. 2 Nr. 7 EStG), also aus der Veräußerung von Industrieobligationen, Sparbriefen, Zertifikaten etc.

- Gewinne aus der Aufgabe einer Rechtsposition als Mitglied einer Gesellschaft im Sinne des § 1 Abs. 1 Nr. 3 – 5 KStG (§ 20 Abs. 2 Nr. 8 EStG, z.B. Versicherungsverein auf Gegenseitigkeit, sonstige juristische Personen des privaten Rechts, nicht rechtsfähige Vereine, Stiftungen).

Die Wertzuwächse werden nicht nur bei der Übertragung des Eigentums an einer Kapitalanlage (= Veräußerung im herkömmlichen Sinne) erfasst, sondern auch bei der vertragsmäßigen oder vorzeitigen Rückzahlung der Kapitalforderung, der Endeinlösung der Forderung oder des Wertpapiers sowie bei einer verdeckten Einlage in eine Kapitalgesellschaft (§ 20 Abs. 2 S. 2 EStG).

Der **Veräußerungsgewinn** ist nach § 20 Abs. 4 EStG **definiert** als der Unterschied zwischen den Einnahmen aus der Veräußerung nach Abzug der Aufwendungen, die im unmittelbaren sachlichen Zusammenhang mit dem Veräußerungsgeschäft stehen, und den Anschaffungskosten. Sofern die Anschaffungskosten nicht bekannt sein sollten, beträgt die Bemessungsgrundlage nach § 43a Abs. 2 Satz 7 EStG 30% des Veräußerungspreises. Bei einer Übertragung eines Wertpapierdepots auf eine andere (inländische) Bank muss die abgebende Stelle der übernehmenden Stelle die Anschaffungskosten mitteilen. Diese Mitteilung ist notwendig, um den Steuerabzug bei einer späteren Veräußerung sicherzustellen (vgl. § 43a Abs. 2 Satz 5 EStG). Das Gesetz enthält den klarstellenden Hinweis, dass bei nicht in Euro getätigten Geschäften die Einnahmen im Zeitpunkt der Veräußerung und die Anschaffungskosten im Zeitpunkt der Anschaffung in Euro umzurechnen sind. Mit dieser Legaldefinition des § 20 Abs. 4 EStG wird die Ermittlung der Bemessungsgrundlage für die Veräußerungsfälle des § 20 Abs. 2 EStG bestimmt. Unter Wirtschaftsgut im Sinne der Vorschrift ist jede einzelne Kapitalanlage zu verstehen, die in § 20 Abs. 2 Satz 1 EStG aufgezählt ist. Die Einnahmen sind um die in unmittelbarem sachlichem Zusammenhang mit dem Veräußerungsgeschäft stehenden Aufwendungen zu mindern. Nach dieser Definition kann der Unterschiedsbetrag sowohl positiv als auch negativ sein, es kann bei den Veräußerungsgeschäften des § 20 Abs. 2 EStG somit auch ein steuerlich relevanter Verlust entstehen.

Besondere Entgelte und Vorteile (§ 20 Abs. 3 EStG)

Zu den Einkünften aus Kapitalvermögen gehören nach § 20 Abs. 3 EStG auch besondere Entgelte oder Vorteile, die neben den in den § 20 Abs. 1 und 2 EStG bezeichneten Einnahmen oder an deren Stelle gewährt werden. Diese Regelung enthält eine Klarstellung des Umfangs der Erträge aus der Nutzung oder Verwertung der in § 20 Abs. 1 und 2 EStG aufgeführten Kapitalanlagen. Es muss sich dabei nicht zwangsläufig um Geldeinnahmen handeln, auch in Form von Sachbezügen oder anderen geldwerten

Vorteilen erzielte besondere Entgelte oder Vorteile sind nach der Vorschrift steuerpflichtig.

Abgrenzung zum Gewerbebetrieb

Die Einkünfte aus Kapitalvermögen erfordern eine **Abgrenzung zum Gewerbebetrieb**. Nach der Rechtsprechung stellt die Verwaltung von Wertpapierbesitz grundsätzlich keine gewerbliche Tätigkeit dar, auch bei umfangreichem Vermögen und üblichem Umfang an Umschichtungen (Käufe und Verkäufe). Eine gewerbliche Tätigkeit kann jedoch bei weiteren Tatbeständen erfüllt sein. Dies kann dann der Fall sein, wenn die Umstände für ein Überschreiten der Vermögensverwaltung sprechen, weil etwa Wertpapiere nicht für eigene Rechnung, sondern für fremde Rechnung erworben und veräußert werden oder die Umschichtung des Vermögens gegenüber der Erzielung von laufenden Einnahmen (Dividenden und Zinsen) in den Vordergrund tritt.

Die Einkünfte aus Kapitalvermögen stellen eine **Nebeneinkunftsart** dar. Daher kann auch eine **Umqualifizierung der bezogenen Kapitalerträge** in eine andere Einkunftsart nach der Subsidiaritätsklausel des § 20 Abs. 8 EStG erforderlich sein. Von besonderer Bedeutung ist die Umqualifizierung von Kapitalerträgen in **Einkünfte aus Gewerbebetrieb**, wenn die Beteiligung an Kapitalgesellschaften oder die zinsbringenden Forderungen zum Betriebsvermögen eines gewerblichen Unternehmens gehören. Gehört die Beteiligung an einer Kapitalgesellschaft zum Betriebsvermögen einer anderen Kapitalgesellschaft, so bleiben die Dividenden steuerfrei, um eine Kumulierung von Körperschaftsteuer zu verhindern (§ 8b KStG).

(2) Besonderheiten der Besteuerung der Einkünfte aus Kapitalvermögen

Abgeltungsteuer

Für die Besteuerung der Einkünfte aus Kapitalvermögen gilt ein **besonderer Einkommensteuersatz** nach § 32d Abs. 1 EStG **in Höhe von 25%**. Da die Einnahmen aus Kapitalvermögen bereits bei Auszahlung der Kapitalerträge durch die Kapitalertragsteuer erfasst werden (§ 43 EStG), die ebenfalls **25% der Kapitalerträge** beträgt, können die Einkünfte aus Kapitalvermögen bei der Einkommensteuerveranlagung grundsätzlich unberücksichtigt bleiben. Die Einkommensteuer ist mit Erhebung der Kapitalertragsteuer bereits abgegolten (Abgeltungsteuer, § 43 Abs. 5 EStG). Dies hat zur Folge, dass der Steuerpflichtige davon entbunden ist, diese Kapitaleinkünfte in seiner persönlichen Steuererklärung anzugeben. Eine Angabe in der persönlichen Steuererklärung ist ausdrücklich nur vorgeschrieben für Kapitaleinkünfte, die noch nicht dem Steuerabzug unterlegen haben, wie z.B. ausländische Kapitaleinkünfte (§ 32d Abs. 3 EStG). Dadurch soll sichergestellt werden, dass auch diese Kapitaleinkünfte dann dem 25%igen Steuerabzug unterworfen werden.

Die Bemessungsgrundlage für die Abgeltungsteuer sind die Einnahmen aus Kapitalvermögen. Damit findet grundsätzlich eine **Bruttobesteuerung** ohne Abzug der damit in Zusammenhang stehenden Aufwendungen (wie z. B. Kontoführungs- oder Depotgebühren) statt. Allerdings gewährt § 20 Abs. 9 EStG dem Steuerpflichtigen einen sogenannten **Sparer-Pauschbetrag** in Höhe von 801 € (bei Ehegatten 1 602 €), der pauschal die Werbungskosten abgelten soll. Dagegen gestattet der Gesetzgeber bei der Berechnung von Veräußerungsgewinnen i. S. des § 20 Abs. 2 EStG die Berücksichtigung von Veräußerungskosten, trotz der Anwendung der Abgeltungsteuer auf diesen Einkünftetatbestand (§ 20 Abs. 4 EStG).

Die Wirkungsweise des Systems der Abgeltungsteuer ist im folgenden Beispiel illustriert:

Abbildung 2-38: Wirkung der Abgeltungsteuer

Besteuerungsebene der Kapitalgesellschaft	
Gewinn vor Steuern	100,00
– 15% Körperschaftsteuer	- 15,00
Ausschüttungsfähiger Gewinn	85,00
– 25% Kapitalertragsteuer	- 21,25
Nettobardividende (Auszahlung)	63,75
Besteuerungsebene des Gesellschafters	
keine zusätzliche Besteuerung	
Gesamte Belastung	36,25

Im Rahmen einer **Günstigerprüfung** hat der Steuerpflichtige das Wahlrecht, statt des abgeltenden Steuerabzugs mit 25% die Einkünfte aus Kapitalvermögen nach dem individuellen Einkommensteuersatz zu versteuern (§ 32d Abs. 6 EStG). Dabei handelt es allerdings nicht um eine echte Veranlagungsoption, da auch in diesem Fall die Bruttoeinnahmen ohne Abzug der damit in Zusammenhang stehenden Werbungskosten der Besteuerung unterliegen und eine Saldierung mit den übrigen Einkunftsarten, also auch eventuell ein Verlustausgleich, nicht stattfindet. Damit besteht der Vorteil der Günstigerprüfung nach § 32d Abs. 6 EStG lediglich in der Möglichkeit, auf die Kapitaleinkünfte einen niedrigeren individuellen Steuersatz anzuwenden.

Kommt der **abgeltende Steuerabzug** zur Anwendung, so bedeutet das, dass im Regelfall **die technische Abwicklung der Steuererhebung** komplett von den Banken übernommen wird. Die Banken werden zu diesem Zweck als „auszahlende Stelle" qualifiziert, der Begriff der auszahlenden Stelle wird in § 44 Abs. 1 S. 4 EStG definiert. Das Gesetz unterscheidet dabei nach der Art der Kapitalerträge, welche Institution im konkreten Fall als auszahlende Stelle in Betracht kommt. Der Steuerpflichtige selbst muss im Normalfall nicht tätig werden. Damit soll eine einfache und gleichmäßige

Die Einkommensteuer

Steuererhebung erreicht werden. Außerdem soll diese Technik zu einer vollständigen Erfassung der steuerpflichtigen Einkünfte aus Kapitalvermögen beitragen.

Die Kapitalerträge unterliegen bei Kirchensteuerpflichtigen zusätzlich der **Kirchensteuer** (§ 51a Abs. 2b EStG). Die Abzugsfähigkeit der Kirchensteuer als Sonderausgabe bei der Bemessungsgrundlage der Einkommensteuer wird pauschaliert durch die Formel berücksichtigt (§ 32d Abs. 1 EStG):

Einkommensteuer = Einkünfte aus Kapitalvermögen : (4 + Kirchensteuersatz)

Daraus ergibt sich bei einem Kirchensteuersatz von 8% (9%) eine Einkommensteuerbelastung von 24,51% (24,45%) und eine Kirchensteuer von 1,96% (2,2%).

Neben der Kapitalertragsteuer muss von den Banken der Solidaritätszuschlag von 5,5% einbehalten werden. Fasst man die 25%ige Einkommensteuer, den 5,5%igen Solidaritätszuschlag und die eventuell zu entrichtende Kirchensteuer zusammen, so ergeben sich folgende Gesamtbelastungen:

- Ohne Kirchensteuer: 26,38% = 25% + 0,055% * 25%
- Mit 8% Kirchensteuer: 27,82% = 24,51% + 0,055% * 24,51% + 0,08* 24,51%
- Mit 9% Kirchensteuer: 28,00% = 24,45% + 0,055* 24,45% + 0,09 + 24,45%

Der Steuerabzug unterbleibt, wenn ein **Freistellungsauftrag oder eine Nichtveranlagungsbescheinigung nach § 44a Abs. 2 EStG** erteilt wurde. Danach ist der Kapitalertragsteuerabzug nicht vorzunehmen, wenn der Steuerpflichtige auf seine Einkünfte aus Kapitalvermögen keine Einkommensteuer zahlen muss, weil diese entweder geringer sind als der Sparer-Pauschbetrag nach § 20 Abs. 9 EStG (Freistellungsauftrag) oder seine steuerpflichtigen Einkünfte so niedrig sind, dass er nicht zur Einkommensteuer veranlagt wird (Nichtveranlagungsbescheinigung). Diese gesetzgeberische Bestimmung ist als Vereinfachungsregelung zu verstehen. Der Freistellungsauftrag wirkt für Zinsen, aber auch für bestimmte Veräußerungsgewinne. Der Freistellungsauftrag erstreckt sich dagegen nicht auf Dividenden, da für die Einbehaltung und Abführung der Kapitalertragsteuer das Gewinn ausschüttende Unternehmen verantwortlich ist.

Ausnahmen vom abgeltenden Steuerabzug

Vom abgeltenden Steuerabzug besteht eine Reihe **wichtiger Ausnahmen**:

(1) Der abgeltende Steuerabzug kommt dann nicht zur Anwendung, wenn die Kapitaleinkünfte nicht im Rahmen einer privaten Kapitalanlage erzielt werden, wenn also die **Subsidiaritätsklausel nach § 20 Abs. 8 EStG greift**. Rechnen die erzielten Kapitalerträge und Veräußerungsgewinne danach zu einer Gewinneinkunftsart oder zu den Einkünften aus Vermietung und Verpachtung, so hat die Einbehaltung der Kapitalertragsteuer nach § 43 Abs. 1 EStG nur den Charakter einer Vorauszahlung auf die persönliche Einkommensteuer. Die erzielten Einnahmen werden dann im Rahmen der

jeweiligen (Haupt)Einkunftsart erfasst, die damit in Zusammenhang stehenden Ausgaben mindern als Betriebsausgaben oder Werbungskosten die Einnahmen und die daraus resultierenden Einkünfte unterliegen dem individuellen Einkommensteuersatz nach den allgemeinen Regeln. Zu beachten ist in diesem Zusammenhang, dass für Dividenden und Gewinnausschüttungen aus Kapitalgesellschaft sowie für die Veräußerungsgewinne von Kapitalgesellschaftsanteilen (Aktien, GmbH-Anteile) das Teileinkünfteverfahren zur Anwendung kommt.

Abbildung 2-39: Besteuerung des Kapitalvermögens

Abgeltungssteuer
- Finanzanlagen im Privatvermögen
- § 43 Abs. 5 EStG
- Steuertarif 25% (§ 32d Abs. 1 EStG)
- Abzugsverbot für Werbungskosten
- Sparer-Pauschbetrag, § 20 Abs. 9 EStG (801 €/1.602 €)
- Günstigerprüfung auf Antrag (§ 32d Abs. 6 EStG)

Teileinkünfteverfahren
- Finanzanlagen im Betriebsvermögen
- § 20 Abs. 8 EStG – Zurechnung zu Gewinneinkunftsarten
- § 3 Nr. 40 EStG
  - 60% der Einnahmen steuerpflichtig
  - 40% der Einnahmen steuerfrei
- Abzug von 60% der Betriebsausgaben
  - § 3c Abs. 2 EStG

Im Einzelnen ergeben sich die folgenden Besteuerungskonsequenzen:

- Dividenden und Veräußerungsgewinne von Anteilen an einer Kapitalgesellschaft: Besteuerung im Rahmen der Haupteinkunftsart nach dem Teileinkünfteverfahren (§ 3 Nr. 40 EStG): 60% der Einnahmen sind steuerpflichtig und 60% der damit zusammenhängenden Ausgaben abzugsfähig (§ 3c Abs. 2 EStG); Besteuerung erfolgt mit dem individuellen Einkommensteuertarif, die einbehaltene Kapitalertragsteuer von 25% wird auf die individuellen Einkommensteuer angerechnet (§ 36 Abs. 2 Nr. 2 EStG).

- Zinsen:
  Volle Besteuerung der Einkünfte (Einnahmen abzüglich der damit zusammenhängenden Ausgaben) erfolgt im Rahmen der Haupteinkunftsart. Die einbehaltenen Kapitalertragsteuer von 25% wird auf die individuellen Einkommensteuer angerechnet (§ 36 Abs. 2 Nr. 2 EStG

2 Die Einkommensteuer

Abbildung 2-40: Wirkung des Teileinkünfteverfahrens

Besteuerungsebene der Kapitalgesellschaft				
Gewinn vor Steuern		100,00		
– 15% Körperschaftsteuer		- 15,00		
Ausschüttungsfähiger Gewinn (Bruttodividende)		85,00		
– 25% Kapitalertragsteuer		- 21,25		
Nettobardividende (Auszahlung)		63,75		
Besteuerungsebene des Gesellschafters				
Einnahmen nach § 20 Abs. 1 EStG (Bruttodividende)		85,00		
Teileinkünfteverfahren: 60% steuerpflichtig § 3 Nr. 40 EStG		51,00		
- damit in Zusammenhang stehende Ausgaben				
60% abzugsfähig § 3c Abs. 2 EStG		- 0,00		
Steuerpflichtig		51,00		
Individueller Einkommensteuersatz (alternativ)	0%	30%	40%	45%
tariflich ESt	0,00	15,30	20,40	22,95
abzüglich Kapitalertragsteuer	21,25	21,25	21,25	21,25
Einkommensteuerzahlung/ -erstattung	-21,25	- 5,90	- 0,85	+ 1,70
Gesamte Belastung	**15,00%**	**30,3%**	**35,40%**	**37,95%**

Wie aus der Übersicht zu entnehmen ist, ergibt sich im Rahmen des Teileinkünfteverfahrens eine Gesamtbelastung von mehr als 36,25% (Gesamtbelastung bei Abgeltungsteuer) nur für sehr hohe individuelle Einkommensteuersätze.

(2) Die Gewinne und Zinsen aus folgenden Darlehen, stillen Beteiligung und partiarischen Darlehen werden **nicht in den Anwendungsbereich der Abgeltungsteuer einbezogen** (§ 32d Abs. 1 Nr. 1 EStG):

- Darlehen und stille Gesellschaften zwischen nahestehenden Personen

- Gesellschafterdarlehen, wenn der Gläubiger an der Kapitalgesellschaft zu mindestens 10% beteiligt ist; dies gilt auch dann, wenn die Kapitalerträge an eine dem Anteilseigner nahestehende Person gezahlt werden

- Back-to-Back-Finanzierungen, wenn der Schuldner der Kapitalerträge seinerseits Kapital an einen Betrieb des Gläubigers überlassen hat

(3) Der Gesellschafter kann eine Besteuerung von Dividenden im Sinne des § 20 Abs. 1 Nr. 1 und 2 EStG nach dem **Teileinkünfteverfahren beantragen** (§ 32d Abs. 2 Nr. 3 EStG), wenn er

- mittelbar oder unmittelbar an der Kapitalgesellschaft zu mindestens 25% beteiligt ist oder

- zu mindestens 1% beteiligt ist und beruflich für diese tätig ist.

Verlustverrechnung bei den Einkünften aus Kapitalvermögen

Die Verlustverrechnung ist bei den Einkünften aus Kapitalvermögen sowohl innerhalb der Einkünfte aus Kapitalvermögen eingeschränkt (horizontaler Verlustausgleich) wie auch bei der Verlustverrechnung mit anderen Einkunftsarten (vertikaler Verlustausgleich):

- Beschränkung des vertikalen Verlustausgleichs
  Die Verlustverrechnung mit anderen Einkunftsarten ist in zweierlei Hinsicht beschränkt: Zum einen dürfen positive Einkünfte aus Kapitalvermögen nicht genutzt werden, um Verluste aus anderen Einkunftsarten auszugleichen, da die Summe der Einkünfte sich ohne die dem Steuerabzug unterliegenden Kapitalerträge versteht (§ 2 Abs. 5b EStG). Zum anderen dürfen Verluste aus Kapitalvermögen nicht mit positiven Einkünfte aus anderen Einkunftsarten verrechnet werden, sondern nur innerhalb der Einkünfte aus Kapitalvermögen (§ 20 Abs. 6 S. 2 EStG). Verluste aus Kapitalvermögen können lediglich zeitlich unbegrenzt auf zukünftige Veranlagungszeiträume vorgetragen werden und mindern die Einkünfte aus Kapitalvermögen in den Folgejahren (§ 20 Abs. 6 S. 3 EStG). Dabei sind die Einschränkungen der Mindestbesteuerung nach § 10d Abs. 2 EStG zu beachten, was allerdings für den „durchschnittlichen" Privatanleger keine große Rolle spielen dürfte.

- Beschränkungen des horizontalen Verlustausgleichs:
  Verluste aus der Veräußerung von Aktien dürfen nur mit Gewinnen aus der Veräußerung von Aktien, nicht aber mit anderen Einkünften aus Kapitalvermögen verrechnet werden (§ 20 Abs. 6 S. 5 EStG). Nicht ausgeglichene Veräußerungsverluste bei Aktienverkäufen dürfen zeitlich unbegrenzt in künftigen Veranlagungszeiträumen nach den gleichen Regeln berücksichtigt werden, d.h. mit der Beschränkung der Verlustverrechnung auf Gewinne aus Aktienverkäufe unter Einhaltung der Grenzen des § 10d Abs. 2 EStG (§ 20 Abs. 6 S. 5 EStG).

2.4.3.5 Einkünfte aus Vermietung und Verpachtung

Die im § 21 EStG geregelten Einkünfte aus Vermietung und Verpachtung sind der Überschuss der Einnahmen über die Werbungskosten aus der entgeltlichen Überlassung von nicht-geldlichen Vermögensteilen (insbes. Sachen und Rechten) durch Vermietung, Verpachtung oder aufgrund ähnlicher Abrede. Das Einkommensteuergesetz zählt abschließend vier steuerpflichtige Formen der Nutzungsüberlassung auf:

- **Vermietung und Verpachtung von unbeweglichem Vermögen** § 21 Abs. 1 Nr. 1 EStG, insbesondere von Grundstücken, Gebäuden, Gebäudeteilen, Schiffen, grundstücksgleichen Rechten: Erbbaurechte, Mineralgewinnungsrechte etc.

- **Vermietung und Verpachtung von Sachinbegriffen** § 21 Abs. 1 Nr. 2 EStG. Ein Sachinbegriff stellt die Zusammenfassung beweglicher Sachen dar, die durch einen gemeinsamen wirtschaftlichen Zweck zu einer Einheit verbunden sind. Beispiele für Sachinbegriffe sind: Wohnungseinrichtungen, Gewerbebetriebe, landwirtschaftliches Inventar, Bibliotheken. Nicht als Sachinbegriff qualifiziert die Vermietung einzelner beweglicher Sachen; diese führt, wenn überhaupt, zu sonstigen Einkünften nach § 22 Nr. 3 EStG.

Wird ein **ganzer Gewerbebetrieb verpachtet**, so liegen grundsätzlich Einkünfte aus Vermietung und Verpachtung nach § 21 Abs. 1 Nr. 2 EStG vor. Dies führt zu der Konsequenz, dass der bisherige Betriebsinhaber seine gewerbliche Tätigkeit aufgibt und zu einer vermögensverwaltenden Verpachtungstätigkeit übergeht. Als steuerliche Rechtsfolge ergibt sich daraus eine Betriebsaufgabe mit Auflösung und Versteuerung der im Unternehmen vorhandenen stillen Reserven nach § 16 EStG. Die Finanzverwaltung gewährt dem Steuerpflichtigen allerdings nach R 16 Abs. 5 EStR das Wahlrecht der Betriebsfortführung. Dadurch kann eine Auflösung und Versteuerung der stillen Reserven im Zeitpunkt der Betriebsverpachtung verhindert werden. Die erzielten Pachteinnahmen gelten dann weiterhin als Einkünfte aus Gewerbebetrieb.

- **Zeitlich begrenzte Überlassung von Rechten** gemäß § 21 Abs. 1 Nr. 3 EStG. Als entsprechende Rechte kommen schriftstellerische, künstlerische oder gewerbliche Urheberrechte, Patente, Gebrauchs- oder Geschmacksmuster in Betracht. Dabei handelt es sich häufig um Einnahmen aus Patenten, die im Privatvermögen entwickelt wurden, so genannte Zufallserfindungen. Bei planmäßiger Patententwicklung hingegen werden in der Regel Einkünfte aus Gewerbebetrieb oder aus selbständiger Tätigkeit vorliegen.

- **Einkünfte aus der Veräußerung von Miet- oder Pachtzinsforderungen** nach § 21 Abs. 1 Nr. 4 EStG. Darunter fallen noch ausstehende Mieten, die anlässlich einer Grundstücksveräußerung an den Erwerber mit veräußert werden.

    Beispiel: Hauseigentümer H veräußert sein bebautes Grundstück mit Wirkung vom 1.10. zu einem Gesamtkaufpreis in Höhe von einer Million € an den Erwerber E. Im Gesamtkaufpreis enthalten sind bereits fällige Mietforderungen für den Monat September in Höhe von 8.000 €, die im Zuge des Verkaufs auf E übertragen werden. Der Preis für die an E veräußerten Mietforderungen sind Einnahmen des H aus Vermietung und Verpachtung.

Als Einnahmen sind alle im wirtschaftlichen Zusammenhang mit der Nutzungsüberlassung anfallenden laufenden Einnahmen anzusehen. Die dabei jeweils gewählte Bezeichnung ist unerheblich. So rechnen dazu z.B. neben der Miete auch die Umlagen für Nebenkosten.

Die Einkünfte aus Vermietung und Verpachtung zählen zu den Überschusseinkunftsarten. Dies hat zur Folge, dass **Wertänderungen** am überlassenen Vermögen, wie z.B. Wertsteigerungen bei Grund und Boden und Gebäuden, nicht steuerbar sind. Davon besteht eine wichtige Ausnahme im Regelungsbereich des privaten Veräußerungsgeschäfts (vgl. dazu die Ausführungen zu § 22 in Verbindung mit § 23 EStG).

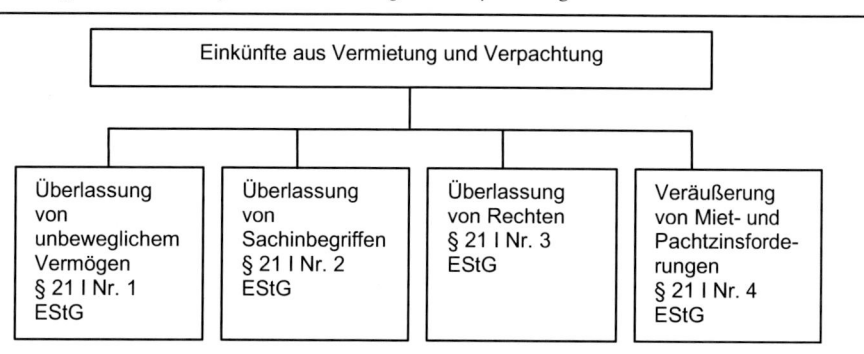

Abbildung 2-41: *Einkünfte aus Vermietung und Verpachtung*

```
                    Einkünfte aus Vermietung und Verpachtung
        ┌──────────────────┬──────────────────┬──────────────────┬──────────────────┐
   Überlassung         Überlassung         Überlassung         Veräußerung
   von                 von                 von Rechten         von Miet- und
   unbeweglichem       Sachinbegriffen     § 21 I Nr. 3        Pachtzinsforde-
   Vermögen            § 21 I Nr. 2        EStG                rungen
   § 21 I Nr. 1        EStG                                    § 21 I Nr. 4
   EStG                                                        EStG
```

Im Bereich der Einkünfte aus Vermietung und Verpachtung stellt sich eine in der Praxis höchst bedeutsame Abgrenzungsproblematik. Es geht um die **Abgrenzung der privaten Vermögensverwaltung von der gewerblichen Tätigkeit**. Ausgangspunkt der Überlegung stellt die Einsicht dar, dass Einkünfte aus Vermietung und Verpachtung auch bei sehr umfangreichem Grundbesitz vorliegen und auch bei gewerblicher Nutzung des vermieteten Objekts. Eine gewerbliche Tätigkeit im Zusammenhang mit Grundstücken hat die Rechtsprechung indessen beim Vorliegen von besonderen Umständen angenommen. Dies gilt insbesondere dann, wenn eine besondere Organisation für die Verwaltung des Grundbesitzes erforderlich ist, z.B. bei häufigem Mieterwechsel. Ähnliches ist anzunehmen bei besonderen Verpflichtungen des Vermieters, die über eine reine Vermietertätigkeit hinausgehen, z.B. das Erbringen von zusätzlichen Serviceleistungen. Schließlich liegen beim so genannten **gewerblichen Grundstückshandel** regelmäßig Einkünfte aus Gewerbebetrieb vor. Dieses von der höchstrichterlichen Finanzrechtsprechung entwickelte Institut wird in mittlerweile nahezu gewohnheitsrechtlicher Verfestigung angenommen, wenn Grundstücke mit Wiederveräußerungsabsicht erworben werden und als weitere Voraussetzung hinzutritt, dass die „Drei-Objekte-Grenze" überschritten wird. Dann nimmt die Finanzverwaltung in Anwendung der von der Rechtsprechung entwickelten Grundsätze eine private Vermögensverwaltung nur an, wenn innerhalb von fünf Jahren nicht mehr als drei Grundstücke veräußert werden (BMF-Schreiben v. 26.3.2004, BStBl I 2004, S. 434). Der 3-Objekt-Grenze kommt jedoch nur Indizwirkung zu. Daher kann auch die Veräußerung von weniger als 4 Objekten auf eine gewerbliche Tätigkeit schließen lassen, im äußersten Fall reicht die Veräußerung eines einzigen Objektes aus („Ein-Objekt-Fall", vgl. BFH v. 1.12.2005, IV R 65/04, BB 2006, S. 360, BMF Schreiben vom 26.03.2004, TZ 28).

2 Die Einkommensteuer

Als wichtigster Anwendungsfall der Einkünfte aus Vermietung und Verpachtung soll die Ermittlung der **Einkünfte aus Vermietung und Verpachtung von unbeweglichem Vermögen** (also von Wohnungen und Gebäuden) illustriert werden. Unter den **Einnahmen** sind alle Vergütungen für die Überlassung der Mietsache zu verstehen. Dazu zählen insbesondere neben dem vereinbarten Mietpreis für Räume und Nebenräume (wie Garagen, Garten, Abstellkammern) die von den Mietern erhobenen Nebenkostenumlagen. Keine Einnahmen stellt der Veräußerungsgewinn eines Mietgrundstücks dar. Als **Werbungskosten** sind nach der allgemeinen Definition alle Ausgaben zu verstehen, die durch die Erwerbung, Sicherung und Erzielung der Einnahmen veranlasst sind. Im Kontext der Einkünfte aus Vermietung und Verpachtung sind dies etwa Grundsteuern und sonstige Grundbesitzabgaben wie Müllabfuhr-, Abwasser- und Kanalgebühren, Gebäudeversicherung etc. (§ 9 Abs. 1 Satz 3 Nr. 2 EStG). Auch Schuldzinsen für die Fremdfinanzierung des Gebäudes oder des Grundstücks stellen ebenso Werbungskosten dar (§ 9 Abs. 1 Satz 3 Nr. 1 EStG) wie die Renovierungsaufwendungen am Gebäude und sämtliche laufenden Unterhaltskosten (Hausmeister, Straßenreinigung, Gebäudereinigung, Gartenpflege, § 9 Abs. 1 Satz 1 EStG). Werbungskostencharakter kommt auch den Kosten für die Gewinnung von Mietern zu, etwa in Form von Maklerkosten, Telefon-, Annoncenkosten etc. Zudem rechnen die Abschreibungen für das Gebäude nach § 9 Abs. 1 Satz 3 Nr. 7 EStG i.V.m. § 7 Abs. 4 EStG zu den abzugsfähigen Werbungskosten. Keine Werbungskosten indessen sind die Anschaffungskosten des Gebäudes, Veräußerungsverluste beim Verkauf oder nachträgliche Herstellungskosten für die erhebliche Verbesserung oder Erweiterung des bestehenden Gebäudes. Die Werbungskosten im Rahmen der Einkünfte aus Vermietung und Verpachtung sind immer einzeln nachzuweisen. Ein Pauschbetrag existiert insoweit nicht.

Abbildung 2-42: Werbungskosten bei Vermietungseinkünften

Häufig auftretende Werbungskosten bei den Einkünften aus Vermietung und Verpachtung von Grundstücken und Gebäuden sind:

- Finanzierungszinsen § 9 Abs. 1 Satz 3 Nr. 1 EStG
- Grundbesitzabgaben wie Grundsteuer, Abwassergebühren, Müllabfuhr etc. § 9 Abs. 1 Satz 3 Nr. 2 EStG
- Erhaltungsaufwendungen wie Reparaturen, Wartungskosten § 9 Abs. 1 Satz 1 EStG
- Gebäudeabschreibung § 9 Abs. 1 Satz 3 Nr. 7 i.V.m. § 7 Abs. 4 EStG
- Laufende Verbrauchskosten wie Strom, Wasser etc. § 9 Abs. 1 Satz 1 EStG

Wird eine Wohnung zu Wohnzwecken zu **weniger als 56% der ortsüblichen Miete** überlassen, so ist die Nutzungsüberlassung in einen entgeltlichen und einen unentgeltlichen Teil aufzuteilen (§ 21 Abs. 2 EStG). Dies hat zur Folge, dass auch die Werbungskosten nur in dem Verhältnis abzugsfähig sind, in dem die verbilligte Miete zur ortsüblichen Miete steht.

Für die **zeitliche Erfassung** der Einnahmen und Werbungskosten aus Vermietung und Verpachtung gilt das **Zufluss-Abfluss-Prinzip** (§ 11 EStG). In Ausnahme hierzu können größere Erhaltungsaufwendungen auf 2 bis maximal 5 Jahre aufgeteilt werden, wenn das Gebäude nicht zu einem Betriebsvermögen gehört und überwiegend Wohnzwecken dient (§ 82b EStDV).

Da die Einkünfte aus Vermietung und Verpachtung eine **Nebeneinkunftsart** darstellen, kommt eine Umqualifizierung in eine andere Einkunftsart in Betracht, falls das vermietete oder verpachtete Vermögen im Rahmen einer anderen einkünfteerzielenden Tätigkeit genutzt wird (Subsidiaritätsklausel nach § 21 Abs. 3 EStG). Von besonderer Relevanz ist die **Umqualifizierung in Einkünfte aus Gewerbebetrieb**, wenn die vermieteten oder verpachteten unbeweglichen Wirtschaftsgüter, Sachinbegriffe oder Rechte zum Betriebsvermögen eines Gewerbetreibenden gehören.

2.4.3.6 Sonstige Einkünfte

Die sonstigen Einkünfte des § 22 EStG stellen keinen Auffangtatbestand dar, sondern regeln sechs abschließend aufgezählte Einkunftstatbestände. Es handelt sich um folgende Tatbestände:

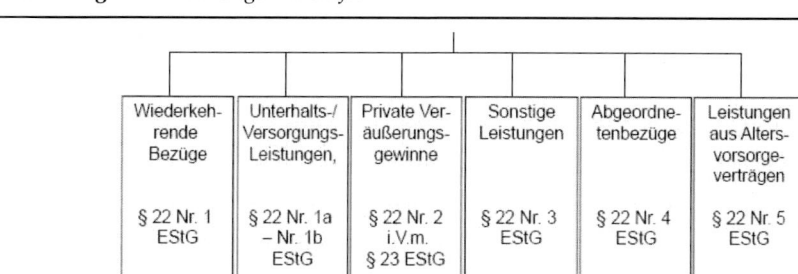

Abbildung 2-43: Sonstige Einkünfte

Wiederkehrende Bezüge	Unterhalts-/ Versorgungs- Leistungen,	Private Veräußerungs- gewinne	Sonstige Leistungen	Abgeordnetenbezüge	Leistungen aus Altersvorsorgeverträgen
§ 22 Nr. 1 EStG	§ 22 Nr. 1a – Nr. 1b EStG	§ 22 Nr. 2 i.V.m. § 23 EStG	§ 22 Nr. 3 EStG	§ 22 Nr. 4 EStG	§ 22 Nr. 5 EStG

Einkünfte aus wiederkehrenden Bezügen § 22 Nr. 1 EStG

Die Einkünfte aus wiederkehrenden Bezügen im Sinne von § 22 Nr. 1 EStG machen zunächst eine inhaltliche Konkretisierung des Begriffs "wiederkehrende Bezüge" notwendig. Darunter werden **Renten, dauernde Lasten** sowie **sonstige wiederkehrende Bezüge** verstanden. Merkmale der wiederkehrenden Bezüge bestehen darin, dass sie Leistungen in Geld oder Geldeswert darstellen, von einem einheitlichen Entschluss des Gebers getragen sind, durch eine Wiederkehr von Zeit zu Zeit, also von einer gewissen Regelmäßigkeit, gekennzeichnet und auf eine gewisse Dauer angelegt sind. Keine wiederkehrenden Bezüge stellen Kapitalrückzahlungen sowie Kaufpreisraten dar.

Im Kontext des § 22 EStG gilt das **Korrespondenzprinzip**. Grundsätzlich besteht danach eine Wechselwirkung zwischen der Behandlung bei Geber und Empfänger der Zahlung. Ein Abzugsverbot der Zahlung beim Geber gemäß § 12 EStG bewirkt, dass ein Ansatz beim Empfänger gemäß § 22 Nr. 1 Satz 2 EStG nicht statthaft ist. Dies stellt eine Abweichung von dem allgemein geltenden Grundsatz der Subjektbesteuerung dar, um eine doppelte Einkommensteuerbelastung zu vermeiden.

Die im R 22.1 EStR detailliert geregelten **Renten** können definiert werden als Leistungen in Geld oder vertretbaren Sachen, die durch eine periodische Wiederkehr und eine Gleichmäßigkeit der Leistungen gekennzeichnet sind. Wenn eine Abänderbarkeit nach § 323 ZPO ausdrücklich vereinbart ist oder § 323 ZPO in der Rentenvereinbarung keine Erwähnung findet, wird von der Änderbarkeit ausgegangen. Dann ist nach der Rechtsprechung das Kriterium der Gleichmäßigkeit nicht erfüllt. Renten, die auf gewisse Zeit bezahlt werden (mindestens 10 Jahre), werden als **Zeitrente** bezeichnet, wird die Rente lebenslänglich gewährt, spricht man von einer **Leibrente**.

Die Konsequenz aus dem Vorliegen einer **Leibrente** ist, dass diese beim Empfänger nur mit dem in § 22 Nr. 1 Satz 3 EStG konkretisierten Prozentsatz der Besteuerung unterliegt. Die wichtigsten Beispiele für Leibrenten sind Renten aus der gesetzlichen Rentenversicherung oder aus einer Lebensversicherung auf Rentenbasis. Pensionen von Beamten und Betriebsrenten gehören dagegen zu den Einnahmen aus einem früheren Dienstverhältnis nach § 19 Abs. 1 Nr. 2 EStG.

Bei **Renten aus der gesetzlichen Rentenversicherung** oder bei einer Rente aus einer privaten, kapitalgedeckten **Lebensversicherung auf Rentenbasis** hängt der **steuerpflichtige Prozentsatz** von dem Jahr ab, in dem zum ersten Mal Rente bezahlt wurde. Liegt der Rentenbeginn im Jahr 2005 oder früher, so wird die Rente nur zur Hälfte steuerpflichtig. Findet der erstmalige Rentenbezug im Jahr 2009 statt, so unterliegen 58% der Renteneinnahmen der Besteuerung (vgl. Tabelle in § 22 Nr. 1 Satz 3 Bst. a) aa) EStG). Damit wird für die gesamte Rentenbezugsdauer der steuerfreie Betrag der Rentenzahlungen festgelegt. Das bedeutet, dass spätere Rentenerhöhungen in vollem Umfang steuerpflichtig werden. Um den Übergang zu einer vollen nachgelagerten Rentenbesteuerung zu erreichen, steigt der Prozentsatz des steuerpflichtigen Teils der Rente für einen späteren Rentenbeginn kontinuierlich an. Bei einem Rentenbeginn im Jahr 2040 unterliegen Renten dann in vollem Umfang der Besteuerung.

Andere Leibrenten, z.B. Veräußerungsleibrenten für den Verkauf eines Unternehmens, unterliegen in Höhe des Ertragsanteil der Besteuerung (§ 22 Nr. 1 Satz 3 Bst. a) bb)EStG). Beim Geber ist nur der Ertragsanteil abzugsfähig. Dies ergibt sich entweder aus § 10 Abs. 1 Nr. 1a EStG oder, wenn die Rente Werbungskostencharakter hat, aus § 9 Abs. 1 Nr. 1 EStG. Der **Ertragsanteil** basiert auf der durchschnittlichen Lebenserwartung männlicher Personen in Abhängigkeit vom Lebensalter bei Rentenbeginn. Dabei wird ein Zinssatz von 5,5% unterstellt. Der Ertragsanteil ist umso niedriger, je älter der Rentenberechtigte bei erstmaligem Bezug der Rente ist. Für einen bei Rentenbeginn 50jährigen Steuerpflichtigen beträgt der Ertragsanteil beispielsweise 30%, während er bei einem zu Rentenbeginn 65jährigen Steuerpflichtigen nur 18% beträgt (vgl. Tabelle in § 22 Nr. 1 Satz 3 Bst. a) bb)EStG).

Dauernde Lasten lassen sich als Leistungen in Geld oder Geldeswert auffassen, was zur Konsequenz hat, dass auch Naturalleistungen unter den Begriff fallen können. Charakteristisch ist die Wiederkehr, während eine Regelmäßigkeit nicht gefordert wird. Es muss sich um Leistungen auf längere Zeit (mindestens 10 Jahre) handeln, die auf einem besonderen Verpflichtungsgrund beruhen. Dabei ist keine gleichmäßige Höhe der Leistung erforderlich. Die Konsequenz aus dem Vorliegen dauernder Lasten besteht beim Empfänger darin, dass es sich in vollem Umfang um steuerpflichtige Einnahmen im Sinne des § 22 Nr. 1 EStG handelt. Beim Geber ist in vollem Umfang von der Abzugsfähigkeit als Betriebsausgaben (§ 4 Abs. 4 EStG), Werbungskosten (§ 9 Abs. 1 Nr. 1 EStG) oder Sonderausgaben (§ 10 Abs. 1 Nr. 1a EStG) auszugehen.

Sonstige wiederkehrende Leistungen umfassen wiederkehrende Bezüge, auf die weder die Merkmale der Renten noch der dauernden Lasten zutreffen. Sonstige wiederkehrende Bezüge sind beim Berechtigten in voller Höhe gemäß § 22 Nr. 1 EStG steuerpflichtig, beim Verpflichteten ist die Ausgabe in voller Höhe abzugsfähig, sofern Werbungskosten oder Betriebsausgaben vorliegen. Ein Abzug als Sonderausgaben im Sinne von § 10 Abs. 1 Nr. 1a EStG ist nicht möglich.

Einkünfte aus Unterhaltsleistungen § 22 Nr. 1a EStG

Im Kontext der Einkünfte aus Unterhaltsleistungen nach § 22 Nr. 1a EStG bemüht man auch den Begriff des Realsplitting. Es handelt sich dabei um **Zuwendungen an den geschiedenen oder dauernd getrennt lebenden Ehegatten.** Insoweit greift grundsätzlich das Abzugsverbot des § 12 Nr. 2 EStG, da eine gesetzliche Unterhaltspflicht besteht. Aber mit § 10 Abs. 1 Nr. 1 EStG hat der Gesetzgeber eine Ausnahmevorschrift eingeführt, die einen Abzug bis zum Höchstbetrag von 13.805 € gewährt, dies allerdings mit Zustimmung des empfangenden Ehegatten. Die Konsequenzen aus der Geltendmachung des Sonderausgabenabzugs liegen darin, dass das Korrespondenzprinzip zur Anwendung kommt. Einkünfte aus Unterhaltsleistungen nach § 22 Nr. 1a EStG werden dann dem Empfänger zugerechnet.

Einkünfte aus Versorgungsleistungen § 22 Nr. 1b EStG

Lebenslange und wiederkehrende Versorgungsleistungen, die auf einem besonderen Verpflichtungsgrund beruhen, sind nach § 10 Abs. 1 Nr. 1a beim Versorgungsverpflichteten als Sonderausgaben abzugsfähig, wenn die Versorgungsleistung in Zusammenhang mit der Übertragung eines Betriebs oder Teilbetriebs, eines Mitunternehmeranteils oder eines mindestens 50%igen Anteils an einer Kapitalgesellschaft steht. Nach dem Korrespondenzprinzip ist die Versorgungsleistung bei Versorgungsberechtigten nach § 22 Nr. 1b EStG als wiederkehrende Leistung im Sinne des § 22 Nr. 1 zu besteuern.

Leistungen aufgrund eines schuldrechtlichen Versorgungsausgleichs § 22 Nr. 1c EStG

Der schuldrechtliche Versorgungsausgleich kommt im Falle einer Ehescheidung in Betracht, wenn der öffentlich-rechtliche Versorgungsausgleich nicht möglich ist (§ 1587f. BGB, z.B. bei Ausgleich noch verfallbarer Anwartschaften und betrieblicher Altersversorgung) oder wenn er von den Ehegatten notariell beurkundet vereinbart wird. Wird der Versorgungsausgleich durch eine Geldrente des Ausgleichsverpflichteten an den Ausgleichsberechtigten bewirkt, so verweist § 10 Abs. 1 Nr. 1b EStG hinsichtlich der Abziehbarkeit als Sonderausgaben auf den Umfang der Besteuerung beim Ausgleichsverpflichteten. Der Ausgleichsberechtigte muss die Ausgleichsrente entweder in voller Höhe als wiederkehrender Bezug nach §22 Nr. 1 Satz 1 oder nach § 22 Nr. 1 Satz 3 Bst. a versteuern, korrespondierend zu der Abzugsfähigkeit nach §10 Abs. 1 Nr. 1b (§22 Nr. 1c EStG).

Für Unterhaltsleistungen und Einkünfte aus wiederkehrenden Bezügen gilt ein **Werbungskosten-Pauschbetrag** von insgesamt 102 €, § 9a Satz 1 Nr. 3 EStG.

Einkünfte aus privaten Veräußerungsgeschäften § 22 Nr. 2 i.V.m. § 23 EStG

Die Besteuerung der Einkünfte aus privaten Veräußerungsgeschäften nach § 22 Nr. 2 i.V.m. § 23 EStG durchbricht den Grundsatz, nach dem eine Besteuerung von Veräußerungsgewinnen im Rahmen der Überschusseinkünfte grundsätzlich nicht erfolgt.

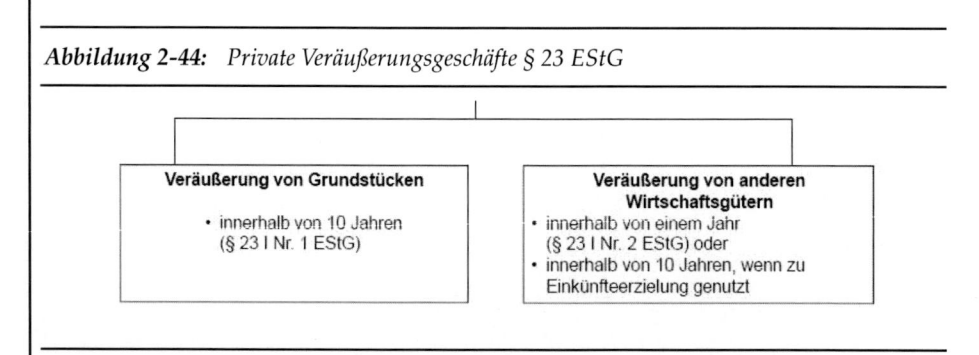

Abbildung 2-44: Private Veräußerungsgeschäfte § 23 EStG

```
                    ┌─────────────────┴─────────────────┐
         Veräußerung von Grundstücken         Veräußerung von anderen
                                                   Wirtschaftsgütern
         • innerhalb von 10 Jahren            • innerhalb von einem Jahr
           (§ 23 I Nr. 1 EStG)                  (§ 23 I Nr. 2 EStG) oder
                                              • innerhalb von 10 Jahren, wenn zu
                                                Einkünfteerzielung genutzt
```

2.4 Einkunftsarten

Der **Tatbestand des privaten Veräußerungsgeschäfts** nach § 23 Abs. 1 EStG geht von der Anschaffung und Veräußerung von Wirtschaftsgütern des Privatvermögens innerhalb bestimmter Fristen aus. Die Definition der privaten Veräußerungsgeschäfte nach § 23 Abs. 1 EStG charakterisiert **Veräußerungsgeschäfte von Grundstücken** und grundstücksgleichen Rechten **innerhalb von 10 Jahren** seit der Anschaffung (Nr. 1) als steuerpflichtigen Tatbestand. Davon besteht eine Ausnahme für Grundstücke, die während der gesamten Besitzdauer oder im Jahr des Verkaufs und den beiden vorangegangenen Jahren ausschließlich zu privaten Wohnzwecken genutzt wurden. Für **andere Wirtschaftsgüter**, insbesondere für Wertpapiere, ist die Frist abgekürzt auf **1 Jahr** (Nr. 2). Werden hier innerhalb von einem Jahr seit der Anschaffung beispielsweise Wertpapiere und Beteiligungen oder auch Kraftfahrzeuge, Hausrat, Briefmarken, Kunstgegenstände und Schmuck oder Devisen angeschafft und wieder veräußert, ist ein daraus resultierender Gewinn steuerpflichtig. Die Frist von einem Jahr verlängert sich auf 10 Jahre, wenn die Wirtschaftsgüter zur Einnahmenerzielung genutzt werden (§ 23 Abs. 1 Nr. 2 S. 2 EStG).

Der Begriff der **Anschaffung** setzt voraus, dass das Wirtschaftsgut entgeltlich von einem Dritten erworben wurde. Der Anschaffungszeitpunkt stellt auf die schuldrechtliche Vereinbarung ab. Dies wird in aller Regel der Abschluss eines Kaufvertrags sein. Gebäude werden grundsätzlich auch ohne Anschaffung in den Veräußerungsgewinn des Grund und Bodens einbezogen (§ 23 Abs. 1 Nr. 1 Satz 2 EStG). Folglich unterliegen auch während der 10 Jahresfrist hergestellte (selbsterstellte) Gebäude und Außenanlagen der Veräußerungsgewinnbesteuerung nach den für das Grundstück geltenden Fristen. Als Anschaffung gilt auch die Überführung eines Wirtschaftsguts aus dem Betriebsvermögen in das Privatvermögen des Steuerpflichtigen durch **Entnahme** oder Betriebsaufgabe (§ 23 Abs. 1 Satz 2 EStG). Der **unentgeltliche Erwerb** bedeutet zwar im Normalfall **keine Anschaffung**, jedoch wird dem Erwerber dann die Anschaffung durch den Rechtsvorgängers zugerechnet (§ 23 Abs. 1 Satz 3 EStG). Praktische Bedeutung kommt dieser Ausnahme insbesondere bei Schenkungen und im Erbfall zu. Hier gilt als relevanter Anschaffungszeitpunkt der Zeitpunkt des Erwerbs durch den Rechtsvorgänger, also durch den Schenker oder Erblasser.

Der Begriff der **Veräußerung** ist zu verstehen als entgeltliche Übertragung mit Lieferverpflichtung auf einen Dritten, z.B. auf der Grundlage eines Kaufvertrags oder eines Tauschgeschäfts. Der Veräußerungszeitpunkt orientiert sich im Regelfall an der schuldrechtlichen Vereinbarung, also zum Beispiel am Abschluss des Kaufvertrags. Eine **Einlage in ein Betriebsvermögen** qualifiziert grundsätzlich **nicht als Veräußerung**. In Ausnahme dazu definiert § 23 Abs. 1 Satz 5 EStG eine **Veräußerungsfiktion** für die Einlage von Grundstücken in ein Betriebsvermögen. Diese Veräußerungsfiktion gilt zum einen für die verdeckte Einlage von Grundstücken in eine Kapitalgesellschaft (§ 23 Abs. 1 Satz 5 Nr. 2 EStG). Zum anderen wird auch die Einlage von Grundstücken in ein Betriebsvermögen als Veräußerung angesehen, wenn das eingelegte Grundstück innerhalb von 10 Jahren seit der Anschaffung aus dem Betriebsvermögen (weiter)veräußert wird (§ 23 Abs. 1 Satz 5 Nr. 1 EStG).

Die Einkommensteuer

Abbildung 2-45: Ermittlung des Veräußerungsgewinns nach § 23 Abs. 3 EStG

Der Veräußerungsgewinn oder -verlust ermittelt sich gem. § 23 Abs. 3 EStG wie folgt:
Veräußerungspreis
- Veräußerungskosten
- Anschaffungs- oder Herstellungskosten (vermindert um steuerliche Abschreibungen während der Besitzdauer)
= Veräußerungsgewinn/ -verlust

Der **Veräußerungsgewinn** errechnet sich nach § 23 Abs. 3 Satz 1-5 EStG als Differenz zwischen dem Veräußerungspreis einerseits und den Anschaffungs- oder Herstellungskosten und den Werbungskosten andererseits. Diese Vorschrift hat Bedeutung für die Höhe und den Zeitpunkt der Besteuerung. Da eine Überschusseinkunftsart vorliegt, ist das Zufluss- oder Abflussprinzip gem. § 11 EStG maßgebend. Der Veräußerungspreis besteht in jeder Gegenleistung für das Wirtschaftsgut in Geld oder Geldeswert, beim Tausch gilt der gemeine Wert der Gegenleistung als Veräußerungspreis. Die Anschaffungskosten umfassen den Kaufpreis zuzüglich der Anschaffungsnebenkosten abzüglich Anschaffungspreisminderungen. Die Anschaffungs- oder Herstellungskosten sind zudem zu mindern um Abschreibungen, die während der Nutzung des Wirtschaftsguts als Werbungskosten im Rahmen einer Überschusseinkunftsart geltend gemacht wurden (§ 23 Abs. 3 Satz 4 EStG). Insbesondere sind hier die Gebäudeabschreibungen für vermietete Gebäude zu berücksichtigen, die als Werbungskosten im Rahmen der Einkünfte aus Vermietung und Verpachtung steuerlich abzugsfähig sind. Werbungskosten im Zusammenhang mit der Einkunftsart sind die durch das private Veräußerungsgeschäft verursachten Aufwendungen. Beispielhaft zu denken ist an Makler- oder Notargebühren.

Beispiel: A erwirbt im Januar t_1 ein bebautes Grundstück für 150.000 €. Die Nebenkosten für den Makler belaufen sich auf 10.000 €. Weitere Aufwendungen entstehen für nachträglichen Herstellungsaufwand (40.000 €), Erhaltungsaufwendungen (15.000 €) sowie die eigene Arbeitsleistung (12.000 €). Es werden jährlich 3.000 € Abschreibung als Werbungskosten bei den Einkünften aus Vermietung und Verpachtung abgezogen. Im Dezember t_4 veräußert A das Grundstück für 300.000 €, die Kosten für den Makler betragen 15.000 €.

Lösung: Es liegt ein privates Veräußerungsgeschäft i.S.d. § 23 Abs. 1 Nr. 1 EStG vor, da Anschaffung und Veräußerung des Grundstücks innerhalb von zehn Jahren erfolgen. Die Erhaltungsaufwendungen (15.000 €) und der Wert der eigenen Arbeitsleistung (12.000 €) können bei der Ermittlung der Einkünfte aus privaten Veräußerungsgeschäften nicht berücksichtigt werden. Die Maklerkosten beim Kauf erhöhen als Anschaffungsnebenkosten die Anschaffungskosten, die Maklerkosten beim Verkauf sind Werbungskosten im Rahmen des privaten Veräußerungsgeschäfts.

Tabelle 2-9: *Beispiel für die Ermittlung des Veräußerungsgewinns, § 23 EStG*

	€	€
Veräußerungspreis		300.000
Anschaffungskosten	150.000	
+ nachträgliche Herstellungskosten	+ 40.000	
+ Anschaffungsnebenkosten	+ 10.000	
– Abschreibungen für 4 Jahre	– 12.000	
= maßgebender Wert im Veräußerungszeitpunkt		– 188.000
– Werbungskosten beim Verkauf		– 15.000
= **Gewinn aus privatem Veräußerungsgeschäft**		**97.000**

Private Veräußerungsgewinne unterliegen in vollem Umfang der Besteuerung, wenn sie die **Freigrenze** des § 23 Abs. 2 Satz 5 EStG von 600 € übersteigen. Sämtliche privaten Veräußerungsgeschäfte des Veranlagungszeitraums werden dabei zusammengerechnet. Bei zusammenveranlagten Ehegatten steht die Freigrenze jedem Ehegatten nur für seine eigenen Einkünfte zu.

Bei den **Verlusten aus privaten Veräußerungsgeschäften** gilt eine Verlustausgleichsbeschränkung. Im Rahmen dieser Einkunftskategorie erfolgt eine rein personenbezogene Ermittlung des Verlusts aus Veräußerungsgeschäften. Die Verrechnungsmöglichkeiten werden vom Gesetz nur mit Gewinnen aus privaten Veräußerungsgeschäften des Steuerpflichtigen im Kalenderjahr der Verlustentstehung bzw. im vorausgegangenen Kalenderjahr oder in zukünftigen Kalenderjahren gewährt (§ 23 Abs. 3 Satz 7-8 EStG), d.h. es erfolgt nur ein horizontaler Verlustausgleich.

Da es sich dabei um eine **Nebeneinkunftsart** handelt, gilt das Subsidiaritätsprinzip (§ 23 Abs. 2 EStG). Wenn der Veräußerungsgewinn im Rahmen einer anderen Einkunftsart erfasst wird, existiert kein zu besteuernder privater Veräußerungsgewinn. So liegen bei einer Veräußerung eines PKW des Betriebsvermögens innerhalb von fünf Monaten seit der Anschaffung Einkünfte aus Gewerbebetrieb und nicht etwa Einkünfte aus § 23 Abs. 1 Nr. 2 EStG vor.

Einkünfte aus (sonstigen) Leistungen § 22 Nr. 3 EStG

Zu den Einkünften aus (sonstigen) Leistungen nach § 22 Nr. 3 EStG zählen **Einkünfte aus jedem Tun, Dulden oder Unterlassen**, das Gegenstand eines entgeltlichen Vertrages sein kann. Als Beispiel kommen Einkünfte aus gelegentlichen Vermittlungen in

2 Die Einkommensteuer

Betracht, so die gelegentliche Vermittlung von Wohnungen, Grundstücken und Versicherungsverträgen. Einkünfte aus der Vermietung von beweglichen Wirtschaftsgütern (z.B. privates Wohnmobil, Segelschiff etc.) stellen ebenfalls Einkünfte im Sinne der Vorschrift des § 22 Nr. 3 EStG dar. Im Bereich dieser Bestimmung findet sich eine Freigrenze in Höhe von 256 €. Zu beachten ist die Verlustausgleichsbeschränkung, die nur eine Verrechnung mit positiven Einkünften aus derselben Einkunftsart im gleichen Kalenderjahr, im vorausgegangenen Kalenderjahr oder in zukünftigen Jahren erlaubt.

Einkünfte aus Abgeordnetenbezügen § 22 Nr. 4 EStG

Die Einkünfte aus Abgeordnetenbezügen nach § 22 Nr. 4 EStG umfassen Entschädigungen, Amtszulagen, Zuschüsse zu Krankenversicherungsbeiträgen, Übergangsgelder, Überbrückungsgelder, Sterbegelder, Versorgungsabfindungen oder Versorgungsbezüge für Abgeordnete in Bundes-, Länder oder Europaparlamente.

Einkünfte aus Altersvorsorgeverträgen § 22 Nr. 5 EStG

Die Beiträge zu Altersvorsorgeverträgen (so genannte „Riester-Rente") werden während der Vertragslaufzeit als Sonderausgaben im Rahmen des § 10a EStG abgezogen oder durch eine einkommensunabhängige Zulage nach § 79 EStG gefördert. Sie werden damit während der Vertragslaufzeit nicht der Einkommensteuer unterworfen. In der Versorgungsphase werden **Leistungen aus den Altersvorsorgeverträgen** in dem Zeitpunkt, in dem die Leistungen an den Steuerpflichtigen ausgezahlt werden, in vollem Umfang als sonstige Einkünfte nach § 22 Nr. 5 EStG einkommensteuerlich erfasst. Damit in Zusammenhang stehende Werbungskosten können abgesetzt werden. Für Leistungen aus Altersvorsorgeverträgen (zusammen mit den Unterhaltsleistungen und Einkünften aus wiederkehrenden Bezügen) gilt ein gemeinsamer Werbungskosten-Pauschbetrag von insgesamt 102 €, § 9a Satz 1 Nr. 3 EStG.

2.4.4 Besteuerung von Veräußerungen

Die steuerliche Einordnung und Erfassung von Veräußerungen wurde bei der Erörterung der einzelnen Einkunftsarten jeweils angesprochen. Da die Besteuerung von Veräußerungen jedoch äußerst heterogen geregelt und von vielfältigen Besonderheiten gekennzeichnet ist, sollen an dieser Stelle die Besteuerungsfolgen für die Veräußerung von Wirtschaftsgütern zusammenfassend dargestellt werden.

Für die Besteuerung von Veräußerungen ist zunächst von grundsätzlicher Bedeutung, ob das veräußerte Wirtschaftsgut einem **Betriebsvermögen** zuzurechnen ist, d.h. im Rahmen einer der Gewinneinkunftsarten genutzt wird, **oder dem Privatvermögen**

2.4 Einkunftsarten

zugeordnet wird und folglich im Rahmen einer der Überschusseinkunftsarten genutzt wird oder nicht zu Einkommenserzielung dient.

Liegen Wirtschaftsgüter des **Betriebsvermögens** vor, so führen Veräußerungsvorgänge im Rahmen der Gewinneinkunftsarten grundsätzlich zu **steuerpflichtigen Gewinnen**. Lediglich der Umfang der Besteuerung oder die Höhe des anzuwendenden Steuersatzes kann dann unterschiedlich sein. Werden dagegen Wirtschaftsgüter aus dem **Privatvermögen** verkauft, bleiben die Veräußerungsgewinne im Rahmen der Überschusseinkünfte **grundsätzlich steuerfrei**. Dieser Grundsatz basiert auf den unterschiedlichen theoretischen Einkommensbegriffen, die diesen beiden Einkünftegruppen zugrundeliegen. Während die Gewinneinkünfte im Wesentlichen der Reinvermögenszugangstheorie folgen, ist im Rahmen der Überschusseinkünfte die Quellentheorie verwirklicht. Der Grundsatz der Steuerfreiheit von Veräußerungsgewinnen im Rahmen des Privatvermögens wird allerdings zunehmend **durch Ausnahmen durchbrochen**.

Abbildung 2-46: Veräußerungsgewinne

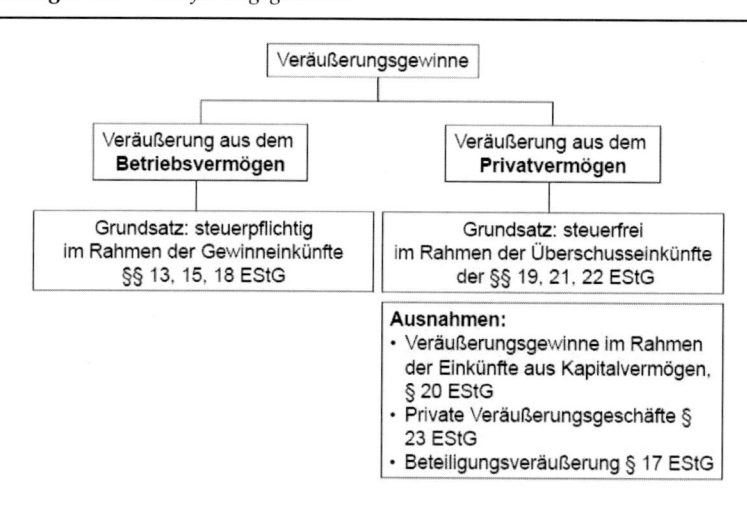

```
                    Veräußerungsgewinne
                    ┌──────────┴──────────┐
         Veräußerung aus dem      Veräußerung aus dem
          Betriebsvermögen           Privatvermögen
                    │                       │
         Grundsatz: steuerpflichtig   Grundsatz: steuerfrei
         im Rahmen der Gewinneinkünfte im Rahmen der Überschusseinkünfte
              §§ 13, 15, 18 EStG        der §§ 19, 21, 22 EStG

                                     Ausnahmen:
                                     • Veräußerungsgewinne im Rahmen
                                       der Einkünfte aus Kapitalvermögen,
                                       § 20 EStG
                                     • Private Veräußerungsgeschäfte §
                                       23 EStG
                                     • Beteiligungsveräußerung § 17 EStG
```

Bei **Veräußerungen im Rahmen des Betriebsvermögens** kommt es darauf an, ob aus dem Betriebsvermögen **einzelne Wirtschaftsgüter oder zusammenhängende Komplexe** von Wirtschaftsgütern verkauft werden.

Wenn **einzelne Wirtschaftsgüter aus dem Betriebsvermögen** veräußert werden, so sind die erzielten Veräußerungserlöse als laufende Betriebseinnahmen der Periode zu qualifizieren und unterliegen mit allen anderen betrieblichen Erträgen der Besteuerung. Eine Ausnahme besteht nur für die Veräußerung von **Anteilen an Kapitalgesellschaften**. Das Teileinkünfteverfahren führt dazu, dass auch die Veräußerungserlöse von Kapitalgesellschaftsanteilen nur zu 60% der Besteuerung unterliegen (§ 3 Nr. 40 Bst. a) EStG).

Werden zusammengehörende **Komplexe von Wirtschaftsgütern aus einem Betriebsvermögen** veräußert, also ganze Betriebe oder Teilbetriebe im Sinne des § 16 EStG, so sind die dadurch erzielten Erlöse ebenfalls steuerpflichtig. Es kann jedoch eine begünstigte Besteuerung zur Anwendung kommen. Für alle Veräußerungsgewinne von Wirtschaftsgüterkomplexen kann der **Freibetrag nach § 16 Abs. 4 EStG** in Anspruch genommen werden. Handelt es sich um eine 100%ige Beteiligung an einer Kapitalgesellschaft, so unterliegt der Gewinn nach dem Teileinkünfteverfahren zu 60% der Besteuerung. Umfasst die Veräußerung das gesamte Betriebsvermögen oder einen selbständigen Teilbetrieb, so wird der Veräußerungsgewinn nach dem **ermäßigten Tarif** des § 34 EStG besteuert.

Verluste aus der Veräußerung von Betriebsvermögen sind in vollem Umfang mit Gewinnen aus derselben Einkunftsart und anderen Einkunftsarten ausgleichsfähig (horizontaler und vertikaler Verlustausgleich) und uneingeschränkt im Rahmen des Verlustabzugs nach § 10d EStG rück- und vortragsfähig.

Abbildung 2-47: Veräußerungen aus dem Betriebsvermögen

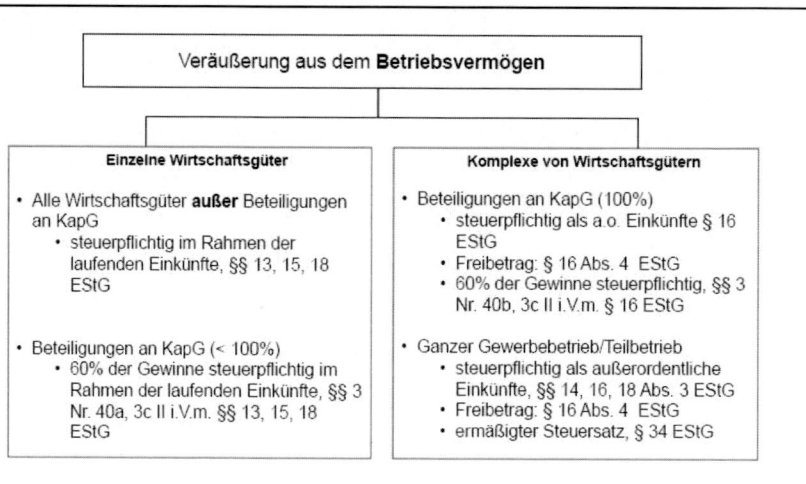

```
                    Veräußerung aus dem Betriebsvermögen
                    ┌──────────────────────┴──────────────────────┐
              Einzelne Wirtschaftsgüter              Komplexe von Wirtschaftsgütern

  • Alle Wirtschaftsgüter außer Beteiligungen     • Beteiligungen an KapG (100%)
    an KapG                                          • steuerpflichtig als a.o. Einkünfte § 16
      • steuerpflichtig im Rahmen der                  EStG
        laufenden Einkünfte, §§ 13, 15, 18           • Freibetrag: § 16 Abs. 4 EStG
        EStG                                         • 60% der Gewinne steuerpflichtig, §§ 3
                                                       Nr. 40b, 3c II i.V.m. § 16 EStG

  • Beteiligungen an KapG (< 100%)                • Ganzer Gewerbebetrieb/Teilbetrieb
      • 60% der Gewinne steuerpflichtig im           • steuerpflichtig als außerordentliche
        Rahmen der laufenden Einkünfte, §§ 3           Einkünfte, §§ 14, 16, 18 Abs. 3 EStG
        Nr. 40a, 3c II i.V.m. §§ 13, 15, 18          • Freibetrag: § 16 Abs. 4 EStG
        EStG                                         • ermäßigter Steuersatz, § 34 EStG
```

Werden **Wirtschaftsgüter aus dem Privatvermögen** veräußert, so wird der Grundsatz einer Nichtbesteuerung von Veräußerungsgewinnen in **Abhängigkeit von der Art und der Besitzdauer** des Wirtschaftsgutes durch zahlreiche Regelungen durchbrochen. Veräußerungsgewinne von **Grundvermögen** (Grundstücke und Gebäude) bleiben dann steuerfrei, wenn das Grundstück länger als 10 Jahre zum Privatvermögen des Steuerpflichtigen gehört hat oder mindestens im Jahr des Verkaufs und den vorangegangenen 2 Jahren ausschließlich zu eigenen Wohnzwecken genutzt wurde. Veräußerungen von vermieteten Grundstücken innerhalb der 10-Jahresfrist unterliegen dagegen in vollem Umfang der Besteuerung (§ 23 Abs. 1 Nr. 1 EStG). **Veräußerungsverluste** beim Verkauf von Grundbesitz sind steuerlich nur berücksichtigungsfähig, wenn der Verkauf innerhalb der 10-Jahresfrist nach der Anschaffung erfolgt. In diesem Fall sind die Verluste nur mit Gewinnen aus privaten Veräußerungsgeschäften ausgleichsfähig (§ 23 Abs. 3 S. 7 EStG). Nicht ausgeglichene Verluste können ein Jahr zurück- und zeitlich unbegrenzt vorgetragen werden.

Abbildung 2-48: Veräußerungen aus dem Privatvermögen

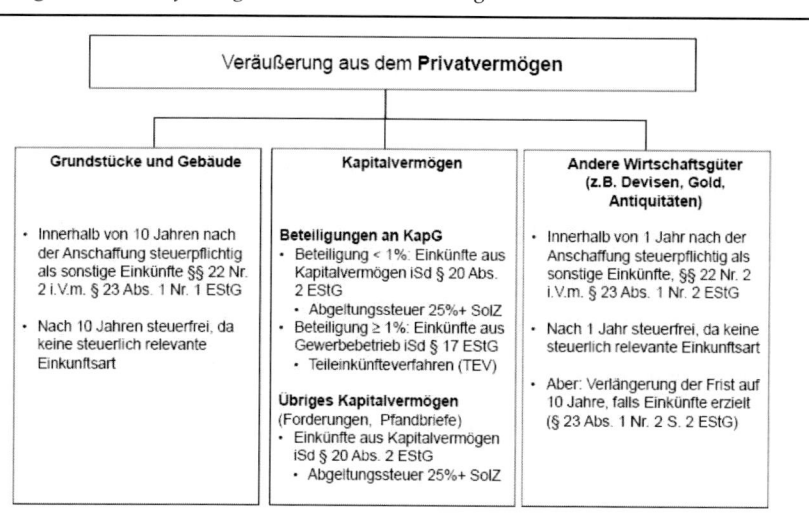

```
                    Veräußerung aus dem Privatvermögen
                                   |
        ┌──────────────────────────┼──────────────────────────┐
   Grundstücke und Gebäude    Kapitalvermögen          Andere Wirtschaftsgüter
                                                       (z.B. Devisen, Gold,
                                                        Antiquitäten)

• Innerhalb von 10 Jahren nach   Beteiligungen an KapG      • Innerhalb von 1 Jahr nach der
  der Anschaffung steuerpflichtig • Beteiligung < 1%: Einkünfte aus   Anschaffung steuerpflichtig als
  als sonstige Einkünfte §§ 22 Nr.   Kapitalvermögen iSd § 20 Abs.    sonstige Einkünfte, §§ 22 Nr. 2
  2 i.V.m. § 23 Abs. 1 Nr. 1 EStG    2 EStG                          i.V.m. § 23 Abs. 1 Nr. 2 EStG
• Nach 10 Jahren steuerfrei, da   • Abgeltungssteuer 25%+ SolZ    • Nach 1 Jahr steuerfrei, da keine
  keine steuerlich relevante      • Beteiligung ≥ 1%: Einkünfte aus   steuerlich relevante Einkunftsart
  Einkunftsart                      Gewerbebetrieb iSd § 17 EStG
                                  • Teileinkünfteverfahren (TEV)   • Aber: Verlängerung der Frist auf
                                                                     10 Jahre, falls Einkünfte erzielt
                                  Übriges Kapitalvermögen           (§ 23 Abs. 1 Nr. 2 S. 2 EStG)
                                  (Forderungen, Pfandbriefe)
                                  • Einkünfte aus Kapitalvermögen
                                    iSd § 20 Abs. 2 EStG
                                  • Abgeltungssteuer 25%+ SolZ
```

Gewinne aus dem Verkauf von privatem Kapitalvermögen (Aktien, GmbH-Anteile, Kapitalforderungen jeder Art) unterliegen unabhängig von der Besitzdauer der Besteuerung nach § 20 Abs. 2 EStG. Grundsätzlich kommt der abgeltende Steuerabzug in Höhe von 25% zuzüglich Solidaritätszuschlags zur Anwendung. **Verluste aus dem Verkauf von privatem Kapitalvermögen** können nur mit Gewinnen aus dem Verkauf von privatem Kapitalvermögen verrechnet werden (§ 20 Abs. 6 EStG). Stammen die Verluste aus dem Verkauf von Aktien, so ist eine Verrechnung nur mit Gewinnen aus Aktienverkäufen möglich (§ 20 Abs. 6 S. 5 EStG). Eine Sonderstellung nehmen **Anteile an Kapitalgesellschaften** ein, wenn der Veräußerer innerhalb der letzten 5 Jahre vor dem Verkauf mehr als 1% des Nennkapitals gehalten hat. In diesem Fall werden die Veräußerungsgewinne als Einkünfte aus Gewerbebetrieb nach § 17 EStG qualifiziert und nach Berücksichtigung des Freibetrags (§ 17 Abs. 4 EStG) durch das Teileinkünfteverfahren zu 60% besteuert (§ 17 Abs. 1 i.V.m. § 3 Nr. 40 Bst. c) EStG). Veräußerungsverluste von mindestens 1%igen Beteiligungen können - abgesehen von der Einschränkung des § 17 Abs. 3 S. 6 EStG – uneingeschränkt mit anderen Einkunftsarten verrechnet werden. Allerdings wirken sich auch Veräußerungsverluste wegen des geltenden Teileinkünfteverfahrens nur zu 60% gewinnmindernd aus (§ 3c Abs. 2 EStG).

Veräußerungen von anderen Wirtschaftsgütern des Privatvermögens (z.B. Gold, Devisen, Antiquitäten) sind als privates Veräußerungsgeschäft in vollem Umfang steuerpflichtig, wenn zwischen Anschaffung und Verkauf nicht mehr als 1 Jahr liegt (§ 23 Abs. 1 Nr. 2 EStG). Diese Frist verlängert sich auf 10 Jahre, wenn die Wirtschaftsgüter zur Erzielung von Einkünften genutzt werden. Verkäufe nach einer mindestens 1 (bzw. 10) jährigen Besitzdauer bleiben dagegen steuerfrei. **Verluste** aus der Veräußerung von anderen Wirtschaftsgütern des Privatvermögens sind steuerlich nur relevant, wenn sie innerhalb der 1 (bzw. 10) jährigen Besitzdauer erfolgen. Eine Verrechnung ist nur mit Gewinnen aus privaten Veräußerungsgeschäften möglich (§ 23 Abs. 3 S. 7 EStG). Nicht ausgeglichene Verluste können ein Jahr zurück- und zeitlich unbegrenzt vorgetragen werden.

2.4.5 Nicht steuerpflichtige Einnahmen

Einnahmen sind dann nicht steuerpflichtig, wenn es sich entweder um nicht steuerbare Vermögensmehrungen oder um Einnahmen, die durch gesetzliche Regelungen steuerbefreit sind. **Nicht steuerbare** Vermögensmehrungen sind Einkünfte, die nicht unter eine der 7 Einkunftsarten fallen. **Steuerfreie** Einnahmen sind aufgrund expliziter gesetzlicher Regelung nach den Vorschriften der §§ 3 - 3b EStG steuerbefreit.

Als wichtigste **nicht steuerbaren Einkünfte,** die nicht unter eine der 7 Einkunftsarten fallen, sind die von anderen Steuergesetzen erfassten Erbschaften und Schenkungen zu nennen. Diese im Erbschaftsteuergesetz geregelten und dort der Besteuerung unterworfenen Vermögensmehrungen werden zur Vermeidung einer Doppelbelastung von der Einkommensteuer nicht erfasst. Dazu gehören auch die nicht unter eine Einkunftsart zu subsumierenden Vermögensmehrungen durch Vermächtnisse, Lotteriegewinne oder Wettgewinne.

Unter die sieben Einkunftsarten fallen auch nur Einkünfte aus Tätigkeiten, die mit Gewinn- oder Überschusserzielungsabsicht unternommen werden. Bei den Betätigungen ohne eine solche Gewinn- bzw. Überschusserzielungsabsicht spricht die Rechtsprechung von steuerlicher „**Liebhaberei**". Einkünfte – insbesondere Verluste – aus Liebhaberei sind steuerlich unbeachtlich. Problematisch ist dabei die Beurteilung der Gewinn- oder Überschusserzielungs*absicht*, setzt sie doch einen Schluss von inneren auf äußere Merkmale voraus. Im Rahmen der Gewinneinkünfte liegt keine **Gewinnerzielungsabsicht** vor, wenn in der gesamten Dauer der wirtschaftlichen Betätigung keine Gewinne erzielt werden können. Insoweit kommt es entscheidend auf ein Streben nach Totalgewinn an. Dabei sind die Gewinne anhand der Gewinnermittlungsvorschriften der §§ 4 - 7 EStG zu bestimmen. Alle anfallenden Gewinne, also auch einschließlich etwa anfallender Veräußerungsgewinne, sind insoweit zu berücksichtigen. Zu wiederholen ist in diesem Zusammenhang, dass die Erzielung von Steuervorteilen nicht als Gewinnerzielung gilt.

Im Bereich der Überschusseinkünfte liegt keine **Überschusserzielungsabsicht** vor, wenn in der gesamten Dauer der wirtschaftlichen Betätigung keine Überschüsse der Einnahmen über die Werbungskosten erzielt werden können. Dabei sind anfallende Veräußerungsgewinne nicht zu berücksichtigen, soweit diese nicht zu den Überschusseinkünften gehören.

Als Konsequenz aus dem Vorliegen der Liebhaberei werden die erzielten Einkünfte als einkommensteuerlich unbeachtlich qualifiziert. Folglich dürfen die erwirtschafteten Verluste die steuerpflichtigen Einnahmen des Steuerpflichtigen nicht mindern, eventuelle in einer Periode erzielte positive Einkünfte aus Liebhabereitätigkeit dürfen die steuerpflichtigen Einnahmen nicht erhöhen.

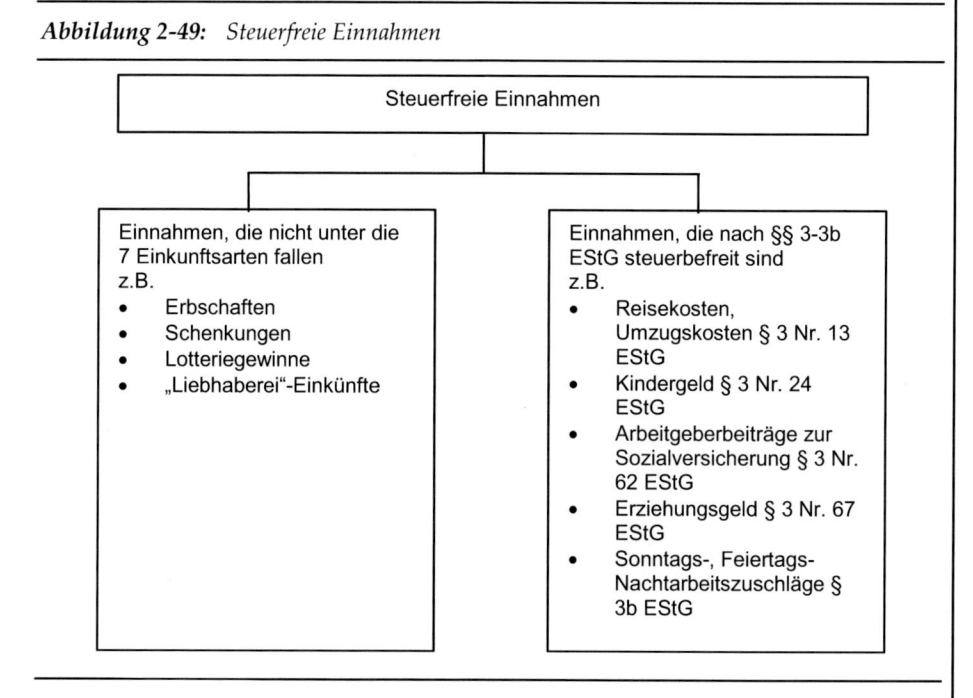

Abbildung 2-49: Steuerfreie Einnahmen

```
                        Steuerfreie Einnahmen
                        ┌──────────┴──────────┐
  Einnahmen, die nicht unter die      Einnahmen, die nach §§ 3-3b
  7 Einkunftsarten fallen              EStG steuerbefreit sind
  z.B.                                 z.B.
  • Erbschaften                        • Reisekosten,
  • Schenkungen                          Umzugskosten § 3 Nr. 13
  • Lotteriegewinne                      EStG
  • „Liebhaberei"-Einkünfte            • Kindergeld § 3 Nr. 24
                                         EStG
                                       • Arbeitgeberbeiträge zur
                                         Sozialversicherung § 3 Nr.
                                         62 EStG
                                       • Erziehungsgeld § 3 Nr. 67
                                         EStG
                                       • Sonntags-, Feiertags-
                                         Nachtarbeitszuschläge §
                                         3b EStG
```

Einnahmen, die sich unter die sieben Einkunftsarten subsumieren lassen, können durch explizite Vorschrift von der Besteuerung ausgenommen werden (**steuerbefreite Einnahmen** §§ 3-3b EStG). Als rechtfertigender Grund für die Nichtbesteuerung werden im Regelfall sozial- und kulturpolitische Motive angegeben, an deren Stichhaltig-

2 Die Einkommensteuer

keit in vielen Fällen durchaus erhebliche Zweifel angebracht sind. Als Beispiele steuerfreier Einnahmen aus dem unsystematischen Katalog des § 3 EStG lassen sich aufzählen:

- Nr. 1: Leistungen aus Kranken- und Unfallversicherung
- Nr. 2: Arbeitslosengeld
- Nr. 13: Vergütungen für Reisekosten, Umzugskosten, Verpflegungsmehraufwendungen
- Nr. 24: Kindergeld
- Nr. 44: Stipendien aus öffentlichen Kassen
- Nr. 62: Ausgaben des Arbeitgebers zur Zukunftssicherung des Arbeitnehmers. Darunter fallen insbesondere die gesetzlichen Arbeitgeberbeiträge zur Sozialversicherung (Kranken-, Renten-, Arbeitslosenversicherung).
- Nr. 67: Erziehungsgeld

Steuerfrei schließlich bleiben Lohnzuschläge für Sonntags-, Feiertags- und Nachtarbeit nach § 3b EStG, soweit sie einen bestimmten Prozentsatz des Basislohns nicht überschreiten. Diese Vorschrift sieht sich in besonderem Maße Bedenken einer Gleichheitsverletzung ausgesetzt, da sie einzelne Einkünfte gegenüber anderen Einkunftsarten in kaum zu rechtfertigender Weise privilegiert.

Für die **Ausgaben, die mit steuerfreien Einnahmen in Zusammenhang** stehen, gilt ein in § 3c EStG verankertes Korrespondenzprinzip. Betriebsausgaben und Werbungskosten, die mit steuerfreien Einnahmen in unmittelbarem wirtschaftlichen Zusammenhang stehen, sind vom Abzug ausgeschlossen (§ 3c Abs. 1 EStG).

2.5 Verlustausgleich und Verlustabzug

2.5.1 Grundsätze der Verlustberücksichtigung

Eine Besteuerung nach der wirtschaftlichen Leistungsfähigkeit erfordert auch die Verlustberücksichtigung für ertragsteuerliche Zwecke. Nach dem Nettoprinzip sind nicht nur leistungsfähigkeitserhöhende, sondern auch leistungsfähigkeitsmindernde Tatbestände bei der Besteuerung zu berücksichtigen. Dies erfordert, dass Verluste innerhalb aller sieben Einkunftsarten grundsätzlich berücksichtigungsfähig sein müssen. Allerdings sind bei der praktischen Umsetzung dieses wichtigen Grundsatzes im deutschen Einkommensteuerrecht Einschränkungen zu verzeichnen.

2.5 Verlustausgleich und Verlustabzug

Abbildung 2-50: *Verlustverrechnung*

```
                        Verlustverrechnung
                                │
                ┌───────────────┴───────────────┐
                │                               │
   1. Stufe: Verlustausgleich        2. Stufe: Verlustabzug
       § 2 III EStG                      § 10d EStG

   Innerperiodische Verlust-          Interperiodische
   berücksichtigung                   Verlustberücksichtigung

   • Horizontaler Verlustausgleich    • Verlustrücktrag § 10d I EStG
   • Vertikaler Verlustausgleich      • Verlustvortrag  § 10d II EStG
```

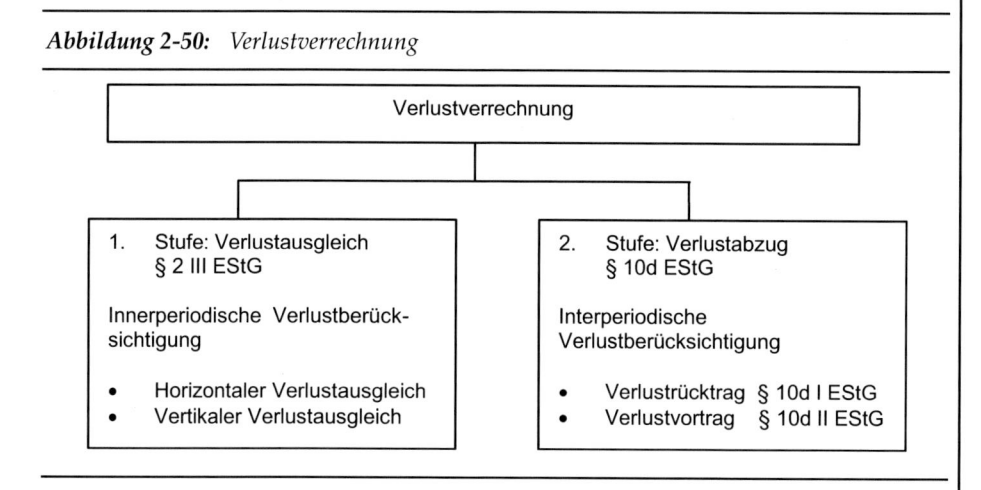

Die Verlustverrechnung vollzieht sich in **zwei Stufen**. Auf einer ersten Stufe erfolgt ein so genannter **Verlustausgleich**, der eine innerperiodische Verlustberücksichtigung zum Gegenstand hat. Die zweite Stufe ist gekennzeichnet von einem Verlustübertrag auf andere Perioden, also einem interperiodischen **Verlustabzug** nach § 10d EStG.

2.5.2 Verlustausgleich

Der innerperiodische Verlustausgleich vollzieht sich ebenfalls in zwei Schritten. Im ersten Schritt erfolgt zunächst der so genannte **horizontale (interne) Verlustausgleich**, bei dem **Verluste innerhalb derselben Einkunftsart** verrechnet werden. Beispielsweise können innerhalb der Einkünfte aus Gewerbebetrieb Verluste aus der Beteiligung an einer Personengesellschaft (§ 15 Abs. 1 Nr. 2 EStG) mit Gewinnen aus einem Einzelunternehmen (§ 15 Abs. 1 Nr. 1 EStG) ausgeglichen werden oder innerhalb der Einkünfte aus Vermietung und Verpachtung können Verluste aus der Vermietung eines Gebäudes mit den Gewinnen aus der Vermietung eines anderen Gebäudes verrechnet werden.

Im zweiten Schritt erfolgt der so genannte **vertikale (externe) Verlustausgleich**. Dieser umfasst einen Verlustausgleich zwischen unterschiedlichen Einkunftsarten, also werden etwa Verluste aus Gewerbebetrieb mit positiven Einkünften aus Vermietung und Verpachtung ausgeglichen.

Abbildung 2-51: Beispiel zum Verlustausgleich

Beispiel:
Im Jahr 2009 möge der Steuerpflichtige die folgenden Einkünfte erzielen:
- aus einer OHG-Beteiligung   - 1.700.000 €
- Gehalt aus Arbeitsverhältnis   80.000 €
- aus einem gewerblichen Einzelunternehmen   100.000 €
- aus Vermietung von Wohnungen   - 280.000 €

Lösung:
Einkünfte aus Gewerbebetrieb (§ 15 I EStG)
- aus einem gewerblichen Einzelunternehmen   100.000 €
- aus einer OHG-Beteiligung   - 1.700.000 €
= Einkünfte aus Gewerbebetrieb   - 1.600.000 €   *(Horizontaler Verlustausgleich)*

Einkünfte aus nicht selbständiger Arbeit (§ 19 EStG)   80.000 €
Einkünfte aus V+V (§ 21 EStG)   - 280.000 €   *(Vertikaler Verlustausgleich)*

= Summe der 7 Einkunftsarten   - 1.800.000 €

Der Verlustausgleich ist allerdings in den folgenden Fällen ausgeschlossen oder nur eingeschränkt möglich. Zum einen können Verluste aus einer wegen fehlender Einkunftserzielungsabsicht nicht steuerbaren Tätigkeit (Liebhaberei) nicht ausgeglichen werden. Zum anderen schließt eine Reihe von expliziten Vorschriften den Verlustausgleich aus. Einen Überblick über die gesetzlichen Regelungen, die den Verlustausgleich einschränken, gibt die nachfolgende Abbildung. Eine detaillierte Darstellung der Beschränkungen erfolgt im Rahmen der jeweiligen Einkunftsart.

Abbildung 2-52: Kodifizierte Ausnahmen vom Verlustausgleich

Bei den folgenden Tatbeständen kann ein Verlustausgleich nicht vorgenommen werden:

- Verluste aus bestimmten ausländischen Quellen (§ 2a EStG)
- Verluste in Zusammenhang mit steuerfreien Einnahmen (§ 3c Abs. 1 EStG)
- 60% der Verluste, die mit Einnahmen im Sinne des § 3 Nr. 40 EStG in Zusammenhang stehen (§ 3c Abs. 2 EStG)
- Verluste aus gewerblicher Tierzucht und Tierhaltung (§ 15 Abs. 4 EStG)
- Verlustanteile beschränkt haftender Gesellschafter von Personengesellschaften (§ 15a EStG)
- Verluste in Zusammenhang mit Steuerstundungsmodellen (§ 15b EStG)
- Verluste aus Kapitalvermögen (§ 20 Abs. 6 EStG)
- Verluste aus sonstigen Leistungen (§ 22 Nr. 3 EStG)
- Verluste aus privaten Veräußerungsgeschäften (§ 23 Abs. 3 Satz 7 EStG)

Verlustausgleich und Verlustabzug — **2.5**

Die Reihenfolge für den innerperiodischen Verlustausgleich geschieht nach der verbindlichen Regel, dass zuerst ein horizontaler, dann ein vertikaler Verlustausgleich erfolgt.

2.5.3 Verlustabzug

Die zweite Stufe der Verlustberücksichtigung, der **interperiodische Verlustabzug** nach § 10d EStG, gewährleistet eine Besteuerung nach der wirtschaftlichen Leistungsfähigkeit im Rahmen einer Abschnittsbesteuerung. Negative Periodenergebnisse müssen bei einer an der wirtschaftlichen Leistungsfähigkeit ausgerichteten Besteuerung grundsätzlich zu einer Reduktion der Steuerbelastung führen. Dem Gesetzgeber bieten sich dazu die folgenden Gestaltungsmöglichkeiten: Zum einen kommt eine sofortige negative Steuer in Betracht, also eine Steuererstattung in Höhe des Produkts aus Verlust multipliziert mit dem Steuersatz. Eine derartige Ausgestaltung der Verlustverrechnung kann zu einer starken Liquiditätsbelastung des Fiskus führen. Daneben bietet sich die konzeptionelle Möglichkeit einer Verlustverrechnungsmöglichkeit mit zukünftigen Einkünften an. Beide Möglichkeiten sind im deutschen Steuersystem kombiniert durch den Verlustrücktrag (§ 10d Abs. 1 EStG), der als sofortige Steuererstattung interpretiert werden kann, und den Verlustvortrag nach § 10 d Abs. 2 EStG. Im Rahmen der Verlustbehandlung sieht das Gesetz nach der derzeitigen Rechtslage ein Wahlrecht vor (§10d Abs. 1 Satz 5 EStG).

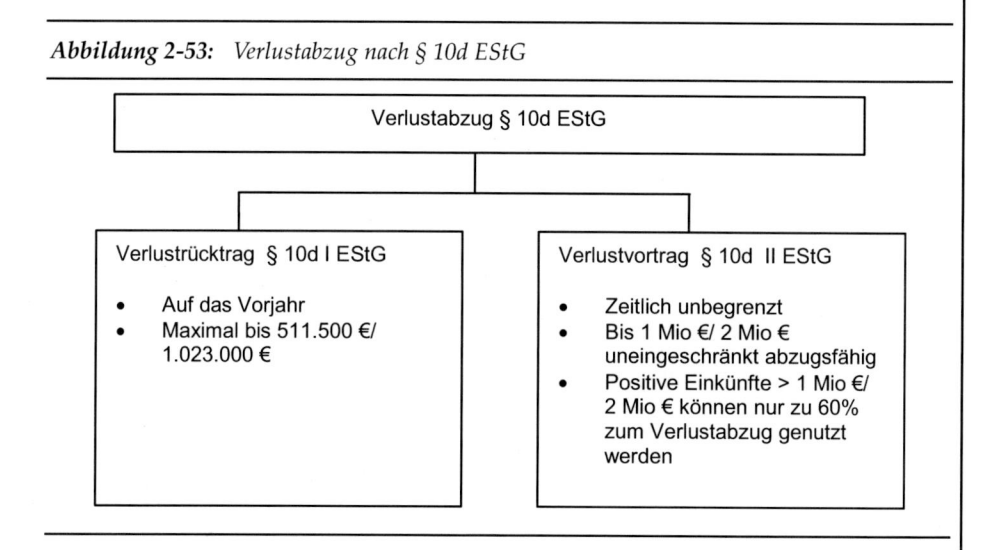

Abbildung 2-53: Verlustabzug nach § 10d EStG

```
                    ┌─────────────────────────────┐
                    │   Verlustabzug § 10d EStG   │
                    └──────────────┬──────────────┘
                      ┌────────────┴────────────┐
        ┌─────────────┴──────────────┐  ┌───────┴──────────────────────┐
        │ Verlustrücktrag § 10d I    │  │ Verlustvortrag § 10d II EStG │
        │ EStG                       │  │                              │
        │                            │  │  • Zeitlich unbegrenzt       │
        │  • Auf das Vorjahr         │  │  • Bis 1 Mio €/ 2 Mio €      │
        │  • Maximal bis 511.500 €/  │  │    uneingeschränkt abzugs-   │
        │    1.023.000 €             │  │    fähig                     │
        │                            │  │  • Positive Einkünfte > 1    │
        │                            │  │    Mio €/ 2 Mio € können nur │
        │                            │  │    zu 60% zum Verlustabzug   │
        │                            │  │    genutzt werden            │
        └────────────────────────────┘  └──────────────────────────────┘
```

Aufgrund der starken Liquiditätsbelastung der Staatsfinanzen durch Steuererstattungen ist der **Verlustrücktrag** nur eingeschränkt möglich. Der Verlustrücktrag ist auf nur

Die Einkommensteuer

einen vorausgegangenen Veranlagungszeitraum und auf die Höhe von 511.500 € begrenzt (max. 1.023.000 € bei zusammenveranlagten Steuerpflichtigen, vgl. § 10d Abs. 1 EStG). Ein Steuerpflichtiger kann den Rücktrag ganz oder teilweise in Anspruch nehmen oder völlig darauf verzichten (§ 10d Abs. 1 Satz 5-6 EStG).

Als **Wahlrecht** ausgestaltet ist die Alternative, wonach Verluste zeitlich unbegrenzt auf kommende Veranlagungszeiträume übertragen werden können (§ 10d Abs. 2 EStG). In den folgenden Veranlagungszeiträumen dürfen Verluste nur bis zum Gesamtbetrag der Einkünfte von 1 Mio. € (bzw. 2 Mio. € bei zusammenveranlagten Steuerpflichtigen) unbeschränkt abgezogen werden. Darüber hinaus dürfen Verluste aus Vorperioden maximal bis zu 60% des übersteigenden Gesamtbetrags der Einkünfte geltend gemacht werden. Dadurch wird erreicht, dass in Perioden, in denen namhafte Gewinne erzielt werden, selbst dann Steuern zu entrichten sind, wenn hohe Verlustvorträge aus Vorperioden vorhanden sind (sog. Mindestbesteuerung). Die Begrenzung des Verlustabzugs führt zu einer Verlängerung des Verlustverrechnungszeitraums und hat damit negative Liquiditätseffekte für den Steuerpflichtigen.

Abbildung 2-54: Beispiel zum Verlustabzug

Der unverheiratete Steuerpflichtige erzielt folgende Einkünfte:	
im Jahr 2009: Summe der Einkünfte	- 1.800.000 €
im Jahr 2008: Gesamtbetrag der Einkünfte	+ 100.000 €
im Jahr 2010: Gesamtbetrag der Einkünfte	+ 1.500.000 €
Verlustrücktrag auf das Jahr 2008:	**- 100.000 €**
Gesamtbetrag der Einkünfte in 2008	0 €
verbleibende Verluste aus 2009 (Verlustvortrag)	-1.700.000 €
Verlustvortrag auf das Jahr 2010:	
Gesamtbetrag der Einkünfte in 2010	1.500.000 €
davon uneingeschränkt zum Verlustausgleich nutzbar	-1.000.000 €
Übersteigende Einkünfte	500.000 €
zu 60% zum Verlustabzug nutzbar	- 300.000 €
steuerpflichtige Einkünfte in 2010	200.000 €
Verbleibende Verluste aus 2009 (Verlustvortrag)	- 400.000 €

Obwohl der Steuerpflichtige in den Jahren 2008 – 2010 insgesamt ein negatives Einkommen von –200.000 € erzielt hat, muss er durch die Begrenzung des Verlustabzugs auf 60% des 1 Mio. € übersteigenden Gesamtbetrags der Einkünfte im Jahr 2010 200.000 € versteuern. Dadurch verlängert sich der Zeitraum der Verlustverrechnung.

Der Verlustabzug wird beim Gesamtbetrag der Einkünfte des Abzugsjahres vorrangig vor Sonderausgaben und außergewöhnlichen Belastungen abgezogen. Abzugsfähig sind die "negativen Einkünfte" im Verlustjahr. Dies bewirkt, dass sich Sonderausgaben, außergewöhnliche Belastungen und sonstige Abzugsbeträge im Verlustjahr nicht auswirken. Eine derartige Regelung kann nicht frei von Kritik bleiben. Da an die negativen Einkünfte angeknüpft wird, wird das Prinzip der Besteuerung nach der individuellen wirtschaftlichen Leistungsfähigkeit im Verlustentstehungsjahr durchbrochen. Der verbleibende Verlustvortrag wird einheitlich und gesondert festgestellt (§ 10d Abs. 4 EStG).

2.6 Die Ermittlung des zu versteuernden Einkommens

2.6.1 Zielsetzung

Während die Ermittlung der Summe der Einkünfte bzw. des Gesamtbetrags der Einkünfte der Ermittlung der objektiven Leistungsfähigkeit dient, erfordert eine Besteuerung nach der individuellen wirtschaftlichen Leistungsfähigkeit, dass zusätzlich subjektive Elemente des Steuerpflichtigen berücksichtigt werden, die die Verfügbarkeit seines Einkommens beeinträchtigen. Entsprechende subjektive Faktoren der wirtschaftlichen Leistungsfähigkeit werden technisch im Rahmen der Ermittlung des zu versteuernden Einkommens erfasst. Von Bedeutung sind insbesondere die Sonderausgaben sowie die außergewöhnlichen Belastungen.

2.6.2 Sonderausgaben

Geregelt ist der Themenbereich der Sonderausgaben in den §§ 10 - 10c EStG. Man versteht darunter bestimmte gesetzlich abschließend genannte Privataufwendungen, die vom Gesamtbetrag der Einkünfte abgezogen werden können. Es handelt sich dabei um notwendige **Ausgaben für die private Daseinsvorsorge**. Ihr Abzug dient der Ermittlung der subjektiven Leistungsfähigkeit (subjektives Nettoprinzip). Der Sonderausgabenabzug umfasst zum einen die Berücksichtigung bestimmter Lebensführungskosten oder deren pauschale Abgeltung (§§ 10 - 10c EStG). Daneben kommt ein Abzug wie Sonderausgaben in Betracht, so nach den Bestimmungen der § 10a, § 10d, § 10e, § 10f - h EStG. Dabei sind bloß rechnerische Abzüge vom Gesamtbetrag der Einkünfte angesprochen, ohne dass es sich um Lebensführungskosten handelt.

Die **Voraussetzungen** für den Sonderausgabenabzug nach § 10 und § 10b EStG lassen sich wie folgt umschreiben. Zunächst muss es sich um die im Gesetz nach dem Enumerationsprinzip aufgezählten Ausgaben handeln. Ferner dürfen weder Betriebsausgaben noch Werbungskosten vorliegen, es gilt also das Subsidiaritätsprinzip. Zudem darf die Ausgabe nicht in Zusammenhang mit steuerfreien Einnahmen stehen. Der Steuerpflichtige muss schließlich die Ausgabe selbst schulden und die Leistung der Ausgabe muss im Kalenderjahr erfolgt sein. Zum Sonderausgabenabzug sind prinzipiell nur solche natürlichen Personen berechtigt, die der unbeschränkten Steuerpflicht unterliegen.

Abbildung 2-55:   *Begriff der Sonderausgaben*

Sonderausgaben sind Aufwendungen, die

- nach ihrem Charakter Privataufwendungen,
- weder Betriebsausgaben noch Werbungskosten sind,
- nicht in Zusammenhang mit steuerfreien Einnahmen stehen und
- aufgrund expliziter gesetzlicher Vorschriften
- vom Gesamtbetrag der Einkünfte abgezogen werden können.

Im System der Sonderausgaben unterscheidet man die unbeschränkt abzugsfähigen Sonderausgaben von den beschränkt abzugsfähigen Sonderausgaben. Bei den **unbeschränkt abzugsfähigen Sonderausgaben** handelt es sich um

- Renten und dauernde Lasten gem. § 10 Abs. 1 Nr. 1a EStG, die nicht mit Einkünften in Zusammenhang stehen,
- Leistungen aufgrund eines schuldrechtlichen Versorgungsausgleichs § 10 Abs. 1 Nr. 1b EStG sowie um
- im Kalenderjahr gezahlte Kirchensteuer § 10 Abs. 1 Nr. 4 EStG, soweit es nicht um die im Rahmen der Abgeltungsteuer pauschal erhobene Kirchensteuer handelt.

Die **beschränkt abzugsfähigen Sonderausgaben** sind nur im Rahmen der gesetzlich vorgegebenen Höchstbeträge abzugsfähig. Zunächst zu nennen sind die **Unterhaltsleistungen** an den geschiedenen oder dauernd getrennt lebenden Ehegatten bis zur Höhe von maximal 13.805 € p.a. (§ 10 Abs. 1 Nr. 1 EStG). Die als Sonderausgabe abgezogenen Beträge sind beim Empfänger als Sonstige Einkünfte zu versteuern (Realsplitting, § 22 Nr. 1 EStG).

Die wichtigste Kategorie der beschränkt abzugsfähigen Sonderausgaben stellen die **Vorsorgeaufwendungen** dar. Die Vorsorgeaufwendungen umfassen die Altersvorsorgebeiträge sowie die sonstigen Vorsorgeaufwendungen. Zu den **Altersvorsorgebeiträgen** gehören die Beiträge zu den gesetzlichen Rentenversicherungen, berufsständischen Versorgungseinrichtungen und landwirtschaftlichen Alterskassen (§ 10 Abs. 1 Nr. 2 Bst. a) EStG) sowie die Beiträge zu einer privaten kapitalgedeckten Altersversorgung auf Rentenbasis (§ 10 Abs. 1 Nr. 2 BSt b) EStG, sog. Rürup-Versicherung). Unter die **sonstigen Vorsorgeaufwendungen** fallen Versicherungsbeiträge für Kranken-, Krankenhaustagegeld-, Pflege-, Unfall-, Arbeitslosen-, Haftpflicht-, Risikolebens-, Erwerbs- und Berufsunfähigkeitsversicherungen gemäß § 10 Abs. 1 Nr. 3 EStG. Die

Vorsorgeaufwendungen sind im Rahmen der **folgenden Höchstbeträge** nach § 10 Abs. 3, Abs. 4 EStG abzugsfähig.

- **Altersvorsorgeaufwendungen** sind bis zu einem Höchstbetrag von maximal 20.000 € (Ledige)/ 40.000 € (Verheiratete) abzugsfähig. Im Rahmen des Übergangs auf die nachgelagerte Besteuerung der Alterseinkünfte wird die volle Abzugsfähigkeit der Altersvorsorgeaufwendungen aber erst ab dem Jahr 2025 in vollem Umfang gewährt. Für das Jahr 2005 ist der abzugsfähige Anteil auf 60% des Höchstbetrages festgelegt. Dieser Prozentsatz wird jedes Jahr um 2% erhöht (§ 10 Abs. 3 Satz 4 und 6 EStG). Im Jahr 2009 beläuft sich der abzugsfähige Anteil folglich auf 68% des Höchstbetrags. Die abzugsfähigen Altersversorgungsaufwendungen sind bei versicherungspflichtigen Arbeitnehmern um die steuerfreien Arbeitgeberanteile zur gesetzlichen Rentenversicherung zu vermindern. Bei Steuerpflichtigen, die für ihre Altersversorgung keine eigenen Beiträge leisten müssen (z.B. Beamte) mindert sich der abzugsfähige Betrag der Altersvorsorgeaufwendungen um einen fiktiven Rentenversicherungsbeitrag.

- **Sonstige Vorsorgeaufwendungen** können bis zu einem Betrag von 2.400 € (Selbständige) bzw. 1.500 € (Arbeitnehmer, Rentner, Beamte) als Sonderausgaben abgezogen werden. Bei zusammenveranlagten Ehegatten bestimmt sich der gemeinsame Höchstbetrag nach der Summe der jedem Ehegatten zustehenden Höchstbeträge (§ 10 Abs. 4 EStG).

In dieser Höchstbetragsbegrenzung sieht das BVerfG einen Verstoß gegen die Besteuerung nach der individuellen wirtschaftlichen Leistungsfähigkeit, soweit der Sonderausgabenabzug die Beiträge zu einer privaten Krankheitskostenversicherung und einer privaten Pflegepflichtversicherung nicht in dem Umfang erfasst, der erforderlich ist, um dem Steuerpflichtigen und seiner Familie eine sozialhilfegleiche Kranken- und Pflegeversorgung zu gewährleisten (BVerfG-Beschluss vom 13.2.2008 2 BvL 1/06).

Nach dem Gesetzentwurf des Bürgerentlastungsgesetzes, mit dem die Vorgaben aus dem BVerfG-Beschlusses vom 13.2.2008 umgesetzt werden, sollen Vorsorgeaufwendungen für Kranken- und Pflegeversicherung ab dem Jahr 2010 in Höhe des Basistarifs der privaten Krankenversicherung für den Steuerpflichtigen, seinen Ehe-bzw. Lebenspartner sowie für unterhaltsberechtigte Kinder abzugsfähig werden. Andere Vorsorgeaufwendungen (z.B. für Haftpflicht-, Arbeitslosen- oder Unfallversicherung) sind dann nicht mehr abzugsfähig. Eine Schlechterstellung ergibt sich aus dieser Einschränkung in der Regel nicht, da diese durch den bisher geltenden Höchstbetrag in der Regel ohnehin nicht abzugsfähig sind.

In einer bis zum Jahr 2019 gelten Übergangsregelung prüft die Finanzverwaltung von Amts wegen im Rahmen der steuerlichen Veranlagung, ob die bis zum Jahr 2004 geltenden Regelungen zum Abzug der Vorsorgeaufwendungen einen höheren Abzug für

2 Die Einkommensteuer

den Steuerpflichtigen ergeben. Es wird der für den Steuerpflichtigen jeweils höhere Abzugsbetrag angesetzt. (sog. **Günstigerprüfung** nach § 10 Abs. 4a EStG).

Abbildung 2-56: Sonderausgaben

Begriff: bestimmte gesetzlich fixierte Privataufwendungen, die vom Gesamtbetrag der Einkünfte abgezogen werden dürfen

unbeschränkt abzugsfähige Sonderausgaben	beschränkt abzugsfähige Sonderausgaben
• Renten und dauernde Lasten gem. § 10 Abs. 1 Nr. 1a EStG (Ausnahme: Beschränkung der Leibrenten) • Leistungen aufgrund eines schildrechtlichen Versorgungsausgleichs, § 10 Abs. 1 Nr. 1b EStG • Kirchensteuern gem. § 10 Abs. 1 Nr. 4 EStG außer pauschal erhobene KiSt im Rahmen der Abgeltungssteuer	• Unterhaltsleistungen an geschiedene oder getrennt lebende Ehegatten (Realsplitting) gem. § 10 Abs. 1 Nr. 1 EStG, max. 13.805 € • Altersvorsorgeaufwendungen , § 10 Abs. 1 Nr. 3, 10 Abs. 3 EStG • Sonstige Vorsorgeaufwendungen, § 10 Abs. 4, 5 EStG • Eigene Berufsausbildungskosten bis max. 4.000 € gem. § 10 Abs. 1 Nr. 7 EStG • 30 % (max. 5.000 €) des Schulgeldes für Privatschulen, § 10 Abs. 1 Nr. 9 EStG • Beiträge zur zusätzlichen Altersvorsorge bis max. 2.100 € (Riester-Rente), § 10a EStG • Beiträge und Spenden, § 10b EStG • 2/3 der Kinderbetreuungskosten bis max. 4.000€, § 9c Abs. 1, 2 EStG

Zudem fallen unter die Kategorie der beschränkt abzugsfähigen Sonderausgaben

- Aufwendungen für die **eigene (erstmalige) Berufsausbildung** sowie für ein Erststudium sind grundsätzlich nicht abziehbare Aufwendungen der privaten Lebensführung (§ 12 Nr. 5 EStG). Allerdings können Aufwendungen für die eigene Berufsausbildung bis zu max. 4.000 € p.a. als Sonderausgaben abgezogen werden (§ 10 Abs. 1 Nr. 7 EStG). Weiterbildungskosten sowie Ausbildungskosten in Zusammenhang mit einem Dienstverhältnis sind als Werbungskosten in vollem Umfang abzugsfähig.

- 30% der Aufwendungen für den **Besuch einer Schule in freier oder privater Trägerschaft** durch ein Kind des Steuerpflichtigen, nicht jedoch für Unterkunft und Verpflegung bis zu max. 5.000 € pro Jahr.(§ 10 Abs. 1 Nr. 9 EStG). Die Abzugsfähigkeit des Schulgeldes setzt voraus, dass die Schule innerhalb der EU oder in einem EWR-Staat gelegen ist oder es sich um eine Deutsche Schule im Ausland handelt.

- **Beiträge für die Altersvorsorge** nach § 10a EStG (sog. „Riester-Rente") sind bis zum Höchstbetrag von 2.100 € abzugsfähig. Der Steuerpflichtige kann entweder die einkommensunabhängige Altersversorgungszulage erhalten (§§ 79 - 99 EStG) oder alternativ den Sonderausgabenabzug für die geleisteten Rentenbeiträge in Anspruch nehmen.

2.6 Die Ermittlung des zu versteuernden Einkommens

Als Sonderausgaben abzugsfähig sind auch Ausgaben für **steuerbegünstigte Zwecke**. Darunter fallen Beiträge und Spenden nach § 10b EStG, die als mildtätige, kirchliche oder wissenschaftliche Zwecke anzusehen sind sowie als Spenden an politische Parteien.

Als Sonderausgaben begrenzt abziehbar sind auch **nicht erwerbsbedingte Aufwendungen für die Betreuung von Kindern**. Im Einzelnen trifft § 9c Abs. 2 EStG folgende Regelungen:

- Zwei Drittel der Betreuungskosten für Kinder bis zum Alter von 14 Jahren, die zum Haushalt des Steuerpflichtigen gehören, können als Sonderausgaben bis zu maximal 4.000 € pro Jahr angesetzt werden (§ 9c Abs. 2 Satz 1 EStG)), wenn ein Elternteil sich in Ausbildung befindet, behindert bzw. dauerhaft krank ist und der andere Elternteil erwerbstätig ist.

- Zwei Drittel der Betreuungskosten für Kinder, die zum Haushalt des Steuerpflichtigen gehören und zwischen 3 und 6 Jahre alt sind, können bis zu maximal 4.000 € pro Jahr und Kind geltend gemacht werden (§ 9c Abs. 2 Satz 4 EStG), unabhängig von einer Erwerbstätigkeit der Eltern.

Der nachfolgende Überblick über die **wie Sonderausgaben zu berücksichtigenden Beträge** geht davon aus, dass es sich dabei um einen bloß rechnerischen Abzug vom Gesamtbetrag der Einkünfte handelt, ohne dass Lebensführungskosten vorliegen.

Abbildung 2-57: Abzugsposten „wie" Sonderausgaben

Folgende Tatbestände werden wie Sonderausgaben vom Gesamtbetrag der Einkünfte abgezogen:

- § 10d EStG: Verlustabzug
- § 10f EStG: Steuerbegünstigung der für eigene Wohnzwecke genutzten Baudenkmale und Gebäude in Sanierungsgebieten
- § 10g EStG: Steuerbegünstigung schutzwürdiger Kulturgüter, die weder zur Einkünfteerzielung noch zu eigenen Wohnzwecken genutzt werden

Sonderausgaben, die keine Vorsorgeaufwendungen sind, können ohne Einzelnachweis mit dem **Sonderausgaben-Pauschbetrag** in Höhe von 36 € (Ledige)/ 72 € (zusammenveranlage Ehegatten) abgezogen werden (§ 10c Abs. 1 EStG). Steuerpflichtige, die Arbeitslohn beziehen, können Vorsorgeaufwendungen ohne Nachweis tatsächlicher Vorsorgeausgaben in Höhe der **Vorsorgepauschale** abziehen (§ 10c Abs. 2 EStG). Die Vorsorgepauschale stellt typisierend den Beitrag der Arbeitnehmer zur Sozialversicherung dar. Für rentenversicherungspflichtige Arbeitnehmer berechnet er sich aus 50% des Rentenversicherungsbetrags in der allgemeinen Rentenversicherung zuzüglich 11% des Arbeitslohns (max. jedoch 1.500 €). Bei nicht rentenversicherungspflichtigen

Steuerpflichtigen sowie bei Rentnern und Pensionären ist die Versorgungspauschale auf 11% des Arbeitslohnes (max. 1.500 €) begrenzt (§ 10c Abs. 3 EStG). Der sich daraus ergebende Betrag ist im Jahr 2005 zu 20% abzugsfähig. Im Rahmen des Übergangs auf eine nachträgliche Versteuerung der Alterseinkünfte wird der abzugsfähige Anteil jährlich um 4% erhöht, bis ab dem Jahr 2025 der volle typisierte Arbeitnehmerbeitrag zur Sozialversicherung als Vorsorgepauschale abzugsfähig ist. Im Jahr 2009 sind also 36% des Betrages abzugsfähig.

2.6.3 Außergewöhnliche Belastungen

Außergewöhnliche Belastungen sind Aufwendungen, die eigentlich der privaten Lebensführung zuzurechnen sind und nur durch explizite gesetzliche Regelung zum Abzug zugelassen werden. Mit ihnen verfolgt der Gesetzgeber den Zweck, die Berücksichtigung der subjektiven Leistungsfähigkeit des Steuerpflichtigen zu gewährleisten, den Charakter der Einkommensteuer als Personensteuer zu wahren sowie den Gleichheitssatz umzusetzen.

Abbildung 2-58: Definition der außergewöhnlichen Belastungen

Außergewöhnliche Belastungen sind dem Steuerpflichtigen
- zwangsläufig erwachsende
- höhere Aufwendungen als bei der überwiegenden Mehrzahl der Steuerpflichtigen gleicher Einkommens- und Vermögensverhältnisse und gleichen Familienstands,
- die weder Betriebsausgaben noch Werbungskosten noch Sonderausgaben darstellen und
- den Steuerpflichtigen tatsächlich belasten.

Außergewöhnliche Belastungen sind im §§ 33ff. EStG geregelt. Das Gesetz unterscheidet zwischen einer allgemeinen Fassung der außergewöhnlichen Belastungen nach § 33 EStG sowie besonders normierten Fällen in den §§ 33a – 33c EStG. Im Hinblick auf deren Anwendungsbereich kann festgehalten werden, dass § 33a nicht neben § 33 EStG angewendet werden kann. Vielmehr besteht ein Vorrang der normierten Abzüge, vgl. auch § 33a Abs. 5 EStG.

Erwachsen einem Steuerpflichtigen nach § 33 EStG zwangsläufig größere Aufwendungen als der überwiegenden Mehrzahl der Steuerpflichtigen mit gleichen Einkommensverhältnissen, gleichen Vermögensverhältnissen und gleichem Familienstand (außergewöhnliche Belastung), so kann auf Antrag das steuerpflichtige Einkommen gemindert werden. Dies erfolgt dadurch, dass der Teil der Aufwendungen, der die zumutbare Belastung nach § 33 Abs. 3 EStG übersteigt, vom Gesamtbetrag der Einkünfte abgezogen wird. § 33 EStG setzt somit eine Belastung des Steuerpflichtigen auf

2.6 Die Ermittlung des zu versteuernden Einkommens

Grund außergewöhnlicher sowie dem Grunde und der Höhe nach zwangsläufiger Aufwendungen voraus. Der Steuerpflichtige ist belastet, wenn ein Ereignis in seiner persönlichen Lebenssphäre ihn zu Ausgaben zwingt, die er selbst endgültig zu tragen hat. Die Belastung tritt mit der Verausgabung ein.

Zwangsläufigkeit (§ 33 Abs. 2 Satz 1 EStG) erfordert, dass der Steuerpflichtige sich der Ausgabe aus moralischen, rechtlichen oder tatsächlichen Gründen nicht entziehen kann, soweit die Aufwendungen den Umständen nach notwendig sind und einen angemessenen Betrag nicht übersteigen. Zwangsläufigkeit dem Grunde nach wird in der Regel auf Aufwendungen des Steuerpflichtigen für sich selbst oder für Angehörige im Sinne des § 15 AO beschränkt sein. Aufwendungen für andere Personen können diese Voraussetzung nur ausnahmsweise erfüllen (sittliche Pflicht). Aufwendungen, die zu den Betriebsausgaben, Werbungskosten oder Sonderausgaben gehören, bleiben dabei im Regelfall außer Betracht. Dabei ist es unerheblich, ob tatsächlich ein Abzug als Betriebsausgaben, Werbungskosten oder Sonderausgaben erfolgt ist, oder dieser wegen eines Abzugsverbotes oder einer Höchstbetragsbegrenzung unterbleiben musste. Eine Ausnahme davon besteht hinsichtlich der Ausbildungskosten nach § 10 Abs. 1 Nr. 7 und Nr. 9 EStG, die mit den nicht als Sonderausgaben ansetzbaren, übersteigenden Beträgen als außergewöhnliche Belastungen geltend gemacht werden können (§ 33 Abs. 2 Satz 2 2. HS EStG).

Abbildung 2-59: Arten der außergewöhnlichen Belastungen

außergewöhnliche Belastungen bei allgemeinen Fällen nach § 33 EStG	außergewöhnliche Belastungen bei normierten Fällen nach § 33a, b, c EStG
• Beispiele: Krankheitskosten, Brand- und Unwetterschaden • Die Aufwendungen können nur insoweit als außergewöhnliche Belastungen abgezogen werden, als sie die dem Steuerpflichtigen gem. § 33 Abs. 3 EStG zumutbare Belastungen übersteigen	• Unterhaltsleistungen an Personen, für die kein Anspruch auf einen Kinderfreibetrag besteht gem. § 33a Abs. 1 EStG • Ausbildungsfreibetrag für Kinder gem. § 33a Abs. 2 EStG • Aufwendungen für Haushaltshilfe, Heimunterbringung zur dauernden Pflege gem. § 33a Abs. 3 EStG • Pauschbeträge für Behinderte, Hinterbliebene und Pflegepersonen gem. § 33b EStG

Zum Abzug von außergewöhnlichen Belastungen ist ein **Antrag** des Steuerpflichtigen erforderlich (§ 33 Abs. 1 Satz 1 EStG). Ein Abzug ist nur dann zulässig, soweit die außergewöhnliche Belastung des Steuerpflichtigen die **zumutbare Eigenbelastung** übersteigt (§ 33 Abs. 3 EStG). Die zumutbare Eigenbelastung berücksichtigt die wirtschaftliche Leistungsfähigkeit des Steuerpflichtigen und errechnet die Zumutbarkeitsgrenze nach der Formel „Gesamtbetrag der Einkünfte × maßgeblicher Prozentsatz" (§ 33 Abs. 3 EStG).

Abbildung 2-60: Beispiele für außergewöhnliche Belastungen

Die folgende Liste enthält einige Beispiele für außergewöhnliche Belastungen, die nach § 33 EStG anzusetzen sind, wenn die zumutbare Eigenbelastung überschritten ist:

- Krankheitskosten, Heilkuren, Heilbehandlungen
- Kosten für behindertenbedingte oder krankheitsbedingte Unterbringung in Alterswohnheim oder betreuten Wohngemeinschaften
- Ersatzbeschaffung von existentiell notwendigen Gegenständen (Hausrat, Kleidung) nach Brandschaden, Unwetterschaden und andere Katastrophenschäden
- Kosten für die Beerdigung von Angehörigen, die nicht aus dem Nachlass bestritten werden können
- Gerichts- und Anwaltskosten einer Ehescheidung
- Lösegelder

Nicht als außergewöhnliche Aufwendungen abzugsfähig sind beispielsweise: Aufwendungen für Hochzeitsfeier, Mitgift, Anschaffung von Hausrat, Kleidung, Urlaub, Zugewinnausgleich, Verwandtenbesuche, Promotion etc.

Ein **typisierter Abzug** ergibt sich aus §§ 33a – 33b EStG. In derartigen Fällen wird die Außergewöhnlichkeit bei den genannten Belastungen vom Gesetz unterstellt. Eine zumutbare Eigenbelastung muss nicht abgezogen werden, jedoch ist der Abzug auf einen Höchstbetrag begrenzt. Ein typisierter Abzug als außergewöhnliche Belastung ist vorgesehen für:

- **Unterhaltsleistungen** nach § 33a Abs. 1 EStG bis zur max. Höhe von 7.680 €:
  Dies betrifft nur Zahlungen an Personen, für die eine gesetzliche Unterhaltsverpflichtung besteht und für die kein Kindergeldanspruch oder Kinderfreibetrag gewährt wird.

- **Ausbildungsfreibetrag** bei auswärtiger Unterbringung von Kindern (§ 33a Abs. 2 EStG) in Höhe von max. 924 €:
  Die Kosten der Berufsausbildung von Kindern sind durch den Familienlastenausgleich (Kindergeld bzw. Kinderfreibetrag nach § 32 Abs. 6 EStG) abgedeckt. Nur die zusätzliche Belastung durch eine auswärtige Unterbringung wird hier abgefangen.

- **Beschäftigung einer Haushaltshilfe oder Heimunterbringung** bei über 60jährigen oder wegen Krankheit dauerhaft hilfsbedürftigen Steuerpflichtigen (vgl. § 33a Abs. 3 EStG) bis zu max. 624 €. Der maximal abziehbare Betrag erhöht sich auf 924 €, wenn der Steuerpflichtige, sein Ehegatte oder Kinder durch Krankheit dauerhaft hilflos oder schwer behindert sind.

- **Pauschbeträge für Behinderte, Hinterbliebene und Pflegepersonen** nach § 33b EStG:

Die Höhe der Pauschbeträge für Behinderte sind nach dem Grad der Behinderung gestaffelt (vgl. § 33b Abs. 3 EStG). Hinterbliebene erhalten einen (Hinterbliebenen – Pauschbetrag) in Höhe von 370 € (§ 33b Abs. 4 S. 1 EStG). Für Pflegepersonen wird ein Pauschbetrag (Pflege-Pauschbetrag) von 924 € gewährt (§ 33b Abs. 6 S. 1 EStG).

2.7 Steuertarif

2.7.1 Einkommensteuertarif

2.7.1.1 Normaltarif

Das politische Kernstück der Einkommensteuer ist der **progressive Steuertarif**. Während die Bemessungsgrundlage „Einkommen" sowohl ökonomisch als auch rechtsdogmatisch bestimmbar ist, kann der progressive Einkommensteuertarif als Ausdruck einer bestimmten gesellschaftspolitischen Grundwertung interpretiert werden. Der Aufbau des Einkommensteuertarifs wird wesentlich dadurch bestimmt, dass die Steuerbelastung sowohl dem Finanzbedarf des Staates als auch - unter dem Gesichtspunkt der steuerlichen Gerechtigkeit und aus sozialen Gründen - der Leistungsfähigkeit des Steuerpflichtigen angepasst sein muss.

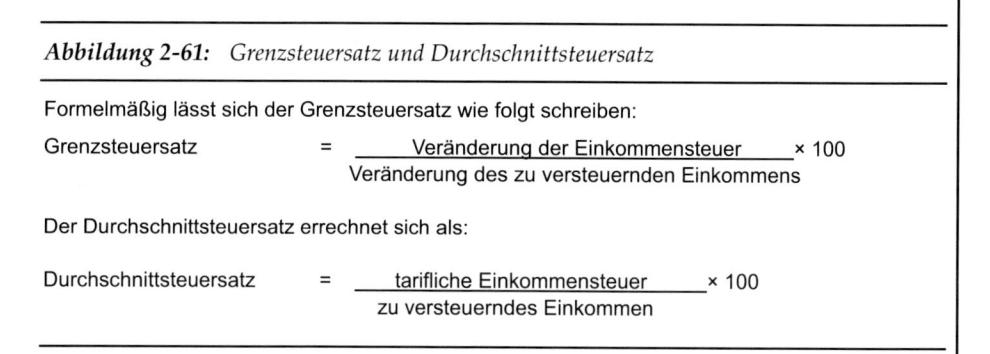

Abbildung 2-61: Grenzsteuersatz und Durchschnittsteuersatz

Formelmäßig lässt sich der Grenzsteuersatz wie folgt schreiben:

$$\text{Grenzsteuersatz} = \frac{\text{Veränderung der Einkommensteuer}}{\text{Veränderung des zu versteuernden Einkommens}} \times 100$$

Der Durchschnittsteuersatz errechnet sich als:

$$\text{Durchschnittsteuersatz} = \frac{\text{tarifliche Einkommensteuer}}{\text{zu versteuerndes Einkommen}} \times 100$$

Der **Grenzsteuersatz** beschreibt die Zunahme der Steuerbelastung, wenn der Steuerpflichtige eine Einheit steuerpflichtiges Einkommen mehr erwirtschaftet. Vom Grenzsteuersatz ist der **Durchschnittsteuersatz** zu unterscheiden. Dieser versteht sich als Steuerbelastung, der das steuerpflichtige Einkommen durchschnittlich unterliegt. Bei einem proportionalen Steuertarif bleiben Durchschnitt- und Grenzsteuersatz konstant. Bei einem progressiv gestalteten Einkommensteuertarif steigt die Durchschnittsbelastung mit wachsendem Einkommen an und nähert sich für sehr hohe Einkommen dem Spitzensteuersatz.

2 Die Einkommensteuer

Rechtsgrundlage der geltenden Tarifstruktur der deutschen Einkommensbesteuerung bilden die §§ 32a ff. EStG. Der derzeit geltende Einkommensteuertarif berücksichtigt insbesondere die vom Bundesverfassungsgericht geforderte Freistellung des Existenzminimums. Die Freistellung wird durch den **Grundfreibetrag** erreicht, der in etwa dem Beihilfesatz eines ledigen Sozialhilfeempfängers entspricht. Der Grundfreibetrag wird entsprechend der Geldentwertung regelmäßig angepasst.

Auf das über dem Grundfreibetrag liegende Einkommen werden in den zwei ersten linear-progressiven Zonen steigende Steuersätze angewendet (**Progressionszone**). Im darauf folgenden Bereich (so genannte obere **Proportionalzone**) wird jeder Einkommenszuwachs gleichbleibend besteuert.

Im Einzelnen ist der **Einkommensteuertarif** unter Berücksichtigung der Maßnahmen aus dem Gesetz zur Sicherung von Beschäftigung und Stabilität in Deutschland (Konjunkturpaket II, Bundesrats-Beschluss vom 20.2.2009) **für das Jahr 2009** wie folgt gestaltet § 32a EStG:

- Von dem zu versteuernden Einkommen bleibt ein **Grundfreibetrag** von 7.834 € steuerfrei.

- In der **ersten linear-progressiven** Zone bei einem zu versteuernden Einkommen von 7.835 € bis 13.139 € ist die Einkommensteuer definiert als:
  $(939{,}68 \times y + 1400) * y$
  In diesem Bereich steigen die Grenzsteuersätze auf das über dem Grundfreibetrag liegende Einkommen von 14% auf 23,97%.

- In der anschließenden **zweiten linear-progressiven Zone** bei einem zu versteuernden Einkommen von 13.140 € bis 52.551 € ermittelt sich die Einkommensteuer als:
  $(228{,}74 \times z + 2397) \times z + 1.007$
  Hier werden die Einkommen zwischen 23,97% Prozent und 42% Prozent belastet.

- Im darauf folgenden Bereich von 52.552 € bis zu 250.400 € (**erste Proportionalzone**) wird jeder Einkommenszuwachs gleichbleibend mit 42% besteuert. Formelmäßig ergibt sich:
  $0{,}42 \times x - 8.064$

- In der **zweiten Proportionalzone** ab 250.401 € wird das zusätzliche zu versteuernde Einkommen mit 45% belastet:
  $0{,}45 \times x - 15.576$

  mit
  x = das auf einen vollen Euro-Betrag abgerundete zu versteuernde Einkommen
  y = ein Zehntausendstel des 7.834 € übersteigenden Teils des auf einen vollen Euro-Betrag abgerundeten zu versteuernden Einkommens
  z = ein Zehntausendstel des 13.139 € übersteigenden Teils des auf einen vollen Euro-Betrag abgerundeten zu versteuernden Einkommens

2.7 Steuertarif

Abbildung 2-62: Verlauf des Einkommensteuertarifs

Einkommensteuertarif 2009

Zu versteuerndes Jahreseinkommen (in 1000 Euro): 0, 10, 20, 30, 40, 50, 60, 70, ... 250

- **Grenzbelastung** – Beispiel: Erhöht sich ein Einkommen von 35000 Euro um 100 Euro, wird dieser Zuverdienst mit 34 % besteuert
- **Eingangssteuersatz**: 14 %
- **Spitzensteuersatz**: 45 %
- Zwischenwert: 42 %
- **Durchschnittsbelastung** – Beispiel: Beträgt das zu versteuernde Einkommen 35000 Euro, gehen davon 21 % an den Fiskus
- Grundfreibetrag: 7834 Euro
- Splitting-Verfahren für zusammenveranlagte Ehepaare: Zunächst wird die Einkommensteuer für die Hälfte des gemeinsamen Einkommens errechnet, der so ermittelte Steuerbetrag anschließend verdoppelt

© Erich Schmidt Verlag

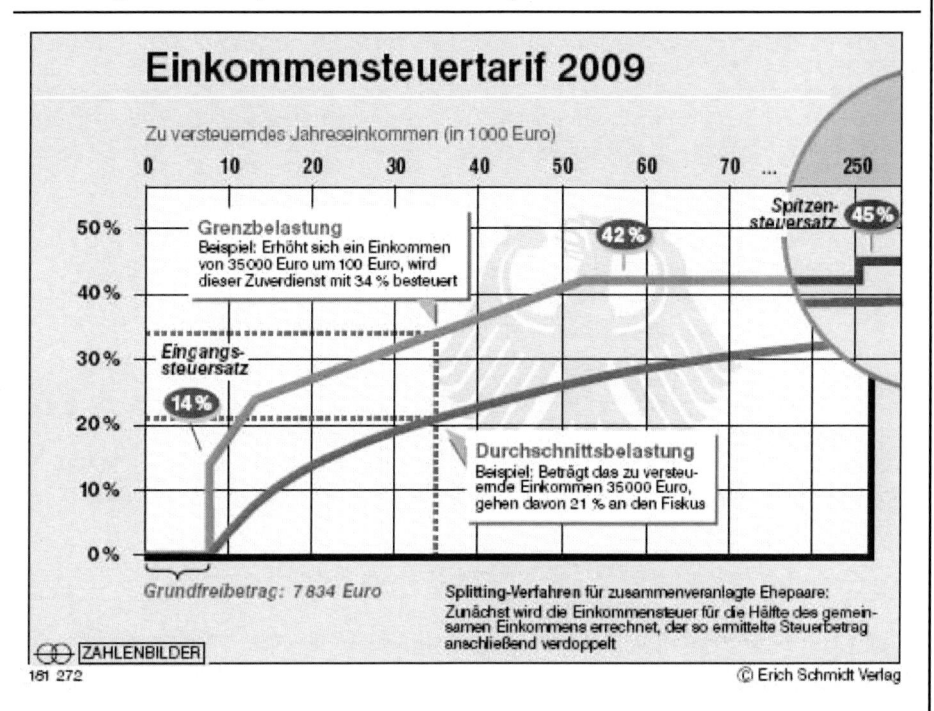

Unter Berücksichtigung der Maßnahmen aus dem Gesetz zur Sicherung von Beschäftigung und Stabilität in Deutschland (Konjunkturpaket II, Bundesrats-Beschluss vom 20.2.2009) ermittelt sich der **Einkommensteuertarif für das Jahr 2010** wie folgt § 32a EStG i.V.m. § 52 Abs. 41 EStG:

- Von dem zu versteuernden Einkommen bleibt ein **Grundfreibetrag** von 8.004 € steuerfrei.

- In der **ersten linear-progressiven** Zone bei einem zu versteuernden Einkommen von 8.005 € bis 13.469 € ist die Einkommensteuer definiert als:
  $(912{,}17 \times y + 1400) * y$
  In diesem Bereich steigen die Grenzsteuersätze auf das über dem Grundfreibetrag liegende Einkommen von 14% auf 23,97%.

- In der anschließenden **zweiten linear-progressiven Zone** bei einem zu versteuernden Einkommen von 13.470 € bis 52.881 € ermittelt sich die Einkommensteuer als:
  $(228{,}74 \times z + 2397) \times z + 1.038$
  Hier werden die Einkommen zwischen 23,97% Prozent und 42% Prozent belastet.

Die Einkommensteuer

- Im darauf folgenden Bereich von 52.882 € bis zu 250.730 € (**erste Proportionalzone**) wird jeder Einkommenszuwachs gleichbleibend mit 42% besteuert. Formelmäßig ergibt sich:
  $0{,}42 \times x - 8.172$

- In der **zweiten Proportionalzone** ab 250.731 € wird das zusätzliche zu versteuernde Einkommen mit 45% belastet:
  $0{,}45 \times x - 15.694$

  mit
  x = das auf einen vollen Euro-Betrag abgerundete zu versteuernde Einkommen
  y = ein Zehntausendstel des 8.004 € übersteigenden Teils des auf einen vollen Euro-Betrag abgerundeten zu versteuernden Einkommens
  z = ein Zehntausendstel des 13.469 € übersteigenden Teils des auf einen vollen Euro-Betrag abgerundeten zu versteuernden Einkommens

In den beiden linear-progressiven Zonen steigt die Steuerbelastung des Einkommenszuwachses (Grenzbelastung) - mit unterschiedlicher Steigung - linear an. Sie ist in der oberen Proportionalzone konstant.

2.7.1.2 Sondertarif für Kapitalvermögen

Für Einkünfte aus Kapitalvermögen gilt nach § 32d ein gesonderter Steuertarif **in Höhe von 25%**. Dieser Steuersatz liegt deutlich unter dem Spitzensteuersatz von 45%, allerdings bezieht er sich – anders als der Normaltarif – nicht auf eine Nettogröße, sondern besteuert die Kapitaleinkommen ohne explizite Berücksichtigung der damit in Zusammenhang stehenden Ausgaben.

Die Erhebung der Einkommensteuer auf die Einkünfte aus Kapitalvermögen erfolgt grundsätzlich durch den **abgeltenden Steuerabzug** im Rahmen der Kapitalertragsteuer (§ 43, 43a EStG), so dass eine Berücksichtigung im Rahmen der Einkommensteuerveranlagung in der Regel nicht mehr erfolgt. Zu den Einzelheiten vgl. die Ausführungen unter 2.4.3.4 Einkünfte aus Kapitalvermögen (2) Abgeltungsteuer

2.7.1.3 Progressionsvorbehalt

Nach dem im § 32b EStG geregelten Progressionsvorbehalt gilt für bestimmte steuerfreie Einkünfte, die in der Bemessungsgrundlage für die Einkommensteuer (= zu versteuerndes Einkommen) nicht enthalten sind, dass diese steuerfreien Einkünfte bei der Bestimmung des auf die steuerpflichtigen Einkünfte anzuwendenden Durchschnittsteuersatzes zu berücksichtigen sind. Die Steuerbefreiung bezieht sich dann zwar auf die Einkünfte, die Erhöhung der wirtschaftlichen Leistungsfähigkeit durch diese steuerfreien Einkünfte wird aber im Tarif berücksichtigt.

Die folgende **Vorgehensweise** setzt diese Idee um. Zunächst erfolgt eine Addition der steuerfreien und steuerpflichtigen Einkünfte. Auf diese Summe aller erzielten Einkünfte wird der sich nach den Tarifvorschriften ergebende Durchschnittsteuersatz ermittelt. Sodann wird der ermittelte Durchschnittsteuersatz lediglich auf die steuerpflichtigen Einkünfte angewendet.

Im Wesentlichen erstreckt sich der **Anwendungsbereich des Progressionsvorbehalts** auf

- steuerfreie Lohnersatzleistungen § 32b Abs.1 Nr. 1
  z.B. Arbeitslosengeld, Kurzarbeitergeld, Krankengeld, Mutterschaftsgeld, Arbeitslosenhilfe, Verdienstausfallentschädigung, Elterngeld

- ausländische Einkünfte, die nicht der deutschen Besteuerung unterlegen haben § 32b Abs. 1 Nr. 2 EStG

- ausländische Einkünfte, die durch ein Doppelbesteuerungsabkommen von der deutschen Besteuerung befreit sind § 32b Abs. 1 Nr. 4 EStG
  Die Einbeziehung in den Progressionsvorbehalt erfolgt allerdings nur, wenn die durch DBA freigestellten Einkünfte aus einem Drittstaat im Sinne des § 2a Abs. 2a EStG stammen, also nicht aus einem EU- oder EWR-Staat (§ 32b Abs. 1 S. 2 EStG).

Der Progressionsvorbehalt wirkt prinzipiell „positiv" und „negativ", d.h. bei der Bemessungsgrundlage nicht zu berücksichtigende Verluste (insbesondere ausländische Verluste) senken den Steuersatz im Extremfall bis auf 0%. Grundsätzlich wirken sich aber nach der ständigen Rechtsprechung des BFH Verlustausgleichsbeschränkungen, die bei der Bemessungsgrundlage bestehen, auch auf den Progressionsvorbehalt aus. Folglich mindern nicht ausgleichsfähige Verluste (z.B. ausländische Verluste aus einem Drittstaat aufgrund von § 2a EStG) auch nicht den Steuersatz im Rahmen des Progressionsvorbehalts.

2.7.2 Ermäßigter Steuersatz bei außerordentlichen Einkünften

Für bestimmte, so genannte außerordentliche Einkünfte findet ein ermäßigter Steuersatz Anwendung. Dessen gesetzliche Grundlage bildet der § 34 EStG. Seine Zielsetzung besteht darin, eine Progressionsminderung herbeizuführen bei Einkünften, die in mehreren Jahren entstanden sind und die nach dem Zufluss- oder Realisationsprinzip in einer einzigen Periode steuerpflichtiges Einkommen darstellen. Die **Rechtfertigung** dafür basiert auf der **Abschnittsbesteuerung, dem progressiven Steuertarif und dem Realisationsprinzip**. Stille Reserven werden steuerlich nicht kontinuierlich bei Wertsteigerungen erfasst, sondern erst bei der Realisation. Nach dem Abschnittsprinzip wird darauf ein Steuersatz angewendet, der für die in einer Periode erwirtschaftete Leistungsfähigkeitserhöhung eine als angemessen empfundene Besteuerung gewährleistet. Durch Veräußerung werden jedoch stille Reserven aufgelöst, die über mehrere Perioden gebildet wurden. Aus diesem Grund erklärt sich die gesetzgeberische Wertung, die eine Besteuerung nach dem normalen Tarif in derartigen Fällen als nicht dem Leistungsfähigkeitsprinzip entsprechend beurteilt. Die sich dann anbietenden Lösungsmöglichkeiten bestehen entweder in der Verteilung der Gewinne auf mehrere Perioden oder in einer Reduzierung des Tarifs.

Das Einkommensteuergesetz wendet beide Methoden alternativ an: Als **Regelmethode** kommt gem. § 34 Abs. 1 EStG die **Verteilungsmethode** für außerordentliche Gewinne zur Anwendung. Alternativ kann der Steuerpflichtige gem. § 34 Abs. 3 EStG **einmal im Leben** für eine **Reduzierung des Steuersatzes** optieren, wenn er im Veräußerungszeitpunkt das 55. Lebensjahr vollendet hat oder dauernd berufsunfähig ist.

Die betroffenen außerordentlichen Einkünfte sind in der Vorschrift des § 34 Abs. 2 EStG genannt.

Abbildung 2-63: Anwendungsbereich des § 34 EStG

Die folgenden außerordentlichen Einkünfte werden nach § 34 EStG ermäßigt besteuert:

- Veräußerungsgewinne im Sinne der §§ 14, 16, 18 EStG; ausgenommen sind die Teile des Veräußerungsgewinns, die nach § 3 Nr. 40 Bst. b) i.V.m. § 3c Abs. 2 EStG zu 40% steuerbefreit sind.
- Entschädigungen nach § 24 Nr. 1 EStG
- Nutzungsvergütungen und Zinsen für einen Zeitraum von mehr als 3 Jahren § 24 Nr. 3 EStG
- Vergütungen für mehrjährige Tätigkeit (z.B. Jubiläumsprämien)
- Einkünfte aus außerordentlichen Holznutzungen gem. § 34b EStG

Die begünstigte Besteuerung des § 34 EStG gilt allerdings nicht für den Teil des Veräußerungsgewinns, der auf im Betriebsvermögen gehaltene **Anteile an Kapitalgesellschaften** entfällt (§ 34 Abs. 2 Nr. 1 EStG). Für Anteile an Kapitalgesellschaften erfolgt vielmehr eine 40%ige Befreiung der Veräußerungsgewinne nach dem **Teileinkünfteverfahren** (§ 3 Nr. 40 EStG).

Nach der **Verteilungsmethode** des § 34 Abs. 1 EStG wird der Steuersatz unter Berücksichtigung von 1/5 der außerordentlichen Einkünfte ermittelt. Dadurch wird quasi das außerordentliche Einkommen auf 5 Perioden verteilt. Die Ermittlung des ermäßigten Tarifs geschieht stufenweise. Notwendig sind die in der folgenden Abbildung dargestellten Schritte:

Abbildung 2-64: Ermäßigter Steuersatz nach § 34 Abs. 1 EStG

Zur Ermittlung des ermäßigten Steuersatzes für Veräußerungsgewinne sind die folgenden Schritte erforderlich:

- Ermittlung des Steuerbetrags für das nicht begünstigte Einkommen (= zu versteuerndes Einkommen abzüglich außerordentliche Einkünfte)
- Ermittlung des Steuerbetrags für die nicht begünstigten Einkünfte zuzüglich 1/5 der außerordentlichen Einkünfte
- Ermittlung der Differenz zwischen den Steuerbeträgen mit und ohne außergewöhnliche Einkünfte
- Der Steuerbetrag der Periode ergibt sich aus dem Steuerbetrag für das nicht begünstigte Einkommen zuzüglich des Fünffachen der Differenz der Steuerbeträge mit und ohne Berücksichtigung der außerordentlichen Einkünfte

Durch die Steuerermäßigung nach § 34 Abs. 1 EStG wird eine **Reduzierung der Steuerprogression** erreicht, die vor allem bei einem zu versteuernden Einkommen innerhalb der Progressionszone zu größeren Entlastungen führt. Je höher die Einkünfte des Steuerpflichtigen sind, desto geringer wirkt sich die Entlastung nach § 34 Abs. 1 EStG aus.

Bei der optional anzuwendenden **Reduzierung des Steuersatzes** nach § 34 Abs. 3 EStG werden die außerordentlichen Einkünfte – sofern sie 5 Mio. € nicht übersteigen und der Steuerpflichtige älter als 55 Jahre bzw. dauernd berufsunfähig ist – einem ermäßigten Steuersatz unterworfen. Der ermäßigte Steuersatz beträgt 56% des durchschnittlichen Steuersatzes, der sich für das gesamte zu versteuernde Einkommen einschließlich der außerordentlichen Einkünfte ergäbe. Mindestens ist jedoch ein Steuersatz von 15% auf die außerordentlichen Einkünfte anzuwenden. Während sich die Steuerermäßigung nach § 34 Abs. 1 EStG nur bei relativ niedrigem Einkommen durch die Progressionsmilderung vorteilhaft auswirkt, bedeutet die Reduzierung des Durchschnittsteuersatzes nach § 34 Abs. 3 EStG eine **echte steuerliche Begünstigung** der außerordentlichen Einkünfte, die auch bei hohen Einkommen entlastend wirkt.

2.7.3 Begünstigung der nicht entnommenen Gewinne

Betriebliche Gewinne unterliegen grundsätzlich im Entstehungszeitpunkt der Einkommensteuer unabhängig davon, ob sie thesauriert oder entnommen werden. Für die Gewinne aus Land- und Forstwirtschaft, Gewerbebetrieb und selbständiger Arbeit wurde mit § 34a EStG eine Begünstigungsnorm geschaffen, die es ermöglicht, nicht entnommene Gewinne ganz oder teilweise mit einem **Steuersatz von 28,25%** zu besteuern. **Voraussetzungen** für die begünstigte Besteuerung sind:

- Gewinne aus Land- und Forstwirtschaft, Gewerbebetrieb oder selbständiger Arbeit liegen vor (§ 2 Abs. 2 Nr. 1 EStG). Nicht begünstigt sind Gewinne, die für die der Freibetrag nach § 16 Abs. 4 oder der ermäßigte Steuertarif nach § 34 Abs. 3 in Anspruch genommen wurde (§ 34a Abs. 1 S. 1 2. Halbsatz EStG)

- Antragstellung des Steuerpflichtigen muss für jeden einzelnen Betrieb des Steuerpflichtigen bzw. jeden Mitunternehmeranteil erfolgen.

- Für Mitunternehmer muss der Anteil am ermittelten Gewinn mindestens 10% betragen oder 10.000 € übersteigen (§ 34c Abs. 1 S. 3 EStG). Bei Einzelunternehmern existiert keine betragsmäßige Begrenzung.

- Der Gewinn muss durch Betriebsvermögensvergleich ermittelt werden, § 34a Abs. 2 EStG.

Rechtsfolge der Begünstigung ist, dass der nicht entnommene Gewinn im beantragten Umfang dem proportionalen Tarif von 28,25% unterliegt. Damit ist eine Antragstellung nur sinnvoll, wenn der individuelle Steuersatz diesen Prozentsatz übersteigt. Der nicht entnommene Gewinn berechnet sich aus dem Steuerbilanzgewinn nach §§ 4, 5 EStG vermindert um den positiven Saldo der Entnahmen und Einlagen des Wirtschaftsjahres.

Abbildung 2-65: Ermittlung des nicht entnommenen Gewinns § 34a EStG

	Betriebsvermögen am Schluss des Wirtschaftsjehres
-	Betriebsvermögen am Schluss des vorangegangenen Wirtschaftsjahres
+	Wert der Entnahmen
-	Wert der Einlagen
=	Gewinn nach § 4 Abs. 1 EStG
-	positiver Saldo der Entnahmen (Entnahmen – Einlagen)
=	**nicht entnommener Gewinn**

Damit unterscheidet sich der nicht entnommene Gewinn von den Einkünften aus Gewerbebetrieb nach § 15 Abs. 1 EStG. Im Einzelnen ergeben sich die aus der folgenden Übersicht erkennbaren Gemeinsamkeiten und Unterschiede.

Steuertarif 2.7

Abbildung 2-66: Thesaurierungshöchstbetrag § 34a EStG

Gewerbliche Einkünfte § 15 I EStG	Nicht entnommener Gewinn § 34a EStG	
In- und ausländische Einnahmen	In- und ausländische Einnahmen	
- Betriebsausgaben (z.B. GewSt, Zinsaufwand)	- Betriebsausgaben (z.B. GewSt, Zinsaufwand)	
+ Einlagen	+ Einlagen	
- Entnahmen	- Entnahmen	
= Differenz des Betriebsvermögen	= Differenz des Betriebsvermögen	
- Einlagen	- Einlagen	
+ Entnahmen	+ Entnahmen	
= Unterschiedsbetrag nach § 4 I S. 1 EStG	= Unterschiedsbetrag nach § 4 I S. 1 EStG	
+ GewSt gem. § 4 Vb EStG	Entnahmen > Einlagen	Entnahmen < Einlagen
+ nicht abzugsfähige Betriebsausgaben	- Entnahmen	-
- steuerfreie Erträge (z.B. nach DBA)	+ Einlagen	-
= gewerbliche Einkünfte	= nicht entnommener Gewinn (Thesaurierungshöchstbetrag)	

Wird der nicht entnommene und begünstigt besteuerte Gewinn in einem späteren Veranlagungszeitraum entnommen, so kommt es zu einer Nachversteuerung des entnommenen Betrags in Höhe von 25%. Insgesamt ergibt sich die folgende Belastungswirkung aus begünstigter Besteuerung und anschließender Nachversteuerung:

Abbildung 2-67: Steuerbelastung bei Nachversteuerung § 34a Abs. 4 EStG

	Gewinn des laufenden Jahres	100,00
-	Einkommensteuer bei Gewinn Thesaurierung § 34a Abs. 1 EStG	- 28,25
=	thesaurierungsfähiger Gewinn	71,75
-	Nachversteuerung bei Entnahme, § 34a Abs. 4 (25% × 71,75)	17,94
=	verbleiben nach Steuern	53,81
	Gesamtbelastung	**46,19**

Die Gesamtbelastung von 46,19%, die über dem maximalen Einkommensteuersatz von 45% liegt, macht eine Inanspruchnahme der Begünstigungsvorschrift des § 34a EStG nur dann sinnvoll, wenn der individuelle Steuersatz des Einzelunternehmers oder Gesellschafters einer Personengesellschaft deutlich über 28,25% liegt und wenn die Gewinne langfristig im Unternehmen thesauriert werden können. Zu einer Nachversteuerung kommt es, wenn innerhalb eines Jahres die Entnahmen höher sind als der in diesem Jahr erwirtschaftete Gewinn zuzüglich der in diesem Jahr getätigten Einlagen (§ 34a Abs. 4 S. 1 EStG). Außerdem regelt § 34a Abs. 6 weitere Fälle, in denen eine Nachversteuerung stattfindet.

Abbildung 2-68: Nachversteuerung nach § 34a EStG

Eine Nachversteuerung ist in den folgenden Fällen erforderlich:

- Überentnahmen (§ 34a Abs. 4 EStG):
  Die Entnahmen übersteigen den erwirtschafteten Gewinn zuzüglich der in diesem Jahr getätigten Einlagen.
- Veräußerung des Einzelunternehmens oder des Anteils an einer Personengesellschaft, § 34a Abs. 6 Nr. 1 EStG
- Einbringung des Betriebs oder des Anteils an einer Personengesellschaft in eine Kapitalgesellschaft, § 34a Abs. 6 Nr. 2 EStG
- Übergang zur Gewinnermittlung durch Einnahmen-Überschuss-Rechnung nach § 4 Abs. 3 EStG, § 34a Abs. 6 Nr. 3 EStG
- Auf Antrag des Steuerpflichtigen, § 34a Abs. 6 Nr. 4 EStG
- Der Steuerbetrag der Periode ergibt sich aus dem Steuerbetrag für das nicht begünstigte Einkommen zuzüglich des Fünffachen der Differenz der Steuerbeträge mit und ohne Berücksichtigung der außerordentlichen Einkünfte

Verfahrenstechnisch wird der **nachversteuerungspflichtige Betrag** jährlich gesondert festgestellt (§ 34a Abs. 3 EStG). Er ermittelt den potentiell von der Nachversteuerung betroffenen Gewinn, falls ein Ereignis eintritt, das die Nachversteuerung auslöst (§ 34a Abs. 4, 6 EStG).

Abbildung 2-69: Ermittlung des nachversteuerungspflichtigen Betrags

	Übernahme des Nachversteuerungsbetrags aus dem Vorjahr
+	thesaurierter Gewinn des laufenden Jahres, für den die Begünstigung nach § 34a Abs. 1 EStG in Anspruch genommen wird
-	Einkommensteuer von 28,25% auf diesen Betrag
-	Solidaritätszuschlag auf diese Einkommensteuer
-	nachversteuerungspflichtiger Betrag, der nach § 34a Abs. 5 auf einen anderen Betrieb übertragen wird
+	nachversteuerungspflichtiger Betrag, der nach § 34a Abs. 5 von einem anderen Betrieb übernommen wird
-	nachversteuerungspflichtiger Betrag des laufenden Jahres. 34a Abs. 4 EStG
=	**nachversteuerungspflichtiger Betrag nach § 34a Abs. 3 EStG**

2.7.4 Steuerermäßigungen

2.7.4.1 Überblick

Neben der Steuerermäßigung für gewerbliche Einkünfte nach § 35 EStG sieht das Einkommensteuergesetz eine Reihe weiterer Steuerermäßigungen vor, die von der tariflichen Einkommensteuer abzuziehen sind. Im Einzelnen ist die tarifliche Einkommensteuer nach § 32a Abs. 1 EStG um die folgenden Tatbestände zu ermäßigen:

- Anrechnung der ausländischen Steuern nach § 34c Abs. 1 EStG
- Steuerermäßigung bei Zuwendungen an politische Parteien, § 34g EStG
- **Steuerermäßigung bei Einkünften aus Gewerbebetrieb § 35 EStG**
- Steuerermäßigung bei haushaltsnahen Beschäftigungsverhältnissen und bei Inanspruchnahme haushaltsnaher Dienstleistungen, § 35a EStG
- Steuerermäßigung bei d Belastung mit Erbschaftsteuer § 35b EStG

Da die Steuerermäßigung bei Einkünften aus Gewerbebetrieb die mit Abstand wichtigste Ermäßigung für unternehmerische Einkünfte darstellt, soll diese im Folgenden im Detail erläutert werden.

2.7.4.2 Steuerermäßigung bei den Einkünften aus Gewerbebetrieb

Die Einkünfte aus Gewerbebetrieb unterliegen neben der Einkommensteuer immer auch der Gewerbesteuer. Da die Kumulation aus Einkommen- und Gewerbesteuer vom Gesetzgeber als zu hoch empfunden wird und bislang auch sämtliche Bemühungen, eine grundlegende Reform beziehungsweise Abschaffung der Gewerbesteuer durchzusetzen, am Widerstand der Gemeinden gescheitert sind, gewährt der Gesetzgeber eine Ermäßigung der Einkommensteuer um die Gewerbesteuer (§ 35 EStG).

Nach dieser Bestimmung **ermäßigt** sich die um die sonstigen Steuerermäßigungen bereits ermäßigte **Einkommensteuer um das 3,8 fache** des Gewerbesteuermessbetrags, der für das Einzelunternehmen festgesetzt wurde (§ 35 Abs. 1 Nr. 1 EStG) oder der anteilig auf den Mitunternehmer einer Personengesellschaft entfällt (§ 35 Abs. 1 Nr. 2 EStG). Damit wird eine vollständige Entlastung von der Gewerbesteuer erreicht, wenn der Gewerbesteuer-Hebesatz der Gemeinde bei 380% liegt. Bei einem höheren Gewerbesteuer-Hebesatz bleibt eine Zusatzbelastung weiterhin bestehen.

Der Mechanismus der Ermäßigung der Einkommensteuer nach § 35 Abs. 1 EStG durch die Anrechnung der Gewerbesteuer soll anhand des folgenden Beispiels illustriert werden.

Beispiel: Verglichen werden ein lediger Steuerpflichtiger mit ausschließlich gewerblichen Einkünften (A) mit einem ledigen Steuerpflichtigen mit Einkünften ausschließ-

2 Die Einkommensteuer

lich aus selbständiger Tätigkeit (B). Zur Vereinfachung wird von weiteren Einkunftsarten sowie Abzugspositionen etwa in Form von Sonderausgaben oder außergewöhnlichen Belastungen abgesehen. Die Betriebsstättengemeinde des A hat einen Gewerbesteuerhebesatz von 400% festgesetzt. Selbstverständlich kann an dieser Stelle die Berechnung der Gewerbesteuer vom Leser noch nicht vorausgesetzt werden. Dies ist Gegenstand späterer Ausführungen im Kapitel „Gewerbesteuer". Gleichwohl wird eine exakte Berechnung verwendet, um die Wirkungsweise der Ermäßigung im Detail aufzuzeigen. Im Beispiel wird unterstellt, dass sich gewerbesteuerliche Hinzurechnungen und Kürzungen gegenseitig aufheben. Folglich kann davon ausgegangen werden, dass das zu versteuernde Einkommen mit dem Gewerbeertrag identisch ist. Der Gewerbesteuermessbetrag entspricht – wie im Kapitel „Gewerbesteuer" noch ausführlich dargestellt sein wird – dem Quotienten aus Gewerbesteuer dividiert durch den Hebesatz. Beide Steuerpflichtige unterliegen dem Einkommensteuertarif nach § 32a Abs. 1 EStG.

Abbildung 2-70: *Ermäßigung der Einkommensteuer nach § 35 EStG (Grundfall)*

		A gewerbliche Einkünfte	B selbständige Einkünfte
Gewinn vor Steuern		100.000	100.000
Gewerbesteuer		-10.570	0
tarifliche ESt nach § 32a I EStG	-33.936		
- Ermäßigung nach § 35 EStG	10.042		
(3,8 * Gewerbesteuermessbetrag)			
endgültige Einkommensteuer		-23.895	-33.936
= Ergebnis nach Steuern		65.536	66.064
Mehrbelastung der gewerblichen Einkünfte		529	
in Prozent vom Gewinn		0,53%	

Wie das Beispiel zeigt, ist der Unterschied in der effektiven Ertragsteuerbelastung vergleichsweise gering. Der Abstand in der Steuerbelastung wird jedoch deutlich größer, wenn höhere Einkommensregionen erreicht werden und höhere Gewerbesteuerhebesätze zur Anwendung gelangen. Dies verdeutlicht die Berechnung in der nachfolgenden Erweiterung des Beispiels, welches ein zu versteuerndes Einkommen beziehungsweise einen Gewerbeertrag von 1.000.000 € unterstellt und einen Gewerbesteuerhebesatz von 500% zu Grunde legt.

Abbildung 2-71: Ermäßigung der Einkommensteuer nach § 35 EStG (Variante)

		A gewerbliche Einkünfte	B selbständige Einkünfte
Gewinn vor Steuern		1.000.000	1.000.000
Gewerbesteuer		-170.713	0
tarifliche ESt nach § 32a I EStG	-411.936		
- Ermäßigung nach § 35 EStG	129.742		
(3,8 * Gewerbesteuermessbetrag)			
endgültige Einkommensteuer		-282.195	-411.936
= Ergebnis nach Steuern		547.093	588.064
Mehrbelastung der gewerblichen Einkünfte		40.971	
in Prozent vom Gewinn		4,10%	

Die Ermäßigung der Einkommensteuer um das 3,8fache des Gewerbesteuermessbetrags entlastet Einzelunternehmen und Gesellschafter einer Personengesellschaft dann weitgehend von der Gewerbesteuer, wenn sie Einkommen in der oberen Proportionalzone beziehen und der Hebesatz der Gemeinde bei 380% liegt. Da der durchschnittliche Gemeindehebesatz bei etwa 420% liegt, bleibt jedoch in den meisten Fällen eine zusätzliche **Definitivbelastung mit Gewerbesteuer** bestehen. Dies illustriert auch das obige Beispiel.

Die Ermäßigung der Einkommensteuer ist in **zweifacher Hinsicht begrenzt**: Zum einen darf nur die **tatsächlich bezahlte Gewerbesteuer** zu einer Entlastung genutzt werden (§ 35 Abs.1 Satz 5 EStG). Folglich kommt es auch bei Gewerbesteuer-Hebesätzen von unter 380% nicht zu weiterreichenden Entlastungen. Zum anderen ist die Ermäßigung auf den Teil der Einkommensteuer begrenzt, der anteilig auf die im zu versteuernden Einkommen enthaltenen gewerblichen Einkünfte entfällt (**Ermäßigungshöchstbetrag**). Der Ermäßigungshöchstbetrag wird nach § 35 Abs. 1 Satz 2 EStG ermittelt als

$\frac{\text{Summe der positiven gewerblichen Einkünfte}}{\text{Summe aller positiven Einkünfte}}$ × geminderte tarifliche Steuer

Aufgrund dieser Begrenzungen und aufgrund der unterschiedlichen Bemessungsgrundlagen für Einkommen- und Gewerbesteuer können **Steuerüberhänge** entstehen, d.h. eine vollständige Entlastung von der Gewerbesteuer kann in bestimmten Fällen nicht erreicht werden. Ursachen für Steuerüberhänge sind:

- Sonderausgaben und außergewöhnliche Belastungen mindern die einkommensteuerliche Bemessungsgrundlage. Damit sinkt auch die auf die gewerblichen Einkünfte entfallende Einkommensteuer.

- Verluste aus anderen Einkunftsarten führen zu einem niedrigen zu versteuernden Einkommen. Damit sinkt die auf die gewerblichen Einkünfte entfallende Einkommensteuer.

- Der Gewerbeertrag ist aufgrund der gewerbesteuerlichen Korrekturvorschriften höher als die Einkünfte aus Gewerbebetrieb nach einkommensteuerlichen Vorschriften. Dadurch ist der Anteil der gewerblichen Einkünfte und folglich der Ermäßigungshöchstbetrag im Vergleich zum Gewerbeertrag relativ geringer.

- Bei zwei und mehr Gewerbebetrieben, von denen mindestens einer Verluste erzielt, erfolgt zwar gewerbesteuerlich eine getrennte Besteuerung, einkommensteuerlich hingegen über den horizontalen Verlustausgleich eine Verrechnung der Verluste mit positiven Einkünften aus Gewerbebetrieb. Damit sinkt der Anteil der gewerblichen Einkünfte.

Die Ermäßigung der Einkommensteuer bei Einkünften aus Gewerbebetrieb erreicht zwar die angestrebte gehende Entlastung von der Gewerbesteuer. Aus systematischer Sicht ist die Vorgehensweise allerdings kritisch zu beurteilen. Wenn die Gewerbesteuer als zusätzlicher Belastungsfaktor der unternehmerischen Tätigkeit entfallen soll, dann sollte an der Gewerbesteuer selbst angesetzt und diese eliminiert werden. Eine Entlastung von der Gewerbesteuer über einkommensteuerliche Vorschriften bliebt – wie oben gezeigt wurde - immer unvollständig und trägt zu einer weiteren Verkomplizierung des Steuersystems bei.

2.7.5 Festzusetzende Einkommensteuer

Die tarifliche Einkommensteuer, die sich nach § 32a EStG ergibt, ist nach § 2 Abs. 6 EStG um die im Einkommensteuergesetz enthaltenen Ermäßigungen zu vermindern, bzw. um bestimmte Beträge zu erhöhen, um die festzusetzende Einkommensteuer zu ermitteln. Im Einzelnen sind die in der folgenden Abbildung aufgelisteten Schritte erforderlich (vgl. R 2 Abs. 2 EStR).

Der Abgeltungsteuersatz für die Einkünfte aus Kapitalvermögen nach § 32d EStG führt dazu, dass diese im Rahmen der Einkommensteuerveranlagung grundsätzlich nicht mehr angesetzt werden. Vielmehr ist die Steuerschuld mit der Erhebung der Kapitalertragsteuer abgegolten (§§ 43, 43a EStG).

Abbildung 2-72: Ermittlung der festzusetzenden Einkommensteuer

Tarifliche Einkommensteuer nach § 32a Abs. 1 , 5 EStG, unter Berücksichtigung des ermäßigten Steuersatzes nach §§ 34, 34b EStG sowie nach § 34a EStG
− anrechenbare ausländische Steuern § 34c EStG
− Steuerermäßigung für Zuwendungen an politische Parteien § 34g EStG
− Steuerermäßigung bei Einkünften aus Gewerbebetrieb § 35 EStG
− Steuerermäßigung für haushaltsnahe Beschäftigungsverhältnisse und Handwerkerleistungen § 35a EStG
+ Einkommensteuern auf pauschal besteuerte ausländische Einkünfte
+ Anspruch auf Zulage für Altersvorsorge § 10a Abs. 2 EStG
+ Anspruch auf Kindergeld § 31 EStG
= festzusetzende Einkommensteuer § 2 Abs. 6 EStG

2.8 Erhebung der Einkommensteuer

Die Einkommensteuer ist eine **Jahressteuer** (§ 2 Abs. 7 EStG). Sie wird regelmäßig nach Ablauf des Kalenderjahres in einem förmlichen Verfahren, dem **Veranlagungsverfahren** ermittelt. Die Einkommensteuer beruht auf dem Subjektprinzip, das dazu führt, dass jeder Steuerpflichtige **einzeln** zur Einkommensteuer **veranlagt** wird (§ 25 EStG). Eine Ausnahme hierzu stellt die Veranlagung von Ehegatten dar, die zwischen einer getrennten Veranlagung und der **Zusammenveranlagung** wählen können (§§ 26a, 26b EStG).

Bei der Ermittlung der Einkommensteuer für Ehegatten im Rahmen der **getrennten Veranlagung** sind die folgenden Schritte durchzuführen:

- Separate Ermittlung des Einkommens jedes Ehegatten
- Verteilung der gemeinsamen Sonderausgaben und außergewöhnlichen Belastungen zu je ½
- Anwendung des Grundtarifs nach § 32a Abs. 1 EStG

2 Die Einkommensteuer

Abbildung 2-73: Veranlagungsformen

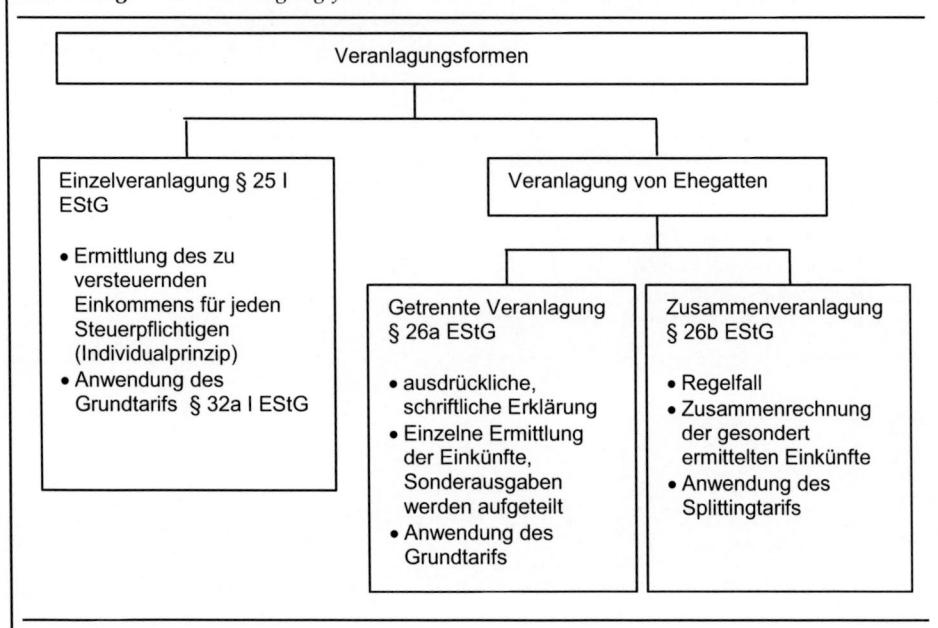

```
                        Veranlagungsformen
                                │
              ┌─────────────────┴─────────────────┐
   Einzelveranlagung § 25 I              Veranlagung von Ehegatten
   EStG                                              │
                                          ┌──────────┴──────────┐
   • Ermittlung des zu
     versteuernden
     Einkommens für jeden     Getrennte Veranlagung     Zusammenveranlagung
     Steuerpflichtigen        § 26a EStG                § 26b EStG
     (Individualprinzip)
   • Anwendung des            • ausdrückliche,          • Regelfall
     Grundtarifs § 32a I        schriftliche            • Zusammenrechnung
     EStG                       Erklärung                 der gesondert
                              • Einzelne Ermittlung       ermittelten Einkünfte
                                der Einkünfte,          • Anwendung des
                                Sonderausgaben            Splittingtarifs
                                werden aufgeteilt
                              • Anwendung des
                                Grundtarifs
```

Eine **Zusammenveranlagung** von Ehegatten ist unter den in der folgenden Abbildung zusammengestellten Voraussetzungen möglich.

Abbildung 2-74: Zusammenveranlagung von Ehegatten

Die Zusammenveranlagung nach § 26b EStG ist an folgende Voraussetzungen geknüpft:

- nicht dauerndes Getrenntleben
- unbeschränkte Steuerpflicht beider Ehegatten oder Ehegatte ist Staatsangehörige(r) eines EU/ EWR-Staats (§ 1a EStG)
- Vorliegen der Voraussetzungen zu Beginn des Kalenderjahres oder Eintritt während des Kalenderjahres

Aus der **Zusammenveranlagung** ergeben sich die folgenden Konsequenzen.

- Einkünfte der Ehegatten werden getrennt berechnet
- Ermittlung eines gemeinsamen Gesamtbetrags der Einkünfte
- gemeinsame Ermittlung der Sonderausgaben und außergewöhnlichen Belastungen
- Anwendung des Splitting-Tarifs nach § 32a Abs. 5 EStG

2.8 Erhebung der Einkommensteuer

Der **Splitting-Tarif** bedeutet eine rechnerische Aufteilung des gesamten Einkommens der Ehegatten je zur Hälfte auf die beiden Ehegatten. Die Steuer beträgt dann das Doppelte der Einkommensteuer, die sich nach dem Grundtarif für das Einkommen eines jeden der Ehegatten ergeben würde. Die Vorteile aus dem Splitting-Verfahren bestehen in der rechnerischen Halbierung des Gesamteinkommens, welche zu einer zweifachen Ausnutzung des Grundfreibetrages führt. Bei unterschiedlich hohen Einkommen der beiden Ehegatten führt der Splittingtarif zusätzlich zu einer Milderung der Progression.

3 Die Körperschaftsteuer

3.1 Kapitalgesellschaften und Anteilseigner (Trennungsprinzip)

Die zweite große Ertragsteuer, die Körperschaftsteuer, ist in juristischer Sicht ebenfalls als „Personensteuer" ausgestaltet. Im Gegensatz zur Einkommensteuer besteuert sie juristische Personen.

Der Kapitalgesellschaft als juristischer Person kommt **zivilrechtliche Rechtsfähigkeit** zu. Diese zivilrechtliche Rechtsfähigkeit wird steuerlich in vollem Umfang anerkannt und führt dazu, dass das Steuerrecht die Kapitalgesellschaft als selbständiges Steuersubjekt behandelt. Es erfolgt eine steuerliche Trennung der Kapitalgesellschaft von ihrem Anteilseigner (**Trennungsprinzip**). Dies bedeutet, dass das Einkommen, das die Kapitalgesellschaft erzielt, dieser zugerechnet wird. Die Zurechnung auf den Anteilseigner erfolgt grundsätzlich erst bei Ausschüttung. Davon besteht in Form der körperschaftsteuerlichen Organschaft eine bemerkenswerte und in der Praxis überaus bedeutsame Ausnahme.

Das Trennungsprinzip hat zur Konsequenz, dass Vertragsbeziehungen zwischen der Gesellschaft und den Gesellschaftern in vollem Umfang steuerlich anerkannt werden. Daraus resultierende Vergütungen werden beim Gesellschafter nach den allgemeinen Grundsätzen einer der sieben Einkunftsarten im Rahmen der Einkommensteuer zugeordnet. Dies bewirkt, dass der Gesellschafter einer Kapitalgesellschaft im Gegensatz zum Mitunternehmer, der an einer gewerblichen Personengesellschaft beteiligt ist, nicht nur Einkünfte aus der Beteiligung an der Kapitalgesellschaft hat, sondern beispielsweise auch Einkünfte aus selbständiger und nichtselbständiger Arbeit, aus Kapitalvermögen oder aus Vermietung und Verpachtung haben kann.

3.2 Gestaltungsmöglichkeiten einer Körperschaftsteuer

3.2.1 Körperschaftsteuersysteme

Die Überlegung, wie ein Körperschaftsteuersystem ausgestaltet sein soll, setzt an der **theoretischen Rechtfertigung der Körperschaftsteuer** an. Es geht dabei um die Frage, ob eine Kapitalgesellschaft eine eigenständige Leistungsfähigkeit besitzt und daher völlig unabhängig von den Anteilseignern zu besteuern ist oder ob das von der Kapitalgesellschaft erwirtschaftete Einkommen letztendlich immer den Anteilseignern zusteht und daher von einer Köperschaftsteuer nur zu erfassen ist, solange es nicht ausgeschüttet wird.

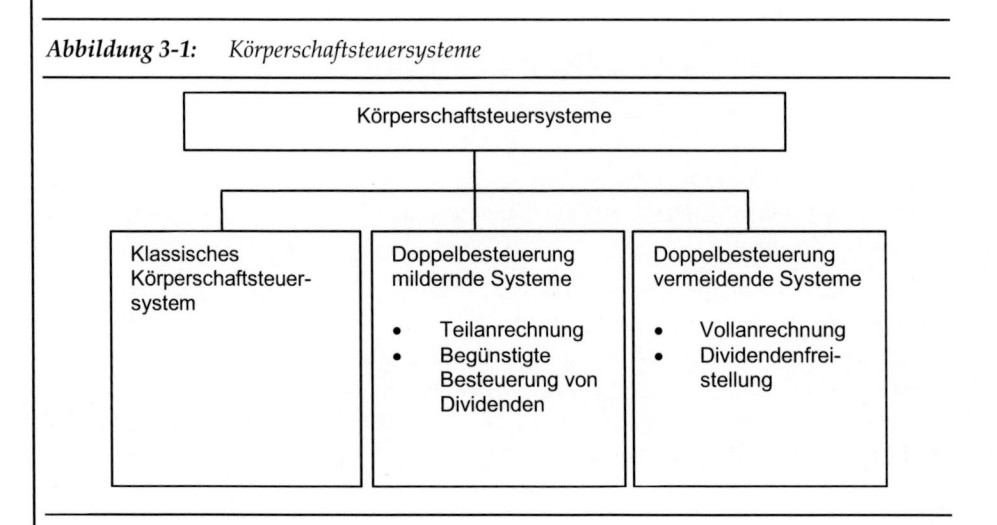

Abbildung 3-1: Körperschaftsteuersysteme

```
                    Körperschaftsteuersysteme
        ┌───────────────────┼───────────────────┐
Klassisches          Doppelbesteuerung    Doppelbesteuerung
Körperschaftsteuer-  mildernde Systeme    vermeidende Systeme
system
                     • Teilanrechnung     • Vollanrechnung
                     • Begünstigte        • Dividendenfrei-
                       Besteuerung von      stellung
                       Dividenden
```

Dazu bestehen in der Wissenschaft konträre Auffassungen. Nach der **Theorie der getrennten Rechtssubjekte** wird die eigenständige wirtschaftliche Leistungsfähigkeit der Kapitalgesellschaft bejaht. Nach diesem Konzept, das durch ein **klassisches Körperschaftsteuersystem** umgesetzt wird, wird das durch die Kapitalgesellschaft erzielte Einkommen sowohl auf der Ebene der Kapitalgesellschaft als auch auf Anteilseignerebene zu besteuern sein. Die Begründung wird gemeinhin in der wirtschaftlichen Verselbständigung der Kapitalgesellschaft gesehen, die die Verfolgung eigener, von den Anteilseignern unabhängiger Ziele zulässt. Damit einher geht die Vorstellung einer einfacheren Kapitalbeschaffung durch Zugang zum Kapitalmarkt sowie eine überlegene Wettbewerbsfähigkeit durch bessere Kapital- und Kreditbeschaffungsmöglichkeiten. Schließlich werden auch die Möglichkeiten der Haftungsbegrenzung ins Feld geführt, die letztlich in einer Rechtfertigung einer Doppelbelastung körperschaftlicher Gewinne durch Körperschaftsteuer und Einkommensteuer münden.

Nach der anderen Auffassung ist das durch die Kapitalgesellschaft erzielte Einkommen den Anteilseignern zuzurechnen. Das durch eine Kapitalgesellschaft erzielte Einkommen wird - wirtschaftlich betrachtet – für Rechnung der Anteilseigner erwirtschaftet und soll daher direkt bei ihnen erfasst werden. Diese deutlich stärker an einer wirtschaftlichen Betrachtungsweise orientierte Interpretation der Körperschaftsteuer führt zu einer Negierung einer (eigenen) höheren Leistungsfähigkeit der Rechtsform der Kapitalgesellschaft. Sie mündet letztlich in der konzeptionellen Einfachbelastung der körperschaftlichen Gewinne allein auf Anteilseignerebene. Dabei stellt sich die Betonung der wirtschaftlichen Betrachtungsweise je nach Spielart des zugrunde liegenden theoretischen Konzepts unterschiedlich stark dar. Nach der so genannten **Durchgriffstheorie**, die die Körperschaftsteuer als reine Teilhabersteuer interpretiert, erfolgt im theoretischen Extrem eine Sofortzurechnung der Gewinne auf die Anteilseigner wie beim Mitunternehmerkonzept. Wird dagegen die **Körperschaftsteuer als Interimsteuer** verstanden, so erfasst sie das körperschaftliche Einkommen auf Ebene der Kapitalgesellschaft, solange nach den allgemeinen Gewinnermittlungsgrundsätzen (insbesondere dem Realisationsprinzip) eine Zurechnung auf den Anteilseigner nicht möglich ist. Kann das durch die Kapitalgesellschaft erwirtschaftete Einkommen nach einer Ausschüttung beim Anteilseigner besteuert werden, muss eine Entlastung von der Körperschaftsteuer erfolgen. Die Umsetzung der Körperschaftsteuer als Interimsteuer geschieht durch ein **Vollanrechnungs- oder Teilanrechnungssystem**.

3.2.2 Klassisches Körperschaftsteuersystem

Das klassische Körperschaftsteuersystem ist von einer Doppelbelastung der ausgeschütteten Gewinne gekennzeichnet. Diese entsteht dadurch, dass die Gewinne der Kapitalgesellschaft einerseits durch die Körperschaftsteuer erfasst werden und andererseits die ausgeschütteten Gewinne der Einkommensteuer der Anteilseigner unterworfen werden. Mithin unterliegt wirtschaftlich dasselbe Einkommen einer zweifachen Belastung mit persönlicher Ertragsteuer.

Dabei auftretende **Probleme** können als Kritikpunkte der Doppelbelastung verstanden werden. Zuerst zu nennen ist, dass keine Finanzierungsneutralität zwischen Eigenkapital und Fremdkapital erreicht wird. Da Zinsen für Fremdkapital als Betriebsausgaben abzugsfähig sind und damit nicht der Körperschaftsteuer unterliegen, führen sie nur zu einer einfachen Belastung mit Einkommensteuer. Demgegenüber unterliegen Gewinnanteile der Doppelbelastung mit Einkommensteuer und Körperschaftsteuer.

Zudem können sich aufgrund unterschiedlicher Anreizstrukturen Konflikte zwischen den beherrschenden Anteilseignern und Minderheitsgesellschaftern ergeben. Beherrschende Anteilseigner wünschen häufig keine Ausschüttung, um der Doppelbelastung zu entgehen. Demgegenüber streben Minderheitsgesellschafter grundsätzlich eine Renditeerzielung durch Ausschüttung an. Erklärtes Ziel der Reform des KStG 1977, die ein Wechsel vom klassischen Körperschaftsteuersystem zum Vollanrechnungssystem zum Gegenstand hatte, war es deshalb, zur Herstellung der Finanzierungsneutralität beizutragen.

Ein klassisches Körperschaftsteuersystem existiert derzeit in Irland (KSt-Satz: 12,5%).

3.2.3 Doppelbelastung vermeidende Systeme

Eine vollständige Vermeidung der Doppelbelastung wird durch das körperschaftsteuerliche **Anrechnungsverfahren** erreicht. Danach wird die auf den Dividenden beziehungsweise sonstigen Gewinnausschüttungen lastende Körperschaftsteuer in vollem Umfang auf die persönliche Einkommensteuerschuld des Anteilseigners angerechnet (**Vollanrechnungssystem**). Die Körperschaftsteuer hat danach den Charakter einer Interimsteuer auf thesaurierte Gewinne.

Durch die Vollanrechnung der Körperschaftsteuer auf die Einkommensteuer des Anteilseigners erfolgt eine Belastung der ausgeschütteten Gewinne letztlich nur mit dem individuellen Einkommensteuersatz. Ein Vollanrechnungssystem war im deutschen Steuersystem bis zum Jahr 2000 verankert, derzeit existiert es in nur in Malta.

Der **Vorteil eines Vollanrechnungssystems** besteht in der dadurch erreichten Finanzierungsneutralität, da Dividenden und Fremdkapitalzinsen nur der individuellen Einkommensteuer und damit einer identischen Belastung unterliegen. Probleme, die den Gesetzgeber – entgegen dem Rat vieler Wissenschaftler – zur Aufgabe des Vollanrechnungssystems bewogen haben, bereiten der Nachweis der Vorbelastung mit Körperschaftsteuer, der nur durch ein hoch komplexes Rechenwerk (die Eigenkapitalgliederung) zu bewerkstelligen ist, sowie die Einbeziehung ausländischer Anteilseigner in das Vollanrechnungssystem.

Durch eine **Freistellung der Dividenden auf Ebene des Anteilseigners** kann ebenfalls eine Doppelbelastung mit Körperschaftsteuer und Einkommensteuer vollständig ausgeschaltet werden. Im Kontext einer solchen Dividendenfreistellung erfolgt ausschließlich eine Belastung körperschaftlichen Einkommens auf Ebene der Kapitalgesellschaft, die Leistungsfähigkeitserhöhung, die der Anteilseigner durch eine Dividendenausschüttung erfährt, wird dagegen nicht berücksichtigt. Ein Dividendenfreistellungssystem haben derzeit Estland, Lettland, Griechenland und die Slowakei.

3.2.4 Doppelbelastung mildernde Systeme

Im Rahmen eines **Teilanrechnungssystems** kann nur ein Teil der auf den Dividenden lastenden Körperschaftsteuer auf die persönliche Einkommensteuer des Anteilseigners angerechnet werden. Damit wird lediglich eine Milderung der bestehenden Doppelbelastung erreicht. Ein Teilanrechnungssystem ist in Spanien verwirklicht.

Die meisten Staaten gewähren den Anteilseignern einer Kapitalgesellschaft eine **begünstigte Besteuerung der Dividenden** (sog. shareholder relief), um die Doppelbesteuerung der ausgeschütteten Gewinne zu mildern. Die ermäßigte Besteuerung der Dividenden erfolgt dabei grundsätzlich pauschal, ohne dass ein unmittelbarer Zusammenhang mit der Höhe der Belastung auf Ebene der Kapitalgesellschaft besteht. Shareholder-Relief-Verfahren ermäßigen entweder den Steuersatz, der auf die Dividenden anzuwenden ist oder setzen nur einen Teil der empfangenen Dividende als steuerpflichtige Einnahmen an. Die Entlastung durch Shareholder-Relief-Verfahren ist unter den Steuersystemen der europäischen Staaten das am weitesten verbreitete Vorgehen. So implementieren Belgien, Dänemark, Deutschland, Finnland, Frankreich, Großbritannien, Italien, Litauen, Luxemburg, Niederlande, Österreich, Polen, Portugal, Schweden, Slowenien, Tschechien, Ungarn und Zypern das Shareholder-Relief-Verfahren. Das deutsche Steuersystem nutzt dabei beide grundsätzliche Vorgehensweisen der Entlastung der Anteilseigner: Zum einen kommt eine nur anteilige Besteuerung der Dividenden durch das Teileinkünfteverfahren zur Anwendung. Zum anderen wird bei privaten Kapitaleinkünften ein pauschaler ermäßigter Steuersatz in Höhe von 25% angewendet.

Problematisch bei allen Methoden, die lediglich zu einer Milderung der Doppelbelastung führen, ist der Fortbestand einer über der individuellen Steuerbelastung liegenden Steuerlast auf Dividendenausschüttungen und damit einhergehend eine tendenzielle steuerliche Mehrbelastung der Eigenkapitalfinanzierung. Als entscheidende Vorteile eines Shareholder-Relief-Systems werden gesehen, dass keine Aufzeichnungen über eine steuerliche Vorbelastung der Dividenden erforderlich sind und dass die steuerliche Entlastung der Dividendeneinkünfte Steuerin- und –ausländern gleichermaßen gewährt werden kann.

3.3 Die persönliche Steuerpflicht

3.3.1 Unbeschränkte Körperschaftsteuerpflicht

Personensteuern wie die Körperschaftsteuer definieren zunächst das Steuersubjekt. Dabei erfolgt regelmäßig eine Differenzierung zwischen beschränkter und unbeschränkter Körperschaftsteuerpflicht. Unbeschränkt körperschaftsteuerpflichtig sind nach § 1 KStG insbesondere die Kapitalgesellschaften (Europäische Gesellschaften, AG, KGaA, GmbH), die Erwerbs- und Wirtschaftsgenossenschaften, die Versicherungs- und Pensionsfondsvereine auf Gegenseitigkeit, die sonstigen juristischen Personen des privaten Rechts, aber auch die nicht rechtsfähigen Vereine, Anstalten, Stiftungen und anderen Zweckvermögen sowie die Betriebe gewerblicher Art von juristischen Personen des öffentlichen Rechts. Letztere sind die nicht hoheitliche Gewalt ausübenden Einrichtungen von Bund, Ländern und Gemeinden, die einer „nachhaltigen wirtschaftlichen Tätigkeit zur Erzielung von Einnahmen außerhalb der Land- und Forstwirtschaft dienen und die sich innerhalb der Gesamtbetätigung der juristischen Person wirtschaftlich herausheben" (§ 4 Abs. 1 KStG).

Die unbeschränkte Körperschaftsteuerpflicht tritt ein, wenn die genannten juristischen Personen ihren Sitz oder den Ort ihrer Geschäftsleitung (§§ 10, 11 AO) im Inland haben. Die unbeschränkte Körperschaftsteuerpflicht erstreckt sich auf sämtliche in- und ausländischen Einkünfte der Körperschaft (§ 1 Abs. 2 KStG).

Der **Ort der Geschäftsleitung** ist in § 10 AO als Ort der geschäftlichen Oberleitung definiert. Anders als die Sitzbestimmung stellt dieser Begriff auf die tatsächlichen Verhältnisse ab. Der BFH hat in mehreren, für die Unternehmenssteuerpraxis bedeutsamen Entscheidungen Grundlinien und Präzisierungen herausgearbeitet.

Abbildung 3-2:   Ort der Geschäftsleitung

Der Ort der Geschäftsleitung befindet sich dort, wo

- die Geschäftsführung
- sich im Zeitpunkt der Willensbildung
- physisch aufhält.

Danach ist entscheidend, an welchem Ort sich der oder die Geschäftsführer im Zeitpunkt der Willensbildung physisch aufhält oder aufhalten (BFH-Urteil vom 5. Oktober 1994 (BStBl II 1995, S. 95). Unbeachtlich ist demnach, wo sich der Verwaltungssitz der Gesellschaft befindet und ob die Geschäftsführungsentscheidungen in Geschäftsräumen der Gesellschaft getroffen werden. Danach kann sich der Ort der Geschäftsleitung auch am Wohnsitz des Geschäftsführers oder Vorstandsvorsitzenden befinden. Diese nicht unumstrittene Auffassung des BFH kann zu einer **Trennung zwischen gesellschaftsrechtlich orientiertem Verwaltungssitz** und **steuerrechtlich orientiertem Ort der Geschäftsleitung** führen. Trifft etwa der alleinige Geschäftsführer die wesentlichen Entscheidungen an seinem Wohnsitz im Ausland und werden diese Entscheidungen im Inland im Betrieb der Gesellschaft umgesetzt, so ist der Ort der Geschäftsleitung im Ausland.

Die dargestellte Trennung führt insbesondere bei global orientierten Unternehmen zu teilweise erheblichen Schwierigkeiten. Häufig wird die Geschäftsführung eines Unternehmens aus mehreren Personen bestehen, die zudem nicht selten an verschiedenen Orten außerhalb der Geschäftsräume, in Extremfällen ausschließlich an Flughäfen zusammenkommen und ihre Entscheidungen treffen. Es zeigt sich, dass die Definition des BFH die Rechtsunsicherheit aus § 10 AO eher vergrößert als verkleinert. Das Problem hat insbesondere dann Relevanz, wenn die unbeschränkte Steuerpflicht nicht bereits durch den Ort des statuarischen Sitzes im Inland gegeben ist, d.h. wenn es sich um ausländische Unternehmen mit einem oder mehreren im Inland tätigen Geschäftsführern handelt.

Abbildung 3-3: Sitz im Inland

Eine Kapitalgesellschaft verfügt über einen Sitz im Inland, wenn nach

- Gesetz, Satzung oder Gesellschaftsvertrag
- ein Ort im Inland als Sitz festgelegt ist.

Weiteres persönliches Anknüpfungsmerkmal für eine unbeschränkte Steuerpflicht von Kapitalgesellschaften oder sonstigen Körperschaften, Personenvereinigungen oder Vermögensmassen in Deutschland ist deren **Sitz im Inland**. Der Sitz richtet sich gemäß § 11 AO nach dem Ort, der durch Gesetz, Gesellschaftsvertrag, Satzung oder ähnlichem als Sitzort bestimmt ist. Darum ist der Sitz in der Regel durch Rechtsakt bestimmt. Der so genannte **statuarische Sitz** ist somit ausschlaggebend für die persönliche Anknüpfung an das Inland und für die unbeschränkte Steuerpflicht in Deutschland. Unerheblich ist, ob ansonsten nach den tatsächlichen Verhältnissen - z.B. durch das Besitzen von Geschäftsräumen o.ä. - eine Bindung an das Inland gegeben ist. Vom statuarischen Sitz abzugrenzen ist der so genannte Verwaltungssitz, der den Mittelpunkt der geschäftlichen Tätigkeit darstellt.

3.3.2 Beschränkte Körperschaftsteuerpflicht

Beschränkt körperschaftsteuerpflichtig sind die im Gesetz bezeichneten Körperschaften, Personenvereinigungen und Vermögensmassen, wenn sie weder ihre Geschäftsleitung noch ihren Sitz im Inland haben. Die beschränkte Körperschaftsteuerpflicht umfasst nur die inländischen Einkünfte (§ 2 KStG). Von der beschränkten Körperschaftsteuerpflicht nach § 2 KStG sind zwei Gruppen von Institutionen erfasst:

- Nach § 2 Nr. 1 KStG sind **Körperschaften, Personenvereinigungen** und **Vermögensmassen** beschränkt körperschaftsteuerpflichtig, wenn sie **weder ihren Sitz noch ihre Geschäftsleitung im Inland** haben.
  Der Umfang der beschränkten Steuerpflicht nach § 2 Nr. 1 KStG erstreckt sich auf die inländischen Einkünfte. Diese verlangen nach der Konzeption der beschränkten Steuerpflicht einen sachlichen Bezugspunkt zum Inland (vgl. § 8 Abs. 1 KStG i.V.m § 49 EStG).

- **Sonstige nicht unbeschränkt steuerpflichtige Körperschaften, Personenvereinigungen und Vermögensmassen** unterliegen der beschränkten Körperschaftsteuerpflicht, wenn sie inländische Einkünfte beziehen, die dem Steuerabzug unterliegen (§ 2 Nr. 2 KStG).
  Dazu gehören inländische Körperschaften des öffentlichen Rechts, etwa Gebietskörperschaften (Bund, Länder, Gemeinden), Kammern, Innungen etc. Der Umfang der beschränkten Steuerpflicht nach § 2 Nr. 2 KStG erstreckt sich auf Einnahmen,

die dem Steuerabzug unterliegen. Darunter fallen Kapitalerträge nach § 43 EStG und Vergütungen im Sinne von § 50a Abs. 1 EStG für künstlerische, sportliche, artistische Leistungen einschließlich der Ausübung und Verwertung dieser Tätigkeiten, Vergütungen für die Nutzung von Urheberrechten, Schutzrechten etc. Insoweit erfolgt eine Abgeltung der Körperschaftsteuerpflicht durch den Steuerabzug, es findet kein Veranlagungsverfahren statt.

Abbildung 3-4: Unbeschränkte und beschränkte Körperschaftsteuerpflicht

Unbeschränkte Körperschaftsteuerpflicht § 1 I KStG	Beschränkte Körperschaftsteuerpflicht § 2 KStG
• Geschäftsleitung oder Sitz in Deutschland • Besteuerung der Welteinkünfte	• Weder Geschäftsleitung noch Sitz in Deutschland • Erzielung inländischer Einkünfte • Besteuerung der inländischen Einkünfte

3.3.3 Sondertatbestand und Steuerbefreiung

Einen Auffangtatbestand enthält schließlich § 3 KStG. Danach besteht unbeschränkte oder beschränkte Körperschaftsteuerpflicht für **nichtrechtsfähige Personenvereinigungen**, wenn deren Einkommen nicht durch Einkommensteuer erfasst wird. Dies gilt nicht für OHG, KG, GmbH & Co.KG, da hier die Belastung mit Einkommensteuer aufgrund der Vorschrift des § 15 Abs. 1 Nr. 2 EStG sichergestellt ist. Anzuwenden ist diese Vorschrift vor allem auf nichtrechtsfähige Vereine und Stiftungen.

Für bestimmte Körperschaften gelten nach §§ 5 und 6 KStG **persönliche Befreiungen**. Die Befreiungen nehmen insbesondere Körperschaften von der Körperschaftsteuerpflicht aus, die nicht überwiegend mit Gewinnerzielungsabsicht tätig sind, wie z.B. Staatsunternehmen (z.B. Monopolverwaltungen des Bundes, Berufsverbände, Wirtschaftsförderungsgesellschaften). Die Steuerbefreiung erstreckt sich nur auf unbeschränkt Steuerpflichtige, soweit diese Einkünfte erzielen, die nicht dem (Kapitalertrag)Steuerabzug unterliegen (§ 5 Abs. 2 KStG).

Die **persönliche Steuerpflicht beginnt** regelmäßig mit der Gründung des körperschaftsteuerpflichtigen Gebildes. Bei Kapitalgesellschaften – um den in der Praxis wichtigsten Fall zu nennen – fällt der Beginn also auf den Abschluss des Gesellschaftsvertrages bzw. der Satzung; sie endet mit der Liquidation oder Umwandlung.

3.4 Die sachliche Steuerpflicht (Einkommen)

3.4.1 Ermittlung des körperschaftsteuerpflichtigen Einkommens

Das KStG bezeichnet seine Bemessungsgrundlage als „zu versteuerndes Einkommen" (§ 7 Abs. 1 KStG). Die Ermittlung des zu **versteuernden Einkommens** erfolgt gemäß § 8 Abs. 1 KStG nach den einkommensteuerlichen Vorschriften. Der körperschaftsteuerliche Einkommensbegriff ist sowohl vom ökonomischen Einkommensbegriff als auch vom Einkommensbegriff des Einkommensteuerrechts verschieden. **Denn für unbeschränkt steuerpflichtige Kapitalgesellschaften**, Genossenschaften sowie Versicherungsvereine auf Gegenseitigkeit existiert nicht die Palette der sieben Einkunftsarten: sie haben vielmehr stets **Einkünfte aus Gewerbebetrieb** (§ 8 Abs. 2 KStG). Andere unbeschränkt steuerpflichtige Körperschaften, wie z.B. Stiftungen und nicht rechtsfähige Vereine, sowie beschränkt steuerpflichtige Körperschaften können sämtliche Einkunftsarten erzielen, mit Ausnahme der Einkünfte aus nichtselbständiger Arbeit (R 32 Abs. 2 KStR).

Die Einkünfte aus Gewerbebetrieb der Kapitalgesellschaft sind nach § 5 Abs. 1 i.V.m. § 4 Abs. 1 EStG durch **Betriebsvermögensvergleich** zu ermitteln. Infolgedessen lässt sich das körperschaftsteuerliche Einkommen im Ausgangspunkt mit dem **aus der Handelsbilanz abgeleiteten Steuerbilanzergebnis** der Kapitalgesellschaft gleichsetzen. Allerdings wird das Steuerbilanzergebnis in vielfältiger Weise durch Zurechnungen und Kürzungen korrigiert. Deshalb erweist sich das körperschaftsteuerliche Einkommen als begrifflich nicht definiert. Vielmehr handelt es sich dabei um eine additiv bestimmte Größe. Man kann sie auch als modifiziertes Steuerbilanzergebnis unter Berücksichtigung etwaiger Verlustabzüge charakterisieren.

Abbildung 3-5: Ermittlung des körperschaftsteuerpflichtigen Einkommens

Handelsbilanzergebnis (§§ 7 Abs. 4, 8 Abs. 1 KStG)
+/ − Bilanzsteuerrechtliche Korrekturen §§ 5 – 7 EStG
= Steuerbilanzergebnis
− steuerfreie Erträge (§ 8b KStG)
+ nichtabziehbare Aufwendungen (§§ 8a, 8b Abs. 3, Abs. 5, 10 KStG, §§ 4 Abs. 5, 4h EStG)
− abziehbare Aufwendungen (§ 9 KStG)
+ verdeckte Gewinnausschüttungen (§ 8 Abs. 3 KStG)
− verdeckte Einlagen (§ 4 Abs. 1 EStG)
= Gesamtbetrag der Einkünfte
− Verlustabzug (§ 8c KStG i.V.m. § 10d EStG)
= zu versteuerndes Einkommen

Zum einen ist das Steuerbilanzergebnis um **steuerfreie Einnahmen** zu vermindern und um **nicht abzugsfähige Ausgaben** zu erhöhen. Die Korrekturen können sich aus dem Körperschaftsteuergesetz oder durch den Verweis auf die einkommensteuerlichen Ermittlungsgrundsätze (§ 8 Abs. 1 KStG) auch aus dem Einkommensteuergesetz ergeben. Zum anderen sind Vorgänge zu eliminieren, die das Verhältnis zwischen der Kapitalgesellschaft und dem(n) Gesellschafter(n) betreffen, weil das Körperschaftsteuergesetz einen von den **Gesellschaft-Gesellschafterbeziehungen** unbeeinflussten Erfolg der Kapitalgesellschaft besteuern will (§§ 8 Abs. 3 KStG).

Nach diesen auf den einkommen- und körperschaftsteuerlichen Vorschriften basierenden Korrekturen ergibt sich der Gesamtbetrag der Einkünfte, der um die vortrags- oder rücktragsfähigen Verluste gemindert wird, um das zu versteuernde Einkommen zu errechnen. Ob das Einkommen (ganz oder teilweise) an die Gesellschafter verteilt oder thesauriert wird, ist gem. § 8 Abs. 3 Satz 1 KStG für die Berechnung der körperschaftsteuerlichen Bemessungsgrundlage ohne Bedeutung.

3.4.2 Erfolgskorrekturen

Bilanzsteuerrechtliche Korrekturen

Das Steuerbilanzergebnis einer Kapitalgesellschaft für das betreffende Wirtschaftsjahr wird aus dem Handelsbilanzergebnis (§ 5 Abs. 1 EStG) unter Beachtung der bilanzsteuerrechtlichen Spezialvorschriften (§ 5 Abs. 2 bis Abs. 6 EStG) abgeleitet. Insoweit gelten alle zum Bereich der „Steuerbilanz" gehörenden Regeln für Kapitalgesellschaften und für Einzelgewerbetreibende gleichermaßen (§ 8 Abs. 1 KStG). Abweichende Ansatz- und Bewertungsvorschriften können sich nur aus den rechtsformspezifischen Normen des HGB ergeben, insbesondere aus §§ 179,180 HGB, die nur für Kapitalgesellschaften gelten.

Materiell sind die Ansatz- und Bewertungsvorschriften aus der Handelsbilanz für die Steuerbilanz nach dem **Maßgeblichkeitsgrundsatz** zu beachten, soweit keine abweichende steuerliche Bilanzierungs- oder Bewertungsvorschrift die handelsrechtliche Maßgeblichkeit durchbricht (§ 5 Abs. 1 EStG). **Abweichende steuerliche Bilanzierungs- und Bewertungsvorschriften**, die zu einer von der Handelsbilanz abweichenden Bilanzierung in der Steuerbilanz führen, sind insbesondere:

- Einschränkung der Bildung von **Rückstellungen für die Verletzung fremder Patentrechte**, Urheber- und ähnlicher Schutzrechte, § 5 Abs. 3 EStG

- Einschränkung der Bildung von **Rückstellungen für Dienstjubiläen**, § 5 Abs. 4 EStG

- Ansatzverbot für **Rückstellungen für drohende Verluste aus schwebenden Geschäften,** § 5 Abs. 4a EStG

Die sachliche Steuerpflicht (Einkommen) **3.4**

- Einschränkende Voraussetzung für die **Bildung von Pensionsrückstellungen**, § 6a EStG

- Keine Berücksichtigung von **vorübergehenden Wertminderungen** bei der Bewertung von Anlage- und Umlaufvermögen, § 5 Abs. 6 i.V.m. § 6 Abs. 1 Nr. 1 Satz 2, Nr. 2 Satz 2 EStG

- Keine Berücksichtigung von **vorübergehenden Werterhöhungen** bei der Bewertung von Verbindlichkeiten und Rückstellung, § 5 Abs. 6 i.V.m. § 6 Abs. 1 Nr. 3, Nr. 3a EStG

- Generelle **Abzinsungspflicht** von unverzinslichen Verbindlichkeiten und Rückstellungen, § 5 Abs. 6 i.V.m. § 6 Abs. 1 Nr. 3, Nr. 3a Bst. e) EStG

- **Steuerliche Abschreibungsvorschriften**, § 5 Abs. 6 i.V.m. § 7 EStG

Aufgrund dieser Vielzahl von steuerlichen Vorschriften, die die Maßgeblichkeit der Handelsbilanz durchbrechen, weichen Handels- und Steuerbilanz in der Regel voneinander ab, eine sogenannte **Einheitsbilanz** bildet die Ausnahme. Das Steuerbilanzergebnis wird um die im Folgenden dargestellten weiteren Tatbestände korrigiert.

Steuerfreie Erträge

Als Korrekturen außerhalb der Steuerbilanz sind zunächst alle **steuerfreien Erträge** zu kürzen. Dazu gehören insbesondere die folgenden Tatbestände:

- **Steuerfreie Zuschüsse und Zulagen** bleiben aufgrund besonderer gesetzlicher Regelung (z.B. Investitionszulagengesetz) steuerfrei.

- **Einnahmen aus ausländischer Geschäftstätigkeit** können aufgrund von Doppelbesteuerungsabkommen in Deutschland steuerfrei sein (§ 2 AO). Dazu gehören beispielsweise Einkünfte aus ausländischen Betriebsstätten, die nach Art. 7 OECD-MA in der Regel nur im Domizilstaat der Betriebsstätte besteuert werden, oder Einkünfte aus im Ausland belegenem Grundvermögen, das nach Art. 6 Abs. 1 OECD-MA nur im Belegenheitsstaat des Grundvermögens besteuert wird.

- **Dividenden**, die die Kapitalgesellschaft von anderen (in- oder ausländischen) Kapitalgesellschaften bezieht (§ 8b Abs. 1 KStG), sowie **Veräußerungsgewinne** aus dem Verkauf von Anteilen an anderen Kapitalgesellschaften (§ 8b Abs. 2 KStG) sind nach § 8b KStG steuerfrei. Durch diese Vorschrift soll eine Kumulierung von Körperschaftsteuer bei Beteiligungen unabhängig von der Beteiligungsquote vermieden werden. Es handelt sich bei diesem so genannten Dividendenprivileg nicht um eine Steuervergünstigung, sondern vielmehr soll eine Mehrfachbelastung von Gewinnausschüttungen innerhalb von Konzernen verhindert werden.

Allerdings gelten **5% der Dividendeneinnahmen und Veräußerungsgewinne** als **nichtabzugsfähige Betriebsausgaben** und sind einkommenserhöhend zu erfassen (§ 8b Abs. 3 und Abs. 5 KStG). Die tatsächlich in Zusammenhang mit der Beteiligung stehenden Betriebsausgaben können dagegen steuermindernd geltend gemacht werden. § 3c Abs. 1 EStG gilt insoweit nicht. Die Hinzurechnung der fiktiven nichtabzugsfähigen Betriebsausgaben gilt unabhängig von der Höhe der tatsächlich entstandenen Ausgaben. Ein Nachweis niedrigerer tatsächlicher Ausgaben ist insoweit nicht zulässig.

Die Nichtabzugsfähigkeit fiktiver Betriebsausgaben in Höhe von pauschal 5% der Einnahmen führt dazu, dass definitiv nur 95% der Dividenden und Veräußerungsgewinne, die eine Kapitalgesellschaft bezieht, steuerfrei bleiben. Auf dem verbleibenden Anteil kommt es zu einer **Kumulierung von Körperschaftsteuer** auf Ebene der Kapitalgesellschaften, die mit dem geltenden Körperschaftsteuersystem nicht vereinbar ist.

Nichtabziehbare Ausgaben

Als **nichtabziehbare Ausgaben** sind zum einen Aufwendungen dem Betriebsergebnis wieder hinzuzurechnen, die **nach den einkommensteuerlichen Vorschriften** nicht abzugsfähige Betriebsausgaben gemäß § 4 Abs. 5 EStG darstellen. Dazu gehören beispielsweise 30% der Bewirtungskosten aus betrieblichem Anlass (§ 4 Abs. 5 Nr. 2 EStG), Werbegeschenke von einem Wert über 35 € (§ 4 Abs. 5 Nr. 1 EStG) oder Aufwendungen für Gästehäuser (§ 4 Abs. 5 Nr. 3 EStG).

Darüber hinaus gelten spezielle **Abzugsverbote des Körperschaftsteuergesetzes**, die in § 10 KStG kodifiziert sind. Im Einzelnen sind die folgenden köperschaftsteuerlichen Abzugsverbote zu berücksichtigen:

- **Ausgaben zur Erfüllung des satzungsmäßigen Zwecks (§ 10 Nr. 1 KStG)**
  Ausgaben, die der Erfüllung des Gesellschaftszwecks dienen, rechnen grundsätzlich zum Bereich der Einkommensverwendung und dürfen bereits insoweit den Gewinn nicht mindern. Daher hat diese Vorschrift in erster Linie deklaratorische Bedeutung und findet ihren Anwendungsbereich vor allem bei Stiftungen und anderen Zweckvermögen.

- **Bestimmte Steuern (§ 10 Nr. 2 KStG)**
  Steuern vom Einkommen und sonstige Personensteuern sind nach § 10 Nr. 2 KStG nichtabziehbare Ausgaben. Dazu gehören die Körperschaftsteuer, Solidaritätszuschlag, Kapitalertragsteuer, Erbschaft- und Schenkungsteuer sowie vergleichbare ausländische Personensteuern. Ebenso nicht abzugsfähig ist die Umsatzsteuer auf Entnahmen oder verdeckte Gewinnausschüttungen sowie die auf bestimmten nicht abziehbaren Aufwendungen lastende Vorsteuer (vgl. die in § 4 Abs. 5 Nr. 1-4, 7 EStG geregelten nicht abzugsfähigen Aufwendungen). Diese Vorschrift ist als Pa-

rallelvorschrift zu § 12 Nr. 3 EStG zu verstehen, wo für natürliche Personen die Nichtabziehbarkeit vergleichbarer Steuern für den Bereich der Einkommensteuer festgelegt ist.

- **Geldstrafen und ähnliche Aufwendungen (§ 10 Nr. 3 KStG)**
  Geldstrafen und Schadensersatzleistungen, bei denen der Strafcharakter überwiegt und die nicht nur zur Wiedergutmachung des entstandenen Schadens gezahlt werden, stellen keine abziehbaren Aufwendungen dar. Diese Vorschrift entspricht der einkommensteuerlichen Vorschrift in § 12 Nr. 4 EStG. Für Geldbußen, Ordnungs- und Verwarnungsgelder ergibt sich die Nichtabziehbarkeit aus der einkommensteuerlichen Regelung des § 4 Abs. 5 Nr. 8 EStG.

- **Vergütungen an Aufsichtsratsmitglieder und ähnliche Überwachungsorgane (§ 10 Nr. 4 KStG)**
  Die Hälfte der Aufsichtsratsvergütungen und ähnlicher Vergütungen sind mit einem Abzugsverbot belegt. Diese Regelung sieht sich heftiger Kritik ausgesetzt, da diesen Vergütungen eindeutig Betriebsausgabencharakter zukommt und ein nur hälftiger Abzug nur damit begründet werden kann, dass pauschal unterstellt wird, die Vergütungen seien **nur zur Hälfte als angemessen** zu erachten. Eine solche pauschale Unangemessenheitsvermutung entbehrt jeder Grundlage und widerspricht den Grundsätzen der körperschaftsteuerlichen Gewinnermittlung.

Abziehbare Aufwendungen § 9 KStG

Zusätzlich zu den betrieblichen Aufwendungen, die in der Handelsbilanz und steuerlichen Gewinnermittlung als Betriebsausgaben geltend gemacht werden können, definiert das Körperschaftsteuergesetz zwei Tatbestände, die den körperschaftsteuerpflichtigen Gewinn mindern dürfen:

- **Gewinnanteile und Geschäftsführungsvergütungen der persönlich haftenden Gesellschafter einer KGaA (§ 9 Abs. 1 Nr. 1 KStG)**
  Kommanditgesellschaften auf Aktien sind nach § 1 Abs. 1 Nr. 1 KStG selbständig körperschaftsteuerpflichtig. Die Komplementäre eine KGaA beziehen mit ihren Gewinnanteilen aus der KGaA und den Geschäftsführungsvergütungen Einkünfte aus Gewerbebetrieb im Sinne des § 15 Abs. 1 Nr. 3 EStG. Um eine doppelte Erfassung der Gewinnbestandteile durch die Körperschaftsteuer und die Einkommensteuer zu verhindern, sind diese bei der Ermittlung der körperschaftsteuerlichen Bemessungsgrundlage der KGaA nach § 9 Abs. 1 Nr. 1 KStG abzugsfähig. Die Geschäftsführungsvergütungen für den Gesellschafter-Geschäftsführer sind aufgrund des Trennungsprinzips auf Ebene der KGaA abzugsfähige Betriebsausgaben. Insoweit hat § 9 Abs. 1 Nr. 1 nur klarstellende Bedeutung. Für die Abzugsfähigkeit der auf den Komplementär entfallenden Gewinnanteile kommt § 9 Abs. 1 Nr. 1 KStG hingegen konstitutive Bedeutung zu, da die Gewinnverteilung ansonsten

nicht bei der Ermittlung des Einkommens berücksichtigt werden darf (§ 8 Abs. 3 S. 1 KStG).

- **Spenden (§ 9 Abs. 1 Nr. 2 KStG)**
Da juristische Personen grundsätzlich keine Privatsphäre besitzen, sind auch Spenden dem betrieblichen Bereich zuzuordnen. Allerdings sind Spenden nur in begrenzter Höhe als Betriebsausgaben abzugsfähig.

Zuwendungen (Spenden und Mitgliedsbeiträge) für steuerbegünstigte Zwecke im Sinne von §§ 52 - 54 AO dürfen bis zu 20% des Einkommens oder 4‰ der gesamten Umsätze plus Lohn- und Gehaltssumme als Betriebsausgaben geltend gemacht werden. Nicht abziehbar sind dagegen Mitgliedsbeiträge an Körperschaften, die den Sport, kulturelle Betätigungen, die in erster Linie der Freizeitbeschäftigung dienen, Heimatpflege und Heimatkunde sowie Tätigkeiten im Sinne des § 52 Abs. 2 Nr. 23 AO fördern.

Verdeckte Gewinnausschüttungen und verdeckte Entnahmen

Einlagen dürfen den körperschaftsteuerlichen Gewinn nicht erhöhen, beziehungsweise Gewinnausschüttungen und Entnahmen ihn nicht mindern. Dies gilt auch für gesellschaftsrechtliche Vorgänge, die durch schuldrechtliche Vertragsverhältnisse „verdeckt" sind, indem unangemessene Entgelte für die schuldrechtliche Vertragsbeziehung mit dem Gesellschafter vereinbart werden. Diese so genannten **verdeckten Einlagen** (§ 4 Abs. 1 EStG) und **verdeckten Gewinnausschüttungen** (§ 8 Abs. 3 KStG) erfordern ebenfalls eine erfolgsneutrale Behandlung.

3.4.3 Verlustverrechnung bei Kapitalgesellschaften

Aufgrund des Trennungsprinzips, das für die Besteuerung der Kapitalgesellschaft gilt, können Verluste nur von der Kapitalgesellschaft selbst genutzt werden. Auf der Ebene des Anteilseigners wirken sich die entstandenen Verluste grundsätzlich nicht aus. Verlustausgleichsmöglichkeiten bestehen, vorbehaltlich der Regeln zur Organschaft, allein auf Ebene der Kapitalgesellschaft, die den Verlust erlitten hat. Der Verlustausgleich vollzieht sich nach den **einkommensteuerlichen Regelungen**.

Ein innerperiodischer Verlustausgleich ist bei der Kapitalgesellschaft nicht möglich, da nur Einkünfte aus Gewerbebetrieb (§ 8 Abs. 2 KStG) vorliegen können. Beim **interperiodischen Verlustausgleich** nach § 10d EStG besteht grundsätzlich ein Wahlrecht zum Verlustvor- oder –rücktrag innerhalb der Grenzen des § 10d EStG. Das bedeutet, dass auch für Kapitalgesellschaften ein maximaler Verlustrücktrag von 511.500 € auf die Vorperiode besteht (§ 10d Abs. 1 EStG). Im Rahmen des Verlustvortrags ist der Verlustabzug bis zu einer Höhe von 1 Mio. € möglich, darüber hinaus gehende Gewinne können nur zu 60% zum Verlustabzug genutzt werden.

3.4 Die sachliche Steuerpflicht (Einkommen)

Zusätzliche **Grenzen der Verlustverrechnung** von Kapitalgesellschaften ergeben sich aus den spezifischen Vorschriften des KStG. Nach der Bestimmung des § 8c KStG geht der körperschaftsteuerliche Verlustvortrag unter bestimmten Voraussetzungen verloren. Bei Kapitalgesellschaften schließt das Gesetz nach einem Gesellschafterwechsel unter den nachfolgend skizzierten Bedingungen den Verlustabzug für körperschaftsteuerliche Zwecke aus:

- Werden innerhalb von fünf Jahren mittelbar oder unmittelbar mehr **als 25%, aber weniger als 50%** der Anteile durch einen schädlichen Beteiligungserwerb übertragen oder liegt ein vergleichbarer Sachverhalt vor, sind **insoweit** die bis zum schädlichen Beteiligungserwerb nicht ausgeglichenen oder abgezogenen negativen Einkünfte (nicht genutzte Verluste) nicht mehr abziehbar.

- Werden innerhalb von fünf Jahren mittelbar oder unmittelbar **mehr als 50%** des gezeichneten Kapitals, der Mitgliedschaftsrechte, Beteiligungsrechte oder der Stimmrechte an einer Körperschaft an einen Erwerber oder diesem nahe stehende Personen übertragen, entfällt der Verlustvortrag der Körperschaft in **vollem Umfang**.

Abbildung 3-6: Regelungsstruktur des § 8c KStG

⇒ **Verlustuntergang in Abhängigkeit der übertragenen Anteilsquote**

Übertragung zwischen 25% und 50%	Übertragung von mehr als 50%
• Übertragung von mehr als 25%, aber weniger als 50% des gezeichneten Kapitals, der Mitgliedschaftsrechte, der Beteiligungsrechte oder der Stimmrechte an einer Körperschaft an einen Erwerber oder diesem nahe stehende Personen innerhalb von fünf Jahren mittelbar oder unmittelbar (schädlicher Beteiligungserwerb) • Rechtsfolgeanordnung: quotaler Untergang des Verlusts • vergleichbare Sachverhalte werden entsprechend behandelt	• Übertragung von mehr als 50% des gezeichneten Kapitals, der Mitgliedschaftsrechte, der Beteiligungsrechte oder der Stimmrechte an einer Körperschaft an einen Erwerber oder diesem nahe stehende Personen innerhalb von fünf Jahren mittelbar oder unmittelbar • Die Rechtsfolgeanordnung: vollständiger Untergang des Verlusts • vergleichbare Sachverhalte werden entsprechend behandelt

Nach der Legaldefinition in § 8c Satz 1 Halbsatz 1 KStG liegt ein **schädlicher Beteiligungserwerb** vor, wenn

- innerhalb von fünf Jahren
- mittelbar oder unmittelbar
- mehr als 25%

3 Die Körperschaftsteuer

- des gezeichneten Kapitals, der Mitgliedschaftsrechte, Beteiligungsrechte oder der Stimmrechte an einer (auch beschränkt steuerpflichtigen) Körperschaft
- an einen Erwerber oder diesem nahestehende Personen

übertragen werden. Auf die Anzahl der Transaktionen innerhalb des Fünfjahreszeitraumes kommt es nicht an.

Der Gesetzestext stellt nicht darauf ab, unter welchen Umständen **mehr als 25% der Anteile** an der Kapitalgesellschaft übertragen werden. Ob eine Anteilsübertragung also im Wege der vorweggenommenen Erbfolge einer mittelständischen GmbH oder im Rahmen des standardisierten Börsenhandels in Anteilen an einer Publikumsaktiengesellschaft erfolgt, ist nach dem Wortlaut der gesetzlichen Bestimmung unerheblich. Allerdings ist es nach der Regelung grundsätzlich notwendig, dass mehr als 25% der Anteilsrechte auf **einen Erwerber** übertragen werden. Dies impliziert, dass der Erwerber eines Anteilsrechtes bekannt ist. Dies wird beim anonymen Börsenhandel eher nicht der Fall sein.

Abbildung 3-7: Quotaler Verlustuntergang nach § 8c KStG

Beispiel: Der bisherige Alleingesellschafter A veräußert am 31.12.01 30 % der Anteile an der A-GmbH an den B. Die A-GmbH verfügt über einen Verlustvortrag in Höhe von 1.000.000€.

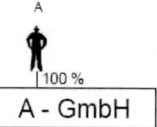

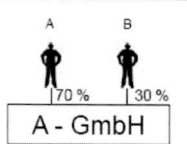

A 100% → A - GmbH

A 70%, B 30% → A - GmbH

Lösung: Vom bisherigen Verlustvortrag in Höhe von 1.000.000€ gehen durch den Anteilseignerwechsel 30% unter. Mithin reduziert sich der Verlustvortrag bereits im Veranlagungszeitraum 01 auf 700.000€.

Nach der Rechtsfolgeanordnung des § 8c Abs. 1 Satz 1 KStG geht der Verlust gemäß § 8c Abs. 1 Satz 1 KStG „insoweit", d.h. **quotal entsprechend der Höhe** der schädlichen Beteiligungserwerbe unter. Die Rechtsfolge tritt in dem Wirtschaftsjahr ein, in dem die 25%-Grenze überschritten wird. Verluste, die bis zum Zeitpunkt des schädlichen Beteiligungserwerbs entstanden sind, dürfen mit danach entstandenen Gewinnen weder ausgeglichen noch von ihnen abgezogen werden. Sie dürfen auch nicht in vorangegangene Veranlagungszeiträume zurückgetragen werden.

Die Rechtsfolgeanordnung des quotalen Verlustuntergang wird flankiert von der Bestimmung des § 8c Abs. 1 Satz 2 KStG. Bei einem schädlichen Beteiligungserwerb

Die sachliche Steuerpflicht (Einkommen)   **3.4**

von über 50% innerhalb eines Zeitraums von fünf Jahren geht nach dieser Bestimmung der nicht genutzte Verlust vollständig unter.

Abbildung 3-8: Totaler Verlustuntergang nach § 8c KStG

> **Beispiel:** Der bisherige Alleingesellschafter A veräußert am 31.12.01 60 % der Anteile an der A-GmbH an den B. Die A-GmbH verfügt über einen Verlustvortrag in Höhe von 1.000.000€.

A	A B
100 %	40 % 60 %
A - GmbH	A - GmbH

> **Lösung:** Der bisherige Verlustvortrag in Höhe von 1.000.000€ geht durch den partiellen Anteilseignerwechsel in vollem Umfang unter.

Ein und dasselbe Anteilsrecht kann mehrfach die Verlustabzugsbeschränkung auslösen, wenn es hintereinander an verschiedene Anteilserwerber übertragen wird.

Beispiel: Der bisherige Alleingesellschafter A veräußert am 31.12.01 30% der Anteile an der A-GmbH an die Erwerber-GmbH. Die A-GmbH verfügt über einen Verlustvortrag in Höhe von 1.000.000€. Am 31.12.03 erwirbt die Mutter-AG, die an der Erwerber-GmbH zu 80% beteiligt ist, dieselben 30%. Weitere 21% erwirbt die Mutter-AG am 31.12.04 direkt von A.

Lösung:
Veranlagungszeitraum 01: Quotaler Verlustuntergang nach § 8c Satz 1 KStG wegen des Beteiligungserwerbs durch die Erwerber-GmbH von 30%.
Veranlagungszeitraum 03: Quotaler Verlustuntergang nach § 8c Satz 1 KStG wegen des Beteiligungserwerbs durch die Mutter-AG von 30%. Dem steht nicht entgegen, dass die Erwerber-GmbH und die Mutter-AG einen Erwerberkreis bilden.
Veranlagungszeitraum 04: Der nochmalige Beteiligungserwerb durch die Mutter-AG von 21% führt zum Überschreiten der 50%-Quote nach § 8c Satz 2 KStG und damit zum vollständigen Verlustuntergang. Nicht erforderlich ist, dass der schädliche Erwerb oder die zu addierenden Einzelerwerbe zu einer Zeit erfolgen, zu der die Körperschaft nicht genutzte Verluste aufweist.

§ 8c Satz 1 KStG definiert „**vergleichbare Sachverhalte**" zu den vorgenannten Anteilsübertragungen ebenfalls als schädliche Beteiligungserwerbe. Nach Auffassung der Finanzverwaltung (BMF-Schreiben vom 4. Juli 2008, BStBl. I S. 736) können vergleichbare Sachverhalte insbesondere sein:

- der Erwerb von Genussscheinen i. S. d. § 8 Abs. 3 Satz 2 KStG;
- Stimmrechtsvereinbarungen, Stimmrechtsbindungen, Stimmrechtsverzicht;
- die Umwandlung auf eine Verlustgesellschaft, wenn durch die Umwandlung ein Beteiligungserwerb durch einen Erwerberkreis stattfindet;
- die Einbringung eines Betriebs, Teilbetriebs oder Mitunternehmeranteils, wenn durch die Einbringung ein Beteiligungserwerb am übernehmenden Rechtsträger durch einen Erwerberkreis stattfindet;
- die Fusion von Anstalten des öffentlichen Rechts, wenn hierdurch bei der aufnehmenden Anstalt des öffentlichen Rechts mit nicht genutzten Verlusten ein Träger Beteiligungsrechte an der Anstalt (hinzu) erwirbt;
- der Erwerb eigener Anteile, wenn sich hierdurch die Beteiligungsquoten ändern;
- die Kapitalherabsetzung, mit der eine Änderung der Beteiligungsquoten einhergeht.

Eine Kapitalerhöhung steht gemäß § 8c Satz 2 KStG der Übertragung des gezeichneten Kapitals gleich, soweit sie zu einer Veränderung der Beteiligungsquoten am Kapital der Körperschaft führt. Eine solche disquotale Kapitalerhöhung bei einem Gesellschafter kann durch eine unmittelbare sowie durch eine mittelbare Anteilsübertragung ausgelöst werden.

3.5 Entstehung, Veranlagung und Steuertarif

Die Bemessungsgrundlage für die Körperschaftsteuer ist gem. § 7 KStG das zu versteuernde Einkommen. Der auf dieses Einkommen anzuwendende **Steuersatz** beläuft sich gem. § 23 Abs. 1 KStG auf 15%. Damit kommt ein proportionaler Steuersatz zur Anwendung, der nicht von der Höhe des steuerpflichtigen Einkommens abhängig ist.

Die **Entstehung der Steuer** ist geregelt im § 30 KStG. Die Köperschaftsteuer ist eine Jahressteuer. Sie entsteht grundsätzlich mit Ablauf des **Kalenderjahres (Veranlagungszeitraum)**. Die Körperschaftsteuer wird durch vierteljährliche Vorauszahlungen auf die voraussichtliche Steuerschuld erhoben, die zu Beginn des Kalendervierteljahres entstehen, für das die Vorauszahlungen zu leisten sind. Für Steuerabzugsbeträge (z.B. Kapitalertragsteuer) entsteht die Steuer in dem Zeitpunkt, in dem die steuerpflichtigen Einkünfte zufließen. Bereits entrichtete oder einbehaltene Beträge sind auf die festzusetzende Körperschaftsteuer des Jahres anzurechnen und führen zu eine Abschlusszahlung oder einer Erstattung (§ 31 KStG i.V.m. § 36 EStG). Für die Pflicht zur Einreichung einer Steuererklärung sowie für Veranlagung und Erhebung der Körperschaftsteuer gelten die Vorschriften des Einkommensteuergesetzes entsprechend (§ 31 KStG).

3.6 Die Besteuerung der Anteilseigner von Kapitalgesellschaften

3.6.1 Dividenden

3.6.1.1 Natürliche Person als Dividendenempfänger

Die steuerliche Beurteilung der Ausschüttung von Gewinnen einer Kapitalgesellschaft erfordert mehrere Differenzierungen. Bei einer Ausschüttung an eine natürliche Person ist danach zu unterscheiden, ob diese ihre Anteile im steuerlichen Privatvermögen oder im steuerlichen Betriebsvermögen hält.

Dividenden, die an natürliche Personen ausgeschüttet werden, die ihre Anteile an der Kapitalgesellschaft **im Privatvermögen** halten, sind nach § 20 Abs. 1 Nr. 1 EStG als Einkünfte aus Kapitalvermögen steuerpflichtig. Sie unterliegen dem in § 32d EStG geregelten Verfahren der Abgeltungsteuer. Diese beträgt 25% zuzüglich Solidaritätszuschlag und ggf. Kirchensteuer. Werbungskosten sind nach § 20 Abs. 9 EStG nicht abzugsfähig.

Abbildung 3-9: Belastung durch die Abgeltungsteuer

Besteuerungsebene der Kapitalgesellschaft	
Gewinn vor Steuern	100,00
– 15% Körperschaftsteuer	- 15,00
Ausschüttungsfähiger Gewinn	85,00
– 25% Kapitalertragsteuer	- 21,25
Nettobardividende (Auszahlung)	63,75
Besteuerungsebene des Gesellschafters	
keine zusätzliche Besteuerung	
Gesamte Belastung	36,25

Ein Veranlagungswahlrecht ist nur für den Fall vorgesehen, dass der persönliche Steuersatz des Dividendenempfängers unter 25% liegt (§ 32d Abs. 6 EStG). Diese Günstigerprüfung ist an einen Antrag der natürlichen Person geknüpft. Es findet aber auch in diesem Fall keine „echte" Veranlagung statt, da die Dividendeneinnahmen dem individuellen Steuersatz unterworfen werden, während Werbungskosten weiterhin nicht abzugsfähig sind. Lediglich der Sparer-Pauschbetrag in Höhe von 801 € ist abzugsfähig (§ 20 Abs. 9 EStG).

Durch dieses Besteuerungsregime kommt es zu einer abgemilderten Doppelbelastung wirtschaftlich identischer Einkommensteile sowohl bei der Kapitalgesellschaft als auch beim Anteilseigner. Die Belastung auf der Ebene der Kapitalgesellschaft mit 15% Körperschaftsteuer wird definitiv. Schematisch wird die Belastungswirkung der Besteuerung von Gewinnen, die an eine natürliche Person ausgeschüttet werden, die ihre Anteile im Privatvermögen hält, in der Abbildung aufgezeigt.

Im Falle der Ausschüttung der Dividende in das **Betriebsvermögen** einer natürlichen Person kommt nach § 3 Nr. 40 EStG das Teileinkünfteverfahren mit einer 40%igen Freistellung der Dividendenausschüttung zur Anwendung. Schematisch lässt sich die Belastungswirkung der Besteuerung von Gewinnen, die an eine natürliche Person ausgeschüttet werden, die ihre Anteile im Betriebsvermögen hält, wie folgt aufzeigen:

Abbildung 3-10: Belastung durch das Teileinkünfteverfahren

Besteuerungsebene der Kapitalgesellschaft				
Gewinn vor Steuern			100,00	
– 15% Körperschaftsteuer			- 15,00	
Ausschüttungsfähiger Gewinn (Bruttodividende)			85,00	
– 25% Kapitalertragsteuer			- 21,25	
Nettobardividende (Auszahlung)			63,75	
Besteuerungsebene des Gesellschafters				
Einnahmen nach § 20 Abs. 1 EStG (Bruttodividende)			85,00	
Teileinkünfteverfahren: 60% steuerpflichtig § 3 Nr. 40 EStG			51,00	
- damit in Zusammenhang stehende Ausgaben				
60% abzugsfähig § 3c Abs. 2 EStG			- 0,00	
Steuerpflichtig			51,00	
Individueller Einkommensteuersatz (alternativ)	0%	30%	40%	45%
tariflich ESt	0,00	15,30	20,40	22,95
abzüglich Kapitalertragsteuer	21,25	21,25	21,25	21,25
Einkommensteuerzahlung/ -erstattung	-21,25	- 5,90	- 0,85	+ 1,70
Gesamte Belastung	15,00%	30,3%	35,40%	37,95%

Aus diesem Berechnungsbeispiel wird deutlich, dass die Dividendenbesteuerung durch den abgeltenden Steuerabzug bis zu einem individuellen Durchschnittsteuersatz von mehr als 41,67% zu höheren Belastungen führt als die Besteuerung nach dem Teileinkünfteverfahren (0,6 × 41,67% = 25%). Da der durchschnittliche Steuersatz für die Mehrheit der Steuerpflichtigen deutlich unter dieser Marke liegt, ist das Besteuerungsregime des abgeltenden Steuerabzugs für die Mehrheit der Steuerpflichtigen nachteilig.

3.6 Die Besteuerung der Anteilseigner von Kapitalgesellschaften

Die Nachteile der Dividendenbesteuerung im Rahmen des Privatvermögens werden noch verschärft, wenn Ausgaben in Zusammenhang mit den Dividendeneinnahmen stehen.

- Bei einer natürlichen Person, die die Beteiligung an der Kapitalgesellschaft im Privatvermögen hält, können die Aufwendungen nicht als Werbungskosten abgezogen werden. § 20 Abs. 9 EStG verbietet dies und führt zu einem Widerspruch zum Nettoprinzip.

- Bei einer natürlichen Person, die die Beteiligung an der Kapitalgesellschaft im Betriebsvermögen hält, können die Aufwendungen zu 60% als Betriebsausgaben abgezogen werden, vgl. § 3c Abs. 2 EStG.

Die nachfolgende Gegenüberstellung illustriert diese Zusammenhänge anhand einer Belastungsrechung.

Abbildung 3-11: Werbungskosten im Rahmen der Abgeltungsteuer

Besteuerungsebene der Kapitalgesellschaft	
Gewinn vor Steuern	100,00
– 15% Körperschaftsteuer	- 15,00
Ausschüttungsfähiger Gewinn	85,00
– 25% Kapitalertragsteuer	- 21,25
Nettobardividende (Auszahlung)	63,75
Besteuerungsebene des Gesellschafters	
keine zusätzliche Besteuerung	
Werbungskosten (steuerlich nicht abzugsfähig)	**20,00**
Nettoertrag nach Steuern und Kosten	43,75
Gesamte Belastung (Steuern + Kosten)	**56,25**

Im Rahmen des abgeltenden Steuerabzugs ergeben sich durch die Nichtabzugsfähigkeit von Kosten immer niedrigere Nettoerträge nach Steuern und Kosten als unter der Geltung des Teileinkünfteverfahrens.

Abbildung 3-12: Betriebsausgaben im Rahmen des Teileinkünfteverfahrens

Besteuerungsebene der Kapitalgesellschaft	
Gewinn vor Steuern	100,00
– 15% Körperschaftsteuer	- 15,00
Ausschüttungsfähiger Gewinn (Bruttodividende)	85,00
– 25% Kapitalertragsteuer	- 21,25
Nettobardividende (Auszahlung)	63,75
Besteuerungsebene des Gesellschafters	
Einnahmen nach § 20 Abs. 1 EStG (Bruttodividende)	85,00

3 Die Körperschaftsteuer

Teileinkünfteverfahren: 60% steuerpflichtig § 3 Nr. 40 EStG		51,00		
- damit in Zusammenhang stehende Ausgaben z.B.		20,00		
60% abzugsfähig § 3c Abs. 2 EStG		**-12,00**		
Steuerpflichtig		39,00		
Individueller Einkommensteuersatz (alternativ)	0%	30%	40%	45%
tariflich ESt	0,00	11,70	15,60	17,55
abzüglich Kapitalertragsteuer	21,25	21,25	21,25	21,25
Einkommensteuerzahlung/ -erstattung	-21,25	- 9,55	- 5,65	- 3,70
Nettoertrag nach Steuern und Kosten	65,00	53,30	49,40	47,45
Gesamte Belastung (Steuern + Kosten)	**35,00%**	**47,7%**	**50,6%**	**52,55%**

3.6.1.2 Kapitalgesellschaft als Dividendenempfänger

Erhält eine Kapitalgesellschaft von einer anderen Kapitalgesellschaft Dividenden, sind diese nach § 8b Abs. 1 KStG steuerbefreit. Durch diese Vorschrift soll eine Kumulierung von Körperschaftsteuer bei Beteiligungen unabhängig von der Beteiligungsquote vermieden werden. Es handelt sich bei diesem so genannten Dividendenprivileg nicht um eine Steuervergünstigung, sondern vielmehr soll eine Mehrfachbelastung von Gewinnausschüttungen innerhalb von Konzernen verhindert werden.

Abbildung 3-13: Kumulierung von Körperschaftsteuer ohne § 8b KStG

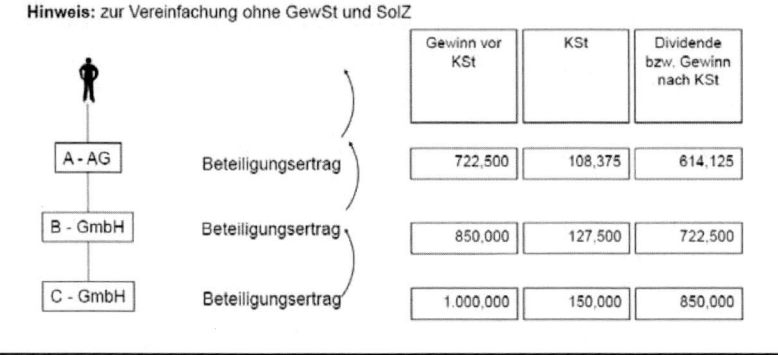

Hinweis: zur Vereinfachung ohne GewSt und SolZ

	Gewinn vor KSt	KSt	Dividende bzw. Gewinn nach KSt
A - AG — Beteiligungsertrag	722.500	108.375	614.125
B - GmbH — Beteiligungsertrag	850.000	127.500	722.500
C - GmbH — Beteiligungsertrag	1.000.000	150.000	850.000

Ohne die Befreiung des Beteiligungsertrags würde der Gewinn bei einer entsprechenden Anzahl von hintereinander geschalteten Beteiligungsebenen fast völlig aufgezehrt. Im obigen Beispiel sind auf der dritten Stufe bereits nur noch etwa 60% des ursprünglichen Gewinns ausschüttbar.

3.6 Die Besteuerung der Anteilseigner von Kapitalgesellschaften

Allerdings erfolgt im Rahmen von § 8b KStG keine vollständige Freistellung. Vielmehr gelten **5% der Dividendeneinnahmen** als **nichtabzugsfähige Betriebsausgaben** und sind einkommenserhöhend zu erfassen (§ 8b Abs. 3 und Abs. 5 KStG). Die Nichtabzugsfähigkeit fiktiver Betriebsausgaben in Höhe von pauschal 5% der Einnahmen führt dazu, dass definitiv nur 95% der Dividenden und Veräußerungsgewinne, die eine Kapitalgesellschaft bezieht, steuerfrei bleiben. Auf dem verbleibenden Anteil kommt es zu einer **Kumulierung von Körperschaftsteuer** auf Ebene der Kapitalgesellschaften, die mit dem geltenden Körperschaftsteuersystem nicht vereinbar ist.

Abbildung 3-14: Wirkung des § 8b KStG

Hinweis: zur Vereinfachung ohne GewSt und SolZ

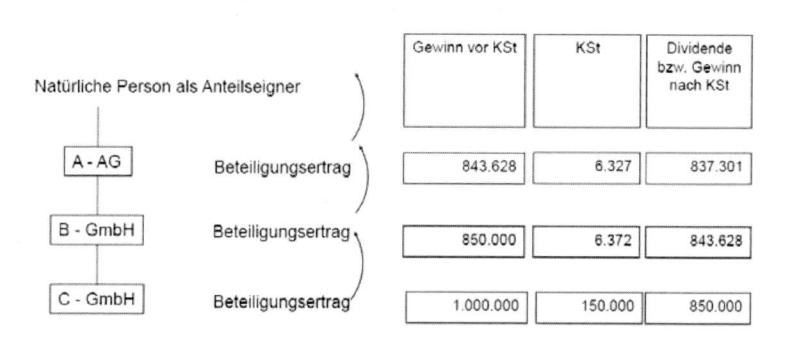

		Gewinn vor KSt	KSt	Dividende bzw. Gewinn nach KSt
Natürliche Person als Anteilseigner				
A - AG	Beteiligungsertrag	843.628	6.327	837.301
B - GmbH	Beteiligungsertrag	850.000	6.372	843.628
C - GmbH	Beteiligungsertrag	1.000.000	150.000	850.000

Auf der Gewinnausschüttung lastet eine 25%-ige Kapitalertragsteuer. Diese wird indessen auf der Ebene der empfangenden Kapitalgesellschaft angerechnet bzw. erstattet, vgl. § 31 Abs. 1 KStG i.V.m. § 36 Abs. 2 Nr. 2 EStG.

Sofern das gewerbesteuerliche Schachtelprivileg nach § 8 Nr. 5 i. V. mit § 9 Nr. 2a, 7 und 8 GewStG nicht greift (d.h. in den Fällen in denen die Beteiligungsquote weniger als 15% beträgt), unterliegen die empfangenen Dividenden zusätzlich der Gewerbesteuer.

Von der Steuerbefreiung empfangener Dividenden auf der Ebene der empfangenden Kapitalgesellschaft gibt es **Ausnahmen**. In gewissen Fallgruppen führt die Vorschrift des § 8b KStG zu steuerlichen Nachteilen gegenüber dem allgemeinen Regeln. So gelten § 8b Abs. 1 bis 6 KStG nach den Abs. 7 und 8 in bestimmten Fällen nicht. Betroffen sind Bezüge und Gewinne, die in besonderen Anlagebeständen anfallen, nämlich

- dem Eigenhandel von Kreditinstituten und anderen dem KWG unterliegenden Unternehmen (Abs. 7)

- den Kapitalanlagen von Lebens- und Krankenversicherungen sowie Pensionsfonds (Abs. 8).

§ 8b Abs. 7 wie Abs. 8 KStG haben als Rechtsfolge, dass die den betroffenen Anlagebereichen zuzurechnenden Anteile nach allgemeinen Bestimmungen zu versteuern sind. Folglich sind in diesen Fällen die Anteilserträge vollumfänglich, also ohne die Rechtsfolge des § 8b Abs. 5 KStG steuerpflichtig.

Kreditinstitute und gleichgestellte Unternehmen (§ 8b Abs. 7 KStG)

§ 8b Abs. 7 KStG schließt für den Eigenhandel der Kreditinstitute und Finanzdienstleistungsinstitute die Anwendung der Abs. 1 bis 5 dieser Vorschrift aus. Die Anteilserträge sind damit in vollem Umfang ohne die Rechtsfolge des § 8b Abs. 5 KStG steuerpflichtig. Die von der Vorschrift betroffenen Kreditinstitute und Finanzdienstleistungsinstitute ergeben sich aus § 1 Abs. 1 KWG.

Lebens- und Krankenversicherungsunternehmen (§ 8b Abs. 8 KStG)

§ 8b Abs. 8 KStG schließt Kapitalanlagen von Lebens- und Krankenversicherungen aus dem Anwendungsbereich des § 8b aus. In Bezug auf den persönlichen Anwendungsbereich gilt die Regelung unabhängig von der Rechtsform für Unternehmen die das Lebens- und Krankenversicherungsgeschäft betreiben und nach § 1 VAG der Versicherungsaufsicht unterliegen. In sachlicher Hinsicht sind die „Kapitalanlagen" dieser Unternehmen Gegenstand der Norm. Parallel zu § 8b Abs. 7 KStG bestimmt die Vorschrift des § 8b Abs. 8 KStG als Rechtsfolge, dass die den betroffenen Anlagebereichen zuzurechnenden (gewidmeten) Anteile nach allgemeinen Grundsätzen zu versteuern sind. Die Anteilserträge sind mithin vollumfänglich steuerpflichtig.

Internationale Fragen, Rückausnahme des (§ 8b Abs. 9 KStG)

Aus internationaler Perspektive sind in Bezug auf die Vorschriften der § 8b Abs. 7 und 8 KStG aufgrund von § 8b Abs. 9 KStG besondere Regelungen zu beachten. Nach dieser Vorschrift gelten die Absätze 7 und 8 nicht für Bezüge im Sinne des Absatzes 1, auf die die Mitgliedstaaten der Europäischen Union Artikel 4 Abs. 1 der so genannten Mutter-Tochter-Richtlinie anzuwenden haben. Rechtsfolge ist, dass die unter § 8b Abs. 9 KStG fallenden Bezüge nach Maßgabe der Abs. 1 und 5 freizustellen sind. § 8b Abs. 2 und 4 KStG bleiben hingegen unanwendbar. Demzufolge bleibt der Abzug von Veräußerungsverlusten, Teilwert-Abschreibungen und anteilsbedingtem Aufwand zulässig.

Sonderbestimmung zur Wertpapierleihe (§ 8b Abs. 10 KStG)

Die Vorschriften der § 8b Abs. 8 und 9 KStG haben sich als gestaltungsanfällig erweisen. Entsprechende, durchaus phantasievolle Rechtskonstruktionen haben dazu geführt, bei denen für diese Bezüge einerseits der volle Abzug von Betriebsausgaben bzw. Verlusten erreicht wurde, auf der anderen Seite gleichwohl die volle Freistellung eingreift. Solchen Gestaltungen möchte die Regelung des § 8b Abs. 10 KStG begegnen und sie verhindern. Im Visier der Regelung ist vor allem die sog. „Wertpapierleihe", also Geschäfte, bei denen unter § 8b Abs. 8 und 9 KStG fallende Anteile vom Eigentümer, typischerweise einer Bank oder einem Versicherungsunternehmen, so auf eine andere Kapitalgesellschaft übertragen werden, dass das zivilrechtliche Eigentum und die steuerliches Zurechnung von Gesellschaftsanteilen (vgl. § 39 Abs. 2 Nr. 1 AO) auseinanderfallen.

3.6.2 Veräußerung der Anteile an der Kapitalgesellschaft

Aufgrund der Konzeption des Körperschaftsteuersystems sollen Veräußerungsgewinne wie Dividenden besteuert werden. Diese Sachbehandlung ist ökonomisch gerechtfertigt, da realisierte Veräußerungsgewinne als kumulierter Bezug von Dividenden interpretiert werden können. Anders ausgedrückt soll die Besteuerung unabhängig davon sein, ob eine Kapitalgesellschaft erst ihre Gewinne an den Anteilseigner ausschüttet und dieser dann seine Anteile veräußert oder ob der Anteilseigner dadurch über die von der Kapitalgesellschaft thesaurierten Gewinne verfügt, dass er die Anteile an der Gesellschaft veräußert.

Im Gleichlauf mit der Behandlung von Dividenden sind insoweit **drei Fallgruppen**, nämlich natürliche Personen, die die Beteiligung an der Kapitalgesellschaft im Privatvermögen halten, natürliche Personen, die die Beteiligung an der Kapitalgesellschaft im Betriebsvermögen halten, sowie Kapitalgesellschaften, die eine Beteiligung an einer anderen Kapitalgesellschaft halten.

- Bei einer natürlichen Person, die die Beteiligung an der Kapitalgesellschaft im **Privatvermögen** hält, unterliegen die Anteilsveräußerungsgewinne einem Steuersatz von 25 v.H. (§ 20 Abs. 2 i.V.m. 32d Abs. 1 EStG); der volle Betrag der realisierten Anteilsveräußerungsgewinne (Veräußerungserlös abzüglich Anschaffungskosten und Veräußerungskosten) wird der Einkommensteuer unterworfen.

- Bei einer natürlichen Person, die die Beteiligung an der Kapitalgesellschaft im **Betriebsvermögen** hält, unterliegen die Anteilsveräußerungserlöse gemäß § 20 Abs. 2 EStG im Umfang von 60% der Besteuerung, da der Anteilseigner in den Genuss der 40%-igen Steuerfreiheit nach § 3 Nr. 40 EStG kommt. Die Anschaffungskosten der Anteile und die in Zusammenhang mit der Veräußerung entstehenden Betriebsausgaben sind zu 60% abzugsfähig. Per Saldo sind die Veräußerungsgewinne abzüglich Veräußerungskosten zu 60% steuerpflichtig.

- Bei einer Kapitalgesellschaft, die eine **Beteiligung an einer anderen Kapitalgesellschaft** hält, sind die Anteilsveräußerungsgewinne steuerfrei, vgl. § 8b Abs. 2 KStG. 5% dieser Anteilsveräußerungsgewinne gelten indessen nach § 8b Abs. 3 KStG als nichtabziehbare Betriebsausgaben. Diese Regelung findet auch auf Veräußerungsverluste Anwendung.

3.7 Sonderinstitute des KStG

3.7.1 Verdeckte Gewinnausschüttung und verdeckte Einlage

In der Besteuerungspraxis stellen die Institute der verdeckten Gewinnausschüttung und der verdeckten Einlage überaus wichtige Teilbereiche bei der Besteuerung von Kapitalgesellschaften dar.

Verdeckte Gewinnausschüttung

Der Begriff der **verdeckten Gewinnausschüttung** umschreibt generell das Phänomen, dass eine Kapitalgesellschaft den Gesellschaftern oder diesen nahestehenden Personen außerhalb der förmlichen Gewinnverteilung Leistungen aus dem Gesellschaftsvermögen ohne äquivalente Gegenleistung gewährt. Die gesetzliche Grundlage für die körperschaftsteuerliche Behandlung verdeckter Gewinnausschüttungen bildet die Vorschrift des § 8 Abs. 3 Satz 2 KStG. Danach dürfen verdeckte Gewinnausschüttungen das Einkommen nicht mindern. § 8 Abs. 3 KStG ist als lex spezialis vorrangig zu § 4 Abs. 1 EStG. Im Gesetz ist der Begriff der verdeckten Gewinnausschüttung nicht definiert. Abgeleitet aus einer Vielzahl von BFH-Urteilen hat sich die folgende **Definition einer verdeckten Gewinnausschüttung** herausgebildet (vgl. R 36 Abs. 1 KStR). Eine verdeckte Gewinnausschüttung ist eine Vermögensminderung oder verhinderte Vermögensmehrung, die durch das Gesellschaftsverhältnis veranlasst ist, sich auf den Unterschiedsbetrag nach § 4 Abs. 1 Satz 1 EStG auswirkt und nicht auf einem den gesellschaftsrechtlichen Vorschriften entsprechenden Gewinnverteilungsbeschluss beruht. Die **folgenden Merkmale** sind daher Voraussetzung für eine verdeckte Gewinnausschüttung:

- Vermögensminderung oder verhinderte Vermögensmehrung
- Auswirkung auf die Höhe des Einkommens der Kapitalgesellschaft
- Veranlassung durch das Gesellschaftsverhältnis
- kein Zusammenhang mit einer offenen Gewinnausschüttung

Als Maßstab für die **Veranlassung durch das Gesellschaftsverhältnis** wird das Verhalten eines gewissenhaften, ordentlichen Geschäftsführers herangezogen. Wenn dieser den Vermögensvorteil einem Nichtgesellschafter oder einer dem Gesellschafter nicht nahestehenden Person unter sonst gleichen Umständen nicht gewährt hätte, liegt eine Verursachung im Gesellschaftsverhältnis vor. Bei einem beherrschenden Gesellschafter ist eine Veranlassung durch das Gesellschaftsverhältnis bereits dann anzunehmen, wenn klare, im Voraus getroffene Vereinbarungen über eine zu zahlende Vergütung und/oder ihre Höhe fehlen (R 36 Abs. 2 KStR).

Eine Vielzahl von Lebenssachverhalten erfüllt die Voraussetzungen einer verdeckten Gewinnausschüttung. Einige wichtige Beispiele sind in der folgenden Abbildung zusammengefasst.

Abbildung 3-15: Beispiele für eine verdeckte Gewinnausschüttung

Folgende Sachverhalte stellen eine verdeckte Gewinnausschüttung dar:

- überhöhte Gehaltszahlung an Gesellschafter-Geschäftsführer
- überhöhte Pensionszusage an Gesellschafter-Geschäftsführer
- Verkauf von Wirtschaftsgütern an den Gesellschafter zu einem unangemessen niedrigen Entgelt
- Kauf von Wirtschaftsgütern des Gesellschafters zu einem unangemessen hohen Entgelt
- verbilligte Darlehensüberlassung an Gesellschafter
- überhöhte Darlehensüberlassung vom Gesellschafter an die Gesellschaft
- verbilligte/unentgeltliche Überlassung von Wohnung/ Haus an Gesellschafter
- überhöhte Gehaltszahlung an Ehefrau des Gesellschafters
- verbilligte Lieferung von Waren oder Wirtschaftgütern des Anlagevermögens an die GmbH eines Gesellschafters
- Ein Dritter (z.B. der Steuerberater), der nicht nur für die Gesellschaft, sondern auch für einen Gesellschafter persönlich tätig ist, erhält dafür eine Gesamtvergütung, welche die Gesellschaft als Aufwand verbucht (Sphärenvermischung bei entgeltlichen Leistungen durch Dritte)
- Abkauf von Anfechtungsrechten erpresserischer Aktionäre

Alle genannten Beispiele qualifizieren auch als verdeckte Gewinnausschüttung, wenn die Vorteilszuwendung nicht an den Gesellschafter selbst, sondern an **eine ihm nahestehende Person** erfolgt. Als nahestehende Personen gelten insbesondere Ehegatten und Kinder sowie Konzernunternehmen.

Die **Rechtsfolge der verdeckten Gewinnausschüttung** liegt darin, dass die Gewinnminderung **auf Ebene der Kapitalgesellschaft** hinzuzurechnen ist (§ 8 Abs. 3 Satz 2 KStG). Damit ist der unangemessene Teil Bestandteil des körperschaftsteuerpflichtigen Gewinns und unterliegt der Körperschaftsteuer.

Auf der **Ebene des Anteilseigners** führt die verdeckte Gewinnausschüttung grundsätzlich zu Einkünften aus Kapitalvermögen gemäß § 20 Abs. 1 Nr. 1 EStG oder über die Subsidiaritätsklausel des § 20 Abs. 8 KStG zu anderen Einkunftsarten. Eine Erhöhung des steuerpflichtigen Einkommens des Gesellschafters erfolgt nur, wenn die verdeckte Gewinnausschüttung bisher nicht als Einnahme erfasst war. Eine einkommenserhöhende Erfassung ist beispielsweise bei dem Verkauf eines Wirtschaftsguts an den Gesellschafter zu einem unangemessenen niedrigen Entgelt erforderlich. Das zu niedrige Entgelt führt auf Ebene des Gesellschafters zu erfolgsneutralen Anschaffungskosten. Durch die Korrektur der verdeckten Gewinnausschüttung wird die Differenz zwischen dem vereinbarten Preis und dem angemessenen Preis als verdeckte Gewinnausschüttung nach § 20 Abs. 1 Nr. 1 EStG einkommenserhöhend erfasst. In vielen Fällen muss eine Umqualifizierung von Einkünften stattfinden mit den entsprechenden steuerlichen Konsequenzen. Beispielsweise wird der unangemessene Teil eines überhöhten Geschäftsführergehalts für einen beherrschenden Gesellschafter von den Einkünften aus nicht selbständiger Arbeit in Einkünfte aus Kapitalvermögen umqualifiziert. Die verdeckte Gewinnausschüttung unterliegt beim Anteilseigner denselben Besteuerungsgrundsätzen wie offene Gewinnausschüttung. Bei Zuordnung der Beteiligung zum Betriebsvermögen wird das **Teileinkünfteverfahren** auf den unangemessenen Teil der Vertragsvereinbarung angewendet (§ 3 Nr. 40 EStG), d.h. es kommt in der Regel zu einer Steuerentlastung, da 40% der Bezüge steuerfrei bleiben. Bei Zuordnung der Beteiligung zum Privatvermögen unterliegt das unangemessene Entgelt der **Abgeltungsteuer** nach § 20 Abs. 1 Nr.1 i.V.m. § 32d Abs.1 EStG in Höhe von 25%. Ist der begünstigte Gesellschafter eine Kapitalgesellschaft, so bleibt die verdeckte Gewinnausschüttung nach **§ 8b KStG steuerfrei**.

Der **Zeitpunkt der Erfassung der verdeckten Gewinnausschüttung bei der Kapitalgesellschaft** determiniert den Zeitpunkt der Hinzurechnung nach § 8 Abs. 3 KStG. Beim Vorliegen einer Vermögensminderung ist die verdeckte Gewinnausschüttung in dem Jahr zu erfassen, in dem die steuerliche Schlussbilanz der Gesellschaft eine Minderung ausweist. Nach der Rechtsprechung ist insoweit kein Zusammenfallen mit einem tatsächlichem Vermögensabfluss oder Zufluss beim Gesellschafter erforderlich. Bei Vorliegen einer verhinderten Vermögensmehrung wird auf den Zeitpunkt abgestellt, in dem die verhinderte Vermögensmehrung bei einer unterstellten angemessenen Entgeltvereinbarung sich nach den allgemeinen Realisationsgrundsätzen gewinnerhöhend ausgewirkt hätte (vgl. BFH v. 23.6.1993, BStBl 1993 II, S. 801 ff.).

Beim Gesellschafter ist die verdeckte Gewinnausschüttung in dem Zeitpunkt zu erfassen, in dem die Einkünfte nach den allgemeinen einkommensteuerlichen Grundsätzen anzusetzen sind. Es kommt insoweit darauf an, welchem Vermögen die Beteiligung zugeordnet ist. Eine Beteiligung an der Kapitalgesellschaft im Privatvermögen führt dazu, dass die verdeckte Gewinnausschüttung als Einkünfte aus Kapitalvermögen gemäß § 20 Abs. 1 Nr. 1 EStG qualifiziert und im Zuflusszeitpunkt nach § 11 EStG erfasst wird. Bei einer Beteiligung an der Kapitalgesellschaft im Betriebsvermögen bestimmt sich der Ansatzzeitpunkt gem. § 20 Abs. 3 i.V.m. § 15 EStG nach den allgemeinen Bilanzierungsgrundsätzen, insbesondere nach dem Realisationsprinzip.

Der Zeitpunkt der Erfassung einer verdeckten Gewinnausschüttung bei der Kapitalgesellschaft muss also nicht mit dem Zeitpunkt der Erfassung beim Gesellschafter übereinstimmen. Bei einer überhöhten Pensionszusage an einen Gesellschafter-Geschäftsführer muss die Kapitalgesellschaft eine Pensionsrückstellung in der zugesagten Höhe bilden. Der Gewinn der Kapitalgesellschaft mindert sich jedoch nur in Höhe des angemessenen Teils der Zuführung zur Pensionsrückstellung. Der unangemessene Teil wird auf Ebene der Kapitalgesellschaft bereits bei der Bildung der Pensionsrückstellung korrigiert. Beim Gesellschafter führt die unangemessen hohe Pension dagegen erst im Zahlungszeitpunkt zu Einkünften aus nichtselbständiger Arbeit hinsichtlich der angemessenen Vergütung und zu Einkünften aus Kapitalvermögen hinsichtlich des unangemessenen Teils.

Nach § 32a KStG kann die Erfassung der verdeckten Gewinnausschüttung als Einkünfte des Gesellschafters auch dann erfolgen, wenn seine Steuerveranlagung nach den allgemeinen Verfahrensregeln bereits Bestandskraft erlangt hat und folglich nicht mehr geändert werden könnte. Soweit gegenüber der Kapitalgesellschaft ein Steuerbescheid wegen einer verdeckten Gewinnausschüttung erlassen, aufgehoben oder geändert wird, kann dies auch - entgegen den allgemeinen Verfahrensregeln - gegenüber dem von der verdeckten Gewinnausschüttung betroffenen Gesellschafter geschehen (§ 32a Abs. 1 KStG).

Verdeckte Kapitaleinlage

Ebenso wie dem Institut der verdeckten Gewinnausschüttung kommt dem Institut der **verdeckten Kapitaleinlage** in der Besteuerungspraxis von Kapitalgesellschaften und ihren Gesellschaftern erhebliche Bedeutung zu. Das Gesetz definiert den Begriff der verdeckten Kapitaleinlage nicht, sondern legt lediglich ihre Rechtsfolge durch § 8 Abs. 3 Satz 3 KStG. Danach erhöht eine verdeckte Kapitaleinlage das Einkommen der Kapitalgesellschaft nicht.

Nach der ständigen Rechtsprechung des BFH liegt eine verdeckte Kapitaleinlage vor, wenn ein Gesellschafter oder eine ihm nahestehende Person der Körperschaft außerhalb der gesellschaftsrechtlichen Einlagen einen Vermögensvorteil zuwendet und diese Zuwendung durch das Gesellschaftsverhältnis veranlasst ist (R 40 KStR). Folglich ist die verdeckte Kapitaleinlage durch die folgenden Merkmale charakterisiert:

- Zuwendung eines einlagefähigen Vorteils
- außerhalb der gesellschaftsrechtlichen Einlagen
- Veranlassung der Zuwendung durch das Gesellschaftsverhältnis

Eine verdeckte Einlage setzt die **Zuwendung eines einlagefähigen Vermögensvorteils** an eine Kapitalgesellschaft voraus. Gegenstand einer (verdeckten) Einlage kann nach der Rechtsprechung des BFH nur ein bilanzierungsfähiger Vermögensvorteil sein kann (vgl. BFH vom 26.10.1987, GrS 2/86, BStBl 1988 II, S. 348). Dabei muss es sich um die Erhöhung eines Aktivpostens oder um die Minderung eines Passivpostens handeln (H 40 KStR). Gegenstand verdeckter Einlagen können demnach sowohl materielle Wirtschaftsgüter als auch immaterielle Wirtschaftsgüter sein. Das grundsätzlich nach § 5 Abs. 2 EStG bestehende Aktivierungsverbot unentgeltlich erworbener immaterieller

Wirtschaftsgüter tritt zur zutreffenden Abgrenzung zwischen Betriebs- und Privatsphäre hinter das Institut der (verdeckten) Einlage zurück.

Abbildung 3-16: *Beispiele für verdeckte Kapitaleinlagen*

Typische Beispiele für verdeckte Kapitaleinlagen sind:

- Verkauf eines Wirtschaftsgutes zu einem unangemessen niedrigen Preis an die Kapitalgesellschaft durch den Gesellschafter
- Kauf eines Wirtschaftsgutes zu einem überhöhten Preis von der Kapitalgesellschaft
- der Erlass einer Verbindlichkeit, die die Gesellschaft gegenüber dem Gesellschafter hat

wegen fehlender Einlagefähigkeit qualifizieren **nicht** als verdeckte Kapitaleinlage:

- Leistungen des Gesellschafters an die Kapitalgesellschaft zu einem unangemessen niedrigen Preis (sog. Unterpreisleistungen, wie z.B. Darlehensüberlassung zu einem unangemessen niedrigen Zins)
- unentgeltliche Nutzungsüberlassung eines dem Gesellschafter gehörenden Wirtschaftsguts an die Gesellschaft (z.B. Grundstück, Patent)

Nicht einlagefähig sind dagegen Nutzungen und Leistungen (vgl. die Definition in § 4 Abs. 1 Satz 5 EStG). Folglich qualifizieren Nutzungsüberlassungen des Gesellschafters an die Gesellschaft zu einem unangemessen niedrigen Entgelt nicht als verdeckte Einlage (so genannte **Unterpreisleistungen**), wie beispielsweise die Darlehensüberlassung des Gesellschafters an die Gesellschaft unter dem Marktzinsniveau oder die unentgeltliche Nutzungsüberlassung eines Wirtschaftsgutes (z.B. eines Grundstücks) durch den Gesellschafter an die Gesellschaft.

Die **Ursache** der Zuwendung muss **im Gesellschaftsverhältnis** liegen (R 40 Abs. 3 KStR). Eine Veranlassung durch das Gesellschaftsverhältnis ist dann gegeben, wenn ein Nichtgesellschafter bei Anwendung der Sorgfalt eines ordentlichen Geschäftsführers der Gesellschaft einen solchen Vorteil nicht gewährt hätte. Damit ist der Maßstab grundsätzlich das Verhalten voneinander unabhängiger Dritter, also der Fremdvergleich.

Als **Rechtsfolge der verdeckten Einlage** erfolgt auf **Ebene der Kapitalgesellschaft** eine erfolgsneutrale Einstellung des Einlagebetrags in das steuerliche Einlagekonto (§ 27 KStG), weil bei einer verdeckten Einlage regelmäßig keine neue Anteile ausgegeben werden. Die Bewertung bei der Kapitalgesellschaft erfolgt in dem Zeitpunkt des Vertragsabschlusses beziehungsweise einer Vereinbarung zwischen Gesellschaft und Gesellschafter. Als Bewertungsmaßstab ist grundsätzlich der Teilwert nach § 6 Abs. 1 Nr. 5 EStG anzuwenden (R 40 Abs. 4 KStR).

Beim **Gesellschafter** stellt die verdeckte Kapitaleinlage nachträgliche Anschaffungskosten für die Anteile an der Kapitalgesellschaft dar. Hat der Gesellschafter die Anteile an der Kapitalgesellschaft in einem Betriebsvermögen aktiviert, muss der Buchwert der Anteile entsprechend erhöht werden. Die Bewertung erfolgt grundsätzlich mit dem Teilwert (§ 6 Abs. 1 Nr. 5, Abs. 6 EStG). Unterpreisleistungen führen beim Gesellschafter nicht zu einer Korrektur der Steuerbemessungsgrundlage, da insoweit keine verdeckte Einlage vorliegt. Daher versteuert der Gesellschafter nur das tatsächlich erhaltene, wenn auch unangemessen niedrige Entgelt.

In Ausnahme zu der grundsätzlich erfolgsneutralen Erfassung verdeckter Kapitaleinlagen auf Ebene der Kapitalgesellschaft, erhöhen verdeckte Einlagen ausnahmsweise das Einkommen der Kapitalgesellschaft, wenn die verdeckte Einlage auf Ebene des Gesellschafters das Einkommen gemindert hat. Mit dieser gesetzlichen Regelung eines **Korrespondenzprinzips in** § 8 Abs. 3 Satz 4-6 KStG soll erreicht werden, dass die erfolgsneutrale Behandlung auf Ebene der Kapitalgesellschaft nur erfolgt, wenn der Gesellschafter keine steuermindernde Betriebsausgaben oder Werbungskosten geltende gemacht hat. Der Anwendungsbereich dieser Vorschrift liegt insbesondere bei grenzüberschreitenden Sachverhalten.

Nach § 32a KStG kann die Erfassung der verdeckten Kapitaleinlage auch dann erfolgen, wenn die Steuerveranlagung der Kapitalgesellschaft nach den allgemeinen Verfahrensregeln bereits Bestandskraft erlangt hat und folglich nicht mehr geändert werden könnte. Soweit gegenüber dem Gesellschafter ein Steuerbescheid wegen einer verdeckten Kapitaleinlage erlassen, aufgehoben oder geändert wird, kann dies auch - entgegen den allgemeinen Verfahrensregeln - gegenüber dem von der verdeckten Gewinnausschüttung betroffenen Kapitalgesellschaft geschehen (§ 32a Abs. 2 KStG).

3.7.2 Zinsschranke

3.7.2.1 Problemstellung

Die Fremdfinanzierung von Kapitalgesellschaften durch ihre Gesellschafter wurde in der Vergangenheit in vielen Staaten als Instrument der Steuergestaltung eingesetzt. Ausgangslage ist dabei das immer wieder betonte Postulat der **Finanzierungsfreiheit**. Danach steht es einem Gesellschafter - nach der Erfüllung der gesetzlichen Mindesteinlagepflichten - grundsätzlich frei, „seiner" Kapitalgesellschaft Eigenkapital, Darlehen oder sonstiges Fremdkapital zuzuführen. In diesem Zusammenhang ist es von Bedeutung, dass Zinsen grundsätzlich als Betriebsausgaben die körperschaftsteuerliche Bemessungsgrundlage der Gesellschaft mindern. Demgegenüber sind Vergütungen für das Eigenkapital, nämlich Dividenden und Gewinnanteile, auf der Ebene der Kapitalgesellschaft regelmäßig nicht bei der Ermittlung der körperschaftsteuerlichen Bemessungsgrundlage zum Abzug zugelassen. Daraus resultiert in vielen Fällen auf **Ebene der Kapitalgesellschaft** eine **steuerliche Vorteilhaftigkeit der Fremdfinanzierung** gegenüber der Eigenkapitalfinanzierung. Diese Grundregeln gelten nicht nur nach deutschem Steuerrecht, sondern sind international sehr verbreitet.

3 Die Körperschaftsteuer

Ob der Einsatz von Gesellschafter-Fremdkapital auch bei Betrachtung der **Ebene des Gesellschafters** der Zuführung von Eigenkapital steuerlich vorzuziehen ist, muss anhand von teilweise komplexen Vorteilhaftigkeitsberechnungen ermittelt werden. Dies hängt mit der steuerlichen Behandlung gezahlter und erhaltener Zinsen bzw. Dividenden zusammen. Gezahlte Zinsen sind international tendenziell als abzugsfähige Betriebsausgaben zu behandeln, empfangene Zinsen sind beim Empfänger in der Regel in vollem Umfang steuerpflichtig. Demgegenüber sind Dividenden bei der ausschüttenden Kapitalgesellschaft steuerpflichtig, beim Empfänger häufig in der Sache entweder steuerbefreit oder nur teilweise steuerpflichtig. Die Steuerbefreiung der Dividenden ist dabei sehr oft von der Rechtsform des Dividendenempfängers abhängig. Ist nun der durch den Zinsabzug auf Ebene der Gesellschaft verursachte Steuerminderungseffekt größer als der Steuererhöhungseffekt beim Empfänger, so besteht ein Anreiz, der Gesellschaft Fremdkapital anstatt Eigenkapital zuzuführen. Die steuerliche Vorteilhaftigkeit der Fremdfinanzierung besteht darüber hinaus auch in den Fällen, in denen die Belastungen aus Körperschaftsteuer und Steuern des Anteilseigners auf ausgeschüttete Dividenden insgesamt die Steuerbelastung der Fremdfinanzierung übersteigt.

Der Vorteilhaftigkeit der **Finanzierung deutscher Kapitalgesellschaften durch Fremdkapital** sollen die **Regelungen zur Zinsschranke** in § 4h EStG begegnen, die für Kapitalgesellschaften durch die **besonderen Regelungen des § 8a KStG** ergänzt werden.

3.7.2.2 Grundregeln der Zinsschranke

Mit § 8a KStG hat der Gesetzgeber eine Norm entwickelt, die die Bedingungen regelt, unter denen die Zinsschranke des § 4h EStG bei Kapitalgesellschaften anwendbar ist. Sie steuert gewissermaßen die Anwendbarkeit der Zinsabzugsbeschränkungen bei Körperschaften. Zu den Einzelheiten der Zinsschranke vgl. unter 2.4.2.5.

Die **Zinsschranke** des § 4h EStG begrenzt den **Abzug des negativen Zinssaldos auf 30% des EBITDA** (Earnings before interest, taxes, depreciation, and amortisation, d.h. des steuerpflichtigen Gewinns vor Abzug der Zinsaufwendungen sowie vor Absetzungen für Abnutzungen einschließlich der Aufwendungsverrechnung bei geringwertigen Wirtschaftsgütern). Der Zinssaldo ist die Differenz aus Soll- und Habenzinsen des Geschäftsjahres. Folglich sind Schuldzinsen bis zu Höhe der Guthabenzinsen immer abzugsfähig. Ein negativer Zinssaldo ist bis zur Höhe von 1 Mio. € abzugsfähig (Kleinbetriebsklausel). Hinsichtlich der **Konzernklausel und der Escape-Klausel** gelten für Körperschaften die **Einschränkungen nach § 8a KStG**.

3.7 Sonderinstitute des KStG

Abbildung 3-17: Zinsschranke bei Kapitalgesellschaften § 8a KStG

- **Besonderheiten bei Kapitalgesellschaften in Bezug auf Konzernklausel und Escape-Klausel**

Konzernklausel (§ 8a Abs. 2 KStG)
- gilt bei Kapitalgesellschaften nur, wenn **keine schädliche Gesellschafterfremdfinanzierung** vorliegt, d.h.
  - Nettozinsaufwand aus Gesellschafterdarlehen
  - von wesentlich beteiligten Gesellschaftern (mind. 25% Beteiligung)
  - beträgt weniger als 10% des gesamten Nettozinsaufwands.

Escape-Klausel (§ 8a Abs. 3 KStG)
- wird bei Kapitalgesellschaften nur angewendet, wenn keine **schädliche externe Gesellschafterfremdfinanzierung** vorliegt, d.h.
  - Nettozinsaufwand aus Gesellschafterdarlehen
  - von wesentlich beteiligten Gesellschaftern (mind. 25% Beteiligung),
  - die im Konzernabschluss nicht konsolidiert werden,
  - beträgt weniger als 10% des gesamten Nettozinsaufwands

■ **Einschränkung der Konzernklausel** - auch „Stand-alone-Klausel" § 8a Abs. 2 KStG i.V.m. § 4h Abs. 2 BSt. b EStG:
Die Nichtzugehörigkeit zu einem Konzern führt für Körperschaften nur dann zur Befreiung von der Zinsschranke und damit zur Abzugsfähigkeit der Schuldzinsen, wenn **keine schädliche Gesellschafter-Fremdfinanzierung** gegeben ist. Eine solche liegt vor, wenn mehr als 10% der die Zinserträge übersteigenden Zinsaufwendungen der Körperschaft an einen zu mehr als einem Viertel unmittelbar oder mittelbar am Grund- oder Stammkapital beteiligten Anteilseigner fließen. Alternativ kommt eine einem solchen Anteilseigner nahe stehende Person i. S. von § 1 Abs. 2 AStG in Betracht. Auch wenn die Vergütungen an einen Dritten gezahlt werden, der auf den zu mehr als einem Viertel am Grund- oder Stammkapital beteiligten Anteilseigner oder eine dessen nahe stehende Person zurückgreifen kann, liegt eine schädliche Gesellschafterfremdfinanzierung vor. Hier ist zu beachten, dass § 8a Abs. 2 KStG nur auf solche Körperschaften anwendbar ist, die über ein Grund- oder Stammkapital verfügen. Darunter fallen typischerweise Kapitalgesellschaften, also GmbH, AG sowie KGaA. Bei der Beurteilung der schädlichen Gesellschafter-Fremdfinanzierung von Kapitalgesellschaften wird mithin auf das Verhältnis der Fremdkapitalvergütungen zum Zinssaldo abgestellt.

Beispiel: Die X-GmbH hat Bankzinsen für Kredite ohne Rückgriffsrechte in Höhe von 5 Mio. € gezahlt. Zinsen an wesentlich beteiligte Gesellschafter sind in Höhe von 2 Mio. € angefallen. Der Gesamtzinsaufwand beträgt damit 7 Mio. €. Der Zinsertrag aus Anlagen bei Banken beläuft sich bei der X-GmbH auf 2 Mio. €.

Lösung: Es besteht ein negativer Zinssaldo in Höhe von 5 Mio. €. Damit betragen die Gesellschafterzinsen 40% des Zinssaldos und damit mehr als die schädliche Grenze des § 8a Abs. 2 KStG. Auch wenn die X-GmbH nicht zu einem Konzern gehört, treten die Rechtsfolgen der Zinsschranke ein.

- **Einschränkung der Öffnungsklausel („Escape-Klausel") ** nach § 8a Abs. 3 KStG i.V.m. § 4h Abs. 2 Bst. c EStG:
Bei Zugehörigkeit zu einem Konzern kommt die Zinsschranke dann nicht zur Anwendung, wenn die Eigenkapitalquote des Unternehmens am Schluss des vorangegangenen Abschlussstichtages gleich hoch oder höher ist als die des Konzerns (Eigenkapitalvergleich, § 4h Abs. 2 Satz 1 Bst. c) EStG). Diese Escape-Klausel ist für Körperschaften durch § 8a Abs. 3 KStG eingeschränkt auf Fälle, in denen **keine schädliche konzernexterne Gesellschafter-Fremdfinanzierung** vorliegt. Eine solche liegt vor, wenn mehr als 10% der die Zinserträge übersteigenden Zinsaufwendungen der im Konzernabschluss ausgewiesenen Verbindlichkeiten an einen zu mehr als einem Viertel unmittelbar oder mittelbar am Grund- oder Stammkapital beteiligten Anteilseigner fließen. Alternativ kommt eine einem solchen Anteilseigner nahe stehende Person i. S. von § 1 Abs. 2 AStG in Betracht. Auch wenn die Vergütungen an einen Dritten gezahlt werden, der auf den zu mehr als einem Viertel am Grund- oder Stammkapital beteiligten Anteilseigner oder eine dessen nahe stehende Person zurückgreifen kann, liegt eine schädliche Gesellschafter-Fremdfinanzierung vor. Durch die Einschränkung auf Verbindlichkeiten, die in dem Konzernabschluss ausgewiesen werden, sind nach § 8a Abs. 3 Satz 2 KStG nur konzernexterne Fremdkapitalvergaben schädlich. Konzerninterne Finanzierungen sind damit unschädlich. Um den vollständigen Zinsabzug zu erreichen, muss die betroffene Gesellschaft nach § 8a Abs. 3 KStG das Fehlen schädlicher Fremdfinanzierung nicht bloß für sich selbst, sondern für alle konzernverbundenen Betriebe im In- und Ausland nachweisen. Diese gesetzliche Regel dürfte in vielgliedrigen internationalen und unter Umständen dezentral organisierten Unternehmensgruppen häufig nur schwierig durchführbar sein. Damit hätte der Gesetzgeber aber lediglich ein Scheinprivileg geschaffen, da die Ausnahmeregelung bestimmte Steuerpflichtige nie werden in Anspruch nehmen können. Das BMF-Schreiben v. 4.7.2008 schafft hier bedauerlicherweise keine Abhilfe, sodass die betroffenen Unternehmen hier mit administrativen Hürden und großen Nachweisproblemen zu kämpfen haben werde

Die nachfolgende Übersicht fasst das komplexe Regelungssystem der Zinsschranke zusammen.

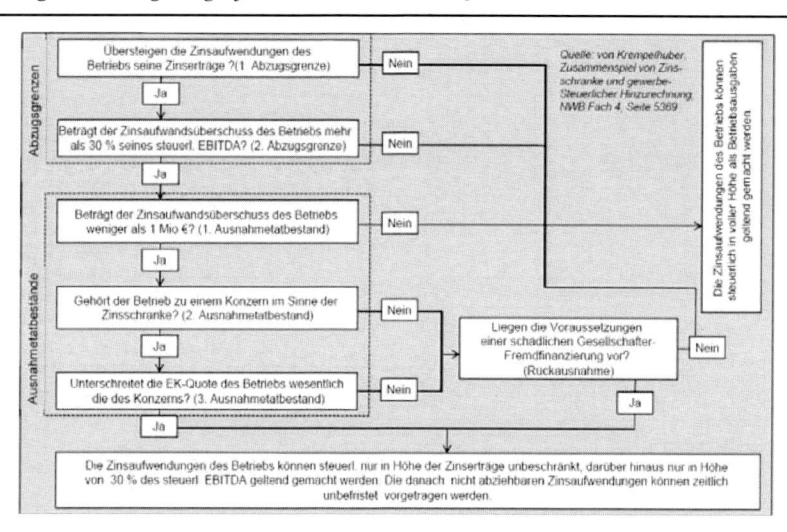

Abbildung 3-18: Regelungssystem der Zinsschranke § 8a KStG

Das folgende zusammenfassende Beispiel zeigt die komplexen Wirkungen der Zinsschrankenregelung bei Kapitalgesellschaften nochmals auf.

Beispiel: Die X-GmbH weist in ihrer (vereinfachten) Gewinn- und Verlustrechnung die folgenden Posten auf:

Umsatzerlöse	27.000.000
Material- und Personalaufwand	18.000.000
Abschreibungen	6.000.000
Zinserträge	800.000
Zinsaufwendungen gegenüber fremden Dritten ohne Rückgriffsmöglichkeit	2.000.000
Zinsaufwendungen gegenüber Mehrheitsgesellschafter	1.800.000
Jahresüberschuss	0

Lösung: Die Errechnung des Zinssaldos führt zunächst zu einer grundsätzlichen Anwendung der Zinsschrankenregelung, da sich ein negativer Zinssaldo ergibt (- 2.000.000 -1.800.000 + 800.000= - 3.000.000). Dieser liegt über der Freigrenze von 1.000.000. 60% (=1.800.000/3.000.000) des Zinssaldos resultieren aus Gesellschafterfremdkapital. Damit sind die Ausnahmen „Konzernklausel" (§ 8a Abs. 2 KStG) und

"Eigenkapitalvergleich" (§ 8a Abs. 3 KStG) nicht einschlägig. Somit muss für Zwecke der Zinsschranke das relevante Einkommen modifiziert werden, um das steuerliche EBITDA zu errechnen. Dazu wird der Jahresüberschuss um den negativen Zinssaldo sowie um die Abschreibungen erhöht:

Jahresüberschuss	0
+ Abschreibungen	+ 6.000.000
+ Zinssaldo	+ 3.000.000
für Zwecke der Zinsschranke relevantes steuerliche EBITDA	9.000.000

30% des steuerlichen EBITDA in Höhe von 9.000.000 ergeben 2.700.000. Somit können im Ausmaß der Zinserträge in Höhe von 500.000 zuzüglich 2.700.000 (30% des steuerlichen EBITDA) insgesamt 3.200.000 an Zinsen abgezogen werden. An nichtabziehbaren Zinsen verbleiben somit 2.000.000 + 1.800.000 - 3.200.000 = 600.000. Diese können auf künftige Veranlagungszeiträume vorgetragen werden.

Das Beispiel verdeutlicht das Problem der Zinsschranke bei Unternehmen mit geringem Gewinn oder mit Verlusten. Obwohl sich kein handelsrechtlicher Jahresüberschuss ergibt, beträgt die steuerliche Bemessungsgrundlage 600.000. Der Gesetzgeber erwartet also Ertragsteuerzahlungen von einem ertraglosen Unternehmen.

3.7.3 Körperschaftsteuerliche Organschaft

Ausgehend vom Grundsatz, dass eine Körperschaft als juristische Person einer eigenständigen Besteuerung unterliegt und sich damit Gewinne oder Verluste der Kapitalgesellschaft beim Gesellschafter nicht steuerlich auswirken, besteht die Zielsetzung der Organschaftsbesteuerung darin, die wirtschaftliche Verbundenheit von rechtlich selbständigen Unternehmen bei der Besteuerung zu berücksichtigen. Gegenüber der sonst herrschenden rechtlichen Betrachtungsweise wird auf eine wirtschaftliche Betrachtung abgestellt.

Die Organschaftsbesteuerung kann sich konzeptionell auf unterschiedliche **Theorien für die Besteuerung verbundener Unternehmen** stützen. Nach der **Einheitstheorie** bilden die verbundenen Unternehmen eine wirtschaftliche Einheit, die auch bei der Besteuerung zu beachten ist. Die steuerliche Behandlung sollte dann idealiter wie bei einem rechtlich einheitlichen Unternehmen erfolgen. Demzufolge müsste eine Zwischengewinneliminierung bei Geschäftsbeziehungen zwischen den verbundenen Unternehmen gewährleistet sein, ebenso müssten die Techniken der Kapital- und Schuldenkonsolidierung zur Anwendung gelangen. Im Rahmen der **Zurechnungstheorie** wird die rechtliche Selbständigkeit der Unternehmen auch für die Gewinnermittlung beachtet. Lediglich bei der Steuererhebung wird die wirtschaftliche Verbundenheit berücksichtigt. Die Ermittlung des Gewinns erfolgt wie bei unabhängigen Dritten, also basierend auf einer Anerkennung sämtlicher (angemessener) Lieferungs- und Leistungsbeziehungen zwischen den verbundenen Unternehmen. Hieran schließt sich eine Zusammenrechnung der Ergebnisse der verbundenen Unternehmen ohne jede Konsolidierung an. Damit wird lediglich ein Verlustausgleich im Konzern ermöglicht. Im Rahmen der **körperschaftsteuerlichen Organschaft ist weitgehend die Zurechnungstheorie** verwirklicht.

Die normativen **Voraussetzungen der Organschaft**, vgl. hierzu im Einzelnen die §§ 14 ff. KStG, lassen sich gliedern in **persönliche und sachliche Voraussetzungen**. Die persönlichen Voraussetzungen haben die Rechtsform des Organträgers und der Organgesellschaft im Blickfeld.

Tabelle 3-1:   *Voraussetzungen der körperschaftsteuerlichen Organschaft*

	§§ 14 - 19 KStG
Organgesellschaft	Kapitalgesellschaft mit Sitz **und** Geschäftsleitung im Inland § 14 Abs. 1 Satz 1 KStG
Organträger	Inländisches gewerbliches Unternehmen; ausländisches gewerbliches Unternehmen, sofern eine Zweigniederlassung im Inland unterhalten wird § 14 Abs. 1 Satz 1 KStG, § 18 KStG
Finanzielle Eingliederung	Mindestens 50% der Anteile an der Organgesellschaft; Zusammenrechnung mittelbarer und unmittelbarer Beteiligungen § 14 Abs. 1 Nr. 1 KStG
Gewinnabführungsvertrag	Auf mindestens 5 Jahre abgeschlossen § 14 Abs. 1 Nr. 3 KStG

Die Funktion des **Organträgers** kann von einem inländischen gewerblichen Unternehmen beliebiger Rechtsform wahrgenommen werden kann (vgl. § 14 Abs. 1 Nr. 2 KStG). In Betracht kommen folglich Kapitalgesellschaften, mitunternehmerschaftlich konzipierte Personengesellschaften oder auch gewerbliche Einzelunternehmen. Der Organträger muss ein gewerbliches Unternehmen im Sinne von § 2 GewStG betreiben. Diese Voraussetzung ist immer erfüllt bei Kapitalgesellschaften, die unabhängig von der ausgeübten Tätigkeit kraft Rechtsform als Gewerbebetrieb qualifizieren (§ 8 Abs. 2 KStG). Bei Personenunternehmen (GbR, Einzelunternehmen, Personengesellschaften) ist die Ausübung einer gewerblichen Tätigkeit des Organträgers zwingend erforderlich (vgl. § 14 Abs. 1 Nr. 2 Satz 2 EStG). Eine gewerblich geprägte Personengesellschaft im Sinne von § 13 Abs. 3 Nr. 2 EStG kann daher nicht Organträger sein. Ein ausländisches gewerbliches Unternehmen kann dann als Organträger in Betracht kommen, wenn im Inland eine im Handelsregister eingetragene Zweigniederlassung unterhalten wird (§ 18 KStG).

In Bezug auf die **Organgesellschaft** gilt, dass diese die Rechtsform einer inländischen, unbeschränkt steuerpflichtigen Kapitalgesellschaft haben muss, also GmbH, AG, KGaA oder Europäische Gesellschaft (SE). Nach wie vor hat die nicht unumstrittene gesetzliche Regelung Bestand, dass eine Kapitalgesellschaft nur dann als Organgesellschaft qualifizieren kann, wenn sie neben ihrem Sitz auch ihren Ort der Geschäftsleitung im Inland hat (so genannter **doppelter Inlandsbezug**, vgl. § 14 Abs. 1 Satz 1 KStG).

An **sachlichen Voraussetzungen** sind nach geltender Rechtslage die finanzielle Eingliederung (§ 14 Abs. 1 Nr. 1 KStG i.V.m. R 57 KStR) sowie ein gesellschaftsrechtliches Spezifikum, der so genannte Gewinnabführungsvertrag erforderlich. Die **finanzielle Eingliederung** ist erfüllt, wenn der Organträger die Mehrheit der stimmberechtigten Anteile an der Organgesellschaft hält. Im Regelfall ist dazu eine Beteiligung von 50% zuzüglich einer Stimme notwendig. Mittelbare Beteiligungen sind zu berücksichtigen, wenn die Beteiligung an jeder vermittelnden Gesellschaft jeweils die Mehrheit der Stimmrechte gewährt. Unmittelbare und mittelbare Beteiligungen werden zur Feststellung der 50%-Grenze zusammengerechnet (R 57 KStR).

Der **Gewinnabführungsvertrag** nach § 14 Abs. 1 Satz 1 und Nr. 3 KStG ist konstitutive Voraussetzung einer körperschaftsteuerlichen Organschaft. Die Vorschrift des § 14 KStG setzt den Abschluss und die tatsächliche Durchführung des Gewinnabführungsvertrags über mindestens 5 Jahre voraus. Terminologisch präziser folgt man besser dem Sprachgebrauch der Praxis als dem des Gesetzes. Während das Gesetz nämlich von einem Gewinnabführungsvertrag spricht, ist in der Sache auch die Verlustübernahme des Organträgers Tatbestandsvoraussetzung einer funktionierenden Organschaft. Daher präzisiert sich die sprachliche Fassung, wenn man dem Begriff Ergebnisübernahmevertrag den Vorzug gibt. Die Wirksamkeit des Ergebnisübernahmevertrags muss spätestens zum Schluss des Geschäftsjahres gewährleistet sein, zu dem die Organschaft in Kraft treten soll (§ 14 Abs. 1 Satz 2 KStG). Das hat zur Folge, dass die Eintragung des Ergebnisabführungsvertrags zum Ende des Wirtschaftsjahres herbeigeführt werden muss, für das die Organschaftsfolgen erstmals eintreten sollen. Ein tauglicher Organschaftsvertrag erfordert zudem die Abführung des ganzen Gewinns. Eine Ausnahme davon besteht insoweit, als die Bildung von Rücklagen nach vernünftiger kaufmännischer Beurteilung erlaubt ist (§ 14 Abs. 1 Nr. 4 KStG).

Eine steuerlich anerkannte Organschaft ist an die Bedingung der tatsächlichen Durchführung des Gewinnabführungsvertrages geknüpft. Dieser gilt als nicht durchgeführt, wenn der Gewinn nicht an den Organträger abgeführt wird (R 60 Abs. 3 KStR). Entsprechendes gilt, wenn vorvertragliche Rücklagen an den Organträger abgeführt oder zum Verlustausgleich eines vom Organträger zu übernehmenden Verlustes verwendet werden.

Wenn die persönlichen und sachlichen Voraussetzungen für das Vorliegen einer körperschaftlichen Organschaft erfüllt sind, wird als **Rechtsfolge** das erzielte Einkommen zunächst separat für die Organgesellschaft unter Beachtung der Besonderheiten des §

15 KStG ermittelt. Danach dürfen zum einen Verlustvorträge, die auf Ebene der Organgesellschaft bestehen (so genannte **vororganschaftliche Verluste**), nach § 10d EStG nicht abgezogen werden (§ 15 Nr. 1 KStG). Zum anderen sind die Vorschriften des § 8b KStG bei der Ermittlung des Einkommens der Organgesellschaft nicht anzuwenden (§ 15 Nr. 2 KStG). Die **Steuerfreiheit für Beteiligungserträge** wird vielmehr auf Ebene des Organträgers gewährt. Das positive oder negative Einkommen der Organgesellschaft wird dem Organträger zugerechnet und unterliegt gemeinsam mit dem Einkommen des Organträgers der Körperschaftsteuer. Durch die Zusammenrechnung der Ergebnisse der Organgesellschaft mit dem Ergebnis des Organträgers kann ein Verlustausgleich im Organkreis erfolgen, der aufgrund der rechtlichen Selbständigkeit der Organgesellschaft ansonsten nicht möglich wäre.

Beispiel: Die M-AG ist sowohl an der T1-GmbH als auch an der T2-GmbH zu je 100% beteiligt. Sämtliche Gesellschaften haben sowohl ihren Sitz als auch den Ort ihrer Geschäftsleitung im Inland. Die Wirtschaftsjahre sind mit dem Kalenderjahr identisch. Die M-AG hat im Veranlagungszeitraum 07 1.000.000 € zu versteuerndes Einkommen und die T1-GmbH 500.000 €, während die T2-GmbH einen Verlust in Höhe von -1.500.000 € ausweist. Ohne Organschaftskonstruktion wären im Konzern sowohl Körperschaftsteuer, Solidaritätszuschlag sowie Gewerbesteuer zu zahlen, nämlich von der M-AG sowie von der T1-GmbH. Die T2-GmbH könnte ihren Verlust lediglich zurück- oder vortragen (§ 10d EStG). Durch Etablierung einer Organschaft ist es möglich, die Ertragsteuerzahlungen im Konzern zu vermeiden, da die negativen Einkünfte mit den positiven Einkünften der rechtlich jeweils selbständigen Kapitalgesellschaften verrechnet werden.

4 Solidaritätszuschlag

Der Solidaritätszuschlag wird als **Ergänzungsabgabe zur Einkommensteuer und Körperschaftsteuer** erhoben (§ 1 Abs. 1 SolZG). Der Solidaritätszuschlag gehört zu den Personensteuern. Sein Aufkommen steht ausschließlich dem Bund zu (Art. 106 Abs. 1 Nr. 6 GG).

Steuersubjekte nach dem Solidaritätszuschlagsgesetz sind sowohl **natürliche** als auch **juristische Personen** (§ 2 SolZG). Steuerbemessungsgrundlage des Solidaritätszuschlags ist die **festzusetzende Einkommen- oder Körperschaftsteuer** (§ 3 Abs. 1 Nr. 1 SolZG). Solidaritätszuschlag fällt auch außerhalb des einkommen- oder körperschaftsteuerlichen Veranlagungsverfahrens an. Er wird dann auf die vierteljährlichen Einkommen- oder Körperschaftsteuervorauszahlungen, auf die einbehaltene Lohn- oder Kapitalertragsteuer (einschließlich Zinsabschlag) sowie auf den Steuerabzugsbetrag nach § 50a EStG berechnet (§§ 1, 3 Abs. 1 Nr. 2-6 SolZG).

Da die Bemessungsgrundlage des Solidaritätszuschlags die festzusetzende Einkommensteuer ist, mindern auch **persönliche Entlastungsbeträge** (wie z.B. Kinderfreibeträge, außergewöhnliche Belastungen) den Solidaritätszuschlag. Ebenso wirken sich die **Steuerermäßigung nach § 35 EStG** und die Entlastungen in Zusammenhang mit dem **Teileinkünfteverfahren** nach § 3 Nr. 40, § 8b KStG mindernd auf die Bemessungsgrundlage aus.

Einkommensteuerpflichtige Personen müssen den Solidaritätszuschlag nur entrichten, wenn die festzusetzende Einkommensteuer mindestens 972 € (Ledige) bzw. 1.944 € (zusammenveranlagte Ehegatten) beträgt (§ 3 Abs. 3, Abs. 5 SolZG). Diese **Nullzone** ist als **Freigrenze** ausgestaltet. Die Nullzone gilt weder für körperschaftsteuerpflichtige Personen noch für die Kapitalertragsteuer (einschließlich Zinsabschlag). Auf die über der Freigrenze liegende Bemessungsgrundlage wird im Sinne eines **gleitenden Übergangs** zunächst nur auf 20% des übersteigenden Betrags Solidaritätszuschlag erhoben (§ 4 Satz 2 SolZG). Erst ab einer festzusetzenden Einkommensteuer von mindestens 1.341 € (Ledige) bzw. 2.682 € (zusammenveranlagte Ehegatten) wird der Solidaritätszuschlag in voller Höhe angesetzt. Der **Steuersatz** des Solidaritätszuschlags beträgt **5,5%** (§ 4 Satz 1 SolZG).

Als Personensteuer mindert der Solidaritätszuschlag weder die einkommensteuerliche noch die körperschaftsteuerliche Bemessungsgrundlage. Er kann **weder als Werbungskosten noch als Betriebsausgaben** steuermindernd geltend gemacht werden, sondern fällt vielmehr unter das Abzugsverbot persönlicher Steuern nach § 10 Nr. 3 EStG und § 10 Nr. 2 KStG. Damit wirkt sich der Solidaritätszuschlag nicht mindernd auf seine eigene Bemessungsgrundlage aus.

5 Die Gewerbesteuer

5.1 Rechtfertigung und Charakteristik der Gewerbesteuer

Die Gewerbesteuer ist im System der Finanzverfassung Deutschlands die Steuer der Gemeinden. Die Begründung der Gewerbesteuer fällt nicht leicht, sie ist vielmehr in Politik und Wissenschaft außerordentlich umstritten. Die von zahlreichen Finanzwissenschaftlern geforderte Abschaffung scheiterte bislang am Widerstand der Gemeinden. Im Ausland wurde während der vergangenen Jahre die Gewerbesteuer weitgehend eliminiert.

Die Gewerbesteuer stellt eine der ältesten noch existierenden Steuerarten dar (seit 1820). Ihre eigentliche - historische - Begründung erfährt die Gewerbesteuer durch das **Äquivalenzprinzip**. So wird die Gewerbesteuer als Gegenleistung für kommunale Leistungen in Form von Infrastruktur verstanden. Ähnliche Argumentationslinien begründen die Gewerbesteuer mit dem Abgeltungscharakter für die besonderen Belastungen der Gemeinden durch Gewerbebetriebe (Lärm, Umweltverschmutzung). Indessen muss man deutlich sehen, dass Gewerbebetriebe wesentlich zur Gemeindefinanzierung beitragen, während kommunale Einrichtungen (z.B. Krankenhäuer, Parks, Infrastruktur) allen Bürgern zugute kommen. Insbesondere kommen auch selbständig Tätige in den Genuss kommunaler Einrichtungen, auch wenn sie nicht der Gewerbesteuer unterliegen. Die theoretisch aus dem Äquivalenzprinzip erforderliche verursachungsgerechte Belastung der einzelnen Steuerpflichtigen mit Gewerbesteuer ist allerdings schon aus Praktikabilitätsgründen nicht durchführbar.

Die Gewerbesteuer kann als **Gemeindesteuer** nach § 1 GewStG von den Gemeinden erhoben werden. Das Aufkommen steht grundsätzlich den Gemeinden zu (Art. 106 Abs. 6 GG). Bund und Länder erhalten eine Gewerbesteuerumlage. Dafür werden im Gegenzug die Gemeinden an der Lohnsteuer und an der veranlagten Einkommensteuer sowie an der Kapitalertragsteuer auf bestimmte Kapitalerträge beteiligt.

Als **Objektsteuer** hat die Gewerbesteuer die Besteuerung des Objektes "Gewerbebetrieb im Inland" zum Gegenstand. Dies lässt sich der insoweit grundlegenden Vorschrift des § 2 Abs. 1 GewStG entnehmen. Die Charakteristik als Objektsteuer bewirkt, dass die Ertragskraft des Gewerbebetriebs Besteuerungsgegenstand ist unabhängig von Ausstattungsmerkmalen des Unternehmens oder persönlichen Merkmalen des Unternehmers. Nach dem Objektcharakter soll die Besteuerung der Unternehmensertäge unabhängig von der **Unternehmensrechtsform** erfolgen. Ebenso soll die **Unter-**

nehmensfinanzierung und die Ausstattung des Unternehmens auf die Höhe der Gewerbesteuer keinen Einfluss haben. Folglich sollte die Fremdkapitalfinanzierung oder die Nutzung fremder Wirtschaftsgüter zur Leistungserstellung (durch Miete, Pacht oder Leasing-Verträge) nicht im Gewerbeertrag berücksichtigt werden. Aus dem Objektcharakter folgt auch, dass die **Verwendung der Unternehmenserträge** zur Reinvestition oder zur Ausschüttung die Höhe der Gewerbesteuer nicht beeinflussen darf. Schließlich erfolgt die Besteuerung im Rahmen einer Objektsteuer völlig unabhängig von den **persönlichen Verhältnissen** des/ der Betriebsinhaber(s). Beispielsweise sind Familienstand, Kinderanzahl, das Vorhandensein anderer Einkünfte oder außergewöhnlicher Belastungen bei der Formulierung der Steuertatbestände nicht zu berücksichtigen. Allerdings ist der Objektcharakter in der beschriebenen idealtypischen Form bereits seit langem nicht mehr verwirklicht und aufgrund der nunmehr vom Gesetzgeber gewählten Konzeption der zentralen Hinzurechnungsbestimmungen in § 8 Nr. 1 GewStG allenfalls noch in Spuren zu vermuten.

Abbildung 5-1:   *Charakteristika der Gewerbesteuer*

Die Gewerbesteuer ist durch folgende Charakteristika gekennzeichnet:

- Gemeindesteuer
- Objektsteuer
  Besteuerung erfolgt unabhängig von
  – Unternehmensrechtsform
  – Fremdfinanzierung des Unternehmens
  – Ausstattung mit Wirtschaftsgütern
  – Gewinnverwendung
  – persönlichen Verhältnissen des/ der Unternehmensinhaber(s)
- Inlandsteuer

Nach ihrer tatbestandlichen Charakteristik ist die Gewerbesteuer als reine **Inlandsteuer** zu verstehen. Sie besteuert den Gewerbebetrieb nur, "... soweit er im Inland betrieben wird" (§ 2 Abs. 1 GewStG). Folglich unterliegen im Ausland erwirtschaftete Erfolgsbestandteile grundsätzlich nicht der Gewerbesteuer.

5.2 Steuerschuldner der Gewerbesteuer

Die Steuerschuldnerschaft im Rahmen der Gewerbesteuer setzt sich mit der Frage auseinander, wer die sich aufgrund der sachlichen Steuerpflicht ergebende Gewerbesteuer zu entrichten hat. Nach § 5 Abs. 1 GewStG ist **Steuerschuldner der Unternehmer**, für dessen Rechnung das Gewerbe betrieben wird. Das kann ein Einzelgewerbetreibender, eine mitunternehmerschaftlich konzipierte Personengesellschaft (§ 5 Abs. 1 Satz 3 GewStG) oder eine Kapitalgesellschaft sein. Damit legt das Gewerbesteuergesetz eine andere Wertung zugrunde als das Einkommensteuergesetz. Steuerschuldner der Einkommensteuer ist immer nur eine einzelne natürliche Person, also bei Personengesellschaften der Gesellschafter, während Steuerschuldner der Gewerbesteuer die Personengesellschaft selbst ist.

5.3 Sachliche Steuerpflicht - Begriff des Gewerbebetriebs

Das **Steuerobjekt** der Gewerbesteuer ist der stehende **Gewerbebetrieb**, der im Inland betrieben wird (§ 2 GewStG). Als Steuerobjekt oder Besteuerungsgegenstand der Gewerbesteuer gelten:

- Gewerbliche Unternehmen im Sinne des Einkommensteuergesetzes; darunter versteht man
  - Gewerbebetrieb kraft gewerblicher Betätigung, § 2 Abs. 1 Satz 2 GewStG, § 15 Abs. 2 EStG
  - Gewerbebetrieb kraft gewerblicher Prägung, § 15 Abs. 3 Nr. 2 EStG
- Gewerbebetrieb kraft Rechtsform, § 2 Abs. 2 GewStG
- Gewerbebetrieb kraft wirtschaftlichen Geschäftsbetriebs, § 2 Abs. 3 GewStG.

Gewerbebetriebe kraft gewerblicher Betätigung im Sinne des Einkommensteuergesetzes sind alle Betätigungen, die selbständig, nachhaltig, mit Gewinnerzielungsabsicht unternommen werden und sich als Teilnahme am allgemeinen wirtschaftlichen Verkehr darstellen, sofern die Tätigkeit weder als Land- und Forstwirtschaft (§ 13 EStG), noch als Selbständige Arbeit (§ 18 EStG) noch als reine Vermögensverwaltung (§ 14 AO) eingestuft werden kann. Durch den Verweis in § 2 Abs. 1 GewStG auf den Begriff des Gewerbebetriebs im Sinne von § 15 Abs. 2 EStG sind alle Kriterien, die für eine gewerbliche Tätigkeit im Sinne des Einkommensteuergesetzes erfüllt sein müssen, Voraussetzung für das Vorliegen eines Gewerbebetriebs im Sinne des Gewerbesteuergesetzes. Folglich unterliegen Einkünfte aus Gewerbebetrieb nach § 15 EStG auch der Gewerbesteuer. Insbesondere werden **gewerblich tätige Einzelunternehmer** (§ 15 Abs. 1 Nr. 1) sowie **gewerblich tätige Personengesellschaften** (§ 15 Abs. 1 Nr. 2) von der Gewerbesteuer erfasst. Bei Personengesellschaften gilt die gesamte Tätigkeit als gewerblich, wenn die gewerbliche Tätigkeit nicht nur untergeordnete Bedeutung hat (Infektionsvorschrift § 15 Abs. 3 Nr. 1 EStG).

Als **Gewerbebetriebe kraft gewerblicher Prägung** (§ 15 Abs. 3 Nr. 2 EStG) gilt in vollem Umfang die mit Einkünfteerzielungsabsicht unternommene Tätigkeit einer Personengesellschaft, wenn ausschließlich eine oder mehrere Kapitalgesellschaften persönlich haftende Gesellschafter sind und nur diese oder Personen, die nicht Gesellschafter sind, zur Geschäftsführung befugt sind. Der Hauptanwendungsfall des Gewerbebetriebs kraft gewerblicher Prägung ist die **GmbH & Co.KG**.

Der Begriff des **Gewerbebetrieb kraft Rechtsform** ergibt sich aus § 2 Abs. 2 Satz 1 GewStG und umfasst im Wesentlichen **Kapitalgesellschaften**, Erwerb- und Wirtschaftsgenossenschaften sowie Versicherungsvereine auf Gegenseitigkeit. Diese Rechtsformen gelten stets und in vollem Umfang als Gewerbebetrieb. Es wird auch von einer Fiktion des Gewerbebetriebs (§ 8 Abs. 2 KStG) gesprochen. Dies gilt unabhängig von der ausgeübten Tätigkeit und führt dazu, dass auch nicht gewerbliche Tätigkeiten - wie zum Beispiel die freiberufliche Wirtschaftsprüfungstätigkeit, die Steuerberatung oder die Anwaltstätigkeit – als Einkünfte aus Gewerbebetrieb qualifiziert werden, wenn sich entsprechende natürliche Personen als Berufsträger zum Zwecke der Berufsausübung einer korporalen Rechtsform bedienen.

Der **Gewerbebetrieb kraft wirtschaftlichen Geschäftsbetriebs** nach § 2 Abs. 3 GewStG erstreckt sich auf sonstige juristische Personen des privaten Rechts. Dies sind rechtsfähige Vereine, privatrechtliche Stiftungen sowie Anstalten mit eigener Rechtspersönlichkeit und nichtrechtsfähige Vereine. Unter einem "wirtschaftlichen Geschäftsbetrieb" wird eine selbständige, nachhaltige Tätigkeit verstanden, die der Erzielung von Einnahmen oder anderen wirtschaftlichen Vorteilen dient (§ 14 AO). Gewinnerzielungsabsicht ist nicht erforderlich, es darf aber auch keine reine Vermögensverwaltung und keine Land- und Forstwirtschaft vorliegen. Eine Teilnahme am allgemeinen wirtschaftlichen Verkehr ist in diesem Zusammenhang nicht erforderlich. Die Steuerpflicht beschränkt sich auf den wirtschaftlichen Geschäftsbetrieb. Bedeutung hat dies insbesondere bei gemeinnützigen Körperschaften, die steuerbefreit sind, aber mit einem Teil ihrer Tätigkeit in Konkurrenz zu privatwirtschaftlichen Anbietern treten. Durch die Steuerpflicht der durch den wirtschaftlichen Geschäftsbetrieb erzielten Einkünfte sollen sich ansonsten ergebende Wettbewerbsvorteile vermieden werden.

Steuergegenstand der Gewerbesteuer ist nicht eine Person, sondern der Gewerbebetrieb. Daraus ergibt sich ein **Abgrenzungsproblem**, wenn eine Person mehr als einer gewerblichen Tätigkeit nachgeht. Als Abgrenzungsmerkmal wird das Kriterium der **sachlichen Selbständigkeit** herangezogen. Für **Einzelunternehmen** ist grundsätzlich jeder Betrieb ein eigenständiger Steuergegenstand, der separat der Gewerbesteuer unterliegt. Nur wenn die Betriebe eine wirtschaftliche Einheit bilden, ist eine Zusammenfassung zu einem einheitlichen Gewerbebetrieb vorgesehen. Eine **Personengesellschaft** betreibt grundsätzlich nur einen Gewerbebetrieb, auch wenn sie unterschiedlichen Betätigungen nachgeht. Folglich werden alle Einkünfte der Personengesellschaft zu einem Gewerbeertrag zusammengefasst. Ebenso wird die gesamte Tätigkeit einer **Kapitalgesellschaft** einem einheitlichen Gewerbebetrieb zugerechnet.

5.4 Ermittlung des Gewerbeertrags

5.4.1 Gewinn aus Gewerbebetrieb als Ausgangsgröße

Besteuerungsgrundlage für die Gewerbesteuer ist der **Gewerbeertrag** (§ 6 GewStG). § 7 Abs. 1 GewStG präzisiert die Berechnung des Gewerbeertrags. Nach dieser Bestimmung ist Gewerbeertrag „der nach den Vorschriften des Einkommensteuergesetzes oder Körperschaftsteuergesetzes zu ermittelnde Gewinn aus Gewerbebetrieb ..." vermehrt und vermindert um die in den §§ 8, 9 GewStG genannten Hinzurechnungen und Kürzungen (§ 7 GewStG). Der nach den Vorschriften des Einkommen- oder Körperschaftsteuergesetzes zu ermittelnde Gewinn aus Gewerbebetrieb entspricht den Einkünften aus Gewerbebetrieb nach § 15 Abs. 1 EStG oder § 8 Abs. 1 KStG. Für die meisten Gewerbetreibenden ist der Gewinn aus Gewerbebetrieb aufgrund der Gewinnermittlung nach § 5 Abs. 1 EStG durch eine aus der Handelsbilanz abgeleitete Steuerbilanz zu ermitteln. Daher bildet der Steuerbilanzgewinn in der Regel den Ansatzpunkt der Ermittlung des Gewerbeertrags. Dieser ist nach den einkommen- oder körperschaftsteuerlichen Vorschriften zu korrigieren um steuerfreie Erträge und nichtabzugsfähige Aufwendungen. Ausgangsgröße für die Ermittlung des Gewerbeertrags ist demnach für

- gewerbliche Einzelunternehmer: der Gewinn nach § 15 Abs. 1 Nr. 1 EStG
- Personengesellschaften: die Summe der Einkünfte der Gesellschafter nach § 15 Abs. 1 Nr. 2 EStG
- Kapitalgesellschaften: das körperschaftsteuerpflichtige Einkommen vor Verlustabzug

Grundsätzlich gehört nur der **laufende Gewinn** zum Gewerbeertrag. Aus der Besteuerung des stehenden Gewerbebetriebs im Inland (§ 2 Abs. 1 Satz 1 GewStG) folgt, dass einmalige Gewinne, die durch die Veräußerung des Gewerbebetriebs anfallen, nicht der Gewerbesteuer unterliegen. Insbesondere **Gewinne aus der Veräußerung oder Aufgabe des Gewerbebetriebs** nach § 16 EStG bleiben bei der gewerbesteuerlichen Bemessungsgrundlage außer Ansatz. In Ausnahme hiervon bezieht § 7 Satz 2 GewStG auch den Gewinn aus der Veräußerung oder Aufgabe

- des Betriebs oder eines Teilbetriebs einer Mitunternehmerschaft,
- des Anteils eines Gesellschafters, der als Unternehmer (Mitunternehmer) des Betriebs einer Mitunternehmerschaft anzusehen ist,
- des Anteils eines persönlich haftenden Gesellschafters einer Kommanditgesellschaft auf Aktien,

in den Gewerbeertrag ein, soweit er nicht auf eine natürliche Person als unmittelbar beteiligter Mitunternehmer entfällt. Diese Regelung soll eine missbräuchliche Ausnutzung der steuerneutralen Übertragung von Wirtschaftsgütern gemäß § 6 Abs. 5 Satz 3 EStG zwischen Personengesellschaften verhindern. Demnach besteht für Kapitalgesellschaften nicht die Möglichkeit, über die Einbringung von Wirtschaftsgütern in eine Personengesellschaft und deren Veräußerung eine steuerneutrale Übertragung zu erreichen.

5.4.2 Überblick über die Korrekturgrößen

Dem Gewinn aus Gewerbebetrieb sind bestimmte Beträge hinzuzurechnen, soweit sie bei der Ermittlung des Gewinns abgesetzt worden sind. Die Summe des Gewinns und der Hinzurechnungen (§ 8 GewStG) wird sodann um die so genannten Kürzungen (§ 9 GewStG) vermindert. Zum besseren Verständnis dieser gewerbesteuerlichen Korrekturen ist es erforderlich, sich den Charakter der Gewerbesteuer zu vergegenwärtigen. Denn der Sinn der Korrekturen liegt darin, eben diesen Charakter der Gewerbesteuer zu wahren und damit ihre Zielsetzungen umzusetzen. Insbesondere sollen durch die Korrekturen der Inlandscharakter sowie der Objektcharakter der Gewerbesteuer sichergestellt werden. Dies ist deswegen erforderlich, da die Ermittlung des Gewerbeertrags an den einkommen- oder körperschaftsteuerlichen Gewinn als Ausgangsgröße anknüpft, dem einerseits das Subjekt- und andererseits das Welteinkommensprinzip zugrunde liegt.

Insgesamt haben die Hinzurechnungen und Kürzungen die folgenden Aufgaben:

- Wahrung des Objektcharakters der Gewerbesteuer
- Wahrung des Inlandscharakters der Gewerbesteuer
- Vermeidung einer doppelten Belastung mit Gewerbesteuer
- Vermeidung einer Belastung durch Gewerbesteuer und Grundsteuer
- Vermeidung einer gewerbesteuerlichen Nichtbelastung
- Umsetzung von wirtschaftspolitischen Zielen

5.4.3 Hinzurechnungen

Eine Hinzurechnung nach den Vorschriften des § 8 GewStG erfolgt nur, soweit die entsprechenden Sachverhalte bei der einkommen- oder körperschaftsteuerlichen Gewinnermittlung abgesetzt worden sind. Die folgende Abbildung gibt einen Überblick über die Hinzurechnungstatbestände.

5.4 Ermittlung des Gewerbeertrags

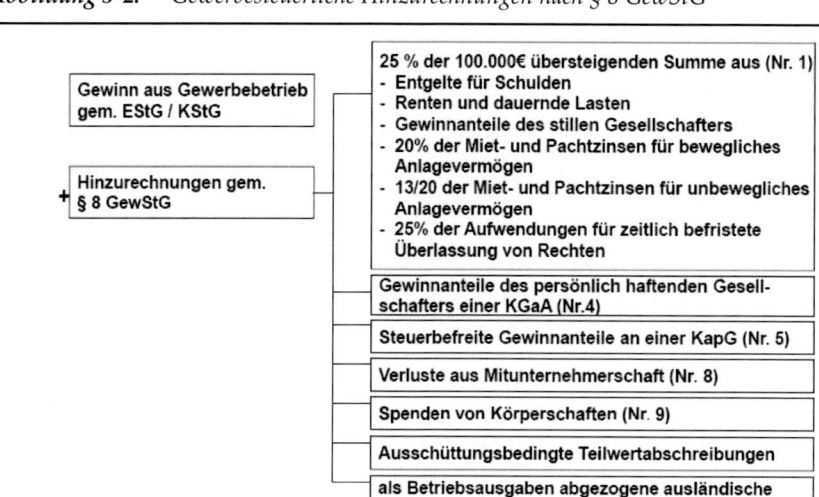

Abbildung 5-2: *Gewerbesteuerliche Hinzurechnungen nach § 8 GewStG*

```
Gewinn aus Gewerbebetrieb
gem. EStG / KStG
                              ┌─ 25 % der 100.000€ übersteigenden Summe aus (Nr. 1)
                              │  - Entgelte für Schulden
                              │  - Renten und dauernde Lasten
+                             │  - Gewinnanteile des stillen Gesellschafters
Hinzurechnungen gem.          │  - 20% der Miet- und Pachtzinsen für bewegliches
§ 8 GewStG                    │    Anlagevermögen
                              │  - 13/20 der Miet- und Pachtzinsen für unbewegliches
                              │    Anlagevermögen
                              │  - 25% der Aufwendungen für zeitlich befristete
                              │    Überlassung von Rechten
                              ├─ Gewinnanteile des persönlich haftenden Gesell-
                              │  schafters einer KGaA (Nr.4)
                              ├─ Steuerbefreite Gewinnanteile an einer KapG (Nr. 5)
                              ├─ Verluste aus Mitunternehmerschaft (Nr. 8)
                              ├─ Spenden von Körperschaften (Nr. 9)
                              ├─ Ausschüttungsbedingte Teilwertabschreibungen
                              └─ als Betriebsausgaben abgezogene ausländische
                                 Steuern (Nr. 12)
```

Aufwendungen für Fremdkapital, § 8 Nr. 1 GewStG

Die Vorschrift des § 8 Nr. 1 GewStG ordnet die Hinzurechnung der Summe aus verschiedenen Aufwandspositionen an, die alle als Aufwendungen für die Nutzung von fremdem Geld- oder Sachkapital verstanden werden können. Im Einzelnen handelt es sich um

- Entgelte für Schulden,
- Renten und dauernde Lasten,
- Gewinnanteile des stillen Gesellschafters,
- 20% der Miet- und Pachtzinsen für bewegliches Anlagevermögen,
- 65% der Miet- und Pachtzinsen für unbewegliches Anlagevermögen sowie
- 25% der Aufwendungen für zeitlich befristete Überlassung von Rechten.

Die Hinzurechnung erfolgt **zu einem Viertel der Summe**, soweit die Summe der hinzuzurechnenden Aufwendungen den **Freibetrag von 100.000€** übersteigt. Ist die Summe der Aufwendungen geringer als 100.000€, verringert sich der Freibetrag entsprechend. Ein Übertrag des nicht ausgenutzten Freibetrags auf andere Perioden ist ausgeschlossen.

Entgelte für Schulden, § 8 Nr. 1 Bst. a) GewStG

Die Entgelte für das dem Unternehmen zur Verfügung stehende Fremdkapital und der gewinnmindernde Aufwand, der wirtschaftlich mit den Entgelten für Fremdkapital vergleichbar ist, soll in begrenztem Umfang im Gewerbeertrag des Unternehmens erfasst werden.

Schulden i. S. § 8 Nr. 1 BSt. a) GewStG sind gegenwärtige oder künftige Belastungen des Vermögens, die dem Grunde nach bestehen oder hinreichend sicher erwartet werden, auch wenn ihre Höhe noch ungewiss ist. Sie umfassen, wie die § 247 Abs. 1, § 249 u. § 266 Abs. 3 HGB zeigen, die **Verbindlichkeiten** und **Rückstellungen für ungewisse Verbindlichkeiten**, soweit dafür Entgelte den Gewinn gemindert haben. Für die Hinzurechnung relevant sein kann eine Schuld jedoch nur, wenn die Belastung als Verpflichtung gegenüber einem anderen rechtlich entstanden oder wirtschaftlich verursacht ist und soweit sie betrieblich veranlasst ist. Abweichend von der früheren Rechtslage ist es unerheblich, ob es sich bei der Schuld um eine langfristige Verbindlichkeit (Dauerschuld) oder eine kurzfristige Verbindlichkeit handelt und für welchen Zweck der Gegenwert der Schuld verwendet wurde.

Entgelte für Schulden sind die Gegenleistungen für die Nutzung von Fremdkapital. Entgelte für Schulden sind beispielsweise Zinsen, das Damnum (Disagio) sowie erfolgsabhängige Vergütungen. Das können auch beispielsweise Gewinnausschüttungen auf Genussscheine sowie Gewinn- und Umsatzbeteiligungen sein. Zu den Entgelten für Schulden rechnen auch der fiktive Zinsanteil aus gewährten Skonti, die nicht dem üblichen Geschäftsverkehr entsprechen, sowie Diskontbeträge aus der Veräußerung von Wechselforderungen und anderen Geldforderungen. Geschäftsübliche Skonti unterliegen dagegen nicht der Hinzurechnung.

Keine Entgelte für Schulden sind nach der Rechtsprechung Bereitstellungszinsen, Schadenersatzleistungen wegen Nichtinanspruchnahme des zugesagten Kredits, Zahlungen für Bürgschaftsakzepte, Avalgebühren für Ausfallbürgschaften, Vergütungen für die Bestellung oder Verwaltung von Sicherheiten (z.B. Depotgebühren), oder Aufwendungen zur Kurssicherung und aufgrund von Währungsänderungen.

Beispiel: Eine GmbH importiert Maschinen aus Südamerika. Zur Absicherung der in fremder Währung fakturierten Importe schließt die GmbH mit ihrer Bank Kurssicherungsgeschäfte ab. Die dafür der Bank gezahlten Aufwendungen zur Kurssicherung sind gewerbesteuerlich nicht hinzurechnungspflichtig, da sie nicht als Entgelte für Schulden interpretiert werden können.

Auch die Aufwendungen für die Bewertung von Verbindlichkeiten nach § 6 Abs. 1 Nr. 3 EStG sind nach § 8 Nr. 1 Bst. a) GewStG nicht hinzuzurechnen (vgl. BMF v. 26.5.2005, BStBl I 2005, S. 699).

Eine Hinzurechnung erfolgt nur, „soweit sie bei der Ermittlung des Gewinns abgesetzt worden sind" (§ 8 Anfangssatz GewStG). Daher werden Zinsen, die unter das **Ab-**

zugsverbot der Zinsschranke nach § 4h EStG, § 8a KStG fallen, dem Gewerbeertrag nicht hinzugerechnet. Vielmehr sind diese Zinsaufwendungen in vollem Umfang im gewerblichen Gewinn enthalten und unterliegen damit auch vollumfänglich der Gewerbesteuer.

Renten und dauernde Lasten, § 8 Nr. 1 Bst. b) GewStG

Die Vorschrift ist als lex specialis zu § 8 Nr. 1 Bst. a) GewStG zu sehen, da die Renten und dauernden Lasten Entgelte für eine besondere Art von Schulden darstellen. Eine Rentenverbindlichkeit stellt eine Verpflichtung zur Zahlung regelmäßig wiederkehrender Beträge dar, die auf einem Rentenstammrecht beruht. Eine dauernde Last wird als laufende Zahlung auf der Basis eines selbständigen Verpflichtungsgrundes definiert.

Renten und dauernde Lasten sind nach der Vorschrift des § 8 Nr. 1 Bst. b) GewStG hinzuzurechnen, soweit sie bei der Ermittlung des Gewinns abgezogen wurden. Folglich sind Zinsanteile und Risikokomponenten der Renten und dauernden Lasten hinzuzurechnen, die Tilgungsrate der Rentenschuld unterliegt dagegen nicht der gewerbesteuerlichen Hinzurechnung.

Die Hinzurechnung erfasst aus sozialpolitischen Gründen nicht Pensionszahlungen aufgrund einer unmittelbar vom Arbeitgeber erteilten Versorgungszusage. Diese Zahlungen sind zwar dauernde Lasten und wären somit eigentlich dem Tatbestand des § 8 Nr. 1 Bst. b) GewStG zu subsumieren. Indessen gelten sie gemäß der Fiktion in § 8 Nr. 1 Bst. b) Satz 2 GewStG nicht als dauernde Lasten. Diese Fiktion ist als wirtschaftspolitisch motivierte Begünstigung zu verstehen.

Gewinnanteile des typischen stillen Gesellschafters, § 8 Nr. 1 Bst. c) GewStG

Wirtschaftlich betrachtet haben die Einlagen eines stillen Gesellschafters Fremdkapitalcharakter. Die Hinzurechnung der Gewinnanteile des stillen Gesellschafters erfasst damit ebenfalls Entgelte für die Überlassung von Fremdkapital. Im Gegensatz zur früheren Rechtslage erfolgt die Hinzurechnung unabhängig davon, ob die Gewinnanteile beim Empfänger der Gewerbesteuer unterliegen oder nicht.

Beispiel: Onkel O beteiligt sich privat (alternativ: betrieblich) als typisch stiller Gesellschafter an der BioTech-GmbH, deren Anteile zu 100% von seinem Neffen gehalten werden. Die BioTech-GmbH vergütet dem O die Zurverfügungstellung der stillen Gesellschaftsbeteiligung mit einem variablen, von der Ertragslage der BioTech-GmbH abhängigen Entgelt.

Lösung: Bei der BioTech-GmbH sind die Zahlungen unabhängig von der Beteiligungsart hinzurechnungspflichtig nach § 8 Nr. 1 Bst. c) GewStG. Bei privater Beteiligung unterliegen die Zahlungen bei Onkel O nicht der Gewerbesteuer, er versteuert sie lediglich im Rahmen der Einkommensteuer als Einkünfte aus Kapitalvermögen. Bei betrieblicher Beteiligung liegen bei Onkel O einkommensteuerlich Einkünfte aus Gewerbebetrieb vor, die zusätzlich von der Gewerbesteuer erfasst werden.

Die Gewinnanteile des **atypisch stillen Gesellschafters** werden als Anteile am Gewinn der Mitunternehmerschaft beurteilt. Folglich liegen beim atypisch stillen Gesellschafter Einkünfte aus Gewerbebetrieb nach § 15 Abs. 1 Nr. 2 EStG vor, die in der Ausgangsgröße des Gewerbeertrags bereits enthalten sind. Damit erübrigt sich eine gesonderte Hinzurechnung der Gewinnanteile des atypisch stillen Gesellschafters.

20% der Miet- und Pachtzinsen für bewegliches Anlagevermögen, § 8 Nr. 1 Bst. d) GewStG

Nach § 8 Nr. 1 Bst. d) GewStG werden dem Gewinn die **Miet- und Pachtzinsen** für die Benutzung **beweglicher Wirtschaftsgüter des Anlagevermögens**, die im Eigentum eines anderen stehen, zu 20% wieder hinzugerechnet, soweit sie bei der Ermittlung des Gewinns abgezogen wurden. Darunter fallen auch Leasingraten. Die Hinzurechnung erfolgt unabhängig davon, ob die Mieten, Pachten oder Leasingraten beim Vermieter, Verpächter oder Leasinggeber der Gewerbesteuer unterliegen oder nicht. Dadurch kann es zu Mehrfachbelastungen mit Gewerbesteuer kommen.

Beispiel: Die Leasing-GmbH überlässt als Leasinggeber eine Produktionsanlage an die Anlagenbau-GmbH als Leasingnehmer. Bei der Anlagenbau-GmbH sind die Leasingraten gewerbesteuerlich hinzurechnen, bei der Leasing-GmbH unterliegen die Leasingraten der Gewerbesteuer.

Miet- bzw. Pachtzinsen nach § 8 Nr. 1 Bst. d) GewStG sind nur Aufwendungen, denen Rechtsverhältnisse zugrunde liegen, die ihrem wesentlichen rechtlichen Gehalt nach **Miet- oder Pachtverträge nach den Kriterien des bürgerlichen Rechts** sind. Bei einem Vertrag, der ausländischem Recht unterliegt, kommt es darauf an, ob er nach seinem Inhalt und dem Inhalt der eventuell subsidiär anzuwendenden ausländischen Rechtsvorschriften als privatrechtlicher Miet- oder Pachtvertrag zu beurteilen wäre, wenn auf ihn inländisches Recht angewendet würde. Miet- und Pachtzinsen sind nicht nur die im Miet- oder Pachtvertrag als Miet- oder Pachtzinsen bezeichneten Leistungen. Zu ihnen gehören vielmehr auch alle weiteren Aufwendungen, die dem Mieter oder Pächter aufgrund vertraglicher Verpflichtung gegenüber dem Vermieter oder Verpächter entstehen, soweit sie wirtschaftlich als Leistungen zu Gunsten des Vermieters oder des Verpächters anzusehen sind.

Bei der Beurteilung, ob ein Vertrag nach seinem wesentlichen rechtlichen Gehalt als Miet- oder Pachtvertrag nach den Kriterien des bürgerlichen Rechts anzusehen ist, kommt es auf den wirtschaftlichen Gehalt des vertraglich Gewollten an.

Beispiel: Ein Unternehmen schließt einen Vertrag über die Nutzung von Kühlhauszellen ab. Der Vertrag hat die Verpflichtung zur Lieferung von Kälte zum Inhalt. Die

Ermittlung des Gewerbeertrags **5.4**

Rechtsprechung (BFH I R 159/66 v. 23.04.1969, BStBl II 1969, 439) hat hier einen Miet- oder Pachtvertrag nach den Kriterien des bürgerlichen Rechts angenommen.

Wirtschaftsgüter des Anlagevermögens im Sinne des § 8 Nr. 1 Bst. d) GewStG sind Vermögensgegenstände, die einkommensteuerlich als Wirtschaftsgüter angesehen werden und beim Mieter oder Pächter dem Anlagevermögen nach bilanzsteuerlichen Kriterien zuzuordnen wären, wenn er Eigentümer des betreffenden Wirtschaftsguts wäre. Aus diesem Grund unterliegen Miet- und Pachtzahlungen für kurzfristige Nutzungsüberlassungen nicht der Hinzurechnung. Bewegliche Wirtschaftsgüter im Sinne der Vorschrift sind materielle, mithin körperliche Wirtschaftsgüter, also Sachen, die nach den Kriterien des bürgerlichen Rechts und des Bewertungsrechts keine unbeweglichen Wirtschaftsgüter sind. Unter Benutzung im Sinne des § 8 Nr. 1 Bst. d) GewStG ist die Nutzung eines Wirtschaftsguts durch den Gewerbebetrieb des Mieters oder Pächters zu verstehen. Ein Wirtschaftsgut steht dann im (steuerrechtlichen) **Eigentum eines anderen**, wenn und soweit es nach § 39 AO nicht dem Mieter oder Pächter als Eigentümer zuzurechnen ist. Der zivilrechtliche Eigentumsbegriff kann sich davon unterscheiden.

Soweit die Miet- und Pachtzinsen den Gewinn gemindert haben, werden sie ihm aufgrund der Begrenzungen im Anfangssatz des § 8 Nr. 1 GewStG und in Bst. d) nur zu 5% (= ¼ von 20%) wieder hinzugerechnet. Die Begrenzung in Buchst d) beruht auf einer nicht verifizierbaren und wohl weitgehend steuerpolitisch begründeten Pauschalierung. Es wird angenommen, dass der Finanzierungsanteil des Miet- oder Pachtzinses (d.h. der Betrag des Miet- oder Pachtzinses abzüglich des Wertverzehrs des gemieteten oder gepachteten Wirtschaftsgutes = Nettoertrag des Miet- und Pachtzinses oder „Finanzierungsanteil") bei beweglichen Wirtschaftsgütern im Durchschnitt 20% betrage (BT-Drs. 16/4841 S. 80).

65% der Miet- und Pachtzinsen für unbewegliches Anlagevermögen, § 8 Nr. 1 BSt. e) GewStG

Nach § 8 Nr. 1 Bst. e) GewStG sind dem Gewinn die **Miet- und Pachtzinsen** für die Benutzung **unbeweglicher Wirtschaftsgüter des Anlagevermögens**, die im Eigentum eines anderen stehen, zu 65% wieder hinzuzurechnen, soweit sie bei der Ermittlung des Gewinns abgezogen wurden. Leasingraten fallen ebenfalls darunter. Die Hinzurechnung erfolgt unabhängig davon, ob die Mieten, Pachten oder Leasingraten beim Vermieter, Verpächter oder Leasinggeber der Gewerbesteuer unterliegen oder nicht. Mehrfachbelastungen mit Gewerbesteuer sind somit auch hier nicht ausgeschlossen. Unerheblich ist schließlich, ob das Miet-oder Pachtobjekt Besteuerungsgegenstand der Grundsteuer ist oder nicht.

Damit entspricht die Regelung - von zwei Abweichungen abgesehen - der in § 8 Nr. 1 Bst. d) GewStG enthaltenen Bestimmung. Hinsichtlich der rechtlichen Einordnung von Miet- und Pachtverträgen, der Zuordnung zum Anlagevermögen und der Zugehörigkeit der Wirtschaftsgüter zum Eigentum eines anderen gelten dieselben Kriterien wie unter Nr. 1 Bst. d). In Abweichung dazu werden nach Nr. 1 Bst. e) nur Miet- und Pachtzinsen für **unbewegliche Wirtschaftsgüter** erfasst. Unbewegliche Wirtschaftsgüter nach § 8 Nr. 1 Bst. e) GewStG sind materielle, mithin körperliche Wirtschaftsgüter, also Sachen, die nach den Kriterien des bürgerlichen Rechts und des Bewertungsrechts keine beweglichen Wirtschaftsgüter sind. Daneben ist der Umfang der Hinzurechnung mit 16,25% (65% von 25%) wesentlich höher als bei den Miet- und Pachtverträgen für bewegliche Wirtschaftsgüter.

Die Begrenzung in Bst. e) beruht ebenfalls auf einer nicht verifizierbaren Pauschalierung. Es wird angenommen, dass der Finanzierungsanteil des Miet- oder Pachtzinses bei unbeweglichen Wirtschaftsgütern im Durchschnitt 65% betrage.

25% der Aufwendungen für zeitlich befristete Überlassung von Rechten, § 8 Nr. 1 Bst. f) GewStG

Gemäß § 8 Nr. 1 Bst. f) GewStG werden dem Gewinn die Aufwendungen für die befristete Überlassung von Rechten, also von immateriellen Wirtschaftsgütern, teilweise wieder hinzugerechnet, soweit sie bei der Ermittlung des Gewinns abgezogen wurden.

Grund der Hinzurechnung ist, dass die befristete Überlassung immaterieller WG wirtschaftlich der befristeten Überlassung materieller Wirtschaftsgüter vergleichbar ist und der Nettoertrag der befristeten Überlassung (sog. „Finanzierungsanteil") im Gewerbebetrieb erwirtschaftet wurde. Es liegt hier somit eine gewisse Parallelität mit der Überlassung von Sachkapital durch Vermietung und Verpachtung vor.

Die Vorschrift ist in der Praxis durchaus bedeutsam, da viele Unternehmen auf die Nutzung fremder gewerblicher Schutzrechte und Konzessionen angewiesen sind. Die von der Hinzurechnung erfassten Aufwendungen sind häufig erheblich.

Beispiel: Ein Unternehmen schließt einen Vertrag über die Nutzung von Softwarelizenzen ab. Durch den Vertrag wird das Unternehmen berechtigt, Datenbanken zu benutzen. Es verpflichtet sich zur Zahlung der Lizenzgebühr. Diese ist nach § 8 Nr. 1 Bst. f) GewStG gewerbesteuerlich hinzurechnungspflichtig.

Nach dem Klammerzusatz in § 8 Nr. 1 BSt. f) GewStG nicht hinzuzurechnen sind Aufwendungen für Lizenzen, die ausschließlich dazu berechtigen, daraus abgeleitete Rechte Dritten zu überlassen. Solche Vertriebslizenzen stellen wirtschaftlich reine Vertriebsverträge dar, der Lizenznehmer hat lediglich die Stellung eines Handelsvertreters.

Ebenfalls werden nach § 8 Nr. 1 Bst. f) Satz 2 GewStG Aufwendungen, die nach § 25 Künstlersozialversicherungsgesetz (KSVG) Bemessungsgrundlage für die Künstlersozialabgabe sind, nicht von der Hinzurechnung erfasst. Begründet wird dies damit,

5.4 Ermittlung des Gewerbeertrags

dass nach dem KSVG die Stellung der Künstler und Publizisten im unmittelbaren Verhältnis zu ihren „Auftraggebern" sozialversicherungsrechtlich mit dem Verhältnis zwischen Unternehmern als Arbeitgeber und Arbeitnehmern vergleichbar sei. Da Entgelte, die ein Unternehmen an seine Arbeitnehmer für deren Leistungen zahlt, seit Abschaffung der Lohnsummensteuer nicht mehr der Gewerbesteuer unterliegen, unterbleibt auch hier eine Hinzurechnung.

Die Aufwendungen für die befristete Überlassung der Rechte werden bei der Hinzurechnung nur berücksichtigt, soweit sie tatsächlich - aufgrund einer Zahlung oder Passivierung - bei der Ermittlung des Gewinns abgesetzt worden sind (Anfangssatz des § 8 GewStG). Soweit sie den Gewinn gemindert haben, werden sie ihm aufgrund der Begrenzungen im Anfangssatz der Nr. 1 und in Bst. f) nur zu 6,25% wieder hinzugerechnet. Diese Begrenzung beruht auf der pauschalierenden Annahme, dass der Finanzierungsanteil der befristeten Rechteüberlassung (= Aufwendungen abzüglich des der Überlassung zuzurechnenden Wertverzehrs des Rechtes) trotz unterschiedlicher Laufzeit der Überlassung im Durchschnitt 25% betrage (BT-Drs. 16/4841 S. 80).

Abbildung 5-3: *Hinzurechnung der Entgelte für Schulden, § 8 Nr. 1 GewStG*

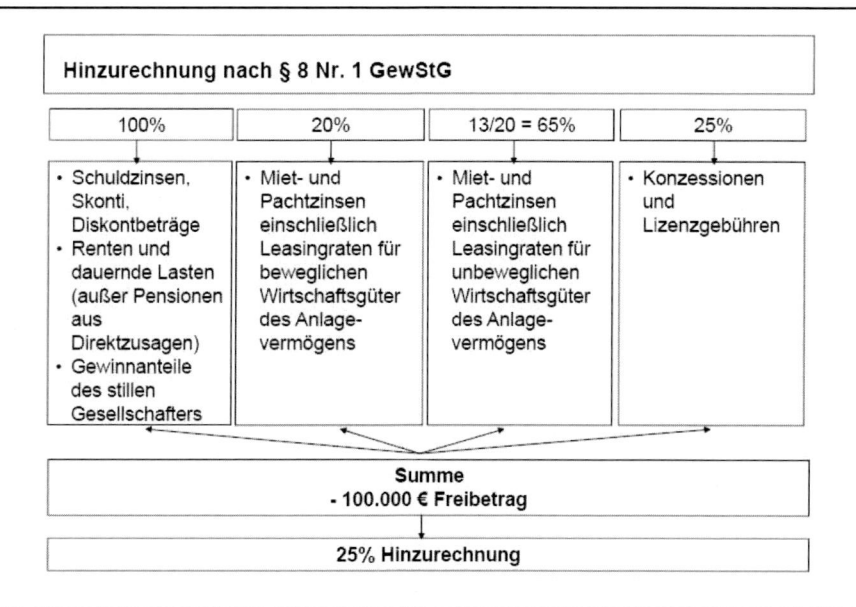

Hinzurechnung nach § 8 Nr. 1 GewStG

100%	20%	13/20 = 65%	25%
• Schuldzinsen, Skonti, Diskontbeträge • Renten und dauernde Lasten (außer Pensionen aus Direktzusagen) • Gewinnanteile des stillen Gesellschafters	• Miet- und Pachtzinsen einschließlich Leasingraten für bewegliche Wirtschaftsgüter des Anlagevermögens	• Miet- und Pachtzinsen einschließlich Leasingraten für unbewegliche Wirtschaftsgüter des Anlagevermögens	• Konzessionen und Lizenzgebühren

Summe
- 100.000 € Freibetrag

25% Hinzurechnung

Beurteilung der Hinzurechnung für Entgelte für Schulden

Durch diese Hinzurechnungsvorschrift sollen die Entgelte für die Nutzung fremden Geld- und Sachkapitals dem Gewerbeertrag hinzugerechnet werden. Damit sollen

Unternehmen, die mit fremden Geld- und Sachkapital wirtschaften, dieselbe Bemessungsgrundlage ausweisen wie Unternehmen, die ausschließlich Eigenkapital und eigene Wirtschaftgüter einsetzen. Folglich soll diese Vorschrift in erster Linie dem **Objektcharakter** der Gewerbesteuer Rechnung tragen. Allerdings wird diese Zielsetzung durch viele Einschränkungen in erheblichem Maße relativiert.

- Es erfolgt generell nur eine **Hinzurechnung von einem Viertel** der Finanzierungsaufwendungen, was die nach dem Objektcharakter erforderliche 100%ige Hinzurechnung konterkariert.

- Der Finanzierungsanteil der Vergütungen für bewegliches und unbewegliches Sachkapital sowie für die Überlassung von Rechten wird **pauschalierend ermittelt** und weist daher allenfalls zufällig eine Übereinstimmung mit den tatsächlichen Finanzierungskosten auf.

- Der **Freibetrag** in Höhe von 100.000 €, der insbesondere kleinere und mittlere Unternehmen entlasten soll, ist mit einer nach dem Objektcharakter erforderlichen größenunabhängigen Besteuerung nicht vereinbar.

- Die Nichterfassung des Finanzierungsanteils bei der Zuführung zu Pensionsrückstellungen ist zwar wirtschaftpolitisch erklärbar, widerspricht aber dem Objektcharakter der Gewerbesteuer.

Zusätzlich wird durch die Hinzurechnungsvorschrift des § 8 Nr. 1 GewStG **eine Mehrfachbelastung mit Gewerbesteuer** in Kauf genommen. Wenn die Entgelte beim Empfänger dem betrieblichen Bereich zuzurechnen sind, erfolgt eine 100%ige Belastung mit Gewerbesteuer beim Zahlungsempfänger. Zusätzlich führt die Hinzurechnung zu einer Belastung von 25% beim Zahlungspflichtigen der Schuldzinsen. Damit sind per Saldo 125% der Entgelte durch die Gewerbesteuer belastet. Diese Mehrfachbelastung trifft in besonderem Maße Kreditinstitute, die durch die Sonderregelung des § 19 GewStDV teilweise von der Hinzurechnung der Entgelte für Schulden befreit werden. Die Mehrfachbelastung tritt ebenfalls - wenn auch in geringerem Ausmaß - bei anderen Vertragsvergütungen auf, die von der Hinzurechnungsvorschrift betroffen sind. So unterliegen Miet- und Pachterträge bei beweglichen Wirtschaftsgütern zu 105%, bei unbeweglichen Wirtschaftsgütern zu 116,25% und bei Lizenzüberlassungen zu 106,25% der Gewerbesteuer.

Ebenso kommt es durch die Hinzurechnungsvorschrift des § 8 Nr. 1 Bst. e) zu einer steuersystematisch unerwünschten **Mehrfachbelastung** der Miet- und Pachterträge bei unbeweglichem Anlagevermögen **mit Objektsteuern**, nämlich mit Gewerbesteuer einerseits und Grundsteuer andererseits.

Gewinnanteile und Geschäftsführungsvergütungen des persönlich haftenden Gesellschafters einer KGaA, § 8 Nr. 4 GewStG

Die Hinzurechnung der **Gewinnanteile und Geschäftsführungsvergütungen des persönlich haftenden Gesellschafters einer KGaA** nach § 8 Nr. 4 GewStG ist als Korrekturvorschrift zu § 9 Abs. 1 Nr. 1 KStG zu verstehen, nach der die Gewinnanteile und die Geschäftsführungsvergütungen der persönlich haftenden Gesellschafter einer KGaA aus dem körperschaftsteuerlichen Gewinn gekürzt werden. Die KGaA ist als Gewerbebetrieb kraft Rechtsform gewerbesteuerpflichtig. Damit der Gewinn einer KGaA in vollem Umfang der Gewerbesteuer unterliegt, ist korrespondierend die Hinzurechnung nach § 8 Nr. 4 GewStG erforderlich.

Die persönlich haftenden Gesellschafter einer KGaA beziehen mit ihren Gewinnanteilen und den Geschäftsführungsvergütungen zwar Einkünfte aus Gewerbebetrieb nach § 15 Abs. 1 Nr. 3 EStG. Sie unterliegen jedoch nicht der Gewerbsteuer, da nicht sie den Gewerbebetrieb unterhalten, sondern die KGaA.

Die Vorschrift des § 8 Nr. 4 GewStG erklärt sich aus dem **Objektcharakter der Gewerbesteuer**, wonach der gesamte Gewinn einer KGaA der Besteuerung unterliegen soll. Gleichzeitig wird eine Nichtbesteuerung von unternehmerischen Gewinnanteilen vermieden.

Steuerbefreite Gewinnanteile aus Kapitalgesellschaften, § 8 Nr. 5 GewStG

Nach § 8 Nr. 5 GewStG sind Gewinnanteile (Dividenden) aus Kapitalgesellschaften, Personenvereinigungen und Vermögensmassen dem gewerblichen Gewinn hinzuzurechnen, soweit die Gewinnausschüttungen gemäß § 3 Nr. 40 EStG **von der Einkommensteuer** oder nach § 8b Abs. 1 KStG **von der Körperschaftsteuer befreit** sind und die Beteiligung seit Beginn des Erhebungszeitraumes **weniger als 15%** am Stamm- oder Grundkapital einer in- oder ausländischen Körperschaft beträgt (§ 9 Nr. 2a oder Nr. 7 GewStG). Mit der Beteiligung in Zusammenhang stehende Betriebsausgaben, die dem einkommensteuerlichen Abzugsverbot nach § 3c Abs. 2 EStG oder dem körperschaftsteuerlichen Abzugsverbot nach § 8b Abs. 5 KStG unterliegen, mindern den hinzuzurechnenden Betrag.

Diese Vorschrift ist in Zusammenhang mit den Kürzungsvorschriften nach § 9 Nr. 2a und Nr. 7 GewStG zu sehen. Sie dient dazu, das **gewerbesteuerliche Schachtelprivileg** zu gewährleisten, nach dem so genannte Schachteldividenden ab einer Beteiligungsquote von mindestens 15% nur einer einfachen Belastung mit Gewerbesteuer unterliegen. Daher kommt es bei einer Beteiligungsquote von weniger als 15% zu einer gewerbesteuerlichen Doppelbelastung, da die ausschüttende Kapitalgesellschaft als Gewerbebetrieb kraft Rechtsform den erzielten Gewinn der Gewerbesteuer unterwerfen muss und der (gewerblich beteiligte) Anteilseigner mit der erhaltenen Gewinnausschüttung ebenfalls in vollem Umfang der Gewerbesteuer unterliegt.

Verluste aus inländischer oder ausländischer Mitunternehmerschaft, § 8 Nr. 8 GewStG

Nach § 8 Nr. 8 GewStG unterliegen **Verluste** aus einer inländischen oder ausländischen OHG und vergleichbaren personengesellschaftlich strukturierten Verbänden der Hinzurechnung, wenn der Gesellschafter **Mitunternehmerstellung** hat. Der Zweck dieser Hinzurechnungsvorschrift erklärt sich darin, dass es zu keiner doppelten Berücksichtigung von inländischen Verlusten aus gewerblichen Unternehmen kommen soll. Bei der Mitunternehmerschaft wird ein Gewerbeverlust nach der Bestimmung des § 10a GewStG durch Verlustvortrag berücksichtigt. Dies ist Konsequenz der gewerbesteuerlichen Eigenständigkeit der Mitunternehmerschaft; das aus dem Einkommensteuerrecht bekannte Transparenzprinzip gilt gewerbesteuerlich nur bedingt. Daher käme es ohne entsprechende Hinzurechnungsvorschrift zu einer Minderung des Gewerbeertrags aufgrund der Verlustzurechnung beim Gesellschafter.

Im Hinblick auf die ebenfalls in der Vorschrift des § 8 Nr. 8 GewStG genannten ausländischen Verluste handelt es sich um eine **rein deklaratorische Norm** zur Wahrung des **Inlandscharakters**. Der deklaratorische Charakter der Vorschrift kommt darin zum Ausdruck, dass Verluste aus ausländischen Betriebsstätten bereits gem. § 2 Abs. 1 GewStG aus dem Gewerbeertrag ausgeschlossen sind, da die Gewerbesteuer nur den im Inland betriebenen Gewerbebetrieb besteuert.

Spenden, § 8 Nr. 9 GewStG

Bei der Hinzurechnungsvorschrift des § 8 Nr. 9 GewStG ist der Zusammenhang zur Bestimmung des § 9 Nr. 5 GewStG im Auge zu behalten. Dieser enthält eigenständige Höchstbetragsgrenzen für die **abzugsfähigen Spenden** im Gewerbesteuerrecht, konsequenterweise muss der vorangegangene körperschaftsteuerliche Abzugsbetrag hinzugerechnet werden.

Ausschüttungsbedingte Teilwertabschreibungen, § 8 Nr. 10 GewStG

So genannten **ausschüttungsbedingten Teilwertabschreibungen** kommt für gewerbesteuerliche Zwecke keine Abzugsfähigkeit zu (§ 8 Nr. 10 GewStG), soweit die korrespondierenden Beteiligungserträge gem. § 9 Nrn. 2a, 7, 8 GewStG gekürzt werden. Ihre Erklärung findet die Norm darin, dass in den Fällen, in denen Erträge gewerbesteuerlich nicht erfasst werden, auch Gewinnminderungen, die mit den Erträgen in unmittelbarem Zusammenhang stehen, gewerbesteuerlich keine Wirkung entfalten sollen. Damit dient diese Vorschrift der **Wahrung des Objektcharakters** der Gewerbesteuer und der Sicherstellung einer **einmaligen Besteuerung** des Gewerbeertrags.

Ermittlung des Gewerbeertrags **5.4**

Innerhalb des Teileinkünfteverfahrens hat die Hinzurechnungsvorschrift des § 8 Nr. 10 GewStG lediglich **ergänzenden Charakter**, da Teilwertabschreibungen auf Anteile an Kapitalgesellschaften entweder nur zu 60% (§ 3 c Abs. 2 EStG) oder gar nicht (§ 8b Abs. 2 Satz 3 KStG) den Gewinn mindern dürfen. Nur in dem Umfang, in dem sich die steuerpflichtigen Einkünfte aus Gewerbebetrieb überhaupt um eine Teilwertabschreibung gemindert haben, kommt eine Hinzurechnung nach § 8 Nr. 10 GewStG in Betracht.

Ausländische Steuern, § 8 Nr. 12 GewStG

Ausländische Steuern, die durch die Steuerabzugsmethode als Betriebsausgaben die Einkünfte aus Gewerbebetrieb gemindert haben (§ 34c Abs. 2, Abs. 3 EStG, § 26 Abs. 6 KStG), werden nach der Bestimmung des § 8 Nr. 12 GewStG hinzugerechnet. Durch diese Vorschrift wird zum einen der **Inlandscharakter** der Gewerbsteuer gewahrt, indem ausländische Steuern nicht den Gewerbeertrag mindern dürfen. Zum anderen wird die **Einmalbelastung mit Gewerbesteuer** sichergestellt. Die ausländischen Steuern stellen Aufwendungen dar, die mit ausländischen Erträgen in Zusammenhang stehen. Da diese ausländischen Erträge nach § 9 Nrn. 7, 8 GewStG aus dem Gewerbeertrag gekürzt werden, sollen die damit zusammenhängenden Aufwendungen – insbesondere auch die ausländischen Steuern - die gewerbesteuerliche Bemessungsgrundlage nicht mindern.

5.4.4 Kürzungen

Die Summe des Gewinns aus Gewerbebetrieb und der Hinzurechnungen sind um die in der folgenden Abbildung dargestellten Tatbestände zu kürzen. Im Einzelnen umfassen die Kürzungen die im Folgenden im Detail erläuterten Tatbestände.

1,2% des Einheitswertes des zum Betriebsvermögen gehörenden Grundvermögens, § 9 Nr. 1 GewStG

Der Gewerbeertrag wird um **1,2% des Einheitswerts** der zum Betriebsvermögen gehörenden Betriebsgrundstücke gemäß § 9 Nr. 1 GewStG gekürzt. Bewertungsgrundlage ist der nach den Vorschriften des Bewertungsgesetzes ermittelte Einheitswert der Betriebsgrundstücke, der nach § 121a BewG **um 40% zu erhöhen** ist. Diese Erhöhung gilt, solange die Einheitsbewertung des Grundvermögens auf den Wertverhältnissen vom 1.1.1964 basiert. Allerdings gleicht der Zuschlag von 40% die seither eingetretene Werterhöhung im Grundvermögen nur unzureichend aus.

Der Zweck dieser Kürzungsvorschrift liegt in der **Vermeidung der Doppelbelastung mit Realsteuern**. Da die Grundsteuer als eine Sollertragsteuer auf den Grundbesitz zu

Die Gewerbesteuer

charakterisieren ist, sollen die Grundbesitzerträge nur einfach mit einer Objektsteuer – in diesem Fall mit der Grundsteuer - belastet werden. Die 1,2%ige Kürzung des erhöhten Grundstückseinheitswerts soll den pauschalierten Grundstücksertrag repräsentieren. Die Verwendung einer Pauschalen, die an viel zu geringe Einheitswerte anknüpft und daher die Grundstückserträge nicht realistisch wiedergibt, konterkariert in der Realität diese Absicht.

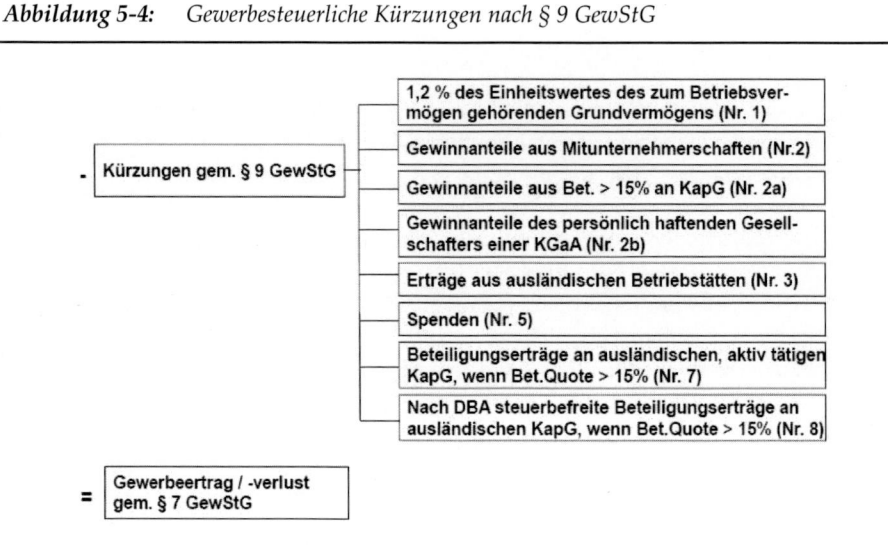

Abbildung 5-4: Gewerbesteuerliche Kürzungen nach § 9 GewStG

- Kürzungen gem. § 9 GewStG
  - 1,2 % des Einheitswertes des zum Betriebsvermögen gehörenden Grundvermögens (Nr. 1)
  - Gewinnanteile aus Mitunternehmerschaften (Nr.2)
  - Gewinnanteile aus Bet. > 15% an KapG (Nr. 2a)
  - Gewinnanteile des persönlich haftenden Gesellschafters einer KGaA (Nr. 2b)
  - Erträge aus ausländischen Betriebstätten (Nr. 3)
  - Spenden (Nr. 5)
  - Beteiligungserträge an ausländischen, aktiv tätigen KapG, wenn Bet.Quote > 15% (Nr. 7)
  - Nach DBA steuerbefreite Beteiligungserträge an ausländischen KapG, wenn Bet.Quote > 15% (Nr. 8)

= Gewerbeertrag / -verlust gem. § 7 GewStG

Erweiterte Kürzung für Grundstücksunternehmen, § 9 Nr. 1 Satz 2 GewStG

Die erweiterte Kürzung für Grundstücksunternehmen nach § 9 Nr. 1 Satz 2 ff. verfolgt den Zweck, **vermögensverwaltende Grundstückunternehmen** von der Gewerbesteuer vom Ertrag zu befreien. Grundstücksunternehmen sind solche Unternehmen, die nicht aufgrund ihrer Tätigkeit gewerblich tätig sind, sondern allein aufgrund ihrer Rechtsform. Voraussetzung ist indessen, dass der Umfang der Verwaltung und Nutzung des Grundbesitzes eher einer vermögensverwaltenden als einer gewerblichen Tätigkeit entspricht. Damit soll eine gewerbesteuerliche Gleichstellung mit Personenunternehmen erreicht werden, die nur vermögensverwaltend tätig sind. Diese Zwecksetzung ist aus der Entstehungsgeschichte eindeutig erkennbar, da ursprünglich die erweiterte Kürzung nur Kapitalgesellschaften gewährt wurde.

Der **Kürzungsumfang** erstreckt sich auf den Teil des Gewerbeertrags, der auf die **Verwaltung und Nutzung eigenen Vermögens** entfällt. Für Grundstücksunternehmen besteht in der Verwaltung und Nutzung eigenen Grundbesitzes eine konstitutive Voraussetzung für die erweiterte Kürzung. Eine daneben betriebene Verwaltung von

5.4 Ermittlung des Gewerbeertrags

Kapitalvermögen ist als zulässige Nebentätigkeit anzusehen und muss nicht notwendigerweise untergeordnete Bedeutung haben (echte Nebenordnung). Untergeordnete Nebentätigkeiten stellen gegebenenfalls die Betreuung von Wohnhausbauten dar. Bei einem zehn Prozent übersteigenden Anteil ist dies nach der BFH-Rechtsprechung allerdings schädlich. Weiterhin darf das Grundstücksunternehmen keine gewerbliche Tätigkeit entfalten. Im Rahmen einer Betriebsaufspaltung ist die erweiterte Kürzung daher nach § 9 Nr. 1 2. Satz GewStG nie möglich, da die Besitzpersonengesellschaft immer einen Gewerbebetrieb unterhält. Als formelle Voraussetzung der erweiterten Kürzung ist ein Antrag erforderlich.

Anteile am Gewinn einer in- oder ausländischen Personengesellschaft, § 9 Nr. 2 GewStG

Die Anteile am **Gewinn einer inländischen Personengesellschaft** nach § 9 Nr. 2 GewStG sind zu kürzen, da eine gewerblich tätige Personengesellschaft selbst Besteuerungsobjekt der Gewerbesteuer vom Ertrag ist. Der Gewinn der Personengesellschaft unterliegt bei dieser der Gewerbesteuer vom Ertrag. Beim Gesellschafter erhöht der Gewinnanteil, den er in einem Betriebsvermögen bezieht, ebenfalls den steuerlichen Gewinn. Aus diesem Grund ist die Kürzung notwendig, um eine **Doppelbelastung mit Gewerbesteuer** zu vermeiden.

Der **Anteil am Gewinn einer ausländischen Personengesellschaft** ist aus dem Gewerbeertrag zu kürzen, um den Inlandscharakter der Gewerbesteuer zu wahren.

Beispiel: Eine GmbH hat ist an einer nach dem Recht von Brasilien gegründeten Personengesellschaft beteiligt. Die Personengesellschaft stellt ein Joint Venture mit einem brasilianischen Partner dar. Der anteilige Gewinn aus der brasilianischen Personengesellschaft ist wegen des Inlandscharakters der Gewerbesteuer zu kürzen.

Gewinnanteile aus inländischen Kapitalgesellschaften, § 9 Nr. 2a GewStG

Nach § 9 Nr. 2a GewStG hat eine **Kürzung des Gewinns aus der Beteiligung an einer inländischen, nicht steuerbefreiten Kapitalgesellschaft** zu erfolgen. Voraussetzung ist, dass eine Beteiligung von mindestens 15% besteht. Die ausschüttende Kapitalgesellschaft muss als Gewerbebetrieb kraft Rechtsform den erzielten Gewinn der Gewerbesteuer unterwerfen und die erhaltene Gewinnausschüttung erhöht in vollem Umfang den Gewerbeertrag des (betrieblich beteiligten) Anteilseigners. Durch die Hinzurechnungsvorschrift des § 8 Nr. 5 GewStG kommen weder das Teileinkünfteverfahren nach § 3 Nr. 40 EStG noch die Dividendenfreistellung des § 8b KStG für den Gewerbeertrag zur Anwendung. Folglich unterliegt die Gewinnausschüttung einer Kapitalgesellschaft ohne diese Kürzungsvorschrift einer Doppelbelastung mit Gewerbesteuer. Diese Kürzungsvorschrift bezeichnet man, da sie gewissermaßen ineinander geschachtelte Gesellschaftsstrukturen betrifft, als **gewerbesteuerliches Schachtelprivileg**. Dessen Zweck liegt in der **Vermeidung der Doppelbelastung mit Gewerbesteuer**. Die angestrebte Vermeidung der Doppelbelastung wird indessen nur unvollkommen erreicht, da bei Beteiligungen von weniger als 15% eine Kürzung nicht erfolgt.

Gewinnanteile an einer KGaA, § 9 Nr. 2b GewStG

Die Kürzung nach § 9 Nr. 2b GewStG können alle Gewerbebetriebe in Anspruch nehmen, die an einer KGaA als persönlich haftende Gesellschafter beteiligt sind. Dies kann eine natürliche Person sein, aber auch eine Kapitalgesellschaft. Die **Gewinnanteile der persönlich haftenden Gesellschafter einer KGaA** werden nach § 8 Nr. 4 GewStG dem Gewerbeertrag der KGaA hinzugerechnet und unterliegen im Rahmen des Gewerbeertrags der KGaA der Gewerbesteuer. Eine Erfassung der Gewinnanteile auf Ebene des betrieblich beteiligten persönlich haftenden Gesellschafters würde zu einer systemwidrigen Doppelbelastung dieser Gewinnanteile führen. Insoweit wird durch die Kürzung des § 9 Nr. 2b GewStG die **Einmalbelastung der Gewinnanteile** an einer KGaA mit Gewerbesteuer erreicht.

Ist der persönlich haftende Gesellschafter einer KGaA eine natürliche Person, die die **Beteiligung an der KGaA im Privatvermögen** hält, so unterliegt der Komplementär der KGaA nicht der Gewerbesteuer, da die Beteiligung selbst keinen Gewerbebetrieb begründet. Insoweit bedarf es dann nicht der Kürzung nach § 9 Nr. 2b GewStG.

Gewinne aus einer im Ausland belegenen Betriebsstätte, § 9 Nr. 3 GewStG

Zu kürzen sind Gewinne aus einer im Ausland betriebenen Betriebsstätte nach der Vorschrift des § 9 Nr. 3 GewStG. Diese Norm verfolgt den Zweck, zur **Wahrung des Inlandscharakters** beizutragen. Es liegt auf der Hand, dass der Vorschrift **rein deklaratorischer Charakter** zukommt. Die fraglichen ausländischen Betriebsstättenerträge sind bereits nach § 2 Abs. 1 GewStG nicht von der Gewerbesteuer erfasst, da diese Teile des Gewinns nicht im Rahmen eines inländischen Gewerbebetriebs erwirtschaftet werden.

Beispiel: Eine GmbH betreibt die Exploration von Bodenschätzen in Brasilien im Rahmen einer dort gegründeten Betriebsstätte. Die der Betriebsstätte zuzurechnenden Gewinne sind bei der Ermittlung des Gewerbeertrags zu kürzen.

Spenden, § 9 Nr. 5 GewStG

Die detaillierte Kürzungsvorschrift des § 9 Nr. 5 GewStG betreffend **Spenden für steuerbegünstigte Zwecke** im Sinne der §§ 52 - 54 AO ist im Zusammenhang mit § 8 Nr. 9 GewStG zu sehen. § 9 Nr. 5 GewStG enthält eigenständige Höchstbetragsgrenzen für die Abzugsfähigkeit der Spenden im Gewerbesteuerrecht. Die Begründung der

Abzugsfähigkeit von Spenden liegt in **wirtschaftspolitischen Zielen**. Hinzuweisen ist darauf, dass Mitgliedsbeiträge und **Spenden an politische Parteien nicht** abzugsfähig sind.

Gewinne aus der Beteiligung an einer ausländischen Kapitalgesellschaft, § 9 Nr. 7 GewStG

Die **Gewinne aus der Beteiligung an einer ausländischen Kapitalgesellschaft** werden auf der Rechtsgrundlage des § 9 Nr. 7 GewStG gekürzt, wenn die Beteiligung seit Beginn des Erhebungszeitraumes mindestens 15% am Stamm- oder Grundkapital beträgt und die ausländische Kapitalgesellschaft im Wesentlichen so genannte **Bruttoerträge aus aktivem Erwerb** erzielt. Vereinfachend dargestellt müssen die Erträge aus einer Tätigkeit resultieren, die u.a. durch eine Beteiligung am allgemeinen wirtschaftlichen Verkehr des Auslandes geprägt ist. Die ausländische Kapitalgesellschaft muss Substanz aufweisen und darf nicht nur als Briefkastenfirma qualifizieren.

Abkommensrechtlich befreite Gewinne aus der Beteiligung an einer ausländischen Kapitalgesellschaft, § 9 Nr. 8 GewStG

Schließlich unterliegen **Gewinne aus Anteilen an einer ausländischen Gesellschaft** der gewerbesteuerlichen Kürzung nach § 9 Nr. 8 GewStG ungeachtet der in Doppelbesteuerungsabkommen vereinbarten Mindestbeteiligungen – häufig sind dies 25% Beteiligungsquote – bereits **bei einer 15%-igen Beteiligungsquote**. Voraussetzung ist selbstverständlich, dass die entsprechenden Gewinnanteile überhaupt bei der Ermittlung des Gewinns angesetzt worden sind.

Beide Kürzungsvorschriften dienen dem Zweck, den **Inlandscharakter** der Gewerbesteuer zu wahren.

5.4.5 Die gewerbesteuerliche Organschaft

Das Gewerbesteuerrecht enthält mit dem Institut der „Gewerbesteuerlichen Organschaft" eigene und erste Ansätze einer Konzern- oder Gruppenbesteuerung. Die Zielsetzung der Organschaft besteht im Grunde darin, rechtlich selbständige Unternehmen, die wirtschaftlich als Einheit anzusehen sind, nach den wirtschaftlichen Gegebenheiten zu besteuern. Rechtsgrundlage der gewerbesteuerlichen Organschaft bildet die Vorschrift des § 2 Abs. 2 Satz 2 GewStG.

Tatbestandlich knüpft die gewerbesteuerliche Organschaft an die entsprechenden **Vorschriften des Körperschaftsteuerrechts** an. In Betracht kommen als Organgesellschaften nur die in den §§ 14 ff. KStG genannten Rechtsformen, aus der Sicht des Unternehmenssteuerrechts sind das in erster Linie unbeschränkt steuerpflichtige Kapitalgesellschaften. Organträger kann prinzipiell jedes andere inländische gewerbliche Unternehmen sein, also Kapitalgesellschaften, mitunternehmerschaftlich konzipierte Personengesellschaften oder auch gewerbliche Einzelunternehmen. Auch ins Handelsregister eingetragene Zweigniederlassungen eines ausländischen Unternehmens können Organträger sein. Die gewerbliche Tätigkeit des Organträgers ist zwingend erforderlich.

Sachliche Voraussetzungen für das Vorliegen einer gewerbesteuerlichen Organschaft (vgl. § 2 Abs. 2 GewStG i.V.m. § 14 Nr. 1 KStG) sind die **finanzielle Eingliederung** der Organgesellschaft in das Unternehmen des Organträgers und das Vorliegen eines **Ergebnisabführungsvertrags**. Im Hinblick auf diesbezügliche Details kann auf die Darstellung der körperschaftsteuerlichen Organschaftsregelungen verwiesen werden.

Tabelle 5-1:   *Voraussetzungen der gewerbesteuerlichen Organschaft*

	§ 2 Abs. 2 GewStG i.V.m. §§ 14 - 19 KStG
Organgesellschaft	Kapitalgesellschaft mit Sitz und Geschäftsleitung im Inland § 14 Abs. 1 Satz 1 KStG
Organträger	Inländisches gewerbliches Unternehmen; ausländisches gewerbliches Unternehmen, sofern eine Zweigniederlassung im Inland unterhalten wird § 14 Abs. 1 Satz 1 KStG, § 18 KStG
Finanzielle Eingliederung	Mindestens 50% der Anteile an der Organgesellschaft; Zusammenrechnung mittelbarer und unmittelbarer Beteiligungen § 14 Abs. 1 Nr. 1 KStG
Gewinnabführungsvertrag	Auf mindestens 5 Jahre abgeschlossen

Die **betriebswirtschaftlichen Konsequenzen** aus dem Vorliegen der Organschaft bestehen zunächst darin, dass die Organgesellschaft nach dem ausdrücklichen Gesetzesbefehl des § 2 Abs. 2 Satz 2 GewStG als Betriebsstätte des Organträgers gilt. Man bezeichnet dies auch als **Betriebsstättenfiktion**. Daraus könnte man folgern, dass im Rahmen der Gewerbesteuer – anders als im Bereich der Körperschaftsteuer - die Einheitstheorie verwirklicht ist, die die Organgesellschaft als unselbständigen Betriebsteil des Organträgers wertet. Dies ist indessen nicht der Fall. Vielmehr knüpft die Gewerbesteuer mit ihrer Bemessungsgrundlage unmittelbar an den nach körperschaftsteuerlichen Vorschriften ermittelten Gewinn an (vgl. § 7 Satz 1 GewStG). Durch diese Anknüpfung an die körperschaftsteuerliche Bemessungsgrundlage kommt auch für die Gewerbesteuer die **Zurechnungstheorie** zum Zuge, die allerdings durch einige Korrekturen modifiziert wird, um der Betriebsstättenfiktion Rechnung zu tragen.

Auch für die Gewerbesteuer erfolgt eine getrennte Ermittlung des Gewerbeertrags für beide Unternehmen. Erst danach erfolgt eine Zusammenrechnung der gewerbesteuerlichen Bemessungsgrundlagen, nämlich der Gewerbeerträge. Es findet indessen keine Konsolidierung der Gewerbeerträge statt. Dies bedeutet in letzter Konsequenz, dass Gewinne bzw. Verluste aus Lieferungen und Leistungen im Organkreis nicht eliminiert werden. Das Berechnungsschema zur Ermittlung des maßgebenden Gewerbeertrags einer Organschaft stellt sich wie folgt dar:

Abbildung 5-5: Ermittlung des Gewerbeertrags der Organschaft

Gewerbeertrag des Organträgers
+ Gewerbeertrag der Organgesellschaft
= Gewerbeertrag der Organschaft
- Abrundung auf volle 100 €
- Freibetrag (falls Organträger Personenunternehmen)
= Maßgebender Gewerbeertrag der Organschaft

Um eine doppelte Erfassung von Gewinnanteilen zu vermeiden, die durch die Zusammenrechnung der Gewinne der Organgesellschaft und des Organträgers entstehen, sind einige **Korrekturen** erforderlich:

- **Gewinnausschüttungen der Organgesellschaft** an den Organträger werden aus dem Gewerbeertrag des Organträgers gekürzt, da diese bereits durch die Zurechnung des Gewerbeertrags der Organgesellschaft im Gewerbeertrag des Organträgers enthalten sind. Dadurch wird eine doppelte Belastung von gewerblichen Gewinnen im Organkreis vermieden. Darin ist keine spezielle Begünstigung der Organschaft zusehen, da eine solche Doppelbelastung der ausgeschütteten Gewinne auch ohne Vorliegen der Organschaftsvoraussetzungen durch § 9 Nr. 2a GewStG vermieden wird.

- Hauptvorteil der gewerbesteuerlichen Organschaft liegt im innerorganschaftlichen Verlustausgleich. **Negative Gewerbeerträge der Organgesellschaft** werden mit den positiven Gewerbeerträgen des Organträgers ebenso saldiert wie negative Ergebnisse des Organträgers mit den positiven Gewerbeerträgen der Organgesellschaft. Negative Gewerbeerträge, die vor Begründung der Organschaft entstanden sind, können während des Bestehens der Organschaft nicht mit positiven Gewerbeerträgen verrechnet werden (§ 10a Satz 3 GewStG). Für diese „vororganschaftlichen Verluste" gelten die gleichen Beschränkungen wie im Rahmen der körperschaftsteuerlichen Organschaft (§ 15 S. 1 Nr. 1 KStG).

- Die **innerorganschaftlichen Lieferungs- und Leistungsbeziehungen** werden bei Ermittlung des Gewerbeertrags der Organschaft grundsätzlich wie Lieferungen und Leistungen zwischen fremden Dritten behandelt. Eine Zwischengewinneliminierung findet insoweit nicht statt. Allerdings erfolgt bei innerorganschaftlichen Darlehensverhältnissen keine Hinzurechnung der Entgelte nach § 8 Nr. 1 GewStG, soweit die Entgelte in dem Gewerbeertrag eines der beiden Organunternehmen enthalten sind. Dasselbe gilt für innerorganschaftliche Miet- und Pachtzahlungen sowie für Lizenzvergütungen und vergleichbare Finanzierungsaufwendungen (Renten, dauernde Lastern, Vergütungen für stille Gesellschafter). Darin liegt ein Vorteil der Organschaft gegenüber unabhängigen Unternehmen.

Aufgrund der Betriebsstättenfiktion muss der einheitliche Gewerbesteuermessbetrag des Organkreises auf Organträger und Organgesellschaft aufgeteilt werden. Durch die Zusammenrechnung der Ergebnisse und die anschließende Zerlegung kann es zu Mehr- oder Minderbelastung kommen.

5.4.6 Der gewerbesteuerliche Verlustabzug

Das Gewerbesteuerrecht gewährt einen **zeitlich unbeschränkten Verlustvortrag**. Ein Verlustrücktrag – wie im Bereich der Einkommen- und Körperschaftsteuer – wird aus haushaltspolitischen Gründen wegen der daraus resultierenden Liquiditätsbelastung der Gemeindehaushalte nicht für umsetzbar erachtet.

Der Verlustvortrag unterliegt denselben **Begrenzungen der Höhe nach** wie der einkommensteuerliche und der körperschaftsteuerliche Verlustvortrag. Der Gewerbeertrag der folgenden Perioden kann durch den Verlustabzug bis zur Höhe von 1 Mio. € gemindert werden. Darüber hinaus gehende Gewerbeerträge können nur zu 60% zum Verlustausgleich genutzt werden (vgl. § 10a Satz 2 GewStG). Durch diese Begrenzung ergibt sich eine Verlängerung des Verlustverrechnungszeitraums.

Aufgrund der Hinzurechnungen und Kürzungen kann die gewerbesteuerliche Bemessungsgrundlage sich im Vorzeichen von der einkommen- oder körperschaftsteuerlichen Bemessungsgrundlage unterscheiden. So kann ein Gewerbeverlust bei gleichzeitig positivem zu versteuernden Einkommen nach Einkommensteuergesetz oder Körperschaftsteuergesetz ebenso denkbar sein wie der umgekehrte Fall.

Die Geltendmachung von gewerbesteuerlichen Verlusten ist an weitere einschränkende Voraussetzungen geknüpft. Die **Voraussetzungen** für den gewerbesteuerlichen Verlustausgleich sind

- Unternehmensgleichheit und
- Unternehmergleichheit.

Die Voraussetzung der **Unternehmensgleichheit** folgt aus dem Objektcharakter der Gewerbesteuer. Danach kann nur bei einer Identität des Steuerobjektes der Verlustabzug vorgenommen werden. Folglich kann der gewerbesteuerliche Verlust nur bei dem Unternehmen geltend gemacht werden, bei dem er entstanden ist. Die Beurteilung der Unternehmensidentität hat dabei nach wirtschaftlichen Gesichtspunkten zu erfolgen, wobei es auf das Gesamtbild der Verhältnisse ankommt. Darunter fasst man z.B. die

Art der Betätigung, den Kunden- und Lieferantenkreis, die Arbeitnehmer sowie die Zusammensetzung der Geschäftsleitung. Bei einer Betätigung durch zwei Unternehmen nacheinander ist keine Unternehmensgleichheit gegeben.

Die **Unternehmergleichheit** als zweite Voraussetzung des gewerbesteuerlichen Verlustabzugs wird aus der Tatsache abgeleitet, dass das Gesetz bei einer Unternehmensübertragung im Ganzen den Abzug von nicht ausgeglichenen Verlusten des übertragenen Unternehmens versagt (vgl. § 10a Satz 8 i.V.m. § 2 Abs. 5 GewStG). Die Unternehmereigenschaft ist dabei nach dem Gewerbesteuergesetz zu beurteilen. Orientiert man sich streng am Wortlaut des Gewerbesteuergesetzes (vgl. § 5 Abs. 1 GewStG), so sind Schuldner der Gewerbesteuer und damit Unternehmer im Sinne des Gewerbesteuergesetzes die Einzelunternehmer, Kapitalgesellschaften und die Personengesellschaften. Entgegen dieser gesetzlich vorgegebenen **Unternehmereigenschaft der Personengesellschaft** stellt der Verlustabzug nach § 10a Satz 4-7 GewStG auf den einzelnen Gesellschafter ab. Dies hat zur Folge, dass jeweils gesondert der auf den einzelnen Gesellschafter (Mitunternehmer) entfallende Anteil am Gewerbeverlust einer Personengesellschaft festgestellt wird. Die Zurechnung erfolgt nach dem allgemeinen Gewinnverteilungsschlüssel. Beim Ausscheiden eines Gesellschafters aus der Personengesellschaft geht der Verlustvortrag anteilig verloren, soweit er auf den ausscheidenden Gesellschafter entfällt.

Die **Unternehmensgleichheit fehlt bei Kapitalgesellschaften**, wenn Anteile in großem Umfang übertragen werden (§ 10a Satz 9 GewStG i.V.m. § 8c KStG). Nach dem Zusammenspiel dieser Bestimmungen geht nicht nur der körperschaftsteuerliche, sondern auch der gewerbesteuerliche Verlustvortrag unter bestimmten Voraussetzungen verloren:

- Werden innerhalb von fünf Jahren mittelbar oder unmittelbar mehr als 25%, aber weniger als 50% des gezeichneten Kapitals, der Mitgliedschaftsrechte, Beteiligungsrechte oder der Stimmrechte an einer Körperschaft an einen Erwerber oder diesem nahe stehende Personen übertragen oder liegt ein vergleichbarer Sachverhalt vor (schädlicher Beteiligungserwerb), sind **anteilig** die bis zum schädlichen Beteiligungserwerb nicht ausgeglichenen oder abgezogenen negativen Einkünfte (nicht genutzte Verluste) nicht mehr abziehbar (**quotaler Untergang des Verlustabzugs**).

- Werden innerhalb von fünf Jahren mittelbar oder unmittelbar mehr als 50% des gezeichneten Kapitals, der Mitgliedschaftsrechte, Beteiligungsrechte oder der Stimmrechte an einer Körperschaft an einen Erwerber oder diesem nahe stehende Personen übertragen, entfällt der Verlustvortrag der Körperschaft in **vollem** Umfang (**totaler Untergang des Verlustabzugs**).

Beispiel: Eine GmbH hat gewerbesteuerliche und körperschaftsteuerliche Verlustvorträge in Höhe von 1 Mio. €. Zwei Gesellschafter, die zu je 30% an der GmbH beteiligt sind, verkaufen ihre Anteile an eine Private Equity Gesellschaft.

Lösung: Der Verlustvortrag geht nach dem Anteilseignerwechsel sowohl für gewerbesteuerliche als auch für körperschaftsteuerliche Zwecke in vollem Umfang unter.

5.5 Bemessung und Erhebung der Gewerbesteuer

Die Ermittlung der gewerbesteuerlichen Bemessungsgrundlage vollzieht sich, wie aufgrund der vorstehenden Ausführungen nachvollziehbar, nach dem in der folgenden Abbildung dargestellten Schema.

Gewerbesteuerliche Freibeträge bestehen für so genannte Personenunternehmen in Höhe von 24.500 €. Nach § 11 Abs. 1 Satz 3 Nr. 1 GewStG kommen folglich Einzelgewerbetreibende und Personengesellschaften in den Genuss einer reduzierten Bemessungsgrundlage. Für andere Rechtsformen, insbesondere also für Kapitalgesellschaften, wird kein Freibetrag gewährt. Die **Vergünstigungen für Personenunternehmen** durch den Freibetrag sind damit begründet, dass bei Personenunternehmen der Unternehmerlohn nicht als abzugsfähige Betriebsausgabe geltend gemacht werden kann, während die Geschäftsführungsvergütung an den Gesellschafter-Geschäftsführer einer Kapitalgesellschaft in vollem Umfang die Bemessungsgrundlage mindert. Die Abmilderung wird gleichzeitig – zumindest partiell - dem Objektcharakter der Gewerbesteuer gerecht.

Abbildung 5-6: *Ermittlung der gewerbesteuerlichen Bemessungsgrundlage*

Gewinn aus Gewerbebetrieb ermittelt nach EStG oder KStG § 7 GewStG

- + Hinzurechnung nach § 8 GewStG
- − Kürzungen gem. § 9 GewStG
- = Gewerbeertrag vor Verlustabzug
- − Verlustabzug gem. § 10a GewStG
- − Rundung auf volle 100 € gem. § 11 Abs. 1 Satz 3 GewStG
- − Freibetrag für Personenunternehmen gem. § 11 Abs. 1 Nr. 1 GewStG
- = Gewerbeertrag
- × Steuermesszahl gem. § 11 Abs. 2 GewStG
- = Einheitlicher Steuermessbetrag § 14 GewStG
- × Hebesatz der Gemeinde gem. § 16 Abs. 1 GewStG
- = Gewerbesteuer

Die **Steuermesszahl** beträgt nach § 11 Abs. 2 GewStG unabhängig von der Rechtsform einheitlich 3,5%.

Aus der Multiplikation des Gewerbeertrags mit der Steuermesszahl ergibt sich der **Steuermessbetrag**. Unterhält das Unternehmen Betriebsstätten in mehreren Gemeinden, so wird der einheitliche Gewerbesteuermessbetrag nach §§ 28ff. GewStG aufgeteilt. Maßstab für die sogenannte **Zerlegung der Gewerbesteuer** ist die Summe der Arbeitslöhne in der Betriebsstätte. Auf den Steuermessbetrag wird der **Hebesatz der jeweiligen Gemeinde** angewendet (§ 16 GewStG). Dieser Hebesatz wird von den Gemeinden autonom festgelegt. Um der Tendenz zu begegnen, dass durch die Festlegung extrem niedriger Gewerbesteuerhebesätze Steueroasen innerhalb Deutschlands geschaffen werden, sieht § 16 Abs. 4 GewStG vor, dass **mindestens ein Hebesatz von 200%** zur Anwendung kommt, wenn die Gemeinde keinen höheren Hebesatz vorsieht.

5.6 Ertragsteuerliche Behandlung der Gewerbesteuer

5.6.1 Nicht-Abzugsfähigkeit der Gewerbesteuer

Die Gewerbesteuer stellt im Rahmen der steuerlichen Gewinnermittlung von Einkommen- und Körperschaftsteuersubjekten geradezu ein Musterbeispiel dar, welches die Kriterien einer Betriebsausgabe erfüllt. Nach § 4 Abs. 4 EStG sind Betriebsausgaben die Aufwendungen, die durch den Betrieb veranlasst sind. Diese Voraussetzung ist bei der Gewerbesteuer zweifelsfrei erfüllt, denn ohne das Vorliegen eines Gewerbebetriebs würde dessen Inhaber keine Einkünfte aus Gewerbebetrieb beziehen können. Gleichwohl verschließt sich der Gesetzgeber seit dem Jahr 2008 – wohl aus fiskalischen Gründen – dieser systematischen Einsicht und bestimmt in § 4 Abs. 5b EStG in systemwidriger Weise: „Die Gewerbesteuer und die darauf entfallenden Nebenleistungen sind keine Betriebsausgaben."

Dieser Gesetzesbefehl führt im Vergleich zur früheren Rechtslage zwar zu einer wesentlich vereinfachten Berechnung der Gewerbesteuer. Indessen vermag dieser Befund nicht darüber hinwegzutäuschen, dass das Abzugsverbot der Gewerbesteuer konzeptionell völlig verfehlt ist und der Gesetzgeber sich den Vorwurf gefallen lassen muss, Systemkonsequenz rein fiskalischen Erwägungen geopfert zu haben.

5.6.2 Ermäßigung der Einkommensteuer um die Gewerbesteuer

Da die gewerblichen Einkünfte als einzige einkommensteuerliche Einkunftsart neben der Einkommensteuer zusätzlich mit Gewerbesteuer belastet werden, sieht § 35 EStG eine diesbezügliche Entlastung vor. Nach dieser Vorschrift wird die tarifliche Einkommensteuer, soweit sie auf die im zu versteuernden Einkommen enthaltenen gewerblichen Einkünfte entfällt, pauschal um **das 3,8 fache des festgesetzten Steuermessbetrags** gemindert. Auch beschränkt Einkommensteuerpflichtige kommen in den Genuss der Vorschrift. Voraussetzung ist alleine, dass **unbeschränkt wie beschränkt Einkommensteuerpflichtige** begünstigte Einkünfte im Sinne des § 35 Abs. 1 EStG erzielen. Nach dieser Bestimmung kann eine Ermäßigung für Einkünfte aus einem gewerblichen Unternehmen im Sinne des § 15 Abs. 1 Nr. 1 EStG, für Gewinnanteile und Sondervergütungen eines (unmittelbare oder mittelbar beteiligten) Mitunternehmers im Sinne des § 15 Abs. 1 Nr. 2 EStG sowie für Gewinnanteile und Sondervergütungen der Komplementäre einer KGaA im Sinne des § 15 Abs. 1 Nr. 3 EStG gewährt werden.

Mit der Technik der **pauschalen Ermäßigung** hat der Gesetzgeber eine einfache, gleichsam holzschnittartige Form der Entlastung gewählt. Diese knüpft nicht etwa an die tatsächliche gezahlte Gewerbesteuer an. Die Ermäßigung der Einkommensteuer ist in **zweifacher Hinsicht begrenzt**: Zum einen darf nur die **tatsächlich bezahlte Gewerbesteuer** zu einer Entlastung genutzt werden (§ 35 Abs.1 Satz 5 EStG). Folglich kommt es auch bei Gewerbesteuer-Hebesätzen von unter 380% nicht zu weiterreichenden Entlastungen. Zum anderen ist die Ermäßigung auf den Teil der Einkommensteuer begrenzt, der anteilig auf die im zu versteuernden Einkommen enthaltenen gewerblichen Einkünfte entfällt (**Ermäßigungshöchstbetrag**). Der Ermäßigungshöchstbetrag wird nach § 35 Abs. 1 Satz 2 EStG ermittelt als

$$\frac{\text{Summe der positiven gewerblichen Einkünfte}}{\text{Summe aller positiven Einkünfte}} \times \text{geminderte tarifliche Steuer}$$

Die Ermäßigung für Gewerbesteuer lässt sich anhand des folgenden Schemas quantifizieren:

Abbildung 5-7: Entlastung durch § 35 EStG

Gewinn vor Steuern	100,00
− Gewerbesteuer (Gewinn × Steuermesszahl × Hebesatz) bei einem Hebesatz von 400%	
100,00 × 3,5% × 400%	− 14,00
− tarifliche Einkommensteuer bei einem Steuersatz von 45%	− 45,00
+ Steuerermäßigung nach § 35 EStG	
3,8 × Gewinn × Steuermesszahl	− 13,30
= Gewinn nach Steuern	54,30

Bei einem Hebesatz von 380% tritt eine exakte einkommensteuerliche Entlastung ein. Das gesetzgeberische Ziel, die Belastung der Steuerpflichtigen mit Gewerbesteuer einkommensteuerlich zu berücksichtigen, ist damit grundsätzlich gelungen. Zum Vergleich würde ein freiberuflich tätiger Steuerpflichtiger bei einem angenommenen

Spitzensteuersatz von 45% unter den vereinfachten Bedingungen des obigen Beispiels ein Nachsteuerergebnis von 55 erzielen, seine Steuerbelastung wäre damit geringfügig gegenüber dem Gewerbetreibenden niedriger.

Die **Entlastung von der Gewerbesteuer** gelingt nur, wenn überhaupt Einkommensteuer geschuldet wird. Sie **scheitert** immer dann, wenn – etwa aufgrund des Verlustausgleichs - die Einkommensteuer auf 0 € festgesetzt wird. Auch sieht das Gesetz keinen, aus wirtschaftlichen Gründen durchaus erwägenswerten Vor- und Rücktrag nicht ausgeschöpfter Ermäßigungsbeträge vor. Damit wird in der Praxis in vielen Fällen eine Entlastung von der Gewerbesteuer scheitern. Zu weiteren Analysen vgl. die Ausführungen zu § 35 EStG.

6 Die Besteuerung des Unternehmensertrags

6.1 Grundprinzipien der Besteuerung des Unternehmensertrags

Das deutsche Besteuerungssystem kennt keine einheitliche Besteuerung der Erträge aus unternehmerischer Tätigkeit. Einkommen- und Körperschaftsteuer knüpfen an das Einkommen von natürlichen oder juristischen Personen an. Die Gewerbesteuer ist zwar als Objektsteuer auf den Unternehmensertrag konzipiert, sie nimmt jedoch Bezug auf den einkommen- oder körperschaftsteuerlichen Gewinn als Ausgangsgröße des Gewerbeertrags. Damit ist die steuerliche Belastung der Unternehmenserträge abhängig von der Rechtsform, in der die Unternehmenstätigkeit ausgeübt wird.

Bei der Besteuerung von Unternehmen kommen **zwei grundsätzlich unterschiedliche Prinzipien** zur Anwendung:

- das Einheits- oder Transparenzprinzip bei der Besteuerung von Einzelunternehmen und Personengesellschaften

- das Trennungsprinzip bei der Besteuerung von Kapitalgesellschaften

Nach dem **Einheits- oder Transparenzprinzip**, das für die Einkommensbesteuerung von Einzelunternehmen gilt, bilden Unternehmen und Unternehmer eine wirtschaftliche und rechtliche Einheit. Das durch die unternehmerische Tätigkeit erzielte Einkommen wird direkt dem Unternehmer zugerechnet und von diesem versteuert. Es existiert insoweit nur ein Besteuerungssubjekt, der Unternehmer. Das Unternehmen wird für die Besteuerung als „transparent" behandelt, d.h. es wird nur der Unternehmer der Besteuerung unterworfen.

Die **Zurechnung der Unternehmensgewinne auf den Unternehmer** erfolgt unabhängig von der Gewinnverwendung. Folglich sind nach dem Einheitsprinzip auch im Unternehmen reinvestierte Gewinne im Zeitpunkt der Gewinnentstehung vom Unternehmer zu versteuern. Vertragliche Beziehungen zwischen dem Einzelunternehmer und dem Einzelunternehmen sind – aufgrund der fehlenden rechtlichen Verselbständigung des Einzelunternehmens – zivilrechtlich nicht möglich und auch steuerlich nicht anerkannt. Somit rechnen alle Vergütungen für Leistungen des Einzelunternehmers zum Unternehmensgewinn.

6 Die Besteuerung des Unternehmensertrags

Dieselben Grundsätze gelten für die Besteuerung von **Personengesellschaften**. Gesellschaftsrechtlich ist die Personengesellschaft zwar als weitgehend selbständiges Rechtssubjekt anerkannt (vgl. § 124 HGB). Für steuerliche Zwecke gilt die Personengesellschaft nach dem **Transparenzprinzip** nicht als selbständiges Besteuerungssubjekt, sondern alle durch die Personengesellschaft erzielten Gewinne werden direkt bei den Gesellschaftern, den so genannten Mitunternehmern, erfasst und besteuert. Das Einheits- oder Transparenzprinzip bestimmt auch die Behandlung der schuldrechtlichen Vertragsbeziehungen zwischen der Personengesellschaft und ihren Gesellschaftern. Trotz ihrer gesellschaftsrechtlichen Geltung finden diese für steuerliche Zwecke keine Berücksichtigung und werden als Gewinnbestandteile erfasst.

Das **Trennungsprinzip**, das für die Besteuerung von Kapitalgesellschaften zur Anwendung kommt, besteuert die unternehmerischen Gewinne, die durch eine Kapitalgesellschaft erzielt werden, zunächst auf Ebene der Kapitalgesellschaft durch die Körperschaftsteuer. Wenn die Gewinne durch Ausschüttung an die Anteilseigner gelangen, werden sie im Zeitpunkt der Ausschüttung zusätzlich auf Ebene der Gesellschafter von der Einkommensteuer erfasst. Somit existieren zwei voneinander getrennte Besteuerungssubjekte, die Kapitalgesellschaft als juristische Person und der Anteilseigner als natürliche Person.

Aufgrund der eigenständigen Rechtspersönlichkeit der Kapitalgesellschaft sind **schuldrechtliche Verträge** zwischen der Kapitalgesellschaft und den Gesellschaftern zivilrechtlich und steuerlich uneingeschränkt anerkannt. Vergütungen für Leistungen des Gesellschafters führen zu abzugsfähigen Betriebsausgaben auf Ebene der Kapitalgesellschaft, während der Gesellschafter Einkünfte im Rahmen der 7 Einkunftsarten bezieht.

Tabelle 6-1: Grundprinzipien der Unternehmensbesteuerung

Einheits- oder Transparenzprinzip	Trennungsprinzip
• Nur **ein** Besteuerungssubjekt: - Einzelunternehmer oder - Mitunternehmer der Personengesellschaft	• **Zwei** Besteuerungssubjekte: - Kapitalgesellschaft **und** - Gesellschafter
• Besteuerungszeitpunkt: Gewinnerzielung	• Besteuerungszeitpunkt: Gewinnerzielung (Kapitalgesellschaft) und Ausschüttung (Gesellschafter)
• Schuldrechtliche Verträge zwischen Unternehmen und (Mit)Unternehmer steuerrechtlich nicht möglich	• Schuldrechtliche Verträge zwischen Kapitalgesellschaft und Anteilseigner steuerrechtlich anerkannt
• Einzelunternehmer/ Mitunternehmer bezieht nur Einkünfte aus Gewerbebetrieb § 15 Abs. 1 Nr. 1 EStG, § 15 Abs. 1 Nr. 2 EStG	• Kapitalgesellschaft bezieht nur Einkünfte aus Gewerbebetrieb, § 8 Abs. 2 KStG • Gesellschafter bezieht Einkünfte im Rahmen der 7 Einkunftsarten

Das der Gewerbesteuer zugrundeliegende **Objektprinzip** orientiert sich grundsätzlich nicht an der Rechtsform des Unternehmens. Da § 7 Abs. 1 GewStG jedoch auf den nach einkommensteuerlichen oder körperschaftsteuerlichen Grundsätzen ermittelten Gewinn als Ausgangsgröße für den Gewerbeertrag zurückgreift, erlangen die aus dem Einheitsprinzip und dem Trennungsprinzip resultierenden Besteuerungsunterschiede für Personenunternehmen und Kapitalgesellschaften auch im Rahmen der Gewerbesteuer Bedeutung.

Die Besteuerungsunterschiede für die wichtigsten Unternehmensrechtsformen werden im Folgenden aufgezeigt.

6.2 Ertragsteuerbelastung der Einzelunternehmen

6.2.1 Einkommensteuer

Ein Einzelunternehmer, der eine gewerbliche Tätigkeit im Sinne von § 15 Abs. 2 EStG ausübt, erzielt mit seiner unternehmerischen Tätigkeit **Einkünfte aus Gewerbebetrieb** im Sinne von § 15 Abs. 1 Nr. 1 EStG. Darunter fallen grundsätzlich alle Tätigkeiten, die Produktion, Veredlung, Vertrieb von Gütern oder die Erbringung von Dienstleistungen zum Gegenstand haben. Die Besteuerung der unternehmerischen Gewinne erfolgt nach dem **Feststellungsprinzip**, das heißt in der Periode, in der die Gewinne nach den allgemeinen Grundsätzen als realisiert gelten, unterliegen sie als Einkünfte aus Gewerbebetrieb (eventuell gemeinsam mit weiteren Einkunftsarten des Einzelunternehmers) der Einkommensteuer. Dabei ist grundsätzlich unerheblich, wie die Gewinne verwendet werden. Die Zurechnung auf den Einzelunternehmer erfolgt nach dem Transparenzprinzip selbst dann, wenn die Gewinne zur Reinvestition im Einzelunternehmen bleiben.

Vertragsbeziehungen jeglicher Art (also beispielsweise Dienstverhältnisse, Darlehensverträge u.Ä.) sind zwischen dem Einzelunternehmer und dem Einzelunternehmen zivilrechtlich und steuerlich nicht möglich. Vergütungen, die der Einzelunternehmer für die Übernahme von Geschäftsführungsaufgaben oder für die Überlassung von Kapital aus dem Einzelunternehmen bezieht, werden als Gewinnentnahme gewertet und sind damit Bestandteil der Einkünfte aus Gewerbebetrieb.

Die Einkünfte aus Gewerbebetrieb unterliegen im **Feststellungszeitpunkt** zusammen mit den weiteren Einkunftsarten des Einzelunternehmers der tariflichen Einkommensteuer. Nach den individuellen Verhältnissen des Einzelunternehmers kommt ein Steuersatz zwischen 14% und 45% zur Anwendung (§ 32a EStG). Wenn die Gewinne im Unternehmen thesauriert werden, besteht die Option nach § 34a EStG den ermäßigten Steuertarif für nicht entnommene Gewinne in Höhe von 28,25% in Anspruch zu nehmen.

Verluste aus dem Gewerbebetrieb kann der Einzelunternehmer im Feststellungszeitpunkt mit anderen positiven Einkünften aus Gewerbebetrieb ausgleichen (**horizontaler Verlustausgleich**) oder mit anderen Einkunftsarten verrechnen (**vertikaler Verlustausgleich**). Für nicht ausgeglichene Verluste besteht nach § 10d EStG ein Verlustabzug in Form des einjährigen Verlustrücktrags bis maximal 511.500 € (Ledige)/ 1.023.000 € (Verheiratete) oder des zeitlich unbegrenzten Verlustvortrags, für den jedoch die Beschränkungen des § 10d Abs. 2 EStG gelten, wenn der Verlustvortrag den Betrag von 1 Mio. € (Ledige)/ 2 Mio. € (Verheiratete) übersteigt.

6.2.2 Gewerbesteuer

Der durch den Einzelunternehmer betriebene Gewerbebetrieb im Inland unterliegt der Gewerbesteuer vom Ertrag (§ 2 Abs. 1 GewStG). Steuerschuldner der Gewerbesteuer ist der Einzelunternehmer als die Person, für deren Rechnung das Gewerbe betrieben wird (§ 5 Abs. 1 Satz 2 GewStG).

Da die Bemessungsgrundlage der Gewerbesteuer an den nach einkommensteuerlichen Grundsätzen ermittelten Gewinn anknüpft (§ 7 Satz 1 GewStG), erlangt das Einheitsprinzip auch für die Ermittlung des Gewerbeertrags Bedeutung. Die Korrekturvorschriften der §§ 8, 9 GewStG ermöglichen ebenfalls keine Kürzung des Gewerbeertrags um den (kalkulatorischen) Unternehmerlohn oder um (kalkulatorische) Eigenkapitalzinsen.

§ 11 Abs. 1 Satz 3 Nr. 1 GewStG gewährt Einzelunternehmern einen Freibetrag von 24.500 €, der die Nichtabzugsfähigkeit des Unternehmerlohns (teilweise) kompensieren soll. Auf den um den Freibetrag geminderten Gewerbeertrag werden die Steuermesszahl von 3,8% und der gemeindeindividuelle Hebesatz angewendet. Damit ist die Gewerbesteuerbelastung des Einzelunternehmens in erster Linie abhängig vom Hebesatz der Gemeinde.

6.2.3 Gesamtsteuerbelastung

Aufgrund der Möglichkeit nicht entnommene Gewinne im Rahmen der Einkommensteuer begünstigt zu besteuern (§ 34a EStG) hängt die Gesamtsteuerbelastung zum einen davon ab, ob durch eine entsprechende Antragstellung von der Thesaurierungsbegünstigung Gebrauch gemacht wird oder die tarifliche Einkommensteuer zur Anwendung kommt.

Die Gesamtsteuerbelastung eines Einzelunternehmens setzt sich aus der Einkommensteuer zuzüglich Solidaritätszuschlag und der Gewerbesteuer zusammen. Dabei können die einzelnen Steuerarten nicht einfach addiert werden. Vielmehr ergibt sich eine Ermäßigung der Einkommensteuer und damit auch des Solidaritätszuschlags durch die Gewerbesteuer. Die **Gewerbesteuer** darf als nicht **abzugsfähige Betriebsausgabe** zwar nicht von den die Einkünften aus Gewerbebetrieb abgezogen werden (§ 4 Abs. 5a EStG). Die Einkommensteuerbelastung ermäßigt sich aber um das 3,8fache des Gewerbesteuermessbetrags (§ 35 Abs. 1 EStG).

Werden die Gewinne der **tariflichen Einkommensteuer** unterworfen, hängt die Gesamtsteuerbelastung von der Höhe des Gewerbesteuerhebesatzes und dem zur Anwendung kommenden progressiven Einkommensteuersatz ab, also letztendlich von der Höhe des zu versteuernden Einkommens. Bei einem Gewerbesteuerhebesatz von 400% ergeben sich die aus der folgenden Tabelle ersichtlichen Belastungssätze.

Tabelle 6-2: Gesamtsteuerbelastung des Einzelunternehmers in Abhängigkeit vom Einkommensteuersatz

	Einkommensteuersatz				
	25%	30%	35%	42%	45%
Gewinn	100,00	100,00	100,00	100,00	100,00
Gewerbesteuerhebesatz (400%)	- 14,00	- 14,00	- 14,00	- 14,00	- 14,00
Gewerbliche Einkünfte	100,00	100,00	100,00	100,00	100,00
Einkommensteuer	- 25,00	- 30,00	- 35,00	- 42,00	- 45,00
Gewerbesteueranrechnung	13,30	13,30	13,30	13,30	13,30
Einkommensteuer nach Anrechnung	- 11,70	- 16,70	- 21,70	- 28,70	- 31,70
Solidaritätszuschlag	- 0,64	- 0,92	- 1,19	- 1,58	- 1,74
Gewinn nach Steuern	73,66	68,38	63,11	55,72	52,56
Gesamtbelastung	26,34	31,62	36,89	44,28	47,44

Die Gesamtsteuerbelastung in Abhängigkeit vom Einkommensteuersatz und vom Gewerbesteuerhebesatz lässt sich aus der folgenden Tabelle entnehmen.

Tabelle 6-3: Gesamtsteuerbelastung des Einzelunternehmers in Abhängigkeit von Einkommensteuersatz und Gewerbesteuerhebesatz

Gewerbesteuerhebesatz	Einkommensteuersatz				
	25%	30%	35%	42%	45%
200%	25,80%	31,07%	36,35%	43,73%	46,90%
400%	26,34%	31,62%	36,89%	44,28%	47,44%
420%	27,04%	32,32%	37,59%	44,98%	48,14%
490 %	29,49%	34,77%	40,04%	47,44%	50,59%

Wird von der Thesaurierungsbegünstigung nach 34a EStG Gebrauch gemacht, so ermäßigt sich der anzuwendende Einkommensteuertarif auf 28,25%. Die Belastungswirkung, die sich ergibt, wenn man davon ausgeht, dass der Gewinn vollumfänglich thesauriert werden kann, ist in der folgenden Übersicht dargestellt.

Abbildung 6-1: Gesamtsteuerbelastung des Einzelunternehmens bei voller Begünstigung nach § 34a EStG

Gewinn des laufenden Jahres	100,00
Gewerbesteuer (Hebesatz = 400%)	- 14,00
Gewinn nach Steuern	86,00
Einkommensteuer bei Thesaurierung § 34a Abs. 1 EStG - 28,25	
Gewerbesteueranrechnung § 35 EStG 3,8 × 3,5 13,30	
verbleibende Einkommensteuer	- 14,95
Solidaritätszuschlag	- 0,82
Gewinn nach Steuern	70,23
Belastung Gesellschaft	14,00
Belastung Gesellschafter	15,77
Gesamtbelastung	**29,77**

In der Realität kann die errechnete ermäßigte Gesamtbelastung von 29,77% nur erreicht werden, wenn die Gewerbesteuer des Unternehmens und die Einkommensteuerzahlung des Unternehmers aus dem Privatvermögen beglichen werden und nicht aus den unternehmerischen Einkünften bestritten werden müssen. Geht man dagegen davon aus, dass zumindest die Gewerbesteuerzahlung aus dem unternehmerischen Gewinn geleistet und damit entnommen wird, so ergibt sich bereits eine deutlich höhere Gesamtbelastung in Höhe von 32,25%.

6.2 Ertragsteuerbelastung der Einzelunternehmen

Abbildung 6-2: Gesamtsteuerbelastung des Einzelunternehmens bei teilweiser Begünstigung nach § 34a EStG

Gewinn des laufenden Jahres	100,00
Gewerbesteuer (Hebesatz = 400%)	- 14,00
Gewinn nach Steuern	86,00
Einkommensteuer bei Thesaurierung für nicht entnommene Gewinne	
§ 34a Abs. 1 EStG 28,25% × 86,00 - 24,30	
§ 32a Abs. 1 EStG 45,00% × 14,00 - 6,30	
Gewerbesteueranrechnung § 35 EStG 3,8 × 3,5 13,30	
verbleibende Einkommensteuer	- 17,30
Solidaritätszuschlag	- 0,95
Gewinn nach Steuern	67,75
Belastung Gesellschaft	14,00
Belastung Gesellschafter	18,25
Gesamtbelastung	**32,25**

Werden sowohl Einkommensteuer wie auch Gewerbesteuer aus dem Gewinn des Unternehmens geleistet und damit entnommen, ergeben sich die folgenden Gesamtbelastungen in Abhängigkeit vom Gewerbesteuerhebesatz.

Tabelle 6-4: Thesaurierungsbelastung in Abhängigkeit vom Gewerbesteuer-Hebesatz

	Gewerbesteuer-Hebesatz		
	300%	**400%**	**490%**
Gewinn	100,00	100,00	100,00
Gewerbesteuerhebesatz (400%)	- 10,50	- 14,00	- 17,15
Thesaurierungsbetrag	64,50	63,84	60,01
Gewerbliche Einkünfte	100,00	100,00	100,00
Nicht begünstigungsfähig	35,50	36,16	39,99
Begünstigungsfähig	64,50	63,84	60,01
Einkommensteuer	- 34,20	- 34,31	- 34,95
Gewerbesteueranrechnung	10,50	13,30	13,30
Einkommensteuer nach Anrechnung	- 23,70	- 21,01	- 21,65
Solidaritätszuschlag	- 1,30	- 1,16	- 1,19
Gewinn nach Steuern	61,00	63,83	60,01
Gesamtbelastung	35,50	36,17	39,99

Die Besteuerung des Unternehmensertrags

	Gewerbesteuer-Hebesatz		
	300%	400%	490%
Belastung bei Sofortbesteuerung	46,90	47,44	50,59
Vorteil der Thesaurierungsbegünstigung	11,40	11,28	10,60

Die Besteuerung des nicht entnommenen Gewinns nach § 34a EStG erweist sich allerdings nur solange als vorteilhaft, solange diese Gewinne im Unternehmen verbleiben. Wenn in späteren Perioden eine Nachversteuerung mit 25% stattfinden muss (§ 34a Abs. 4 EStG) wird der Vorteil der günstigeren Thesaurierungsbelastung in der Regel überkompensiert.

6.3 Ertragsteuerbelastung der Personenhandelsgesellschaften

6.3.1 Einkommensteuer

6.3.1.1 Besteuerungskonzeption

Zu den Personenhandelsgesellschaften rechnen als wichtigste Formen im Rechtsverkehr die Offene Handelsgesellschaft (OHG, §§ 105ff. HGB) und die Kommanditgesellschaft (KG, §§ 161ff. HGB). **Gesellschaftsrechtlich** sind Personenhandelsgesellschaften mit einer weitgehend **selbständigen Rechtssubjektivität** ausgestattet. Dies kommt durch § 124 HGB zum Ausdruck, der die Personengesellschaft als selbständige Trägerin von Rechten und Pflichten im Rechtsverkehr installiert und ihr die Parteifähigkeit sowie die Insolvenzfähigkeit zuerkennt. Die Personengesellschaft tritt somit im Rechtsverkehr als selbständiges Rechtssubjekt auf. Sie kann im eigenen Namen Eigentum erwerben und Verpflichtungen eingehen. Die rechtliche Unabhängigkeit von den Gesellschaftern und damit die rechtliche Verselbständigung zeigt sich auch im Fortbestand der Personengesellschaft nach dem Tod von Gesellschaftern (vgl. § 131 Abs. 3 Nr. 1 HGB).

Schuldrechtliche Vertragsbeziehungen zwischen einer Personenhandelsgesellschaft und ihren Gesellschaftern sind aufgrund der relativen Rechtsfähigkeit der Personengesellschaft **zivilrechtlich in vollem Umfang anerkannt**. Folglich können zwischen der Personengesellschaft und den Gesellschaftern rechtlich wirksame Dienstverträge, Miet- und Pachtverträge, Darlehensverträge usw. bestehen.

Im Gegensatz zu dieser gesellschaftsrechtlichen Verselbständigung der Personengesellschaft steht die **Konzeption der Besteuerung von Personengesellschaften** nach dem **Einheits- oder Transparenzprinzip**. Da nach § 15 Abs. 1 Nr. 2 EStG nicht die Personengesellschaft, sondern lediglich der Gesellschafter der Einkommensbesteuerung unterliegt, wird die Personengesellschaft als eigenständiges Rechtssubjekt weitgehend negiert. Um die Einheitlichkeit der Rechtsordnung in Gesellschaftsrecht und Steuerrecht zu wahren, hat die Rechtsprechung des Bundesfinanzhofs ein zweistufiges Verfahren zur Umsetzung des Einheitsprinzips als Besteuerungskonzept für Personengesellschaften entwickelt.

Abbildung 6-3: Besteuerungskonzeption für Personengesellschaften

---

Die zweistufige Gewinnermittlung ist Ausdruck der Diskrepanz zwischen Gesellschaftsrecht und Steuerrecht.

- 1. Gewinnermittlungsstufe:
  Relative Rechtsfähigkeit der Personengesellschaft gem. § 124 HGB wird anerkannt. Verträge zwischen der Personengesellschaft und den Gesellschaftern sind bei der Gewinnermittlung wie zwischen fremden Dritten zu berücksichtigen.
- 2. Gewinnermittlungsstufe:
  Besteuerung nach der Einheitstheorie wird umgesetzt. Verträge zwischen der Personengesellschaft und den Gesellschaftern, die dem gemeinsamen Gesellschaftszweck dienen, führen zu (Sonder)Betriebseinnahmen und (Sonder)Betriebsausgaben.

Nach dem für die Besteuerung von Personengesellschaften geltenden Konzept der wirtschaftlichen Einheit wird die Rechtssubjektivität der Personengesellschaft auf der **ersten Gewinnermittlungsstufe** anerkannt. Folglich wirken sich auf dieser ersten Ebene schuldrechtliche Verträge zwischen der Personengesellschaft und ihren Gesellschaftern wie zwischen fremden Dritten auf den Gewinn der Personengesellschaft aus.

Auf der **zweiten Gewinnermittlungsstufe** werden alle Vertragsverhältnisse, die zwischen der Personengesellschaft und ihren Gesellschaftern bestehen, daraufhin geprüft, ob sie durch die Gesellschafterstellung veranlasst sind und einen Beitrag zum gemeinsam angestrebten Gesellschaftszweck darstellen (sog. **Beitragstheorie** oder **Konzept der wirtschaftlichen Einheit**). Wenn dies der Fall ist, so sind die Vergütungen für die schuldrechtlichen Verträge auf der zweiten Gewinnermittlungsstufe als Sonderbetriebseinnahmen des Gesellschafters dem Gewinn der Personengesellschaft wieder hinzuzurechnen. Dies wird nach der ständigen Rechtsprechung bei allen dauerhaften Leistungen bejaht, die der Gesellschafter an die Personengesellschaft erbringt, insbesondere bei Dienstverhältnissen, Miet- und Pachtverträgen, Darlehens- und ähnlichen Dauerschuldverhältnissen. Nur bei Vertragsbeziehungen, bei denen das Zusammentreffen zwischen Gesellschafterstellung und schuldrechtlichem Leistungsaustausch zufälliger Natur ist, erfolgt keine Korrektur auf der zweiten Gewinnermittlungsstufe. Die Korrektur auf der zweiten Gewinnermittlungsstufe unterbleibt beispielsweise, wenn ein Gesellschafter als Rechtsanwalt einmalig die Vertretung der Personengesellschaft in einer Rechtssache übernimmt.

6.3.1.2 Mitunternehmerbegriff

Damit die steuerliche Konzeption für die Besteuerung von Personengesellschaften zur Anwendung gelangt, reicht es nicht aus, dass der Gesellschafter an einer Personenhandelsgesellschaft beteiligt ist. Er muss darüber hinaus die Eigenschaften eines Mitunternehmers aufweisen.

Der **Begriff des Mitunternehmers** ist kein zivilrechtlicher oder betriebswirtschaftlicher Begriff. Er entspringt vielmehr der steuerlichen Terminologie. Die steuerliche Mitunternehmerschaft umfasst u.a. die zivilrechtlichen Rechtsformen der OHG, der KG sowie der GbR oder GmbH & Co.KG ("andere Gesellschaft" im Sinne des § 15 Abs. 1 Nr. 2 EStG). Die durch die ständige Rechtsprechung des BFH entwickelten Voraussetzungen für die Mitunternehmerstellung lassen sich wie folgt systematisieren:

- eine zivilrechtliche Gesellschafterstellung
- das Tragen von Mitunternehmerrisiko sowie
- die Entfaltung von Mitunternehmerinitiative.

Der Mitunternehmer versteht sich als **Typusbegriff**. Das bedeutet, dass die genannten Merkmale nicht immer alle in der gleichen Ausprägung vorliegen müssen, sondern dass vielmehr nach dem Gesamtbild der Verhältnisse zu entscheiden ist, ob ein Gesellschaftsverhältnis als Mitunternehmerschaft zu qualifizieren ist.

Die **zivilrechtliche Gesellschafterstellung** setzt ein **formalrechtliches Gesellschaftsverhältnis** voraus (vgl. BFH vom 22.1.1985 III R 303/81 BStBl 1985 II, S. 363-365). Die Rechtsfigur der früher immer wieder diskutierten "faktischen" Mitunternehmerschaft wurde von der Rechtsprechung aufgegeben. Dies hat zur Folge, dass steuerlich keine Mitunternehmerschaft angenommen werden kann, wenn kein Gesellschaftsvertrag vorliegt und dieser auch nicht stillschweigend geschlossen wurde. Von diesem Grundsatz gibt es eine Ausnahme, das so genannte "verdeckte" Mitunternehmerverhältnis (vgl. BFH vom 6.12.1988 VIII R 362/83, BStBl 1989 II S. 705-706). Ein "verdecktes Mitunternehmerverhältnis" liegt dann vor, wenn sich mehrere Personen zur Erreichung eines gemeinsamen Gesellschaftszwecks zusammenschließen, ohne dass ausdrücklich ein Gesellschaftsverhältnis vereinbart wurde. Beispielhaft genannt werden Erbengemeinschaften oder Gütergemeinschaften. Eine Mitunternehmerstellung kann auch durch eine **mittelbare Beteiligung** an Personengesellschaften begründet werden (vgl. § 15 Abs. 1 Nr. 2 Satz 2 EStG). Nach dieser Norm steht der mittelbar über eine oder mehrere Personengesellschaften beteiligte Gesellschafter dem unmittelbar beteiligten Gesellschafter gleich.

Das Tatbestandsmerkmal des **Mitunternehmerrisikos** erfordert grundsätzlich eine Beteiligung am Vermögen der Personengesellschaft, an den stillen Reserven und am Firmenwert. Als ausreichend wird erachtet, wenn eine Beteiligung am laufenden Gewinn und Verlust besteht oder Haftung übernommen wird.

Die Entfaltung von **Mitunternehmerinitiative** setzt als Regeltatbestand die Bestimmung der Unternehmenspolitik, die Geschäftsführung und Vertretung voraus. Als Ausnahmetatbestand der Entfaltung von Mitunternehmerinitiative werden Stimmrechte, Kontrollrechte, Widerspruchsrechte sowie ein Zustimmungserfordernis zu bestimmten Geschäften gesehen. Folglich wird die Mitunternehmerinitiative dann in der Regel als erfüllt angesehen, wenn der Gesellschafter mit den Mindestbefugnissen eines Kommanditisten ausgestattet ist.

Wenn die Voraussetzungen der Mitunternehmerstellung erfüllt sind, bezieht der Gesellschafter Einkünfte im Sinne des § 15 Abs. 1 Nr. 2 EStG, wenn die Personengesellschaft eine gewerbliche Tätigkeit im Sinne von § 15 Abs. 2 EStG ausübt. Die Mitunternehmergrundsätze kommen aber auch bei anderen Einkunftsarten zum Tragen, etwa wenn die Personengesellschaft eine freiberufliche Tätigkeit (§ 18 Abs. 4 Satz 2 EStG) oder eine land- und forstwirtschaftliche Tätigkeit (§ 13 Abs. 7 EStG) ausübt oder nur vermögensverwaltend tätig ist (vgl. § 20 Abs. 1 Nr. 4, § 21 Abs. 1 Satz 2 EStG). Übt die Personengesellschaft daneben auch eine gewerbliche Tätigkeit aus, so sind die gesamten Einkünfte als Einkünfte aus Gewerbebetrieb zu qualifizieren (Infektionsvorschrift des § 15 Abs. 3 Nr. 1 EStG).

6.3.1.3 Überblick über zweistufige Gewinnermittlung

Die Vorgehensweise der zweistufigen Gewinnermittlung bei Personengesellschaften erschließt sich ausgehend vom Gesetzestext des § 15 Abs. 1 Nr. 2 EStG. Danach setzen sich die gewerblichen Einkünfte des Gesellschafters einer Personengesellschaft zusammen aus

- dem **Gewinnanteil** des Gesellschafters am Gewinn der Personengesellschaft (§ 15 Abs. 1 Nr. 2 1. Halbsatz EStG) und

- den **Vergütungen**, die der Gesellschafter von der Personengesellschaft für Leistungen von der Gesellschaft erhält, nämlich explizit die Vergütungen für Tätigkeiten im Dienste der Gesellschaft, für die Hingabe von Darlehen oder für die Überlassung von Wirtschaftsgütern (§ 15 Abs. 1 Nr. 2 2. Halbsatz EStG).

Der **Gewinnanteil des Mitunternehmers** bestimmt sich nach dem handelsrechtlichen Ergebnis der Personengesellschaft. Folglich bildet die **handelsrechtliche Gewinnermittlung** gemäß § 238ff. HGB den Ausgangspunkt für die Ermittlung des Gewinnanteils **(1. Stufe der Gewinnermittlung)**. Eine Personengesellschaft (OHG, KG), die als Handelsgesellschaft ein Handelsgewerbe betreibt, ist als Istkaufmann für handelsrechtliche Zwecke buchführungspflichtig. Im Rahmen der handelsrechtlichen Gewinnermittlung gilt die Grundwertung des HGB, nach der die Personengesellschaft als selbständige Rechtsperson anerkannt ist. Somit basiert die Gewinnermittlung der 1. Stufe auf einer Anerkennung der schuldrechtlichen Vertragsbeziehungen zwischen Gesellschafter und Gesellschaft.

Die **Vergütungen für schuldrechtliche Vertragsbeziehungen**, die der Gesellschafter von der Personengesellschaft bezieht, müssen aufgrund der Vorschrift des § 15 Abs. 1 Nr. 2 2. Halbsatz EStG als Bestandteil der gewerblichen Einkünfte des Gesellschafters erfasst werden. Aufgrund dieser spezifisch steuerlichen Gewinnermittlungsvorschriften findet eine Korrektur des Handelsbilanzergebnisses im Rahmen der **2. Stufe der Gewinnermittlung** statt. Dabei wird eine **Umqualifizierung der schuldrechtlichen Vertragsbeziehungen** zwischen Gesellschafter und Gesellschaft in Sonderbetriebseinnahmen und Sonderbetriebsausgaben vorgenommen. Dies hat zur Folge, dass eine steuerliche Anerkennung der schuldrechtlichen Vertragsbeziehungen nicht in Betracht kommt, sondern sämtliche Einkünfte aus der Personengesellschaft zu gewerblichen Einkünften aus § 15 Abs. 1 Nr. 2 EStG führen.

6.3.1.4 1. Gewinnermittlungsstufe: Anteil am Gesamthandsgewinn

Auf der ersten Gewinnermittlungsstufe wird auch für steuerliche Zwecke die relative Rechtsfähigkeit der Personengesellschaft beachtet. Da die Personengesellschaft als Kaufmann nach § 238 HGB buchführungspflichtig ist, erfolgt die Gewinnermittlung auf der Grundlage einer **derivativen Steuerbilanz** (§ 5 Abs. 1 i.V.m. § 4 Abs. 1 EStG). Den Ausgangspunkt der steuerlichen Gewinnermittlung bildet somit die handelsrechtliche Gesamthandsbilanz der Personengesellschaft. In dieser ist das Betriebsvermögen der Personengesellschaft enthalten, das zivilrechtlich als Gesamthandsvermögen bezeichnet wird.

Das **Gesamthandsvermögen** umfasst alle Wirtschaftsgüter, die entweder im rechtlichen oder im wirtschaftlichen Eigentum der Personengesellschaft stehen. Dabei bilden grundsätzlich alle Wirtschaftsgüter notwendiges Betriebsvermögen, da die Personengesellschaft keine Privatsphäre hat. Von diesem Grundsatz existieren jedoch Ausnahmen: Wirtschaftsgüter, die einer gesonderten, nicht mit Gewinnerzielungsabsicht unternommenen Tätigkeit dienen, sowie Wirtschaftsgüter, die einer objektiven betrieblichen Nutzung nicht zugänglich sind und Wirtschaftsgüter, die ausschließlich von einem Gesellschafter privat genutzt werden, zählen nicht zum Gesamthandsvermögen der Personengesellschaft.

Im Rahmen der **Gesamthandsbilanz** sind Wirtschaftsgüter und Schulden aufgrund der Anerkennung der eigenständigen Rechtspersönlichkeit der Personengesellschaft grundsätzlich einheitlich zu bewerten. Wenn für die Inanspruchnahme von besonderen steuerlichen Bewertungswahlrechten persönliche Voraussetzungen erfüllt sein müssen, so sind diese aufgrund des für die Besteuerung geltenden Transparenzprinzips nicht durch die Personengesellschaft, sondern durch jeden einzelnen Gesellschafter zu erfüllen. Wenn einzelne Gesellschafter die Voraussetzungen nicht erfüllen, so sind die daraus resultierenden Wertabweichungen zur Bilanzierung in der Gesamthandsbilanz in einer **Ergänzungsbilanz des Gesellschafters** auszuweisen. Das Instrument der Ergänzungsbilanz ist also erforderlich wegen der Diskrepanz zwischen handelsrechtlicher Anerkennung der Rechtssubjektivität der Personengesellschaft und ihrer steuerlichen Negierung.

Abbildung 6-4: Ergänzungsbilanzen

Ergänzungsbilanzen enthalten Wertabweichungen zu den in der Gesamthandsbilanz ausgewiesenen Wirtschaftsgütern. Gründe für die Erstellung von Ergänzungsbilanzen sind beispielsweise:

- Eintritt eines neuen Gesellschafters in die Personengesellschaft
- Gesellschafterwechsel
- Einbringung eines Einzelunternehmens in eine Personengesellschaft
- Inanspruchnahme von personenbezogenen Steuervergünstigungen, für die nicht alle Gesellschafter die persönlichen Voraussetzungen erfüllen, z.B. für Sonderabschreibungen, steuerfreie Rücklagen etc.
- Einbringung eines Wirtschaftsguts aus einem Betriebsvermögen gegen Gewährung von Gesellschaftsrechten

---

Für einzelne Gesellschafter kommen beispielsweise dann abweichende Bewertungen von den Wertansätzen in der Gesamthandsbilanz in Betracht, wenn der Gesellschafter die Beteiligung an der Personengesellschaft neu erworben hat. Für den neu eingetretenen Gesellschafter gelten in der Regel höhere anteilige Anschaffungskosten für die einzelnen Wirtschaftsgüter, die in der Ergänzungsbilanz des Neugesellschafters als Wertdifferenzen zu den Buchwerten in der Gesamthandsbilanz auszuweisen sind.

Auf der ersten Gewinnermittlungsstufe werden **schuldrechtliche Vertragsverhältnisse** zwischen der Personengesellschaft und den Gesellschaftern sowie die damit in Zusammenhang stehenden Wirtschaftsgüter und Schulden anerkannt. Vergütungen an den Gesellschafter führen zu Betriebsausgaben auf Ebene der Personengesellschaft. Dabei ist es grundsätzlich unerheblich, ob die schuldrechtliche Leistung im Rahmen des Gesellschaftsvertrags vereinbart wurde oder eine separate schuldrechtliche Vereinbarung vorliegt. Wenn jedoch für eine Leistung des Gesellschafters kein Entgelt, sondern lediglich ein vorab zu gewährender Anteil am Gesamthandsgewinn vereinbart wurde (Vorabgewinn), so kann dieser den Gesamthandsgewinn nicht mindern.

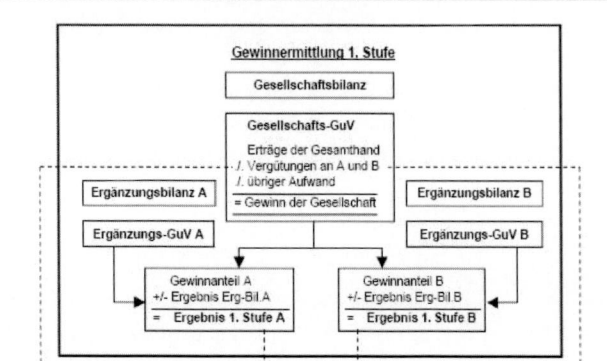

Abbildung 6-5: Bilanzen der 1. Gewinnermittlungsstufe

```
                    Gewinnermittlung 1. Stufe
                      Gesellschaftsbilanz
                      Gesellschafts-GuV
                      Erträge der Gesamthand
                    ./. Vergütungen an A und B
                    ./. übriger Aufwand
  Ergänzungsbilanz A  = Gewinn der Gesellschaft   Ergänzungsbilanz B
  Ergänzungs-GuV A                                Ergänzungs-GuV B
        Gewinnanteil A              Gewinnanteil B
        +/- Ergebnis Erg.-Bil. A    +/- Ergebnis Erg.-Bil. B
        = Ergebnis 1. Stufe A       = Ergebnis 1. Stufe B
```

Entnahmen aus dem Gesamthandsvermögen und **Einlagen** in das Gesamthandsvermögen werden nach den allgemeinen Grundsätzen mit dem Teilwert angesetzt (§ 4 Abs. 1 i.V.m. § 6 Abs. 1 Nr. 4, 5 EStG). Erfolgt die Einlage gegen Gewährung von Gesellschaftsrechten oder die Entnahme gegen Minderung von Gesellschaftsrechten, so liegt ein tauschähnlicher Vorgang vor. Die Bewertung erfolgt dann regelmäßig nach § 6 Abs. 6 EStG mit dem gemeinen Wert des hingegebenen Wirtschaftsguts. Ausnahmsweise ist der Buchwert anzusetzen, wenn aus einem oder in ein Betriebsvermögen des Gesellschafters übertragen wird (§ 6 Abs. 5 Satz 3 EStG).

6.3.1.5 2. Gewinnermittlungsstufe: Sonderbilanzen

Die zweite Gewinnermittlungsstufe dient der **Umsetzung des Einheits- oder Transparenzprinzips** bei der Besteuerung von Personengesellschaften. Sämtliche Vertragsbeziehungen, die zwischen der Personengesellschaft und ihren Gesellschaftern bestehen, sind nun daraufhin zu überprüfen, ob sie einen Beitrag zum gemeinsamen Gesellschaftszweck darstellen. Ist dies zu bejahen, so sind die daraus resultierenden Vergütungen und Aufwendungen sowie die mit den Vertragsbeziehungen in Zusammenhang stehenden Wirtschaftsgüter und Schulden auf der zweiten Gewinnermittlungsstufe zu erfassen (vgl. § 15 Abs. 1 Nr. 2 2. Halbsatz EStG).

Auch im Rahmen der 2. Stufe erfolgt die **Gewinnermittlung durch Betriebsvermögensvergleich**. Folglich sind zur Erfassung des Sonderbetriebsvermögens und der

Sondervergütungen **Sonderbilanzen sowie Sondergewinn- und –verlustrechnungen** aufzustellen. Nach der Rechtsprechung obliegt die Buchführungspflicht für das Sonderbetriebsvermögen der Personengesellschaft (vgl. BFH vom 23.10.1990 VIII R 142/85 BStBl 1991 II, S. 401). Sämtliche bekannten Gewinnermittlungsgrundsätze gelten auch auf der 2. Gewinnermittlungsstufe. Folglich werden die Erträge im Rahmen des Sonderbetriebsvermögens nach dem Realisationsprinzip erfasst – und nicht nach dem Zuflussprinzip. Für Wertminderungen und Verluste kommt das Imparitätsprinzip zum Tragen.

Abbildung 6-6: *Bilanzen der 2. Gewinnermittlungsstufe*

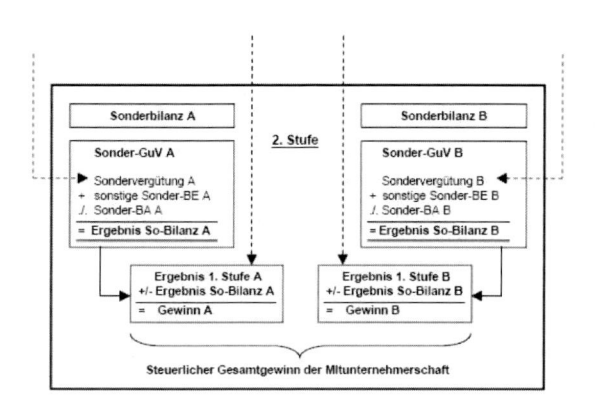

Auf der 2. Gewinnermittlungsstufe nicht erfasst werden Veräußerungsgeschäfte zwischen der Personengesellschaft und den Gesellschaftern sowie Veräußerungsgeschäfte zwischen den Gesellschaftern untereinander. Ebenso werden Leistungen, die die Personengesellschaft an den Gesellschafter erbringt, nicht in die 2. Gewinnermittlungsstufe einbezogen. Die Begründung dafür ergibt sich aus der theoretischen Konzeption des Beitragsgedankens, der sich nur auf Beiträge des Gesellschafters zum gemeinsamen Gesellschaftszweck erstreckt.

Der in den Sonderbilanzen der einzelnen Gesellschafter zu erfassende **Umfang des Sonderbetriebsvermögens** besteht in der Gesamtheit aller Wirtschaftsgüter, die im rechtlichen oder wirtschaftlichen Eigentum des Gesellschafters stehen und geeignet und dazu bestimmt sind, der Personengesellschaft zu dienen. Die ständige Rechtsprechung differenziert zwischen zwei Arten des Sonderbetriebsvermögens, das in getrennten Sonderbilanzen auszuweisen ist.

6 Die Besteuerung des Unternehmensertrags

Tabelle 6-5: Sonderbetriebsvermögen bei der Personengesellschaft

	Unmittelbare Nutzung für betriebliche Zwecke der Mitunternehmerschaft	Unmittelbarer wirtschaftlicher Zusammenhang mit der Beteiligung
notwendiges Sonderbetriebsvermögen	Notwendiges Sonderbetriebsvermögen I	Notwendiges Sonderbetriebsvermögen II
gewillkürtes Sonderbetriebsvermögen	Gewillkürtes Sonderbetriebsvermögen I	Gewillkürtes Sonderbetriebsvermögen II

Das **Sonderbetriebsvermögen I** umfasst alle im Eigentum des Gesellschafters stehenden Wirtschaftsgüter und Verbindlichkeiten, die dem Betrieb der Personengesellschaft dienen. Alle Wirtschaftsgüter, die ausschließlich und unmittelbar betrieblich genutzt werden, sind dabei als **notwendiges Sonderbetriebsvermögen I** zu qualifizieren und in der Sonderbilanz des Gesellschafters auszuweisen. Wirtschaftsgüter, die objektiv geeignet und dazu bestimmt sind, der Personengesellschaft zu dienen, können **gewillkürtes Sonderbetriebsvermögen I** sein, wenn die Wirtschaftsgüter durch eine entsprechende Wahlrechtsausübung des Gesellschafters in die Sonderbilanz aufgenommen werden.

Abbildung 6-7: Sonderbetriebsvermögen I

Beispiele für **notwendiges** Sonderbetriebsvermögen I sind:

- Überlassung eines Grundstücks durch den Gesellschafter an die Personengesellschaft, das die Personengesellschaft als Lagerplatz benutzt
- Vermietung eines dem Gesellschafter gehörenden Grundstücks an die Personengesellschaft, das die Personengesellschaft als Bürohaus nutzt
- Darlehen für die Fremdfinanzierung eines der Personengesellschaft überlassenen, im Eigentum des Gesellschafters stehenden Bürogebäudes

Beispiele für **gewillkürtes** Sonderbetriebsvermögen I sind:

- Verpfändung von im Eigentum des Gesellschafters stehenden Wertpapieren oder die grundpfandrechtliche Belastung von Grundstücken des Gesellschafters zur Sicherung von Krediten der Personengesellschaft

Das **Sonderbetriebsvermögen II** enthält alle dem Gesellschafter gehörenden Wirtschaftsgüter und Schulden, die der Beteiligung des Gesellschafters an der Personengesellschaft dienen. Auch das Sonderbetriebsvermögen II umfasst notwendiges und gewillkürtes (Sonder)Betriebsvermögen.

Abbildung 6-8:   *Sonderbetriebsvermögen II*

Notwendiges Sonderbetriebsvermögen II ist regelmäßig

- Kreditfinanzierung der Beteiligung an der Personengesellschaft durch den Gesellschafter
- Beteiligung eines Kommanditisten einer GmbH & Co. KG an der Komplementär-GmbH

Gewillkürtes Sonderbetriebsvermögen II sind beispielsweise:

- Beteiligung eines Gesellschafters der Personengesellschaft an einem Unternehmen, mit dem die Personengesellschaft Lieferungs- oder Leistungsbeziehungen unterhält

---

Gleichsam als Reflex auf die Terminologie Sonderbetriebsvermögen sind die Begriffe Sonderbetriebseinnahmen sowie Sonderbetriebsausgaben zu verstehen. Die mit dem Sonderbetriebsvermögen in Zusammenhang stehenden Vergütungen an den Gesellschafter führen zu **Sonderbetriebseinnahmen**. Die Ausgaben des Gesellschafters in Zusammenhang mit dem Sonderbetriebsvermögen stellen **Sonderbetriebsausgaben** dar. Sie werden buchhaltungstechnisch in einer so genannten Sondergewinn- und -verlustrechnung erfasst.

Die **Behandlung der schuldrechtlichen Verträge zwischen Gesellschaft und den Gesellschaftern** stellt in der Praxis der steuerlichen Gewinnermittlung von Mitunternehmerschaften ein besonders wichtiges Themenfeld dar. Dabei kommt den Vertragsarten der Dienstverträge, der Miet- und Pachtverträge, der Darlehensverträge sowie der Lizenz- und Beratungsverträge besondere Relevanz zu. Diese sollen mit ihren wichtigsten Komponenten im Folgenden näher beleuchtet werden.

Im Zusammenhang mit **Dienstverträgen** werden auf der 1. Stufe der Gewinnermittlung sämtliche Leistungen der Personengesellschaft zur Abgeltung der Geschäftsführungstätigkeit als Betriebsausgaben angesehen. Auf der 2. Stufe der Gewinnermittlung werden die von der Gesellschaft aufgewendeten Leistungen für die Geschäftsführung beim Gesellschafter als Sonderbetriebseinnahmen qualifiziert. Damit führen sie zu Einkünften aus Gewerbebetrieb des Gesellschafters (vgl. § 15 Abs. 1 Nr. 2 2. Halbsatz EStG). Zu den Geschäftsführungsvergütungen, die als **Betriebsausgaben der Gesellschaft** bzw. als **Sonderbetriebseinnahmen des Gesellschafters** angesetzt werden, rechnen die folgenden Kategorien:

- Gehalt einschließlich einmaliger Sonderzahlungen, Tantiemen und Prämien
- freiwillige oder (ausnahmsweise) gesetzliche Beiträge zur gesetzlichen Sozialversicherung (Kranken-, Pflege-, Renten-, Arbeitslosenversicherung)
- Bildung von Pensionsrückstellungen für den Gesellschafter-Geschäftsführer; nach Ansicht der Finanzverwaltung sind diese im Rahmen von Personengesellschaften zulässig. (Vgl. ebenso nach BFH vom 2.12.1997, BB 1998, S. 788).

Bei **Pensionszusagen an Gesellschafter-Geschäftsführer** werden während der Anwartschaftsphase die Zuführungen zur Pensionsrückstellung als Betriebsausgabe auf Gesamthandsebene erfasst und entsprechend die in der Gesamthandsbilanz passivierte Pensionsrückstellung erhöht. Auf der zweiten Gewinnermittlungsstufe wird – entgegen dem Realisationsprinzip – bereits bei Zuführung zur Pensionsrückstellung eine Sonderbetriebseinnahme des Gesellschafters ausgewiesen, obwohl der Ertrag nur bedingt entstanden ist und somit nach den Realisationsgrundsätzen nicht auszuweisen wäre. Ebenso wird korrespondierend zur Pensionsrückstellung in der Gesamthandsbilanz ein Pensionsanspruch des Gesellschafters in der Sonderbilanz aktiviert, obwohl aufschiebend bedingt erworbene Wirtschaftsgüter erst mit Eintritt der Bedingung zu aktivieren sind (vgl. § 4 BewG). Folglich bezieht der Gesellschafter-Geschäftsführer schon während der Anwartschaftszeit Einkünfte aus Gewerbebetrieb in Höhe der Zuführung zur Pensionsrückstellung.

Bei **Pensionszahlungen an den Gesellschafter-Geschäftsführer** wird auf Gesamthandsebene eine Betriebsausgabe erfasst, die Minderung der Pensionsrückstellung wird als Betriebseinnahme behandelt. Damit wird per Saldo nur der Ertragsanteil der Pensionszahlungen aufwandswirksam. Auf der 2. Gewinnermittlungsstufe stellen die Pensionszahlungen Sonderbetriebseinnahmen dar, die als nachträgliche Einkünfte aus Gewerbebetrieb gem. § 24 Nr. 2 EStG zu qualifizieren sind. Indem die Minderung des als Aktivposten in der Sonderbilanz ausgewiesenen Pensionsanspruchs als Sonderbetriebsausgabe erfolgswirksam wird, wirkt sich auch in der Sondergewinn- und -verlustrechnung des Gesellschafters per Saldo nur der Ertragsanteil der Pensionszahlung gewinnerhöhend aus.

Bei **Miet- und Pachtverträgen** werden auf der 1. Stufe der Gewinnermittlung sämtliche Leistungen der Personengesellschaft für die Überlassung der Wirtschaftsgüter als Betriebsausgaben angesehen. Auf der 2. Stufe der Gewinnermittlung sind die Wirtschaftsgüter, die der Personengesellschaft zur Nutzung überlassen werden, in der Sonderbilanz des Gesellschafters zu aktivieren. Die von der Gesellschaft gezahlten Leistungsvergütungen werden als Sonderbetriebseinnahmen des Gesellschafters qualifiziert und führen damit zu Einnahmen aus Gewerbebetrieb. Diesen sind die damit in Zusammenhang stehenden Aufwendungen als Sonderbetriebsausgaben gegenüberzustellen. Zu denken ist beispielsweise an Abschreibungen, Versicherungsbeiträge, Instandhaltungsaufwendungen, Finanzierungskosten oder Grundsteuer.

Beispiel: Überlässt der Gesellschafter seiner Personengesellschaft ein Bürogebäude, so ist dieses als notwendiges Sonderbetriebsvermögen in der Sonderbilanz des Mitunternehmers zu aktivieren. Die mit dem Gebäude zusammenhängenden Abschreibungen, Versicherungsbeiträge, Finanzierungskosten, Reparaturaufwendungen und die Grundsteuer werden als Sonderbetriebsausgaben des Gesellschafters erfasst. Die von der Personengesellschaft an den Gesellschafter monatlich entrichtete Miete stellt Sonderbetriebseinnahmen des Gesellschafters dar.

Stellt der Gesellschafter der Personengesellschaft ein **Darlehen** zu Verfügung, so werden auf der 1. Stufe der Gewinnermittlung sämtliche Leistungen der Personengesellschaft für die Überlassung des Darlehens als Betriebsausgaben angesehen, die Darlehensverbindlichkeit wird in der Gesamthandsbilanz passiviert. Auf der 2. Stufe der Gewinnermittlung wird die Darlehensforderung gegenüber der Gesellschaft als Forderung im Rahmen des Sonderbetriebsvermögens aktiviert. Die von der Gesellschaft vergüteten Leistungen für die Überlassung des Darlehens (insbesondere die Darlehenszinsen) sind beim Gesellschafter als Sonderbetriebseinnahmen zu qualifizieren und führen zu Einkünften aus Gewerbebetrieb. Diesen sind Aufwendungen als Sonderbetriebsausgaben gegenüberzustellen, die mit der Darlehensüberlassung an die Personengesellschaft in Zusammenhang stehen. In der Praxis sind dies zumeist Refinanzierungskosten. Ein solches Refinanzierungsdarlehen bildet negatives Sonderbetriebsvermögen, das in der Sonderbilanz des Gesellschafters zu passivieren ist.

Im Kontext von **Lizenz- und Beratungsverträgen** werden auf der 1. Stufe der Gewinnermittlung sämtliche Leistungen der Personengesellschaft für die Nutzung von immateriellen Wirtschaftsgütern oder für die Inanspruchnahme von Beratungsleistungen als Betriebsausgaben angesehen. Auf der 2. Stufe der Gewinnermittlung werden die an den Gesellschafter gezahlten Leistungsvergütungen als Sonderbetriebseinnahmen qualifiziert und führen damit zu Einkünften aus Gewerbebetrieb. Dies betrifft insbesondere Lizenzgebühren oder Beratungshonorare. Von diesen sind damit in Zusammenhang stehende Aufwendungen als Sonderbetriebsausgaben abzusetzen.

Die der Personengesellschaft **überlassenen immateriellen Wirtschaftsgüter** sind in der Sonderbilanz des Gesellschafters als Sonderbetriebsvermögen zu aktivieren. Wenn der Gesellschafter das immaterielle Wirtschaftsgut selbst erstellt hat, so stellt sich das Problem, ob das Aktivierungsverbot für selbst erstellte immaterielle Wirtschaftsgüter des Anlagevermögens gem. § 248 Abs. 2 HGB, § 5 Abs. 2 EStG oder die Einlagevorschrift nach § 4 Abs. 1 EStG vorrangig zu beachten ist. Um eine zutreffende Abgrenzung der Privatsphäre und des betrieblichen Bereichs zu gewährleisten, wird die Einlagevorschrift nach herrschender Meinung als vorrangig erachtet. Folglich muss auch ein selbst geschaffenes immaterielles Wirtschaftsgut des Anlagevermögens in das Sonderbetriebsvermögen eingelegt werden. Die damit in Zusammenhang stehenden Aufwendungen sind als Sonderbetriebsausgaben abzusetzen. Dabei handelt es sich insbesondere um die Abschreibungen auf das immaterielle Wirtschaftsgut.

In Bezug auf die **Abgrenzung gegenüber dem eigenen Gewerbebetrieb des Gesellschafters** stellt sich die Frage, ob Wirtschaftsgüter, die dem Gesellschafter gehören und der Personengesellschaft zur Nutzung überlassen werden, auch dann dem Sonderbetriebsvermögen des Gesellschafters bei der Personengesellschaft zuzuordnen sind, wenn sie zum Betriebsvermögen eines eigenständigen Gewerbebetriebs des Gesellschafters gehören. Oder anders formuliert: es ist fraglich, ob § 15 Abs. 1 Nr. 2 EStG eine Zurechnungsnorm ist, die schuldrechtliche Gesellschaft-Gesellschafter-Verträge in jedem Fall als Sonderbetriebsvermögen bzw. Sonderbetriebseinnahmen und Sonderbetriebsausgaben bei der Personengesellschaft erfasst. Wenn es sich lediglich um eine Qualifikationsnorm handelt, die sicherstellen soll, dass die Einkünfte aus schuldrechtlichen Gesellschaft-Gesellschafter-Verträgen zu gewerblichen Einkünften führen (Subsidiaritätsthese), dann wäre bei Wirtschaftsgütern, die zu einem eigenen Betriebsvermögen des Gesellschafters gehören keine Umqualifizierung und damit keine Zurechnung des Wirtschaftsguts zum Sonderbetriebsvermögen erforderlich.

Nach herrschendem Verständnis ist **§ 15 Abs. 1 Nr. 2 EStG als Zurechnungsnorm** zu interpretieren, d.h. es gilt der Grundsatz des Vorrangs des Sonderbetriebs vor dem eigenen Gewerbebetrieb des Gesellschafters. Ein betriebliches Wirtschaftsgut, das der Personengesellschaft zur Nutzung überlassen wird, scheidet damit zwingend aus dem eigenen Betriebsvermögen des Gesellschafters aus und ist in das Sonderbetriebsvermögen des Gesellschafters bei der Personengesellschaft einzulegen. Ebenso werden damit zusammenhängende Erträge und Aufwendungen als Sonderbetriebseinnahmen und Sonderbetriebsausgaben behandelt. Eine Auflösung und Versteuerung von stillen Reserven bei der Entnahme aus dem eigenen Betriebsvermögen und Einlage in das Sonderbetriebsvermögen wird durch die Buchwertfortführung nach § 6 Abs. 5 Satz 2 EStG vermieden.

Beispiel: Vermietet der Gesellschafter seiner Personengesellschaft ein Bürogebäude, das im Betriebsvermögen seines eigenen Gewerbebetriebs ausgewiesen war, so stellt die Vermietung des Gebäudes einen Beitrag zur Förderung des gemeinsamen Zwecks der Personengesellschaft dar. Damit ist das bebaute Grundstück in der Sonderbilanz des Gesellschafters bei der Personengesellschaft zu erfassen. In der Sonderbilanz bei der Personengesellschaft kann der bisherige Buchwert aus der Bilanz des eigenen Gewerbebetriebs des Gesellschafters für das bebaute Grundstück fortgeführt werden (§ 6 Abs. 5 Satz 2 EStG). Die Mieteinnahmen sind Sondervergütungen und werden in die 2. Gewinnermittlungsstufe einbezogen. Die mit dem Gebäude zusammenhängenden Aufwendungen (Instandhaltungen, Abschreibungen etc.) werden als Sonderbetriebsausgaben ausgewiesen. Aus der Buchführung des eigenen Gewerbebetriebs des Gesellschafters scheidet das bebaute Grundstück aus, die Mieteinnahmen und die damit zusammenhängenden Aufwendungen bleiben dort unberücksichtigt.

Erfolgt eine **entgeltliche Übertragung von Wirtschaftsgütern** zwischen dem Gesellschafter und der Personengesellschaft, so findet darauf die Mitunternehmerkonzeption keine Anwendung. Vielmehr sind solche Transaktionen – wenn die vereinbarten Entgelte einem Drittvergleich standhalten und folglich als angemessen angesehen werden können – wie zwischen fremden Dritten anerkannt.

Besondere Grundsätze gelten, wenn Wirtschaftsgüter **unentgeltlich oder gegen Gewährung oder Minderung der Gesellschaftsrechte** zwischen dem Gesellschafter und der Personengesellschaft übertragen werden. Wird ein Wirtschaftsgut unentgeltlich aus dem Privatvermögen in das Betriebsvermögen der Gesellschaft oder in das Sonderbetriebsvermögen des Gesellschafters eingebracht, so ist das eingelegte Wirtschaftsgut mit dem Teilwert anzusetzen (Einlage gem. § 4 Abs. 1 Satz 5 i.V.m. § 6 Abs.

1 Nr. 5 EStG). Entsprechend ist die Überführung aus dem Betriebsvermögen oder dem Sonderbetriebsvermögen in das Privatvermögen des Gesellschafters als Entnahme mit dem Teilwert anzusetzen (§ 4 Abs. 1 Satz 2 i.V.m. § 6 Abs. 1 Nr. 4 EStG). Dagegen sind die Buchwerte der übertragenen Wirtschaftsgüter fortzuführen, wenn der Gesellschafter Wirtschaftsgüter aus einem eigenen Betriebsvermögen in das Sonderbetriebsvermögen bei der Personengesellschaft überführt oder Wirtschaftsgüter zwischen verschiedenen Sonderbetriebsvermögen bei verschiedenen Personengesellschaften, an denen er jeweils als Mitunternehmer beteiligt ist, überführt (§ 6 Abs. 5 Satz 2 EStG). Die **Buchwertfortführung** gilt für eine unentgeltliche Übertragung oder eine Übertragung gegen Gewährung oder Minderung von Gesellschaftsrechten (tauschähnlicher Vorgang)

- aus dem eigenen Betriebsvermögen des Gesellschafters in das Gesamthandsvermögen der Personengesellschaft und umgekehrt oder

- aus dem Sonderbetriebsvermögen des Gesellschafters in das Gesamthandsvermögen derselben Personengesellschaft oder einer anderen Personengesellschaft, an der der Gesellschafter ebenfalls beteiligt ist oder umgekehrt oder

- zwischen den Sonderbetriebsvermögen verschiedener Gesellschafter derselben Personengesellschaft (§ 6 Abs. 5 Satz 3 EStG).

6.3.1.6 Zusammenfassung der Teilergebnisse

Die Zusammenfassung der Teilergebnisse der 1. und 2. Gewinnermittlungsstufe zu den Einkünften aus Gewerbebetrieb erfolgt durch eine additive Gewinnermittlung. Hier gilt das Prinzip der **korrespondierenden Bilanzierung**, um eine Gleichbehandlung mit einem gewerblichen Einzelunternehmer zu erreichen. Das Prinzip verlangt gleiche Bilanzansätze in der Gesamthandsbilanz und den Sonderbilanzen der Gesellschafter. Andere in diesem Zusammenhang diskutierte Methoden der Zusammenfassung der beiden Gewinnermittlungsstufen schlagen eine additive Ermittlung ohne korrespondierende Bilanzierung oder eine konsolidierte Gesamthandsbilanz vor. Indessen werden diese Verfahren im Hinblick auf das verfolgte Ziel als nicht adäquat beurteilt, da durch abweichende Bilanzansätze oder eine Konsolidierung keine Gleichstellung der Gesellschafter einer Personengesellschaft mit Einzelunternehmern erreicht wird.

Durch die **additive Zusammenfassung** der 1. und 2. Gewinnermittlungsstufe beeinflussen Gesellschaft-Gesellschafter-Verträge nicht die absolute Höhe des Gesellschaftsgewinns, sondern nur dessen Aufteilung auf die Gesellschafter. Eine Angemessenheitsprüfung schuldrechtlicher Vertragsbeziehungen zwischen Gesellschaft und Gesellschafter spielt nur bei solchen Verträgen eine Rolle, die außerhalb der

Mitunternehmerkonzeption stehen. Zu denken ist hier an Veräußerungsgeschäfte zwischen der Personengesellschaft und dem Gesellschafter.

Das **Gesamtergebnis der 1. und 2. Gewinnermittlungsstufe** ist Ausgangsgröße für die Ermittlung der Gewerbesteuer vom Ertrag. Für einkommensteuerliche Zwecke kommt dem Gesamtergebnis keine Bedeutung zu. Vielmehr ist durch eine einheitliche und gesonderte Gewinnfeststellung (§§ 179, 180 AO) die Zurechnung des anteiligen Gesamthandsgewinns einschließlich der Ergänzungsergebnisse (Ergebnis der 1. Gewinnermittlungsstufe) und der Sondergewinne (Ergebnis der 2. Gewinnermittlungsstufe) auf die Gesellschafter vorzunehmen.

6.3.1.7 Besteuerung auf Ebene der Gesellschafter

Der auf den einzelnen Gesellschafter entfallende Anteil am Gesamthandsgewinn der Personengesellschaft (§ 15 Abs. 1 Nr. 2 1. HS EStG) und das durch den einzelnen Gesellschafter erzielte Sonderergebnis (§ 15 Abs. 1 Nr. 2 2. HS EStG) sind als **Einkünfte aus Gewerbebetrieb** des Gesellschafters im **Feststellungszeitpunkt** zu erfassen und zu versteuern. Dabei kommt grundsätzlich der individuelle Einkommensteuertarif mit Steuersätzen zwischen 14 und 45% zur Anwendung (§ 32a Abs. 1 EStG). Jeder einzelne Gesellschafter einer Personengesellschaft kann für seinen Gewinnanteil auch für die begünstigte Besteuerung nach § 34a EStG optieren, soweit der Anteil am ermittelten Gewinn mehr als 10% oder mindestens 10.000 € beträgt und er den Gewinnanteil nicht entnimmt (§34a Abs. 1 Satz 3 EStG). Dann unterliegt der Gewinnanteil dem begünstigten Steuersatz in Höhe von 28,25%

Im **Verlustfall** bestehen Ausgleichsmöglichkeiten mit den positiven Einkünften des Gesellschafters, und zwar die **interne (horizontale) Verlustverrechnung** mit anderen Einkünften aus Gewerbebetrieb sowie die **externe (vertikale) Verlustverrechnung** mit anderen Einkunftsarten. Für nicht ausgeglichene Verluste besteht nach § 10d EStG ein Verlustabzug in Form des einjährigen Verlustrücktrags bis maximal 511.500 € (Ledige/ 1.023.000 € (Verheiratete) sowie eines zeitlich unbegrenzten Verlustvortrags, für den jedoch die Beschränkungen des § 10d Abs. 2 EStG gelten, wenn der Verlustvortrag den Betrag von 1 Mio. € (Ledige)/ 2 Mio. € (Verheiratete) übersteigt.

Eine Besonderheit der Verlustverrechnung stellt die **Verlustausgleichsbeschränkung für beschränkt haftende Gesellschafter** gemäß § 15a EStG dar. Beschränkt haftende Gesellschafter einer KG nehmen nach dem handelsrechtlichen Regelstatut (§ 167 Abs. 3 HGB) am Verlust der Kommanditgesellschaft nur bis zur Höhe der Kapitaleinlage teil. Im Gesellschaftsvertrag kann davon abweichend eine Teilhabe am Verlust der KG auch über die Kapitaleinlage hinaus vereinbart werden. In diesem Fall entsteht durch die weitere Verlustzuweisung an den Kommanditisten ein negatives Kapitalkonto. Dieses negative Kapitalkonto repräsentiert eine echte Vermögensminderung des beschränkt haftenden Gesellschafters, die in der Regel durch zukünftige Gewinnanteile wieder ausgeglichen wird. Folglich zeigt das negative Kapitalkonto eines Kommanditisten an, inwieweit der Kommanditist seinen Anteil an den künftigen Gewinnen zur Deckung der in der Vergangenheit erwirtschafteten Verluste zur Verfügung stellen muss.

Steuerrechtlich wurde das **negative Kapitalkonto des Kommanditisten** in der Vergangenheit durch so genannte Steuersparmodelle (Verlustzuweisungsgesellschaften) extensiv genutzt, um bei begrenztem Risiko theoretisch unendlich hohe, die steuerliche Bemessungsgrundlage mindernde Verlustzuweisungen zu erhalten. Um diese aus volkswirtschaftlicher Sicht fragwürdigen Gestaltungen einzudämmen, begrenzte der Gesetzgeber durch die Einführung des § 15a EStG die Verlustausgleichsmöglichkeiten beschränkt haftender Gesellschafter. Grundsätzliche **Zielrichtung** dieser Vorschrift ist es, dass bei Kommanditisten und anderen beschränkt haftenden Gesellschaftern der **Verlustausgleich und –abzug** mit anderen positiven Einkünften grundsätzlich **auf den Haftungsbetrag begrenzt** wird. Weitergehende Verluste dürfen nur mit späteren Gewinnen aus derselben Beteiligung verrechnet werden.

Nach § 15a Abs. 1 Satz 1 EStG darf der einem Kommanditisten zuzurechnende Anteil am Verlust der KG weder mit anderen Einkünften aus Gewerbebetrieb noch mit Einkünften aus anderen Einkunftsarten ausgeglichen werden, soweit ein negatives Kapitalkonto des Kommanditisten entsteht oder sich erhöht. Auch ein Abzug nach § 10d EStG kommt insoweit nicht in Betracht. Nicht ausgeglichene oder nicht abgezogene Verluste des Kommanditisten mindern die Gewinne, die dem Kommanditisten in späteren Jahren aus der Beteiligung an der Kommanditgesellschaft zuzurechnen sind.

Das Verständnis der Bestimmung des § 15a EStG erschließt sich im Wesentlichen über drei Schlüsselbegriffe:

- dem Anteil am Verlust der Kommanditgesellschaft
- dem Kapitalkonto des Kommanditisten und
- dem Gewinn aus der Beteiligung an der Kommanditgesellschaft.

Der **Anteil am Verlust der Kommanditgesellschaft** ist der Verlust, der sich aus der Steuerbilanz der KG ergibt. Die Verlustausgleichsbeschränkung erstreckt sich nur auf das Ergebnis der 1. Gewinnermittlungsstufe, also auf das Ergebnis aus der Gesamthandsbilanz einschließlich der Ergänzungsbilanzen. Verluste der so genannten 2. Gewinnermittlungsstufe hingegen werden von den Verrechnungsbeschränkungen des § 15a EStG nicht erfasst. Somit sind Verluste aus dem Sonderbetriebsvermögen in vollem Umfang in den Verlustausgleich und den Verlustabzug einzubeziehen.

Das **Kapitalkonto des Kommanditisten** im Sinne dieser Bestimmung umfasst – nach zwischenzeitlich erfolgten Klärungsprozessen – nur das Kapitalkonto in der Gesamthandsbilanz sowie in der eventuell vorhandenen Ergänzungsbilanz. Das in der Sonderbilanz ausgewiesene Sonderkapital ist für Zwecke der Bestimmung des § 15a EStG außer Betracht zu lassen.

Den **Gewinnen aus der Beteiligung** schließlich kommt besondere Bedeutung vor dem Hintergrund des § 15a Abs. 2 EStG zu. Dort wird eine Verlustverrechnungsmöglichkeit in der Zukunft statuiert. Der Begriff umfasst nur die Gewinne der 1. Gewinnermittlungsstufe, d.h. im Sonderbetriebsvermögen ausgewiesene Gewinne können in den Verlustausgleich nicht einbezogen werden.

Die Vorschrift des § 15a EStG ist insgesamt als steuersystematisch verfehlt und viel zu kompliziert abzulehnen. Steuersystematisch verfehlt ist die Norm, weil sie über die verfolgte Zielrichtung hinaus auch sämtliche unternehmerischen Aktivitäten außerhalb der so genannten Steuersparbranche trifft. Den Kompliziertheitsgrad lässt schon eine erste Lektüre der Bestimmung vermuten, ganz zu schweigen von den zahlreichen Ungereimtheiten und inneren Widersprüchen des § 15a EStG. Es überrascht wenig, dass die Vorschrift in der Literatur mehrfach als „Missgeburt" charakterisiert wurde.

Hält der Gesellschafter die Beteiligung an der Personengesellschaft im Rahmen eines Betriebsvermögens, so gelten besondere steuerliche Grundsätze für **die Bilanzierung der Beteiligung an der Personengesellschaft**. In der Handelsbilanz ist die Beteiligung an der Personengesellschaft nach den allgemeinen Grundsätzen des § 253 Abs. 1 HGB mit den Anschaffungskosten oder einem niedrigeren beizulegenden Wert zu bewerten. Aufgrund der anerkannten Rechtssubjektivität der Personengesellschaft gelten dieselben Bilanzierungsgrundsätze wie für Beteiligungen an Kapitalgesellschaften. Dieser Wertansatz gilt aufgrund des Maßgeblichkeitsprinzips nach § 5 Abs. 1 EStG für die Steuerbilanz, soweit nicht vorrangige steuerliche Vorschriften die Übernahme des handelsrechtlichen Werts verbieten. § 15 Abs. 1 Nr. 2 EStG wird nach herrschender Meinung als eine solche dem Maßgeblichkeitsprinzip vorrangig zu beachtende steuerliche Norm angesehen. Demzufolge wird die Beteiligung an einer Personengesellschaft in der Steuerbilanz nicht als eigenständig zu bewertendes Wirtschaftsgut gesehen. Vielmehr ist die Beteiligung mit dem Wert anzusetzen, den das Kapitalkonto des Gesellschafters in der Gesamthandsbilanz der Personengesellschaft aufweist (**Spiegelbildmethode**). Folglich schlagen sich Gewinne und Verluste der Personengesellschaft unmittelbar im Wertansatz der Beteiligung des Gesellschafters nieder.

6.3.2 Gewerbesteuer

Der Gewerbesteuer unterliegen nur Gewerbetreibende. Da ein Gewerbebetrieb kraft Rechtsform bei Personengesellschaften nicht existiert, werden Personengesellschaften nur **kraft gewerblicher Betätigung** von Gewerbesteuer erfasst (§ 2 Abs. 1 GewStG). Eine Personengesellschaft unterliegt also nur dann der Gewerbesteuer, wenn sie selbst eine gewerbliche Tätigkeit im Sinne von § 15 Abs. 2 EStG entfaltet. Ist ein Teil der Tätigkeit der Personengesellschaft als gewerblich zu qualifizieren, so wird ihre gesamte Tätigkeit als gewerblich eingestuft (**Infektionsvorschrift** des § 15 Abs. 3 Nr. 1 EStG).

Steuerschuldner der Gewerbesteuer ist der Unternehmer. Nach dem Wortlaut des § 5 Abs. 1 Satz 3 GewStG wird die Personengesellschaft als Schuldner der Gewerbesteuer und damit als Unternehmer angesehen. Darin zeigt sich ein Wertungsunterschied im Vergleich zur Einkommensteuer, die nur den einzelnen Gesellschafter als (Mit)Unternehmer ansieht (§ 15 Abs. 1 Nr. 2 EStG). Auf der Ebene der Gesellschafter ergibt sich keine Gewerbesteuer, da die Beteiligung an einer Personengesellschaft selbst kein Gewerbe darstellt. Der Gewerbeertrag unterliegt ausschließlich auf der Ebene der Personengesellschaft der Gewerbesteuer, eine anteilige Zurechnung auf Gesellschafter unterbleibt.

Die **Ausgangsgröße für die Ermittlung der Gewerbesteuer** bildet nach § 7 Abs. 1 GewStG der nach den Vorschriften des Einkommensteuergesetzes ermittelte Gewinn aus Gewerbebetrieb. Folglich erlangen die für Personengesellschaften geltenden einkommensteuerlichen Gewinnermittlungsgrundsätze auch für die Gewerbesteuer Bedeutung. Die Ausgangsgröße bildet der aus der Zusammenfassung der 1. und 2. Gewinnermittlungsstufe ermittelte Gesamtgewinn der Personengesellschaft. Vergütungen für schuldrechtliche Vertragsverhältnisse zwischen der Gesellschaft und den Gesellschaftern, die als Beitrag zum gemeinsamen Gesellschaftszweck gewertet und folglich auf der 2. Gewinnermittlungsstufe als Sonderbetriebseinnahmen behandelt werden, mindern den einkommensteuerlichen Gewinn nicht und sind somit in der Ausgangsgröße enthalten. Schuldrechtliche Verträge mit fremden Dritten schlagen sich hingegen in vollem Umfang in der einkommensteuerlichen Bemessungsgrundlage und damit auch in der gewerbesteuerlichen Ausgangsgröße nieder.

Die **gewerbesteuerlichen Hinzurechnungs- und Kürzungsvorschriften** (§§ 8, 9 GewStG), die den Objektcharakter der Gewerbesteuer herstellen sollen und deren Zielsetzung somit auch die rechtsform- und personenunabhängige Erfassung von schuldrechtlichen Vergütungen beinhaltet, führen nur in einem Teilbereich zu einer Gleichbehandlung der schuldrechtlichen Verträge. Die gewerbesteuerlichen Korrekturen hinsichtlich der wichtigsten Vertragstypen zwischen der Personengesellschaft und ihren Gesellschaftern lassen sich aus der folgenden Übersicht entnehmen.

Tabelle 6-6: Schuldrechtliche Verträge bei Personengesellschaften

Vertragsart	Vertrag mit Gesellschafter	Vertrag mit fremden Dritten
Dienstvertrag	- Als (Sonder)Vergütung zu 100% in Ausgangsgröße enthalten (§ 7 Abs. 1 GewStG)	- Als Betriebsausgabe abzugsfähig - Keine Korrektur
Darlehensvertrag	- Als (Sonder)Vergütung zu 100% in Ausgangsgröße enthalten (§ 7 Abs. 1 GewStG)	- Als Betriebsausgabe abzugsfähig - **25% Hinzurechnung** (§ 8 Nr. 1 Bst. a) GewStG)

Die Besteuerung des Unternehmensertrags

Vertragsart	Vertrag mit Gesellschafter	Vertrag mit fremden Dritten
Stille Beteiligung	- Als (Sonder)Vergütung zu 100% in Ausgangsgröße enthalten (§ 7 Abs. 1 GewStG)	- Als Betriebsausgabe abzugsfähig - **25% Hinzurechnung** (§ 8 Nr. 1 Bst. c) GewStG)
Miet-/ Pachtvertrag für bewegliche Wirtschaftsgüter	- Als (Sonder)Vergütung zu 100% in Ausgangsgröße enthalten (§ 7 Abs. 1 GewStG)	- Als Betriebsausgabe abzugsfähig - **5% Hinzurechnung** (§ 8 Nr. 1 Bst. d) GewStG)
Miet-/ Pachtvertrag für unbewegliche Wirtschaftsgüter	- Als (Sonder)Vergütung zu 100% in Ausgangsgröße enthalten (§ 7 Abs. 1 GewStG)	- Als Betriebsausgabe abzugsfähig - **16,25% Hinzurechnung** (§ 8 Nr. 1 Bst. e) GewStG)
Lizenzvertrag	- Als (Sonder)Vergütung zu 100% in Ausgangsgröße enthalten (§ 7 Abs. 1 GewStG)	- Als Betriebsausgabe abzugsfähig - **6,25% Hinzurechnung** (§ 8 Nr. 1 Bst. f) GewStG
Beratungsvertrag	- Als (Sonder)Vergütung zu 100% in Ausgangsgröße enthalten (§ 7 Abs. 1 GewStG)	- Als Betriebsausgabe abzugsfähig - Keine Korrektur

Aus der Übersicht wird deutlich, dass für alle üblicherweise **zwischen einer Personengesellschaft und ihren Gesellschaftern bestehenden schuldrechtlichen Verträge** eine **volle Einbeziehung der Vergütungen** in die gewerbesteuerliche Bemessungsgrundlage erfolgt, während nur bei wenigen Vertragsarten mit fremden Dritten überhaupt eine Korrektur erfolgt, die zudem maximal eine 25%ige Hinzurechnung vornimmt. Daraus resultiert nicht nur eine höhere Gewerbesteuerbelastung von Gesellschaftervertragsbeziehungen gegenüber vergleichbaren Verträgen mit fremden Dritten, sondern auch eine gewerbesteuerliche Mehrbelastung der Personengesellschaften gegenüber Kapitalgesellschaften.

Bei **Kapitalgesellschaften** sind schuldrechtliche Verträge mit den Gesellschaftern aufgrund des Trennungsprinzips anerkannt und werden daher wie Verträge mit fremden Dritten behandelt. Somit kann die Spalte „Vertrag mit fremden Dritten" in der obigen Tabelle auch als die gewerbesteuerliche Behandlung von Gesellschaft-Gesellschafter-Verträgen bei Kapitalgesellschaften gelesen werden. Dann werden rechtsformspezifische Unterschiede bei der gewerbesteuerlichen Behandlung dieser Verträge unmittelbar ersichtlich.

Für Personengesellschaften kommen dieselben **Tarifvorschriften wie bei Einzelunternehmern** zur Anwendung. Nach Abzug eines Freibetrags von 24.500 € (§ 11 Abs. 1

Satz 3 Nr. 1 GewStG) unterliegt der Gewerbeertrag der einheitlichen Steuermesszahl von § 3,5%.

6.3.3 Gesamtsteuerbelastung

Die Gesamtsteuerbelastung der Personengesellschaft und ihrer Gesellschafter setzt sich zusammen aus der Gewerbesteuer der Personengesellschaft und den Einkommensteuerzahlungen zuzüglich Solidaritätszuschlags, die von den Gesellschaftern der Personengesellschaft getragen werden.

Die **Gewerbesteuer** wird als nicht abzugsfähige Betriebsausgabe bei der Ermittlung des Gesamthandsgewinns der Personengesellschaft behandelt (§ 4 Abs. 5b EStG). Zur Milderung der Zusatzbelastung durch die Gewerbesteuer kann der Gesellschafter das 3,8fache des anteilig auf ihn entfallenden Gewerbesteuermessbetrags auf seine Einkommensteuerbelastung anrechnen (§ 35 Abs. 1 Nr. 2 EStG). Die Zurechnung des Gewerbesteuermessbetrags auf die einzelnen Gesellschafter erfolgt nach dem allgemeinen Gewinnverteilungsschlüssel (§ 35 Abs. 2 Satz 2 EStG).

Die **Gesamtsteuerbelastung** des Gesellschafters einer Personengesellschaft ergibt sich aus der zusätzlichen Berücksichtigung seines individuellen Einkommensteuersatzes zuzüglich des Solidaritätszuschlags. Damit setzt sich die Gesamtsteuerbelastung des Gesellschafters einer Personengesellschaft strukturell genauso zusammen wie die Gesamtsteuerbelastung eines Einzelunternehmers. Damit ist auch die Gesamtsteuerbelastung von Gesellschaftern einer Personengesellschaft abhängig von der

- Höhe des individuellen Einkommensteuersatzes, der seinerseits abhängig ist von
  - der Inanspruchnahme der Begünstigung nicht entnommener Gewinne nach § 34a EStG,
  - der Höhe des zu versteuernden Einkommens,
  sowie von der

- Höhe des Gewerbesteuerhebesatzes.

Im Einzelnen gelten die Analysen zur Gesamtsteuerbelastung des Einzelunternehmens uneingeschränkt auch für die Personengesellschaften (siehe unter 6.2.3).

6.4 Ertragsteuerbelastung der Kapitalgesellschaften

6.4.1 Ebene der Kapitalgesellschaft

6.4.1.1 Körperschaftsteuer

Die Kapitalgesellschaft unterliegt als eigenständige juristische Person mit dem von ihr erwirtschafteten Einkommen der Körperschaftsteuer (§§ 1, 7 KStG). Aufgrund der **eigenständigen Rechtspersönlichkeit** der Kapitalgesellschaft sind angemessen vergütete Vertragsbeziehungen mit den Gesellschaftern gesellschaftsrechtlich und steuerrechtlich wie zwischen fremden Dritten anerkannt. Vergütungen, die die Kapitalgesellschaft im Rahmen von Dienstverträgen, Darlehensverträgen, Miet- und Pachtverträgen und anderen Vertragsverhältnissen an die Gesellschafter bezahlt, mindern grundsätzlich als abzugsfähige Betriebsausgaben das steuerpflichtige Einkommen der Kapitalgesellschaft.

Es findet jedoch eine **Angemessenheitsprüfung** der vereinbarten Entgelte statt, da es aufgrund der engen gesellschaftsrechtlichen Verbindung zwischen den Gesellschaftern und der Kapitalgesellschaft an einem Interessengegensatz fehlen kann. Unangemessene Vergütungen, die von dem abweichen, was fremde Dritte miteinander vereinbart hätten, dürfen den körperschaftsteuerpflichtigen Gewinn nicht beeinflussen und werden nach den Grundsätzen der verdeckten Gewinnausschüttung und der verdeckten Kapitaleinlage korrigiert (§ 8 Abs. 3 KStG).

Unabhängig von der Gewinnverwendung unterliegt der von der Kapitalgesellschaft erzielte Gewinn im Jahr der Gewinnentstehung der Körperschaftsteuer in Höhe von 15% (§ 23 KStG).

6.4.1.2 Gewerbesteuer

Eine Kapitalgesellschaft qualifiziert aufgrund der Norm des § 2 Abs. 2 Satz 1 GewStG als **Gewerbebetrieb kraft Rechtsform** und unterliegt damit unabhängig von der ausgeübten Tätigkeit immer der Gewerbsteuer vom Ertrag. Die Kapitalgesellschaft als juristische Person ist Unternehmer im Sinne des Gewerbesteuergesetzes und damit Schuldner der Gewerbesteuer (§ 5 Abs. 1 GewStG).

Da die Ermittlung des Gewerbeertrags auf den nach körperschaftsteuerlichen Vorschriften ermittelten Gewinn der Kapitalgesellschaft zurückgreift (§ 7 Satz 1 GewStG), erlangen die Ermittlungsgrundsätze, die im Rahmen der Körperschaftsteuer gelten, auch für die Gewerbesteuer Bedeutung. Folglich mindern sämtliche Vergütungen, die für **schuldrechtliche Vertragsbeziehungen** an die Gesellschafter bezahlt werden, auch die Ausgangsgröße der Gewerbesteuer. Die Hinzurechnungs- und Kürzungsvorschriften der §§ 8, 9 GewStG eliminieren diese Vertragsvergütungen nur zum Teil aus der gewerbesteuerlichen Bemessungsgrundlage. Die gewerbesteuerlichen Korrekturen hinsichtlich der wichtigsten schuldrechtlichen Vertragstypen zwischen der Kapitalgesellschaft und ihren Gesellschaftern lassen sich der folgenden Übersicht entnehmen.

Abbildung 6-9: Schuldrechtliche Verträge bei Kapitalgesellschaften

Folgende Vertragsverhältnisse führen zu einer (teilweisen) Korrektur bei der Ermittlung der gewerbesteuerlichen Bemessungsgrundlage:

- Darlehensverhältnisse:
  Hinzurechnung von 25% der Entgelte (§ 8 Nr. 1 Bst. a) GewStG)
- Stille Beteiligungen:
  Hinzurechnung von 25% der Gewinnanteile des stillen Gesellschafters (§ 8 Nr. 1 Bst. c) GewStG)
- Miet- und Pachtverhältnisse bezüglich beweglicher Wirtschaftsgüter:
  Hinzurechnung von 5% der Miet- und Pachtentgelte (§ 8 Nr. 1 BSt. d) GewStG)
- Miet- und Pachtverhältnisse bezüglich unbeweglicher Wirtschaftsgüter:
  Hinzurechnung von 16,25% der Miet- und Pachtentgelte (§ 8 Nr. 1 BSt. e) GewStG)
- Lizenzverträge
  Hinzurechnung von 6,25% der Lizenzgebühren (§ 8 Nr. 1 BSt. f) GewStG)

Folgende Vertragsverhältnisse erfahren auch im Rahmen der gewerbesteuerlichen Hinzurechnungen und Kürzungen **keine** Korrekturen:

- Dienstverhältnisse
- Beratungsverträge

Aus der obigen Darstellung ist ersichtlich, dass bei Kapitalgesellschaften zwar für viele Vertragstypen die gewerbesteuerlichen Korrekturen greifen. Allerdings werden maximal 25% der Vertragsvergütungen von der Hinzurechnung erfasst. Somit mindern die meisten Vergütungen für schuldrechtliche Verträge mit den Gesellschaftern die gewerbesteuerliche Bemessungsgrundlage der Kapitalgesellschaft. Dies gilt insbesondere auch für die in mittelständischen Unternehmen bedeutsamen Dienstvergütungen an Gesellschafter-Geschäftsführer.

Daraus resultiert ein **gewerbesteuerlicher Vorteil der Kapitalgesellschaften** im Vergleich zu Einzelunternehmen und Personengesellschaften. Aufgrund der bei Personenunternehmen geltenden Einheitstheorie mindern die Vergütungen für schuldrechtliche Verträge mit den Gesellschaftern nicht den einkommensteuerlichen Gewinn und sind somit in der Bemessungsgrundlage der Gewerbesteuer in vollem Umfang enthalten.

Die Besteuerung des Unternehmensertrags

Wegen dieser Vorteile im Bereich der schuldrechtlichen Verträge mit Gesellschaftern können Kapitalgesellschaften keinen Freibetrag in Anspruch nehmen. Indessen unterliegen sie der gleichen proportionalen Steuermesszahl von 3,5% (§ 11 Abs. 1, § 11 Abs. 2 Nr. 2 GewStG).

6.4.1.3 Gesamtsteuerbelastung

Die Gesamtsteuerbelastung aus den Ertragsteuern einer Kapitalgesellschaft ergibt sich als Summe aus Gewerbesteuerbelastung und Körperschaftsteuer zuzüglich des Solidaritätszuschlags. Somit ist die Gesamtsteuerbelastung der Kapitalgesellschaft nur abhängig von Gewerbesteuerhebesatz. In Abhängigkeit vom Gewerbesteuerhebesatz ergeben sich die folgenden Gesamtbelastungen auf Ebene der Kapitalgesellschaft:

Tabelle 6-7: Gesamtsteuerbelastung der Kapitalgesellschaft in Abhängigkeit vom Gewerbesteuerhebesatz

	Gewerbesteuerhebesatzsatz				
	300%	350%	400%	420%	490%
Gewinn	100,00	100,00	100,00	100,00	100,00
Gewerbesteuer	- 10,50	- 12,25	- 14,00	- 14,70	- 17,15
Körperschaftsteuer	- 15,00	- 15,00	- 15,00	- 15,00	- 15,00
Solidaritätszuschlag	- 0,825	- 0,825	- 0,825	- 0,825	- 0,825
Gewinn nach Steuern	73,675	71,925	70,175	69,475	67,025
Gesamtsteuerbelastung	26,325	28,075	29,825	30,525	32,975

Bei einem Gewerbesteuerhebesatz von 400% ergibt sich eine Gesamtbelastung von 29,83%, die fast mit der Gesamtbelastung von Personenunternehmen bei Inanspruchnahme der Thesaurierungsbegünstigung in Höhe von 29,77% übereinstimmt. Bei Kapitalgesellschaften ist die Gesamtbelastung unabhängig von der Gewinnverwendung und lastet damit auch auf die zwangsweise abfließenden Steuerzahlungen wie Körperschaftsteuer und Gewerbesteuer.

Bei Personenunternehmen errechnet sich die niedrige Gesamtbelastung nur unter der einschränkenden Annahme, dass keinerlei Entnahmen für Steuerzahlungen aus dem Unternehmen getätigt werden müssen. Damit ist die vom Gesetzgeber intendierte annähernde Belastungsgleichheit von Personen- und Kapitalgesellschaften in der Realität nicht erreichbar. Vielmehr unterliegen Personenunternehmen bei einem Gewerbesteuerhebesatz von 400% einer Gesamtsteuerbelastung von 36,16%, wenn man davon ausgeht, dass alle Ertragsteuern aus dem Unternehmensgewinn beglichen und damit entnommen werden. Die nachfolgende Tabelle stellt die Thesaurierungsbelastung von Personenunternehmen und Kapitalgesellschaften unter dieser Annahme gegenüber.

Tabelle 6-8: Vergleich Thesaurierungsbelastung bei Personenunternehmen und Kapitalgesellschaften

Hebesatz	Thesaurierungsbelastung Personenunternehmen (ESt 45%)	Kapitalgesellschaft	Differenz	In %
300%	35,50%	26,33%	9,17	34,83%
400%	36,16%	29,83%	6,33	22,22%
420%	37,01%	30,53%	6,48	21,22%
490%	39,99%	32,98%	7,01	21,25%

6.4.2 Ebene des Anteilseigners

Vergütungen, die der Anteilseigner für **schuldrechtliche Verträge** bezieht, die neben der Beteiligung an der Kapitalgesellschaft bestehen, werden nach den allgemeinen Grundsätzen als Einkünfte im Rahmen der 7 Einkunftsarten qualifiziert und der Einkommensteuer unterworfen. Bei den typischerweise auftretenden Gesellschaft-Gesellschafter-Verträgen bezieht der Gesellschafter Überschusseinkünfte als Einkünfte aus nichtselbständiger Arbeit (Dienstvertrag), Einkünfte aus Vermietung und Verpachtung (Miet- und Pachtvertrag) oder Einkünfte aus Kapitalvermögen (Darlehensvertrag). Die Einkünfte sind nach dem **Zuflussprinzip** in dem Veranlagungszeitraum der Besteuerung zu unterwerfen, in dem sie zugeflossen sind (§ 11 EStG). Für alle Einkunftsarten außer den Einkünften aus Kapitalvermögen bemisst sich die Besteuerung nach dem individuellen Steuertarif § 32a EStG.

Bezieht der Gesellschafter aus einem schuldrechtlichen Vertrag mit der Kapitalgesellschaft eine **unangemessen hohe Vergütung,** so wird nur der angemessene Teil der Vergütung nach den allgemeinen Kriterien qualifiziert. Der darüber hinausgehende unangemessene Teil führt als verdeckte Gewinnausschüttung immer zu **Einkünften aus Kapitalvermögen** im Sinne von § 20 Abs. 1 Nr. 1 Satz 2 EStG.

Bei **Gewinnausschüttungen** ist die Kapitalgesellschaft zunächst verpflichtet, 25% Kapitalertragsteuer auf die ausgeschütteten Dividenden oder Gewinnanteile einzubehalten (§ 43 Abs. 1 Nr. 1, § 43a Abs. 1 Nr. 1, § 44 Abs. 1 EStG). Soweit der Gesellschafter die Beteiligung an der Kapitalgesellschaft **im Privatvermögen** hält, werden die ausgeschütteten Dividenden im Zuflusszeitpunkt als Einkünfte aus Kapitalvermögen gem. § 20 Abs. 1 Nr. 1 EStG qualifiziert. Mit Einbehaltung der Kapitalertragsteuer ist die Steuerpflicht des Anteilseigners grundsätzlich abgegolten (**Abgeltungsteuer**, § 32d Abs. 1 EStG).

Abbildung 6-10: Gesamtsteuerbelastung bei Dividenden im Privatvermögen in Abhängigkeit vom Gewerbesteuerhebesatz

Gewerbesteuerhebesatz	300%	400%	420%	490%
Besteuerungsebene der Kapitalgesellschaft				
Gewinn vor Steuern	100,00	100,00	100,00	100,00
- Gewerbesteuer	- 10,50	- 14,00	- 14,70	- 17,15
- 15% Körperschaftsteuer	- 15,00	- 15,00	- 15,00	-15,00
- Solidaritätszuschlag	- 0,83	- 0,83	- 0,83	-0,83
= Ausschüttungsfähiger Gewinn	73,67	70,17	69,47	67,02
- 25% Kapitalertragsteuer	- 18,42	- 17,54	- 17,37	- 16,76
- Solidaritätszuschlag	- 1,01	- 0,96	- 0,95	- 0,92
Nettobardividende (Auszahlung)	54,24	51,67	51,15	51,33
Besteuerungsebene des Gesellschafters				
keine zusätzliche Besteuerung				
Gesamte Belastung	45,76	48,33	48,85	48,67

Der Gesellschafter kann eine Besteuerung der Gewinnausschüttung nach dem **Teileinkünfteverfahren** beantragen (§ 32d Abs. 2 Nr. 3 EStG), wenn

- er mittelbar oder unmittelbar an der Kapitalgesellschaft zu mindestens 25% beteiligt ist oder

- er zu mindestens 1% beteiligt ist und beruflich für diese tätig ist.

Ansonsten kommt die Besteuerung der Gewinnausschüttungen nach dem Teileinkünfteverfahren immer zur Anwendung, wenn der Gesellschafter die Beteiligung an der Kapitalgesellschaft **im Betriebsvermögen** hält (§ 32d Abs. 1 EStG i.V.m. § 3 Nr. 40 EStG). Wie sich die Gesamtsteuerbelastung auf Ebene der Kapitalgesellschaft und auf Ebene des Anteilseigners darstellt, ergibt sich aus der folgenden Übersicht. Die Gesamtsteuerbelastung steigt zwar mit steigendem Gewerbesteuerhebesatz. Durch das geringere Ausschüttungsvolumen und der damit niedrigeren Einkommensteuerbelastung steigt die Gesamtsteuerbelastung aber in geringerem Umfang als die Gewerbesteuerbelastung.

Ertragsteuerbelastung der Kapitalgesellschaften

6.4

Abbildung 6-11: Wirkung des Teileinkünfteverfahrens in Abhängigkeit vom Gewerbesteuerhebesatz und Einkommensteuersatz

Gewerbesteuerhebesatz	300%	400%	420%	490%
Besteuerungsebene der Kapitalgesellschaft				
Gewinn vor Steuern	100,00	100,00	100,00	100,00
- Gewerbesteuer	- 10,50	- 14,00	- 14,70	- 17,15
- 15% Körperschaftsteuer	- 15,00	- 15,00	- 15,00	-15,00
- Solidaritätszuschlag	- 0,83	- 0,83	- 0,83	-0,83
= Ausschüttungsfähiger Gewinn	73,67	70,17	69,47	67,02
- 25% Kapitalertragsteuer	- 18,42	- 17,54	- 17,37	- 16,76
- Solidaritätszuschlag	- 1,01	- 0,96	- 0,95	- 0,92
Nettobardividende (Auszahlung)	54,24	51,67	51,15	51,33
Besteuerungsebene des Gesellschafters				
Einnahmen nach § 20 Abs. 1 EStG	73,67	70,17	69,47	67,02
Teileinkünfteverfahren:				
60% steuerpflichtig § 3 Nr. 40 EStG	44,20	42,10	41,68	40,21
- damit in Zusammenhang stehende Ausgaben				
60% abzugsfähig § 3c Abs. 2 EStG	- 0,00	- 0,00	- 0,00	- 0,00
Steuerpflichtig	44,20	42,10	41,68	40,21
Individueller Einkommensteuersatz		45%		
tarifliche ESt	19,89	18,94	18,76	18,09
Solidaritätszuschlag	1,09	1,04	1,03	0,99
abzüglich einbehaltene Kapitalertragsteuer	- 18,42	- 17,54	- 17,37	- 16,76
einbehaltener Solidaritätszuschlag	- 1,01	- 0,96	- 0,95	- 0,92
Einkommensteuerzahlung/-erstattung	1,47	1,40	1,36	1,33
Solidaritätszuschlagzahlung/ - erstattung	0,09	0,08	0,08	0,07
Gesamte Belastung				
Ebene der Kapitalgesellschaft	26,33	29,83	30,53	32,98
Ebene des Gesellschafters	20,98	19,98	19,79	19,08
Gesamtbelastung	**47,31**	**49,81**	**50,32**	**52,06**

Die folgende Übersicht zeigt die Gesamtsteuerbelastung von Ausschüttung auf in Abhängigkeit vom Gewerbesteuerhebesatz und von der Einkommensteuerbelastung des Anteilseigners, wenn das Teileinkünfteverfahren zur Anwendung kommt. Mit steigendem Einkommensteuersatz erhöht sich zwar auch die Gesamtsteuerbelastung. Die Diskrepanz zwischen der Gesamtbelastung und dem individuellen Einkommensteuersatz wird aber mit steigendem Einkommensteuersatz geringer. Durch den Vergleich mit der Gesamtsteuerbelastung im Rahmen der Abgeltungsteuer wird deutlich, dass durch den abgeltenden Steuerabzug nur bei individuellen Einkommensteuersätzen, die über 41,67% liegen, eine niedrigere Gesamtsteuerbelastung erreicht wird, als durch das Teileinkünfteverfahren.

Tabelle 6-9: Gesamtsteuerbelastung bei Ausschüttungen in Abhängigkeit vom Gewerbesteuerhebesatz und Einkommensteuersatz

Teileinkünfteverfahren: Einkommensteuersatz	Gewerbesteuerhebesatzsatz				
	300%	350%	400%	420%	490%
0%	26,33	28,08	29,83	30,53	32,98
30%	40,32	41,74	43,16	43,73	45,70
42%	45,92	47,20	48,48	49,00	50,75
45%	47,31	48,56	49,81	50,32	52,06
Im Vergleich dazu: Gesamtsteuerbelastung bei Abgeltungsteuer 25%	45,76	47,05	48,33	48,85	48,67

7 Die Erbschaft- und Schenkungsteuer

7.1 Allgemeine Charakteristik der Erbschaft- und Schenkungsteuer

Die Erbschaft- und Schenkungsteuer wird in der Bundesrepublik Deutschland erhoben auf den unentgeltlichen Erwerb von Vermögen zu Lebzeiten und von Todes wegen. Die **Charakterisierung** der Erbschaft- und Schenkungsteuer und ihre Einordnung in das System der Steuerarten bereitet Schwierigkeiten: Durch die Anknüpfung an die Übertragung von Vermögen vom Erblasser oder Schenker auf den Erben oder Beschenkten kann die Erbschaft- und Schenkungsteuer zum einen als Verkehrsteuer charakterisiert werden. Zum anderen kann die Erbschaft- und Schenkungsteuer auch als Substanzsteuer aufgefasst werden, da das im Übertragungszeitpunkt vorhandene Vermögen der Besteuerung unterliegt. Schließlich kommt der Erbschaft- und Schenkungsteuer eine Ergänzungsfunktion zur Einkommen- oder Körperschaftsteuer zu. Beide Steuerartentypen - also Einkommen- oder Körperschaftsteuer einerseits sowie Erbschaft- und Schenkungsteuer andererseits - erfassen das Einkommen von Personen nach deren individuellen Verhältnissen. Unterschiede bestehen lediglich hinsichtlich des Vermögenserwerbs. Während die Einkommen- oder Körperschaftsteuer das am Markt erworbene Einkommen der Besteuerung unterwirft, erfasst die Erbschaft- und Schenkungsteuer ergänzend dazu den unentgeltlichen Vermögenserwerb.

Die Erbschaft- und Schenkungsteuer ist als **Erbanfallsteuer** ausgestaltet. Dies bedeutet, dass sie die Bereicherung des Begünstigten nach dessen persönlichen Verhältnissen erfasst. Im Gegensatz dazu würde eine Nachlasssteuer als letzte Steuerzahlung des Erblassers oder Schenkers das übertragene Vermögen belasten. Nach herrschender Meinung ist eine Erbanfallsteuer einer reinen Nachlasssteuer vorzuziehen (vgl. auch BVerfG vom 22.6.1995 2 BvL 37/91 BStBl. 1995 II, S. 655; BVerfG vom 22.6.1995 2 BvR 552/91 BStBl. 1995 II, S. S. 671). Eine Erbanfallsteuer kann besser als eine Nachlasssteuer mit der Einkommensteuer kombiniert werden.

Eine **Nachlasssteuer**, die die Übertragung des Vermögens als letzte Mittelverwendung (= Konsum) versteht, fügt sich besser in ein konsumorientiertes Steuersystem ein, das in der Bundesrepublik Deutschland nicht verwirklicht ist.

Von der Erbschaft- und Schenkungsteuer werden grundsätzlich alle unentgeltlichen Vermögensübergänge von Todes wegen von einer Person auf eine andere erfasst. Unentgeltliche Vermögensübertragungen unter Lebenden unterliegen ebenfalls der

Steuer, um eine Umgehung der Erbschaftsteuer zu vermeiden. Die erbschaftsteuerliche Erfassung weiterer Vorgänge (Zweckzuwendung und Erbersatzsteuer) dient ebenfalls dazu, eine Besteuerung aller unentgeltlichen Vermögensübertragungen sicher zu stellen.

Seit längerem war die Erbschaftsteuer **erheblichen verfassungsrechtlichen Bedenken** ausgesetzt. Auf Vorlage des Bundesfinanzhofs (vgl. BFH vom 22.5.2002 II R 61/99, BStBl. 2002 II, S. 598) hatte das Bundesverfassungsgericht mit Beschluss vom 7. 11. 2006 (1 BvL 10/02, DStR 2007, 235) entschieden, dass das bislang geltende Regelungssystem des Erbschaftsteuer- und Schenkungsteuergesetzes (ErbStG) i. V. m. den einschlägigen Vorschriften des Bewertungsgesetzes (BewG) gegen den Gleichbehandlungsgrundsatz des Art. 3 Abs. 1 GG verstoßen hatte. Der Gesetzgeber war nach dem Rechtsspruch des BVerfG verpflichtet, eine Neuregelung spätestens bis zum 31. 12. 2008 zu treffen. Mit einigem Termindruck gelang es dem Gesetzgeber gerade noch, dieser Verpflichtung nachzukommen. Am 5. 12. 2008 stimmte der Bundesrat dem „Gesetz zur Reform des Erbschaftsteuer- und Bewertungsrechts (Erbschaftsteuerreformgesetz - ErbStRG)" zu. Damit konnte das Gesetz zum 1. 1. 2009 in Kraft treten. Das Gesetz bringt weit reichende Änderungen für die Bewertung und Verschonung von Vermögen mit sich, das von Todes wegen oder unentgeltlich unter Lebenden übertragen wird. Ob es dem Gesetzgeber nunmehr – gleichsam im zweiten Anlauf - gelungen ist, ein Regelwerk zu schaffen, das verfassungsrechtlichen Anforderungen genügt, darf durchaus bezweifelt werden.

7.2 Überblick über die Neuregelung zum 1.1.2009

Als Kernpunkte weist das neue Recht im Wesentlichen die folgenden Regelungsbereiche auf:

- Sämtliche Vermögensarten (auch) Betriebs- und Grundvermögen werden mit dem gemeinen Wert (=Verkehrswert) bewertet. Siehe dazu im Einzelnen Punkt 7.5.

- Für die Übertragung von Betriebsvermögen wird eine weitgehende Verschonung gewährt, wenn der Erbe bzw. Beschenkte bestimmte Behaltensfristen einhält und die Arbeitsplätze im Unternehmen erhält. Bei Verstoß gegen die Behaltensfristen oder die Lohnsummenklausel erfolgt ein anteiliger Wegfall der Verschonung.

Für die Verschonung von Betriebsvermögen stehen zwei Verschonungsmodelle zur Verfügung, deren Wahl bindend ist, d. h. nachträglich nicht revidiert werden kann:

- Regelverschonung: Firmenerben, die den ererbten Betrieb im Kern sieben Jahre fortführen, werden von der Besteuerung von 85% des übertragenen Betriebsvermögens verschont, vorausgesetzt, die Lohnsumme beträgt innerhalb von sieben Jahren nicht weniger als 650% der Lohnsumme zum Erbzeitpunkt. Daneben darf der Anteil des Verwaltungsvermögens am betrieblichen Gesamtvermögen höchstens 50% betragen. Kleinstbetriebe bekommen einen gleitenden Abzugsbetrag von 150 000 Euro gewährt.

- Verschonungsoption: Firmenerben, die den ererbten Betrieb im Kern zehn Jahre fortführen, werden komplett von der Erbschaftsteuer verschont, vorausgesetzt, die Lohnsumme beträgt innerhalb von zehn Jahren nicht weniger als 1 000% der Lohnsumme zum Erbzeitpunkt. Daneben darf der Anteil des Verwaltungsvermögens am betrieblichen Gesamtvermögen höchstens 10% betragen.

- Die Übertragung des Privatvermögens innerhalb der Kernfamilie (Ehegatten, eingetragene Lebenspartner, Kinder und Kinder verstorbener Kinder) wird weitgehend von der Erbschaftsteuer verschont. Dies wird erreicht durch die Steuerfreiheit bei Übergang des Familienheims, wenn eine zehnjährige Behaltensfrist eingehalten wird und Selbstnutzung erfolgt, sowie durch eine Anhebung der persönlichen Freibeträge.

7.3 Persönliche Steuerpflicht

Als Personensteuer differenziert das Erbschaftsteuergesetz hinsichtlich der persönlichen Anknüpfung in unbeschränkte Steuerpflicht und beschränkte Steuerpflicht.

Die **unbeschränkte Steuerpflicht** umfasst nach § 2 Abs. 1 Nr. 1 ErbStG den gesamten Vermögensanfall, wenn

- der Erblasser zur Zeit des Todes,
- der Schenkende zur Zeit der Ausführung der Schenkung und/ oder
- der Erwerber zur Zeit der Entstehung der Steuer

Inländer ist. Der Vermögensübergang von Inländern oder an Inländer wird damit der unbeschränkten Steuerpflicht unterworfen. „**Inländer**" im Sinne des Erbschaftsteuergesetzes sind Personen mit Wohnsitz oder gewöhnlichem Aufenthalt im Inland (vgl. § 2 Abs. 1 Nr. 1 Satz 2 a) ErbStG) sowie deutsche Staatsangehörige, die sich nicht länger als 5 Jahre im Ausland aufgehalten haben (vgl. § 2 Abs. 1 Nr. 1 Satz 2 b) ErbStG). Unabhängig von der 5-Jahresfrist werden auch deutsche Staatsangehörige ohne Wohnsitz oder gewöhnlichem Aufenthalt in Deutschland von der unbeschränkten Erbschaft- und Schenkungsteuerpflicht erfasst, wenn sie zu inländischen juristischen Personen des öffentlichen Rechts in einem Dienstverhältnis stehen. Auch Körperschaften und Personenvereinigungen und Vermögensmassen mit Sitz oder Geschäftsleitung im Inland (vgl. § 2 Abs. 1 Nr. 1 Satz 2 d) ErbStG) qualifizieren als Inländer. Die Erbschaft- oder Schenkungsteuer fällt somit grundsätzlich ohne Einschränkungen auch für im Ausland liegendes Vermögen in Deutschland an, wenn der Erblasser zum Zeitpunkt des Todes, der Schenker zum Zeitpunkt der Schenkung oder der Erwerber zu einem dieser Zeitpunkte die Kriterien eines Inländers erfüllen.

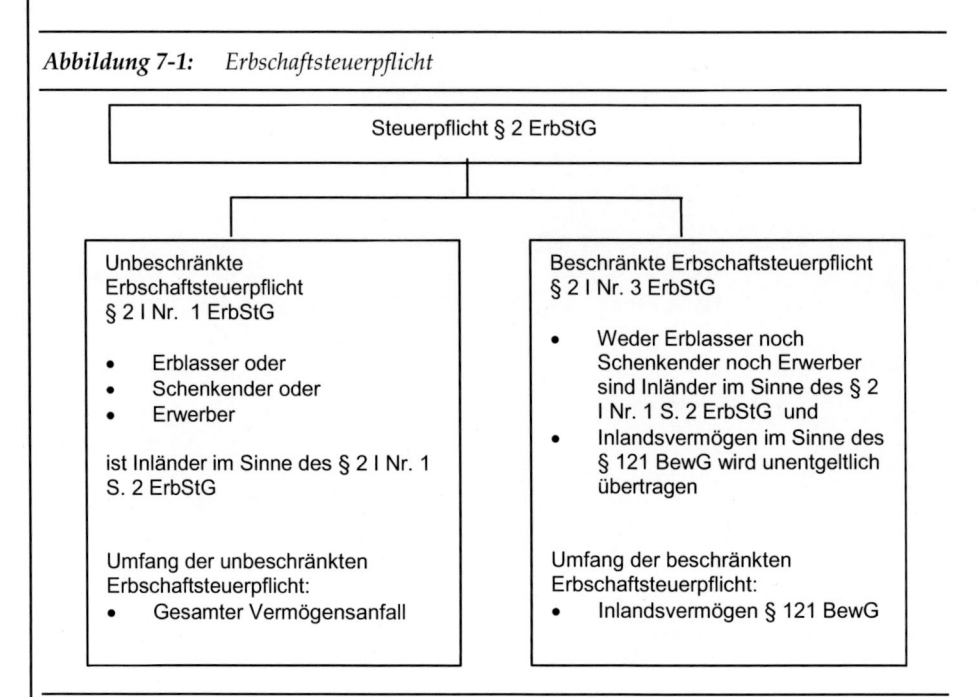

Abbildung 7-1: Erbschaftsteuerpflicht

```
                    Steuerpflicht § 2 ErbStG
                    ┌───────────┴───────────┐
        Unbeschränkte                    Beschränkte Erbschaftsteuerpflicht
        Erbschaftsteuerpflicht           § 2 I Nr. 3 ErbStG
        § 2 I Nr. 1 ErbStG
                                         • Weder Erblasser noch
        • Erblasser oder                   Schenkender noch Erwerber
        • Schenkender oder                 sind Inländer im Sinne des § 2
        • Erwerber                         I Nr. 1 S. 2 ErbStG  und
                                         • Inlandsvermögen im Sinne des
        ist Inländer im Sinne des § 2 I Nr. 1   § 121 BewG wird unentgeltlich
        S. 2 ErbStG                        übertragen

        Umfang der unbeschränkten        Umfang der beschränkten
        Erbschaftsteuerpflicht:          Erbschaftsteuerpflicht:
        • Gesamter Vermögensanfall       • Inlandsvermögen § 121 BewG
```

Ist kein Inländer an dem unentgeltlichen Vermögenserwerb beteiligt, so kann nur eine **beschränkte Steuerpflicht** entstehen, wenn Inlandsvermögen unentgeltlich übertragen wird (vgl. § 2 Abs. 1 Nr. 3 ErbStG). Die Erbschaft- und Schenkungsteuerpflicht beschränkt sich dann auf das in Deutschland belegene Vermögen, das unentgeltlich übertragen wird (Inlandsvermögen im Sinne von § 121 BewG).

Die in einem anderen Staat erhobene Erbschaft-, Nachlass- oder Schenkungsteuer kann auf die deutsche Steuer angerechnet werden (§ 21 ErbStG). Besondere Regelungen gelten, wenn zwischen Deutschland und dem anderen Staat ein Abkommen zur Vermeidung der Doppelbesteuerung bei der Erbschaft- und Schenkungsteuer abgeschlossen wurde. Derzeit bestehen Doppelbesteuerungsabkommen mit Dänemark, Frankreich, Griechenland, Schweden, der Schweiz und den USA. Das bis zum 31.12.2007 existierende Doppelbesteuerungsabkommen mit Österreich wurde nach Abschaffung der österreichischen Erbschaft- und Schenkungsteuer gekündigt.

7.4 Steuergegenstand – Steuertatbestände

7.4.1 Überblick

Die Erbschaftsteuer ist eine eng am Zivilrecht orientierte Steuerart, die in Detailfragen sehr tiefe erbrechtliche Kenntnisse voraussetzt. Für die hier angestrebten Zwecke soll eine Konzentration auf die betriebswirtschaftlich relevanten Aspekte genügen.

Das folgende vereinfachte Berechnungsschema gibt die Vorgehensweise zur Berechnung der Erbschaft- und Schenkungsteuer wieder:

Abbildung 7-2: Vereinfachtes Schema der Erbschaftsteuerermittlung

Sachliche Steuerpflicht und Bemessungsgrundlage § 1, § 10 ErbStG

- Erwerb von Todes wegen
  steuerlicher Wert des gesamten Vermögensanfalls minus Nachlassverbindlichkeiten
- Schenkungen unter Lebenden
  Bereicherung des Erwerbers
- Zweckzuwendungen
  Verpflichtung des mit der Zuwendungsauflage beschwerten Zuwendungsempfängers
- Familienstiftungen und Familienvereine nach jeweils 30 Jahren
  Wert des Vermögens der Familienstiftung oder Familienvereins

- – Nichtbesteuerung des Zugewinnausgleichs § 5 ErbStG
- – Allgemeine sachliche Steuerbefreiungen § 13 ErbStG
- – Spezielle sachliche Steuerbefreiungen für Betriebsvermögen § 13a ErbStG
- – Spezielle Steuerbefreiung für zu Wohnzwecken vermietete Grundstücke § 13c ErbStG
- – Abrundung auf volle 100 € § 10 Abs. 1 Satz 6 ErbStG
- = **Steuerpflichtiger Erwerb vor Abzug der persönlichen Freibeträge**
- – Allgemeiner Freibetrag §§ 16 ErbStG
- – Versorgungsfreibetrag für Ehegatten und Kinder § 17 ErbStG
- = **Steuerpflichtiger Erwerb** § 10 Abs. 1 Satz 1 ErbStG
- • Steuersatz § 19 ErbStG (abhängig von Steuerklasse und Steuerbemessungsgrundlage)
- = **Tarifliche Erbschaft- und Schenkungsteuer**
- – Steuerermäßigungen § 19a ErbStG
- – Ermäßigungen bei mehrfachem Erwerb derselben Vermögenswerte § 27 ErbStG
- = **Festzusetzende Erbschaft- und Schenkungsteuer**

Steuerpflichtige Vorgänge, die im Folgenden im Detail beleuchtet werden sollen, sind nach § 1 ErbStG:

- Erwerb von Todes wegen
- Schenkungen unter Lebenden

- Zweckzuwendungen
- Familienstiftungen und -vereine (alle 30 Jahre).

Betriebswirtschaftlich besonders interessant sind davon Schenkungen unter Lebenden, da diese der **steuerlichen Planung** zugänglich sind und folglich beispielsweise im Wege der vorweggenommenen Erbfolge in hohem Maß auf die Erbschaftsteuerbelastung Einfluss genommen werden kann. Auch der Erwerb von Todes wegen und die daraus resultierende Erbschaftsteuerbelastung stellt sich – insbesondere im Rahmen von mittelständischen Familienunternehmen - als sehr wichtiger betriebswirtschaftlicher Planungsfaktor dar. Die Erbschaftsteuergestaltung durch Familienstiftungen und –vereine erlangt, wie die steigende Zahl an Familienstiftungen belegen, zunehmend praktische Bedeutung.

7.4.2 Erwerb von Todes wegen

Der Erwerb von Todes wegen, der in § 3 Abs. 1 ErbStG geregelt ist, umfasst die folgenden Tatbestände:

- **Unmittelbare Erwerbe von Todes wegen** § 3 Abs. 1 Nr. 1, 2, 3, 4 ErbStG
  Dazu gehören als Haupttatbestand der Erwerb durch Erbanfall, Erbersatzanspruch, Vermächtnis, Pflichtteilsanspruch (Nr. 1), zusätzlich die Schenkung auf den Todesfall (Nr. 2), sonstige Erwerbe unter bestimmten Umständen (Nr. 3) sowie jeder Vermögensvorteil eines Dritten aus dem Vertrag des Erblassers für den Fall seines Todes (Nr. 4). Der Erwerb von Todes wegen schließt damit die gesetzliche, testamentarische oder erbvertragliche Erbfolge ein.

- **Mittelbare Erwerbe von Todes wegen** § 3 Abs. 2 Nr. 2-7, § 6 ErbStG
  Dazu gehören beispielsweise der Erwerb infolge einer Auflage oder Bedingung (§ 3 Abs. 2 Nr. 2), Erwerbe in Zusammenhang mit einer Genehmigung (§ 3 Abs. 2 Nr. 3), Abfindungen für Ausschlagung oder Verzicht auf einen Pflichtteilsanspruch oder ein Vermächtnis (§ 3 Abs. 2 Nr. 4 und 5), Entgelt für die Übertragung der Anwartschaft eines Nacherben (Nr. 6).

- **Fiktive Erwerbe von Todes wegen** bei Gesellschaftsverhältnissen § 3 Abs. 1 Nr. 2 Satz 2 und 3 ErbStG
  Nach dieser Vorschrift wird der Übergang eines Gesellschaftsanteils bei Tod des Gesellschafters auf die anderen Gesellschafter erfasst, sofern der Wert des Gesellschaftsanteils die Abfindungsansprüche Dritter übersteigt.

- Vermögensübergang auf eine vom Erblasser angeordnete **Stiftung** (§ 3 Abs. 2 Nr. 1 ErbStG)

Der Erblasser kann die Zahlung der Erbschaftsteuer einer anderen Person als dem Erwerber auferlegen. So kann zum Beispiel dem Erben die Zahlung der Erbschaftsteuer für den Vermächtnisnehmer auferlegt werden. Diese Steuerübernahme stellt eine weitere Zuwendung des Erblassers an den Erwerber dar und ist mit dessen ursprünglichen Erwerb zusammenzurechnen.

7.4.3 Schenkung unter Lebenden

Der Schenkungsteuer unterliegen alle Schenkungen unter Lebenden (§ 7 ErbStG). Damit soll eine Umgehung der Erbschaftsteuer verhindert werden, die ansonsten durch unentgeltliche Übertragungen zu Lebzeiten möglich wäre. Tatbestandlich erfasste Einzelfälle der Schenkung unter Lebenden zählt § 7 ErbStG auf. Die Vielzahl der explizit erfassten Tatbestände lässt sich in zwei Gruppen zusammenfassen:

- **Reale Schenkungen unter Lebenden** § 7 Abs. 1 bis Abs. 4 ErbStG
  Schenkung ist jede freigebige Zuwendung unter Lebenden, soweit der Bedachte durch sie auf Kosten des Zuwendenden bereichert wird (§ 7 Abs. 1 Nr. 1). Tatbestandsmerkmale einer Schenkung sind folglich die **freigebige Zuwendung** und die **tatsächliche Bereicherung** des Empfängers. Eine Zuwendung erfolgt dann freigebig, wenn der Schenkende ohne rechtliche Verpflichtung einen Vermögensnachteil in Kauf nimmt. Durch die Schenkung muss dem Empfänger tatsächlich ein Vermögensvorteil entstehen. Weitere Beispiele für Schenkungen – neben der Übertragung von Vermögen auf den Beschenkten - sind die Bereicherung des Ehegatten oder Lebenspartners durch Vereinbarung der Gütergemeinschaft (§ 7 Abs. 1 Nr. 4), Abfindungen für Erbverzicht (§ 7 Abs. 1 Nr. 5), was ein Vorerbe dem Nacherben mit Rücksicht auf die angeordnete Nacherbschaft vor ihrem Eintritt herausgibt (§ 7 Abs. 1 Nr. 7), der Vermögensübergang auf eine Stiftung (§ 7 Abs. 1 Nr. 8), der Vermögensübergang bei Aufhebung einer Stiftung etc. (§ 7 Abs. 1 Nr. 9) oder Abfindungen für aufschiebend bedingt, betagt oder befristet erworbene Ansprüche (§ 7 Abs. 1 Nr. 10).

- **Fiktive Schenkungen unter Lebenden bei Gesellschaftsverhältnissen** § 7 Abs. 5 bis Abs. 7 ErbStG
  Dazu gehört zum einen die Schenkung von Anteilen an Personengesellschaften, die mit einer Buchwertklausel (§ 7 Abs. 5 ErbStG) versehen sind. Diese werden mit ihrem tatsächlichen Anteilswert bewertet. Die Differenz zwischen tatsächlichem Anteilswert und Buchwert gilt als fiktiver, auflösend bedingter Erwerb. Zum anderen rechnet dazu die Ausstattung eines Gesellschaftsanteils mit einer überhöhten Gewinnbeteiligung (§ 7 Abs. 6 ErbStG). Die unüblich hohe Gewinnbeteiligung wird gemäß § 7 Abs. 6 ErbStG als eigenständiger schenkungsteuerpflichtiger Tatbestand gesehen. Schließlich gilt als Schenkung auch der Übergang des Gesellschaftsanteils des ausscheidenden Gesellschafters auf die verbleibenden Gesellschafter, soweit der Wert des Anteils den Abfindungsanspruch übersteigt (§ 7 Abs. 7 ErbStG).

7 Die Erbschaft- und Schenkungsteuer

Übernimmt der Schenker die Schenkungsteuer oder verpflichtet er einen Dritten zur Zahlung, liegt eine erneute Zuwendung des Schenkers vor. Diese ist mit der ursprünglichen Schenkung zusammenzurechnen.

7.4.4 Zweckzuwendungen

Zweckzuwendungen sind Zuwendungen (unter Lebenden oder von Todes wegen) an eine bestimmte Person mit der Verpflichtung, das zugewendete Vermögen nicht für eigene, sondern für bestimmte fremde unpersönliche Zwecke zu verwenden (§ 8 ErbStG). **Voraussetzungen** für eine Zweckzuwendung sind:

- Vorhandensein eines bestimmten, objektiv feststellbaren Zwecks

- Verwendung der Zuwendung erfolgt für einen unbestimmten Personenkreis
  So ist eine Verwendung der Zuwendung für Bedürftige der Gemeinde, die Errichtung eines Denkmals, die Förderung von Kunst und Kultur etc. möglich. Historischer Ausgangspunkt der Zweckzuwendung war der märkische Gutskindergarten, den der Erbe aus den ererbten Mitteln errichten musste (RG v. 17. 2. 1911 - VII 239/10, RGZ 75, 378).

- Die Zuwendung darf nicht den Interessen des Zuwendenden dienen.

Die steuerliche Erfassung der Zweckzuwendung kann nicht beim Zuwendungsempfänger erfolgen, da dieser nicht bereichert ist. Vielmehr kann der Zuwendungsempfänger die erhaltene Zuwendung mit der Belastung verrechnen, die durch die Erfüllung des Zuwendungszwecks entsteht. Da die Zweckzuwendung nicht eine bestimmte Person, sondern einen Zuwendungszweck begünstigt, wird für den Bereich der Erbschaft- und Schenkungsteuer der **Zweck verselbständigt** und diese - zivilrechtlich nicht rechtsfähige - Vermögensmasse durch die Zuwendung als bereichert angesehen. Die Bereicherung des Zuwendungszwecks entspricht dabei immer der Bereicherungsminderung des Zuwendungsempfängers durch die Zuwendungsauflage. Die Besteuerung des Zuwendungszwecks richtet sich nach Steuerklasse III (§ 15 Abs. 1 ErbStG).

7.4.5 Turnusbesteuerung der Familienstiftung

Bei sämtlichen bisher diskutierten erbschaft- und schenkungsteuerlichen Tatbeständen wird Vermögen unentgeltlich übertragen. Die turnusmäßige Besteuerung von Familienstiftungen und Familienvereinen nach § 1 Abs. 1 Nr. 4 ErbStG bildet insofern eine Ausnahme, als das in einer Familienstiftung gebundene Vermögen ohne einen Übertragungsvorgang in einem zeitlichen Abstand von 30 Jahren der Erbschaft- und Schenkungsteuer unterliegt (sog. Erbersatzsteuer).

Familienstiftungen und Familienvereine sind selbständige juristische Personen, in denen das Vermögen einer oder mehrerer Familien gebunden ist und an denen keine natürlichen Personen beteiligt sind. Bei der **Errichtung der Stiftung** wird das einzelnen Familienmitgliedern gehörende Vermögen zu Lebzeiten oder von Todes wegen auf die Familienstiftung oder den Familienverein übertragen. Insoweit findet ein Übertragungsvorgang statt, der nach § 2 Abs. 1 Nr. 2 i.V.m. § 3 Abs. 2 Nr. 1, § 7 Abs. 1 Nr. 8 ErbStG der Erbschaft- oder Schenkungsteuer unterliegt. Im Gegensatz zur Übertragung auf eine (normale) Stiftung hat das Verwandtschaftsverhältnis des nach der Stiftungsurkunde entferntest berechtigten Familienangehörigen zu dem Erblasser oder Schenker Einfluss auf die Steuerbelastung. Sind als entferntest Berechtigte die Kinder und weitere Abkömmlinge (Enkel, Urenkel usw.) des Erblassers oder Schenkers benannt, ist die günstige Steuerklasse I anzuwenden (§ 15 Abs. 2 S. 1 ErbStG).

Das in der Familienstiftung oder dem Familienverein gebundene Vermögen besteht rechtlich völlig verselbständigt von den Familienmitgliedern. Folglich kann das in einer Familienstiftung oder in einem Familienverein gebundene Vermögen ohne erbschaft- oder schenkungsteuerliche Konsequenzen von einer Generation auf die nächste übergehen. Durch die pauschalierende Besteuerung im 30jährigen Turnus mit der so genannten **Erbersatzsteuer** (§ 1 Abs. 1 Nr. 4 ErbStG) wird ein fiktiver Generationenwechsel unterstellt und dadurch die Familienstiftung auch ohne Vermögensübergang mit anderen Formen der Vermögensbindung gleichgestellt. Dabei wird der doppelte Freibetrag gem. § 16 Abs. 1 Nr. 2 ErbStG gewährt (2 x 240.000 € Freibetrag) und die Steuer errechnet sich nach dem Steuersatz, der nach Steuerklasse I für die Hälfte des Vermögens zur Anwendung käme (§ 15 Abs. 2 Satz 3 ErbStG). Die 30-Jahre-Turnussteuer kann auf Antrag in 30 gleichmäßigen Teilbeträgen entrichtet werden (Verrentung bei einem Zinsfuß von 5,5 v. H. nach § 24 ErbStG).

Eine Zustiftung nach Errichtung einer Familienstiftung wird gem. R 73 Abs. 3 ErbStR nach Steuerklasse III (Klarstellung) besteuert. Bei Änderung des Stiftungscharakters hält die Finanzverwaltung an ihrer schon bisher kritisierten Auffassung fest, dass diese Änderung des Stiftungscharakters einer Familienstiftung durch Satzungsänderung als steuerpflichtiger Erwerb der „neuen" Stiftung anzusehen ist (R 2 Abs. 4 ErbStR). Die Aufhebung der bisherigen Stiftung wird nicht besteuert, anders wenn die Familienstiftung zivilrechtlich aufgehoben und später eine neue Stiftung errichtet wird.

7.5 Grundsätze der Wertermittlung

7.5.1 Grundlagen der Bewertung

Die Ermittlung des steuerpflichtigen Erwerbs (Wertermittlung) hat entscheidenden Einfluss auf die Erbschaftsteuerbelastung. Als steuerpflichtiger Erwerb gilt grundsätzlich die **Bereicherung des Erwerbers** (§ 10 Abs. 1 Satz 1 ErbStG). Die Methode zur Ermittlung der Bereicherung des Erwerbers unterscheidet sich bei den einzelnen erbschaftsteuerlichen Tatbeständen. Sie bestimmt sich in Abhängigkeit von der Art des erbschaft- oder schenkungsteuerpflichtigen Tatbestands wie folgt:

- Erwerb von Todes wegen: Bemessungsgrundlage ist der steuerliche Wert des gesamten Vermögensanfalls abzüglich der Nachlassverbindlichkeiten (§ 10 Abs. 1 Satz 2, Abs. 5 ErbStG).

- Schenkung unter Lebenden: Die Bereicherung des Erwerbers bildet die Bemessungsgrundlage, Schulden kommen grundsätzlich nicht zum Ansatz (§ 10 Abs. 1 Satz 1 ErbStG).

- Zweckzuwendungen: Bemessungsgrundlage ist die Verpflichtung des mit der Verwendungsauflage beschwerten Zuwendungsempfängers (§ 10 Abs. 1 Satz 4 ErbStG).

- Turnusbesteuerung bei Familienstiftungen: Die Besteuerung bemisst sich nach dem Wert des Vermögens der Familienstiftung bzw. des Familienvereins (§ 10 Abs. 1 Satz 7 ErbStG).

Die Bemessungsgrundlage ist jeweils auf volle 100 € abzurunden (§ 10 Abs. 1 Satz 6 ErbStG).

Soweit im ErbStG nichts Besonderes vorgeschrieben ist, ist **der Zeitpunkt der Steuerentstehung** für die Wertermittlung maßgebend (§ 11 i.V.m. § 9 ErbStG). Damit wird auf die unterschiedlichen Entstehungszeitpunkte in § 9 ErbStG Bezug genommen. Regelfall ist bei Erwerben von Todes wegen der Tod des Erblassers, also der Todeszeitpunkt. Bei einer Schenkung ist der Zeitpunkt der Ausführung der Schenkung maßgebend. Für die Zweckzuwendung kommt es auf den Eintritt der Verpflichtung an. Bei Familienstiftungen bzw. Familienvereinen bestimmt sich der Besteuerungszeitpunkt im 30-jährigen Turnus nach dem ersten Übergang des Vermögens.

Der Zeitpunkt, zu dem eine Schenkung ausgeführt wird oder eine Familienstiftung errichtet wird, kann daher genutzt werden, um die Erbschaft- und Schenkungsteuerbelastung optimal zu gestalten. Bei Erwerben von Todes wegen kann insbesondere durch vorweggenommene Erbfolgeregelungen, durch bewertungsgünstige Strukturierung des Vermögens und gegebenenfalls durch zivilrechtliche Gestaltungen und Wahlrechte auf die Steuerbelastung Einfluss genommen werden.

Die Bereicherung des Erwerbers wird nach dem so genannten Reinwert der Erbschaft oder Schenkung bemessen. Darunter versteht man den positiven Wert nach bürgerlich-rechtlichen Kriterien. Allerdings müssen für die Wertermittlung zuvor die einzelnen Vermögensgegenstände bewertet werden. Die Wertermittlung vollzieht sich nach den Bestimmungen des Bewertungsgesetzes. Grundlegender Bewertungsmaßstab für sämtliche Vermögensarten ist nach dem neuen Erbschaftsteuergesetz **gemeine Wert der Wirtschaftsgüter** im Sinne des § 9 BewG. Danach werden sämtliche Vermögenswerte mit dem Wert angesetzt, der sich im üblichen Geschäftsverkehr für den Verkauf des Wirtschaftsgutes erlösen lassen würde. Dieser sogenannte Verkehrswert ist aber für viele Vermögensarten nicht als Marktpreis ermittelbar. Die Ableitung des gemeinen Werts für die einzelnen Vermögensarten wird anhand der steuerlichen Einzelregelungen im Folgenden aufgezeigt.

7.5.2 Einzelfragen der Bewertung

7.5.2.1 Bewertung von land- und forstwirtschaftlichem Vermögen

Was den Umfang des land- und forstwirtschaftlichen Vermögens für erbschaft- und schenkungsteuerliche Zwecke anbelangt, enthält die Vorschrift des § 33 BewG eine Regelung. Betrieb der Land- und Forstwirtschaft ist die wirtschaftliche Einheit des land- und forstwirtschaftlichen Vermögens. Land- und forstwirtschaftliches Vermögen umfasst nach § 158 i.V.m. § 33 Abs. 1 BewG alle Wirtschaftsgüter, die dauernd einem Betrieb der Land- und Forstwirtschaft zu dienen bestimmt sind. Dazu gehören nach § 160 BewG

- der Betriebsteil,
- die Betriebswohnungen und
- der Wohnteil.

Zum land- und forstwirtschaftlichen Betrieb rechnen hingegen **nicht** die Zahlungsmittel, Geldforderungen und -schulden sowie über den normalen Bestand hinausgehende Bestände an Umlaufvermögen (Überbestände) sowie bestimmte Sondertierbestände (§ 158 Abs. 4 i.V.m. 33 Abs. 3 BewG).

Die **Bewertung des land- und forstwirtschaftlichen Vermögens** erfolgt nach den tatsächlichen Verhältnissen im jeweiligen Besteuerungszeitpunkt (§ 11 ErbStG). Im Einzelnen ist die Bewertung des land- und forstwirtschaftlichen Vermögens für Zwecke der Erbschaftsteuer durch die §§ 158-175 BewG geregelt. Der Umfang der wirtschaftlichen Einheit „Betrieb der Land- und Forstwirtschaft" und die Abgrenzung der Vermögensart bestimmen sich dabei mit Ausnahme der Berücksichtigung von Verbindlichkeiten nach § 158 BewG.

Ausschlaggebend für die **Bewertung des Wirtschaftsteils** ist nach § 162 Abs. 1 BewG der gemeine Wert eines Betriebs unter dem Gesichtspunkt der Betriebsfortführung. Der Fortführungswert des Wirtschaftsteils ist grundsätzlich mit dem in § 163 BewG geregelten typisierenden Ertragswertverfahren zu ermitteln. Es stellt auf die Betriebsergebnisse vergleichbarer Betriebe ab. Diese Daten sind regionalisiert, typisiert und nach Betriebsgröße abgegrenzt. Die erforderlichen Tabellenwerte finden sich in den Anlagen 14-20 zum BewG.

Der sich danach ergebende Wert des Wirtschaftsteils darf jedoch einen Mindestwert nicht unterschreiten. Der Mindestwert des Wirtschaftsteils setzt sich aus der Summe der Werte von Grund und Boden und der übrigen Einzelwirtschaftsgüter zusammen (§ 164 BewG i. V. mit Anlagen 14, 15, 17). Bei kleinen und mittleren Betrieben der Land- und Forstwirtschaft wird i.d.R. nur ein geringer oder negativer Reingewinn erwirtschaftet. Daher wird der Wirtschaftsteil in diesen Fällen regelmäßig mit dem Mindestwert angesetzt werden. Nur bei Großbetrieben wird somit der Ertragswert zur Anwendung kommen.

Für den Fall der Betriebsveräußerung oder der Veräußerung wesentlicher Wirtschaftsgüter innerhalb von 15 Jahren gilt der Nachbewertungsvorbehalt nach § 162 Abs. 3 und 4 BewG, der den Ansatz eines „Liquidationswerts" vorsieht. Dessen Ermittlung richtet sich nach § 166 BewG. Der Liquidationswert besteht aus:

- Dem auf den letzten Bewertungsstichtag ermittelten Bodenrichtwert abzüglich 10% Liquidationskosten und

- Dem gemeinen Wert der übrigen Wirtschaftsgüter abzüglich 10% Liquidationskosten

Der Ansatz eines Liquidationswerts kann allerdings durch eine entsprechende Reinvestition innerhalb von sechs Monaten vermieden werden.

Für alle Teile der wirtschaftlichen Einheit besteht die Möglichkeit, einen niedrigeren gemeinen Wert im Rahmen einer Öffnungsklausel nachzuweisen (vgl. §§ 165 Abs. 3, 167 Abs. 4 BewG).

Betriebswohnungen und Wohnteil werden wie Grundvermögen (§§ 180-197 BewG) bewertet, wobei die Besonderheiten der Abs. 2 und 3 des § 167 BewG zu berücksichtigen sind. Die Abgrenzung der wohnbaulich genutzten Flächen erfolgt über eine Pauschalregelung. Diese sieht eine Höchstgrenze vom fünffachen der bebauten Fläche vor. Zur Berücksichtigung von Besonderheiten, die sich im Falle einer engen räumlichen Verbindung von Wohnraum mit dem Betrieb ergeben, ist der Wert des Wohnteils bzw. der Betriebswohnungen um 15% zu ermäßigen. Auch hier ist der Nachweis eines niedrigeren Verkehrswerts zulässig (§ 167 Abs. 4 BewG).

Die Regeln zum Verschonungsabschlag nach §§ 13a, 13b ErbStG gelten auch für Betriebe der Land- und Forstwirtschaft. Folgerichtig wird dabei jedoch nur der Wirtschaftsteil i. S. des § 168 Abs. 1 Nr. 1 BewG und die selbst bewirtschafteten Flächen nach § 159 BewG begünstigt. Soweit sich die land- und forstwirtschaftliche Tätigkeit nämlich dauerhaft nur auf die Erzielung von Pachteinnahmen und die Erhaltung des Grund und Bodens beschränkt, liegt eine mit der Vermögensverwaltung vergleichbare Tätigkeit vor. Diese soll nach dem Gesetzeszweck nicht begünstigt sein. Deshalb werden land- und forstwirtschaftlich genutzte Flächen über den Begriff der Stückländerei nach § 160 Abs. 7 BewG i. V. m. § 168 Abs. 2 BewG bereits auf Bewertungsebene ausgeschieden.

7.5.2.2 Bewertung von Grundvermögen

Zum **Grundvermögen** gehören gem. § 68 BewG

- Grund und Boden, Gebäude, sonstige Bestandteile und Zubehör,
- Erbbaurechte,
- Wohnungseigentum und Teileigentum, Wohnungserbbaurechte und Teilerbbaurechte

soweit es sich nicht um land- und forstwirtschaftliches Vermögen (§§ 158, 159 BewG) oder um Betriebsgrundstücke (§ 99 BewG) handelt.

Nicht zum Grundvermögen gehören Bodenschätze und Betriebsvorrichtungen (§ 176 Abs. 2 BewG). Das Grundvermögen umfasst als wirtschaftliche Einheiten, die nach eigenständigen Verfahren zu bewerten sind, die unbebauten Grundstücke (§ 178 BewG) und die bebauten Grundstücke (§ 180 BewG). Bewertungsbesonderheiten gelten darüber hinaus für Erbbaurechte und Gebäude auf fremden Grund und Boden (§§ 192-195 BewG), für Grundstücke im Zustand der Bebauung (§ 196 BewG) sowie für Gebäude und Gebäudeteile für den Zivilschutz (§ 197 BewG).

Die **Bewertung des Grundvermögens** erfolgt – wie beim land- und forstwirtschaftlichen Vermögen - nach den tatsächlichen Verhältnissen im jeweiligen Besteuerungszeitpunkt (§ 11 ErbStG).

Die Bewertung des Grundvermögens ist in den §§ 176-198 BewG geregelt. Die Bewertungsverfahren finden sich in den §§ 179, 182 BewG. § 198 BewG enthält eine Öffnungsklausel, die für den Nachweis des niedrigeren gemeinen Werts auf § 199 Abs. 1 BauGB verweist. Weist demnach der Steuerpflichtige nach, dass der gemeine Wert der wirtschaftlichen Einheit am Bewertungsstichtag niedriger ist als der nach §§ 179, 182–196 BewG ermittelte Wert, ist dieser Wert anzusetzen (§ 198 Satz 1 BewG).

Der **Wert für unbebaute Grundstücke** errechnet sich aus der Grundstücksgröße und den jeweils aktuellen Bodenrichtwerten. Nach § 178 Abs. 1 BewG sind „Unbebaute Grundstücke" als Grundstücke definiert, auf denen sich keine benutzbaren Gebäude befinden. Der Wert eines unbebauten Grundstücks bestimmt sich nach seiner Fläche und dem nach § 196 des Baugesetzbuches ermittelten Bodenrichtwert (vgl. § 179 BewG). Die Bodenrichtwerte sind von Gutachterausschüssen nach dem Baugesetzbuch zu ermitteln. Lässt sich von den Gutacherausschüssen kein Bodenrichtwert ermitteln, ist der Bodenwert aus den Werten vergleichbarer Flächen abzuleiten. Weist der Steuerpflichtige nach, dass der gemeine Wert des Grundstücks unter dem auf der Grundlage der Bodenrichtwerte ermittelten Wert liegt, so kommt der gemeine Wert zum Ansatz (§ 198 BewG).

Bei **bebauten Grundstücken** stehen drei typisierende Bewertungsverfahren zur Verfügung, die in Abhängigkeit von der jeweiligen Grundstücksart zur Anwendung kommen,

- das Vergleichswertverfahren nach § 183 BewG,
- das Ertragswertverfahren nach § 184ff. BewG sowie
- das Sachwertverfahren nach §§ 189ff. BewG.

Das in § 183 BewG normierte **Vergleichswertverfahren** ermittelt den gemeinen Wert der entsprechenden Grundstücksgruppen vorrangig aus den von den Gutachterausschüssen mitgeteilten Vergleichspreisen oder Vergleichsfaktoren für Grundstücke, die hinsichtlich ihrer wertbeeinflussenden Merkmale mit den zu bewertenden Grundstücken hinreichend übereinstimmen (§ 183 Abs. 1, Abs. 2 BewG). Das Vergleichswertverfahren ist vorrangig bei der Bewertung von Wohnungen und Ein- und Zweifamilienhäusern anzuwenden.

Das **Ertragswertverfahren** (§§ 184 ff. BewG) kommt typischerweise bei Renditeobjekten, also insbesondere bei Mietwohngrundstücken (mit mehreren Einheiten), Geschäftsgrundstücken sowie gemischt genutzten Grundstücken in Betracht, für die sich auf dem örtlichen Grundstücksmarkt eine übliche Miete ermitteln lässt. Beim Ertragswertverfahren werden Grund und Boden sowie das Gebäude getrennt bewertet. Dabei stellt der jeweilige Bodenwert für das unbebaute Grundstück (§ 179 BewG) zugleich den Mindestwert für das bebaute Grundstück dar. Nach § 184 Abs. 3 BewG ergeben der Bodenwert und der Gebäudeertragswert den Ertragswert des Grundstücks (§ 184 BewG). Der Gebäudeertragswert berechnet sich nach folgenden Schritten:

- Ausgangspunkt der Berechnung ist wie bisher die Jahresnettokaltmiete des Gebäudes (Rohertrag). Dieser Rohertrag ist um die (ggf. pauschalierten) Bewirtschaftungskosten zu mindern (Differenz = Reinertrag). Hierbei handelt es sich um die bei gewöhnlicher Bewirtschaftung nachhaltig entstehenden Verwaltungs-, Betriebs- und Instandhaltungskosten und das Mietausfallwagnis. Soweit von den Gutachterausschüssen keine geeigneten Erfahrungssätze zur Verfügung stehen, ist von den pauschalierten Bewirtschaftungskosten nach Anlage 23 des BewG auszugehen.

- Der Reinertrag des Grundstücks ist um die angemessene Verzinsung des Bodenwerts zu mindern, wobei sich die Höhe der Verzinsung nach der Gebäudeart und der jeweiligen Nutzung richtet (Liegenschaftszinssatz). Hieraus ergibt sich der Gebäudereinertrag. Anzuwenden sind die von den Gutachterausschüssen in diesem Sinne ermittelten örtlichen Liegenschaftszinssätze. Soweit von den Gutachterausschüssen keine geeigneten Liegenschaftszinssätze zur Verfügung stehen, gelten die Zinssätze des § 188 Abs. 2 BewG. Bei übergroßen Grundstücken (= Grundstücke, die wesentlich größer sind als es einer den aufstehenden Gebäuden angemessenen Nutzung entspricht) besteht bei der Verzinsung des Bodenwerts eine Besonderheit: Ist für die übersteigende (nicht mehr angemessen genutzte) Grundstücksteilfläche eine zusätzliche Nutzung oder Verwertung zulässig und möglich, ist diese Teilfläche bei der Verzinsung nicht anzusetzen.

7.5 Grundsätze der Wertermittlung

- Aus der Multiplikation des Gebäudereinertrags mit dem Vervielfältiger ergibt sich der Gebäudeertragswert (der Vervielfältiger ergibt sich aus Anlage 21 des BewG). Der Vervielfältiger richtet sich nach der voraussichtlichen restlichen Nutzungsdauer. Diese ist abhängig von der Gebäudeart sowie dessen Baujahr. Die Restnutzungsdauer des jeweiligen Gebäudes ergibt sich als Differenz aus der wirtschaftlichen Gesamtnutzungsdauer, die in Anlage 22 zum BewG typisierend geregelt wurde, und dem Alter des Gebäudes am Bewertungsstichtag. Der sich hieraus ergebende Wert muss nach § 186 Abs. 3 letzter Satz BewG jedoch mindestens 30% der Gesamtnutzungsdauer betragen

Das nachfolgende Ermittlungsschema gibt einen Überblick über die Vorgehensweise des Ertragswertverfahrens.

Abbildung 7-3: *Grundbesitzwerte nach dem Ertragswertverfahren*

```
                                    Jahresnettokaltmiete
                                        (Rohertrag)
                                            −
                                    Bewirtschaftungs-
                                          kosten
                                            =
                                     Reinertrag des
                                       Grundstücks
                                            −
                                       Bodenwert-
                                        verzinsung
                                            =
Aktueller Bodenrichtwert                 Gebäude-
     (in €/qm)                           reinertrag
        x                                    x
Fläche des Grundstücks                    Verviel-
     (in qm)                              fältiger
        =                                    =
     Boden-                            Gebäudeertragswert
      wert                                  (≥0%)
              ──────→  Grundbesitz-  ←──────
                          wert
```

Im **Sachwertverfahren** werden Grund und Boden sowie Gebäude getrennt bewertet. Das Sachwertverfahren ist insbesondere anzuwenden für sonstige bebaute Grundstücke, für die sich im Vergleichswertverfahren kein Wert ermitteln lässt, sowie für Geschäftsgrundstücke und gemischt genutzte Grundstücke, für die keine ortsübliche Miete zu ermitteln ist, also Grundstücke, die vom Eigentümer selbst genutzt werden. Dabei stellt der jeweilige Bodenwert für das unbebaute Grundstück (§ 179 BewG) zugleich den Mindestwert für das bebaute Grundstück dar. Der Bodenwert und der Gebäudesachwert ergeben den vorläufigen Sachwert des Grundstücks, der einer Wertanpassung unterliegt (§ 189 BewG). Bei der Ermittlung des Gebäudesachwerts im Rahmen des Sachwertverfahrens ist von Regelherstellungskosten des Gebäudes aus-

Die Erbschaft- und Schenkungsteuer

zugehen (§ 190 Abs. 1 Satz 1 BewG). Unter Regelherstellungskosten sind die gewöhnlichen Herstellungskosten je Flächeneinheit zu verstehen. Durch Multiplikation der jeweiligen Regelherstellungskosten mit den Flächeneinheiten des Gebäudes ergibt sich der Gebäuderegelherstellungswert, der um eine Altersminderung zu kürzen ist (§ 190 Abs. 2 BewG).

Abbildung 7-4: Grundbesitzwerte nach dem Sachwertverfahren

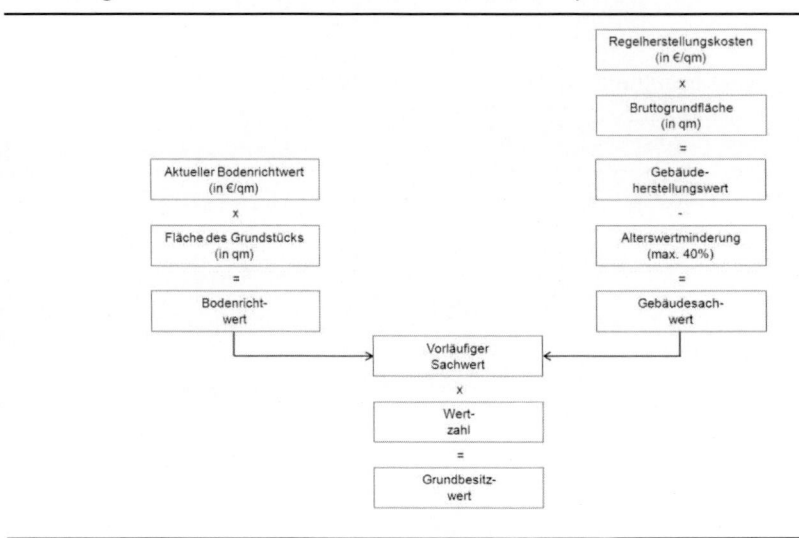

Die Alterswertminderung wird nach dem Verhältnis des Alters des Gebäudes am Bewertungsstichtag zur wirtschaftlichen Gesamtnutzungsdauer nach Anlage 22 bestimmt. Der sich ergebende vorläufige Sachwert des Gebäudes wird zur Anpassung an den gemeinen Wert mit einer von den Gutachterausschüssen festgelegten Wertzahl nach § 191 BewG multipliziert.

7.5.2.3 Bewertung von Betriebsvermögen

Bei Bewertung von Betriebsvermögen wird nach nunmehr gültiger Rechtslage nicht mehr nach der Rechtsform differenziert. Vielmehr erfolgt eine einheitliche Wertermittlung zum gemeinen Wert (§ 109 Abs. 2 i.V.m. § 9 Abs. 2 BewG). Die Bewertung mit dem **gemeinen Wert** gilt für

- Gewerbebetriebe (§ 95 BewG),
- freiberufliche Tätigkeit (§ 96 BewG)

Grundsätze der Wertermittlung

- Anteile an einer Körperschaft, Personenvereinigung oder Vermögensmasse (§ 97 BewG). Hierzu gehören u.a. die Anteile an einer Personengesellschaft und einer Kapitalgesellschaft sowie das Vermögen einer Stiftung.

Der gemeine Wert von börsennotierten Anteilen an Kapitalgesellschaften ergibt sich aus dem Börsenkurs (§ 11 Abs. 1 BewG). Für andere Arten des Betriebsvermögens wird der gemeine Wert vorrangig aus stichtagsnahen Veräußerungsvorgängen innerhalb eines Jahres vor der Übertragung abgeleitet. Wenn innerhalb dieses Zeitraumes keine Verkäufe stattgefunden haben, hat der Steuerpflichtige verschiedene Wahlmöglichkeiten der Bewertung. Es besteht zunächst die Möglichkeit, das Betriebsvermögen auf Basis einer betriebswirtschaftlich anerkannten Methode aus Erwerbersicht durch Einholung eines "klassischen" Bewertungsgutachtens zu bewerten. Alternativ sieht das Gesetz ein sogenanntes vereinfachtes Ertragswertverfahren vor.

Bei dem **vereinfachten Ertragswertverfahren** (§ 199 – 203 BewG) handelt es sich um ein vergangenheitsorientiertes Verfahren, bei dem der Unternehmenswert durch Anwendung eines für alle Unternehmen einheitlichen Kapitalisierungsfaktors (= Kehrwert des Kapitalisierungszinssatzes) auf die durchschnittlichen Erträge der letzten drei Jahre vor dem Bewertungsstichtag ermittelt wird. Grundlage für die Bewertung ist der voraussichtlich zukünftig nachhaltig erzielbare Jahresertrag. Dazu wird der in der Vergangenheit erzielte Durchschnittsertrag herangezogen (§ 201 Abs. 1 BewG). Dieser wird aus den Betriebsergebnissen der letzten drei vor dem Besteuerungszeitpunkt liegenden Wirtschaftsjahre abgeleitet. Zur Abgeltung des Ertragsteueraufwands wird das Betriebsergebnis um 30% gemindert (§ 202 Abs. 3 i. V. mit Abs. 1 und 2 BewG), damit eine rechtsformneutrale Ertragsteuerbelastung sichergestellt ist. Der nachhaltig erzielbare Jahresertrag (§§ 201 und 202 BewG) ist mit dem Kapitalisierungsfaktor (100/Kapitalisierungszins; § 203 BewG) zu multiplizieren. Der Kapitalisierungszinssatz setzt sich aus dem Basiszinssatz und einem Risikozuschlag zusammen (§ 203 Abs.1 BewG). Der Basiszinssatz ist variabel und für ein Jahr maßgeblich. Er ist aus der langfristig erzielbaren Rendite öffentlicher Anleihen abzuleiten. Dabei ist auf den Zinssatz abzustellen, den die Deutsche Bundesbank anhand der Zinsstrukturdaten jeweils auf den ersten Börsentag des Jahres errechnet (§ 203 Abs. 2 BewG). Der Basiszinssatz zum 2. 1. 2009 beträgt 3,61%. Der Risikozuschlag von 4,5% ist pauschal geregelt (§ 203 Abs. 1 BewG). Hieraus ergeben sich für 2009 ein Kapitalisierungszinssatz von 8,11% und ein Kapitalisierungsfaktor von 12,33, der entsprechend der künftigen Entwicklung des Basiszinssatzes variiert. Durch die Anwendung des Kapitalisierungszinssatzes, können sich in der Praxis allerdings unzutreffend hohe Werte ergeben. In beiden Fällen jedoch ist als Mindestwert des Unternehmens sein Substanzwert anzusetzen, d.h. die Differenz zwischen der Summe der Verkehrswerte der Vermögensgegenstände und den Schulden des Unternehmens.

Soweit von der vereinfachten Bewertungsmethode kein Gebrauch gemacht wird, soll die Bewertung nach den in maßgeblichen Wirtschaftskreisen bei Unternehmens- und Anteilskäufen **üblichen Bewertungsmethoden** erfolgen. Dabei kommen insbesondere die Discounted Cashflow-Methode sowie das Ertragswertverfahren nach IDW S1 in Betracht. Discounted Cashflow-Verfahren und Ertragswertverfahren basieren auf Planungsdaten des zu bewertenden Betriebsvermögens. Der Kapitalisierungszinssatz ist nur für das vereinfachte Verfahren gesetzlich geregelt. Damit können der Risikozuschlag und der Kapitalisierungszinssatz individuell an das branchen- und marktspezifische Umfeld des maßgeblichen Betriebsvermögens angepasst werden. Daneben sind aber auch andere anerkannte - im gewöhnlichen Geschäftsverkehr für nichtsteuerliche Zwecke üblichen - Methoden wie die Bewertung anhand branchenüblicher EBITDA-Multiples als zulässig anzusehen.

Das Ergebnis des vereinfachten Ertragswertverfahrens sowie das der üblichen Bewertungsverfahren dürfen den Substanzwert des Betriebsvermögens nicht unterschreiten (**Mindestwertansatz**). Der Substanzwert (Wert des steuerlichen Eigenkapitals) ist die Summe der gemeinen Werte der zum Betriebsvermögen gehörenden Wirtschaftsgüter und sonstigen aktiven Ansätze abzgl. der zum Betriebsvermögen gehörenden Schulden und sonstigen Abzüge § 122 Abs. 2 S. 3 BewG).

In der Besteuerungspraxis werden häufig mehrere Personen an Personengesellschaften sowie an nicht börsennotierten Kapitalgesellschaften beteiligt sein. Für diese Fälle ist die Ermittlung von **Anteilen an betrieblichem Vermögen** nach der Bestimmung des § 97 Abs. 1a BewG konzipiert. Danach ergibt sich, dass der gemeine Wert eines Anteils an einer Personengesellschaft nach dem Verhältnis der Kapitalkonten zunächst auf die Gesellschafter und ein verbleibender Betrag nach dem Gewinnverteilungsschlüssel (§ 97 Abs. 1a Nr. 1 BewG) zu verteilen ist. Dies hat zur Konsequenz, dass für die Gewinnermittlung nach § 4 Abs. 3 EStG die Führung von Kapitalkonten auch für Zwecke der Erbschaft-/Schenkungsteuer künftig von großer Bedeutung sein wird. Wirtschaftsgüter und Schulden des Sonderbetriebsvermögens sind bei der Feststellung des gemeinen Werts dem jeweiligen Gesellschafter separat zuzurechnen (§ 97a Abs. 1 Nr. 2 BewG). Aus der Summe des anteiligen Ertragswerts der Gesellschaft und dem gemeinen Wert des Sonderbetriebsvermögens errechnet sich dann der gemeine Wert des Anteils des Gesellschafters (§ 97 Abs. 1a Nr. 3 BewG).

Der gemeine Wert eines **Anteils an einer Kapitalgesellschaft** (vgl. § 11 Abs. 2 Satz 2 ff. BewG) wird nach dem Verhältnis des übergegangenen oder übertragenen Anteils am Grund- oder Stammkapital der Gesellschaft zum gemeinen Wert des Betriebsvermögens der Kapitalgesellschaft am Bewertungsstichtag aufgeteilt (§ 97 Abs. 1b BewG).

7.5.2.4 Bewertung der übrigen Vermögenswerte

Der Umfang der übrigen der Erbschaft- und Schenkungsteuer unterliegenden Vermögensgegenstände ist gesetzlich nicht definiert. Zu den übrigen Vermögensgegenständen sind insbesondere die in der folgenden Übersicht genannten Wirtschaftsgüter zu rechnen.

Abbildung 7-5: Übrige Vermögenswerte

Zu den übrigen Vermögenswerten rechnen insbesondere

- Verzinsliche und unverzinsliche Kapitalforderungen
- Spareinlagen, Bankguthaben
- Beteiligungswerte wie Aktien, GmbH-Anteile
- Einlagen eines typisch stillen Gesellschafters
- Nießbrauchsrechte, Recht auf Renten und andere wiederkehrende Nutzungen
- Erfindungen und Urheberrechte
- Edelmetalle, Edelsteine, Perlen, Münzen, Medaillen
- Schmuckgegenstände, Luxusgüter
- Kunstgegenstände, Sammlungen

Die Bewertung der übrigen Vermögenswerte erfolgt mit den Wertmaßstäben, die der allgemeine Teil des Bewertungsgesetzes vorsieht (§§ 1 – 16 BewG). Dabei kommt für die genannten Wirtschaftsgüter grundsätzlich die Bewertung mit dem gemeinen Wert zur Anwendung (§ 9 BewG).

7.5.2.5 Abziehbare Belastungen

Da die Bereicherung des Erwerbers die Steuerbemessungsgrundlage bildet, müssen Verbindlichkeiten, die das übertragene Vermögen belasten, abgezogen werden. § 10 Abs. 5 ErbStG erlaubt den Abzug der folgenden Nachlassverbindlichkeiten:

Abbildung 7-6: *Abziehbare Belastungen § 10 Abs. 5 ErbStG*

Den Wert des übertragenen Vermögens mindern

- Vom Erblasser herrührende Schulden, soweit sie nicht mit einem Betriebsvermögen in Zusammenhang stehen § 10 Abs. 5 Nr. 1 ErbStG.
  Betriebliche Schulden werden bei Ermittlung des Werts des Betriebsvermögens bereits abgezogen (§ 12 Abs. 5 ErbStG), so dass es keiner weiteren Kürzung bedarf.
- Verbindlichkeiten aus Vermächtnissen, Auflagen und geltend gemachten Pflichtteilen § 10 Abs. 5 Nr. 2 ErbStG
- Kosten der Bestattung des Erblassers, für ein angemessenes Grabdenkmal und übliche Grabpflege § 10 Abs. 5 Nr. 3 ErbStG

Nicht abziehbar sind dagegen die folgenden Belastungen:

- Schulden und Lasten, die mit Wirtschaftsgütern in Zusammenhang stehen, die nicht der Erbschaft- oder Schenkungsteuer unterliegen § 10 Abs. 6 ErbStG
- Die vom Erwerber zu entrichtende Erbschaft- oder Schenkungsteuer § 10 Abs. 8 ErbStG

7 Die Erbschaft- und Schenkungsteuer

- Auflagen, die dem Beschwerten selbst zugute kommen § 10 Abs. 9 ErbStG

Die Bewertung der abziehbaren Belastungen erfolgt grundsätzlich mit dem gemeinen Wert nach §§ 9-16 BewG. Stehen Schulden und Lasten, mit teilweise steuerbefreitem Vermögen in wirtschaftlichem Zusammenhang, sind sie nur mit dem Betrag abzugsfähig, der dem steuerpflichtigen Teil entspricht. Schulden und Lasten, die mit steuerbegünstigtem Betriebsvermögen in wirtschaftlichem Zusammenhang stehen (§ 13a ErbStG), sind nur in dem Umfang abzugsfähig, der dem Verhältnis des Werts nach Anwendung von § 13a ErbStG zu dem Wert vor Anwendung des § 13a ErbStG entspricht (§ 10 Abs. 6 S. 4 ErbStG). Folglich sind Schulden die mit steuerbefreitem Betriebsvermögen in Zusammenhang stehen nach der Regelverschonung grundsätzlich nur zu 85% abzugsfähig. Dasselbe gilt für Schulden und Lasten, die mit teilweise steuerbefreitem Grundvermögen in wirtschaftlichem Zusammenhang stehen (§ 10 Abs. 6 S. 5 ErbStG).

7.6 Sachliche Steuerbefreiungen

7.6.1 Überblick über die sachlichen Steuerbefreiungen

Erbschaftsteuerlich lassen sich sachliche Steuerbefreiungen und persönliche Steuerbefreiungen unterscheiden. Sachliche Steuerbefreiungen gehören zur Ermittlung der Bemessungsgrundlage und betreffen im Wesentlichen:

- Steuerfreiheit des Zugewinnausgleichs § 5 ErbStG
- Steuerbefreiungen für Gegenstände des Privatvermögens nach § 13 ErbStG
- Steuerverschonung des Betriebsvermögens nach § 13a ErbStG
- Steuerbefreiung für Immobilien nach §§ 13, § 13c ErbStG

7.6.2 Steuerbefreiung des Privatvermögens; Zugewinnausgleich

Steuerfreiheit des Zugewinnausgleichs § 5 ErbStG bezieht sich auf den Ausgleichsanspruch, der bei Ehegatten entsteht, die im gesetzlichen Güterstand der Zugewinngemeinschaft leben (§ 1363 BGB). Diese erwerben bei Beendigung der Zugewinngemeinschaft durch Tod, Ehescheidung oder Abschluss eines Ehevertrags (§ 1408 BGB) einen Anspruch auf Ausgleich des während der Ehe entstandenen Zugewinns. Der fiktive Ausgleichsanspruch bei Beendigung der Zugewinngemeinschaft durch Tod eines Ehegatten oder der tatsächliche Ausgleichsanspruch bei Beendigung der Zugewinngemeinschaft durch Ehescheidung bleibt auf Ebene des Anspruchsberechtigten von der Erbschaft- und Schenkungsteuer frei (§ 5 ErbStG). Die Höhe des steuerfreien Zugewinnausgleichs richtet sich auch bei pauschalem Zugewinnausgleich im Todesfall (§ 1371 Abs. 1 BGB) nach der fiktiv zu ermittelnden Ausgleichsforderung gem. §§ 1373ff. BGB.

Die **sachlichen Steuerbefreiungen nach § 13 ErbStG** betreffen weitgehend Gegenstände des Privatvermögens. Die wichtigsten Tatbestände sind in der nachfolgenden Übersicht zusammengefasst.

Abbildung 7-7: Sachliche Steuerbefreiungen nach § 13 ErbStG

Folgende Gegenstände bleiben nach § 13 ErbStG steuerfrei

- Hausrat einschließlich Wäsche und Kleidungsstücke beim Erwerb durch Personen der Steuerklasse I in Höhe von 41.000 € (§ 13 Abs. 1 Nr. 1 a) ErbStG)
- andere bewegliche körperliche Gegenstände beim Erwerb durch Personen der Steuerklasse I in Höhe von 12.000 €. Dazu zählen nicht Zahlungsmittel, Wertpapiere, Münzen, Edelmetalle, Edelsteine und Perlen sowie Gegenstände, die zum land- und forstwirtschaftlichen Vermögen, Grundvermögen oder Betriebsvermögen gehören. (§ 13 Abs. 1 Nr. 1 b) ErbStG)
- Hausrat einschließlich Wäsche und Kleidungsstücke und andere bewegliche körperliche Gegenstände, soweit der Wert beim Erwerb durch Personen der Steuerklassen II und III insgesamt 12.000 € nicht übersteigt (§ 13 Abs. 1 Nr. 1 c) ErbStG).
- Grundbesitz oder Teile von Grundbesitz, Kunstgegenstände, Kunstsammlungen, wissenschaftliche Sammlungen, Bibliotheken und Archive unter bestimmten weiteren Voraussetzungen entweder bis zu 60 (bzw. 85%) Prozent oder in vollem Umfang, wenn die Erhaltung dieser Gegenstände wegen ihrer Bedeutung für Kunst, Geschichte oder Wissenschaft im öffentlichen Interesse liegt und sie der Forschung oder der Volksbildung nutzbar gemacht sind oder werden (§ 13 Abs. 1 Nr. 2 ErbStG).
- Zuwendungen unter Lebenden, mit denen ein Ehegatte dem anderen Eigentum oder Miteigentum an einem im Inland oder in einem Mitgliedstaat der EU/ EWR liegenden, zu eigenen Wohnzwecken genutzten Familienwohnheim verschafft oder den anderen Ehegatten von eingegangenen Verpflichtungen in Zusammenhang mit der Anschaffung oder Herstellung eines Familienwohnheims freistellt.
- der Erwerb von Todes wegen des Eigentums oder Miteigentums an einem im Inland oder in einem Mitgliedstaat der EU/ EWR belegenen bebauten Grundstücks durch den überlebenden Ehegatten bei Selbstnutzung durch den Erblasser und den Erwerber (Familienheim, § 13 Abs. 1 Nr. 4b) ErbStG)
- der Erwerb von Todes wegen des Eigentums oder Miteigentums an einem im Inland oder in einem Mitgliedstaat der EU/ EWR belegenen bebauten Grundstücks durch Kinder bei Selbstnutzung durch den Erblasser und den Erwerber, soweit die Wohnfläche 200qm nicht übersteigt (Familienheim, § 13 Abs. 1 Nr. 4c) ErbStG
- ein Erwerb bis zu 41.000 €, der Eltern, Adoptiveltern, Stiefeltern oder Großeltern des Erblassers zufällt, wenn der Erwerb zusammen mit dem übrigen Vermögen des Erwerbers 41.000 € nicht übersteigt und der Erwerber infolge körperlicher oder geistiger Gebrechen erwerbsunfähig ist oder durch die Führung eines gemeinsamen Hausstandes mit erwerbsunfähigen oder

in der Ausbildung befindlichen Abkömmlingen an der Ausübung einer Erwerbstätigkeit gehindert ist. (§ 13 Abs. 1 Nr. 6 ErbStG)
- ein steuerpflichtiger Erwerb bis zu 20.000 € bei Personen, die dem Erblasser unentgeltlich oder gegen unzureichendes Entgelt Pflege und Unterhalt gewährt haben, soweit die Zuwendung als angemessenes Entgelt anzusehen ist. (§ 13 Abs. 1 Nr. 9 ErbStG)
- Vermögensgegenstände, die Eltern oder Voreltern ihren Abkömmlingen durch Schenkung oder Übergabevertrag zugewandt haben und die an diese Personen durch Erwerb von Todes wegen zurückfallen, wenn die schenkende und die zurückerwerbende Person identisch ist. (§ 13 Abs. 1 Nr. 10 ErbStG)
- nicht geltend gemachte Pflichtteilsansprüche, soweit dafür keine Abfindungen gezahlt werden (§ 13 Abs. 1 Nr. 11 ErbStG)
- Zuwendungen unter Lebenden zum Zweck des angemessenen Unterhalts oder zur Ausbildung des Bedachten (§ 13 Abs. 1 Nr. 12 ErbStG)
- die üblichen Gelegenheitsgeschenke (§ 13 Abs. 1 Nr. 14 ErbStG)
- Spenden für ausschließlich kirchliche, gemeinnützige oder mildtätige Zwecke und Spenden an politische Parteien im Sinne des § 2 Parteiengesetz (§ 13 Abs. 1 Nr. 16, 17, 18 ErbStG).

7.6.3 Verschonung von Unternehmensvermögen

7.6.3.1 Grundstruktur

Der Verschonungsabschlag des § 13a ErbStG darf als Kernelement der reformierten Erbschaft- und Schenkungsbesteuerung verstanden werden, durch den die Unternehmensnachfolge erleichtert werden soll. Die Verschonung wird unter den im folgenden Punkt genauer beschriebenen Voraussetzungen gewährt, wenn

- dem Grunde nach begünstigtes Vermögen vorliegt und
- das übertragene Betriebsvermögen nicht mehr als 50% Verwaltungsvermögen enthält.

Beträgt das Verwaltungsvermögen 10% oder weniger, besteht die Möglichkeit, zwischen **zwei Verschonungsmodellen** zu wählen, der Regelverschonung und der Verschonungsoption.

Um den Verschonungsabschlag nicht zu verlieren und eine Nachversteuerung zu vermeiden, sind bestimmte **Auflagen** einzuhalten, insbesondere ist eine Behaltensfrist zu beachten und die Lohnsumme des übertragenen Betriebs grundsätzlich in der bisherigen Höhe aufrechtzuerhalten.

7.6.3.2 Voraussetzungen der Verschonung

Für die Erlangung der Betriebsvermögensbegünstigung muss es sich zunächst **dem Grunde nach um begünstigtes Betriebsvermögen** handeln. Die Steuerbegünstigung

Sachliche Steuerbefreiungen 7.6

des Unternehmensvermögens nach § 13a ErbStG umfasst gemäß § 13b Abs. 1 ErbStG unter anderem die folgenden inländischen und teilweise auch ausländischen Betriebsvermögensteile:

- inländische land- und forstwirtschaftliches Vermögen,

- inländisches Betriebsvermögen (§§ 95 -97 BewG)
  - eines ganzen Gewerbebetriebs oder eines Teilbetriebs von Einzelunternehmern
  - eines Anteils an einer Gesellschaft i.S. des § 15 Abs. 1 Nr. 2 EStG (gewerbliche Personengesellschaften) und Abs. 3 (gewerblich geprägte Personengesellschaften) oder einer freiberuflichen Praxis (§ 18 Abs. 4 EStG), eines Anteils eines persönlich haftenden Gesellschafters einer KGaA oder eines Anteils daran,

- ausländisches Betriebsvermögen, das einer Betriebsstätte in der EU oder im EWR-Raum dient,

- Anteile an inländischen Kapitalgesellschaften und EU-Kapitalgesellschaften bzw. EWR-Kapitalgesellschaften, an denen der Erblasser bzw. Schenker zu mehr als 25% unmittelbar beteiligt war (unabhängig von der Höhe der übertragenen Beteiligung, d. h. diese darf unter 25% betragen); bei Beteiligung von unter 25% kann die Begünstigung durch eine Poolung von Anteilen durch eine vertragliche Verpflichtung zur einheitlichen Verfügung und Stimmrechtsausübung (Poolvertrag) erreicht werden.

Das gesamte dem Grunde nach begünstigte Vermögen kommt nur dann in den Genuss der Verschonungsregelung, wenn es nicht zu **mehr als 50% aus Verwaltungsvermögen** besteht. Der Anteil des Verwaltungsvermögens am gemeinen Wert des Betriebs bestimmt sich nach dem Verhältnis der Summe der gemeinen Werte der Einzelwirtschaftsgüter des Verwaltungsvermögens zum gemeinen Wert des Betriebs (§ 13b Abs. 2 Satz 3 ErbStG).

Ausweislich des § 13b Abs. 2 Satz 2 ErbStG gehören zum Verwaltungsvermögen:

- Dritten zur Nutzung überlassene Grundstücke, Grundstücksteile und grundstücksgleiche Rechte und Bauten, nicht dagegen bewegliche Wirtschaftsgüter. Ausgenommen von diesem Grundsatz, d. h. kein Verwaltungsvermögen sind die Überlassung im Rahmen der Betriebsaufspaltung, des Sonderbetriebsvermögens, unter bestimmten Voraussetzungen bei einer Betriebsverpachtung im Ganzen oder innerhalb eines Konzerns (i. S. der Zinsschranke gem. § 4h Abs. 3 Satz 5 EStG). Beteiligungen an Kapitalgesellschaften, wenn die unmittelbare Beteiligung weniger als 25% beträgt. Eine Beteiligung von 25% kann durch eine Anteilspoolung erfolgen. Voraussetzung für die Zusammenrechnung ist eine vertragliche Verpflichtung zur einheitlichen Stimmrechtsausübung und einheitlichen Verfügung oder ausschließlichen Übertragbarkeit auf andere Mitglieder des Poolvertrags. Weitere Ausnahmen bestehen für Kredit- und Finanzdienstleistungsinstitute sowie Versicherungen, sofern die Beteiligungen ihrem Hauptzweck zuzurechnen sind.

- Beteiligungen an Personengesellschaften und Beteiligungen an Kapitalgesellschaften von mehr als 25%, wenn bei diesen Gesellschaften der Anteil des Verwaltungsvermögens mehr als 50% beträgt. Die Modifikation des § 13a Abs. 8 ErbStG im Fall der Optionsausübung wirkt sich nach dessen klarem Wortlaut nicht auf diese Verwaltungsvermögensgrenze in den Tochtergesellschaften aus. Eine vollständige Steuerfreistellung (Optionsregelung) kann demnach auch dann erfolgen, wenn in der Holdinggesellschaft weniger als 10% Verwaltungsvermögen vorhanden ist und in den Tochtergesellschaften bis zu 50%. Diese Tatsache kann u.a. für Vorsorgegestaltungen eingesetzt werden.

- Wertpapiere und vergleichbare Forderungen, sofern sie nicht dem Hauptzweck eines Kredit- oder Finanzdienstleistungsinstituts oder einer Versicherungen dienen. Nach dem Wortlaut handelt es sich bei Kontoguthaben und Festgeldern nicht um Verwaltungsvermögen. Mittel- und langfristig erforderliche Liquidität sollte dementsprechend aus erbschaftsteuerlicher Sicht nicht in Anleihen oder anderen Wertpapieren, sondern auf einem Tagesgeld- oder Festgeldkonto geparkt werden. Alternativ sollte vor Übertragung ein Verkauf der Anleihen erfolgen und mit einer Reinvestition bis nach dem Bewertungsstichtag gewartet werden.

- Kunstgegenstände/-sammlungen, wissenschaftliche Sammlungen, Bibliotheken, Archive, Münzen, Edelmetalle/-steine, wenn der Handel oder die Verarbeitung dieser Gegenstände nicht den Hauptzweck des Gewerbebetriebs darstellen.

Insbesondere bei fremdfinanziertem Betriebsvermögen kann es problematisch sein, die Voraussetzungen des § 13b Abs. 2 ErbStG zu erfüllen. In diesem Fall stellt die 50%-Grenze eine nicht zu unterschätzende Hürde dar: Da die Fremdfinanzierung zunächst von dem begünstigten Vermögen abgezogen wird, muss letztlich der "Nettowert" des begünstigten Vermögens 50% des Gesamtwerts des Betriebs ausmachen. Die Verschonungsregel ist nach dem "Alles oder nichts"-Prinzip konzipiert: Solange das Verwaltungsvermögen unter 50% bzw. 10% liegt, kommt auch dieses in den Genuss der Begünstigung. Auch wenn der Verwaltungsvermögenstest bestanden wurde, ist das im Betriebsvermögen befindliche Verwaltungsvermögen nur begünstigt, soweit es am Bewertungsstichtag seit mindestens zwei Jahren dem Betrieb zuzurechnen ist (§ 13b Abs. 2 Satz 3 ErbStG).

7.6.3.3 Regelverschonung und Verschonungsoption

Liegen diese Voraussetzungen für die Begünstigung von Betriebsvermögen vor, stellt der Gesetzgeber zwei Verschonungsmodelle zur Wahl:

- Das Grundmodell (Regelverschonung) gewährt einen Verschonungsabschlag von 85% der Bemessungsgrundlage.

- Das Optionsmodell (Verschonungsoption) sieht einen Verschonungsabschlag in Höhe von 100% vor. Die Verschonungsoption kann allerdings nur dann in Anspruch genommen werden, wenn der Anteil des Verwaltungsvermögens am Betriebsvermögen nicht mehr als 10% beträgt.

Der Gesetzgeber will durch die Einführung der Verschonungsregelungen nur diejenigen Unternehmen von der Steuer entlasten, bei denen im Zuge des Betriebsübergangs die Arbeitsplätze durch eine langfristige Unternehmensfortführung weitestgehend gesichert werden. Zum Erhalt des Verschonungsabschlags setzen daher beide Modelle die Einhaltung einer Behaltensfrist sowie die Aufrechterhaltung einer Mindestlohnsumme im Betrieb voraus.

Die Auflagen sind bei der Verschonungsoption mit Rücksicht auf die vollständige Verschonung wesentlich strenger:

Tabelle 7-1:   Regelverschonung und Verschonungsoption

	Regelverschonung	Verschonungsoption
Behaltensfrist	7 Jahre	10 Jahre
Mindestlohnsumme/ Lohnsummenfrist	650%/ 7 Jahre	1.000% 10 Jahre
Verwaltungsvermögen	max. 50%	max. 10%

Die Optionsregelung ist gesetzessystematisch derart geregelt, dass § 13a Abs. 8 ErbStG im Fall der Optionsausübung die entsprechenden Tatbestandsmerkmale der grundsätzlichen Regelung modifiziert. Für diese hat der Erwerber unwiderruflich zu optieren (§ 13a Abs. 8 ErbStG). Die Optionsausübung muss bis zur (formellen) Bestandskraft der Steuerfestsetzung erfolgen.

Im Rahmen der Regelverschonung wird für den sofort zu versteuernden Teil des begünstigten Betriebsvermögens ein sog. Abzugsbetrag in Höhe von 150.000 € gewährt (vgl. 13a Abs. 2 ErbStG). Damit kann Betriebsvermögen mit einem Wert von bis zu 1 Mio. € auch ohne Inanspruchnahme der Verschonungsoption steuerfrei übertragen werden. Ergänzend tritt eine Gleitklausel hinzu: Der Abzugsbetrag von 150.000 € verringert sich, wenn der Wert des Betriebsvermögens insgesamt die Grenze von 150.000 € übersteigt, um 50% des übersteigenden Betrags. Ab dem gemeinen Wert eines Betriebsvermögens von 3 Mio. € ist der Abzugsbetrag auf 0 € abgeschmolzen. Der Abzugsbetrag setzt nicht die Einhaltung der Lohnsummenklausel voraus, entfällt jedoch nachträglich bei einem Verstoß gegen die siebenjährige Behaltensfrist. Zudem ist der Abzugsbetrag für von derselben Person anfallenden Erwerbe nur einmal innerhalb von 10 Jahren berücksichtigt werden (§ 13a Abs. 2 S. 3 ErbStG).

7.6.3.4 Einhaltung von Auflagen

Die Begünstigung des Betriebsvermögens im Rahmen der Regelverschonung und der Verschonungsoption ist an die Einhaltung von Auflagen geknüpft. Die einzuhaltenden Bedingungen sind

- die Behaltensfrist und
- die Mindestlohnsumme,

die im Folgenden detailliert untersucht werden sollen.

(1) Behaltensfrist

Die **Einhaltung der Behaltensfrist** setzt voraus, dass innerhalb von sieben Jahren (Regelverschonung) bzw. von zehn Jahren (Verschonungsoption) keine der in § 13a Abs. 5 ErbStG genannten und nachfolgend aufgezählten schädigenden Handlungen vorgenommen werden. Hierzu zählen:

- Nr. 1: Veräußerung des übertragenen Gewerbebetriebs, Teilbetriebs oder des übertragenen Anteils an einer Personengesellschaft, wobei die Aufgabe des Gewerbebetriebs einer Veräußerung gleichgestellt ist. Gleiches gilt, wenn wesentliche Betriebsgrundlagen eines Gewerbebetriebs veräußert oder in das Privatvermögen überführt oder anderen betriebsfremden Zwecken zugeführt werden.

- Nr. 2: Veräußerung des übertragenen land- und forstwirtschaftlichen Vermögens und der selbst bewirtschafteten Grundstücke.

- Nr. 3: Entnahmen durch den Inhaber eines Gewerbebetriebs oder den Gesellschafter einer Personengesellschaft, die die Summe seiner Einlagen und der ihm zuzurechnenden Gewinne oder Gewinnanteile seit dem Erwerb um mehr als 150.000 € übersteigen; bei Ausschüttungen an Gesellschafter einer Kapitalgesellschaft ist sinngemäß zu verfahren. Dies hat zur Folge, dass während der ganzen Behaltensfrist von sieben bzw. zehn Jahren die Entnahmen überwacht und ggf. durch eine Einlage vor Fristablauf korrigiert werden müssen, da ansonsten der volle Vermögenswert ohne jeden Abschlag besteuert wird.

- Nr. 4: Ganze oder teilweise Veräußerung von Anteilen an Kapitalgesellschaften; eine verdeckte Einlage der Anteile in eine Kapitalgesellschaft steht der Veräußerung der Anteile gleich. Gleiches gilt, wenn die Kapitalgesellschaft innerhalb der Frist aufgelöst oder ihr Nennkapital herabgesetzt wird oder wenn diese wesentliche Betriebsgrundlagen veräußert und das Vermögen an die Gesellschafter verteilt wird.

- Nr. 5: Aufhebung von Verfügungsbeschränkungen oder Stimmrechtsbündelungen, wenn die Begünstigung für Anteile an Kapitalgesellschaften durch ein "Pooling" erreicht wurde.

7.6 Sachliche Steuerbefreiungen

Steuerneutrale Einbringungs- und Verschmelzungsvorgänge gelten nicht als schädliche Veräußerung. Auch die Umwandlung einer Kapital- in eine Personengesellschaft bzw. in ein Einzelunternehmen oder eine andere Körperschaft stellt keinen Verstoß gegen die Behaltensfrist dar.

Verstöße gegen die Behaltensfrist führen zu einer Nachversteuerung in Form eines nach vollen Jahren bemessenen anteiligen Wegfalls der Verschonung (pro-rata-temporis-Regelung, § 13a Abs. 5 Satz 2 ErbStG). Die Entwicklung des Verschonungsabschlages bei einem Verstoß gegen die Behaltensfrist zeigt die nachfolgende Tabelle.

Tabelle 7-2: Verschonungsabschlag bei Verstoß gegen die Behaltensfrist

Veräußerung im ...	Regelverschonung	Verschonungsoption
1. Jahr	0%	0%
2. Jahr	12,14%	10%
3. Jahr	24,29%	20%
4. Jahr	36,43%	30%
5. Jahr	48,57%	40%
6. Jahr	60,71%	50%
7. Jahr	72,86%	60%
8. Jahr	85%	70%
9. Jahr	85%	80%
10. Jahr	85%	90%
11. Jahr und später	85%	100%

Beispiel: Ein Steuerpflichtiger veräußert im gesetzlichen Normalfall, d.h. ohne Optionsausübung, seine geschenkte Beteiligung im sechsten Jahr.

Lösung: Die Nachversteuerung berechnet sich als 2/7*85%=24,29%. Damit beträgt der Verschonungsabschlag lediglich noch 60,71%.

Der Verstoß gegen die Behaltensfrist muss durch den Steuerpflichtigen binnen eines Monats angezeigt werden (§ 13a Abs. 6 Satz 2 ErbStG).

Allerdings hat der Gesetzgeber die Möglichkeit eröffnet, einen Verstoß gegen die Behaltensfrist zu heilen. Dies kann nach der sog. **Reinvestitionsklausel**, durch eine Reinvestition innerhalb von sechs Monaten nach dem Verstoß geschehen, wenn der Veräußerungserlös in Betriebsvermögen reinvestiert wird, das nicht Verwaltungsvermögen sein darf (§ 13a Abs. 5 Satz 3 ErbStG).

(2) Der Lohnsummentest

Die erforderliche **Mindestlohnsumme** wird erreicht, wenn die Summe der maßgebenden jährlichen Lohnsummen des Betriebs

- bei der Regelverschonung nach siebenjähriger Lohnsummenfrist (Überwachungszeitraum) nicht unterhalb von 650% der Ausgangslohnsumme liegt und

- beim Optionsmodell zehn Jahre nach dem Erwerb mindestens 1000% der Ausgangslohnsumme beträgt.

Basis der Lohnsummenregelung ist die Ausgangslohnsumme, welche die Durchschnittslohnsumme der letzten fünf vor dem im Zeitpunkt der Steuerentstehung endenden Wirtschaftsjahre darstellt. Den Begriff der Lohnsumme definiert das Gesetz weit. Er umfasst alle Vergütungen, also Löhne, Gehälter und andere Bezüge und Vorteile, die im maßgebenden Wirtschaftsjahr an die auf den Lohn- und Gehaltslisten erfassten Beschäftigten gezahlt werden (§ 13a Abs. 4 ErbStG). Leiharbeits- und Saisonarbeitsverhältnisse werden hingegen nicht einbezogen. Beträgt die Ausgangslohnsumme 0€ oder hat der Betrieb nicht mehr als zehn Beschäftigte, ist die Lohnsummenkontrolle von vornherein nicht anzuwenden (§ 13a Abs. 1 Satz 4 ErbStG).

Tabelle 7-3: Verschonungsabschlag bei Verstoß gegen die Mindestlohnsumme

Durchschnittliches Lohnniveau nach 7 bzw. 10 Jahren	Regelverschonung	Verschonungsoption
100%	85%	100%
90%	76,5%	90%
80%	68,0%	80%
70%	59,5%	70%
60%	51,0%	60%
50%	42,5%	50%
40%	34,0%	40%
30%	25,5%	30%
20%	17,0%	20%
10%	8,5%	10%
0%	0%	0%

Gehören zum Vermögen eines zu bewertenden Betriebs Beteiligungen an anderen Unternehmen (Tochtergesellschaften), an denen der Betrieb mittelbar oder unmittelbar zu mehr als 25% beteiligt ist, so sind die Lohnsummen dieser Gesellschaften einzube-

Sachliche Steuerbefreiungen **7.6**

ziehen. Zu berücksichtigen sind jedoch ausschließlich Gesellschaften, die ihren Sitz oder ihre Geschäftsleitung im EU- und EWR-Raum haben. Verlagerungen von Arbeitsplätzen aus diesem Wirtschaftsraum in Drittstaaten gehen daher zu Lasten der maßgeblichen Lohnsumme.

Im Falle des **Unterschreitens der Lohnsumme** vermindert sich der Verschonungsabschlag von 85% bzw. 100% gem. § 13a Abs. 1 Satz 5 ErbStG mit Wirkung für die Vergangenheit in demselben prozentualen Umfang, um den die Mindestlohnsumme unterschritten wird. Allerdings besteht die Möglichkeit, durch eine Betrachtung am Ende der Frist einzelne Unterschreitungen durch Jahre mit Überschreitungen auszugleichen und beispielsweise durch die Zahlung von Tantiemen oder Sondervergütungen dem drohenden Wegfall der Begünstigung vorzubeugen. Eine Jahresbetrachtung erfolgt nicht.

Beispiel: Im gesetzlichen Regelfall wird am Ende der Siebenjahresfrist eine Lohnsumme von 585% erreicht, also die gesetzlich geforderte Lohnsumme von 650% um 10% unterschritten.

Lösung: Der Vergünstigungsabschlag berechnet sich wie folgt: 585/650 × 85% = 76,5%. Der Verschonungsabschlag wird zu 76,5% (anstatt 85%) gewährt. Eine Nachversteuerung findet in Höhe von 8,5% statt.

Zeigt sich nach Ablauf der Lohnsummenfrist, dass die Mindestlohnsumme nicht erreicht worden ist, so hat der Steuerpflichtige dies innerhalb von sechs Monaten anzuzeigen (§ 13a Abs. 6 Satz 1 ErbStG).

Fraglich ist, ob ein gleichzeitiger Verstoß gegen die Behaltensfrist und die Mindestlohnsumme möglich ist, mit der Folge, dass der Verschonungsabschlag ggf. zweimal zu kürzen ist. Für einen solchen kumulierten Wegfall des Verschonungsabschlags enthält das Gesetz keine Regelungen. Nach dem Gesetzeswortlaut kommt der Mindestlohnsumme bei einem Verstoß gegen die Behaltensfrist keine eigenständige Bedeutung zu. Hierfür spricht zunächst, dass das Gesetz keinen Test der Mindestlohnsummen vor Ablauf der sieben- bzw. zehnjährigen Lohnsummenfrist vorsieht. Es fehlt insofern bereits an einer Regelung, einen Verstoß vor Ablauf der jeweils maßgeblichen Frist überhaupt festzustellen.

7.6.4 Verschonung von privatem Grundvermögen

Die Begünstigung der Übertragung von privatem Grundvermögen hat zwei unterschiedliche Zielrichtungen. Zum einen soll der private Wohnungsmarkt durch einen verminderten Wertansatz sowie durch eine zusätzliche Steuerstundungsmöglichkeit gestärkt werden. Dies kommt darin zum Ausdruck, dass § 13c Abs. 3 ErbStG bestimmte Grundstücke und Grundstücksteile begünstigt. Zum anderen möchte der Gesetzgeber Übertragungen von Familienwohnheimen innerhalb der Kernfamilie von einer Besteuerung weitgehend freistellen(§ 13 Abs. 1 Nr. 4a - Nr. 4c ErbStG).

(1) Zu Wohnzwecken vermietete Grundstücke

Der gemeine Wert von bebauten Grundstücken (z. B. Ein- und Zweifamilienhäuser, Mietwohngrundstücke, Wohnungseigentum), die zu Wohnzwecken vermietet werden, unterliegt nur zu 90% der Steuer, wenn

- diese im Inland, in einem Mitgliedstaat der EU oder des EWR belegen sind, und
- nicht zum begünstigten Betriebsvermögen oder zum begünstigten Vermögen eines land- und forstwirtschaftlichen Betriebs i. S. des § 13a ErbStG gehören (§ 13c Abs. 3 ErbStG).

Der Erwerber kann den verminderten Wertansatz nicht in Anspruch nehmen, soweit er das erworbene Grundstück aufgrund letztwilliger oder rechtsgeschäftlicher Verfügung des Erblassers oder Schenkers auf einen Dritten übertragen muss. Gleiches gilt für die Teilung des Nachlasses im Wege einer Erbauseinandersetzung.

(2) Übertragung von Grundstücken innerhalb der Kernfamilie

Nach der „Familienheimvergünstigung" können eigengenutzte Immobilien (das "Familienheim") zu Lebzeiten oder von Todes wegen vollständig steuerfrei auf den Ehegatten oder die Kinder übertragen werden. Eine vollumfängliche Freistellung ist für 3 Fallgruppen vorgesehen, die in der nachfolgenden Tabelle im Überblick dargestellt werden.

Allen Begünstigungsregeln gemeinsam ist, dass es sich um Grundstücke i. S. des § 181 Abs. 1 Nr. 1 - 5 BewG handeln muss. Darunter fallen Ein- und Zweifamilienhäuser, Mietwohngrundstücke, Wohnungs- und Teileigentum, Geschäftsgrundstücke und gemischt genutzte Grundstücke. Der Erblasser muss die Wohnung zu eigenen Wohnzwecken genutzt haben (Familienheim). Zusätzlich muss das Grundstück im Inland, oder in einem Mitgliedstaat der EU oder des EWR belegen sein.

Die **Steuerbefreiung von Zuwendungen unter Lebenden**, mit denen ein Ehegatte dem anderen Ehegatten das Eigentum oder Miteigentum an einem zu eigenen Wohnzwecken genutzten Familienheim verschafft hat (§ 13a Abs. 1 Nr. 4a ErbStG), setzt voraus, dass

- die Zuwendung an Ehegatten oder eingetragenen Lebenspartner erfolgt,
- es sich um ein bebautes Grundstück im Sinne des § 181 Abs. 1 Nr. 1 – 5 BewG handelt (Ein- und Zweifamilienhäuser, Mietwohngrundstücke, Wohnungs- und Teileigentum, gemischt genutzte Grundstücke),

7.6 Sachliche Steuerbefreiungen

- das im Inland, in Mitgliedstaaten der EU oder des EWR belegen ist,
- soweit sich darin eine selbstgenutzte Wohnung (Familienheim) befindet.

Die Freistellungsregelung betrifft nur (anteilig) die selbstgenutzte Wohnung, die im Zeitpunkt der Zuwendung der Lebensmittelpunkt beider Ehegatten bilden muss. Keine Begünstigung erfährt daher beispielsweise der Zweitwohnsitz der Ehegatten. Die Begünstigungsregelung setzt nicht die Einhaltung einer Behaltensfrist voraus. Eine anschließende Vermietung, Veräußerung oder Aufgabe der Wohnung ist daher unschädlich. Auch mehrmaliges Verschenken des jeweils aktuellen Familienheims ist steuerfrei möglich, da gesetzlich kein Objektverbrauch vorgesehen ist.

Tabelle 7-4: Übertragung von Grundstücken innerhalb der Kernfamilie

Erwerbsvorgang	Zuwendung unter Lebenden § 13 Abs. 1 Nr. 4a ErbStG	Erwerb von Todes wegen § 13 Abs. 1 Nr. 4b ErbStG	Erwerb von Todes wegen § 13 Abs. 1 Nr. 4c ErbStG
■ Begünstigter Erwerberkreis	Ehegatte/ eingetragener Lebenspartner	Ehegatte/ eingetragener Lebenspartner	Kinder und Kinder verstorbener Kinder
■ Sachliche Voraussetzungen	Wohnung wird als Familienwohnheim zu eigenen Wohnzwecken genutzt	– Selbstnutzung bis zum Erbfall durch den Erblasser oder zwingender Hinderungsgrund – Wohnung ist beim Erwerber unverzüglich zur Selbstnutzung bestimmt	– Selbstnutzung bis zum Erbfall durch den Erblasser oder zwingender Hinderungsgrund – Wohnung ist beim Erwerber unverzüglich zur Selbstnutzung bestimmt – Flächenbeschränkung: selbstgenutzte Wohnfläche darf 200 qm nicht übersteigen (Freibetrag)
■ Einschränkungen/ Auflagen	keine	– Erwerber muss Familienheim während 10 Jahren selbst nutzen – Ausnahme: zwingende Hinderungsgründe für Selbstnutzung (z.B. Pflegebedüftigkeit, Tod)	– Erwerber muss Familienheim während 10 Jahren selbst nutzen – Ausnahme: zwingende Hinderungsgründe für Selbstnutzung (z.B. Pflegebedüftigkeit, Tod)

Der **Erwerb des Familienheims von Todes wegen unter Ehegatten bzw. eingetragenen Lebenspartnern** bleibt nach § 13 Abs. 1 Nr. 4b ErbStG steuerfrei, soweit

- es sich um ein bebautes Grundstück im Sinne des § 181 Abs. 1 Nr. 1 – 5 BewG handelt (Ein- und Zweifamilienhäuser, Mietwohngrundstücke, Wohnungs- und Teileigentum, gemischt genutzte Grundstücke),
- das im Inland, in Mitgliedstaaten der EU oder des EWR belegen ist, und
- der Erblasser darin bis zum Erbfall eine Wohnung zu eigenen Wohnzecken genutzt hat oder aus zwingenden Gründen an der Nutzung gehindert war, und soweit
- die Wohnung beim Erwerber unverzüglich zu eigenen Wohnzwecken bestimmt ist.

Als zwingende Gründe kommen nur solche Gründe in Betracht, die es dem Erblasser objektiv unmöglich machen, das Familienheim als Lebensmittelpunkt zu führen. Darunter fallen nach der Gesetzesbegründung vor allem gesundheitliche Einschränkungen (Pflegebedürftigkeit), nicht jedoch freiwillige Änderungen der Lebensplanung (freiwilliger Bezug eines Altersheims, freiwilliger Zuzug zu Kindern). Die Steuerbefreiung ist ausgeschlossen, wenn der Erwerber das Familienheim aufgrund einer letztwilligen oder rechtsgeschäftlichen Verfügung des Erblassers (Vermächtnis, Auflage oder Schenkung auf den Todesfall) auf einen Dritten oder im Rahmen der Teilung des Nachlasses auf einen Miterben übertragen muss. Die Steuerbefreiung entfällt rückwirkend, also mit Wirkung für die Vergangenheit, wenn der Ehegatte/eingetragene Lebenspartner das Familienheim innerhalb von zehn Jahren nach Erwerb nicht mehr zu Wohnzwecken selbst nutzt (Behaltensfrist), sofern nicht zwingende Gründe einer solchen Selbstnutzung entgegenstehen.

Der **Erwerb des Familienheims von Todes wegen durch Kinder oder Kinder verstorbener Kinder,** also Enkel der Erblassers (Steuerklasse I Nr. 2) ist nach § 13 Abs. 1 Nr. 4c ErbStG steuerbefreit

- es sich um ein bebautes Grundstück im Sinne des § 181 Abs. 1 Nr. 1 – 5 BewG handelt (Ein- und Zweifamilienhäuser, Mietwohngrundstücke, Wohnungs- und Teileigentum, gemischt genutzte Grundstücke),
- das im Inland, in Mitgliedstaaten der EU oder des EWR belegen ist, und
- soweit der Erblasser bis zum Erbfall die Wohnung zu eigenen Wohnzecken genutzt hat oder bei der er aus zwingenden Gründen an der Nutzung gehindert war, und
- die Wohnung beim Erwerber unverzüglich zu eigenen Wohnzwecken bestimmt wird, und
- soweit die Wohnfläche der Wohnung nicht 200 qm übersteigt.

Die Begrenzung der Wohnfläche auf 200 qm ist als Freibetrag zu verstehen ("soweit"). Deshalb ist lediglich der 200 qm übersteigende Teil der Wohnfläche nicht steuerbefreit. Die Steuerbefreiung entfällt - wie im Fall des Nr. 4b - allerdings rückwirkend, wenn der Erwerber das Familienheim innerhalb von zehn Jahren nach Erwerb nicht mehr zu Wohnzwecken selbst nutzt (Behaltensfrist), sofern nicht zwingende Gründe einer solchen Selbstnutzung entgegenstehen (z.B. Pflegebedürftigkeit, Tod). Eine Übertragung auf Kinder zu Lebzeiten ist demgegenüber nicht begünstigt.

7.7 Berechnung der Erbschaftsteuer

Bei der Vorgehensweise der Erbschaftsteuerberechnung wird **ihr Charakter als Personensteuer** besonders evident: Der Verwandtschaftsgrad des Begünstigten zum Erblasser oder Schenker bestimmt die Steuerklasse, den Umfang der anzuwendenden Freibeträge und den Steuersatz.

Die **Berechnung der Erbschaftsteuer** wird bestimmt

- von der Steuerklasse des Erwerbers, § 15 ErbStG
- von persönlichen Freibeträgen, § 16 ErbStG
- von Versorgungsfreibeträgen, § 17 ErbStG
- vom Steuersatz, § 19, 19a ErbStG
- von früheren Erwerben, § 14 ErbStG.

Die **erbschaftsteuerlichen Steuerklassen** sind in § 15 ErbStG dergestalt konzipiert, dass eine Unterscheidung von Steuerklassen nach dem persönlichen Verwandtschaftsverhältnis des Erblassers oder Schenkers erfolgt. Je näher der Verwandtschaftsgrad ist, desto niedriger stellen sich die Steuerklasse und auch der Steuersatz dar. Im Einzelnen ist dort definiert:

- Steuerklasse I gilt für Ehegatten, Kinder und Stiefkinder, Abkömmlinge der Kinder und Stiefkinder sowie für Eltern und Voreltern bei Erwerb von Todes wegen
- Steuerklasse II betrifft Eltern und Voreltern, soweit für diese nicht in Steuerklasse I gilt, Geschwister, Abkömmlinge ersten Grades der Geschwister, Stiefeltern, Schwiegerkinder, Schwiegereltern, der geschiedene Ehegatte
- Steuerklasse III nimmt alle übrigen Erwerber auf, ebenso wie die Zweckzuwendungen.

Die Steuerklassen I und II [bis einschließlich Geschwisterkinder] gelten auch, wenn die Verwandtschaft durch Annahme als Kind bürgerlich-rechtlich erloschen ist (§ 15 Abs. 1a ErbStG). Bei Errichtung einer Familienstiftung richtet sich die Steuerklasse nach dem Verwandtschaftsgrad des entferntesten Berechtigten zum Erblasser oder Schenker.

Der **persönliche Freibetrag**, der dem jeweiligen Erwerber zusteht, richtet sich nach dem Verwandtschaftsverhältnis zum Erblasser oder Schenker und nach dem seiner

Steuerklasse (§ 16 ErbStG). Bei der Turnusbesteuerung einer Familienstiftung nach Ablauf von 30 Jahren wird ein Freibetrag in Höhe von 800.000 € gewährt (§ 15 Abs. 2 Satz 3 ErbStG). Die persönlichen Freibeträge sind in der folgenden Abbildung zusammengestellt.

Abbildung 7-8: Persönliche Freibeträge nach § 16 ErbStG

- 500.000 € für den Ehegatten
- 400.000 € für Kinder, Stiefkinder und Kinder verstorbener Kinder
- 200.000 € für Enkel
- 100.000 € für Eltern und Großeltern bei Erbschaften
- 20.000 € für Personen der Steuerklasse II
- 500.000 € für eingetragene Lebenspartner
- 20.000 € für Personen der Steuerklasse III (alle übrigen Bedachten)
- 2.000 € für beschränkt Steuerpflichtige

Ein besonderer **Versorgungsfreibetrag** in Höhe von 256.000 € wird dem überlebenden Ehegatten und dem eingetragenen Lebenspartner zusätzlich zum persönlichen Freibetrag bei Erwerben von Todes wegen gewährt (§ 17 ErbStG). Dieser Freibetrag wird jedoch um den Kapitalwert (Steuerwert) der Versorgungsbezüge gekürzt, die nicht der Erbschaftsteuer unterliegen. Zu den nicht steuerbaren Versorgungsbezügen gehören zum Beispiel die Hinterbliebenenbezüge aufgrund der gesetzlichen Rentenversicherung oder der Beamtengesetze. Der besondere Versorgungsfreibetrag für Kinder bis zur Vollendung des 27. Lebensjahrs ist in Abhängigkeit von ihrem Alter gestaffelt. Auch hier erfolgt eine Kürzung des Freibetrags um den Kapitalwert von steuerfreien Versorgungsbezügen.

Abbildung 7-9: Versorgungsfreibetrag für Kinder gem. § 16 ErbStG

Für Kinder beträgt der zusätzliche Versorgungsfreibetrag bei einem Alter

- bis zu 5 Jahren 52.000 €
- von mehr als 5 bis zu 10 Jahren 41.000 €
- von mehr als 10 bis zu 15 Jahren 30.700 €
- von mehr als 15 bis zu 20 Jahren 20.500 €
- von mehr als 20 Jahren bis zur Vollendung des 27. Lebensjahrs 10.300 €

Die den **Erbschaftsteuertarif** determinierenden Steuersätze finden sich im § 19 ErbStG. Die für Erwerbe von Todes wegen und Schenkungen unter Lebenden gleichermaßen geltenden Steuersätze sind nach der Höhe des Erwerbs und nach der Steuerklasse des Erwerbers abgestuft. Bei der Turnusbesteuerung von Familienstiftungen ist der Steuersatz anzuwenden, der sich nach Steuerklasse I für die Hälfte des steuerpflichtigen Vermögens ergibt (§ 15 Abs. 2 Satz 3 ErbStG).

Tabelle 7-5:   Steuersätze für die Erbschaftsteuer

Wert des steuerpflichtigen Erwerbs (§ 10 ErbStG) bis einschließlich ..... Euro	Prozentsatz in der Steuerklasse I	II	III
75.000	7	30	30
300.000	11	30	30
600.000	15	30	30
6.000.000	19	30	30
13.000.000	23	50	50
26.000.000	27	50	50
über 26.000.000	30	50	50

Um überproportionale Belastungen durch den stufenweise gestalteten Tarif zu vermeiden, sieht § 19 Abs. 3 ErbStG eine **Begrenzung des Tarifs** vor. Wenn eine Tarifstufe überschritten wird, wird die sich nach dem höheren Steuersatz ergebende Erbschaftsteuer auf die Hälfte beziehungsweise Dreiviertel des die Grenze übersteigenden steuerpflichtigen Betrags begrenzt.

Ein **besonderer Steuertarif** gilt für die **Übertragung von Unternehmensvermögen** (§ 19a ErbStG). Unabhängig vom tatsächlichen Verwandtschaftsgrad kommt bei der Übertragung von Betriebsvermögen, Anteilen an Personengesellschaften, land- und forstwirtschaftlichem Vermögen und qualifizierten Beteiligungen an Kapitalgesellschaften immer Steuerklasse I zur Anwendung. Verfolgte Zielrichtung des Gesetzgebers ist, dass die Erwerber der Steuerklasse II und III beim Erwerb von betrieblichen Vermögen die bisherige Tarifbegrenzung erhalten.

Verfahrenstechnisch wird die Besteuerung nach Steuerklasse I durch den Entlastungsbetrag nach § 19a ErbStG erreicht. Die Ermittlung des Entlastungsbetrags vollzieht sich nach dem folgenden Vorgehen.

Der Entlastungbetrag gilt für den Teil des Betriebsvermögens, der nach § 13a Abs. 4 ErbStG nicht steuerbefreit ist. Er entfällt mit Wirkung für die Vergangenheit, falls der Erwerber innerhalb von 7 (bzw. 10) Jahren gegen die Behaltensfristen des § 13a verstößt (§ 19a Abs. 5 ErbStG).

Abbildung 7-10: Entlastungsbetrag nach § 19a ErbStG

Die Ermittlung des Entlastungsbetrags erfordert 5 Rechenschritte

- Ermittlung des Anteils des begünstigten Vermögens (nach Abzug des Freibetrags und des Bewertungsabschlags nach § 13a ErbStG) am gesamten Vermögensanfall
- Ermittlung der (tariflichen) Erbschaft- und Schenkungsteuer nach der tatsächlichen Steuerklasse des Erwerbers und Aufteilung entsprechend dem Anteil des begünstigten Vermögens
- Ermittlung der fiktiven Erbschafts- und Schenkungsteuer nach Steuerklasse I und Aufteilung entsprechend dem Anteil des begünstigten Vermögens
- Ermittlung des Entlastungsbetrags als Differenz zwischen der tariflichen Erbschaftsteuer und der fiktiven Erbschaftsteuer, die jeweils auf das begünstigte Vermögen anteilig entfällt
- Minderung der tariflichen Erbschaft- und Schenkungsteuer um den errechneten Entlastungsbetrag

Grundsätzlich wird die Erbschaft- und Schenkungsteuer für jeden Erwerb separat berechnet. Folglich können sachliche und persönliche Freibeträge bei jedem Erwerb neu ausgenutzt werden. Um eine Umgehung der Erbschaft- und Schenkungsteuer durch eine Aufspaltung von Übertragungen in eine Vielzahl von einzelnen Übertragungsvorgängen zu vermeiden, sieht § 14 ErbStG eine **Berücksichtigung der früheren Erwerbe** in bestimmten zeitlichen Grenzen vor. Dies geschieht dadurch, dass alle Vermögensvorteile, die einem Steuerpflichtigen innerhalb von 10 Jahren von derselben Person zugewendet werden, zusammenzurechnen sind. Sowohl der Steuersatz als auch der Freibetrag bestimmen sich nach dem Gesamterwerb innerhalb von 10 Jahren. Die für voraus gehende Erwerbe bereits erhobene Erbschaft- oder Schenkungsteuer wird auf die sich neu ergebende Erbschafts- bzw. Schenkungsteuer angerechnet. Dabei darf die zusätzliche Bereicherung maximal einer Steuerbelastung von 50% unterliegen (§ 14 Abs. 3 ErbStG).

7.8 Verfahren

Verfahrensaspekte der Erbschaftsbesteuerung sind in Abschnitt IV des ErbStG geregelt und betreffen zum Beispiel die Steuerschuldnerschaft (§ 20 ErbStG), besondere Zahlungsregelungen (§§ 23, 24 ErbStG) einschließlich der Stundung (§ 28 ErbStG), Anzeigepflichten (§ 30 ErbStG) sowie die Steuererklärungspflicht (§ 31 ErbStG).

Steuerschuldner der Erbschaftsteuer ist grundsätzlich der Erwerber, bei einer Schenkung zusätzlich auch der Schenker (§ 20 I ErbStG).

Die **Entstehung der Steuerschuld** ergibt sich aus § 9 ErbStG. Die Steuer entsteht

- mit dem Tod des Erblassers (§ 9 Abs. 1 Nr. 1)

- mit Ausführung der Schenkung (§ 9 Abs. 1 Nr. 2)
- bei Zweckzuwendungen mit der Belastung des Verpflichteten (§ 9 Abs. 1 Nr. 3)
- alle 30 Jahre bei Stiftungen im Sinne des § 1 Abs. 1 Nr. 4 ErbStG

Die Bedeutung der Steuerentstehung erklärt sich aufgrund der Vorschrift des § 38 AO. Sie ist zu unterscheiden von der Fälligkeit. Mit dem Entstehen der Steuer wird die Steuerschuld dem Grunde und der Höhe nach fixiert. Der spätere Steuerbescheid hat nur feststellenden, nicht rechtsbegründenden Charakter. Die entstandene Steuerschuld ist aber ihrem Inhalt nach nicht auf sofortige Zahlung gerichtet, sondern auf Zahlung zu dem im Steuerbescheid angegebenen Termin. Erst dann wird Steuerschuld fällig. Fälligkeit bedeutet, dass die Steuer nunmehr von der Finanzverwaltung eingefordert werden kann und von dem Steuerpflichtigen, um Rechtsnachteile zu vermeiden, bezahlt werden muss.

Das Erbschaftsteuerrecht sieht **besondere Zahlungsmöglichkeiten** für wiederkehrende Leistungen, für Familienstiftungen und Stundungsmöglichkeiten vor. Besteht der Erwerb ganz oder teilweise aus einer **Rente**, einem **wiederkehrenden Nutzungsrecht** oder anderen sonstigen Leistungen, kann die darauf entfallende Steuer auf Antrag vom Wert der jährlich erhaltenen Zuwendungen entrichtet werden (§ 23 ErbStG). Dies hat zur Folge, dass Steuern, die von dem Kapitalwert von Renten oder anderen wiederkehrenden Nutzungen oder Leistungen zu entrichten sind, nach Wahl des Erwerbers statt vom Kapitalwert jährlich im voraus von dem Jahreswert entrichtet werden können. Die Steuer ist in diesem Fall nicht sofort auf den Gesamtwert des Bezuges zu entrichten, sondern jedes Jahr anteilig. Die Steuer wird in diesem Fall nach dem Steuersatz erhoben, der sich nach § 19 ErbStG für den gesamten Erwerb einschließlich des Kapitalwerts der Renten oder anderen wiederkehrenden Nutzungen oder Leistungen ergibt. Der Erwerber hat das Recht, die Jahressteuer zum jeweils nächsten Fälligkeitstermin mit ihrem Kapitalwert abzulösen (§ 23 Abs. 2 ErbStG). Für die Ermittlung des Kapitalwerts im Ablösungszeitpunkt sind die Vorschriften der §§ 13 und 14 des Bewertungsgesetzes anzuwenden. Das Recht zur Ablösung setzt einen Antrag voraus. Der Antrag auf Ablösung der Jahressteuer ist spätestens bis zum Beginn des Monats zu stellen, der dem Monat vorausgeht, in dem die nächste Jahressteuer fällig wird.

Für **Familienstiftungen** im Sinne des § 1 Abs. 1 Nr. 4 ErbStG kann die turnusmäßige Erbschaftsteuer auf Antrag in 30 Jahresraten entrichtet werden (§ 24 ErbStG). Dabei wird die Steuerschuld mit 5,5% verzinst.

Beim Erwerb von **Betriebsvermögen oder land- und forstwirtschaftlichem Vermögen** gewährt § 28 Abs. 1 ErbStG eine **Stundung** der anfallenden Erbschaft- oder Schenkungsteuer auf Antrag von bis zu 10 Jahren, falls dies zur Erhaltung des Betriebs notwendig ist. Bei Erwerb von Todes wegen erfolgt die Stundung zinslos, ansonsten ist nach Maßgabe der §§ 234, 238 AO zu verzinsen. Die Stundungsregelung ist auf Familienstiftungen entsprechend anzuwenden (§ 28 Abs. 2 ErbStG).

Zusätzlich besteht eine **Stundungsmöglichkeit** für den erbschaftsteuerpflichtigen Erwerb von zu Wohnzwecken vermieteten **Grundstücken**, sowie bei dem Erwerb von Ein- oder Zweifamilienhäusern und Wohneigentum, das zu eigenen Wohnzwecken genutzt wird (§ 28 Abs. 3 ErbStG). Voraussetzung der Stundung ist in beiden Fällen, dass der Erwerber die Steuer weder aus einem etwaigen zusammen mit dem Grundstück erworbenen Vermögen noch aus seinem eigenen Vermögen aufbringen kann, sondern allein durch die Veräußerung des erworbenen Vermögens aufbringen könnte. Im Fall des Erwerbs eines Grundstücks zu eigenen Wohnzwecken wird die Stundung nur für ein Grundstück gewährt. Bei Erwerb von Todes wegen erfolgt die Stundung zinslos, ansonsten ist nach Maßgabe der §§ 234, 238 AO zu verzinsen. Die Stundung endet:

- im Falle des Erwerbs von nicht gewerblich vermieteten Grundstücken nach Ablauf von zehn Jahren,

- bei zu eigenen Wohnzwecken erworbenen Grundstücken bei Aufgabe der Selbstnutzung, spätestens nach zehn Jahren. Wird die Selbstnutzung vor Ablauf der zehn Jahre aufgegeben, wird die Stundung bei (anschließender) Vermietung zu fremden Wohnzwecken für die Restlaufzeit gewährt,

- wenn das erworbene Vermögen Gegenstand einer Schenkung des Erwerbers ist.

Nach § 29 ErbStG **erlischt die Steuer** für die Vergangenheit, soweit unter anderem

- ein Geschenk wegen eines Rückforderungsrechts herausgegeben werden musste, zum Beispiel bei Verarmung des Schenkers oder nach Widerruf der Schenkung wegen Undanks, oder

- Vermögensgegenstände, die von Todes wegen oder durch Schenkung erworben worden sind, innerhalb von 24 Monaten nach dem Zeitpunkt der Entstehung der Steuer dem Bund, einem Land oder einer inländischen Gemeinde oder – unter bestimmten Voraussetzungen – einer inländischen Stiftung zugewendet werden, die als gemeinnützig anzuerkennenden, mildtätigen oder kirchlichen Zwecken dient (§ 29 Abs. 1 Nr. 4 ErbStG).

In diesen Fällen wird die festgesetzte und bezahlte Steuer wieder erstattet.

Um eine lückenlose Besteuerung aller Erwerbe zu gewährleisten, sieht das Erbschaftsteuer- und Schenkungsteuergesetz verschiedene **Anzeigepflichten** vor. Im erbschaftsteuerlichen Verfahren stellt sich damit die Frage, welche Anzeigepflichten zu erfüllen sind. Nach der Vorschrift des § 30 ErbStG ist jeder der Erbschaftsteuer unterliegende Erwerb (§ 1 ErbStG) vom Erwerber, bei einer Zweckzuwendung vom Beschwerten binnen einer Frist von drei Monaten nach erlangter Kenntnis von dem Anfall oder von dem Eintritt der Verpflichtung dem für die Verwaltung der Erbschaftsteuer zuständigen Finanzamt schriftlich anzuzeigen.

Einer Anzeige bedarf es jedoch nicht, wenn der Erwerb auf einem von einem deutschen Gericht, einem deutschen Notar oder einem deutschen Konsul eröffneten Testament oder auf einer gerichtlich oder notariell beurkundeten Schenkung beruht.

Abbildung 7-11: Anzeige gemäß § 30 ErbStG

Diese Anzeige soll folgende Angaben enthalten:

- Vorname und Familienname, Beruf, Wohnung des Erblassers oder Schenkers und des Erwerbers
- Todestag und Sterbeort des Erblassers oder Zeitpunkt der Ausführung der Schenkung
- Gegenstand und Wert des Erwerbs
- Rechtsgrund des Erwerbs, wie zum Beispiel gesetzliche Erbfolge oder Vermächtnis
- persönliches Verhältnis des Erwerbers zum Erblasser oder zum Schenker, wie Verwandtschaft, Schwägerschaft, Dienstverhältnis
- frühere Zuwendungen des Erblassers oder Schenkers an den Erwerber nach Art, Wert und Zeitpunkt der einzelnen Zuwendung

Erbschaftsteuerliche **Steuererklärungspflichten** sind im § 31 ErbStG geregelt. Danach kann das Finanzamt von jedem an einem Erbfall, an einer Schenkung oder an einer Zweckzuwendung Beteiligten ohne Rücksicht darauf, ob er selbst steuerpflichtig ist, die Abgabe einer Erklärung innerhalb einer von ihm zu bestimmenden Frist verlangen. Die Frist muss mindestens einen Monat betragen. Die Erklärung hat ein Verzeichnis der zum Nachlass gehörenden Gegenstände und die sonstigen für die Feststellung des Gegenstands und des Werts des Erwerbs erforderlichen Angaben zu enthalten. Das Finanzamt kann jeden an einem Erbfall oder einer Schenkung Beteiligten zur Abgabe einer Steuererklärung auffordern. Das Finanzamt überprüft anhand der ihm über den Vermögensübergang bereits vorliegenden Unterlagen, zum Beispiel aufgrund von Anzeigen des Erwerbers oder in Erbfällen der Banken und Versicherungen, zunächst überschlägig, ob für einen Erwerb Erbschaft- oder Schenkungsteuer anfallen kann. Ist mit einer Steuerfestsetzung zu rechnen, wird es den Beteiligten amtliche Steuererklärungsvordrucke mit der Aufforderung zusenden, die Steuererklärung innerhalb einer bestimmten Frist von mindestens einem Monat beim Finanzamt einzureichen. Da die für eine erste Überprüfung des Steuerfalls erforderlichen Unterlagen oftmals erst nach und nach beim Finanzamt eingehen, müssen die Beteiligten auch noch längere Zeit nach dem Vermögensübergang mit einer Aufforderung zur Abgabe einer Erbschaft- oder Schenkungsteuererklärung rechnen. Mehrere Erben können eine Steuererklärung gemeinsam abgeben. Sie ist dann allerdings von allen Erben zu unterschreiben. Ist in einem Erbfall ein Testamentsvollstrecker oder Nachlassverwalter vorhanden oder ein Nachlasspfleger bestellt, ist dieser zur Abgabe der Steuererklärung verpflichtet.

7 Die Erbschaft- und Schenkungsteuer

Bei einer nicht alltäglichen weil nicht laufenden Steuerart wie der Erbschaft- und Schenkungsteuer stellt sich in der Praxis die Frage nach der **Finanzamtszuständigkeit**. Für die Festsetzung der Erbschaft- und Schenkungsteuer ist grundsätzlich das Finanzamt örtlich zuständig, in dessen Bezirk der Erblasser im Zeitpunkt seines Todes beziehungsweise der Schenker zur Zeit der Ausführung der Schenkung seinen Wohnsitz oder gewöhnlichen Aufenthalt hatte (§ 35 ErbStG). Ist nur der Erwerber Inländer, so ist das Finanzamt zuständig, in dessen Bezirk dieser im Zeitpunkt des Todes des Erblassers beziehungsweise der Ausführung der Schenkung seinen Wohnsitz oder gewöhnlichen Aufenthalt hatte. Bei der beschränkten Steuerpflicht ist das Finanzamt zuständig, in dessen Bezirk sich das übertragene Vermögen befindet.

8 Die Grundsteuer

8.1 Allgemeine Charakteristik

Die Grundsteuer gehört zu den ältesten Formen der direkten Besteuerung. Sie ist eine **Realsteuer** und knüpft an das Vorhandensein einer Sache an, nämlich den wirtschaftlichen Einheiten des Grundbesitzes. Als Gemeindesteuer steht das Aufkommen den Gemeinden zu. Prägend für die Grundsteuer ist das Inlandsprinzip, ähnlich wie bei der Gewerbesteuer. Dies manifestiert sich darin, dass nur inländische Grundstücke Steuergegenstand sein können.

Die Grundsteuer belastet Grundbesitz ohne Rücksicht auf die persönlichen Verhältnisse und die persönliche Leistungsfähigkeit des Eigentümers. Damit verletzt sie das systemtragende Besteuerungsprinzip einer Besteuerung nach der wirtschaftlichen Leistungsfähigkeit (Art. 3 GG). Zu ihrer **Rechtfertigung** wird die Grundsteuer auch als Sollertragsteuer charakterisiert, die die erzielbaren Erträge des Grundbesitzes erfassen soll. Auch dieser Rechtfertigungsversuch ist untauglich, da Grundstückserträge bereits durch die Personensteuern (Einkommen- oder Körperschaftsteuer) der Besteuerung unterliegen.

Die Grundsteuer entspricht zudem in besonderem Maße dem Äquivalenzgedanken. Danach besteht – zumindest nach Ansicht der höchstrichterlichen Finanzrechtsprechung (BFH/NV 2003, S. 508) – zwischen den Leistungen der Gemeinde für die Daseinsvorsorge und dem Grundsteueraufkommen ein enger Zusammenhang. Ähnlich wie die Gewerbesteuer basiert die Grundsteuer auf der Idee des Objektsteuercharakters. Mit dem Objektsteuercharakter der Grundsteuer argumentiert der Bundesfinanzhof, wenn er es für zulässig erachtet, dass der Gesetzgeber ohne Verstoß gegen Art. 6 GG für kinderreiche Familien keine Grundsteuervergünstigung vorgesehen hat. Die Höhe der Grundsteuer richtet sich nach dem Wert (Einheitswert - EW) des Grundbesitzes, wobei jedoch Steuermesszahlen zur Abstufung der Belastung eingeschaltet sind.

Derzeit ist beim Bundesverfassungsgericht eine Verfassungsbeschwerde zur Verfassungsmäßigkeit der Grundsteuer anhängig. Es geht dabei um die Frage, ob die Festsetzung von Grundsteuer auf die von den Beschwerdeführern und ihren Familien bewohnten Grundstücken - angesichts des Vermögensteuerbeschlusses des Bundesverfassungsgerichts aus dem Jahre 1995 - mit der Eigentumsgarantie des Art. 14 GG zu vereinbaren ist. In diesem Beschluss hatte das Bundesverfassungsgericht die Vermögensteuer als verfassungswidrig verworfen und sich grundsätzlich zur Zulässigkeit so genannter "Sollertragsteuern" geäußert. Gestützt auf die damaligen Argumentationslinien des Bundesverfassungsgerichts wird nunmehr die Ansicht vertreten, der Zugriff auf die Wirtschaftsgüter des persönlichen Gebrauchsvermögens sei dem Staat angesichts der Eigentumsgarantie des Art. 14 GG verwehrt.

Von zentraler ökonomischer Bedeutung an der Grundsteuer ist ihre Ertragsunabhängigkeit. Aus der Perspektive des Fiskus ist daran interessant, dass sie auch dann zu regelmäßigen Einnahmen führt, wenn die Steuerpflichtigen keine Erträge erwirtschaften. Aus der einzelwirtschaftlichen Optik ist daran problematisch, dass die Substanz, also letztlich das Kapital, angegriffen wird, wenn kein ausreichender Gewinn erzielt wurde, um die Belastung durch die Grundsteuer zu tragen. Für Steuerpflichtige führt eine solche Konstellation dazu, dass die Grundsteuer aus anderen Mitteln zu zahlen ist. Im Extremfall nimmt der Gesetzgeber wohl in Kauf, dass der Steuerpflichtige gezwungen sein könnte, das Grundstück zu beleihen oder gar zu verkaufen, um die Grundsteuer zu leisten. Indessen sollten in solchen Fällen die Vorschriften der AO über die abweichende Festsetzung aus Billigkeitsgründen bzw. über den Erlass zur Anwendung kommen. Im Rahmen eines Grundsteuererlasses ist die Berücksichtigung der persönlichen Verhältnisse des Grundstückseigentümers nicht ausgeschlossen.

Die **Berechnung der Grundsteuer** erfolgt wie bei der Gewerbesteuer in zwei Schritten. Im ersten Schritt wird aus der Steuerbemessungsgrundlage und der Steuermesszahl der Grundsteuermessbetrag ermittelt. Im zweiten Schritt erfolgt die Ermittlung der Grundsteuer, indem der Grundsteuermessbetrag mit dem Hebesatz der Gemeinde multipliziert wird. Im Einzelnen ergibt sich die folgende schematisch dargestellte Vorgehensweise.

Abbildung 8-1:   *Schematische Ermittlung der Grundsteuer*

Steuergegenstand § 2 GrStG: Grundbesitz (Betriebe der Land- und Forstwirtschaft, Grundstücke des Grundvermögens, Betriebsgrundstücke)

Bemessungsgrundlage: Einheitswert des Grundbesitzes

-    Steuermesszahl §§ 14, 15 GrStG
=   **Steuermessbetrag der Grundsteuer § 13 GrStG**
-    Grundsteuerhebesatz § 25 GrStG
=   **Grundsteuerschuld § 28 GrStG**

8.2   Steuergegenstand

Der Steuergegenstand der Grundsteuer ist im § 2 GrStG geregelt. Während sich die Steuerpflicht bei den Personensteuern regelmäßig an bestimmte Beziehungen natürlicher oder juristischer Personen zum Inland knüpft, gründet sich die

8.2 Steuergegenstand

Steuerpflicht bei der Grundsteuer als Realsteuer auf inländischen Grundbesitz im Sinne des Bewertungsgesetzes. Demnach umfasst der Steuergegenstand für grundsteuerliche Zwecke die folgenden **wirtschaftlichen Einheiten** im Sinne des § 2 BewG:

- Betriebe der Land- und Forstwirtschaft (§§ 33, 34, 48a, 51a BewG), als die wirtschaftlichen Einheiten der Vermögensart „land- und forstwirtschaftliches Vermögen"

- Grundstücke (§§ 68 , 70 BewG), als die wirtschaftlichen Einheiten der Vermögensart „Grundvermögen"

- Betriebsgrundstücke, die außerhalb des Betriebs zum land- und forstwirtschaftlichen Vermögen oder zum Grundvermögen rechnen (§ 99 BewG).

Land- und forstwirtschaftliches Vermögen umfasst nach § 33 Abs. 1 BewG alle Wirtschaftsgüter, die dauernd einem Betrieb der Land- und Forstwirtschaft zu dienen bestimmt sind. Dazu gehören nach § 33 Abs. 2 BewG

- Grund und Boden
- Wohn- und Wirtschaftsgebäude
- stehende Betriebsmittel (lebendes und totes Inventar)
- der normale Bestand an umlaufenden Betriebsmitteln, der für einen gesicherten Fortbestand des land- und forstwirtschaftlichen Betriebs notwendig ist (z. B. Mastvieh und sonstige zum Verkauf bestimmte Erzeugnisse, Dünger, Saatgut).

Unter Land- und Forstwirtschaft versteht man die planmäßige Nutzung der natürlichen Kräfte des Bodens und die Verwertung der dadurch gewonnenen Erzeugnisse. Das Bewertungsgesetz verwendet den **Begriff der Land- und Forstwirtschaft** als Sammelnamen und fasst unter dieser Bezeichnung auch Weinbau, Gartenbau und die sonstigen Betriebsarten der Land- und Forstwirtschaft zusammen. Zum land- und forstwirtschaftlichen Betrieb rechnen hingegen nicht die Zahlungsmittel, Geldforderungen und –schulden sowie über den normalen Bestand hinausgehende Bestände an Umlaufvermögen (Überbestände) sowie bestimmte Sondertierbestände (§ 33 Abs. 3 BewG). Diese werden dem sonstigen Vermögen (übrigen Vermögen) zugerechnet.

Ein Betrieb der Land- und Forstwirtschaft besteht bewertungsrechtlich aus dem **Wirtschaftsteil (Wirtschaftswert)** und dem **Wohnteil (Wohnungswert)**. Der Wirtschaftsteil eines Betriebs der Land- und Forstwirtschaft umfasst zunächst die einzelnen Arten der land- und forstwirtschaftlichen Nutzungen. Diese gliedern sich in landwirtschaftliche Nutzung, forstwirtschaftliche Nutzung, weinbauliche Nutzung, gärtnerische Nutzung sowie sonstige land- und forstwirtschaftliche Nutzung (z. B. Wanderschäferei, Imkerei). Nach den §§ 42 – 45 BewG werden die Nebenbetriebe, das Abbauland, das Geringstland und das Unland nicht der in Betracht kommenden einzelnen land- und forstwirtschaftlichen Nutzung zugerechnet. Sie sind außerhalb der Nutzungen in den Wirtschaftsteil des Betriebs der Land- und Forstwirtschaft einzubeziehen.

Im Gegensatz zu dem für das (gewerbliche) Betriebsvermögen geltenden Grundsatz der Einzelbewertung, wonach sich der Gesamtwert eines Gewerbebetriebs aus der Summe der Werte für die einzelnen Wirtschaftsgüter additiv ermittelt, wird der **Wirtschaftswert eines Betriebs der Land- und Forstwirtschaft** auf der Grundlage seiner Ertragsfähigkeit als Ganzes ermittelt. Typisierend wird hier als Ertragswert das Achtzehnfache des Reinertrags angesetzt, der ohne Berücksichtigung von Fremdkapitalzinsen, aber mit entlohnten fremden Arbeitskräften objektiv nachhaltig erzielbar ist (vgl. § 36 BewG). Der Ertragswert wird somit für den Betrieb festgestellt. Dieser schließt indessen Boden, Gebäude sowie umlaufende und stehende Betriebsmittel mit ein. Folglich entfällt von dem Ertragswert auf die einzelnen Betriebsmittel – insbesondere auch auf den Boden und die Gebäude – nur ein Bruchteil dessen, was sich bei ihrer Einzelbewertung mit dem gemeinen Wert ergäbe.

Den **Wohnteil eines Betriebs der Land- und Forstwirtschaft** bilden die Gebäude und Gebäudeteile, soweit sie dem Inhaber des Betriebs, den zu seinem Haushalt gehörenden Familienangehörigen und den Altenteilern zu Wohnzwecken dienen. Wohnungen für Landarbeiter hingegen werden in den Wirtschaftswert einbezogen. Aufgrund der oben skizzierten Bewertungsmethode wirkt dies nicht werterhöhend. Fremdvermietete Wohnungen werden als Grundvermögen bewertet. Der Wohnungswert wird nach den Grundsätzen ermittelt, wie sie für die Bewertung des Grundvermögens gelten (§ 47 i.V.m. §§ 71, 78 - 82 BewG). Allerdings erfolgt die Bewertung im Ertragswertverfahren, die Anwendung des Sachwertverfahrens ist ausgeschlossen.

Grundstück ist gemäß §§ 68, 70 BewG die wirtschaftliche Einheit des Grundvermögens. Zum Grundvermögen gehört der Grundbesitz, soweit er nicht die Voraussetzungen für eine Bewertung als Betrieb der Land- und Forstwirtschaft erfüllt. Zu den **Grundstücken des Grundvermögens** rechnen damit

- Grund und Boden, Gebäude, sonstige Bestandteile und Zubehör
- Erbbaurechte
- Wohnungseigentum und Teileigentum, Wohnungserbbaurechte und Teilerbbaurechte.

Das Bewertungsgesetz unterscheidet die folgenden Grundstücksarten (§§ 72, 74 und 75 BewG):

- **Unbebaute Grundstücke** sind Grundstücke, auf denen sich keine benutzbaren Gebäude befinden (z. B. Bauerwartungsland, baureife Grundstücke, Lagerplätze, Parkplätze und Vorratsgelände von Gewerbebetrieben, Land, das für Verkehrszwecke vorgesehen ist). Wird die Grundstücksfläche noch land- und forstwirtschaftlich genutzt, kann sie unter bestimmten Voraussetzungen weiterhin mit dem

- wesentlich niedrigeren - Ertragswert als Betrieb der Land- und Forstwirtschaft bewertet werden.

- **Mietwohngrundstücke** sind (bebaute) Grundstücke, die zu mehr als 80 v. H., berechnet nach der Jahresrohmiete, Wohnzwecken dienen mit Ausnahme der Ein- und Zweifamilienhäuser.

- **Geschäftsgrundstücke** sind (bebaute) Grundstücke, die zu mehr als 80 v. H., berechnet nach der Jahresrohmiete, eigenen oder fremden gewerblichen oder öffentlichen Zwecken dienen.

- **Gemischt genutzte Grundstücke** sind (bebaute) Grundstücke, die teils Wohnzwecken, teils eigenen oder fremden gewerblichen oder öffentlichen Zwecken dienen und nicht Mietwohngrundstücke, Geschäftsgrundstücke, Ein- oder Zweifamilienhäuser sind.

- **Einfamilienhäuser** sind Wohngrundstücke, die nur eine Wohnung enthalten. Wohnungen des Hauspersonals (Pförtner, Heizer, Gärtner, Kraftwagenführer, Wächter usw.) sind nicht mitzurechnen. Von dieser Ausnahme abgesehen, steht eine zweite Wohnung dem Begriff „Einfamilienhaus" entgegen, auch wenn es sich um eine abgeschlossene Einliegerwohnung handelt. Ein Grundstück gilt auch dann als Einfamilienhaus, wenn es zu gewerblichen oder öffentlichen Zwecken mitbenutzt wird und dadurch die Eigenart als Einfamilienhaus nicht wesentlich beeinträchtigt wird.

- **Zweifamilienhäuser** sind Wohngrundstücke, die nur zwei Wohnungen enthalten. Ansonsten sind die bei Einfamilienhäusern einschlägigen Voraussetzungen entsprechend zu beachten.

- **Sonstige bebaute Grundstücke** sind solche Grundstücke, die nicht unter die vorgenannten Grundstücksarten fallen (z. B. Klubhäuser, Vereinshäuser, Bootshäuser, Turnhallen, Schützenhallen und Jagdhütten).

Nicht zum Grundvermögen gehören dagegen **Bodenschätze und Betriebsvorrichtungen** (§ 68 Abs. 2 BewG). Betriebsvorrichtungen sind die einem Gewerbebetrieb dienenden Maschinen und sonstigen Vorrichtungen aller Art, die den Begriff des Gebäudes nicht erfüllen (z. B. Kesselanlagen, Trockenkammern, Silos) oder funktional weniger dem Gebäude als dem Gewerbebetrieb zuzurechnen sind.

Im Sinne der §§ 68, 70 BewG sind auch Grundstücke und folglich Steuergegenstand der Grundsteuer das Erbbaurecht, Gebäude auf fremdem Grund und Boden, Wohnungseigentum, Teileigentum, Wohnungserbbaurecht sowie Teilerbbaurecht. Unter einem **Erbbaurecht** versteht man bürgerlich-rechtlich das veräußerliche und vererbliche Recht des Erbbauberechtigten, auf oder unter der Oberfläche des Grundstücks des Erbbauverpflichteten ein Bauwerk zu haben. Das Erbbaurecht stellt ein dingliches Recht dar. Zivilrechtlich kann es als weitgehend dem Volleigentum gleichgestellt betrachtet werden. Man spricht daher auch von einem grundstücksgleichen Recht. Folg-

8 Die Grundsteuer

lich liegt es nahe, es auch bewertungsrechtlich als Grundstück zu behandeln. Entsprechend seiner zivilrechtlichen Konstruktion bildet das mit dem Erbbaurecht belastete Grundstück eine besondere wirtschaftliche Einheit. Demzufolge sind **zwei Einheitswerte** festzustellen, wenn ein Grundstück mit einem Erbbaurecht belastet ist. Der eine Einheitswert betrifft das Erbbaurecht, der andere das mit dem Erbbaurecht belastete Grundstück. Abgesehen von dieser Konsequenz aus der zivilrechtlichen Gestaltung ist jedoch bewertungsrechtlich eine wirtschaftliche Gesamtbetrachtung von Boden und Gebäude maßgebend. Dabei wird so verfahren (§ 92 BewG), als ob die Belastung mit dem Erbbaurecht nicht bestünde. Somit wird für den Boden und das Erbbaurecht (einschließlich Gebäude) ein Gesamtwert ermittelt. Dieser ist dann unter Berücksichtigung der Laufzeit des Erbbaurechts und der zwischen dem Bodeneigentümer und dem Erbbauberechtigten bestehenden zivilrechtlichen Vereinbarungen auf den Einheitswert des Bodeneigentümers und den Einheitswert des Erbbauberechtigten zu verteilen. Der Einheitswert des Bodeneigentümers lautet auf 0 €, wenn die Dauer des Erbbaurechts in dem für die Bewertung maßgebenden Zeitpunkt noch 50 Jahre oder mehr beträgt. Bei der Grundsteuer - im Gegensatz zur früher erhobenen Vermögensteuer - ist stets der Erbbauberechtigte Schuldner der Grundsteuer für den Gesamtwert. Daher ist für die Berechnung der vom Erbbauberechtigten geschuldeten Grundsteuer **die Summe der beiden Einheitswerte** maßgebend, die für den Bodeneigentümer und den Erbbauberechtigten festgestellt werden.

Nach bürgerlichem Recht erstreckt sich das Eigentum am Boden regelmäßig auf die darauf errichteten Gebäude. Abweichend davon wird ein **auf fremdem Grund und Boden errichtetes Gebäude** nach § 94 BewG dem wirtschaftlichen Eigentümer des Gebäudes zugerechnet. Dies kommt in der Praxis durchaus vor, zum Beispiel aufgrund eines Pachtvertrags. Für die wirtschaftliche Einheit des Bodens und für die wirtschaftliche Einheit des Gebäudes wird je ein Einheitswert festgestellt. Im Gegensatz zum Erbbaurecht wird hierbei jedoch nicht von einem Gesamtwert ausgegangen. Schuldner der Grundsteuer für den Bodenwert ist dessen Eigentümer, Schuldner der Grundsteuer für den Gebäudewert hingegen dessen wirtschaftlicher Eigentümer.

Abweichend vom BGB besteht aufgrund des Wohnungseigentumsgesetzes (WEG) die Möglichkeit, das Miteigentum an einem Grundstück mit dem Sondereigentum an bestimmten realen Teilen eines Gebäudes (Wohnungen, Räumen zur gewerblichen oder beruflichen Nutzung) zu verbinden. Das Sondereigentum an einer Wohnung wird als „**Wohnungseigentum**", das Sondereigentum an Räumen zur gewerblichen oder beruflichen Nutzung als „**Teileigentum**" bezeichnet. Mit dem Sondereigentum jeweils verbunden ist der entsprechende Anteil an dem notwendigerweise gemeinschaftlichen Eigentum, wie insbesondere am Grund und Boden sowie den Teilen des Gebäudes, die für dessen Bestand oder Sicherheit erforderlich sind oder dem gemeinschaftlichen Gebrauch dienen. Bewertungsrechtlich, und damit für die Grundsteuer von Bedeutung, gilt jedes Wohnungseigentum und jedes Teileigentum als ein Grundstück (§ 68 Abs. 1 Nr. 3, § 70 Abs. 1, § 93 Abs. 1). Daher bildet es einen selbständigen Steuergegenstand der Grundsteuer. Jeder Wohnungseigentümer hat somit die Grundsteuer für sein Wohnungseigentum selbst zu tragen. Die gemeindlichen Benutzungsgebühren für Straßenreinigung, Kanalisation und Müllabfuhr entrichtet der Verwalter einheitlich für die Gemeinschaft der Wohnungseigentümer. Wohnungseigentum und Teileigentum stellen keine besonderen Grundstücksarten dar. Die Grundstücksart bestimmt sich vielmehr nach den allgemeinen Grundsätzen. Dabei kommt es allein auf die Nutzung des auf das Wohnungseigentum oder Teileigentum entfallenden Gebäudeteils an.

Betriebsgrundstücke bilden alle Grundstücke, die zu einem Gewerbebetrieb gehören, soweit sie losgelöst vom Gewerbebetrieb dem land- und forstwirtschaftlichen Vermögen oder dem Grundvermögen zuzurechnen wären (§ 99 BewG). Die Zuordnung zum Betriebsvermögen erfolgt, wenn der betriebliche Nutzungsanteil mehr als 50% beträgt.

Aufgrund des Objektsteuercharakters ist es grundsätzlich unerheblich, wem ein Grundstück gehört. Es existieren prinzipiell keine persönlichen Steuerbefreiungen. Davon gibt es jedoch Ausnahmen in Form einer Steuerbefreiung der Grundstücke bestimmter Rechtsträger, die zu bestimmten Zwecken genutzt werden. Der Grund für diese **persönlichen Steuerbefreiungen** liegt - wie bei allen Substanzsteuern – darin, dass eine Substanzauszehrung durch die Grundsteuer vermieden werden soll, wenn bestimmte Institutionen keine Gewinnerzielungsabsicht haben. Als Beispiele dafür können genannt werden:

- Grundbesitz der juristischen Personen des öffentlichen Rechts bei Benutzung für hoheitliche Aufgaben, § 3 Abs. 1 Nr. 1 GrStG
- Grundbesitz, der von Körperschaften des öffentlichen Rechts zu gemeinnützigen oder mildtätigen Zwecken genutzt wird, § 3 Abs. 1 Nr. 3 GrStG
- Grundbesitz einer Religionsgemeinschaft, § 3 Abs. 1 Nr. 4 GrStG
- Grundbesitz für Zwecke der Wissenschaft, des Unterrichts oder der Erziehung, § 4 Nr. 5 GrStG
- Grundbesitz der Krankenanstalten, § 4 Nr. 6 GrStG

Darüber hinaus sind Grundstücke, die zu bestimmten in den §§ 5, 6 GrStG definierten Zwecken genutzt werden, von der Grundsteuer befreit. **Die sachlichen Steuerbefreiungen** betreffen beispielsweise Bestattungsplätze, dem öffentlichen Verkehr dienende Straßen und Plätze, Grünanlagen etc.

8.3 Steuerschuldner und Haftung

Bei den Personensteuern ergibt sich die Steuerschuldnerschaft einer (natürlichen oder juristischen) Person regelmäßig aus deren persönlicher Steuerpflicht. Im Gegensatz dazu steht bei den Realsteuern das steuerpflichtige Objekt im Vordergrund der Betrachtung. Dies ist im Bereich der Grundsteuer die wirtschaftliche Einheit des Grundbesitzes. Daher bestimmt § 10 GrStG, welche Person die Grundsteuer für die steuerpflichtige wirtschaftliche Einheit gegenüber der Gemeinde schuldet und damit Steuerschuldner ist. Im Grundsatz ist **Steuerschuldner der Grundsteuer** derjenige, dem die wirtschaftliche Einheit des Grundbesitzes (= Steuergegenstand) bei der Feststellung des Einheitswerts zugerechnet worden ist. Aufgrund der allgemeinen Zurechnungsregel im Steuerrecht des § 39 AO ist zunächst der bürgerlich-rechtliche Eigentümer beziehungsweise der wirtschaftliche Eigentümer nach § 39 Abs. 2 Nr. 1 AO Steuerschuldner. Erbbauberechtigte schulden die Grundsteuer für das mit dem Erbbaurecht belastete Grundstück (§ 10 Abs. 2 GrStG), mehrere Personen haften als Gesamtschuldner (§ 10 Abs. 3 GrStG).

Im Bescheid über die Feststellung des Einheitswerts ist notwendigerweise auch eine Aussage darüber zu treffen, wem der Grundbesitz zuzurechnen ist (§ 19 Abs. 3 Nr. 2 BewG). Diese Entscheidung wird dem Steuermessbescheid zugrunde gelegt (§ 182 Abs. 1 AO i. V. mit §§ 16 bis 18 GrStG). In der Festsetzung des Grundsteuermessbetrags gegenüber der Person, der der Steuergegenstand bei der Einheitsbewertung zugerechnet worden ist, liegt deshalb neben der Feststellung der sachlichen Steuerpflicht zugleich die Feststellung der persönlichen Steuerschuldnerschaft (§ 184 Abs. 1 AO).

Darüber hinaus kennt das Grundsteuerrecht zwei **Haftungstatbestände**, die persönliche und die dingliche Haftung. Von dem eigentlichen Steuerschuldner ist diejenige Person zu unterscheiden, die neben dem Steuerschuldner persönlich, also mit ihrem vollen Vermögen, für die Grundsteuer haftet. Während der Steuerschuldner seine eigene Steuer zu entrichten hat, wird der persönlich Haftende für eine fremde Schuld in Anspruch genommen. Neben die im § 11 GrStG geregelte persönliche Haftung des Nießbrauchers und des Inhabers ähnlicher Rechte tritt die zeitlich begrenzte Haftung des Erwerbers für die Grundsteuer, die seit dem Beginn des letzten vor der Übereignung liegenden Kalenderjahres entstanden ist.

Der Begriff des Nießbrauchs entstammt dem bürgerlichen Recht. Die Entstehung des in den §§ 1030 ff. BGB geregelten Nießbrauchs setzt nach bürgerlichem Recht neben der Einigung zwischen Grundstückseigentümer und Berechtigtem auch die Eintragung im Grundbuch voraus (§§ 873, 874 BGB). Die **Haftung des Nießbrauchers** lässt sich damit begründen, dass diesen Personen die Einnahmen aus dem Steuergegenstand zustehen und sie ohnehin nach bürgerlichem Recht zur Tragung der Lasten verpflichtet sind. Wenn der Nießbrauch nur an einem Teil des Steuergegenstands besteht, muss sich die Haftung des Nießbrauchers auf den Teil der Grundsteuer beschränken, die auf diesen Teil entfällt. In zeitlicher Hinsicht fehlt im Gesetz eine Begrenzung des Haftungsanspruchs. Da allerdings für persönlich Haftende das für den Steuerschuldner Maßgebende entsprechend gilt (§§ 37, 38 AO), sollte der Haftungsanspruch jeweils nur für solche Kalenderjahre begründet sein, zu deren Beginn das Nießbrauchsrecht besteht.

Im Unterschied dazu besteht im Kontext der **Haftung des Erwerbers** des Steuergegenstands für rückständige Grundsteuer eine zeitliche Begrenzung. Wird der Gegenstand der Grundsteuer ganz (oder nur zum Teil) einer anderen Person übereignet, haftet nämlich neben dem Veräußerer auch der Erwerber für die auf den Steuergegenstand entfallende Grundsteuer. Die für die Zeit seit dem Beginn des letzten vor der Übereignung liegenden Kalenderjahres zu entrichtende Grundsteuer stellt den maximalen Haftungsbetrag dar (§ 11 Abs. 2 GrStG). Die Mithaftung des Erwerbers wird durch den Eigentumsübergang, nicht schon durch den Veräußerungsvertrag begründet.

Die im § 12 GrStG normierte **dingliche Haftung** regelt, dass der Grundbesitz mit der Grundsteuer als öffentlicher Last belastet ist. Die Bedeutung der Vorschrift liegt darin, dass eine Vollstreckung in den Grundbesitz wegen der Grundsteuer-Schuld möglich ist.

8.4 Bemessungsgrundlage

Als Bemessungsgrundlage der Grundsteuer dient der **Einheitswert des Grundbesitzes** oder des Teils des Grundbesitzes, der nicht steuerbefreit ist (§ 13 Abs. 1 Satz 2 GrStG). Die Einheitswerte des inländischen Grundbesitzes werden in einem einheitlichen Verfahren gem. § 19 Abs. 1 BewG ermittelt. Der Bewertung liegen die **Wertverhältnisse im Zeitpunkt der Hauptfeststellung** zugrunde (§ 21 BewG). Für Grundbesitz fand die letzte Hauptfeststellung auf den **1.1.1964** statt. Die im 6jährigen Abstand regelmäßig vorgesehenen Neubewertungen gemäß § 21 Abs. 1 BewG finden nicht statt (vgl. Art. 2 Abs. 2 Satz 3 Gesetz zur Änderung des BewG). Die in DM festgestellten Einheitswerte sind auf volle 100 DM abzurunden und in Euro umzurechnen. Der umgerechnete Betrag ist auf volle Euro abzurunden (§ 30 BewG).

Die Ermittlung des Einheitswerts nach dem Bewertungsgesetz ist abhängig von der Art des Grundbesitzes. Land- und forstwirtschaftliches Vermögen sowie Betriebsgrundstücke, die losgelöst vom Betrieb zum land- und forstwirtschaftlichen Vermögen zu rechnen sind, sind nach demselben Verfahren zu bewerten. Der **Wirtschaftsteil** des land- und forstwirtschaftlichen Vermögens wird mit dem **Ertragswert** (§§ 19, 33, 36 BewG) bewertet. Der Ertragswert ermittelt sich aus dem Reinertrag des land- und forstwirtschaftlichen Betriebs, der bei ordnungsgemäßer, schuldenfreier Bewirtschaftung erzielt werden kann, multipliziert mit dem Faktor 18 (§ 36 BewG). Der **Wohnteil** ist nach denselben Grundsätzen zu bewerten, die für Mietwohngrundstücke des Grundvermögens gelten. Somit ist der Wohnteil mit dem gemeinen Wert anzusetzen, der mit Hilfe des **Ertragswertverfahrens** emittelt wird (§

47 BewG). Die auf den 1.1.1964 festgestellten Einheitswerte für das land- und forstwirtschaftliche Vermögen betragen teilweise weniger als 10% der heutigen Verkehrswerte.

Grundstücke des **Grundvermögens** und Betriebsgrundstücke, die losgelöst vom Gewerbebetrieb zum Grundvermögen gehören, sind nach demselben Verfahren zu bewerten. Bewertungsmaßstab für das Grundvermögen ist nach § 17 Abs. 3 BewG der gemeine Wert. Dieser ist für unbebaute Grundstücke anhand der durchschnittlichen Quadratmeterpreise abzuleiten (vgl. A 7 BewR). Bebaute Grundstücke sind grundsätzlich nach dem Ertragswertverfahren zu bewerten, in besonders gelagerten Fällen kommt davon abweichend das Sachwertverfahren zur Anwendung (§ 76 BewG). Das **Ertragswertverfahren** ermittelt den Wert des bebauten Grundstücks durch eine Gesamtbewertung aus der erzielbaren Jahresrohmiete, die mit einem Vervielfältiger multipliziert wird. Die Höhe des Vervielfältigers ist vom Alter des Hauses, seiner Bauart und der Gemeindegröße abhängig (§§ 78-82 BewG). Das **Sachwertverfahren** ist dagegen eine additive Bewertungsmethode, die den Wert des bebauten Grundstücks als Summe des Werts des Grund und Bodens, des Gebäudes und der Außenanlagen errechnet (§§ 83-90 BewG). Die durch die Einheitsbewertung auf der Wertbasis vom 1.1.1964 ermittelten Werte für das Grundvermögen betragen etwa 10-20% der heutigen Verkehrswerte des Grundbesitzes.

8.5 Tarif und Steuererhebung

Die Grundsteuer wird nicht unmittelbar aus dem Einheitswert errechnet. Vielmehr wird ein so genannter **Steuermessbetrag** zwischengeschaltet. Dieser wird nach § 13 GrStG durch Anwendung eines Tausendsatzes, der Steuermesszahl, auf den Einheitswert ermittelt. Die Festsetzung des Steuermessbetrags obliegt dem Finanzamt, das ihn der Gemeinde mitteilt. Die Gemeinde wendet auf den Steuermessbetrag den von ihr beschlossenen Hebesatz an und setzt entsprechend die Grundsteuer fest. Das Prozedere ähnelt daher auch in Bezug auf das Verfahren der Gewerbesteuer.

Die auf den Einheitswert anzuwendenden Steuermesszahlen sind abhängig von der Grundstücksart. Die folgende Abbildung gibt eine Übersicht über die anzuwendenden Steuermesszahlen.

Die (Jahres-)Grundsteuer für den einzelnen Steuergegenstand wird in der Weise berechnet, dass der von der Gemeinde individuell bestimmte Hebesatz auf den Steuermessbetrag angewendet wird (§ 25 GrStG). Im Verfahren setzt die Gemeinde die Grundsteuer durch Anwendung des Hebesatzes auf den vom Lagefinanzamt festgesetzten Steuermessbetrag fest (§ 27 Abs. 1 GrStG).

Abbildung 8-2: Steuermesszahlen nach §§ 14, 15 GrStG

Die Steuermesszahlen betragen in Abhängigkeit von der Grundstücksart für

- Grundstücke allgemein (§ 15 GrStG): 3,5 ‰
- Betriebe der Land und Forstwirtschaft (§ 14 GrStG): 6 ‰
- Zweifamilienhäuser (§ 15 Abs. 2 Nr. 2 GrStG): 3,1 ‰
- Einfamilienhäuser (§ 15 Abs. 2 Nr. 1 GrStG): für die ersten 38.346,89 € des EW: 2,6 ‰, für den Rest: 3,5 ‰

Die Höhe der einzelnen Grundsteuerschuld ist nicht nur von der Höhe des Steuermessbetrags, sondern auch von der Höhe des Hebesatzes abhängig. Aus § 25 Abs. 4 GrStG ergibt sich die Möglichkeit der Festsetzung unterschiedlicher Hebesätze für Grundstücke und land- und forstwirtschaftliche Betriebe. In den meisten Gemeinden ist die Grundsteuer A, die Grundsteuer für land- und forstwirtschaftliche Betriebe, niedriger als die Grundsteuer B, die Grundsteuer für Grundstücke.

9 Die Umsatzsteuer

9.1 Charakteristik und Systematik der Umsatzsteuer

Charakteristik der Umsatzsteuer

Nach der Einkommensteuer stellt die Umsatzsteuer die wichtigste Einnahmequelle von Bund und Ländern dar. Das Umsatzsteueraufkommen fließt Bund und Ländern gemeinsam zu, es handelt sich dabei um eine so genannte Gemeinschaftsteuer (Art. 106 GG).

Die Umsatzsteuer besteuert Lieferungen und sonstige Leistungen, die ein Unternehmer im Rahmen seines Unternehmens tätigt. Damit knüpft die Umsatzsteuer **steuerrechtlich** an **Verkehrsvorgänge** an, die von Unternehmern ausgeführt werden. Sie als Verkehrsteuer zu qualifizieren, trüge aber nicht ihrem tatsächlichen wirtschaftlichen Gehalt Rechnung. Die Umsatzsteuer ist nach einhelliger Auffassung der Steuerrechtswissenschaftler und der Steuerökonomen – aber auch nach dem gesetzgeberischen Willen – als eine **indirekte allgemeine Verbrauchsteuer** ausgestaltet. Sie soll folglich den privaten Konsum besteuern. Nur aus technischen Gründen erfolgt die Erhebung der Umsatzsteuer bei den Unternehmern. Da diese durch die Umsatzsteuer nicht belastet werden sollen, sind sie berechtigt, die ihnen in Rechnung gestellte Umsatzsteuer als Vorsteuer abzuziehen. Der private Endverbraucher ist letztendlich Träger der Umsatzsteuer, da er die ihm in Rechnung gestellte Umsatzsteuer nicht geltend machen kann. Inwieweit das Ziel der Nichtbelastung der Unternehmer und der Belastung des privaten Endverbrauchs tatsächlich erreicht wird, hängt davon ab, ob die Umsatzsteuer im Preis auf den Endverbraucher überwälzt werden kann. Die Überwälzung gelingt umso vollständiger je preisunelastischer die Nachfrage nach einem Produkt reagiert.

Damit lässt sich das geltende Umsatzsteuersystem im Wesentlichen durch 3 Komponenten beschreiben:

- Besteuerung des privaten Konsums
- Steuertechnische Erhebung bei den Unternehmern
- Träger der Umsatzsteuer sind die privaten Endverbraucher.

Die **steuertheoretische Begründung der Umsatzsteuer** kann ebenfalls durch das **Leistungsfähigkeitsprinzip** erfolgen. Zwar wird das Leistungsfähigkeitsprinzip insbesondere zur Rechtfertigung der Einkommensteuer herangezogen, da das Bundesverfassungsgericht das Einkommen als besonders geeignete Bemessungsgrundlage zur Erfassung der steuerlichen Leistungsfähigkeit ansieht. Allerdings stellt das Einkommen nicht die einzig mögliche Maßgröße steuerlicher Leistungsfähigkeit dar. Die Umsatzsteuer belastet das für den Konsum verwendete Einkommen. Damit kann die Umsatzsteuer als indirekte Einkommensteuer interpretiert werden, die eine direkte Einkommensteuer ergänzt. Die Umsatzsteuer wird daher auch als **Komplement der Einkommensteuer** bezeichnet.

Da der im deutschen Steuersystem praktizierte Einkommensbegriff die wirtschaftliche Leistungsfähigkeit nur unvollständig erfasst, **ergänzt die Umsatzsteuer die direkte Einkommensteuer** insofern, als sie das konsumptiv verwendete Einkommen ohne Rücksicht darauf besteuert, ob das Einkommen von der Einkommensteuer erfasst wurde. So unterliegen beispielsweise Spiel- und Lotteriegewinne, private Veräußerungsgewinne außerhalb der zeitlichen Grenzen des § 23 EStG nicht der Einkommensteuer. Bei einer konsumptiven Verwendung dieser Einkommensteile fällt aber immer Umsatzsteuer an. Formelhaft kann man die Belastungswirkungen von Einkommen- und Umsatzsteuer wie folgt zusammenfassen: Die Einkommensteuer belastet hohes Einkommen verhältnismäßig stark, während bei besser Verdienenden der zu konsumptiven Zwecken verwendete Einkommensanteil vergleichsweise niedrig ausfällt und damit die Umsatzsteuerbelastung im Verhältnis zum erwirtschafteten Einkommen gering ist. Bei niedrigem Einkommen erfolgt zwar eine geringe Belastung mit Einkommensteuer, die konsumptive Einkommensverwendung umfasst dagegen fast das gesamte Einkommen, so dass die Umsatzsteuerbelastung relativ hohe Bedeutung hat.

Umsatzsteuersysteme

Eine Umsatzsteuer auf die konsumptive Einkommensverwendung kann auf verschiedene Weise ausgestaltet werden. Die Umsatzsteuersysteme lassen sich unterscheiden nach

- Anzahl der besteuerten Wirtschaftsstufen
- Berechnung der Bemessungsgrundlage

Nach dem Kriterium der **Anzahl der besteuerten Wirtschaftsstufen** werden die Einphasen-Steuer, die Mehrphasen-Steuer sowie die Allphasen-Steuer voneinander abgegrenzt. Eine **Einphasen-Steuer** wäre zum Beispiel eine Umsatzsteuer nur als Steuer auf die Produktion, den Einzelhandel oder den Großhandel. Eine **Mehrphasen-Steuer** setzt an mehreren Stufen des Wertschöpfungsprozesses an, jedoch werden bestimmte Stufen von der Umsatzsteuer ausgenommen, z.B. die Urproduktion oder der Großhandel. Eine Umsatzsteuer als **Allphasen-Steuer** erfasst dagegen alle Produktions- und Handelsstufen.

Charakteristik und Systematik der Umsatzsteuer

9.1

Das **Kriterium Berechnung der Bemessungsgrundlage** differenziert zwischen der Bruttoumsatzsteuer und der Nettoumsatzsteuer. Die **Allphasen-Bruttoumsatzsteuer** ist dadurch gekennzeichnet, dass sie auf jeder Wirtschaftsstufe vom Bruttoentgelt erhoben wird. Als ihre wesentlichen Nachteile sind der Kumulationseffekt, die damit einhergehenden Wettbewerbsverzerrungen durch eine Begünstigung der Unternehmenskonzentration sowie eine eingeschränkte Werttransparenz zu nennen. Aber der Allphasen-Bruttoumsatzsteuer werden auch Vorteile zugeschrieben. So kann der Steuersatz niedrig gehalten werden. Die "Unmerklichkeit" der Umsatzsteuer lässt sich damit als psychologisches Kriterium besonders gut darstellen. Zudem verursacht eine Allphasen-Bruttoumsatzsteuer vergleichsweise geringe Erhebungskosten. Die Merkmale einer Allphasen-Bruttoumsatzsteuer ergeben sich aus der folgenden Übersicht.

Abbildung 9-1: Allphasen-Bruttoumsatzsteuer

technische Ausgestaltung: wird auf jeder Wirtschaftsstufe vom Bruttoentgelt erhoben

Nachteile:
- Kumulationseffekt
- Wettbewerbsverzerrung
- eingeschränkte Werttransparenz

Vorteile:
- Steuersatz niedrig
- "Unmerklichkeit" der Umsatzsteuer
- geringe Erhebungskosten

Die Wirkungsweise einer Allphasen-Bruttoumsatzsteuer mit einem angenommenen Steuersatz von 4% auf den Bruttoverkaufspreis (BVP) jeder Handelsstufe (entspricht 4,167% des Nettoverkaufspreises - NVP) zeigt die folgende Tabelle.

Tabelle 9-1: Allphasen-Bruttoumsatzsteuer (vier Stufen, 4% auf BVP)

Stufe	Nettoverkaufspreis	Umsatzsteuer	Bruttoverkaufspreis	Umsatzsteuer kumuliert
Urproduktion	192,00	8,00	200,00	8,00
Veredler	528,00	22,00	550,00	30,00
Großhändler	696,00	29,00	725,00	59,00
Einzelhändler	960,00	40,00	1000,00	99,00

Die Umsatzsteuer

Aus der Berechnung wird ersichtlich, dass die Gesamtbelastung mit Umsatzsteuer 99 beträgt, es kommt mithin zu einem Kumulierungseffekt. Obwohl der nominelle Steuersatz im Beispiel lediglich 4% des (Brutto-)Endverkaufspreises beträgt, unterliegen kumuliert 9,9% des (Brutto-)Endverkaufspreises der Besteuerung. Die konzentrationsfördernde Wirkung wird unmittelbar deutlich, wenn man das identische Beispiel mit zwei eliminierten Stufen durchrechnet.

Tabelle 9-2: Allphasen-Bruttoumsatzsteuer (zwei Stufen, 4% auf BVP)

Stufe	Nettoverkaufspreis	Umsatzsteuer	Bruttoverkaufspreis	Umsatzsteuer kumuliert
Urproduktion	192,00	8,00	200,00	8,00
Einzelhändler	960,00	40,00	1000,00	48,00

In der auf zwei volkswirtschaftliche Produktionsstufen zusammengeschmolzenen Struktur beträgt die Gesamtbelastung des Endverbrauchers mit Umsatzsteuer lediglich noch 48, also lediglich 4,8% des (Brutto-)Endverbrauchspreises. Diese die Konzentration fördernde Wirkungsweise war der Grund dafür, dass das Bundesverfassungsgericht bereits frühzeitig einer Allphasen-Bruttoumsatzsteuer die verfassungsrechtliche Anerkennung versagte.

Abbildung 9-2: Allphasen-Nettoumsatzsteuer

technische Ausgestaltung: wird auf jeder Wirtschaftsstufe auf Basis der Wertschöpfung erhoben

Vorteile:
- kein Kumulations- und damit Konzentrationseffekt
- Preistransparenz

Nachteile:
- Steuersatz höher
- Erhebungskosten höher

Neben verfassungsrechtlichen sind es in erster Linie Gründe der Europäischen Umsatzsteuerharmonisierung, dass heute das Umsatzsteuersystem der Allphasen-Nettoumsatzsteuer mit Vorsteuerabzug in den Mitgliedstaaten der EU verwirklicht ist. Die **Allphasen-Nettoumsatzsteuer** ist ebenfalls dadurch gekennzeichnet, dass sie auf jeder Wirtschaftsstufe vom Bruttoentgelt erhoben wird. Indessen weist sie den wesentlichen Vorteil auf, dass der Kumulationseffekt nicht eintritt, da lediglich die Wertschöpfung der Umsatzsteuer unterliegt. Damit ist die Höhe der erhobenen Umsatzsteuer unabhängig von der Anzahl der durchlaufenen Wirtschaftsstufen. Als weiterer

Charakteristik und Systematik der Umsatzsteuer

9.1

Vorteil der Nettoumsatzsteuer ist die Preistransparenz zu sehen. Indessen muss, um ein gleiches Aufkommen zu erzielen, zwangsläufig der Steuersatz höher sein. Zudem verursacht eine Nettobesteuerung durch die Notwendigkeit der Vorsteuererstattung wesentlich höhere Erhebungskosten.

Legt man – wie in der obigen Tabelle gezeigt - einen Steuersatz von 4% auf den Bruttoverkaufspreis (BVP) bzw. von 4,167% auf den Nettoverkaufspreis zugrunde, so zeigt sich, dass beide Systeme das identische Ergebnis liefern.

Tabelle 9-3: *Allphasen-Nettoumsatzsteuer (4% auf BVP)*

Stufe	Nettopreis	Umsatz-Steuer (4,167%)	Steuerzahllast (USt abzgl. Vorsteuer)	Wertschöpfung
Urproduktion	192,00	8,00	8,00	192,00
Veredler	528,00	22,00	14,00	336,00
Großhändler	696,00	29,00	7,00	168,00
Einzelhändler	960,00	40,00	11,00	264,00

Das Ergebnis verwundert nicht. Es macht keinen Unterschied, ob auf jeder Wertschöpfungsstufe lediglich der Mehrwert besteuert wird – so im System der Allphasen-Nettoumsatzsteuer mit Vorsteuerabzug - oder ob die auf jeder Wertschöpfungsstufe erhobene Steuer systembedingt als geschaffener „Mehrwert" behandelt wird – so im System der Allphasen-Bruttoumsatzsteuer. Unter diesen Umständen würde der Endverkaufspreis einschließlich Steuerbelastung 960 zuzüglich 40 Umsatzsteuer betragen. Das Beispiel in der Tabelle erklärt auch die umgangssprachliche Bezeichnung „Mehrwertsteuer". Lediglich der auf jeder Produktions- oder Handelsstufe geschaffene „Mehrwert" (vgl. Spalte „Wertschöpfung") unterliegt der Umsatzbesteuerung.

Tabelle 9-4: *Allphasen-Nettoumsatzsteuer (Steuersatz 19%)*

Stufe	Nettopreis	Umsatz-Steuer (19%)	Steuerzahllast (USt abzgl. Vorsteuer)	Wertschöpfung
Urproduktion	192,00	36,48	36,48	192,00
Veredler	528,00	100,32	63,84	336,00
Großhändler	696,00	132,24	31,92	168,00
Einzelhändler	960,00	182,40	50,16	264,00

Die Wirkungsweise einer Allphasen-Nettoumsatzsteuer mit Vorsteuerabzug unter Verwendung gleicher wirtschaftlicher Daten bei einem derzeit geltenden Steuersatz von 19% auf die Bemessungsgrundlage zeigt die obige Tabelle.

Der Endverkaufspreis einschließlich Steuerbelastung beträgt in diesem Fall 960 zuzüglich 182,40 Umsatzsteuer beim Verkauf an den Endverbraucher, also insgesamt 1.142,40. Selbstverständlich ist das Ergebnis in der Tabelle nur bedingt vergleichbar mit dem Ergebnis der Allphasen-Bruttoumsatzsteuer, da die Steuersätze nicht vergleichbar sind. Aus ökonomischer Sicht verdient der Hinweis Erwähnung, dass eine Erhöhung des Umsatzsteuersatzes bei preisunelastischem Nachfrageverhalten der Endverbraucher eine Preiserhöhung erwarten lässt.

Stand der Harmonisierung in der Europäischen Union

Nach Art. 93 EGV besteht ein spezieller Harmonisierungsauftrag für die Rechtsvorschriften über die indirekten Steuern innerhalb der EU. Damit wird das Ziel verfolgt, gleiche Wettbewerbsbedingungen innerhalb der EU zu schaffen sowie Einnahmen für die EU zu generieren. Die Umsatzsteuer ist die **erste und bisher einzige weitgehend harmonisierte Steuer** innerhalb der EU. Von Anfang an bestand das Bestreben darin, nicht nur die Umsatzsteuersysteme zu harmonisieren, sondern auch die Besteuerungsgrundlagen, die Steuersätze sowie die Zuweisung des Steueraufkommens auf innergemeinschaftlichen Umsätzen anzugleichen.

In sämtlichen Mitgliedstaaten gilt das **Allphasen-Nettoumsatz-Steuersystem** und die **Besteuerungsgrundlagen** sind **weitgehend harmonisiert.** Erhebliche Abweichungen bestehen noch bei den **Steuersätzen**. Diese schwanken in den einzelnen Staaten zwischen 15 und 25% für den Normalsatz und 2,1 bis 17% für den ermäßigten Satz. Über eine systemkonforme Lösung hinsichtlich der Zuweisung des Steueraufkommens aus der Umsatzsteuer konnte bisher innerhalb der Mitgliedstaaten kein Konsens erzielt werden. Nähere Informationen zur Streuung der Umsatzsteuersätze in wichtigen Staaten können der nachfolgenden Tabelle entnommen werden.

Während noch das **Bestimmungslandprinzip** gilt, ist für die (ferne) Zukunft das Ursprungslandprinzip geplant. Das Bestimmungslandprinzip kann so umschrieben werden, dass Warenlieferungen beim Export von der Umsatzsteuer des Herkunftslandes entlastet werden und beim Import mit Einfuhrumsatzsteuer belastet werden. Dies entspricht grundsätzlich dem Verbrauchsteuergedanken. Ein solches Besteuerungsregime in Reinform sichert Wettbewerbsneutralität, da es zu einer gleichen Steuerbelastung von Importwaren und Inlandswaren führt. Beim Ursprungslandprinzip werden Erzeugnisse mit Umsatzsteuer des Landes belastet, in dem sie produziert werden. Dies widerspricht dem Verbrauchsteuergedanken, ebenso wird keine Wettbewerbsneutralität hergestellt und die Gefahr von Produktionsverlagerungen in Kauf genommen. Nach dem Wegfall der Grenzkontrollen zum 1.1.1993 war die Verwirklichung des

Charakteristik und Systematik der Umsatzsteuer

9.1

Bestimmungslandprinzips in der früher praktizierten Form (Einfuhrumsatzsteuer) nicht mehr möglich.

Eine dem Binnenmarkt entsprechende Umsatzbesteuerung und erklärtes Ziel der EU ist die Einführung des **Ursprungslandprinzips**. Jedoch ist insoweit eine terminologische Ungenauigkeit auszumachen. Ziel ist es nämlich nicht, den Verbraucher mit der Umsatzsteuer des Ursprungslandes zu belasten. Vielmehr sollen nach wie vor die Verbraucher mit dem Steuerniveau des Bestimmungslandes belastet werden. Dies wird erreicht, indem Ausfuhren wie innerstaatliche Umsätze nur im Exportstaat besteuert werden. Im Importstaat entfällt die Belastung mit Einfuhrumsatzsteuer und der importierende Unternehmer muss die Möglichkeit zum Abzug der Umsatzsteuer des Exportstaates als Vorsteuer erhalten (**Ursprungslandprinzip mit grenzüberschreitendem Vorsteuerabzug oder Gemeinsamer-Markt-Prinzip**). Voraussetzung hierzu ist ein System des Steuerausgleichs zwischen den EU-Mitgliedstaaten, etwa in Form eines Clearing-Systems. Bisher konnte im EU-Raum keine Einigung erreicht werden, daher wurde eine kompromisshafte Übergangsregelung des innergemeinschaftlichen Erwerbs verbunden mit der Verlagerung des Lieferorts in das Bestimmungsland gefunden. Die zunächst bis zum 1.1.1996 befristete Übergangsregelung verlängert sich automatisch bis eine endgültige Regelung für die Besteuerung innergemeinschaftlicher Lieferungen und sonstiger Leistungen gefunden ist.

Tabelle 9-5:   Umsatzsteuersätze in wichtigen Staaten

Staaten	Bezeichnung der Umsatzsteuer	Normalsatz	ermäßigte Sätze	Nullsatz
Belgien	taxe sur la valeur ajoutée (TVA) oder belasting over de toegevoegde waarde (BTW)	21	6; 12	ja
Dänemark	omsaetningsavgift (MOMS)	25	–	ja
Deutschland	Umsatzsteuer	19	7	–
Estland	Käibemaks	18	9	–
Finnland	arvonlisävero (AVL) oder mervärdesskatt (ML)	22	8; 17	ja
Frankreich	taxe sur la valeur ajoutée (TVA)	19,6	2,1; 5,5	–
Griechenland	foros prostithemenis axias (FPA)	19	4,5; 9	–
Großbritannien	value added tax (VAT)	15 (ab 2010: 17,5)	5	–
Irland	value added tax (VAT)	21,5	4,8; 13,5	ja

Staaten	Bezeichnung der Umsatzsteuer	Normalsatz	ermäßigte Sätze	Nullsatz
Italien	imposta sul valore aggiunto (IVA)	20	4; 10	ja
Lettland	Pievienotas vertibas nodoklis	21	10	–
Litauen	Pridėtinės vertės mokestis	19	5; 9	–
Luxemburg	taxe sur la valeur ajoutée (TVA)	15	3; 6; 12	–
Malta	value added tax (VAT)	18	5	ja
Niederlande	omzetbelasting (OB) oder belasting over de toegevoegde waarde (BTW)	19	6	–
Norwegen	(MVA)	25	8; 14	–
Österreich	Umsatzsteuer	20	10; 12	–
Polen	Podatek od tomaròw i uslug	22	3; 7	ja
Portugal	Imposto sobre o valor acrescentado (IVA)	20	5; 12	–
Schweden	mervärdeskatt (ML)	25	6; 12	ja
Slowakai	daň z pridanej hodnoty	19	10	–
Slowenien	Davek na dodano vred nost	20	8,5	–

9.2 Besteuerungsgegenstand

9.2.1 Überblick

Das Kernstück der Umsatzsteuer besteht in der Prüfung der Steuerbarkeit. Umsätze im Sinne des § 1 Abs. 1 UStG führen zur Steuerpflicht, wenn nicht die Ausnahme der Befreiungsvorschriften der §§ 4 bis 8 UStG eingreift. Die Bemessungsgrundlage findet sich in § 10 UStG und statuiert den Grundsatz, dass die Bemessungsgrundlage dem so genannten Entgelt entspricht. Der Steuersatz ist im § 12 UStG normiert und enthält einen Regelsteuersatz in Höhe von 19% sowie einen ermäßigten Steuersatz von 7%. Die auf den bezogenen Lieferungen und sonstige Leistungen lastende Umsatzsteuer (Vorsteuer) kann der Unternehmer als Forderung gegenüber dem Finanzamt geltend machen (§ 15 UStG). Vereinfachend kann die Ermittlung der Umsatzsteuer auf Ebene der Unternehmen durch das folgende Schema wiedergegeben werden.

Abbildung 9-3: *Vereinfachendes Schema zur Ermittlung der Umsatzsteuer*

Steuergegenstand Umsätze des Unternehmers §§ 1 – 3g UStG

- Entgeltliche Lieferungen und sonstige Leistungen § 1 Abs. 1 Nr. 1 UStG
- Einfuhr von Gegenständen aus dem Drittlandsgebiet (Einfuhrumsatzsteuer) § 1 Abs. 1 Nr. 4 EStG
- Innergemeinschaftlicher Erwerb § 1 Abs. 1 Nr. 5 UStG

Steuerpflicht soweit keine Steuerbefreiung gewährt wird §§ 4 – 8, § 15 Abs. 2, 3 UStG

- Steuerbefreiung mit Vorsteuerabzugsrecht
- Steuerbefreiung ohne Vorsteuerabzugsrecht und ohne Optionsmöglichkeit
- Steuerbefreiung ohne Vorsteuerabzugsrecht, aber mit Wahlrecht auf Steuerbefreiung zu verzichten (Umsatzsteueroption)

Bemessungsgrundlage §§ 10, 11 UStG

- Grundsatz: Entgelt § 10 Abs. 1 UStG
- Weitere Werte: gemeiner Wert, Einkaufspreis, Selbstkosten, entstandene Ausgaben, Zollwert (§ 10 Abs. 4, § 11 UStG)

× Steuersatz § 12 UStG
  allgemeiner Steuersatz: 19% § 12 Abs. 1 UStG
  ermäßigter Steuersatz: 7% § 12 Abs. 2 UStG
= **Umsatzsteuer**
− abziehbare Vorsteuern §§ 15, 15a UStG
= **Steuerschuld** §§ 16 – 22 UStG

9.2.2 Steuerbare Umsätze

Das Gesetz nennt die steuerbaren Umsätze in § 1 Abs. 1 UStG. Es handelt sich dabei um die in der folgenden Übersicht dargestellten Umsätze.

In Abhängigkeit von der jeweiligen Umsatzart müssen die hier angeführten Tatbestandsmerkmale erfüllt sein, damit ein steuerbarer Umsatz im Sinne von § 1 UStG vorliegt. Bei den Tatbestandsmerkmalen handelt es sich weitgehend um abstrakte Begriffe, die der näheren Interpretation bedürfen. Diese werden im Folgenden näher beleuchtet.

Den entgeltlichen Lieferungen und sonstigen Leistungen werden durch § 3 Abs. 1b UStG und § 3 Abs. 9a UStG unentgeltliche Lieferungen und sonstige Leistungen gleichgestellt. Die Vorschriften dienen der Sicherstellung der Besteuerung des Endverbrauchs durch den Unternehmer selbst oder dessen Personal.

Abbildung 9-4: Steuerbare Umsätze § 1 Abs. 1 UStG

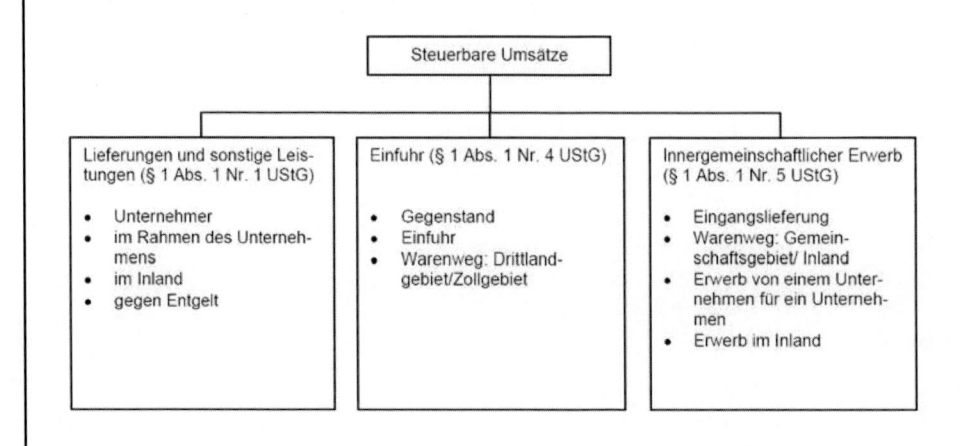

```
                        Steuerbare Umsätze
     ┌─────────────────────────┼─────────────────────────┐
Lieferungen und sonstige Leis-  Einfuhr (§ 1 Abs. 1 Nr. 4 UStG)  Innergemeinschaftlicher Erwerb
tungen (§ 1 Abs. 1 Nr. 1 UStG)                                   (§ 1 Abs. 1 Nr. 5 UStG)

• Unternehmer                   • Gegenstand              • Eingangslieferung
• im Rahmen des Unterneh-       • Einfuhr                 • Warenweg: Gemein-
  mens                          • Warenweg: Drittland-      schaftsgebiet/ Inland
• im Inland                       gebiet/Zollgebiet       • Erwerb von einem Unter-
• gegen Entgelt                                             nehmen für ein Unterneh-
                                                            men
                                                          • Erwerb im Inland
```

9.2.2.1 Lieferungen, sonstige Leistungen

Nach dem Grundtatbestand des § 1 Abs. 1 Nr. 1 UStG unterliegen der Umsatzsteuer Lieferungen und sonstige Leistungen, die

- ein Unternehmer
- im Inland
- gegen Entgelt
- im Rahmen seines Unternehmens ausführt.

Nicht steuerbar sind z.B. Leistungen (§ 1 Abs. 1 Nr. 1 UStG),

- die zwar von einem Unternehmer, nicht jedoch im Rahmen der unternehmerischen Tätigkeit ausgeführt werden oder
- die nicht im Inland erbracht werden oder
- die unentgeltlich ausgeführt werden.

Den Fallkonstellationen, in denen Leistungen unentgeltlich ausgeführt werden, liegt kein Leistungsaustausch (keine Entgeltzahlung des Leistungsempfängers) zugrunde. Der **Begriff des Leistungsaustausches** ist umsatzsteuerrechtlich von überragender Bedeutung. Der Leistungsaustausch umfasst alles, was Gegenstand des Rechtsverkehrs sein kann. Ein Leistungsaustausch setzt voraus, dass Leistender und Leistungsempfänger vorhanden sind und der Leistung eine konkrete Gegenleistung (Entgelt) gegenübersteht. Für die Annahme eines Leistungsaustausches müssen Leistung und

Gegenleistung in einem wechselseitigen Zusammenhang stehen. Ein Leistungsaustausch kann nur zustande kommen, wenn sich die Leistung auf den Erhalt einer Gegenleistung richtet und damit die gewollte, erwartete oder erwartbare Gegenleistung auslöst, so dass schließlich die wechselseitig erbrachten Leistungen miteinander innerlich verbunden sind. In welcher Form die Gegenleistung erbracht wird, ist ohne Bedeutung. Es kann sich auch z.B. um einen Tausch oder um eine Schuldbefreiung handeln. Es ist auch bedeutungslos, ob die Gegenleistung vor oder nach der Leistung erbracht wird. Das Erbringen der Gegenleistung vor der Leistung ist beispielsweise häufig bei Anzahlungen der Fall.

Beispiel: Apotheker A betreibt eine Apotheke. In unmittelbarer Nähe der Apotheke befindet sich ein dem Eigentümer E gehörendes Haus. A zahlt dem E einen monatlichen Betrag dafür, dass E als Arztpraxen geeignete Räume in seinem Haus an niedergelassene Ärzte vermietet. Zu einer solchen Fallkonstellation hat der Bundesfinanzhof entschieden, dass die Zahlung des Apothekers an den Hauseigentümer für die (mietweise oder unentgeltliche) Überlassung der Praxisräume an einen Arzt zu einem umsatzsteuerlichen Leistungsaustausch zwischen dem Apotheker und dem Hauseigentümer führen kann.

Abbildung 9-5: *Kriterien des umsatzsteuerlichen Leistungsaustausches*

Ein Leistungsaustausch setzt begrifflich voraus:

- mindestens zwei Beteiligte (Leistender und Leistungsempfänger),
- mindestens zwei Leistungen (Leistung und Gegenleistung) sowie
- einen Kausalzusammenhang zwischen Leistung und Gegenleistung (innere wirtschaftliche Verknüpfung).

Die folgenden Einzelfälle illustrieren, wann es an einem Leistungsaustausch fehlt:

Beispiele:

- A betreibt in Merseburg eine Konditorei und in Halle ein Café. Das Café bezieht von der Konditorei gegen Bezahlung Waren. Der Bezug der Waren ist ein sog. nichtsteuerbarer Innenumsatz, da es aufgrund der Unternehmenseinheit (§ 2 Abs. 1 Satz 2 UStG) an dem Merkmal „zwei Beteiligte" fehlt.

- A entnimmt aus seiner Konditorei Waren für den privaten Bedarf. Hier fehlt es am Merkmal des Leistungsaustausches, da zum einen keine zwei Beteiligten vorliegen, zum anderen die Lieferung unentgeltlich erfolgt. Die Entnahme wird aber durch § 3 Abs. 1b der entgeltlichen Lieferung gleichgestellt.

- C, Inhaber einer Kfz-Werkstatt, hat auf einer betrieblichen Fahrt den PKW des D beschädigt und repariert ihn. Die Reparaturleistung ist Schadensersatz und damit nicht steuerbare Leistung (A 3 UStR).

- Bauunternehmer A und B schließen sich zu einer Arbeitsgemeinschaft des Baugewerbes zusammen, um gemeinsam einen Großauftrag auszuführen. Maschinen und Personal werden je zur Hälfte gestellt. Der Erlös soll am Ende zu gleichen Teilen verteilt werden. Die Leistungen der Bauunternehmer an die ARGE sind als gesellschaftliche Leistungen nicht in einem umsatzsteuerlichen Leistungsaustausch erbracht und daher nicht steuerbar (A 6 Abs. 7 UStR).

Das Umsatzsteuergesetz verwendet als Oberbegriff den Begriff der Leistungen. Unter **Leistungen** werden einerseits **Lieferungen** und andererseits **sonstige Leistungen** verstanden. Die Qualifikation als Lieferung oder sonstige Leistung hat vor allem Bedeutung für die Bestimmung des Leistungsortes und für die Anwendung von Befreiungsvorschriften.

Lieferungen haben im § 3 Abs. 1 UStG eine Definition erfahren. Lieferungen sind Leistungen, durch die der Unternehmer oder in seinem Auftrag ein Dritter den Abnehmer oder in dessen Auftrag einen Dritten befähigt, im eigenen Namen über einen Gegenstand zu verfügen (Verschaffung der Verfügungsmacht). Die zentralen Merkmale des Lieferbegriffs nach § 3 Abs. 1 UStG sind demnach

- Gegenstände

- Verschaffung der Verfügungsmacht

Abbildung 9-6:   *Gegenstände im Sinne des Umsatzsteuergesetzes*

Gegenstände sind für Zwecke des Umsatzsteuerrechts:

- Unbewegliche Sachen (z.B. Grund und Boden, Gebäude, Eigentumswohnungen)
- Bewegliche Sachen (z.B. Waren, Maschinen, Sachgesamtheiten)
- Lebende Sachen (Pflanzen)
- Tiere
- Sonstige Wirtschaftsgüter, die im Verkehr wie Sachen umgesetzt werden, wie z. B. Wasser, Dampf, Gas, Elektrizität, Kernkraft
- Geschäfts- oder Firmenwert (trotz fehlender Körperlichkeit von der Rechtsprechung als Liefergegenstand behandelt)

Keine Gegenstände im Sinne des Umsatzsteuergesetzes sind dagegen:

- Geld als bloßes Zahlungsmittel (Entgelt)
- Personen
- Immaterielle Wirtschaftsgüter (z.B. Patente, Rechte, Know-How, Markennamen)

Während das BGB unter dem Begriff „**Gegenstände**" sowohl körperliche als auch nicht körperliche Gegenstände (Rechte) zusammenfasst, versteht man darunter im Umsatzsteuerrecht nur körperliche Gegenstände.

Unter der **Verfügungsmacht** versteht man die umfassende Herrschaftsmacht an einer Sache, d.h. der Inhaber der Verfügungsmacht kann diese Sache benutzen, verbrauchen, veräußern oder zerstören. Die Verfügungsmacht an einem Liefergegenstand hat in der Regel der Eigentümer im Sinne des BGB. Folglich wird die Verfügungsmacht über einen Gegenstand regelmäßig dadurch verschafft, dass eine Eigentumsübertragung nach bürgerlichem Recht erfolgt. Dies bedeutet beispielsweise bei beweglichen Sachen, dass nach § 929 BGB Einigung und Übergabe erfolgt oder nach § 930 BGB ein Besitzkonstitut errichtet oder nach § 931 BGB der Herausgabeanspruch abgetreten wird. Bei unbeweglichen Sachen (Grundstücken) erfolgt die Übertragung des rechtlichen Eigentums nach §§ 873 i.V.m. 925 BGB durch Auflassung und Eintragung in das Grundbuch. Die Verschaffung der Verfügungsmacht ist auch dann bereits eingetreten, wenn ein anderer als der (rechtliche) Eigentümer die tatsächliche Sachherrschaft ausübt und den Eigentümer über die betriebsgewöhnliche Nutzungsdauer von der Einwirkung auf das Wirtschaftsgut ausschließen kann (sog. wirtschaftliches Eigentum im Sinne von § 39 Abs. 2 AO).

Abbildung 9-7: Sonstige Leistungen § 3 Abs. 9 UStG

Typische sonstige Leistungen sind:

- Vermietungen und Verpachtungen von beweglichen Sachen und Grundstücken
- Dienstleistungen (z.B. Rechtsberatung durch Rechtsanwälte, Steuerberatung durch Steuerberater, Abschlussprüfungen durch Wirtschaftsprüfer, Unternehmensberatung durch Unternehmensberater)
- Werkleistungen (z.B. Theater- und Kinovorführungen, Handwerkerleistungen ohne wesentlichen Materialeinsatz)
- Vermittlungsleistungen (z.B. die Tätigkeit als Handelsvertreter)
- Beförderungsleistungen
- Verzichtsleistungen (z.B. Wettbewerbsverzichte)
- Speditionsleistungen
- Darlehensgewährungen
- Übertragungen von Rechten
- Übertragungen von anderen wirtschaftlichen Vorteilen als Rechten

Keine sonstige Leistungen sind dagegen:
- bloße Entgeltentrichtung
- private Geldanlagen in Form von Giro- oder Spareinlagen oder Wertpapieranlagen

9 Die Umsatzsteuer

Der Begriff **sonstige Leistungen** wird in der Vorschrift des § 3 Abs. 9 UStG definiert. Danach stellen sonstige Leistungen solche Leistungen dar, die keine Lieferungen sind. Jedes aktive (Tun) oder passive (Dulden, Unterlassen) Verhalten, das nicht in der Verschaffung der Verfügungsmacht an einem Gegenstand besteht, kommt in Betracht.

Die folgenden Einzelfälle vermitteln einen Eindruck, unter welchen Umständen Lieferungen, sonstige Leistungen, Werklieferungen oder Werkleistungen gegeben sind.

Beispiele:

- Architekt A fertigt einen Bauplan. Es handelt sich um eine sonstige Leistung (Dienstleistung), § 3 Abs. 9 UStG.

- Busunternehmer B führt für einen Kegelklub eine Busreise nach Spanien durch. Es liegt eine sonstige Leistung (Reiseleistung) vor, § 3 Abs. 9 UStG.

- Eintrittskartenverkauf eines Fußballbundesligaklubs. Mit dem Verkauf der Eintrittskarte gewährt der Fußballklub das Recht, ein Bundesligaspiel zu besuchen, was eine sonstige Leistung im Sinne von § 3 Abs. 9 UStG darstellt.

- Spediteur S befördert Wein im Auftrag des Winzers W von Mainz nach Hamburg: Sonstige Leistung in Form einer Beförderungsleistung, § 3 Abs. 9 UStG.

- Unternehmer U veräußert sein privat genutztes Einfamilienhaus an B. Bei dem Einfamilienhaus handelt es sich umsatzsteuerlich um einen Gegenstand, daher liegt eine Lieferung im Sinne des § 3 Abs. 1 UStG vor.

- Rentner R vermietet zwei Eigentumswohnungen. Sonstige Leistung (Vermietungsleistung), § 3 Abs. 9 UStG.

- Steuerberater S erstellt die Umsatzsteuererklärung seines Mandanten. Sonstige Leistung (Dienstleistung), § 3 Abs. 9 UStG.

- Das Elektrizitätswerk liefert Strom. Strom wird im Wirtschaftsverkehr wie eine körperliche Sache behandelt, vgl. auch A 24 Abs. 1 Satz 2 UStR. Daher liegt eine Lieferung nach § 3 Abs. 1 UStG vor.

- Unternehmer U erstellt im Auftrag des Bestellers B eine Lagerhalle. Die notwendigen Stahlkonstruktionen und Betonteile beschafft vereinbarungsgemäß U. Sonstige Nebensachen sind von B zu stellen. Hier liegt eine Werklieferung nach § 3 Abs. 4 UStG (vgl. auch A 27 UStR) vor.

- Unternehmer U erstellt im Auftrag des Bestellers B eine Lagerhalle. Sämtliche Materialien werden von B bereitgestellt. Nunmehr ist der Fall als sonstige Leistung in Form einer Werkleistung gemäß § 3 Abs. 9 UStG zu behandeln (vgl. A 27 UStR).

- Pizzabäcker P serviert seinen Gästen in seiner Pizzeria Speisen und Getränke. Sonstige Leistung (Dienstleistung), § 3 Abs. 9 UStG.

- Pizzabäcker P liefert Speisen und Getränke auf telefonische Bestellung aus. Lieferung, § 3 Abs. 1 UStG (A 25a UStR).

9.2.2.2 Innergemeinschaftlicher Erwerb

Seit dem 1.1.1993 sind die innergemeinschaftlichen Zollgrenzen entfallen. Infolgedessen wird bei grenzüberschreitenden Warenbewegungen innerhalb der EU keine Einfuhrumsatzsteuer mehr erhoben. Vor diesem Hintergrund sorgen die Regelungen über den innergemeinschaftlichen Erwerb für die Verwirklichung des Bestimmungslandprinzips nach Wegfall der Grenzkontrollen (§ 1 Abs. 1 Nr. 5 UStG). Gemäß § 1a UStG liegt ein **innergemeinschaftlicher Erwerb** vor, wenn

- ein Gegenstand bei einer Lieferung an einen Abnehmer aus dem Gebiet eines anderen Mitgliedstaates der EU in das Inland gelangt,
- der Abnehmer ein Unternehmer ist, der den Gegenstand für sein Unternehmen erwirbt,
- der Lieferer ein Unternehmer ist, der die Lieferung gegen Entgelt im Rahmen seines Unternehmens bewirkt und sie in seinem Mitgliedstaat nicht aufgrund einer Sonderregelung für Kleinunternehmer steuerfrei ist,
- der Erwerb im Inland erfolgt.

Beispiel: Unternehmer H aus Halle bestellt beim Unternehmer R in Rom eine Maschine zum Nettopreis von 10.000 € für sein Fabrikationsunternehmen. R transportiert die Maschine direkt zu H nach Halle. Bei der Lieferung von R an H gelangt die Maschine aus Italien nach Deutschland. H erwirbt die Maschine gegen Entgelt für sein Unternehmen. R ist ebenfalls Unternehmer und führt die Lieferung im Rahmen seines Unternehmens aus. Der Erwerb erfolgt gemäß § 3d UStG im Inland, da sich die Maschine am Ende der Beförderung im Inland befindet. Es handelt sich um einen steuerbaren und steuerpflichtigen innergemeinschaftlichen Erwerb gemäß § 1 Abs. 1 Nr. 5 i. V. m. § 1a UStG. Die Umsatzsteuer beträgt 1.900 €. Steuerschuldner ist H (§ 13a Nr. 2 UStG). H kann die gezahlte Umsatzsteuer bei Vorliegen der Voraussetzungen des § 15 UStG als Vorsteuer abziehen.

Dem **innergemeinschaftlichen Erwerb gleichgestellt** sind

- das rechtsgeschäftslose Verbringen von Gegenständen des Unternehmens aus dem Gebiet eines anderen Mitgliedstaates der EU in das Inland, wenn das Verbringen nicht nur vorübergehend ist (§ 1a Abs. 2 UStG),
- die Lieferung eines Neufahrzeugs an den Abnehmer (Nichtunternehmer) aus dem Gebiet eines anderen Mitgliedstaates der EU in das Inland (§ 1b UStG).

Ausnahmen vom innergemeinschaftlichen Erwerb bestehen für Erwerbe durch bestimmte Unternehmer, die das Umsatzsteuergesetz in die Nähe von Privatpersonen rückt (§ 1a Abs. 3 Nr. 1 a) – c) UStG), sofern

- es sich nicht um neue Fahrzeuge bzw. verbrauchsteuerpflichtige Waren handelt (§ 1a Abs. 5 UStG),
- die Erwerbsschwelle von 12.500 € nicht überschritten wird (§ 1a Abs. 3 Nr. 2 UStG) und
- auf die Anwendung der Erwerbsschwelle nicht verzichtet wird.

Zur administrativen Abwicklung der innergemeinschaftlichen Warenbewegungen benötigt der Unternehmer eine Umsatzsteueridentifikationsnummer als Voraussetzung der Teilnahme am innergemeinschaftlichen Handel.

9.2.2.3 Einfuhr aus dem Drittland

§ 1 Abs. 1 Nr. 4 UStG beschränkt die Erhebung der **Einfuhrumsatzsteuer** (EUSt) auf die **Einfuhr von Gegenständen aus dem Nicht-EU-Ausland** ins Inland. Die EUSt dient dem Grenzausgleich im gesamten Drittlandshandel. Ihr unterliegen alle Einfuhrlieferungen, die nicht durch die EUSt-Befreiungsverordnung von der Besteuerung ausgenommen wurden. Im System der Mehrwertsteuer soll die EUSt die Besteuerung des Letztverbrauches sicherstellen. Daher gelten hinsichtlich der Steuersätze und der Abziehbarkeit der EUSt als Vorsteuer auf Unternehmerebene die gleichen Regelungen wie für die anderen Tatbestände der Umsatzsteuer.

9.2.2.4 Unentgeltliche Leistungen

Nach § 1 Abs. 1 Nr. 1 UStG sind nur entgeltliche Leistungen steuerbar. Um einen unversteuerten Eigenverbrauch zu vermeiden, stellt § 3 Abs. 1b und § 3 Abs. 9a UStG unter bestimmten Voraussetzungen **unentgeltliche Leistungsabgaben** und **Entnahmen aus den Unternehmen** den entgeltlichen Leistungen gleich. Die Vorschriften zur Besteuerung unentgeltlicher Wertabgaben dienen folglich zur Sicherung des Charakters der Umsatzsteuer als allgemeine Verbrauchsteuer. Der Unternehmer selbst ist bei Verwendung von Leistungen für den außerunternehmerischen Bereich Endverbraucher und darf als solcher nicht von der Besteuerung ausgenommen werden. In diesem Zusammenhang ist auch zu sehen, dass der nach früherer Rechtslage besteuerte Aufwendungseigenverbrauch entsprechend der Regelung der 6. EG-Richtlinie durch den Ausschluss des Vorsteuerabzugs ersetzt wurde (§ 15 Abs. 1a UStG). Durch die Besteuerung unentgeltlicher Wertabgaben wird der Vorteil des Vorsteuerabzuges rückgängig gemacht bzw. sonstige Leistungen der Umsatzsteuer unterworfen. Eine vollständige Belastungsgleichheit wird aber nicht erreicht, da sich die Bemessungsgrundlage der Besteuerung unentgeltlicher Wertabgaben nicht an den Preisen für den Endverbraucher orientiert.

9.2 Besteuerungsgegenstand

Abbildung 9-8: Gleichstellungstatbestände

Im Einzelnen werden die folgenden unentgeltlichen Leistungsabgaben den entgeltlichen gleichgestellt.

- Die Entnahme eines Gegenstandes aus dem Unternehmen für Zwecke außerhalb des Unternehmens (§ 3 Abs. 1b Nr. 1 UStG)
- Die unentgeltliche Zuwendung eines Gegenstandes an das Personal für dessen privaten Bedarf (§ 3 Abs. 1b Nr. 2 UStG)
- Die unentgeltliche Zuwendung eines Gegenstandes für Zwecke des Unternehmens (§ 3 Abs. 1b Nr. 3 UStG)
- Die Verwendung eines dem Unternehmen zugeordneten Gegenstandes für Zwecke außerhalb des Unternehmens oder für den privaten Bedarf des Personals (§ 3 Abs. 9a Nr. 1 UStG)
- Die unentgeltliche Erbringung einer anderen sonstigen Leistung (als die Verwendung eines Gegenstands) für Zwecke außerhalb des Unternehmens oder für den privaten Bedarf des Personals (§ 3 Abs. 9a Nr. 2 UStG)

Beispiele für unentgeltliche Wertabgaben sind in der nachfolgenden Aufzählung zusammengefasst:

Beispiele:

- Möbelhändler A entnimmt seinem Lager einen Schrank, um ihn in seiner Wohnung aufzustellen. Mit dem Aufstellen des Schrankes liegt eine Entnahme eines Gegenstandes für außerunternehmerische Zwecke vor (§ 3 Abs. 1b Nr. 1 UStG). Diese Entnahme wird einer Lieferung gleichgestellt, soweit der Erwerb des Schrankes zum Vorsteuerabzug berechtigt hat.

- Uhrenhersteller F veranstaltet zu Werbezwecken ein Preisausschreiben, bei dem ein Rennrad verlost wird. Mit der Herausgabe des Fahrrads an den Gewinner liegt eine unentgeltliche Zuwendung für Zwecke des Unternehmens (Werbung) vor. Die unentgeltliche Lieferung wird gem. § 3 Abs. 1b Nr. 3 UStG einer entgeltlichen gleichgestellt.

- Kunsthändler K entnimmt seinem Unternehmen ein Gemälde, um es in seiner Wohnung aufzuhängen. Das Gemälde hatte er zum Preis von 30.000 € von einem Privatsammler erworben. Mit dem Aufhängen des Bildes wird eine Entnahme eines Gegenstandes für außerunternehmerische Zwecke vollzogen (§ 3 Abs. 1b Nr. 1 UStG). Diese Entnahme wird einer Lieferung aber nicht gleichgestellt, da der Erwerb des Bildes nicht zum Vorsteuerabzug berechtigt hat (§ 3 Abs. 1b Satz 2 UStG).

Eine Wertabgabe im Sinne von § 3 Abs. 9 Nr. 1 UStG setzt voraus, dass der verwendete Gegenstand dem Unternehmen zugeordnet ist und die unternehmerische Nutzung des Gegenstands zum vollen oder teilweisen Vorsteuerabzug berechtigt hat.

Beispiel: Unternehmer U verwendet den Firmen-PKW auch für Privatfahrten. Mit der Privatnutzung des PKW liegt eine Verwendung eines dem Unternehmen zugeordneten Gegenstandes für Zwecke außerhalb des Unternehmens vor (§ 3 Abs. 9a Nr. 1 UStG).

Die Verwendung von Räumen in einem dem Unternehmen zugeordneten Gebäude für Zwecke außerhalb des Unternehmens kann eine steuerbare oder nicht steuerbare Wertabgabe sein. Diese Nutzung ist nur steuerbar, wenn die unternehmerische Nutzung anderer Räume zum vollen oder teilweisen Vorsteuerabzug berechtigt hat.

Beispiel: Universitätsprofessor U ist neben seiner Hochschullehrertätigkeit auch noch als Schriftsteller tätig und nutzt in seinem ansonsten für eigene Wohnzwecke genutzten Einfamilienhaus, das er insgesamt seinem Unternehmen zugeordnet hat, ein Arbeitszimmer für seine unternehmerische Tätigkeit. U steht hinsichtlich des gesamten Gebäudes der Vorsteuerabzug zu. Die private Nutzung der übrigen Räume ist eine unentgeltliche Wertabgabe im Sinne des § 3 Abs. 9a Nr. 1 UStG, da der dem Unternehmen zugeordnete Gegenstand hinsichtlich des unternehmerisch genutzten Gebäudeteils zum Vorsteuerabzug berechtigt hat. Die unentgeltliche Wertabgabe ist steuerpflichtig.

9.2.3 Unternehmer, Unternehmen

9.2.3.1 Der Unternehmerbegriff des UStG

Der Unternehmerbegriff des UStG im Sinne des § 2 Abs. 1 UStG bestimmt, dass Unternehmer ist, wer eine gewerbliche oder berufliche Tätigkeit selbständig ausübt. Die Definition des Unternehmers enthält drei **Tatbestandsvoraussetzungen**:

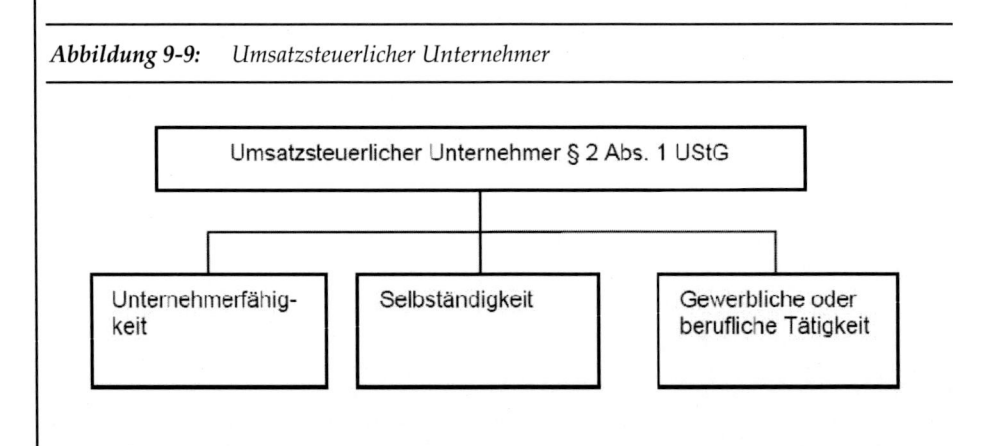

Abbildung 9-9: Umsatzsteuerlicher Unternehmer

Umsatzsteuerlicher Unternehmer § 2 Abs. 1 UStG
- Unternehmerfähigkeit
- Selbständigkeit
- Gewerbliche oder berufliche Tätigkeit

Unternehmerfähigkeit

Unternehmerfähigkeit besitzen alle, die fähig sind, eine berufliche oder gewerbliche Tätigkeit auszuüben. Damit hat Unternehmerfähigkeit zunächst einmal jeder Mensch von Geburt an bis zum Tode. Rechtsfähigkeit, Geschäftsfähigkeit oder Handlungsfähigkeit ist nicht erforderlich. Neben den natürlichen Personen besitzen auch juristische Personen und Personenvereinigungen ohne Rechtsfähigkeit (z.B. OHG, KG, GbR) die Unternehmerfähigkeit. Umsatzsteuerlich ist zunächst einmal die Gesellschaft selbst Unternehmer. Ein **Gesellschafter einer Personengesellschaft** wird allein aus seiner Stellung als Mitunternehmer heraus nicht zum Unternehmer im Sinne des Umsatzsteuergesetzes. Unternehmereigenschaft des Gesellschafters ist nicht gegeben, wenn der Gesellschafter eine im Gesellschaftsverhältnis übliche Leistung erbringt, die durch die Beteiligung am Gewinn oder Verlust abgegolten ist und für die kein besonderes Entgelt berechnet wird. Derartige Gesellschafterbeiträge sind in aller Regel Bareinlagen sowie die Erbringung von üblichen Arbeitsleistungen für die Gesellschaft, z. B. im Rahmen der Geschäftsführertätigkeit. Nicht unternehmerfähig sind reine Innengesellschaften (stille Gesellschaft), die Gesellschafter oder Mitglieder einer Personenvereinigung oder reine Holdinggesellschaften. Unternehmerfähigkeit können somit die folgenden Personen bzw. Personengruppen sein:

- natürliche Personen
- nichtrechtsfähige Personenvereinigungen
- juristische Personen

Selbständigkeit

Zentrales Tatbestandsmerkmal des umsatzsteuerlichen Unternehmers ist die **Selbständigkeit**. § 2 Abs. 2 Nr. 1 UStG trifft dazu eine negative Abgrenzung, dass Selbständigkeit nicht vorliegt, wenn eine natürliche Person in ein Unternehmen so eingegliedert ist, dass sie den Weisungen des Unternehmers zu folgen verpflichtet ist. Nach ständiger Rechtsprechung des BFH kommt es für die Beurteilung der Selbständigkeit nicht auf arbeitsrechtliche Kriterien an, insbesondere haben die Vermutungskriterien für die Scheinselbständigkeit keine Bedeutung. Vielmehr entscheidet das Steuerrecht nach eigenständigen Kriterien. Von besonderer Bedeutung für die Selbständigkeit sind die **Merkmale des Unternehmerrisikos und der Unternehmerinitiative** (vgl. A 17 UStR). **Unternehmerrisiko** zeigt sich am Vergütungsrisiko, d.h. an einer fehlenden Vergütung für Ausfallzeiten. Indiz für **Unternehmerinitiative** ist die Entscheidungsfreiheit hinsichtlich Ort, Zeit, Art und Weise der Ausübung der Unternehmenstätigkeit.

Die Frage der **Selbständigkeit natürlicher Personen** ist für die Umsatzsteuer, Einkommensteuer und Gewerbesteuer nach denselben Grundsätzen zu beurteilen. Daher ist eine natürliche Person, die als Gesellschafter Geschäftsführungs- und Vertretungsleistungen an eine Personengesellschaft erbringt, und damit als Mitunternehmer im Sinne des § 15 Abs. 1 Satz 1 Nr. 2 EStG nicht weisungsgebunden ist, selbständig tätig. Auch ein gesellschaftsvertraglich vereinbartes Weisungsrecht der Personengesellschaft gegenüber ihrem Gesellschafter kann nicht zu einer Weisungsgebundenheit im Sinne des § 2 Abs. 2 Nr. 1 UStG führen.

Beispiel: Der Komplementär einer aus natürlichen Personen bestehenden KG erhält von dieser eine Tätigkeitsvergütung für seine Geschäftsführungsleistung gegenüber der KG. Der Komplementär ist selbständig tätig.

Beispiel: Der Aktionär einer Aktiengesellschaft (AG) erhält von dieser eine Tätigkeitsvergütung für seine Geschäftsführungsleistung gegenüber der AG. Zwischen den Parteien ist ein Arbeitsvertrag geschlossen. Der Aktionär ist nicht selbständig tätig.

Für die Unternehmenspraxis bedeutsam ist die Frage, ob **Geschäftsführer von Kapitalgesellschaften** umsatzsteuerliche Unternehmer sind oder nicht. Zentrale Vorbedingung dafür ist, dass das Merkmal der Selbständigkeit in der Person des Geschäftsführers verwirklicht ist. Hierzu hat der Bundesfinanzhof entschieden, dass Geschäftsführungsleistungen eines GmbH-Geschäftsführers als selbständig im Sinne des § 2 Abs. 2 Nr. 1 UStG zu beurteilen sein können. Für die Beurteilung der Selbständigkeit einer Tätigkeit ist das Gesamtbild der Verhältnisse im Einzelfall maßgebend. Auf eine Nichtselbständigkeit kann nicht allein deswegen geschlossen werden, weil der Geschäftsführer als Organ der Kapitalgesellschaft tätig wird. Die einzelnen für oder gegen eine Selbständigkeit sprechenden Merkmale (Vergütungsrisiko in Ausfallzeiten, Vermögensrisiko der Tätigkeit, Urlaubsanspruch und Ansprüche auf sonstige Sozialleistungen) sind gegeneinander abzuwägen. Der sozial- und arbeitsrechtlichen Einordnung kommt allenfalls Indizwirkung zu. Darüber hinaus besteht für die Umsatzsteuer keine Bindung an die ertragsteuerliche Beurteilung. Ist nach den skizzierten Kriterien ein Geschäftsführer umsatzsteuerlich als selbständig zu beurteilen, hat er in seinen Rechnungen Umsatzsteuer auszuweisen und abzuführen. Der GmbH entsteht hieraus in der Regel der volle Vorsteuerabzug. Die Umsatzsteuer wird jedoch in solchen Fällen zum Kostenfaktor, in denen die GmbH Leistungen ausführt, die nicht oder nur teilweise zum Vorsteuerabzug berechtigen.

Beispiel: K ist neben seiner Geschäftsführertätigkeit mit Alleinvertretungsberechtigung einer Klinik-GmbH noch als ordentlicher Universitätsprofessor – und insoweit nicht selbständig – tätig. Aus der Professorentätigkeit erzielt er sein wesentliches Einkommen. K übt neben der Geschäftsführer- und Lehrtätigkeit auch noch eine freiberufliche Tätigkeit als Gutachter und Berater aus. Mit der GmbH ist ein monatliches Pauschalhonorar vereinbart. Den zeitlichen Rahmen sowie den Ort und Umfang seiner Tätigkeit kann K nach eigenem Ermessen frei bestimmen. Nach dem Gesamtbild der Verhältnisse ist K in Bezug auf seine Geschäftsführertätigkeit als selbständig zu beurteilen. Er hat der Klinik-GmbH über seine Geschäftsführungs- und Vertretungsleistungen Rechnungen mit offen ausgewiesener Umsatzsteuer auszustellen.

Nach der Rechtsprechung werden auch Geschäftsführungs- und Vertretungsleistungen, die eine GmbH als Gesellschafterin für eine Gesellschaft des bürgerlichen Rechts aufgrund eines Geschäftsbesorgungsvertrags gegen Vergütung ausführt, als umsatzsteuerbar erachtet.

Die umsatzsteuerrechtliche Behandlung von **Leistungen der Gesellschafter** an die Gesellschaft richtet sich danach, ob es sich um Leistungen handelt, die als Gesellschafterbeitrag durch die Beteiligung am Gewinn und Verlust der Gesellschaft abgegolten werden, oder um Leistungen, die gegen (Sonder-)Entgelt ausgeführt werden und damit auf einen Leistungsaustausch gerichtet sind. Ein Leistungsaustausch setzt lediglich voraus, dass ein Leistender und ein Leistungsempfänger vorhanden sind und der Leistung eine Gegenleistung (Entgelt) gegenübersteht, also ein unmittelbarer Zusammenhang zwischen Leistung und Gegenleistung besteht.

Zusammenfassend kann also festgehalten werden, dass eine selbständige Tätigkeit ein Handeln auf eigene Rechnung und eigene Verantwortung voraussetzt. Dabei ist das Gesamtbild der Verhältnisse maßgeblich. Die für und gegen die Selbständigkeit sprechenden Merkmale sind gegeneinander abzuwägen. Im Einzelfall können sie durchaus unterschiedlich zu gewichten sein. Selbständig ist umsatzsteuerlich insbesondere derjenige tätig, der Unternehmerrisiko trägt.

Gewerbliche oder berufliche Tätigkeit

Eine gewerbliche oder berufliche Tätigkeit als dritte Voraussetzung des umsatzsteuerlichen Unternehmerbegriffs liegt immer dann vor, wenn jemand einkommensteuerlich

- Einkünfte aus Land- und Forstwirtschaft
- Einkünfte aus selbständiger Arbeit
- Einkünfte aus Gewerbebetrieb oder
- Einkünfte aus Vermietung und Verpachtung

bezieht. Die Begriffsbestimmung der gewerblichen oder beruflichen Tätigkeit nach § 2 Abs. 2 Satz 3 UStG ist jedoch noch umfassender. Sie beinhaltet jede **nachhaltige Tätigkeit** zur **Erzielung von Einnahmen**.

Nachhaltigkeit kann dabei verstanden werden als eine mit Wiederholungsabsicht unternommene Tätigkeit. Sie setzt planmäßiges Handeln voraus und muss auf gewisse Dauer angelegt sein. Im Einzelnen findet sich eine Zusammenstellung der Kriterien der Nachhaltigkeit für die Zwecke des Umsatzsteuerrechts in A 18 Abs. 2 UStR.

Das Kriterium der **Einnahmenerzielungsabsicht** kann, um dies deutlich zu betonen, auch ohne Gewinnerzielungsabsicht (A 18 Abs. 3 Satz 1 UStR) vorliegen. Die Einnahmen müssen aus Leistungsaustausch resultieren, weshalb Lieferungen und Leistungen gegen Entgelt erforderlich sind. Der umsatzsteuerliche Unternehmerbegriff ist weiter

9 Die Umsatzsteuer

gefasst als der einkommensteuerliche Begriff des Gewerbetreibenden. Er erstreckt sich auch auf

- selbständige, freiberufliche Tätigkeit sowie jede andere wirtschaftliche Tätigkeit
- Tätigwerden ohne Teilnahme am allgemeinen wirtschaftlichen Verkehr
- Nachhaltigkeit der Tätigkeit zur Schaffung eines Dauerzustandes (z.B. Mietüberlassung)
- Tätigkeit ohne Gewinnerzielungsabsicht.

Aus der Unternehmereigenschaft ergeben sich wichtige **umsatzsteuerliche Konsequenzen**. So kann nur ein Unternehmer Steuersubjekt sein. Nur ein Unternehmer kann den Vorsteuerabzug geltend machen (§ 15 Abs. 1 UStG) und zur Umsatzsteuer veranlagt werden (§ 18 Abs. 1, 3 UStG). Davon bestehen jedoch Ausnahmen. So wird die Einfuhrumsatzsteuer auch von Nichtunternehmern erhoben (§ 21 Abs. 4 UStG), bei einem unberechtigten Ausweis der Umsatzsteuer in der Rechnung wird die Umsatzsteuer auch von einem Nichtunternehmer geschuldet (§ 14c Abs. 2 UStG).

Die folgenden Einzelfälle exemplifizieren im Überblick, welche der Personen umsatzsteuerliche Unternehmer sind.

Beispiele:

- Arbeitnehmer A verkauft an den Beamten B seinen privaten Wohnzimmerschrank. Als Arbeitnehmer ist A kein Unternehmer, da die Tätigkeit nicht selbständig ausgeübt wird (§ 2 Abs. 2 Nr. 1 UStG). Der Verkauf des Wohnzimmerschranks begründet ebenfalls keine Unternehmereigenschaft, da die Tätigkeit nicht nachhaltig ist (§ 2 Abs. 1 Satz 3 UStG).
- Möbelhändler M verkauft an den Kunden K einen Wohnzimmerschrank. M ist Unternehmer i. S. d. § 2 Abs. 1 UStG.
- Der vierjährige E ist Eigentümer eines vermieteten Einfamilienhauses, das von seinen Eltern verwaltet wird. E ist Unternehmer i. S. d. § 2 Abs. 1 UStG. Unternehmereigenschaft setzt keine Geschäftsfähigkeit voraus.
- Der Universitätsprofessor K hat ein Lehrbuch zur Unternehmensbesteuerung verfasst, welches vom Verlag G in W herausgegeben wird. K hat das Manuskript zu überarbeiten und zu aktualisieren, sobald eine neue Auflage erforderlich wird. K wird durch Überlassung des Manuskripts an den Verlag, also durch ein Dulden, selbständig und nachhaltig zur Erzielung von Einnahmen tätig. Damit ist er Unternehmer im Sinne des § 2 Abs. 1 UStG.
- An der Y-OHG sind Herr X zu 60% und Frau Z zu 40% beteiligt. Die OHG betreibt ein Busunternehmen. Neben der Gesellschafterstellung existieren zwischen der OHG und den Gesellschaftern keine Leistungsaustauschbeziehungen. Die Y-OHG

ist Unternehmer i. S. d. § 2 Abs. 1 UStG. Die Gesellschafter werden durch ihre Mitunternehmerstellung nicht zu Unternehmern.

- Die X-GmbH betreibt einen Handel mit Baustoffen und wird durch ihren Geschäftsführer G vertreten. Über die Geschäftsführertätigkeit und die sich aus dem Anstellungsvertrag ergebenden Rechte und Pflichten hinaus bestehen zwischen der GmbH und dem G keinerlei weitere Leistungsaustauschbeziehungen. Die X-GmbH ist Unternehmer i. S. d. § 2 Abs. 1 UStG. Der Geschäftsführer ist als Arbeitnehmer nicht selbständig (er ist gesellschaftsrechtlich vielmehr dem Weisungsrecht der Gesellschafter unterworfen) und damit kein Unternehmer i. S. d. § 2 Abs. 1 UStG.

9.2.3.2 Unternehmen

Die Steuerbarkeit von Umsätzen knüpft zusätzlich an die Voraussetzung an, dass die Leistung des umsatzsteuerlichen Unternehmers im Rahmen des Unternehmens erfolgt. Nach § 2 Abs. 1 Satz 2 UStG umfasst das **Unternehmen die gesamte gewerbliche oder berufliche Tätigkeit** des Unternehmers. Jeder Unternehmer hat nur ein einziges Unternehmen. Damit gilt für umsatzsteuerliche Zwecke die so genannte **Einheitstheorie**. Das Unternehmen kann mehrere gewerbliche Betriebe umfassen.

Betreibt beispielsweise ein Unternehmer in München eine Maschinenfabrik, in Hamburg eine Werkzeughandlung und in Stuttgart eine Schlosserei, so umfasst das umsatzsteuerliche Unternehmen die Betriebe in München, Hamburg und Stuttgart. Sämtliche Gewerbebetriebe zusammen bilden das umsatzsteuerliche Unternehmen des Unternehmers. Warenbewegungen zwischen den einzelnen Gewerbebetrieben eines Unternehmens gelten nicht als Lieferungen. Es handelt sich vielmehr um rechtsgeschäftsloses Verbringen von Gegenständen innerhalb desselben umsatzsteuerlichen Unternehmens (nicht steuerbare Innenumsätze).

Neben dem betrieblichen Bereich hat der Unternehmer als natürliche Person auch einen Privatbereich. Damit stellt sich die Frage nach der Zuordnung von Vermögen zum betrieblichen oder privaten Bereich. Die Zuordnung von Vermögensgegenständen zum Unternehmen richtet sich **nicht nach der ertragsteuerlichen Einordnung** als Betriebsvermögen oder Privatvermögen. Das Umsatzsteuerrecht nimmt eine **eigenständige Zuordnung zum Unternehmensvermögen** oder Privatvermögen vor. Beträgt demnach die unternehmerische Nutzung 100%, so liegt umsatzsteuerlich Unternehmensvermögen vor. Beläuft sich die unternehmerische Nutzung auf weniger als 10%, so ist der fragliche Gegenstand dem nichtunternehmerischen Bereich zuzuordnen (§ 15 Abs. 1 Satz 2 UStG).

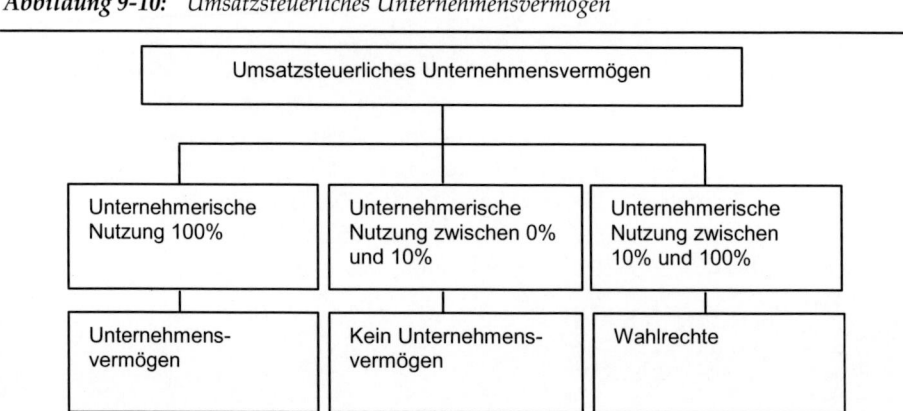

Abbildung 9-10: Umsatzsteuerliches Unternehmensvermögen

```
                    Umsatzsteuerliches Unternehmensvermögen
                                    │
            ┌───────────────────────┼───────────────────────┐
   Unternehmerische         Unternehmerische         Unternehmerische
   Nutzung 100%             Nutzung zwischen 0%      Nutzung zwischen
                            und 10%                  10% und 100%
   
   Unternehmens-            Kein Unternehmens-       Wahlrechte
   vermögen                 vermögen
```

Bei **unternehmerischer Nutzung zwischen 10% und 100%** bestehen drei Wahlmöglichkeiten des Unternehmers (A 192 Abs. 21 Nr. 2 UStR):

- Volle Zuordnung des Gegenstandes zum Unternehmensvermögen
- Volle Zuordnung zum nichtunternehmerischen Bereich
- Teilweise Zuordnung zum unternehmerischen und zum nichtunternehmerischen Bereich (Trennungsprinzip)

Erfüllt ein Gegenstand die oben dargestellten Voraussetzungen für die Wahlrechtsausübung, so erfordert die Zuordnung zum Unternehmen eine durch Beweisanzeichen gestützte Zuordnung des Unternehmers bei der Anschaffung oder Einlage. Ein gewichtiges Indiz ist die Geltendmachung bzw. Unterlassung des Vorsteuerabzugs. Eine Zuordnung zum Unternehmen kann nicht grundsätzlich unterstellt werden (A 192 Abs. 21 Nr. 2 S. 5 - 8 UStR).

9.2.3.3 Umsatzsteuerliche Organschaft

Trotz formaler juristischer Selbständigkeit ist eine juristische Person dann nicht umsatzsteuerlicher Unternehmer, wenn sie die Kriterien für eine Organgesellschaft erfüllt. Das Institut der umsatzsteuerlichen Organschaft erinnert zwar an die aus dem Ertragsteuerrecht bekannte körperschaftsteuerliche oder gewerbesteuerliche Organschaft. Die umsatzsteuerliche Organschaft unterscheidet sich jedoch sowohl hinsichtlich der **Voraussetzungen** als auch der **Rechtsfolgen** von der Organschaft im Rahmen der Ertragssteuern.

Tabelle 9-6: Voraussetzungen der umsatzsteuerlichen Organschaft

	§ 2 Abs. 2 Nr. 2 UStG
Organträger	Inländische und ausländische umsatzsteuerliche Unternehmer mit dem im Inland gelegenen Unternehmensteil § 2 Abs. 2 Nr. 2 Satz 4 UStG
Organgesellschaft	Inländische und ausländische juristische Person mit den im Inland gelegenen Unternehmensteilen § 2 Abs. 2 Nr. 2 Satz 2 UStG
Finanzielle Eingliederung	Mehr als 50% der Anteile an der Organgesellschaft; Zusammenrechnung mittelbarer und unmittelbarer Beteiligungen § 2 Abs. 2 Nr. 2 Satz 1 UStG (A 21 Abs. 4 UStR)
Wirtschaftliche Eingliederung	Tätigkeit der Organgesellschaft fördert und ergänzt die Tätigkeit des Gesamtunternehmens § 2 Abs. 2 Nr. 2 Satz 1 UStG (A 21 Abs. 5 UStR)
Organisatorische Eingliederung	Organträger kann die wirtschaftlichen Entscheidungen in der Organgesellschaft maßgeblich bestimmen § 2 Abs. 2 Nr. 2 Satz 1 UStG (A 21 Abs. 6 UStR)
Gewinnabführungsvertrag	Nicht erforderlich

Organträger kann jeder Unternehmer im Sinne des § 2 UStG sein, d.h. sowohl inländische als auch ausländische natürliche und juristische Personen kommen als Organträger in Betracht. **Organgesellschaft** hingegen kann nur eine juristische Person sein, für die finanzielle, wirtschaftliche und organisatorische Eingliederung besteht (§ 2 Abs. 2 Nr. 2 UStG). Die Organschaft erstreckt sich nur auf die inländischen Unternehmensteile des Organträgers und der Organgesellschaft.

Eine **finanzielle Eingliederung** liegt vor, wenn dem Organträger mittelbar oder unmittelbar die Mehrheit der Stimmrechte zusteht. **Wirtschaftliche Eingliederung** setzt voraus, dass die Tätigkeit der Organgesellschaft einen engen wirtschaftlichen Zusammenhang mit dem Gesamtunternehmen aufweist und die wirtschaftlichen Aktivitäten des Gesamtunternehmens fördert oder ergänzt. **Organisatorische Eingliederung** bedeutet, dass der Organträger aufgrund von tatsächlichen Strukturen oder vertraglichen Bindungen seinen Willen in der Organgesellschaft durchsetzen kann. Organisatorische Eingliederung liegt insbesondere dann vor, wenn die Geschäftsführung in beiden Unternehmen von den gleichen Personen ausgeübt wird.

Im Gegensatz zur Zurechnungstheorie bei der körperschaftsteuerlichen Organschaft verwirklicht die umsatzsteuerliche Organschaft die **Einheitstheorie**. Dies bedeutet, dass alle im Inland belegenen Unternehmensteile der Organgesellschaft und des Organträgers als ein einheitliches Unternehmen gesehen werden. Nur der Organträger ist Unternehmer im Sinne des Umsatzsteuergesetzes und schuldet die Umsatzsteuer. Die Umsätze im Organkreis werden als nicht steuerbare Innenumsätze behandelt.

9 Die Umsatzsteuer

Rechnungen im Organkreis mit gesondertem Umsatzsteuerausweis lösen nicht die Rechtsfolgen des § 14c UStG aus, sondern es erfolgt für umsatzsteuerliche Zwecke eine Behandlung als unternehmensinterne Buchungsbelege.

Grundsätzlich resultieren aus einer umsatzsteuerlichen Organschaft keine materiellen Vorteile, da das Netto-Allphasenumsatzsteuersystem durch den Vorsteuerabzug innerhalb der Unternehmerkette eine Belastung mit Umsatzsteuer vermeidet. Als **Vorteile der umsatzsteuerlichen Organschaft** lassen sich nennen:

- Vereinfachung der innerkonzernlichen Abrechnung, da für Innenleistungen kein Vorsteuerabzug geltend gemacht werden muss.

- In Einzelfällen Umsatzsteuerfreiheit von ansonsten umsatzsteuerpflichtigen Umsätzen: Bewirkt die Obergesellschaft steuerfreie Leistungen (z.B. als Versicherungsunternehmen § 4 Nr. 10 UStG), so kann die auf Leistungen der Untergesellschaft lastende Umsatzsteuer wegen § 15 Abs. 2 UStG nicht als Vorsteuer geltend gemacht werden. Es kommt mithin zu einer wirtschaftlichen Umsatzsteuerbelastung im Konzernverbund. Im Kontext einer umsatzsteuerlichen Organschaft stellen die Leistungen der Untergesellschaft an die Obergesellschaft steuerfreie Innenumsätze dar. Wenn keine Umsatzsteuerpflicht bei der Obergesellschaft besteht (z.B. aufgrund der Vorschrift des § 4 Nr. 10 UStG), bewirkt die umsatzsteuerliche Organschaft wirtschaftlich eine Umsatzsteuerfreiheit im gesamten Organkreis.

9.2.3.4 Sonderfall: Unternehmerfiktion

Die Vorschrift des § 2a UStG betrifft die Lieferung eines neuen Fahrzeugs im Inland, das in das übrige Gemeinschaftsgebiet gelangt. Erfüllt der Lieferer in einem solchen Fall nicht die Unternehmereigenschaft oder führt er die Lieferung nicht im Rahmen seines Unternehmens aus, so ordnet die genannte Bestimmung gleichwohl die Behandlung als Unternehmer für die Fahrzeuglieferung an. Es stellt sich die Frage nach der Begründung dieser Fiktion. Der Gebrauch von Fahrzeugen soll nach dem Willen des europäischen Richtliniengebers ebenso wie nach der Vorstellung des deutschen Gesetzgebers im Bestimmungsland besteuert werden. Wenn aber nur für Unternehmer das Bestimmungslandprinzip zur Anwendung käme, hätten für Privatleute große Anreize bestanden, PKW in Ländern mit geringem Umsatzsteuersatz zu kaufen und in das Heimatland zu überführen.

9.2.4 Inland

Der umsatzsteuerliche Inlandsbegriff ist im § 1 Abs. 2 UStG geregelt. Er umfasst das Gebiet der Bundesrepublik Deutschland mit Ausnahme der Zollausschlüsse (Gemeinde Büsingen) und Zollfreigebiete (Freihäfen, Insel Helgoland). Nicht entscheidend für die Ableitung umsatzsteuerlicher Rechtsfolgen ist die Staatsangehörigkeit des Unternehmers oder sein gewöhnlicher Aufenthalt, der Sitz des Unternehmens oder das Unterhalten einer Betriebsstätte im Inland. Zur Feststellung, ob ein Umsatz im Inland ausgeführt wurde, muss der Ort der Lieferung oder sonstigen Leistung im Inland liegen. Folglich müssen Bestimmungen dahin gehend getroffen werden, wo der Leistungsort liegt.

9.2.4.1 Ort der Lieferung

Das Umsatzsteuergesetz regelt den Ort der Lieferung in § 3 Abs. 6 UStG sowie §§ 3c, 3e, 3f und 3g UStG. Es unterscheidet hierbei zwischen **Lieferungen mit Warenbewegung** (§ 3 Abs. 6 Satz 1 UStG) und **Lieferungen ohne Warenbewegung** (§ 3 Abs. 7 UStG).

Als Grundfall der **Lieferung mit Warenbewegung** werden die **Beförderung- und Versendungslieferung** geregelt (§ 3 Abs. 6 Satz 1 UStG). Lieferort ist bei der Beförderungs- bzw. Versendungslieferung dort, wo die Beförderung oder Versendung beginnt. Eine **Beförderungslieferung** liegt vor, wenn der Liefergegenstand durch den Lieferer oder den Abnehmer ohne Einschaltung eines selbständigen Beauftragten (Transporteur) befördert wird. Der Liefergegenstand muss also durch den Lieferer oder Abnehmer selbst transportiert werden. Die Beförderung beginnt dort, wo der Liefergegenstand zur Erfüllung des Liefergeschäfts in Bewegung gesetzt wird. Von einer **Versendungslieferung** wird dann gesprochen, wenn der Liefergegenstand durch einen selbständigen Beauftragten des Abnehmers oder des Lieferers befördert wird. Die Versendung beginnt nach § 3 Abs. 6 Satz 4 UStG dort, wo der Liefergegenstand an den selbständigen Beauftragten übergeben wird.

Bei **Lieferungen ohne Warenbewegung** richtet sich der Lieferort gem. § 3 Abs. 7 Satz 1 UStG nach dem Ort, an dem sich der Gegenstand zur Zeit der Verschaffung der Verfügungsmacht befindet. Solche Lieferungen liegen z.B. vor bei Werklieferungen, bei denen der Liefergegenstand direkt beim Abnehmer hergestellt wird. Des Weiteren liegen Lieferungen ohne Warenbewegung immer dann vor, wenn die Eigentumsübertragung nicht durch Einigung und Übergabe erfolgt, sondern z.B. bei einer

- Lieferung durch Abtretung des Herausgabeanspruchs
- Lieferung durch Vereinbarung eines Besitzkonstituts
- Lieferung durch Übergabe eine handelsrechtlichen Traditionspapiers
- Grundstückslieferung.

In diesen Fällen muss zunächst der Lieferzeitpunkt ermittelt werden, der sich nach dem Zeitpunkt des zivilrechtlichen oder wirtschaftlichen Eigentumsübergang richtet.

Der Lieferort bestimmt sich dann nach dem Ort, an dem sich der Liefergegenstand im Lieferzeitpunkt befindet.

Eine **Sonderregelung** für Lieferungen mit Warenbewegung trifft § 3 Abs. 8 UStG für **Einfuhren aus dem Drittlandsgebiet**, wenn der Lieferer oder sein Beauftragter Schuldner der Einfuhrumsatzsteuer ist. Die Sonderregelung setzt Folgendes voraus:

- Beförderungs- oder Versendungslieferung
- Transport des Gegenstands vom Drittlandsgebiet in das Inland
- Lieferer oder sein Beauftragter sind Schuldner der Einfuhrumsatzsteuer

Wer Schuldner der Einfuhrumsatzsteuer ist, ergibt sich aus den Lieferbedingungen. Lauten die Lieferbedingungen „verzollt und versteuert", so ist der Lieferer der Anmelder der Einfuhrumsatzsteuer. Lauten die Lieferbedingungen hingegen „unverzollt und unversteuert", so ist der Abnehmer der Anmelder. Wird der Gegenstand bei einer solchen Lieferung aus dem Drittlandsgebiet befördert oder versendet, so verlagert sich der Lieferort vom Drittlandsgebiet (Ort des Beginns der Beförderung oder Versendung) in das Inland.

Eine weitere Sonderregelung für Lieferungen mit Warenbewegung beinhaltet § 3c UStG für die **Versendungen an private Abnehmer innerhalb der EU** (zu den Einzelheiten s. § 3 c UStG). Durch diese Regelung wird der Ort der Lieferung von dem Ort, an dem die Versendung beginnt (EU-Ausland), in das Inland verlagert, wenn bestimmte Erwerbsschwellen überschritten werden. Damit soll erreicht werden, dass auch bei Versandhandelsumsätzen innerhalb der EU das Bestimmungslandprinzip zur Anwendung kommt.

Die Bestimmung des Orts der Lieferung kann anhand der aus § 3 Abs. 5a UStG abgeleiteten **Prüfungsreihenfolge** vorgenommen werden. Danach sind zu untersuchen

- § 3c UStG (Versandhandelsregelung)
- § 3e UStG (Lieferung während einer Beförderung an Bord von Schiff, Flugzeug, Bahn)
- § 3f UStG (Unentgeltliche Lieferungen und sonstige Leistungen)
- § 3g UStG (Lieferung von Gas oder Elektrizität)
- § 3 Abs. 7 UStG (Unbewegte Lieferung)
- § 3 Abs. 6 UStG (Bewegte Lieferung/ Beförderung/ Versendung)
- § 3 Abs. 8 UStG (Einfuhr aus Drittlandsgebiet)

Der Ort der Lieferung lässt sich anhand der folgenden Beispiele verdeutlichen.

Beispiele:

- Der Kunde K mit Wohnort in Karlsruhe erwirbt beim Händler H in Hamburg einen Fernseher. K nimmt den Fernseher sofort in der Originalverpackung mit. Mit der Übergabe des Fernsehers im Geschäft des H geht das Eigentum daran gem. § 929 BGB auf K über. Damit hat H an K geliefert. Der Ort der Lieferung ist gemäß § 3 Abs. 6 Satz 1 UStG dort, wo K den Fernseher abholt und mit der Beförderung zu sich beginnt. Ort der Lieferung ist damit Hamburg.

- Der Erwerber E schließt mit dem Veräußerer V am 1.12.01 in München einen notariell beurkundeten Kaufvertrag über ein Ferienhaus auf Rügen ab. Gleichzeitig erfolgt die Auflassung. Nach dem Kaufvertrag sollen Nutzen und Lasten bzgl. des Ferienhauses zum 1.1.02 auf E übergehen. Die Eintragung ins Grundbuch erfolgt am 1.2.02. Die Lieferung erfolgt am 1.1.02 mit Übergang von Nutzen und Lasten (wirtschaftliches Eigentum). Lieferort ist nach § 3 Abs. 7 Satz 1 UStG, der Belegenheitsort des Grundstücks, d.h. Rügen. Der Ort, an dem der Kaufvertrag abgeschlossen wurde, ist insoweit unerheblich.

- Der Unternehmer U erstellt im Auftrag des Bestellers B in Leipzig eine Lagerhalle. Die notwendigen Stahlkonstruktionen und Betonteile beschafft vereinbarungsgemäß U. Mit der Erstellung der Lagerhalle erbringt U an B eine Werklieferung (§ 3 Abs. 4 UStG). Gegenstand dieser Werklieferung ist die fertig errichtete Halle. Daher liegt keine Beförderungslieferung (§ 3 Abs. 6 UStG) vor. Der Ort der Lieferung befindet sich daher gem. § 3 Abs. 7 Satz 1 UStG am Ort der Verschaffung der Verfügungsmacht über die Lagerhalle, also in Leipzig (A 30 Abs. 4, 5 UStR).

- Bauunternehmer A (Aachen) bestellt bei Händler B (Bonn) einen Kran, den dieser seinerseits bei Hersteller C (Coburg) ordert. Vereinbarungsgemäß befördert C die Maschine direkt zu A. Es handelt sich hier um ein Reihengeschäft (§ 3 Abs. 6 Satz 5 UStG). Da der Liefergegenstand von C befördert wird, stellt die Lieferbeziehung C - B die warenbewegte Lieferung dar (§ 3 Abs. 6 Satz 1, Lieferort: Coburg). Die unbewegte Lieferung B - A wird vom Gesetz gemäß § 3 Abs. 7 Nr. 2 am Zielort (Aachen) angenommen (A 31a UStR).

9.2.4.2 Ort der sonstigen Leistung

Der Ort der sonstigen Leistung wird in §§ 3a und 3b UStG geregelt. § 3e UStG enthält eine Bestimmung für unentgeltliche sonstige Leistungen. Die einschlägigen Vorschriften wurden im Zuge der Umsetzung der Neuregelungen zum Ort der Dienstleistung durch die RL 2008/8/EG v. 12.02.2008 (ABl EU 2008 Nr. L 44 S. 11) mit Wirkung ab dem 01.01.2010 neu gefasst. Außerdem wurde § 1 UStDV aufgehoben.

Nach der neu gefassten Bestimmung des § 3a Abs. 1 UStG befindet sich der Leistungsort bei sonstigen Leistungen, die EG–rechtlich als Dienstleistungen bezeichnet werden, an dem Ort, von dem aus der leistende Unternehmer sein Unternehmen betreibt (**Sitzort des leistenden Unternehmers**). Eine Betriebsstätte des leistenden Unternehmers ist dann Leistungsort, wenn die Leistung von dort aus erbracht wird. Die Regelungen gelten nur dann, wenn eine der abweichenden Regelungen zum Leistungsort nicht eingreift. Somit gilt § 3a Abs. 1 UStG insbesondere bei **bestimmten sonstigen Leistungen an Nichtunternehmer** (so genannte B2C-Leistungen).

§ 3a Abs. 2 UStG statuiert eine Grundregel bei B2B-Leistungen. Nach § 3a Abs. 2 Satz 1 UStG werden **sonstige Leistungen an einen Unternehmer** regelmäßig an dem Ort ausgeführt, an dem der **Leistungsempfänger seinen Sitz** hat. Die Leistung muss für den unternehmerischen Bereich des Leistungsempfängers ausgeführt worden sein. Hierunter fallen auch Leistungen an einen Unternehmer, wenn diese Leistungen für die Erbringung von nichtsteuerbaren Umsätzen bestimmt sind. Verwendet der Leistungsempfänger gegenüber seinem Auftragnehmer eine Umsatzsteuer-Identifikationsnummer, kann dieser davon ausgehen, dass die Leistung für dessen unternehmerischen Bereich bezogen wird. Nach § 3a Abs. 2 Satz 2 UStG liegt der Leistungsort am Ort der Betriebsstätte des Leistungsempfängers, wenn die Leistung an diese Betriebsstätte ausgeführt wird. Schließlich ist auf § 3a Abs. 2 Satz 3 UStG hinzuweisen. Diese Vorschrift regelt die Gleichstellung von nicht unternehmerisch tätigen juristischen Personen (des öffentlichen oder privaten Rechts), die sonstige Leistungen empfangen, mit einem Unternehmer. Voraussetzung dafür ist, dass ihnen eine Umsatzsteuer-Identifikationsnummer erteilt wurde. Der Leistungsort liegt dann am Ansässigkeitsort der juristischen Person.

Schließlich enthält § 3a Abs. 3 UStG Abweichungen von den vorgenannten Grundsätzen. Im Überblick gelten die folgenden Regeln:

- Bei grundstücksbezogenen Leistungen ist der Leistungsort der Belegenheitsort des Grundstücks (§ 3a Abs. 3 Nr. 1 UStG)

- Bei kurzfristiger Vermietung von Beförderungsmitteln ist der Leistungsort der körperliche Übergabeort (§ 3a Abs. 3 Nr. 2 UStG)

- Bei kulturellen Leistungen, Arbeiten an körperlichen Gegenständen sowie Restaurationsleistungen ist der Leistungsort der Ort der tatsächlichen Tätigkeit (§ 3a Abs. 3 Nr. 3 UStG)

- Bei Vermittlungsleistungen an Nichtunternehmer ist der Leistungsort der Ort der vermittelten Leistung (§ 3a Abs. 3 Nr. 4 UStG)

§ 3a Abs. 3 Nr. 1 UStG regelt den Leistungsort bei **sonstigen Leistungen im Zusammenhang mit einem Grundstück** an Unternehmer und Nichtunternehmer. Er liegt an dem Ort, an dem sich das Grundstück befindet.

Beispiel: Architekt A mit Wohnort in Amsterdam/Niederlande erstellt einen Bauplan für den Auftraggeber B, ebenfalls wohnhaft in Amsterdam. Der Bauplan betrifft die Errichtung eines Geschäftshauses auf einem in Münster gelegenen Grundstücks. A erbringt eine sonstige Leistung im Sinne von § 3a Abs. 3 Nr. 1 UStG. Der Leistungsort ist demnach Münster (Belegenheitsort des Grundstücks).

Nach § 3a Abs. 3 Nr. 2 UStG befindet sich der Leistungsort bei der **kurzfristigen Vermietung von Beförderungsmitteln** unabhängig vom Status des Leistungsempfängers an dem Ort, an dem das Beförderungsmittel dem Leistungsempfänger zur Verfügung gestellt (d. h. körperlich übergeben) wird. Der Begriff der kurzfristigen Vermietung wird mit bis zu 90 Tagen bei Wasserfahrzeugen und bis zu 30 Tagen bei anderen Beförderungsmitteln definiert. Damit wurde der Leistungsort – im Gegensatz zur früheren Rechtslage - neu festgelegt, wonach der Leistungsort stets am Sitz des leistenden Unternehmers lag.

Schließlich existiert eine besondere Regelung für die sonstigen Leistungen, bei denen bei der Bestimmung des Leistungsorts darauf abzustellen ist, wo die Leistung tatsächlich vom Unternehmer erbracht wird. Damit spricht § 3a Abs. 3 Nr. 3 UStG insbesondere **kulturelle und künstlerische Dienstleistungen** und Arbeiten an beweglichen körperlichen Gegenständen an. Unter diese Regelung fällt auch die Abgabe von Speisen und Getränken zum Verzehr an Ort und Stelle (Restaurationsleistung), wenn die Abgabe nicht an Bord eines Schiffs, in einem Luftfahrzeug oder in der Eisenbahn während einer Beförderung innerhalb des Gemeinschaftsgebiets erfolgt.

§ 3a Abs. 3 Nr. 4 UStG regelt den **Ort einer Vermittlungsleistung an Nichtunternehmer**. Er liegt an dem Ort der vermittelten Leistung. Dabei ist auf den Ort abzustellen, an dem die vermittelte Leistung unter Zugrundelegung der entsprechenden Ortsregelung umsatzsteuerrechtlich erbracht wird.

§ 3a Abs. 4 UStG ordnet an, dass bei so genannten „immateriellen" Dienstleistungen und bestimmten Katalogdienstleistungen an Nichtunternehmer im Drittlandsgebiet der Empfängerort als Leistungsort gilt. Dieser Empfängerort befindet sich nach § 3a Abs. 4 Satz 1 UStG am Wohnsitz oder Sitz des Leistungsempfängers. § 3a Abs. 4 Satz 2 UStG enthält die so genannten Katalogdienstleistungen.

Beispiel: Das Übersetzungsbüro Ü in Kopenhagen erhält von der Firma F in Flensburg den Auftrag, Geschäftsbriefe von der dänischen in die deutsche Sprache zu übersetzen. Ü erbringt zwar eine sonstige Leistung nach § 3a Abs. 4 Satz 2 Nr. 3 UStG. Da F aber zum Einen die Leistung als Unternehmer für sein Unternehmen bezieht und zum Anderen seinen Sitz nicht im Drittlandsgebiet hat, ist § 3a Abs. 4 UStG hier nicht einschlägig. Der Leistungsort ist somit gemäß § 3a Abs. 2 Satz 1 UStG am Sitz des leistungsempfangenden Unternehmers in Flensburg.

Für auf **elektronischem Weg erbrachte sonstige Leistungen** durch im Drittlandsgebiet ansässige Unternehmer an im Gemeinschaftsgebiet ansässige Nichtunternehmer enthält § 3a Abs. 5 UStG die Ortsregelung. Die Regelung wurde unverändert aus dem bisherigen § 3a Abs. 3a UStG übernommen.

Bei bestimmten in § 3a Abs. 4 Satz 2 UStG genannten Leistungen sowie bei der Vermietung von Beförderungsmitteln regelt § 3a Abs. 6 UStG den Ort der sonstigen Leistung. Bei den in § 3a Abs. 4 Satz 2 UStG angesprochenen Tatbeständen handelt es sich um Leistungen nach § 3a Abs. 4 Satz 2 Nr. 1 bis 10 UStG an juristische Personen des öffentlichen Rechts und Telekommunikations- sowie Rundfunk- und Fernsehdienstleistungen. Dieser Ort wird – aus dem Drittlandsgebiet – in das Inland verlagert, wenn der leistende Unternehmer im Drittlandsgebiet ansässig ist oder dort eine Betriebsstätte hat, von der aus die Leistung ausgeführt wird, und die Leistung im Inland genutzt oder ausgewertet wird.

Schließlich ist der Fall der Verlagerung des Leistungsorts aus dem Inland in das Drittland einer Regelung zugeführt. Nach § 3a Abs. 7 UStG wird der Ort der Vermietung bestimmter Fahrzeuge an einen im Drittlandsgebiet ansässigen Unternehmer für dessen Unternehmen in das Drittlandsgebiet verlagert, wenn das Fahrzeug im Drittlandsgebiet genutzt wird. Betroffen ist allerdings nur die kurzfristige Vermietung der genannten Fahrzeuge, da der Leistungsort bei der langfristigen Vermietung der Fahrzeuge nach der Grundsatzregelung des § 3a Abs. 2 UStG bereits am Sitz des Leistungsempfängers liegt, wenn dieser im Drittlandsgebiet ansässig ist.

Zur Bestimmung des Orts der sonstigen Leistung bietet es sich an, mit einem durch das Gesetz vorgegebenen Prüfungsschema zu arbeiten. Danach gilt die folgende vereinfachte Prüfsystematik oder **Prüfungsreihenfolge**:

- Prüfung, ob eine Beförderungsleistung, eine mit der Beförderung eines Gegenstandes zusammenhängende Leistung, eine Restaurationsleistung während einer Beförderung an Bord eines Transportmittels oder eine unentgeltliche Leistung vorliegt. Ist dies der Fall, bestimmt sich der Leistungsort nach § 3b, § 3e oder § 3f UStG. Für die praktisch bedeutsamsten Fälle ist der Leistungsort demnach der Ort, an dem die Beförderung bewirkt wird. Ist dies nicht der Fall:

- Prüfung, ob eine der **in § 3a Abs. 3 UStG genannten sonstigen Leistungen** vorliegt. Ist dies der Fall, bestimmt sich der Leistungsort ausschließlich nach § 3a Abs. 3 Nr. 1 - 4 UStG (Belegenheitsort des Grundstücks, Tätigkeitsort, Ort an dem der vermittelte Umsatz ausgeführt wird). Ist dies nicht der Fall:

- Prüfung, ob eine der in § 3a Abs. 4 Satz 2 UStG genannten Leistungen vorliegt, die nach Satz 1 im Drittlandsgebiet ausgeführt wird. Ist dies nicht der Fall, dann bestimmt sich der Leistungsort nach § 3a Abs. 1 (B2C) bzw. Abs. 2 (B2B) UStG. Daraus folgt:

- Prüfung, ob der Leistungsort nach § 3a Abs. 1 bzw. Abs. 2 UStG im Gemeinschaftsgebiet liegt. Ist dies nicht der Fall:

- Prüfung, ob sich nach § 3a Abs. 6 UStG eine Verlagerung des Leistungsorts ergibt.

9.2.4.3 Ort des innergemeinschaftlichen Erwerbs

Der Ort des **innergemeinschaftlichen Erwerbs** ist im § 3d UStG geregelt und befindet sich dort, wo sich der Gegenstand am Ende der Beförderung befindet. Eine innergemeinschaftliche Lieferung ist im Gegenzug steuerfrei. Dies bewirkt letztendlich eine Belastung mit Umsatzsteuer im Bestimmungsland mit dem dortigen Steuersatz.

9.2.5 Entgeltlichkeit

Die Umsatzsteuerbarkeit setzt Entgeltlichkeit voraus. Diese liegt immer dann vor, wenn folgende Voraussetzungen erfüllt sind:

- Leistung und Entgelt (Gegenleistung)
- Mehrere (mindestens zwei) Beteiligte
- Wirtschaftliche Verknüpfung zwischen Leistung und Entgelt (Gegenleistung).

Der Leistungsempfänger muss etwas aufwenden, um die konkrete Leistung zu erhalten, nämlich das als **Gegenleistung** bezeichnete Entgelt. Die Gegenleistung muss nicht zwingend in Geld geleistet werden; sie kann auch in einer Lieferung (Tausch) oder sonstigen Leistung (tauschähnlicher Umsatz) bestehen (§ 3 Abs. 12 UStG). Auf Angemessenheit oder Üblichkeit kommt es nicht an. Fälle unangemessener Leistungsbeziehungen werden durch die Mindestbemessungsgrundlage aufgefangen. **Kein Leistungsaustausch** liegt vor bei

- Innenumsätzen (rechtsgeschäftsloses Verbringen),
- echtem Schadensersatz,
- Schenkungen / Erbschaften.

9.2.6 Steuerbefreiungen

Steuerbare Umsätze sind nur dann nicht steuerpflichtig, wenn eine Steuerbefreiung i. S. d. §§ 4, 4b oder 5 UStG vorliegt. Die Gründe für die Steuerbefreiung bestimmter Umsätze sind vielfältig. Zum einen soll eine Doppelbelastung vermieden werden. Dies könnte z. B. im Rahmen von Ausfuhrlieferungen durch deutsche Umsatzsteuer und ausländische Einfuhrumsatzsteuer drohen oder durch die gleichzeitige Tatbestandserfüllung im Rahmen der Umsatzsteuer und der Grunderwerbsteuer. Zum anderen sollen die Steuerbefreiung zur Verbilligung von Leistungen beitragen, etwa im Kontext des Geld- und Kapitalverkehrs oder des Gesundheitswesens.

Die **Wirkung der Steuerbefreiung** besteht darin, dass für den Umsatz des leistenden Unternehmers keine Umsatzsteuer anfällt. Die Steuerbefreiung für die vom Unternehmer ausgeführte Leistung hat unter Umständen auch Auswirkungen auf den Vorsteuerabzug des liefernden und leistenden Unternehmers. Bestimmte Befreiungsvorschriften schließen den Vorsteuerabzug beim Unternehmer, der den steuerfreien Umsatz ausführt, ganz oder teilweise aus (Vorsteuerabzugsverbot gem. § 15 Abs. 2 UStG). Die Steuerbefreiungsvorschriften lassen sich hinsichtlich ihrer Auswirkungen auf den Vorsteuerabzug in 4 Gruppen einteilen:

- Befreiungen, bei denen der Vorsteuerabzug nicht ausgeschlossen ist (§ 4 Nr. 1 - 7 i.V.m. § 15 Abs. 3 Nr. 1 Bst. a UStG)

- Befreiungen, bei denen der Vorsteuerabzug absolut ausgeschlossen ist (§ 4 Nr. 9 Bst. b, Nr. 10 Bst. b, Nr. 11, Nr. 11a, Nr. 11b, Nr. 14 – 18, Nr. 20 - 28 UStG)

- Befreiungen mit Optionsmöglichkeit nach § 9 UStG (§ 4 Nr. 8 Bst. a-g, Nr. 9 Bst. a, Nr. 12, Nr. 13, Nr. 19)

- Befreiungen, die bedingt zum Vorsteuerabzug berechtigen (§ 4 Nr. 8 Bst. a-g, Nr. 10 Bst. a UStG i.V.m. § 15 Abs. 3 Nr. 1 Bst. b UStG)

Steuerbefreite Umsätze, bei denen der **Vorsteuerabzug nicht ausgeschlossen** ist (§ 4 Nr. 1 – 7 UStG), führen dazu, dass aufgrund der Vorsteuerabzugsmöglichkeit eine völlige Entlastung von Umsatzsteuer auftritt. Die für die Eingangsumsätze entstandene Umsatzsteuer kann in vollem Umfang über den Vorsteuerabzug erstattet werden, während für den Ausgangsumsatz aufgrund der Steuerbefreiung keine Umsatzsteuer anfällt. Als wichtigster Anwendungsfall dieser Kategorie der Steuerbefreiung sind die Ausfuhrumsätze zu nennen (§ 4 Nr. 1 Bst. a UStG), bei denen durch die Steuerbefreiung mit Vorsteuerabzug eine völlige Entlastung mit inländischer Umsatzsteuer erreicht und damit das Bestimmungslandprinzip verwirklicht wird.

Beispiel: Unternehmer H aus Halle veräußert an den russischen Unternehmer R eine Maschine, die dieser in seinem Unternehmen in Russland einsetzt. H lässt die Maschine von einer Spedition nach Russland befördern. Der Verkauf der Maschine ist eine Lieferung (§ 3 Abs. 1 UStG), die im Inland ausgeführt wird (§ 3 Abs. 6 UStG). Die Lieferung ist damit im Inland steuerbar (§ 1 Abs. 1 Nr. 1 UStG). Da H die Maschine in das Drittlandsgebiet (§ 1 Abs. 2a Satz 3 UStG) versendet, handelt es sich um eine Ausfuhrlieferung i.S.v. § 6 Abs. 1 Nr. 1 UStG, die im Inland steuerfrei ist (§ 4 Nr. 1 Bst. a UStG).

Anders geregelt, aber in der Sache ähnlich, wirkt der Befreiungstatbestand für innergemeinschaftliche Lieferungen.

Beispiel: Unternehmer R in Rom bestellt beim Unternehmer H in Halle eine Maschine zum Nettopreis von 10.000 € für sein Fabrikationsunternehmen. H transportiert die Maschine direkt zu R nach Rom. Bei der Lieferung von H an R gelangt die Maschine aus Deutschland nach Italien. R erwirbt die Maschine gegen Entgelt für sein Unternehmen. H ist ebenfalls Unternehmer und führt die Lieferung im Rahmen seines Unternehmens aus. Die Lieferung erfolgt gem. § 3 Abs. 6 Satz 1 UStG im Inland und ist damit steuerbar (§ 1 Abs. 1 Nr. 1 UStG). Sie ist aber nach § 4 Nr. 1 Bst. b, § 6a UStG steuerfrei. In Italien wird der Erwerb der Maschine nach einer den §§ 1 Abs. 1 Nr. 5, 1a UStG entsprechenden Vorschrift als innergemeinschaftlicher Erwerb durch R versteuert.

Abbildung 9-11: Steuerbefreite Umsätze § 4 UStG

Befreiungen, bei denen der Vorsteuerabzug **nicht** ausgeschlossen ist (§ 4 Nr. 1-7 UStG), sind beispielsweise:

- Ausfuhrlieferungen Nr. 1
- Umsätze für Seeschifffahrt und Luftfahrt Nr. 2
- Lieferungen und Leistungen im internationalen Frachtverkehr Nr. 3

Befreiungen, bei denen der Vorsteuerabzug **absolut** ausgeschlossen ist (§ 4 Nr. 9b, 10b, 11, 11a, 11b, 14 – 18, 20 - 28 UStG), umfassen zum Beispiel:

- Umsätze der Versicherungsvertreter Nr. 11
- Heilbehandlungs- und ähnliche Leistungen Nr. 14
- Betreuungs- und Pflegeleistungen Nr. 16
- Umsätze der Wohlfahrtsverbände Nr. 18
- Umsätze im Zusammenhang mit Ausbildung Jugendlicher Nr. 23
- Leistungen der Jugendhilfe Nr. 25
- Ehrenamtliche Tätigkeit Nr. 26

Befreiungen mit **Optionsmöglichkeit** (§ 4 Nr. 8a-g, Nr. 9a, Nr. 12, Nr. 13, Nr. 19 UStG) bestehen beispielsweise bei:

- Umsätze im Geldverkehr Nr. 8
- Umsätze, die unter das Grunderwerbsteuergesetz fallen Nr. 9a
- Vermietung und Verpachtung von Grundstücken Nr. 12
- Umsätze des Blindenwerks Nr. 19

Befreiungen, die **bedingt** zum Vorsteuerabzug berechtigen (§ 4 Nr. 8a-g, Nr. 9a, Nr. 12, Nr. 13; Nr. 19), liegen zum Beispiel vor bei:

- Umsätze im Geldverkehr Nr. 8
- Versicherungsleistungen Nr. 10a

Steuerbefreite Umsätze, bei denen der **Vorsteuerabzug absolut ausgeschlossen** ist (§ 4 Nr. 9 Bst. b, Nr. 10 Bst. b, Nr. 11, Nr. 11a, Nr. 11b, Nr. 14 – 18, Nr. 20 - 28 UStG), werden in der Regel an Endverbraucher getätigt. Durch das Verbot, die Vorsteuer auf Eingangsumsätze des die steuerbefreiten Umsätze ausführenden Unternehmers geltend zu machen (§ 15 Abs. 2 Nr. 1 UStG), ist die Leistung an den Endverbraucher mit Umsatzsteuer belastet. Die Steuerbelastung fällt durch die Steuerbefreiung jedoch insgesamt niedriger aus, da eine Belastung der Wertschöpfung auf der letzten Unternehmerstufe unterbleibt. Zu dieser Kategorie der Steuerbefreiungen rechnen beispielsweise heilberufliche Leistungen (§ 4 Nr. 14 UStG), Umsätze der Krankenhäuser (§ 4 Nr. 16 UStG), Leistungen der Wohlfahrtsverbände (§ 4 Nr. 18 UStG) oder Umsätze von kulturellen Einrichtungen (Theater, Orchester etc., § 4 Nr. 20 UStG).

Befreiungen mit **Optionsmöglichkeit nach § 9 UStG** (§ 4 Nr. 8a-g, Nr. 9a, Nr. 12, Nr. 13; Nr. 19) beziehen sich in der Regel auf Leistungen, die sowohl an Endverbraucher als auch innerhalb der Unternehmerkette erbracht werden. Soweit die Befreiung auf der Endverbraucherstufe eingreift, ergibt sich der eben dargelegte Effekt, dass eine insgesamt niedrigere Belastung mit Umsatzsteuer entsteht, da die Wertschöpfung der letzten Unternehmerstufe unversteuert bleibt. Tritt die Befreiung dagegen innerhalb der Unternehmerkette auf, so kommt es durch den Ausschluss vom Vorsteuerabzug zu einer Kumulierung von Umsatzsteuer. Dies ist der Fall, wenn ein Unternehmer, der steuerbefreite Umsätze ausführt, die auf den Eingangsumsätzen lastende Vorsteuer nicht abziehen kann. Er wird diese Belastung mit Umsatzsteuer über einen höheren Preis für die Ausgangsumsätze weitergeben. Auf die Weiterbelastung der Umsatzsteuer im Preis fällt wiederum Umsatzsteuer an.

9.2.7 Verzicht auf Steuerbefreiungen (Option)

Führt ein Unternehmer steuerfreie Umsätze aus, kann er grundsätzlich die damit zusammenhängenden Vorsteuerbeträge nicht abziehen. Der Vorsteuerausschluss ergibt sich aus § 15 Abs. 2 Nr. 1 UStG. Die **nicht abzugsfähige Vorsteuer** wird als Kostenfaktor zu einer Gewinnschmälerung oder einer Preiserhöhung führen. Soweit der Unternehmer Leistungen an andere Unternehmer für deren Unternehmen tätigt, führt das zu **Wettbewerbsnachteilen**. Deshalb kann der Unternehmer unter bestimmten Voraussetzungen nach § 9 UStG auf die Steuerbefreiung verzichten und zur Steuerpflicht optieren. Beispielsweise kann die Option zur Steuerpflicht nach § 9 UStG in einem Fall, wie er im vorhergehenden Abschnitt am Ende geschildert wurde, wirtschaftlich sinnvoll sein. Durch die Option werden die zunächst steuerfreien Umsätze steuerpflichtig. Dies hat unmittelbar zur Folge, dass der Vorsteuerabzug gegeben ist und damit eine vollständige Entlastung von Umsatzsteuer für Eingangsumsätze erreicht wird.

Die **Voraussetzung für die Option** ist dergestalt formuliert, dass ein Unternehmer bestimmte steuerfreie Leistungen an einen anderen Unternehmer für dessen Unternehmen ausführt. Die Option ist für jeden einzelnen Umsatz gesondert möglich. Eine Option bedarf keiner bestimmten Form. Sie wird dadurch wirksam, dass der Unternehmer den Umsatz als steuerpflichtig behandelt. Wichtige Anwendungsbeispiele für steuerbefreite Umsätze mit Optionsmöglichkeit sind Leistungen im Rahmen des Geldverkehrs (§ 4 Nr. 8 UStG) sowie die Vermietung und Verpachtung von Grundstücken (§ 4 Nr. 12 UStG).

9.2 Besteuerungsgegenstand

Beispiel: (ohne Option nach § 9 UStG) Zunächst sei angenommen, es bestehe keine Optionsmöglichkeit. Unternehmer 1 (U 1) liefert an Unternehmer 2 (U 2) steuerbar, aber steuerfrei. U 1 wurden 1.000 zuzüglich 190 Umsatzsteuer in Rechnung gestellt. U 1 liefert an U 2 zu 2.190 ohne Umsatzsteuerausweis, somit beträgt sein Gewinn 1.000. U 2 liefert an den Endverbraucher zu 4.986, darin sind 796 (= 19%, gerundet) Umsatzsteuer enthalten. Der Gewinn des U 2 beträgt 2.000 (= 4.190 − 2.190).

Beispiel: (mit Option nach § 9 UStG) Mit Option kann sich der Endverbrauchspreis günstiger darstellen, vorausgesetzt, die Konstellation am Markt (also letztlich die Preis-Absatzfunktion) lässt dies zu. Liefert U 1 nämlich mit Option an den U 2, so berechnet er 2.000 zuzüglich Umsatzsteuer (380). U 2 kann die in Rechnung gestellte Vorsteuer in Höhe von 380 zum Abzug bringen. Möchte U 2 einen Gewinn von 2.000 realisieren, kann er den Gegenstand zu 4.000 zuzüglich 760 Umsatzsteuer an den Endverbraucher liefern. Für den Endverbraucher hat sich der Gegenstand somit aufgrund der Optionsmöglichkeit in der Unternehmerkette verbilligt, da er 4.760 (im Vergleich zu 4.986 ohne Option) zahlen muss.

Der Unternehmer kann seine **Option auf einzelne Umsätze**, selbst auf einen einmaligen Umsatz, z.B. eine Grundstücksveräußerung im Rahmen des Unternehmens, beschränken. In der Praxis kommt der Option insbesondere im Zusammenhang mit der Lieferung bebauter Grundstücke sowie im Zusammenhang mit der Vermietung von Immobilien eine große Bedeutung zu.

Beispiel: Vermieter V hat ein Haus für 1 Mio. € zzgl. 190.000 € USt errichtet. V vermietet das Haus an eine Steuerberatungssozietät für 50.000 € netto p.a. Welche Auswirkungen hat die Option nach § 9 UStG?

Lösung: Ohne Ausübung der Optionsmöglichkeit wäre die gezahlte Umsatzsteuer nicht als Vorsteuer abziehbar (§ 15 Abs. 2 Nr. 1 UStG). Sie würde die Anschaffungskosten des Gebäudes erhöhen, § 9b Abs. 1 Satz 1 EStG. Das sich daraus ergebende erhöhte Abschreibungspotential beträgt 2% x 190.000 = 3.800 pro Jahr (§ 7 Abs. 4 Nr. 2a EStG). Mit Ausübung der Option ist die gezahlte USt (190.000 €) im Jahr der Erstellung des Gebäudes als Vorsteuer abziehbar (§ 15 Abs. 1 Nr. 1 UStG). Es kommt zu einer Umsatzsteuererstattung i.H.v. 190.000 € abzgl. der für die Vermietung vereinnahmten Umsatzsteuer. Die Mieteinnahmen betragen dann 50.000 € + 9.500 € USt. Die Sozietät kann die gezahlte Umsatzsteuer als Vorsteuer abziehen.

Werden Immobilien vermietet, ist die Option für jeden selbständigen Gebäudeteil gesondert zu prüfen.

Beispiel: Steuerberater S ist Eigentümer eines mehrgeschossigen Gebäudes, welches er errichtet hat und folgendermaßen vermietet bzw. nutzt:

- das Erdgeschoss ist an einen Bäcker vermietet, der dort seine Bäckerei betreibt
- die Räume im 1. Obergeschoss sind an einen Arzt vermietet,

- die Räume im 2. Obergeschoss sind an eine Bank vermietet,
- die Räume im 3. Obergeschoss sind an das städtische Schulamt vermietet,
- die Räume im 4. Obergeschoss sind an eine Studentenwohngemeinschaft vermietet,
- die Räume im 5. Obergeschoss sind an einen Rechtsanwalt vermietet,
- die Räume im 6. Obergeschoss nutzt S selbst für seine Kanzlei.

S hat dem Finanzamt mitgeteilt, dass er bezüglich der Grundstücksvermietung soweit wie möglich auf die Steuerbefreiung verzichten möchte.

Lösung: Das Unternehmen des S umfasst seine gesamte unternehmerische Tätigkeit, d.h. sowohl die Tätigkeit als Steuerberater als auch die Grundstücksvermietung. Sämtliche Vermietungsumsätze sind steuerfrei nach § 4 Nr. 12a UStG. Die Frage der Option ist bei jedem selbständig nutzbaren Grundstücksteil gesondert zu prüfen.

- Erdgeschoss - Vermietung an einen Bäcker: Es liegt eine Vermietung von Grundstücksteilen vor, die grundsätzlich nach § 4 Nr. 12a UStG steuerbefreit ist. Aufgrund des erklärten Verzichts auf die Steuerbefreiung ist zu prüfen, ob die Voraussetzungen des § 9 UStG vorliegen. G vermietet an einen Unternehmer (B), der den Mietgegenstand ausschließlich gewerblich und damit für sein Unternehmen nutzt. Infolge der wirksamen Option ist die Vermietung an B steuerpflichtig.

- 1. Obergeschoss - Vermietung an einen Arzt: Die Räume im 1. Obergeschoss werden von dem Mieter zur Ausführung steuerfreier Umsätze (Arzt: § 4 Nr. 14 UStG) verwendet, die den Vorsteuerabzug ausschließen (§ 9 Abs. 2 UStG).

- 2. Obergeschoss - Vermietung an eine Bank: Die Räume im 2. Obergeschoss werden von dem Mieter zur Ausführung steuerfreier Umsätze (Bank: § 4 Nr. 8 UStG) verwendet, die den Vorsteuerabzug ausschließen (§ 9 Abs. 2 UStG).

- 3. Obergeschoss - Vermietung an das städtische Schulamt: Das 3. Obergeschoss wird von der Stadt nicht unternehmerisch genutzt (§ 9 Abs. 1 UStG), ein Verzicht auf die Steuerbefreiung scheidet daher aus.

- 4. Obergeschoss - Vermietung an eine Studentenwohngemeinschaft: Die Vermietung ist nach § 4 Nr. 12a UStG steuerfrei. Eine Optionsmöglichkeit nach § 9 UStG scheidet aus, da die Vermietung nicht an einen Unternehmer erbracht wird.

- 5. Obergeschoss - Vermietung an einen Rechtsanwalt: Bei der Vermietung der Räume im 5. Obergeschoss an den Rechtsanwalt kann S auf die Steuerbefreiung verzichten, weil der Rechtsanwalt die Räume ausschließlich zur Ausführung von Umsätzen verwendet, die zum Vorsteuerabzug berechtigen.

- 6. Obergeschoss – Eigennutzung: Bezüglich des von S selbstgenutzten Geschosses liegt keine Vermietung, sondern ein nichtsteuerbarer Innenumsatz vor.

Steuerbefreite Umsätze, die **bedingt zum Vorsteuerabzug berechtigen** (§ 4 Nr. 8 Bst. a-g, Nr. 10 Bst. a UStG), fallen - abgesehen von § 4 Nr. 10 Bst. a UStG - alle auch unter die Umsätze mit Optionsmöglichkeit. Die Besonderheit dieser Steuerbefreiung besteht darin, dass – sofern nicht zulässigerweise auf die Steuerbefreiung nach § 9 UStG verzichtet wurde - grundsätzlich **kein Vorsteuerabzug** besteht. Ausnahmsweise schließen diese Umsätze den Vorsteuerabzug dann nicht aus, wenn sich die steuerfreien Leistungen unmittelbar auf Gegenstände beziehen, die in das Drittlandsgebiet ausgeführt werden (§ 15 Abs. 3 Nr. 1 Bst. b UStG). Zu dieser Kategorie der Steuerbefreiungen gehören insbesondere Umsätze im Rahmen des Geldverkehrs (§ 4 Nr. 8 UStG).

9.3 Bemessungsgrundlage

Die Umsatzsteuer kennt keine einheitliche Bemessungsgrundlage. Vielmehr stellt sich die umsatzsteuerliche Bemessungsgrundlage unterschiedlich für die einzelnen Steuertatbestände dar. In allen Fällen jedoch gehört die Umsatzsteuer selbst nicht mit zur Bemessungsgrundlage.

- Für entgeltliche Lieferungen und sonstige Leistungen (§ 1 Abs. 1 Nr. 1 UStG) sowie für den innergemeinschaftlichen Erwerb (§ 1 Abs. 1 Nr. 5 UStG) besteht die umsatzsteuerliche Bemessungsgrundlage im Entgelt (§ 10 Abs. 1 UStG). Entgelt ist alles, was der Leistungsempfänger aufwendet, um die Leistung zu erhalten, jedoch ohne Umsatzsteuer und durchlaufende Posten. Durchlaufende Posten sind Beträge, die der Unternehmer im Namen und für Rechnung eines anderen vereinnahmt und verausgabt (§ 10 Abs. 1 Satz 6 UStG). Gewährte Rabatte, Boni und Skonti sowie andere Preisnachlässe mindern das Entgelt. Ebenfalls nicht zum Entgelt gehören Verzugszinsen, Fälligkeitszinsen, Prozesszinsen, Mahngebühren und -kosten sowie Vertragsstrafen. Diese werden nicht als Gegenleistung für eine erhaltene Leistung, sondern als Schadensersatz gezahlt. Zum Entgelt gehört auch, was ein Dritter dem Unternehmer für eine Leistung gewährt, etwa in Form von so genannten unechten Zuschüssen (vgl. § 10 Abs. 1 Satz 3 UStG).

  Das **Entgelt** übernimmt umsatzsteuerlich **zwei Funktionen**: Zum einen ist das Entgelt Tatbestandsmerkmal für die Steuerbarkeit von Lieferungen und sonstigen Leistungen sowie beim innergemeinschaftlichen Erwerb. Zum anderen fungiert es als Steuerbemessungsgrundlage bei diesen Tatbeständen.

- Beim **innergemeinschaftlichen Verbringen** eines Gegenstandes (§ 1a Abs. 2 UStG) sowie bei der **unentgeltlichen Abgabe von Gegenständen** (Gegenstandsentnahme, Sachzuwendungen an Arbeitnehmer, andere unentgeltliche Zuwendungen, § 3 Abs. 1 b UStG) wird die Bemessungsgrundlage als **Einkaufspreis** zuzüglich Nebenkosten bestimmt. Kann bei selbsterstellten Produkten kein Einkaufspreis ermittelt werden, so kommen die **Selbstkosten** im Zeitpunkt des Umsatzes zur Anwen-

9 Die Umsatzsteuer

dung (§ 10 Abs. 4 Nr. 1 UStG). Als Selbstkosten finden die Wiederbeschaffungs- oder Wiederherstellungskosten Anwendung.

Abbildung 9-12: Umsatzsteuerliche Bemessungsgrundlage

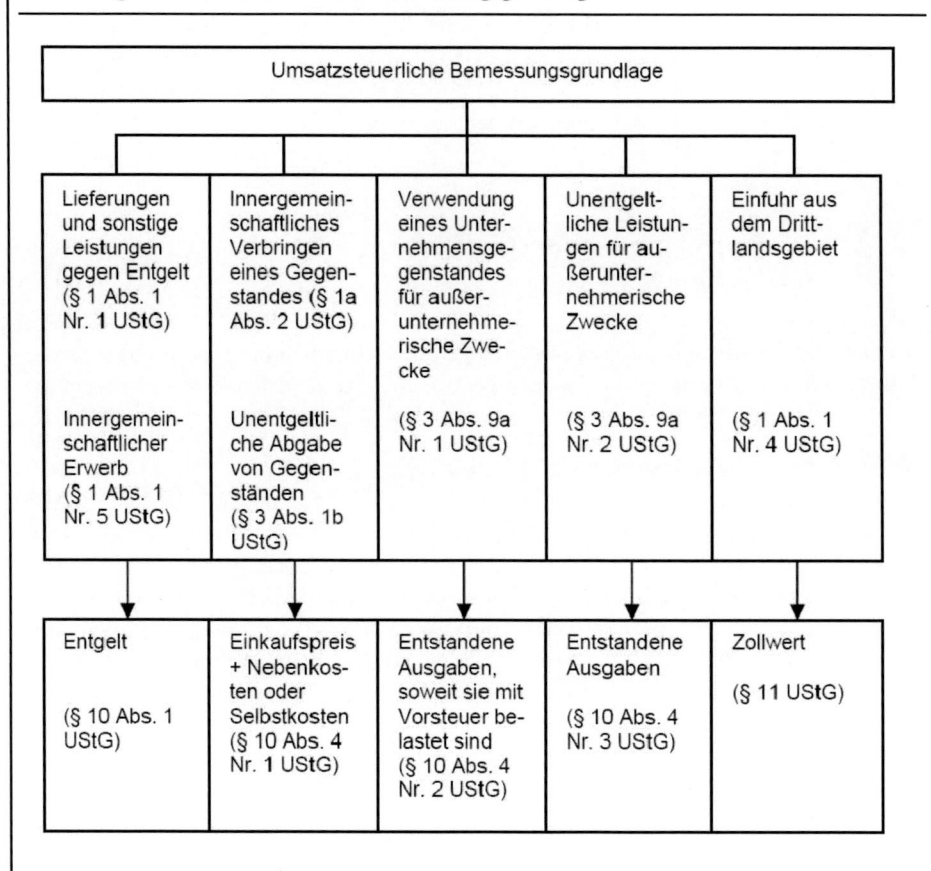

Umsatzsteuerliche Bemessungsgrundlage				
Lieferungen und sonstige Leistungen gegen Entgelt (§ 1 Abs. 1 Nr. 1 UStG)	Innergemeinschaftliches Verbringen eines Gegenstandes (§ 1a Abs. 2 UStG)	Verwendung eines Unternehmensgegenstandes für außerunternehmerische Zwecke	Unentgeltliche Leistungen für außerunternehmerische Zwecke	Einfuhr aus dem Drittlandsgebiet
Innergemeinschaftlicher Erwerb (§ 1 Abs. 1 Nr. 5 UStG)	Unentgeltliche Abgabe von Gegenständen (§ 3 Abs. 1b UStG)	(§ 3 Abs. 9a Nr. 1 UStG)	(§ 3 Abs. 9a Nr. 2 UStG)	(§ 1 Abs. 1 Nr. 4 UStG)
Entgelt (§ 10 Abs. 1 UStG)	Einkaufspreis + Nebenkosten oder Selbstkosten (§ 10 Abs. 4 Nr. 1 UStG)	Entstandene Ausgaben, soweit sie mit Vorsteuer belastet sind (§ 10 Abs. 4 Nr. 2 UStG)	Entstandene Ausgaben (§ 10 Abs. 4 Nr. 3 UStG)	Zollwert (§ 11 UStG)

■ Die **Verwendung eines Unternehmensgegenstandes** für außerunternehmerische Zwecke (§ 3 Abs. 9a Nr. 1 UStG) oder für den privaten Bedarf der Arbeitnehmer bemisst sich nach den **entstandenen Kosten, soweit diese zum Vorsteuerabzug berechtigt** haben (§ 10 Abs. 4 Nr. 2 UStG). Die Kosten umfassen grundsätzlich alle mit dem Umsatz zusammenhängenden Aufwendungen, ohne jedoch die anteiligen kalkulatorischen Kosten. Um eine (einfache) Umsatzsteuerbelastung der privaten Verwendung von Gegenständen zu gewährleisten, sind nur die Kosten einzubeziehen, die zum Vorsteuerabzug berechtigt haben. Hierin kommt der Verbrauchsteuercharakter der Umsatzsteuer deutlich zum Ausdruck.

9.3 Bemessungsgrundlage

- Bei **unentgeltlichen Leistungen für außerunternehmerische Zwecke** oder für den privaten Bedarf der Arbeitnehmer (§ 3 Abs. 9a Nr. 2 UStG) bemisst sich die Umsatzsteuer nach den **entstandenen Kosten** (§ 10 Abs. 4 Nr. 3 UStG). Dabei ist völlig unerheblich, ob auf Ebene des Unternehmers für die entstandenen Kosten ein Vorsteuerabzug möglich war.

- Für die **Einfuhr aus dem Drittlandsgebiet** (§ 1 Abs. 1 Nr. 4 UStG) bestimmt sich die Umsatzsteuer nach dem **Zollwert** (§ 11 UStG). Der Zollwert wird um die Zölle, andere Verbrauchsteuern sowie um die Transportkosten bis zum ersten inländischen Bestimmungsort erhöht (§ 11 Abs. 3 UStG).

Beispiele:

- Die Molkerei M liefert Milch an den Supermarkt S in Saarbrücken. M stellt S 1.000 € zuzüglich 70 € Umsatzsteuer = 1.070 € in Rechnung. Bemessungsgrundlage ist gemäß § 10 Abs. 1 UStG das Entgelt. Zum Entgelt gehört alles, was der Leistungsempfänger für die Leistung aufwendet, abzüglich der Umsatzsteuer. Bemessungsgrundlage = 1.000 €. Der Steuersatz beträgt 7% (§ 12 Abs. 2 Nr. 1 UStG; Anlage zum UStG Nr. 4).

- Textileinzelhändler T liefert dem Kunden K einen Anzug. K zahlt 595 € in bar. Der Umsatz unterliegt einem Steuersatz von 19% (§ 12 Abs. 1 UStG). Die Umsatzsteuer gehört nicht zur Bemessungsgrundlage; sie ist aus dem Bruttobetrag von 595 € herauszurechnen: 595 € * 19/119 = 95 €. Die Bemessungsgrundlage beträgt 500 €.

- Architekt A fertigt für den Bauherrn B die Pläne für ein Einfamilienhaus in Halle und berechnet 8.000 € zuzüglich 1.520 € Umsatzsteuer = 9.520 €. B ist von den Bauplänen begeistert und zahlt dem A neben dem Rechnungsbetrag einen „Bonus" von 480 €. Die sonstige Leistung des A unterliegt dem Steuersatz von 19% (§ 12 Abs. 1 UStG). Die Bemessungsgrundlage bestimmt sich nach der gesamten Gegenleistung des Leistungsempfängers von 9.520 € + 480 € = 10.000 €. Die Umsatzsteuer ist aus dem Bruttobetrag herauszurechnen: 10.000 € * 19/119 = 1.597 €. Die Bemessungsgrundlage beträgt 8.403 €.

- Briefmarkenhändler X tauscht mit dem Briefmarkenhändler Y einen Satz deutscher Marken im gemeinen Wert von 1.070 € gegen einen gleichwertigen Satz niederländischer Marken. Zwischen X und Y liegt ein Tausch vor, weil das Entgelt für eine Lieferung in einer anderen Lieferung besteht (§ 3 Abs. 12 Satz 1 UStG). Bemessungsgrundlage für die jeweilige Lieferung ist der gemeine Wert der anderen Lieferung (§ 10 Abs. 2 Satz 2 UStG). Die Umsatzsteuer beträgt 7% (§ 12 Abs. 2 Nr. 1 UStG, Anlage 2 zum UStG Nr. 49 f) und ist aus dem Bruttobetrag herauszurechnen. Die Bemessungsgrundlage beträgt jeweils 1.000 €, die Umsatzsteuer 70 €.

Um eine zu geringe Verbrauchsteuerbelastung durch die Vereinbarung eines minimalen Entgelts zu verhindern, bestimmt § 10 Abs. 5 UStG für bestimmte Fallkonstellationen eine so genannte **Mindestbemessungsgrundlage**. Werden Lieferungen und sonstige Leistungen zwar entgeltlich, aber aufgrund verwandtschaftlicher, gesellschaftsrechtlicher oder arbeitsrechtlicher Beziehungen verbilligt ausgeführt, so ist für diese Umsätze mindestens der Einkaufspreis bzw. mangels Einkaufspreis die Selbstkosten als Bemessungsgrundlage anzusetzen. Damit kommt grundsätzlich die Bemessungsgrundlage zur Anwendung, die bei einer unentgeltlichen Ausführung dieser Umsätze anzusetzen gewesen wäre (vgl. die entsprechende Anwendung des § 10 Abs. 4 UStG auf die Tatbestände des § 10 Abs. 5 UStG).

Die umsatzsteuerliche Bemessungsgrundlage bestimmt sich grundsätzlich nach dem vereinbarten Entgelt (Sollbesteuerung § 16 Abs. 1 Satz 1 UStG). Ergeben sich **nachträgliche Änderungen der Bemessungsgrundlage**, so hat der leistende Unternehmer den dafür geschuldeten Umsatzsteuerbetrag zu berichtigen (§ 17 Abs. 1 Satz 1 UStG). Der Leistungsempfänger hat den in Anspruch genommenen Vorsteuerbetrag zu berichtigen (§ 17 Abs. 1 Satz 2 UStG). Dies gilt für die Änderung der Bemessungsgrundlage durch Entgeltserhöhung (Preiszuschläge) oder Entgeltsminderung (Zahlungsnachlässe, Skonti, Boni, Forderungsausfälle). Die Berichtigung ist für den Besteuerungszeitraum vorzunehmen, in dem die Änderung der Bemessungsgrundlage eingetreten ist.

9.4 Steuersätze und Erhebung der Umsatzsteuer

9.4.1 Steuersatz

Der Steuersatz der Umsatzsteuer ist im § 12 UStG geregelt. Nach dem Grundsatz des § 12 Abs. 1 UStG besteht ein Regelsteuersatz von 19%. Dieser Steuersatz gilt seit dem 1. 1. 2007. Ein ermäßigter Steuersatz in Höhe von 7% ist für die in § 12 Abs. 2 UStG aufgeführten Umsätze vorgeschrieben. Dieser betrifft z.B. Lebensmittel und bestimmte Getränke, die Beförderung von Personen im Nahverkehr, land- und forstwirtschaftliche Erzeugnisse, Bücher und Zeitschriften sowie weitere Lieferungen und sonstige Leistungen, die der Gesetzgeber aus verschiedenen Gründen nur ermäßigt belastet wissen möchte.

9.4.2 Vorsteuerabzug

9.4.2.1 Grundsätzliches zum Vorsteuerabzug

Die Technik des Vorsteuerabzugs bildet eines der Kernelemente des geltenden Umsatzsteuerrechts in der Form der Allphasen-Nettoumsatzsteuer. Durch den Vorsteuerabzug wird bei Lieferungen und sonstigen Leistungen innerhalb der Unternehmerkette eine Kumulierung von Umsatzsteuer vermieden. Indem die Vorsteuer auf die Eingangsumsätze an den Unternehmer vonseiten der Finanzbehörde erstattet wird, erfolgt eine völlige Entlastung der Eingangsumsätze von Umsatzsteuer. Da der private Endverbraucher keinen Vorsteuerabzug in Anspruch nehmen kann, wird die Umsatzsteuer erst bei einer Lieferung oder einer sonstigen Leistung an den privaten Endverbraucher zur definitiven Belastung.

Die **Voraussetzungen für den Vorsteuerabzug** sind im § 15 Abs. 1 Nr. 1 UStG geregelt. Danach muss der Leistungsempfänger Unternehmer sein, der anlässlich bzw. nach einer Lieferung oder sonstigen Leistung von einem anderen Unternehmer eine Rechnung im Sinne des § 14 UStG mit gesondert ausgewiesener Umsatzsteuer erhalten hat. Die entsprechende Lieferung oder die sonstige Leistung muss für das Unternehmen des Leistungsempfängers ausgeführt worden sein, gleichzeitig darf kein Vorsteuerausschluss im Sinne des § 15 Abs. 1a, Abs. 2 UStG bestehen.

Den Vorsteuerabzug kann nur ein **Unternehmer** im Sinne von § 2 Abs. 1 UStG in Anspruch nehmen. Damit hat auch der Unternehmerbegriff (ähnlich wie das Entgelt) im Rahmen der Umsatzsteuer eine Doppelfunktion. Er ist Tatbestandsvoraussetzung für die Steuerbarkeit von Lieferungen und sonstigen Leistungen (§ 1 Abs. 1 Nr. 1 UStG) und grenzt gleichzeitig den Bereich der Berechtigung zum Vorsteuerabzug ab, d.h. umgrenzt den Personenkreis, für den die Umsatzsteuer nicht zur definitiven Steuerbelastung führen soll.

Abbildung 9-13: Voraussetzungen für den Vorsteuerabzug § 15 Abs. 1 UStG

Ein Vorsteuerabzug ist nach § 15 Abs. 1 UStG nur dann möglich, wenn folgende Voraussetzungen erfüllt sind:

- Unternehmer
- steuerpflichtige Lieferungen und sonstige Leistungen (Eingangsumsätze)
- Leistungen an das Unternehmen
- gesonderter Ausweis der geschuldeten Umsatzsteuer in einer Rechnung im Sinne § 14 UStG
- kein Ausschluss des Vorsteuerabzugs nach § 15 Abs. 1a, Abs. 2 UStG

Der Eingangsumsatz muss der **Umsatzsteuerpflicht** unterliegen, da nur die gesetzlich geschuldete Umsatzsteuer als Vorsteuer abzugsfähig ist. Nur Lieferungen und sonstige Leistungen, die an das **Unternehmen** erbracht werden, berechtigen zum Vorsteuerabzug. Damit wird dem Charakter der Umsatzsteuer als allgemeine Verbrauchsteuer Rechnung getragen. Der Vorsteuerabzug ist zusätzlich an die formale Voraussetzung eines gesonderten Ausweises der Umsatzsteuer in einer **Rechnung im Sinne des § 14 UStG** gebunden.

Abbildung 9-14: Rechnung gemäß § 14 UStG

Eine ordnungsgemäße Rechnung, die zum Vorsteuerabzug berechtigt, liegt dann vor, wenn sie die folgenden Angaben enthält:

- vollständiger Name und vollständige Anschrift des leistenden Unternehmers und des Leistungsempfängers (§ 14 Abs. 4 Nr. 1 UStG)
- Steuernummer oder Umsatzsteuer-Identifikationsnummer des leistenden Unternehmers (§ 14 Abs. 4 Nr. 2 UStG)
- Ausstellungsdatum (§ 14 Abs. 4 Nr. 3 UStG)
- fortlaufende Rechnungsnummer (§ 14 Abs. 4 Nr. 4 UStG)
- Menge, Art und Umfang der gelieferten Gegenstände, Art der sonstigen Leistung (§ 14 Abs. 4 Nr. 5 UStG)
- Zeitpunkt der Lieferung und sonstigen Leistung (§ 14 Abs. 4 Nr. 6 UStG)
- Entgelt (§ 14 Abs. 4 Nr. 7 UStG)
- Steuersatz und auf das Entgelt entfallender Steuerbetrag (§ 14 Abs. 4 Nr. 8 UStG)
- Hinweis auf die Aufbewahrungspflicht der Rechnung (§ 14 Abs. 4 Nr. 9 UStG)

Enthält die Rechnung einen **unrichtigen Umsatzsteuerausweis**, so schuldet der leistende Unternehmer eine zu hoch ausgewiesene Umsatzsteuer (§ 14c Abs. 1 UStG). § 14c Abs. 1 UStG betrifft den überhöhten Ausweis durch Unternehmer, die persönlich zum Steuerausweis berechtigt sind. Ein zu hoher Umsatzsteuerausweis kann auftreten durch

- Anwendung des regulären Steuersatzes bei ermäßigt zu besteuernden Leistungen
- Umsatzsteuerausweis bei eigentlich steuerfreien Leistungen
- Umsatzsteuerberechnung auf nicht steuerbare Leistungen.

Die **überhöhte Umsatzsteuer** wird vom Unternehmer geschuldet. Der Leistungsempfänger ist jedoch nicht zum Vorsteuerabzug berechtigt, da nur die Umsatzsteuer aufgrund einer steuerpflichtigen Leistung als Vorsteuer geltend gemacht werden kann. Die zu hoch ausgewiesene Umsatzsteuer kann im Wege der Rechnungsberichtigung nach den Vorschriften des § 17 Abs. 1 UStG korrigiert werden.

Bei **zu niedrigem Steuerausweis** schuldet der leistende Unternehmer die gesetzliche Umsatzsteuer. Der Leistungsempfänger kann jedoch nur die ausgewiesene Umsatzsteuer als Vorsteuer abziehen. Auch hier ist eine Berichtigung der Rechnung möglich.

Erfolgt in der Rechnung ein **unberechtigter Umsatzsteuerausweis** (§ 14c Abs. 2 UStG), so schuldet der Rechnungsaussteller den ausgewiesenen Betrag. Ein unberechtigter Umsatzsteuerausweis liegt dann vor, wenn die Umsatzsteuer verbotenerweise separat in Rechnung gestellt wird. Fälle dieser Art liegen vor bei separatem Umsatzsteuerausweis

- durch nicht berechtigte Personen (Kleinunternehmer, Nichtunternehmer)
- bei nicht erbrachter Leistung (Scheinrechnung)
- bei Leistungen im außerunternehmerischen Bereich

Als Rechtsfolge schuldet der Aussteller der Rechnung die ausgewiesene Umsatzsteuer, während der Rechnungsadressat nicht zum Vorsteuerabzug berechtigt ist.

Beispiel: Studentin S verkauft ihren in der Vergangenheit ausschließlich für Privatfahrten genutzten Kleinwagen an den Baustoffhändler B. Sie erteilt eine Rechnung, in der sie neben dem Nettoverkaufspreis in Höhe von 3.000 € auch 570 € Umsatzsteuer ausweist. S ist nicht Unternehmer i. S. d. § 2 Abs. 1 UStG und damit auch nicht zum Ausweis von Umsatzsteuer berechtigt. Die ausgewiesene Umsatzsteuer schuldet sie nach § 14c Abs. 2 UStG. B hat keinen Vorsteuerabzug.

Neben der Vorsteuer aus Eingangsumsätzen können auch die **entrichtete Einfuhrumsatzsteuer** (§ 15 Abs. 1 Nr. 2 UStG) und die **Steuer für den innergemeinschaftlichen Erwerb** (§ 15 Abs. 1 Nr. 3 UStG) bei Vorliegen der jeweiligen Voraussetzungen als Vorsteuer abgezogen werden. Der Vorsteuerabzug ist in allen Fällen aber ausgeschlossen, wenn ein Vorsteuerabzugsverbot greift.

9.4.2.2 Ausschluss des Vorsteuerabzugs

Das Recht zum Vorsteuerabzug wird in Teilbereichen ausgeschlossen oder eingeschränkt. Dann kann die auf den Eingangsumsätzen lastende Umsatzsteuer überhaupt nicht oder nur teilweise mit der Ausgangsumsatzsteuer verrechnet werden. Es lassen sich **zwei Gruppen von Ausschlüssen vom Vorsteuerabzug** unterscheiden:

- Vorsteuern im Zusammenhang mit einer pauschalierten Abgrenzung des unternehmerischen Bereichs vom nicht unternehmerischen Bereich (§ 15 Abs. 1a UStG)
- Vorsteuern im Zusammenhang mit steuerfreien Umsätzen (§ 15 Abs. 2 UStG)

Vorsteuern im Zusammenhang mit einer pauschalierten Abgrenzung des unternehmerischen Bereichs vom nicht unternehmerischen Bereich (§ 15 Abs. 1a UStG): Nicht abziehbar sind Vorsteuerbeträge, die auf Repräsentationsaufwendungen entfallen, die nach den ertragsteuerlichen Regelungen des § 4 Abs. 5 Nr. 1-4, 7 EStG und § 12 Nr. 1 EStG nicht abzugsfähige Betriebsausgaben darstellen. Danach sind beispielsweise die Vorsteuern für Gästehäuser, auf Aufwendungen für Jagd, Fischerei, Segel- und Motorjachten sowie Vorsteuern für Kosten der privaten Lebensführung nicht abzugsfähig. Dies gilt nicht (mehr) für angemessene und nachgewiesene Bewirtungsaufwendungen, die unter das Abzugsverbot des § 4 Abs. 5 Nr. 2 EStG fallen.

Die Umsatzsteuer

Vorsteuern im Zusammenhang mit steuerfreien Umsätzen (§ 15 Abs. 2 UStG): Die Umsatzsteuer für Lieferungen und Leistungen, Einfuhren und den innergemeinschaftlichen Erwerb ist bei den folgenden Umsätzen **vom Vorsteuerabzug ausgeschlossen**:

- Steuerfreie Umsätze § 15 Abs. 2 Nr. 1 UStG
  Beispiel: Vermieter V lässt an seinem Mietwohnhaus einige Reparaturen durchführen. Elektriker E stellt V für seine Tätigkeit 600 € zzgl. 114 € Umsatzsteuer in Rechnung. V ist durch die Vermietung von Wohnungen Unternehmer i. S. d. § 2 Abs. 1 UStG und daher persönlich zum Vorsteuerabzug berechtigt (§ 15 Abs. 1 UStG). Die Vermietung zu Wohnzwecken ist jedoch steuerfrei gemäß § 4 Nr. 12a UStG, so dass der Vorsteuerabzug gemäß § 15 Abs. 2 Nr. 1 UStG ausgeschlossen ist.

- Umsätze im Ausland, die steuerfrei wären, wenn sie im Inland ausgeführt würden § 15 Abs. 2 Nr. 2 UStG
  z.B. die Behandlung von Patienten im Ausland, die bei Ausführung im Inland gem. § 4 Nr. 14 UStG steuerfrei wäre

Der Ausschluss vom Vorsteuerabzug im Zusammenhang mit den steuerfreien Umsätzen tritt allerdings dann nicht ein, wenn bestimmte in § 15 Abs. 3 UStG genannte steuerfreie Umsätze getätigt werden. Als wichtigste Kategorie der **steuerfreien Umsätze, die gleichwohl zum Vorsteuerabzug berechtigen**, sind die Ausfuhrumsätze zu nennen (§ 4 Nr. 1a UStG). Zur Verwirklichung des Bestimmungslandprinzips ist bei den Ausfuhrlieferungen eine Entlastung von den Vorsteuern unerlässlich.

Erbringt der Unternehmer neben den Leistungen, die zum Vorsteuerabzug berechtigen, auch Leistungen, die zu einem Ausschluss vom Vorsteuerabzug führen, so ist die damit in Zusammenhang stehende **Umsatzsteuer in abziehbare und nichtabziehbare Vorsteuerbeträge** aufzuteilen. Den **Aufteilungsmaßstab** bildet gemäß § 15 Abs. 4 UStG die wirtschaftliche Zurechnung oder eine sachgerechte Schätzung.

9.4.2.3 Berichtigung des Vorsteuerabzugs

Für den Vorsteuerabzug nach § 15 UStG sind die **Nutzungsverhältnisse** in Bezug auf die mit Vorsteuer belasteten Leistungen (erworbene Gegenstände und bezogene sonstige Leistungen) **im Jahr der erstmaligen Verwendung** maßgebend. Dies hat zur Folge, dass die Vorsteuer einer im Jahr des Erwerbs mit Vorsteuer belasteten Leistung in vollem Umfang abgezogen werden kann, wenn die Leistung vollumfänglich zur Ausführung steuerpflichtiger Umsätze verwendet wird. Steht bereits im Zeitpunkt des Erwerbs fest, dass ein erworbener Gegenstand oder eine bezogene Leistung sowohl zur Ausführung steuerpflichtiger als auch zur Ausführung steuerfreier Umsätze verwendet wird, ist in abziehbare und nicht abziehbare Vorsteuerbeträge aufzuteilen (vgl.

§ 15 Abs. 4 UStG). Erforderlich ist dazu – wie weiter oben ausgeführt – ein wirtschaftlichen Kriterien genügender sinnvoller Aufteilungsmaßstab.

Wenn der Unternehmer die bezogene Leistung anders verwendet als er dies im Zeitpunkt des Leistungsbezugs beabsichtigte, kann ihm der **Vorsteuerabzug** nach § 15 UStG **nicht rückwirkend** versagt oder gewährt werden. Der ursprünglich vorgenommene Vorsteuerabzug bleibt grundsätzlich erhalten. Eine Ausnahme gilt lediglich in bestimmten Ausnahmefällen, wie beispielsweise Betrug oder Missbrauch. Bei solchen Konstellationen kann ein ursprünglich vorgenommener Vorsteuerabzug auch rückwirkend versagt werden. Allerdings muss dies verfahrensrechtlich zulässig sein.

Ein Änderungsbedürfnis des ursprünglichen Vorsteuerabzugs besteht dann, wenn der Vorsteuerabzug im Anschaffungs- oder Herstellungszeitpunkt höher oder niedriger war als der, zu dessen Vornahme der Steuerpflichtige nach der tatsächlichen Verwendung während der Nutzungsdauer berechtigt ist. Das besondere Augenmerk des Fiskus wird in der Praxis darauf liegen, ob der in Anspruch genommene Vorsteuerbetrag gemessen an den tatsächlich eintretenden späteren Gegebenheiten zu hoch war.

Bei späteren **Änderungen der Nutzungsverhältnisse** ist folglich zu überprüfen, ob dies zu einer **Berichtigung der Vorsteuer** nach § 15a UStG führen muss. Eine solche Änderung der Nutzungsverhältnisse liegt beispielsweise dann vor, wenn ein Gegenstand, der ursprünglich ausschließlich zur Ausführung steuerpflichtiger Ausgangsumsätze benutzt wurde, nun teilweise zur Ausführung steuerfreier Ausgangsumsätze genutzt wird. Durch § 15a UStG soll der Vorsteuerabzug so berichtigt werden, dass er den tatsächlichen Verhältnissen bei der Verwendung des Wirtschaftsguts (Gegenstands) oder der sonstigen Leistung entspricht. Der Gesetzgeber hat die vergleichsweise komplizierte Bestimmung des § 15a UStG zum 01.01.2005 neu gefasst. In der UStDV findet sich eine **Bagatellgrenze**. Nach § 44 Abs. 1 UStDV entfällt eine Berichtigung des Vorsteuerabzugs nach § 15a UStG, wenn die auf die Anschaffungs- oder Herstellungskosten eines Wirtschaftsguts entfallende Vorsteuer 1.000 € nicht übersteigt. Nachfolgend werden lediglich die Grundstrukturen der Vorsteuerberichtigung erörtert.

Die der Vorsteuerberichtigung nach § 15a UStG unterliegenden Leistungsbezüge werden durch den zwar im Gesetz nicht verwendeten, aber mit dem oben zitierten BMF-Schreiben eingeführten Begriff des Berichtigungsobjekts umschrieben. Die folgenden **Berichtigungsobjekte** können zur Berichtigung des Vorsteuerabzugs nach § 15a UStG führen:

- Wirtschaftsgüter, die nicht nur einmalig zur Ausführung von Umsätzen verwendet werden (§ 15a Abs. 1 UStG),

- Wirtschaftsgüter, die nur einmalig zur Ausführung eines Umsatzes verwendet werden (§ 15a Abs. 2 UStG),

9 Die Umsatzsteuer

- nachträglich in ein Wirtschaftsgut eingehende Gegenstände, wenn diese Gegenstände dabei ihre körperliche und wirtschaftliche Eigenart endgültig verlieren, und sonstige Leistungen an einem Wirtschaftsgut (§ 15a Abs. 3 UStG),

- sonstige Leistungen, die nicht unter § 15a Abs. 3 UStG fallen (§ 15a Abs. 4 UStG).

Die vorsteuerrelevante Änderung der Nutzungsverhältnisse muss nach § 15a Abs. 1 UStG in einem Folgezeitraum eintreten, also im Zeitpunkt der tatsächlichen Verwendung des Berichtigungsobjekts. Grundsätzlich relevant sind Änderungen der Nutzungsverhältnisse innerhalb des **Berichtigungszeitraums von 5 Jahren bzw. 10 Jahren** bei Grundstücken. Die Korrektur erfolgt nach § 15a Abs. 1 UStG zeitanteilig, d.h. um je 1/5 (bzw. 1/10 bei Grundstücken) der auf die Nutzungsänderung entfallenden Vorsteuerbeträge. Dabei ist die Bagatellregelung des § 44 UStDV zu beachten.

Beispiel:

- Jahr 01: Ein Unternehmer erwirbt am 01.03.01 eine Maschine. Die dafür in Rechnung gestellte Umsatzsteuer beträgt 25.000 €. Er beabsichtigt, sie bis zum 30.06.01 nur zur Ausführung von zum Vorsteuerabzug berechtigenden Umsätzen zu verwenden. Ab dem 01.07.01 soll sie dann ausschließlich zur Ausführung von Umsätzen verwendet werden, die den Vorsteuerabzug ausschließen.

- Jahr 02: Im Jahr 02 wird die Maschine zu 0% für Umsätze verwendet, die zum Vorsteuerabzug berechtigen.

- Jahr 03: Im Jahr 03 wird die Maschine 9 Monate für Umsätze verwendet, die den Vorsteuerabzug ausschließen. Am 01.10.03 veräußert der Unternehmer die Maschine steuerpflichtig.

Lösung: Die Berichtigung des Vorsteuerabzugs hat zu berücksichtigen, dass der gesamte Berichtigungszeitraum bei Wirtschaftsgütern im Sinne des § 15 Abs. 1 Satz 1 UStG 5 Jahre beträgt, er läuft mithin vom 01.03.01 bis zum 28.02.06.

- Jahr 01: Die tatsächliche Nutzung im Jahr 01 entspricht der Verwendungsabsicht beim Leistungsbezug. Im Jahr 01 kann der Unternehmer im Zeitpunkt des Leistungsbezugs 40% der auf die Anschaffung der Maschine entfallenden Vorsteuern abziehen, weil er beabsichtigt, die Maschine von den 10 Monaten des Jahres 01 für 4 Monate, d.h. zu 40%, für zum Vorsteuerabzug berechtigende und für 6 Monate, d.h. zu 60%, für nicht zum Vorsteuerabzug berechtigende Umsätze zu verwenden. Da die Maschine im Jahr 01 entsprechend dieser Verwendungsabsicht verwendet wurde, ist der Vorsteuerabzug nicht zu berichtigen. Ursprünglicher Vorsteuerabzug: 10.000 € (40% von 25.000 €).

- Jahr 02: Hier liegt eine Änderung gegenüber den für den ursprünglichen Vorsteuerabzug (40%) maßgeblichen Verhältnissen um 40 Prozentpunkte vor. Der Unternehmer muss die Vorsteuern entsprechend anteilig zurückzahlen, weshalb 40% der auf das Jahr 02 entfallenden Vorsteuer zurückzuzahlen sind (= 2.000 €).

9.4 Steuersätze und Erhebung der Umsatzsteuer

- Jahr 03: Die steuerpflichtige Veräußerung am 01.10.03 ist so zu behandeln, als ob die Maschine vom 01.10. bis zum 31.12. für zum Vorsteuerabzug berechtigende Umsätze verwendet worden wäre. Auf das Kalenderjahr 03 bezogen sind 25% der Vorsteuern abziehbar (von den 12 Monaten des Jahres 03 berechtigen 3 Monate zum Vorsteuerabzug). Gegenüber dem ursprünglichen Vorsteuerabzug haben sich somit die Verhältnisse um 15 Prozentpunkte zu Lasten des Unternehmers geändert. Der Unternehmer muss die Vorsteuern entsprechend anteilig zurückzahlen (= $1/5 \times 25.000\ € \times 15\% = 750\ €$).

  Im Jahr 03 ist aber zugleich die Berichtigung des Vorsteuerabzugs für die Kalenderjahre 04 bis 06 (bis zum Ende des Berichtigungszeitraums am 28.02.06) in einem Betrag vorzunehmen (§ 44 Abs. 4 Satz 3 UStDV). Für die restlichen Kalenderjahre des Berichtigungszeitraums ist die Veräußerung wie eine Verwendung für zu 100% zum Vorsteuerabzug berechtigende Umsätze anzusehen. Für die Jahre 04 und 05 errechnen sich jeweils 60% (100% Vorsteuerabzug statt 40%) und für das Jahr 06 60% des anteiligen, auf das Kalenderjahr entfallenden Berichtigungsbetrags. Folglich beträgt der erhöhte Vorsteuerabzug, den der Unternehmer für die restlichen Jahre des Berichtigungszeitraums in Anspruch nehmen kann:

  Jahr 04: $1/5 \times 25.000\ € \times 60\%$ = 3.000 €
  Jahr 05: $1/5 \times 25.000\ € \times 60\%$ = 3.000 €
  Jahr 06: $1/5 \times {}^2/_{12} \times 25.000\ € \times 60\%$ = 500 €

  Saldierter Berichtigungsbetrag im Jahr 03: 5.750 €

- Insgesamt sind saldiert also 13.750 € als Vorsteuer abzugsfähig. Die Richtigkeit dieses Ergebnisses beweist die folgende Überlegung, wonach der gesamte Vorsteuerbetrag von € 25.000 im 5-Jahreszeitraum anteilig auf einen zum Vorsteuerabzug führenden und auf einen vorsteuerschädlichen Betrag aufzuteilen ist. Zur Vorsteuerabzugsberechtigung führten im ersten Jahr 40%, allerdings nur für ein ${}^{10}/_{12}$ von einem Fünftel des gesamten Berichtigungszeitraums. Verfährt mit den restlichen Jahren entsprechend, lässt sich die folgende Gleichung für die insgesamt abzugsfähigen Beträge ableiten:
  $25.000\ € \times (0{,}2 \times 0{,}4 \times {}^{10}/_{12} + 0{,}2 \times 0 + 0{,}2 \times 0{,}25 + 0{,}2 \times 1 + 0{,}2 \times 1 \times {}^2/_{12}) = 13.750\ €$.

Bei **Grundstücken beträgt der Berichtigungszeitraum 10 Jahre**. Dieser Umstand stellt dann besondere organisatorische Anforderungen an das Rechnungswesen, da über den gesamten Zehnjahreszeitraum das Verwendungsschicksal des Grundstücks zu dokumentieren ist. Gegebenenfalls sind nach § 15a UStG die Schlussfolgerungen in Bezug auf die Vorsteuerberichtigung zu ziehen.

Beispiel: Unternehmer U errichtet ein Bürogebäude. Die im Zusammenhang mit der Herstellung des Bürogebäudes angefallenen Vorsteuerbeträge betragen 1 Mio. €. Das Gebäude wird wie folgt genutzt:

- Jahr 01: zu 100% für steuerpflichtige Umsätze

- Jahr 02: zu 70% für steuerpflichtige Umsätze
- Jahr 03: zu 70% für steuerpflichtige Umsätze
- Jahr 04: zu 50% für steuerpflichtige Umsätze
- Im Jahr 05 wird das Gebäude steuerfrei veräußert.

Inwieweit ist eine Berichtigung des ursprünglichen Vorsteuerabzugs vorzunehmen?

Lösung: Maßgebend für den Vorsteuerabzug ist die Nutzung des Wirtschaftsguts im Jahr der erstmaligen Verwendung. Der Berichtigungszeitraum beträgt bei Grundstücken insgesamt 10 Jahre. Da das Gebäude im Jahr 01 zu 100% für steuerpflichtige Zwecke verwendet wird, ist die Vorsteuer in vollem Umfang abzugsfähig. In den Folgejahren wird das Gebäude teilweise für vorsteuerschädliche Umsätze genutzt. Insofern ist eine entsprechende Vorsteuerberichtigung vorzunehmen. Auch die steuerfreie Veräußerung stellt eine Änderung der Verhältnisse nach § 15a UStG dar (§ 15a Abs. 8 UStG). Die Berichtigung hat bis zum Ende des 10 - Jahreszeitraums – bereits im Zeitpunkt der Veräußerung (§ 44 Abs. 4 Satz 3 UStDV) - zu erfolgen.

- Jahr 01: Abzug der gesamten Vorsteuer in Höhe von 1.000.000 €.
- Jahr 02: 1/10 × 1.000.000 × 30% = 30.000 € Berichtigung zu Lasten des U.
- Jahr 03: 1/10 × 1.000.000 × 30% = 30.000 € Berichtigung zu Lasten des U.
- Jahr 04: 1/10 × 1.000.000 × 50% = 50.000 € Berichtigung zu Lasten des U.
- Jahr 05: 1/10 × 1.000.000 × 100% = 100.000 € Berichtigung zu Lasten des U
- Jahre 06-10: 5 × 1/10 × 1.000.000 × 100% = 100.000 € Berichtigung zu Lasten des U
- Insgesamt sind saldiert also 290.000 € als Vorsteuer abzugsfähig. Die Richtigkeit dieses Ergebnisses beweist die folgende Überlegung, wonach der gesamte Vorsteuerbetrag von 1.000.000 € im 10-Jahreszeitraum anteilig auf einen zum Vorsteuerabzug führenden und auf einen vorsteuerschädlichen Betrag aufzuteilen ist. Zur Vorsteuerabzugsberechtigung führten im ersten Jahr 100%, allerdings nur für ein Zehntel des gesamten Berichtigungszeitraums. Verfährt man mit den restlichen Jahren entsprechend, lässt sich die folgende Gleichung für die insgesamt abzugsfähigen Beträge ableiten:
1.000.000 € × (0,1 × 1 + 0,1 × 0,7 + 0,1 × 0,7 + 0,1 × 0,5) = 290.000 €.

9.4.3 Erhebungsverfahren

Besteuerungszeitraum für die Umsatzsteuer ist das Kalenderjahr (§ 16 Abs. 1 UStG). Die Umsatzsteuer muss vom Unternehmer in der Umsatzsteuererklärung selbst errechnet und entsprechend dem errechneten Betrag entrichtet werden. Die Umsatzsteuererklärung hat damit den Charakter einer Steueranmeldung im Sinne des § 150

Abs. 1 Satz 3 AO. Die Steueranmeldung entspricht gemäß § 168 i.V.m. § 164 AO einer **Steuerfestsetzung unter dem Vorbehalt der Nachprüfung.**

In die Umsatzsteuerberechnung gehen zum einen die Ausgangsumsätze des Unternehmers ein als das Produkt aus Bemessungsgrundlagen der Umsätze multipliziert mit dem anzuwendenden Steuersatz. Von der Umsatzsteuer wird die abzugsfähige Vorsteuer subtrahiert, um die Umsatzsteuerschuld oder den Umsatzsteuererstattungsanspruch zu berechnen.

Der Unternehmer hat Umsatzsteuervoranmeldungen abzugeben, die denselben Charakter haben wie die Umsatzsteuererklärung selbst. Der Voranmeldungszeitraum ist nach der Grundregel des § 18 Abs. 1 UStG

- grundsätzlich das Kalendervierteljahr § 18 Abs. 2 UStG

- ausnahmsweise der Kalendermonat, wenn die Zahllast des Vorjahres 7.500 € überstieg. Diese Ausnahme stellt indessen in der Praxis für die meisten Unternehmer den Regelfall dar. Auf Antrag kann eine Befreiung von Voranmeldung und Vorauszahlungen erfolgen, wenn die Vorjahressteuer nicht mehr als 1.000 € betrug.

Die Abgabefrist für die Umsatzsteuervoranmeldungen ist streng geregelt. Spätestens am 10. Tag nach Ablauf des Voranmeldungszeitraums muss diese beim Finanzamt eingegangen sein. Als Regelform der Übermittlung von Umsatzsteuervoranmeldungen sieht das Gesetz die elektronische Voranmeldung vor (§ 18 Abs. 1 UStG).

9.4.4 Entstehung der Umsatzsteuer

Für die Erfassung der Umsatzsteuer im richtigen Voranmeldungszeitraum ist der Entstehungszeitpunkt der Umsatzsteuer nach § 13 UStG zu bestimmen. Dabei gilt der Grundsatz, dass eine Besteuerung nach **vereinbarten Entgelten** erfolgt. Man spricht insoweit auch von einer **Soll-Besteuerung** (§ 16 Abs. 1 UStG). Die Entstehung der Umsatzsteuer ist mit Ablauf des Voranmeldungszeitraumes verwirklicht, in dem die Leistung ausgeführt worden ist. Es kommt also auch für die Entstehung der Umsatzsteuer auf die Verschaffung der Verfügungsmacht an oder auf die Ausführung der sonstigen Leistung, vgl. § 13 Abs. 1 Nr. 1a UStG. Zu beachten ist aber, dass bei Vorauszahlungen bzw. Abschlagzahlungen die Umsatzsteuer bereits vor Ausführung der Leistung mit Ablauf des Voranmeldungszeitraums entsteht, in dem die Zahlung zugeflossen ist.

Eine Ausnahme im Hinblick auf das Besteuerungsregime besteht in der Besteuerung nach **vereinnahmten Entgelten.** Es handelt sich dabei um eine so genannte **Ist-Besteuerung** (§ 20 Abs. 1 UStG). Diese erfolgt auf Antrag, sofern die **Voraussetzungen** gem. § 20 Abs. 1 UStG vorliegen.

- Gesamtumsatz im Vorjahr < 250.000 € oder

- keine Buchführungspflicht oder
- Einkünfte aus selbständiger Tätigkeit nach § 18 Abs. 1 EStG

Als Rechtsfolge entsteht die Steuer mit Ablauf des Voranmeldungszeitraums, in dem die Entgelte vereinnahmt worden sind (§ 13 Abs. 1 Nr. 1b UStG).

Ebenfalls zum umsatzsteuerlichen Besteuerungsverfahren gehört die so genannte **„Zusammenfassende Meldung"** (§ 18a UStG). Diese stellt eine Meldung über die ausgeführten innergemeinschaftlichen Warenlieferungen und sonstigen Leistungen im übrigen Gemeinschaftsgebiet dar und soll dem Fiskus eine Kontrollmöglichkeit nach Wegfall der Grenzkontrollen eröffnen. Sie ist vom Unternehmer quartalsweise beim Bundesamt für Finanzen Außenstelle Saarlouis abzugeben.

9.4.5 Steuerschuldnerschaft und Umkehr

Nach § 13a UStG schuldet grundsätzlich **der leistende Unternehmer** die Umsatzsteuer für steuerbare und steuerpflichtige Lieferungen und sonstige Leistungen (§ 13a Abs. 1 Nr. 1 UStG). Neben dieser in der Praxis wichtigsten Regel zur umsatzsteuerlichen Schuldnerschaft regelt diese Norm noch andere Spezialfälle. Hingewiesen wird an dieser Stelle darauf, dass auch ein umsatzsteuerlicher Nichtunternehmer Steuerschuldner werden kann, nämlich dann, wenn er nach § 14c Abs. 2 UStG in einer von ihm ausgestellten Rechnung einen unberechtigten Steuerausweis vornimmt (§ 13a Abs. 1 Nr. 4 UStG).

Eine Ausnahme von dem Grundprinzip, dass der leistende Unternehmer umsatzsteuerlicher Steuerschuldner ist, stellt das sog. **Reverse-Charge-Verfahren** nach § 13b UStG dar. Diese Bestimmung wurde mit Wirkung zum 1.1.2002 eingeführt und löste das bis dahin in der Wirkung vergleichbare Abzugsverfahren ab. Nach dem Reverse-Charge-Verfahren schulden Unternehmer und juristische Personen des öffentlichen Rechts als Leistungsempfänger für bestimmte an sie im Inland ausgeführte steuerpflichtige Umsätze die Steuer. Später wurde in § 13b UStG die Steuerschuldnerschaft des Leistungsempfängers bei der Umsatzsteuer ausgedehnt. Eingeschlossen sind nunmehr alle steuerpflichtigen Umsätze, die unter das Grunderwerbsteuergesetz fallen (§ 13b Abs. 1 Satz 1 Nr. 3 UStG), außerdem auf bestimmte Bauleistungen (§ 13b Abs. 1 Satz 1 Nr. 4 UStG), wenn der Leistungsempfänger selbst derartige Bauleistungen erbringt. Mittlerweile ist die Steuerschuldnerschaft auch umgekehrt bei im Ausland ansässigen Unternehmern im Zusammenhang mit der Lieferung von Gas und Elektrizität (§ 13b Abs. 1 Satz 1 Nr. 5 UStG).

Für die vorliegenden Zwecke ausreichend soll der wichtigste Anwendungsfall illustriert werden, die Werklieferung durch einen im Ausland ansässigen Unternehmer.

Beispiel: Die österreichische Maschinenbau AG hat von der deutschen Automobil AG den Auftrag erhalten, in ihrem Werk in Leipzig eine Fertigungsanlage zu errichten.

Die Maschinenbau AG befördert die Einzelteile nach Leipzig und baut vor Ort die komplette Anlage auf. Der Nettopreis beträgt 500.000 €. Bei der Erstellung der Anlage handelt es sich um eine Werklieferung (§ 3 Abs. 4 UStG), die gemäß § 3 Abs. 7 Satz 1 UStG im Inland erbracht wird (A 30 Abs. 4 UStR). Die Automobil AG ist einerseits Schuldner der Umsatzsteuer in Höhe von 95.000 € (§ 13b UStG) und kann diese andererseits als Vorsteuer abziehen (§ 15 Abs. 1 Nr. 4 UStG). Die Maschinenbau AG ist nach § 14a Abs. 5 UStG zur Ausstellung einer Rechnung verpflichtet, in der sie auf die Steuerschuldnerschaft der Automobil AG hinzuweisen hat. Ein gesonderter Steuerausweis hat dagegen nicht zu erfolgen (§ 14a Abs. 5 S. 3 UStG).

In § 13b Abs. 2 Satz 4 UStG ist geregelt, dass die Steuerschuldumkehr nach § 13b UStG nicht greift, wenn der Leistungsempfänger Kleinunternehmer i. S. des § 19 UStG ist.

9.4.6 Kleinunternehmerregelung

Die im § 19 UStG statuierte Kleinunternehmerregelung stellt eine Ausnahme von der generellen Umsatzsteuerpflicht dar. Der Zweck der Kleinunternehmerregelung des § 19 UStG besteht im Wesentlichen darin, mit einer Bagatellgrenze die Verwaltung der Umsatzsteuer zu vereinfachen. Dies geschieht dadurch, dass eine große Anzahl von Steuerpflichtigen, die steuerbare und steuerpflichtige Umsätze in vergleichsweise geringem Umfang erbringen, von der Besteuerung ausgenommen werden. Der Vorschrift des § 19 UStG kommt in der Praxis erhebliche Bedeutung zu. Allerdings ist der Begriff des „Kleinunternehmers" missverständlich gewählt. Die Vorschrift findet nämlich vor allem bei solchen Steuerpflichtigen Anwendung, die Umsätze im Rahmen von Nebentätigkeiten erbringen oder deren Hauptumsätze in erheblichem Umfang steuerfrei sind (Ärzte, Versicherungsvertreter, Grundstücksvermieter).

Nach den Grundlinien der gesetzlichen Bestimmung wird der Kleinunternehmer für umsatzsteuerliche Zwecke wie ein Nichtunternehmer behandelt. Er muss keine Umsatzsteuer entrichten, auch wenn er steuerbare und steuerpflichtige Umsätze ausführt. Konsequenterweise steht ihm kein Vorsteuerabzug zu. Ein gesonderter Umsatzsteuerausweis in Rechnungen ist für den umsatzsteuerlichen Kleinunternehmer nicht zulässig, ebenso wenig besteht die Optionsmöglichkeit nach § 9 UStG. Der Kleinunternehmer muss lediglich eine wesentlich vereinfachte Jahresmeldung abgeben, anhand derer das Finanzamt überprüfen kann, ob die Kleinunternehmerregelung noch anwendbar ist.

Die Voraussetzungen für die Inanspruchnahme der Kleinunternehmerregelung des § 19 UStG lassen sich wie folgt aufführen:

- Vorjahresumsatz einschließlich Umsatzsteuer < 17.500 €
- Umsatz im laufenden Kalenderjahr < 50.000 €

9 Die Umsatzsteuer

Zur Bestimmung der Wertgrenzen ist die Ermittlung des Umsatzes nach den vereinnahmten Entgelten notwendig.

Dem Kleinunternehmer ist die Möglichkeit gegeben, nach § 19 Abs. 2 UStG auf die Anwendung des § 19 Abs. 1 UStG zu verzichten. Er muss dann dem Finanzamt gegenüber erklären, dass er auf die Anwendung der Kleinunternehmerregelung verzichtet. Diese Erklärung ist an keine bestimmte Form gebunden. Eine entsprechende Erklärung ist bindend für mindestens fünf Jahre. Rechtsfolge der Option zur Regelbesteuerung ist, dass der eigentliche Kleinunternehmer dann wie ein der Regelbesteuerung unterliegender Unternehmer behandelt wird. Dies bedeutet, dass er die Möglichkeit zum Vorsteuerabzug hat und Rechnungen mit gesondertem Steuerausweis erteilen darf.

Hat der Kleinunternehmer zur Regelbesteuerung optiert, steht ihm auch das Gestaltungsinstrument der Option des § 9 UStG offen. Man spricht dann von einer **Doppeloption**, wenn ein „eigentlicher" Kleinunternehmer im Zusammenhang mit steuerfreien Vermietungsumsätzen nach § 4 Nr. 12a UStG zunächst nach § 19 Abs. 2 UStG zur Regelbesteuerung und dann nach § 9 UStG zur Steuerpflicht optiert.

Zwar soll die Kleinunternehmerregelung der Verwaltungsvereinfachung dienen. Allerdings führt sie dazu, dass die von Kleinunternehmern geschaffene Wertschöpfung nicht der Umsatzsteuer unterliegt. Damit entspricht sie nicht dem Charakter der Umsatzsteuer als allgemeiner Verbrauchsteuer.

Die Anwendung des § 19 UStG ist auf im Inland ansässige Unternehmer beschränkt, wodurch im Ausland ansässige Unternehmer von der Kleinunternehmerregelung ausgeschlossen werden. Der Gesetzgeber scheint zu befürchten, dass ein unversteuerter Letztverbrauch durch ausländische Unternehmer anderweitig nicht verhindert werden kann. Ferner möchte er wohl aus praktischen Gründen den Schwierigkeiten bei der Ermittlung der maßgeblichen Umsatzgrenzen für im Ausland ansässige Unternehmer ausweichen. Vor dem Hintergrund der **Diskriminierungsverbote des EG-Vertrags** ist der auf das Inland begrenzte Anwendungsbereich der Regelung aus gemeinschaftsrechtlicher Perspektive nicht bedenkenfrei.

10 Die Grunderwerbsteuer

10.1 Zielsetzung und Charakteristik

Zielsetzung der Grunderwerbsteuer ist die Besteuerung der Verkehrsvorgänge, die inländische Grundstücke betreffen. Die Grunderwerbsteuer lässt sich als besondere Verkehrsteuer charakterisieren, die den Übergang der Verfügungsmacht an einem inländischen Grundstück besteuert. In der Sache ist sie damit eine Umsatzsteuer für Grundstücke. Deshalb könnte steuertechnisch ebenso eine Integrierung in die allgemeine Umsatzsteuer erwogen werden. Dies wird jedoch im allgemeinen als nicht sinnvoll erachtet, da die meisten Grundstücksübertragungen im privaten Bereich stattfinden, die Umsatzsteuer aber nur auf Lieferungen und Leistungen eines Unternehmers erhoben wird. Die Grunderwerbsteuer bezieht sich nur auf inländische Grundstücke (§ 1 Abs. 1 Satz 1 GrEStG). Sie ist damit – wie die Gewerbesteuer – vom Inlandscharakter geprägt.

Ökonomisch belastet die Grunderwerbsteuer den Bodenreinertrag und den Reinertrag der Gebäudenutzung. Die Steuer lässt sich als eine Form von Transaktionskosten charakterisieren, da sie den Eigentümerwechsel in einer letztlich die gesamtgesellschaftliche Wohlfahrt senkenden Weise behindert.

10.2 Steuergegenstand

Steuergegenstand der Grunderwerbsteuer sind Rechtsgeschäfte, die sich auf **inländische Grundstücke** beziehen. Der Grundstücksbegriff des Grunderwerbsteuerrechts orientiert sich stark am bürgerlichen Recht, wie es im § 2 Abs. 1 GrEStG zum Ausdruck kommt. Gemeint sind damit unbebaute Grundstücke sowie bebaute Grundstücke einschließlich der darauf stehenden Gebäude. Nach zivilrechtlichen Vorstellungen (§ 94 BGB) stellt das Gebäude einen wesentlichen Bestandteil des Grund und Bodens dar. Erbbaurechte und Gebäude auf fremden Grund und Boden stehen grunderwerbsteuerlich den Grundstücken gleich (vgl. § 2 Abs. 2 GrEStG). Nicht zu den anlässlich einer Übertragung grunderwerbsteuerpflichtigen Grundstücken im Sinne des GrEStG gehören nach § 2 Abs. 1 Nr. 1 und 2 GrEStG die Betriebsvorrichtungen und die Mineralgewinnungsrechte, auch wenn diese bürgerlich-rechtlich als Bestandteile des Grundstücks gelten.

10 Die Grunderwerbsteuer

In der Gesetzgebungstechnik der Formulierung grunderwerbsteuerlicher Tatbestände kommt eine alte Vorgehensweise zum Ausdruck. Danach wird der Steuergegenstand nicht abstrakt definiert, sondern die **steuerbaren Transaktionsvorgänge** werden **enumerativ** aufgeführt. Strukturell kennt die Grunderwerbsteuer einen Haupttatbestand sowie zahlreiche Neben- und Ersatztatbestände. Der Haupttatbestand umfasst Verpflichtungsgeschäfte, die auf die Übertragung inländischen Grundbesitzes gerichtet sind. Die Neben- und Ersatztatbestände dienen im Wesentlichen dazu, eine Umgehung der Grunderwerbsteuer zu vermeiden. Im Einzelnen werden die folgenden Tatbestände von der Grunderwerbsteuer erfasst:

- **Haupttatbestand**: § 1 Abs. 1 Nr. 1 GrEStG

Der Haupttatbestand des § 1 Abs. 1 Nr. 1 GrEStG erfasst **obligatorische Rechtsgeschäfte**, die auf die Übereignung von inländischen Grundstücken gerichtet sind. Typischerweise sind damit Kaufverträge oder auch Tauschverträge angesprochen. Zwar geht durch den Abschluss eines Kaufvertrages bürgerlich-rechtlich das Eigentum am Grundstück noch nicht auf den Käufer über. Gleichwohl setzt die Grunderwerbsteuer bereits am obligatorischen Rechtsgeschäft an und besteuert bei Vertragsabschluss.

Beispiel: Eugen Walfänger verkauft am 23.09.08 ein Grundstück mit aufstehendem Gebäude an Fritz Stark. Der Kaufpreis soll nach vertraglicher Abrede am 01.11.08 fällig sein. Der an die Umschreibung im Grundbuch geknüpfte Eigentumsübergang erfolgt wegen baudenkmalrechtlicher Verfahrensverzögerungen seitens der Gemeinde erst am 15.12.08. Gleichwohl erlässt das Finanzamt bereits am 12.10.08 einen rechtmäßigen Grunderwerbsteuerbescheid, da der Erwerbsvorgang gemäß § 1 Abs. 1 Nr. 1 GrErwStG der Grunderwerbsteuer unterliegt.

- **1. bis 3. Nebentatbestand**: Eigentumsübergänge ohne zu Grunde liegendes obligatorisches Geschäft

Als grunderwerbsteuerliche Nebentatbestände **ohne obligatorisches Geschäft** nennt das Grunderwerbsteuergesetz die Auflassung (§ 1 Abs. 1 Nr. 2 GrEStG), den Eigentumsübergang ohne Rechtsgeschäft und Auflassung (§ 1 Abs. 1 Nr. 3 GrEStG) sowie das Meistgebot im Zwangsversteigerungsverfahren (§ 1 Abs. 1 Nr. 4 GrEStG). Die Auflassung stellt die dingliche Einigung von Käufer und Verkäufer über den Eigentumsübergang dar. Ein Eigentumsübergang ohne Rechtsgeschäft und Auflassung findet im Rahmen der Unternehmenssteuerpraxis sehr häufig durch so genannte Anwachsung nach § 738 BGB statt. Im Rahmen einer Anwachsung erfolgt bei Ausscheiden des vorletzten Gesellschafters aus einer Personengesellschaft, die Grundbesitz im Gesamthandsvermögen hält, ex lege eine Grundstücksübereignung.

Beispiel: Die natürlichen Personen A, B und C sind zu gleichen Anteilen an der ABC-OHG beteiligt. Die ABC-OHG ist Eigentümerin einer im Inland belegenen Immobilie. Mit Wirkung vom 1.1.01 treten die Gesellschafter B und C ihre Anteile an den A ab. Die Abtretungen unterliegen der Grunderwerbsteuer nach § 1 Abs. 1 Nr. 3 GrEStG (nicht nach (§ 1 Abs. 3 GrEStG!), da die Gesellschaft untergeht und ihr Vermögen in das Alleineigentum des Anteilserwerbers übergeht.

Bei so genannten Unternehmenstransaktionen – beispielsweise Verschmelzungen oder Spaltungen von Unternehmen – werden sehr häufig grunderwerbsteuerbare Tatbestände verwirklicht. Denn bei diesen Strategiemaßnahmen im Unternehmensbereich geht oftmals Eigentum an Grundstücken kraft Gesetzes über. Dies erfolgt in aller Regel infolge Umwandlung durch Verschmelzung (§ 1 Abs. 1 Nr. 1, §§ 2 ff. UmwG), und zwar durch Eintragung der Verschmelzung in das Register des Sitzes des übernehmenden Rechtsträgers. § 20 Abs. 1 Nr. 1 UmwG ordnet den Übergang des Vermögens des übertragenden Rechtsträgers auf den übernehmenden Rechtsträger an. Entsprechendes gilt bei der Umwandlung durch Spaltung, etwa in Form der Aufspaltung, Abspaltung oder Ausgliederung (§ 1 Abs. 1 Nr. 2, §§ 123 ff. UmwG). Die Eintragung der Spaltung in das Register des Sitzes des übertragenden Rechtsträgers hat die Wirkung, dass das Vermögen des übertragenden Rechtsträgers, bei Abspaltung oder Ausgliederung der abgespaltene oder ausgegliederte Teil des Vermögens usw., entsprechend der im Spaltungs- und Übernahmevertrag vorgesehenen Aufteilung jeweils als Gesamtheit auf die übernehmenden Rechtsträger übergeht (§ 131 Abs. 1 Nr. 1 UmwG).

Beispiel: (nach BFH, Urteil vom 15. 10. 1997 - I R 22/96, DStR 1998, 165) Mit der X-AG werden drei andere Kapitalgesellschaften verschmolzen, die A-AG, B-AG und C-AG. Diese drei AGs sind Eigentümerinnen inländischen Grundbesitzes. Nach den jeweiligen Verschmelzungsverträgen trifft die X-AG die Kosten-, Gebühren- und Abgabenlast, auch hinsichtlich der Grunderwerbsteuer. Der Übergang der Grundstücke, die im Eigentum der übertragenden Aktiengesellschaften standen, ist der Grunderwerbsteuer zu unterwerfen (§ 1 Abs. 1 Nr. 3 GrEStG).

Auch Einbringungen – zum Beispiel anlässlich der Sachgründung einer GmbH oder der Sacheinlage in eine GmbH – können grunderwerbsteuerpflichtige Tatbestände verwirklichen.

Beispiel: Eine natürliche Person möchte ihr Einzelunternehmen künftig in der Rechtsform einer GmbH betreiben. Zu diesem Zweck errichtet sie im Wege der Sachgründung eine GmbH, indem sie ihr Einzelunternehmen samt einer diesem Einzelunternehmen zuzurechnenden Immobilie in die neugegründete GmbH einbringt. Zwar lässt sich der Vorgang ertragsteuerlich ohne die sofortige Realisierung stiller Reserven bewerkstelligen (§ 20 Abs. 1 UmwStG), grunderwerbsteuerlich ist indessen der Tatbestand des § 1 Abs. 1 Nr. 3 GrEStG verwirklicht.

4. bis 6. Nebentatbestand: Zwischengeschäfte

Den weiteren als so genannte **Zwischengeschäfte** bezeichneten Nebentatbeständen kommt empirisch keine große Rolle zu. Es handelt sich um die Begründung eines Anspruchs auf Abtretung von Ansprüchen oder Rechten (§ 1 Abs. 1 Nr. 5 GrEStG), die Begründung eines Anspruchs auf Abtretung der Rechte aus einem Kaufangebot (§ 1

Abs. 1 Nr. 6 GrEStG) und die Abtretung von Rechten ohne anspruchsbegründendes Rechtsgeschäft (§ 1 Abs. 1 Nr. 7 GrEStG).

■ **1. Ersatztatbestand**: allgemeiner Ersatztatbestand

Beim ersten Ersatztatbestand geht es um die Übertragung der rechtlichen oder wirtschaftlichen Verfügungsmacht ohne Begründung eines Anspruchs auf Übereignung (§ 1 Abs. 2 GrEStG).

■ **2. bis 6. Ersatztatbestand**: besondere Ersatztatbestände

Überaus hohe Bedeutung in der Gestaltungspraxis hat der zweite Ersatztatbestand der Grunderwerbsteuer. Dessen normative Verortung im § 1 Abs. 2a GrEStG lässt erahnen, dass es sich dabei um eine Vorschrift handelt, die erst nachträglich ins Gesetz aufgenommen wurde. Getroffen werden soll der **Wechsel des Gesellschafterbestands** einer Grundbesitz haltenden Personengesellschaft. Der Hintergrund der Vorschrift lässt sich damit erklären, dass ohne eine entsprechende Vorschrift das Grunderwerbsteuerrecht gestaltungsanfällig wäre. So soll die Bestimmung des § 1 Abs. 2a GrEStG Ein- und Austrittsmodelle mit Personengesellschaften verhindern, die früher in der steuerlichen Gestaltungspraxis anlässlich der Umstrukturierung von Unternehmensgruppen häufig eingesetzt wurden. Ziel war dabei die Vermeidung von Grunderwerbsteuer im Rahmen der nahezu vollständigen Übertragung von Gesellschaftsanteilen, die bis auf zurückbehaltene „Zwergquoten" an Erwerbsinteressenten übertragen wurden. Da die Rechtsprechung diese Vorgehensweise, nämlich die Nichtübertragung von Minimalbeteiligungen vom Anteilsverkäufer auf den Anteilserwerber als zulässige Gestaltungsvariante und damit nicht als missbräuchlich im Sinne von § 42 AO erachtete, reagierte der Gesetzgeber. Nach der jetzigen Gesetzesfassung wird Grunderwerbsteuer lediglich dann nicht fällig, wenn innerhalb eines fünfjährigen Zeitraumes 5% oder mehr des quotalen Gesellschafterbestandes konstant bleibt. Die folgenden Beispiele vermitteln einen Eindruck über den Erstreckungsbereich der Vorschrift des § 1 Abs. 2a GrEStG.

Beispiel: Eine Gesellschaft besteht aus fünf Gesellschaftern, die jeweils zu 20 v. H. am Vermögen beteiligt sind. Das Gesellschaftsvermögen beträgt 100.000 €. Drei Gesellschafter übertragen ihre Anteile auf neue Gesellschafter. Anschließend wird innerhalb des Fünfjahreszeitraums das Vermögen im Wege der Kapitalerhöhung auf 1.000.000 € aufgestockt, wobei das zusätzliche Kapital ausschließlich auf die Anteile der hinzugetretenen Gesellschafter entfällt. Da die Altgesellschafter weiterhin zusammen nur zu 40.000 € am Vermögen der Gesellschaft beteiligt bleiben, sind auf die Neugesellschafter insgesamt 96 v. H. der nunmehr bestehenden Anteile übergegangen.

Nach Auffassung der Finanzverwaltung (Oberste Finanzbehörden der Länder: Gesellschafterwechsel bei einer grundbesitzhaltenden Personengesellschaft - Anwendung des § 1 Abs. 2a GrEStG, DStR 1998, 1093) unterfällt auch die folgende Konstellation der Grunderwerbsteuer aufgrund des § 1 Abs. 2a GrEStG.

Beispiel: A und B gründen mit einer Beteiligung von je 5.000 € eine Gesellschaft bürgerlichen Rechts. Nunmehr beteiligt sich C mit einer Einlage von 300.000 €. Anschließend erwirbt die Gesellschaft ein Grundstück zum Zweck der Errichtung eines Bürogebäudes. Danach treten der Gesellschaft weitere Gesellschafter bei, bis die Kapitalaufstockung entsprechend der vorhandenen Finanzierungsplanung auf insgesamt 4 Mio. € vollzogen ist. Obwohl C der Personengesellschaft vor dem Erwerb des Grundstücks beigetreten ist, gehört sein Beitritt im Hinblick auf den vorgefassten Plan zu dem nach § 1 Abs. 2a GrEStG maßgeblichen Gesellschafterwechsel. Erst mit der Beendigung der Kapitalaufstockung sind die Voraussetzungen des § 1 Abs. 2a GrEStG erfüllt.

Der gedankliche Ansatz der 5%-Quote hat auch Eingang gefunden in die in der betriebswirtschaftlichen Steuerpraxis teilweise überaus wichtigen restlichen Ersatztatbestände. Hervorzuheben sind die besonderen Ersatztatbestände des § 1 Abs. 3 Nrn. 1 – 4 GrEStG. Grunderwerbsteuerlich angesprochen werden hier **Übertragungen von Anteilen** an einer Gesellschaft, zu deren Vermögen ein inländisches Grundstück gehört, § 1 Abs. 3 GrEStG. Damit wird neben der mindestens 95%-igen Anteilsübertragung auch die (erstmalige) 95%-ige Vereinigung der Gesellschaftsanteile (Anteilsvereinigung) in einer Hand der Grunderwerbsteuer unterworfen. Hintergrund sämtlicher Vorschriften, die grunderwerbsteuerlich an der Übertragung von Gesellschaftsanteilen angreifen, ist letztlich, dass der Gesetzgeber die faktische Übertragung von Grundbesitz auch dann besteuern möchte, wenn zwar der unmittelbare Eigentümer eines Grundstücks unverändert bestehen bleibt (z.B. eine Personen- oder Kapitalgesellschaft), aber die mittelbaren Eigentümer des Grundstücks, nämlich die Anteilseigner der Gesellschaft, in wesentlichem Umfang wechseln. Nach der Rechtsprechung des Bundesfinanzhofs steht es der Steuerbarkeit einer Anteilsübertragung nach § 1 Abs. 3 Nrn. 3 und 4 GrEStG nicht entgegen, dass die die Anteile übertragende Gesellschaft und die die Anteile erwerbende Gesellschaft denselben Alleingesellschafter haben.

Beispiel: (nach BFH-Urteil vom 15. 1. 2003 - II R 50/00, DStRE 2003, 497) Die A-AG ist Alleingesellschafterin sowohl der A-GmbH als auch der B-GmbH. Die B-GmbH hält alle Anteile an der C-GmbH. Die C-GmbH ist Eigentümerin inländischer Grundstücke. Durch Vertrag vom 17.12.06 verpflichtet sich die B-GmbH, ihre gesamte Beteiligung an der C-GmbH auf die A-GmbH zu übertragen. Für diesen Vorgang hat das Finanzamt durch Bescheid gegen die A-GmbH Grunderwerbsteuer festzusetzen, da der Tatbestand des § 1 Abs. 3 Nr. 3 GrEStG erfüllt ist. Nach dieser Vorschrift werden Rechtsgeschäfte besteuert, die den Anspruch auf Übertragung aller Anteile einer Gesellschaft begründen, zu deren Vermögen ein inländisches Grundstück gehört. Gegenstand der Besteuerung ist dabei nicht der Erwerb der Anteile als solcher, sondern die durch ihn begründete eigenständige Zuordnung der der Gesellschaft gehörenden Grundstücke. Die Steuer ist nach den um 40 v. H. erhöhten Einheitswerten der Grundstücke bemessen.

10.3 Steuerbefreiungen

Das Grunderwerbsteuerrecht kennt eine Reihe von Steuerbefreiungen. Zunächst sind die im § 3 GrEStG geregelten **allgemeinen Befreiungen** zu nennen, so etwa die Bagatellfälle bis zu einer Bemessungsgrundlage von 2.500 € (§ 3 Nr. 1 GrEStG). Zum Zwecke der Vermeidung einer Doppelbelastung mit Grunderwerbsteuer einerseits und Erbschaftsteuer andererseits befreit § 3 Nr. 2 GrEStG den Grundstückserwerb von Todes wegen ebenso wie Grundstücksschenkungen. Zu nennen sind schließlich Grundstückserwerbe von Personen, die in gerader Linie verwandt sind, und zwischen Ehegatten. Näheres dazu findet sich im § 3 Nrn. 4, 5, 6 GrEStG.

Die **besondere Befreiungsvorschrift** des § 4 GrEStG erstreckt sich auf bestimmte Grundstückserwerbe durch Körperschaften des öffentlichen Rechts sowie durch ausländische Staaten.

In den §§ 5, 6 GrEStG schließlich sind Befreiungen bei Grundstückserwerben durch Gemeinschaften und deren Gesellschafter geregelt, die in der Praxis der Unternehmensbesteuerung eine wichtige Rolle einnehmen. Ziel der Regelungen ist es, eine **anteilige Grunderwerbsteuerbefreiung** insoweit zu gewähren, als vor und nach einer Grundstückübertragung - bei wirtschaftlicher Betrachtung - die gleichen Personen Eigentümer sind. Es handelt sich um drei Gruppen:

- den Übergang auf eine Gesamthand, § 5 GrEStG
- den Übergang von einer Gesamthand, § 6 GrEStG
- die Umwandlung von Gemeinschaftseigentum in Flächeneigentum, § 7 GrEStG.

10.4 Bemessungsgrundlage

Die Grunderwerbsteuer kennt zwei Bemessungsgrundlagen, die in den §§ 8 - 10 GrEStG geregelt sind. Diese zwei Bemessungsgrundlagen erklären sich vor dem Hintergrund, dass neben den entgeltlichen auch nicht entgeltliche Erwerbsvorgänge erfasst sind. Bei entgeltlichen Geschäften statuiert § 8 Abs. 1 GrEStG als grunderwerbsteuerliche Bemessungsgrundlage den **Wert der Gegenleistung**. Beim Kauf ist darunter etwa der Kaufpreis (§ 9 Abs. 1 Nr. 1 GrEStG) nebst Modifikationen zu verstehen, beim Tausch die Tauschleistung (§ 9 Abs. 1 Nr. 2 GrEStG). Im Einzelnen ist § 9 Abs. 2 GrEStG zu beachten. Für den häufigsten Transaktionstyp, den Kauf, ist die Ermittlung der Gegenleistung in der nachfolgenden Abbildung skizziert.

Abbildung 10-1: Grunderwerbsteuerliche Bemessungsgrundlage

	Kaufpreis
+	vom Käufer übernommene sonstige Leistungen (z.B. Maklerkosten, Löschungskosten für Hypotheken etc.)
+	dem Verkäufer vorbehaltene Nutzungen (z.B. mietfreie Nutzung einer Wohnung)
=	**eigentliche Gegenleistung (§ 9 Abs. 1 Nr. 1 GrEStG)**
+	Zusatzleistungen (§ 9 Abs. 2 Nr. 1 GrEStG)
+	auf den Erwerber kraft Gesetzes übergehende Belastungen (§ 9 Abs. 2 Nr. 2 GrESt
=	**Gegenleistung im weiteren Sinne**
+	Leistungen an andere Personen für Erwerbsverzicht (§ 9 Abs. 2 Nr. 3 GrEStG; z.B. zum Verzicht auf ein Vorkaufsrecht)
+	Drittleistungen für Grundstücksüberlassungen (§ 9 Abs. 2 Nr. 4 GrEStG)
=	**Bemessungsgrundlage: Gegenleistung**

Aufgrund der tatbestandlichen Anknüpfung einiger Neben- und Ersatztatbestände kann teilweise keine direkte geldliche Gegenleistung als Bemessungsgrundlage in Betracht kommen. Für diese Fälle trifft § 8 Abs. 2 GrEStG eine Ersatzregelung. Diese Vorschrift ordnet an, dass in entsprechenden Situationen der **Wert des Grundstücks** im Sinne des § 138 Abs. 2 bis Abs. 4 BewG zum Tragen kommt. Der Anwendungsbereich des § 8 Abs. 2 GrEStG erstreckt sich

- auf Konstellationen, in denen eine Gegenleistung nicht vorhanden oder nicht zu ermitteln ist, wie z.B. bei Sachkapitalerhöhung einer Kapitalgesellschaft bei Sachgründungen mit einem Grundstück

- auf Umwandlungen, Einbringungen und andere Erwerbsvorgänge auf gesellschaftsvertraglicher Grundlage,

- auf die Fälle, in denen der Gesellschafterbestand einer Personengesellschaft oder bei Anteilsvereinigung in substanziellem Umfang Veränderungen erfährt (§ 1 Abs. 2a, Abs. 3 GrEStG).

10.5 Tarif, Steuerschuldner, Steuererhebung

Der in § 11 Abs. 1 GrEStG geregelte Steuersatz in Höhe von 3,5% erscheint auf den ersten Blick moderat. Insbesondere allerdings bei betriebswirtschaftlich angezeigten Umstrukturierungen kann er prohibitive Wirkung entfalten, weil der Grunderwerbsteuer Transaktionskostencharakter zukommt.

Die im § 13 Nr. 1 GrEStG normierte grunderwerbsteuerliche Steuerschuldnerschaft erstreckt sich regelmäßig auf die **an einem Erwerbsvorgang beteiligten Personen**. Sie sind Gesamtschuldner. In Grundstückskaufverträgen wird üblicherweise eine davon abweichende Vereinbarung getroffen, indem dem Erwerber die gesamte Steuerschuld auferlegt wird. Weitere Details zum Steuerschuldner regeln § 13 Nr. 2 - 5 GrEStG. Besondere Erwähnung verdient die Regelung der Steuerschuldnerschaft beim Tatbestand des Personengesellschafterwechsels. Für diese Fälle sind nach § 13 Nr. 6 GrEStG nicht etwa die Gesellschafter Steuerschuldner, sondern die Steuerschuldnerschaft manifestiert sich in der Personengesellschaft selbst.

Zur Sicherstellung der Steuererhebung statuiert das Gesetz eine **Mitteilungspflicht** der Notare, Gerichte und Behörden, wenn Rechtsvorgänge beurkundet werden, die eine Grundstücksübertragung zum Gegenstand haben (§ 18 GrEStG). Daneben besteht nach § 19 GrEStG eine Anzeigepflicht der an einem Übertragungsvorgang Beteiligten. Eine Eintragung des Eigentümerwechsels im Grundbuch kann erst nach Vorliegen der Unbedenklichkeitsbescheinigung durch das Finanzamt erfolgen, mit der die Entrichtung der Grunderwerbsteuer bestätigt wird (§ 22 GrEStG).

Literaturverzeichnis

Kommentare

Blümich, W./ Ebling, K./ Falk, L.: EStG, KStG, GewStG, Kommentar, 101. Lfg. (Stand: 10/2008), München

Breithecker, V. /Förster, G./Förster, U. /Klapdor, R.: UntStRefG – Unternehmensteuerreformgesetz 2008 – Kommentar, Berlin 2008

Bunjes, J./ Geist, R.: Umsatzsteuergesetz, Kommentar, 9. Aufl., München 2009

Dötsch, E./ Jost, W. F./ Pung A./ Witt, G.: Die Körperschaftsteuer, Kommentar, 65. Lfg. (Stand: 03/2009), Stuttgart

Frotscher, G./ Maas, E.: Körperschaftsteuergesetz, Kommentar, 95. Lfg. (Stand: 01/2009), Freiburg

Gürsching, L./ Stenger, A.: Kommentar zum Bewertungsrecht – BewG, ErbStG, 105. Lfg. (Stand: 02/2009), Köln

Herrmann, C./ Heuer, G./ Raupach, A.: Einkommensteuer- und Körperschaftsteuergesetz, Kommentar, 234. Lfg. (Stand: 03/2009), Köln

Kirchhof, P./ Söhn, H./ Mellinghoff, R.: Einkommensteuergesetz, Kommentar, 193. Lfg. (Stand 02/2009), Heidelberg

Kirchhof, P.: EStG KompaktKommentar, Einkommensteuergesetz, 8. Aufl., Heidelberg 2008

Lademann, F./ Söffing, G.: Kommentar zum Einkommensteuergesetz, 164. Lfg. (Stand: 12/2008), Stuttgart/ München/ Hannover

Lenski, E./ Steinberg, W.: Kommentar zum Gewerbesteuergesetz, 95. Lfg. (Stand: 10/2008), Köln

Littmann, E./ Bitz, H./ Pust, H.: Das Einkommensteuerrecht, Kommentar, 82. Lfg. (Stand: 02/2009), Stuttgart

Meincke, J. P.: Erbschaft- und Schenkungssteuergesetz, Kommentar, 15. Aufl., München 2009

Plückebaum, K./ Malitzky, H./ Widmann, W.: Umsatzsteuergesetz, Mehrwertsteuer, Kommentar, 75. Lfg. (Stand: 05/2008), Köln/ Berlin/ Bonn/ München

Rau, G./ Dürrwächter, E.: Umsatzsteuergesetz, Kommentar, 136. Lfg. (Stand: 12/2008), Köln

Literaturverzeichnis

Rödl, C./ Preißer, M. et. al: Erbschaft- und Schenkungsteuer Kompakt-Kommentar, Stuttgart 2009

Tipke, K./ Kruse, H. W.: Abgabenordnung, Finanzgerichtsordnung, Kommentar, 117. Lfg. (Stand: 11/2008), Köln

Lehrbücher

Arndt, H.-W.: Steuerrecht, 4. Aufl., Heidelberg 2006

Bischoff, J./ Haug-Adrion, E./ Dehner, K.: Staatsrecht und Steuerrecht, 7. Aufl., Stuttgart 2005

Grefe, C.: Unternehmenssteuern, 11. Aufl., Ludwigshafen 2009

Grobshäuser, U./ Maier, W./ Kies, D.: Besteuerung der Gesellschaften, 2. Aufl., Stuttgart 2009

Haas, R./ Ramb, J.: Erbrecht, Erbschaftsteuer, Schenkungsteuer, 3. Aufl., Stuttgart 2009

Helmschrott, H./ Schaeberle, J.: Abgabenordnung, 13. Aufl., Stuttgart 2006

Jacobs, O. H.: Unternehmensbesteuerung und Rechtsform, 4. Aufl., München 2009

Kaminski, B./ Strunk, G.: Besteuerung unternehmerischer Tätigkeit: Grundlagen, Auswirkungen, Beispiele, 2. Aufl., Wiesbaden 2007

König, R./ Sureth, C./ Kalinowski, S.: Besteuerung und Rechtsformwahl, 4. Aufl., Herne 2009

Kreft, V.: Steueränderungsreport 2009, Wiesbaden 2009

Niehus, U./ Wilke, H.: Die Besteuerung der Kapitalgesellschaften, 2. Aufl., Stuttgart 2009

Niehus, U./ Wilke, H.: Die Besteuerung der Personengesellschaften, 4. Aufl., Stuttgart 2008

Rose, G./ Watrin, C.: Erbschaftsteuer, 12. Aufl., Berlin 2009

Rose, G./ Watrin, C.: Ertragsteuern, 19. Aufl., Berlin 2009

Scheffler, W.: Besteuerung von Unternehmen, Band I: Ertrag-. Substanz- und Verkehrsteuern, 10. Aufl., Heidelberg 2007

Scheffler, W.: Besteuerung von Unternehmen, Band II: Steuerbilanz und Vermögensaufstellung, 5. Aufl., Heidelberg 2007

Schneider, D.: Steuerlast und Steuerwirkung, München/ Wien 2002

Schreiber, U.: Besteuerung der Unternehmen, 2. Aufl. Berlin/ Heidelberg/ New York 2008

Tipke, K./ Lang, J.: Steuerrecht, 19. Aufl., Köln 2008

Völkel, D./ Karg, H.: Umsatzsteuer, 15. Aufl., Stuttgart 2009

Zenthöfer, W./ Leben, G.: Körperschaftsteuer und Gewerbesteuer, 15. Aufl., Stuttgart 2009

Zenthöfer, W./ Schulze zur Wiesche, D.: Einkommensteuer, 10. Aufl., Stuttgart 2009

Stichwortverzeichnis

A

Abflussprinzip 35, 65, 79, 103
Abgabenordnung 17
Abgeltungsteuer 94, 132, 165, 174, 250
– Anwendungsbereich 98
– Ausnahmen 96
Abgeordnetenbezüge 110
Abschnittsbesteuerung 38, 133
Altersvorsorge 110, 122
Äquivalenzprinzip 21, 189, 293
Arbeitslohn 81
Ausbildungsfreibetrag 128
ausländische Gewinne 208
Außensteuergesetz 18
außergewöhnliche Belastungen 126

B

B2B 334
B2C 334
Bereicherung 262
Berufsausbildungskosten 124
Bestimmungslandprinzip 310
Beteiligungen
– stille 89
Betriebsaufgabe 48, 53
Betriebsausgaben 68
– nicht abzugsfähige 69, 158
Betriebseinnahmen 73
– steuerfreie 74
Betriebsgrundstück 299
Betriebsvermögen 268
– begünstigtes 275
– Verschonung 254, 274
Betriebsvermögensvergleich 63, 155
betriebswirtschaftliche Bedeutung von Steuern 5
Bewertungsgesetz 17

Bewirtungskosten 69

D

Darlehen
– partiarische 89
dauernde Lasten 105, 197
Dienstleistungsfreiheit 14
Diskriminierungsverbot 14
Dividenden 157, 203, 207
Doppelbesteuerungsabkommen 16, 256
Durchführungsverordnung 18
Durchschnittsteuersatz 129

E

EBITDA 70, 178
Einfuhr 320
Einheitprinzip 219, 227
Einheitstheorie 182, 327, 329
Einheitswert 301
Einkommen
– einkommensteuerliches 32
– körperschaftsteuerliches 155
Einkommensteuer 21, 39
Einkommensteuertarif 129
– ermäßigter Steuersatz 54, 133
– gewerbliche Einkünfte 139
Einkünfte
– Gewerbebetrieb 41
– Kapitalvermögen 88
– Land- und Forstwirtschaft 40
– Nichtselbständige Arbeit 81
– selbständige Arbeit 58
– Sonstige 103
– Sonstige Leistungen 109
– Vermietung und Verpachtung 99
Einkünfte aus Kapitalvermögen 75

Stichwortverzeichnis

– Abgrenzung zum Gewerbebetrieb 94
Einkunftsarten 32, 39
Einlage 63, 74, 232, 238
Einmalbesteuerung 38
Einnahmen 76
– Definition 76
– steuerfreie 72, 85, 114, 157
– Zeitpunkt der Erfassung 76
Einzelunternehmer 219, 221
Entfernungspauschale 84
Entgelt 337, 343
Entnahme 63, 232, 320
Entscheidungsneutralität 7
Erbersatzsteuer 261
Erbschaftsteuer 253
– Freibetrag 285
Ergänzungsbilanz 231
Ertragshoheit 9
Ertragsteuern 4
Ertragswertverfahren 266, 301
– vereinfachtes 269
Escape-Klausel 72, 180
Europarecht 12, 310

F
Faktorverfahren 86
Finanzausgleich 10
Finanzierungsfreiheit 177
Finanzverfassung 8, 11
freiberufliche Tätigkeit 60
Freistellungsauftrag 96
Freizügigkeit der Arbeitnehmer 14

G
Gemeinschaftsteuern 4
Gesamthandsbilanz 230
Gesamtsteuerbelastung
– Einzelunternehmen 222
– Kapitalgesellschaft 248
– Personengesellschaft 245
Gesellschafter-Fremdfinanzierung 177
Gesellschafter-Geschäftsführer 324

– Pension 236
Gesetzgebungshoheit 8
Gewerbebetrieb 41, 191
– Arten des 43
– Einkünfte aus 41, 50
– gewerbliche Betätigung 43, 191
– gewerbliche Prägung 48, 191
– Grundstückshandel 47, 101
– kraft Rechtsform 49, 192
– Veräußerung des 52
– Verpachtung des 48
– wirtschaftlicher Geschäftsbetrieb 49, 192
Gewerbeertrag 193
– Hinzurechnungen 194
– Kürzungen 205
Gewerbesteuer 70, 189
– Betriebsgrundstücke 205
– Einzelunternehmen 222
– Ermäßigung 139, 216
– Kapitalgesellschaft 246
– Personengesellschaft 242
Gewinnabführungsvertrag 184
Gewinnausschüttung 89, 203, 207, 209, 211, 249
Gewinneinkünfte 33, 34, 39
Gewinnermittlungsmethoden 62
– § 4III-Rechnung 64
– Betriebsvermögensvergleich 64, 155
– Durchschnittssatzrechnung 66
– Einnahmen-Überschuss-Rechnung 64
– Schätzung 67
– Tonnagebesteuerung 66
– Vergleich 67, 80
Gewinnermittlungszeitraum 68
Gewinnerzielungsabsicht 45, 114, 325
gewöhnlicher Aufenthalt 24
Gleichheitssatz 21
GmbH & Co.KG 48, 51
Grenzsteuersatz 129
Grunderwerbsteuer 359
Grundfreibetrag 130

372

Grundfreiheiten 13
Grundsteuer 293
Grundstücksarten 296
Grundvermögen 265, 296
- Bewertung 265, 302
- Verschonung 281
Günstigerprüfung 95, 124

H
Haupteinkunftsarten 33
Hebesatz
- Gewerbesteuer 215
- Grundsteuer 302

I
inländische Einkünfte 26
innergemeinschaftlicher Erwerb 319, 337
Investitionszulagengesetz 18

K
Kapitalgesellschaft 246
- Anteile 54, 89, 111, 113, 134, 157, 162, 207
Kapitalverkehrsfreiheit 14
Kapitalvermögen
- Einkünfte aus 35, 88
- Gewinnausschüttungen 89
- Veräußerung 92
KGaA 51, 159, 203, 208
Kinderbetreuungskosten 70, 85, 125
Kirchensteuer 96
Kleinunternehmer 357
Kommanditgesellschaft 240
Konzernklausel 72, 179
Körperschaftsteuer 147, 246
- Anrechnungsverfahren 150
- klassisches System 148, 149
- shareholder relief 150
- Systeme der 147
- Teilanrechnung 150

L
Land- und Forstwirtschaft 40, 46, 295
- Bewertung des Vermögens 263, 295
- laufende Einkünfte 40
- Veräußerung der 41
Lebenshaltungskosten 73, 79, 84
Leistungsfähigkeitsprinzip 21, 37, 126, 293, 305
Liebhaberei 46, 114
Lieferung 314, 316
Lizenzgebühren 200, 237
Lohnsteuer 86
Lotterieeinnehmer 61

M
Markteinkommen 36
Miet-und Pachtzinsen 198, 199
Mitunternehmer 50, 228
Mitunternehmerschaft 204, 207

N
Nachhaltigkeit 45, 325
Nachversteuerung 137
Nebeneinkunftsarten 33, 94, 103, 109
Nettoprinzip 37, 116
Nichtselbständige Arbeit
- Einkünfte aus 81
- Werbungskosten 83
Niederlassungsfreiheit 14
Nominalwertprinzip 38

O
Objektsteuer 189, 293
Organgesellschaft 184, 210, 329
Organschaft
- gewerbesteuerliche 209
- körperschaftsteuerliche 182
- umsatzsteuerliche 328
- Verluste 185, 211
Organträger 183, 210, 329
Ort der Geschäftsleitung 152
Ort der Lieferung 331
Ort der Sonstigen Leistung 333

P
Personengesellschaft 220, 226
Personensteuern 4
private Veräußerungsgeschäfte 106
Progressionsvorbehalt 132
Progressionszone 130
Proportionalzone 130

Q
Quellentheorie 34, 35, 75

R
Realsteuern 4
Rechtsprechung 19
Rechtsquellen 12, 20
Rechtsverordnung 18
Reinvermögenszugangstheorie 34, 36
Renten 83, 103, 197
Richtlinie 15, 19
Riester-Rente 110, 124

S
Sachbezüge 81
Sachwertverfahren 267, 302
Schachtelprivileg
– gewerbesteuerlich 203, 208
Schedulensteuer 35
Schenkungsteuer 253, 259
Schulgeld 124
Selbständige Arbeit
– Einkünfte aus 47, 58
Selbständigkeit 44, 59, 192, 323
Sitz 153
Solidaritätszuschlag 187
Sonderausgaben 121
Sonderausgaben-Pauschbetrag 125
Sonderbetriebsvermögen 234
Sonderbilanz 232
Sondertarif für Kapitalvermögen 132
Sonstige Einkünfte 103
Sonstige Leistungen 318
Spenden 160, 204, 208
Steueraufkommen 3

Steuerbefreiung
– Verzicht auf 340
Steuerbefreiungen
– Einkommensteuer 114
– Erbschaftsteuer 272
– Grunderwerbsteuer 364
– Grundsteuer 299
– Körperschaftsteuer 154, 157
– Umsatzsteuer 337
Steuerbilanz 64, 230
Steuerdefinition 1
Steuerermäßigungen 139
Steuerklassen 86
Steuermesszahl
– Gewerbesteuer 215
– Grundsteuer 302
Steuern
– ausländische 205
– direkte 4
– indirekte 4
Steuerpflicht
– beschränkte 26, 153, 256
– Einkommensteuer 23
– Erbschaftsteuer 255
– erweiterte beschränkte 28, 31
– Gewerbesteuer 190
– Grunderwerbsteuer 359
– Grundsteuer 295
– Körperschaftsteuer 151
– unbeschränkte 23, 29, 151, 255
Steuerplanung 7, 258
Steuerquote 3
Steuerschuldner
– Gewerbesteuer 243
– Grunderwerbsteuer 365
– Grundsteuer 300
– Umsatzsteuer 356
Steuerspirale 3
Steuertarif
– Einkommensteuer 129
– Erbschaftsteuer 285
– Gewerbesteuer 214
– Grunderwerbsteuer 365

- Körperschaftsteuer 164
- Splitting-Tarif 145
- Umsatzsteuer 346
Steuerwirkung 5, 7
Stiftung 260, 289
Subjektprinzip 38
Subsidiaritätsklausel 96
Substanzsteuern 4

T
Teileinkünfteverfahren 57, 97, 112, 166, 174, 205, 250
Thesaurierungsbegünstigung 135, 224
Transparenzprinzip 219, 227
Trennungsprinzip 147, 220

U
Überschusseinkünfte 33, 34, 75
Überschussermittlung 75
Umsatzsteuer 305
- Bemessungsgrundlage 343
- Kleinunternehmer 357
- Mindestbemessungsgrundlage 346
- Option 340
- Reverse-Charge-Verfahren 356
- steuerbare Umsätze 313
- Systeme der 306
- Unternehmensvermögen 327
- Veranlagung 354
- Vorsteuerabzug 338, 346
Umwandlungssteuergesetz 18
Unterhaltsleistungen 105, 128
Unternehmen 327
Unternehmensbesteuerung 219
Unternehmer 322
Unternehmerfiktion 330
Ursprungslandprinzip 311

V
Venture Capital Gesellschaft 61
Veranlagung
- Einkommensteuer 86, 143
- Erbschaftsteuer 288

- Gewerbesteuer 214
- Grunderwerbsteuer 365
- Körperschaftsteuer 164
- Umsatzsteuer 354
Veräußerung 110
- Betriebsvermögen 111
- freiberufliche Praxis 61
- Gewerbebetrieb 52
- Land- und Forstwirtschaft 41
- Privatvermögen 106, 112
Veräußerungsgewinn
- Anteile Kapitalgesellschaft 56
- Betriebsvermögen 53, 134, 171
- Definition 93
- Kapitalvermögen 88, 113
- Privatvermögen 92, 108, 114, 171
Veräußerungskosten 56
Verbrauchsteuern 4, 305
verdeckte Einlage 56, 172, 175
verdeckte Gewinnausschüttung 172
Verfassungsmäßigkeit
- Erbschaftsteuer 254
- Grundsteuer 293
Verfassungsrecht 16
Vergleichswertverfahren 266
Verlustausgleich
- horizontal 117
- vertikal 117
Verluste
- Ausgleichsbegrenzung 99, 161, 213, 240
- Einkommensteuer 117
- Einkünfte aus Kapitalvermögen 99
- Einzelunternehmen 222
- Gewerbesteuer 212
- Körperschaftsteuer 160
- Organschaft 185, 211
- Personengesellschaft 204, 240
- privates Veräußerungsgeschäft 109
- Veräußerung 112
- Veräußerung Kapitalgesellschaftsanteile 57
- Veräußerung Privatvermögen 113

- Verlustabzug 119, 160
- Verlustausgleich 117
Verlustrücktrag 119
Verlustverrechnung 99
Verlustvortrag 120
Vermietung und Verpachtung 99, 236
- ganzer Gewerbebetrieb 100
Vermögensbildungsgesetz 18
Vermögensverwaltung 47
Verordnung 15
Verschonung
- Grundvermögen 281
Versorgungsausgleich 106
Versorgungsfreibetrag 83
Versorgungsleistungen 105
Verwaltungshoheit 11
Verwaltungsvermögen 275
Verwaltungsvorschriften 19
Völkerrecht 12
Vorsorgeaufwendungen 122
Vorsorgepauschale 125
Vorsteuerabzug 346
- Ausschluss vom 349
- Berichtigung des 350

W
Wagniskapitalgesellschaften 61
Warenverkehrsfreiheit 14
Welteinkommen 25
Werbegeschenke 69
Werbungskosten 77, 78
- nicht abzugsfähige 85
- nichtselbständige Arbeit 83
- Pauschbetrag 80, 85, 95, 106
- Vermietung und Verpachtung 102
- Zeitpunkt der Erfassung 79
Wertpapierleihe 170
Wohnsitz 23

Z
Zinsen 69, 70, 78, 89, 90, 196, 237
- Lebensversicherung 90
Zinsschranke 70, 177, 197
Zuflussprinzip 35, 65, 76, 103
Zurechnungstheorie 182, 210
Zusammenveranlagung 144
Zweckzuwendungen 260